国家社会科学基金重大课题(12&ZD068)最终成果

中国培育发展战略性新兴产业跟踪研究

肖兴志 等◇著

中国社会科学出版社

图书在版编目（CIP）数据

中国培育发展战略性新兴产业跟踪研究/肖兴志等著．—北京：
中国社会科学出版社，2017.12
ISBN 978 - 7 - 5203 - 1692 - 7

Ⅰ.①中… ⅰⅰ.①肖… Ⅲ.①新兴产业—产业发展—研究—
中国 Ⅳ.①F121.3

中国版本图书馆 CIP 数据核字（2017）第 310772 号

出 版 人	赵剑英
责任编辑	卢小生
责任校对	周晓东
责任印制	王 超

出 版	中国社会科学出版社
社 址	北京鼓楼西大街甲 158 号
邮 编	100720
网 址	http：//www. csspw. cn
发 行 部	010 - 84083685
门 市 部	010 - 84029450
经 销	新华书店及其他书店

印刷装订	环球东方（北京）印务有限公司
版 次	2017 年 12 月第 1 版
印 次	2017 年 12 月第 1 次印刷

开 本	710×1000 1/16
印 张	45.75
插 页	2
字 数	773 千字
定 价	180.00 元

凡购买中国社会科学出版社图书，如有质量问题请与本社营销中心联系调换
电话：010 - 84083683

前　言

随着世界政治多极化、经济全球化的深入，当前世界经济政治格局出现了新变化，国际资本、产业、技术流动趋势更加明显，全球和区域间的经济合作不断加强。与此同时，世界经济增速放缓，全球需求结构出现明显变化，经济发展的外部环境更趋复杂。在应对国际经济危机时，世界各国均不约而同地加紧对本国原有产业结构的调整，目的在于维系或提升本国经济在新一轮竞争中的比较优势。以新能源、新材料、节能环保等为代表的战略性新兴产业，大多是以高新技术为主要资源投入，以生产高附加值产品、主导社会生产力发展方向为主要特征，其发展程度和水平必将影响到各国包括政治、经济、科技、军事和文化等方面在内的综合国力，从而成为当前各国推动产业结构调整和参与新一轮经济竞争的优先目标。党中央、国务院做出发展战略性新兴产业重大决策后，相关部委、地方政府积极行动，编制发展规划，筹划资金投入，完善扶持机制，各种支持政策陆续出台，国内战略性新兴产业发展步伐明显加快，部分战略性新兴产业的发展已初具规模，出现了一大批发展前景广阔的战略性新兴产业项目，在某些产业的某些环节形成了一定的发展特色。但从整体来看，中国战略性新兴产业发展在技术创新、资本、商业模式等诸多方面还存在许多问题和空白，与产业结构调整所期望的目标还存在相当的距离。在战略性新兴产业发展过程中，某些行业如光伏、多晶硅等出现了低端产能过剩、盲目竞争等新的问题。

充分剖析世界产业发展的新趋势、新特征和新挑战是进行产业发展的重要基础，同时还需要对中国培育发展战略性新兴产业进行跟踪研究，以把握战略性新兴产业发展的水平和动态，有效破解战略性新兴产业发展过程中出现的新问题。作为国家社会科学基金重大课题"世界产业发展新趋势及我国培育发展战略性新兴产业跟踪研究"（12&ZD068）立项项目，本课题研究着重对以上问题进行系统性梳理、归纳与分析。本课题研究共分为六个子课题，各个子课题之间既相互依赖、交织，又分别侧重不同领域、环节，从不同的角度，运用多种理论和方法进行研究。本课题采取子课题的形式开展研究，成书后分为六个部分，各部分的主要内容概述如下：

第一部分梳理了工业革命的历史、第三次工业革命的技术经济特征，并分析其对中国工业调整战略的启示，还对国际金融危机后主要国家的"再工业化"进程进行了跟踪分析。课题组通过以上分析，总结经验，分析工业革命对中国制造业发展尤其是对"中国制造2025"战略的影响。

第二部分围绕细分产业的政策环境、发展规模、发展效益及研发创新等方面进行了动态跟踪解析，在此基础上分析了产业的空间分布格局，从总量和质量两个维度探讨了不同区域产业发展水平的差异化特征。

第三部分在对中国战略性新兴产业创新能力进行描述的基础上，分析了当前中国战略性新兴产业技术源获取策略与途径的有效性，探究取得技术重大突破的动力机制，评估政府在破解战略性新兴产业技术创新融资约束问题中的作用。

第四部分结合战略性新兴产业发展阶段和产品技术特征，归纳各阶段市场需求培育重点。在此基础上分析了战略性新兴产业的资本市场对接现状和对接模式创新，提出了资本对接的可行策略与路径，进而总结战略性新兴产业商业模式的创新过程及阶段性特征，以及战略性新兴产业商业模式创新中的障碍与困难。

第五部分对中国战略性新兴产业国际化发展水平进行综合评价，同时也对对外直接投资区位分布和战略性新兴产业群全球网络布局进行了系统分析，针对近年来出现投资过度等问题，课题组还集中分析了战略性新兴产业的产能利用及其在国际产业链上的竞争地位，据此分析中国战略性新兴产业的国际产业链融入问题。

第六部分厘清了产业扶持政策的内在逻辑，梳理了近年来中央与地方出台的各层次扶持政策。在此基础上，集中分析补贴政策实施中的内生选择及实施机制。最后，结合政策文本分析不同类型的政策以及不同政策组合对企业综合绩效和企业投资决策的影响，同时，从政策措施内协同、部门协同以及措施间协同三个角度分析了政策协同的作用机制及效果，据此分析了产业政策约束，并反思政策在了制定与实施中出现的问题。

在完成以上内容的过程中，课题组得到 b 丰富的研究成果，发现并揭示了世界产业发展趋势以及中国战略性新兴产业发展中的众多问题，下面概括性地介绍本书的理论观点与政策建议。

首先，基于微观现实剖析，设计微观机制。本书将战略性新兴产业的国际比较、实证分析、现状解读和政策设计纳入统一的分析研究框架之中，尝试进行多视角、多层面、系统性的产业分析。通过这一分析框架，实现了战略性新兴产业的国际趋势与发展现状，产业技术、商业模式、市场培育与全球产业链定位、产业发展的一般规律与政策扶持等一系列问题的有机结合，有助于全面认识中国战略性新兴产业的培育与发展。本书既关注产业整体发展的宏观思路，又强调企业层面的组织优化、效能提升和管理创新。为了取得更为稳健的研究结论，课题组一直努力最大限度地揭示相关问题的微观现实与微观机制，而不是仅停留在对行业层面的规律把握上。为此，课题组构建了较为全面的战略性新兴产业整合数据库，为本书相关问题的分析展开与经验验证提供数据基础。

其次，从"市场"出发，审视与优化产业发展思路。本书始终围绕"市场在资源配置中起决定作用"的原则，开展有关研究，并以此为基础思考政府与市场的关系，调整完善相关扶持政策。对创新激励政策的短期与长期问题、政府补贴引致的企业粉饰业绩问题、政府补贴的信息披露问题、"寻租"问题都进行了深入的探讨，提出了优化扶持政策的思路与具体措施。相比国有企业，战略性新兴产业中民营企业的技术创新较为谨慎，不会将政策导向作为技术创新活动的主要决策依据。这一研究表明，政府的引导与干预应当重在搭建公共平台而非短期的补贴刺激，同时应更多地激励国有企业进行基础技术研发，提高国有企业生产经营活动的外部性。政府在选择补贴对象和补贴程度时兼有促进企业创新和协助企业粉饰业绩两种动机。虽然促进企业创新是政府补贴政策考虑的重要因素，但也存在协助上市公司粉饰业绩的问题，政府补贴并未完全用在"刀刃"上。更为重要的是，政府补贴体现了"救助型"地方政府偏好，是战略性新兴产业产生政策依赖的基础。对于政府补贴政策，应探索政府补贴逐步退出机制，从根本上切断政企"寻租"的源头；完善政府补贴细则，建立公开评审制度，对政府补贴的事由、金额在信息披露方面做出强制性规定，压缩政府利用补贴的"寻租"空间；注重从需求端引导产业发展，逐步加大需求端刺激政策。

　　最后，围绕"协同组合"，评价政策包，优化政策组合。本书针对战略性新兴产业发展中的政策实施偏差，围绕政策"协同组合"的思路，以政策包、政策组合为研究对象，区分并整合需求型、供给型、环境型政策，构建产业政策指数，综合评价政策实施的影响。并进一步分析了不同类型政策出台时序，政策协同效应，堆积式政策、单一型政策等问题，提出以协同优化政策组合的思路。供给型政策在提高企业获得政府补贴的同时抑制了企业私人投资，综合效果降低了企业全要素生产率。不同的政策组合具有不同的效果，当一个周期内先出台供给型政策后出台需求型政策时，这一政策组合将显著抑制全要素生产率的提升。在考虑企业异质性约束下政策影响时，供给型政策抑制了高生产率企业获得政府补贴的趋势，与供给型、环境型政策相比，需求型政策的出台并不利于企业创新。政策协同作用存在差异性，其中，政策内措施协同抑制了企业创新，部门协同作用并不明显。在措施和政策协同上，供给型协同和需求型协同以及环境型协同和需求型协同在整体政策和分行业政策下都存在一定的抑制作用，与之相比，整体政策的供给型协同和环境型协同有利于企业创新发展。虽然战略性新兴产业的发展进程具备很强的政策色彩，但在政策设计上依旧存在很多有待改进之处。从政策出台数量和弱效力来看，带动企业发展并不能简单地"以量取胜"，堆积式政策出台反而可能使企业无所适从，盲目追求政策，造成资源的浪费。单纯依靠供给型政策推动是不够的，更需要加强供给型政策与环境型政策的协同管理，两者优势互补、规划合作才能产生更好的绩效。在具体政策制定上，政府应当适当放手，加强政策的宏观性把握、导向性管理，不宜过细统筹，为企业自主创新发展让开空间。

　　本书是课题组全体成员积极投入、共同努力的结果。在课题组首席专家肖兴志教授的带领下，课题组全体成员按照研究计划，合理分工，分阶段推进项目研究工作。郭晓丹、周学仁，万丛颖、朱扬军、韩超、陈长石、李小林、邓菁、何文韬、郭启光、王伊攀、王海、邹涛、田露露、杜丽、程肖君、李沙沙、于娜、黄振国等参与了本书的编写与校对工作。在阶段性成果写作及本报告撰写过程中，许多专家学者的研究成果给予本课题很多启发，在此对这些专家学者表示诚挚的谢意。书中存在的不足之处，恳请学界同人和读者批评指正。

目　录

第一部分　世界产业发展新趋势与中国战略性新兴产业发展

第二部分　中国战略性新兴产业技术创新跟踪研究

第三部分　中国战略性新兴产业市场培育、资本对接与商业模式跟踪研究

第四部分　中国战略性新兴产业国际产业链融入跟踪研究

第五部分 中国战略性新兴产业七大领域跟踪研究

第一节 节能环保产业政策环境、规模效益与研发创新

第六部分　基于跟踪研究的中国战略性新兴产业政策评价与优化

世界产业发展新趋势与中国
战略性新兴产业发展

　　本部分将通过深入剖析当前世界产业发展出现的新趋势，准确判断未来世界产业的发展方向，适时对当前中国战略性新兴产业政策导向提出调整思路，为中国战略性新兴产业维持较高的发展活力提供支持。

第一章　世界经济发展背景与新形势

国际货币基金组织 2016 年 1 月 26 日发布的《世界经济展望报告》显示，2015 年，全球经济增长 3.1%，比 2014 年低 0.3 个百分点，预测 2016 年和 2017 年全球经济增长将分别达到 3.4% 和 3.6%。新兴市场和发展中国家经济体增速加快，发达国家经济体将保持温和、不平衡的复苏，产出缺口逐渐缩小。世界各主要国家和地区的经济发展前景依然不均衡，各自面临不同的挑战，在这一背景下，中国发展战略新兴产业的经济机遇与以往发展传统工业、高新技术产业等有所不同，要积极应对新形势、新任务、新挑战。面对当前错综复杂的局面，本章通过深入剖析当前世界产业发展出现的新趋势，准确判断未来世界产业的发展方向，适时对当前中国战略性新兴产业政策导向提出调整思路，为中国战略性新兴产业维持较高的发展活力提供支持。

第一节　全球经济增长放缓的新阶段

中国战略新兴产业发展战略的启动时间坐标为国际金融危机之后，其成长过程与经济形势变化、科学技术变革走向密切相关。自 2008 年下半年开始，受国际金融危机第一轮冲击的影响，美国、日本、欧盟等主要发达经济体先后陷入比较严重的经济衰退，随后，国际金融危机开始蔓延，发展中国家的经济普遍遇到较大困难，增长速度明显放慢（陆燕，2009）。截至 2015 年年底，全球经济前景仍存在偏向下行风险，全球经济活动仍然低迷，占全球经济总量 70% 以上的新兴市场和发展中国家经济体的经济活动连续五年放缓，而发达国家经济体则呈现温和复苏的迹象。

一　新兴市场连续第五年增速放缓

受欧洲主要国家主权债务危机的影响，近年来，世界各国经济出现集体减速的征兆，世界经济下行风险增加，总体形势十分严峻。世界各国在应对经济危机时，均希望通过调整本国产业结构，加强对金融市场的监管力度，控制资本市场的过度发展，将本国经济重新拉回到正常轨道。

从世界范围来看，2015年，全球制造业活动和贸易仍然疲弱，总需求和总投资受到抑制，采掘工业的投资下降尤为明显。2015年9月以来，油价显著下降，尽管促进了能源进口国的消费，降低了企业成本，但却使能源出口国财政状况更加紧张，经济增长前景堪忧，这个不利影响对能源出口的发达国家经济体格外严重。尽管石油价格下降是由过多的石油供给所导致，会刺激全球总需求，使进口国产生更高的消费倾向，但在当前形势下，有三个因素抑制了油价下跌的积极影响：（1）国际金融危机降低了许多石油出口国抵御冲击的能力，导致国内需求大量减少；（2）石油价格下降会显著影响对石油和天然气开采的投资，也使全球总需求减少；（3）只有很弱的证据支持石油进口国的消费会上升，这可能是受到这些经济体持续去杠杆化政策的影响。尽管2015年12月美国联邦储备委员会宣布将联邦基金利率上调25个基点，达到0.25%—0.5%的水平，但在欧元区和日本仍广泛地推行宽松的货币政策，总体而言，发达国家仍然面临着非常宽松的金融环境。美国政策利率逐渐提高和金融波动对新兴市场增长前景的担忧导致更严峻的外部金融环境，资本流动减少，许多新兴市场经济体货币进一步贬值。

总的来说，全球经济增长预期下调受多方面不利因素的影响，其中，发达国家经济体复苏和新兴市场经济放缓是影响全球经济的两大核心问题，新兴市场经济放缓是世界经济存在下行风险的主要原因。

发达国家2017年的增长预计将比2016年的2.1%提高0.2个百分点，并保持稳定。由于美国具有良好的金融环境、繁荣的住房市场和劳动力市场，其整体经济活动仍有弹性，但是，美元的走强会打压制造业的发展，低油价则降低了矿业投资。在欧元区，虽然净出口疲软，但油价下跌和宽松的金融环境使私人消费强劲。2016年，受到财政支持、低油价、宽松的金融环境协同和收入增加的影响，日本经济增长预计稳定。

新兴市场和发展中国家的增长预计从2015年的4%（国际金融危机以来的最低水平）上升到2016年和2017年的4.7%与4.3%。中国经济增长将继续放缓，2016年为6.0%，2017年为6.3%，主要是因为中国将出现较弱的投资增长，并需要解决经济再平衡问题。印度和其他亚洲新兴市场将继续以强劲的势头增长。2016 年，拉丁美洲和加勒比地区的 GDP 预计继续收缩，尽管在该地区大多数国家出现正增长，主要原因是巴西的经济衰退和其他国家面临的经济困境。预计中东地区会出现高增长，但油价下跌，以及地缘政治紧张局势和国内冲突则会继续打压经济前景。欧洲新兴国家的经济增长在 2016 年有所放缓，但将继续保持稳定的增长速度。受低油价和西方制裁的影响，俄罗斯经济 2016 年继续衰退。其他独联体国家受俄罗斯经济衰退、地缘政治紧张局势，以及在某些情况下受到国内结构性弱点和低油价的影响，2016 年经济增长略有扩大，但 2017 年会加速。撒哈拉以南的非洲大多数国家的经济将逐步上升，但商品价格较低，利率甚至达到十年最低值。主要原因是持续调整低商品价格、高借贷产生了大量成本，这在很大程度上对该地区最大的经济体，如安哥拉、尼日利亚和南非，以及一些较小的大宗商品出口国产生压力。中国的进口和出口贸易速度明显放缓，主要体现在投资减弱和制造业活力下降。大量新兴市场和发展中国家经济体进口的急剧下降也给全球贸易产生了巨大压力。

二　世界经济结构发生重大调整

受世界政治多极化逐渐加深、经济全球化不断加强的影响，世界政治、经济格局出现新变化，其中，积极的变化主要表现是全球和区域间的经济合作不断加强，国际资本、产业、技术流动趋势更加明显。但是，在美国次贷危机、欧洲债务危机的影响下，世界经济增速放缓，经济发展的外部环境更趋复杂。

世界各国经济结构发生重大调整。根据世界银行公布的数据，世界主要国家工业增加值占 GDP 的比重都在 2008—2011 年发生显著变化，如表 1 - 1 所示。德国 2009 年工业增加值占 GDP 比重陡然降到 27.81%，是自 1991 年以来的最低点。印度 2011 年工业增加值占 GDP 比重由 2010 年的 27.16% 上升为 32.95%，是自 1960 年以来的最高点。巴西 2009 年工业增加值占 GDP 比重下降为 25.69%，与 1997 年的水平相当。日美两国的工业增加值占 GDP 比重多年来基本保持不变，但是，两国同时在 2009 年发生较大幅度调整，占比出现显著下降，随后在 2010 年出现反弹。国际金融危机之后，世界各国的经济结构都出现变化，但是，调整的方向有所不同。发达国家经济体开始"重返制造业"，以纠正实体经济与虚拟经济之间的严重失衡。

表1-1　　　"金砖四国"和"西方七国"工业增加值占GDP比重　　　单位:%

年份	2004	2005	2006	2007	2008	2009	2010	2011	2012	2013	2014
中　国	45.75	46.87	47.40	46.69	46.76	45.67	46.17	46.14	44.97	43.67	42.72
俄罗斯	36.33	38.08	37.23	36.44	36.12	33.64	34.70	37.43	36.97	35.95	35.82
印　度	27.93	28.13	28.84	29.03	28.29	27.76	27.16	32.95	31.74	30.50	30.09
巴　西	28.71	28.62	27.76	27.14	27.44	25.69	27.36	27.17	25.36	24.38	23.41
美　国	21.69	21.96	22.38	22.19	21.64	20.15	20.33	20.56	20.56	20.50	—
英　国	23.11	23.29	23.28	22.62	22.22	20.87	20.78	20.97	20.76	21.28	20.96
法　国	21.85	21.51	21.25	21.06	20.68	20.04	19.60	19.83	19.69	19.75	19.44
德　国	29.42	29.40	30.12	30.53	30.06	27.81	30.16	30.57	30.80	30.31	30.33
日　本	28.56	28.13	28.11	28.21	27.54	26.04	27.54	26.14	26.03	26.21	—
意大利	25.96	25.82	26.14	26.47	26.12	24.25	24.35	24.19	23.85	23.62	23.48
加拿大	—	—	—	29.95	30.60	26.37	27.69	—	—	—	—

资料来源:世界银行。

　　美国在经济危机之后相继出台了《美国复兴和再投资法案》《美国制造业促进法案》等各种实体经济刺激计划,并通过了《汇率改革促进公平贸易法案》,这一法案主要是便于美国政府适时采取贸易保护措施。2013年,美国还发布了《国家制造业创新网络初步设计》,计划投资10亿美元,大力发展数字化制造、新能源和新材料应用等先进制造业。日本政府提出了新增长战略,发布《2015年版日本制造业白皮书》,强化日本在制造业中的优势,以期通过增长平台的支撑,实现由优势产业增长和新领域增长共同驱动经济复兴。德国"工业4.0"项目已经走在了世界前列,《高技术战略2020》计划投资2亿欧元,以保证德国在新一代技术革命当中的研发与创新优势。欧盟计划在2013年之前投资1050亿欧元,全力打造具有国际水平和全球竞争力的"绿色产业",并以此作为产业调整和刺激经济复苏的重要支撑(郭熙保、陈志刚,2013)。

　　截至2015年年底,美国重返制造业的战略已经初现成效,2010年,美国制造业创造了64.6万个就业岗位,是1990年以后的最快增速。2014年7月7日,白宫国家经济委员会发表报告称,美国制造业产出大幅增长。2015年6月,美国ISM制造业指数升至53.5%,创2015年1月来新高;同时,6月失业率下降至5.3%,为2008年4月以来新低。美国的就业等重要数据最早从 2012 年下半年就出现回升，最晚也是在 2014 年年底确立回升势头。特别是制造业，从 2013 年 7 月起到 2014 年 12 月的 18 个月，采购经理人指数有 15 个月都在 55% 以上，即处在扩张阶段，制造业的回升基本确立整体的回暖态势。

但是，中国的情况却不容乐观。虽然中国推出了"中国制造 2025"的战略框架，但与美国相比，中国的经济基础仍然薄弱，不仅要应对国际金融危机带来的压力，保证经济稳步增长，还要积极应对新一轮技术革命，进行结构调整。2010—2015 年年底，中国制造业采购经理人指数呈现逐渐下滑的趋势（见图 1-1）。国家统计局公布的数据显示，2015 年 8 月至 2016 年 1 月，制造业采购经理人指数为连续 6 个月低于临界点；2015 年上半年，中国 31 个大城市城镇失业率为 5.1% 左右，20—24 岁大专以上文化人员失业率为 7.74%。

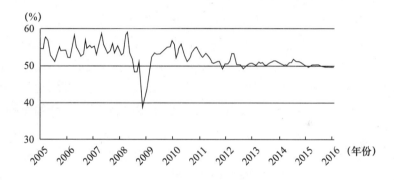

图 1-1　中国制造业采购经理人指数

资料来源：国家统计局。

在应对国际经济危机时，世界各国均不约而同地加紧对本国原有产业进行结构调整，目的在于维系或提升本国经济在新一轮国际竞争中的比较优势。以新能源、新材料、节能环保等为代表的战略性新兴产业，大多是以高新技术为主要资源投入，以生产高附加值产品、主导社会生产力发展方向为主要特征，其发展程度和水平必将影响到各国包括政治、经济、科技、军事和文化等方面在内的综合国力，从而成为当前各国推动产业结构调整和参与新一轮经济竞争的优先目标。中国政府已经充分认识到发展战略性新兴产业的重要性，将发展培育战略性新兴产业作为当前产业结构调整的主要方向，并出台了一系列发展培育战略性新兴产业的政策措施。随着世界各国不断重视战略性新兴产业的发展，国际竞争加剧势必对中国培育发展战略性新兴产业的政策产生影响，充分剖析世界产业发展的新趋势、新特征和新挑战，对中国培育发展战略性新兴产业进行跟踪研究，对于推进中国战略性新兴产业顺利发展、实现经济结构战略性调整、强化国际经济竞争新优势具有十分重大的战略意义。

在新兴市场中，中国经济对世界经济的影响力正在逐步加深，当前，中国面临着增速放缓和结构性调整的问题，这直接导致世界"大宗商品超级周期"结束。中国进口了全球近2/3以上的铁矿石，50%的工业金属，60%以上的锰矿石和50%的铜。经济增长放缓将会对供需关系产生影响并直接导致大宗商品价格走低。依赖大宗商品出口的国家，特别是依赖向中国出口大宗商品的澳大利亚、俄罗斯和南非等国家面临着严峻的形势。此外，中国经济放缓也助推了国际石油价格走低。中国需求萎缩对国际贸易产生巨大压力。例如，巴西、智利、澳大利亚、秘鲁、泰国和马来西亚等国家受到中国大宗商品需求下降的影响而处境艰难。而在发达国家中，一些特定行业同样受到影响，特别是德国、意大利等国家对中国区业务利润依赖程度大的行业，例如，德国的汽车公司、奢侈品生产商和电信公司。大宗商品市场会带来双边风险：不利的影响是：大宗商品价格进一步下跌的预期将继续打击本已脆弱的商品生产者，能源部门债务收益率的增加导致信贷条件紧缩的威胁加剧；有利的影响是：近期油价下滑可能会因为消费者对油价继续下跌的预期而更强地刺激石油进口国的需求。

三　世界贸易增速下降

在各国产业结构发生转变的同时，世界贸易结构也随之发生重大转变。在国际金融危机发生之前，世界商品贸易处于一个空前繁荣的时期，这种繁荣是因为美国等发达经济体消费过度、制造业"空洞化"为新兴经济体提供了巨大的市场，中国等新兴经济体消费疲软、制造业蓬勃发展则促成了对发达经济体出口的迅速增长，是一次结构不平衡的繁荣（郭熙保、陈志刚，2013）。

国际金融危机对世界贸易产生了巨大影响（见表1-2），世界贸易组织数据显示，2008年国际金融危机之前，全球货物贸易量以年均6%的速度增长。2012—2013年，增速已放缓至年均2.4%；2015年前6个月，全球贸易创下了自 2009 年以来的最差表现。2009 年，世界贸易进口总额下降了 22.87%，出口总额下降了 22.31%。贸易结构发生重大调整，其中，在"金砖四国"和"西方七国"中，2009 年，俄罗斯的进出口贸易急剧下降，出口下降 35.67%，进口下降 34.28%；中国的进出口贸易变动相对幅度较小，出口下降 16.01%，进口下降 11.18%。加拿大在 2009 年、日本在 2010 年、巴西在 2013 年由贸易顺差变为逆差，意大利在 2012 年由逆差变为顺差；印度、美国、英国和法国虽然一直维持国际贸易的逆差结构，但是，自 2009 年起，出现了显著区别，美国的贸易逆差由 2008 年的 8820.5 亿美元收缩为 2009 年的 5492.6 亿美元，降幅达到 37.73%，印度的贸易逆差在 2007 年和 2008 年分别保持 39.95% 和 59.32% 的增长，在 2009 年贸易逆差以 26.87% 的降幅收缩，英国和法国 2009 年贸易逆差降幅分别为 11.54% 和 24.33%。在贸易顺差的国家中，俄罗斯、中国和德国在 2009 年的降幅分别为 37.92%、34.36% 和 25.82%。

表 1 − 2 　　　　"金砖四国"和"西方七国"的国际商品贸易 单位：十亿美元

年份		2004	2005	2006	2007	2008	2009	2010	2011	2012	2013	2014
巴西	出口	96.68	118.53	137.81	160.65	197.94	153.00	201.92	256.04	242.58	242.03	225.10
	进口	66.43	77.63	95.84	126.65	182.38	133.68	191.54	236.96	233.40	250.56	239.15
俄罗斯	出口	183.21	243.80	303.55	354.40	471.61	303.39	400.63	522.01	529.26	523.28	497.76
	进口	97.38	125.43	164.28	223.49	291.86	191.80	248.63	323.83	335.45	341.34	308.03
印度	出口	76.65	99.62	121.81	150.16	194.83	164.91	226.35	302.91	296.83	314.85	321.60
	进口	99.78	142.87	178.41	229.37	321.03	257.20	350.23	464.46	489.69	465.40	463.03
中国	出口	593.33	761.95	968.98	1220.46	1430.69	1201.61	1577.75	1898.38	2048.71	2209.00	2342.31
	进口	561.23	659.95	791.46	956.12	1132.57	1005.92	1396.25	1743.48	1818.41	1949.99	1959.36
美国	出口	814.88	901.08	1025.97	1148.20	1287.44	1056.04	1278.50	1482.51	1545.70	1579.59	1620.53
	进口	1525.68	1732.71	1918.08	2020.40	2169.49	1605.30	1969.18	2266.02	2336.52	2329.06	2412.55
英国	出口	347.49	390.86	450.91	441.83	472.17	354.89	415.96	506.57	472.79	541.02	505.84
	进口	470.63	519.27	612.67	638.26	657.78	519.08	591.10	676.90	691.23	655.83	683.98

续表

年份		2004	2005	2006	2007	2008	2009	2010	2011	2012	2013	2014
法国	出口	452.11	463.43	495.87	559.61	616.24	484.78	523.77	596.47	568.71	580.96	582.59
	进口	470.95	504.12	541.92	630.86	716.80	560.87	611.07	720.03	674.42	681.47	677.70
德国	出口	909.89	970.91	1108.11	1321.21	1446.17	1120.04	1258.92	1473.99	1405.10	1451.83	1507.59
	进口	715.74	777.07	906.68	1054.98	1185.07	926.35	1054.81	1254.87	1163.23	1191.55	1215.65
日本	出口	565.68	594.94	646.73	714.33	781.41	580.72	769.77	823.18	798.57	715.10	683.85
	进口	454.54	515.87	579.06	622.24	762.53	551.98	694.06	855.38	885.84	833.17	822.25
意大利	出口	353.78	373.14	416.88	499.88	542.75	406.91	447.30	523.26	501.31	518.27	528.74
	进口	355.30	384.79	442.56	511.66	561.92	415.11	487.05	558.79	488.60	479.45	471.77
加拿大	出口	316.76	360.48	388.18	420.69	456.47	316.09	387.48	451.34	455.59	458.32	474.71
	进口	279.93	322.41	359.00	390.19	419.01	329.91	402.69	463.64	474.94	474.30	475.00
世界	出口	9223.00	10509.00	12131.00	14023.00	16160.00	12555.00	15301.00	18338.00	18496.00	18954.00	19002.00
	进口	9574.00	10870.00	12461.00	14330.00	16572.00	12782.00	15511.00	18503.00	18713.00	19026.00	19091.00

资料来源：世界贸易组织。

　　国际金融危机之后，各国纷纷采取救市措施。但是，贸易政策的效果并不尽如人意，虽然 2010 年和 2011 年世界贸易进出口增长率回归到国际金融危机发生前的水平，但是，在后危机时期，2012—2014 年，世界贸易进出口增长率均在 1% 左右（张丽娟，2011）。

　　对于发展中国家经济体而言，外部需求萎缩导致出口大幅减少，同时还要面临国内市场增长放缓的困境，促进出口贸易是发展中国家经济体渡过国际金融危机的关键举措。如表 1-3 所示，2004—2013 年，从"西方七国"的高科技出口占制成品出口的比重排名来看，英国从第 2 名降至第 6 名，法国从第 4 名升至第 1 名。这 10 年间，法国的上升幅度最大，由 19.76% 上升至 25.84%，其次是加拿大；而其他 5 国均呈现不同程度的下降，英国下降幅度最大，由 24.47% 降到 7.65%，其次是美国和日本。在"金砖四国"中，虽然中国的高科技出口占制成品出口的比重在"金砖四国"中最高，但与俄罗斯和巴西一样，呈现逐年下降趋势，只有印度从 6.00% 上升至 8.07%。

表1-3　"金砖四国"和"西方七国"高科技出口占制成品出口比重　单位:%

年　份	2004	2005	2006	2007	2008	2009	2010	2011	2012	2013
巴　西	11.59	12.84	12.08	11.87	11.65	13.20	11.21	9.72	10.49	9.63
俄罗斯	12.92	8.44	7.78	6.88	6.47	9.23	9.07	7.97	8.38	10.01
印　度	6.00	5.80	6.07	6.40	6.78	9.09	7.18	6.87	6.63	8.07
中　国	30.06	30.84	30.51	26.66	25.57	27.53	27.51	25.81	26.27	26.97
美　国	30.28	29.90	30.06	27.22	25.92	21.49	19.93	18.09	17.83	17.76
英　国	24.47	27.96	33.85	18.22	18.46	20.01	21.01	21.39	21.74	7.65
法　国	19.76	20.27	21.46	18.48	19.97	22.64	24.92	23.75	25.41	25.84
德　国	17.82	17.42	17.14	13.99	13.30	15.26	15.25	14.96	15.80	16.08
日　本	24.10	22.98	22.06	18.41	17.31	18.76	17.97	17.46	17.41	16.78
意大利	8.04	7.98	7.33	6.26	6.40	7.47	7.24	7.37	7.07	7.25
加拿大	12.09	13.08	13.34	12.75	13.60	16.26	14.05	13.43	11.39	14.06

资料来源：世界贸易组织。

　　根据世界银行 2009 年的调查统计，在 47 个样本国家和地区中，12 个发达国家经济体均采取了补贴或其他贸易保护措施；37 个发展中国家经济体中的 49% 调整了进口关税，31% 采取了补贴或其他贸易保护措施。在促进出口增长的过程中，无论是发达国家经济体还是发展中国家经济体均采取措施限制进口，保护本国产业，或提高本国出口企业国际竞争力。

　　在中国改革开放 30 多年的历史进程中，对外贸易是拉动经济增长的重要动力，其发展也经历了一个从数量扩张到质量提高的转变过程。中国经济已经越来越远离"出口拉动模式"。国际金融危机前，中国净出口对 GDP 增长的贡献最高达到 2.5% 左右，而 2010 年之后，净出口对 GDP 增长的贡献已经接近于 0。在中国的全球化战略中，必须改变以往靠数量取胜的经验，而是转而依靠质量和创新。国际金融危机之前，中国作为劳动密集型制成品出口大国，在发展进程中没有遇到太多的挑战者或竞争者，但是，随着东南亚等国家的发展，中国在国际市场中的角色必须做出调整，要处理好虚拟经济和实体经济的关系、传统产业和高新技术产业的关系、发展中国家市场和发达国家市场的关系。其中，发展战略新兴产业、提高国内产业的创新能力是应对世界贸易结构调整和实现中国全球化战略的重要途径。

第二节　国际分工与产业结构调整新趋势

针对本次危机，各国都不同程度地将发展重点转向低碳、节能、绿色等代表未来生产力发展方向的新兴产业上，这势必会对国际分工体系产生深远影响。为应对国际金融危机造成的影响，中国不仅需要解决产业结构调整的问题，还需要解决第二产业，特别是制造业的升级问题，由于欧美发达工业化国家在总结和反思国际金融危机的教训后，纷纷实施"再工业化"和"制造业回归"战略，部分高端制造业出现"逆转移"，给中国相对先进的制造业在技术进步与产品出口等方面带来新挑战，制造业向价值链高端提升的难度加大。

一　国际分工与全球产业格局重组

在后危机时代，国际分工开始发生大规模调整，中国一方面要解决西方发达工业化国家已经完成的产业结构调整问题，另一方面要应对在新一轮科技革命的背景下制造业升级问题和制造业与服务业融合问题。

国际分工与经济增长存在着相互促进的关系，有较高贸易收入弹性的国际分工模式会比其他模式更有利于促进经济增长，并通过经济增长促进产业结构转变（张捷、周雷，2012）。但是，对于不同的国家而言，国际分工可能导致一些国家长期专业化于某些低增长潜力的部门，产生一种"锁定"效应，使其陷入"比较优势陷阱"，会导致国家间的差距越来越大。

中国自改革开放以来，特别是加入世界贸易组织之后，对外贸易迅速发展，在目前的国际分工格局中，对外开放对中国工业增长的促进作用要远远大于对服务业增长的促进作用，起到了提升工业比重、降低服务业比重的作用。根据国际经验，在人均收入达到 1800 美元之前，服务业将会呈现显著增长，随后趋于稳定，直至人均收入达到 4000 美元左右，服务业会再次出现增长（江小涓，2011）。2010 年，中国人均国民收入已经超过 4000 美元，进入了服务业的第二次增长时期，2014 年中国人均国民收入更是达到 7380 美元（见表 1-4）。但是，与中等偏上收入的其他国家相比，中国服务业的发展指标明显偏低。2010 年，中国第三产业增

加值比重和就业比重分别只有 44.2% 和 34.60%，2014 年分别为 48.1%
和 40.60%，而中等偏上收入国家的两项指标平均值分别为 60.4%
和 58.3%。

表 1-4　　　"金砖四国"和"西方七国"人均国民总收入　　　单位：美元

国　　家	2010 年	2011 年	2012 年	2013 年	2014 年
巴　西	9810	11210	12390	12550	11760
俄罗斯	9980	10820	12730	13810	13210
印　度	1290	1440	1530	1560	1610
中　国	4300	5000	5870	6740	7380
美　国	48950	50450	52540	54070	55200
英　国	40470	40090	40600	41590	42690
法　国	43800	44220	43180	43550	43080
德　国	44780	46410	46700	47250	47640
日　本	41980	45190	47830	46330	42000
意大利	37700	37690	36020	35430	34280
加拿大	44450	47090	51020	52570	51690

资料来源：世界银行。

中国的产业结构调整与西方国家早期的"去工业化"有所区别，20
世纪 60 年代之后，西方发达工业化国家陆续开始进入"去工业化"阶
段，在这一阶段，制造业生产率大幅度提升，产品价格下降，各类资源
逐步从制造业流向服务业，最终形成第三产业占 GDP 比重超过 60%，甚
至超过 70% 的产业结构。而中国的产业结构调整是基于本国特殊问题的
实际考虑。中国大力发展第三产业，是因为服务业发展滞后，特别是生
产性服务业的落后已经严重制约了制造业的发展，是导致中国经济增长
放缓的原因之一。受中国经济起步晚以及在国际贸易中分工角色的影响，
中国的制造业和产品长期处于全球价值链的低端，因而需要通过大力发
展服务业来改变中国在国际分工中的不利地位。与发达国家"去工业化"
模式导致金融危机的爆发不同，中国进行产业结构调整是要淘汰落后产
能，实现产业升级，促进创新，激发经济活力，是为了纠正经济发展中
的产业失衡问题。

　　科技革命与国际金融危机相伴而来，这对世界各国振兴本国经济都是一次难得的机遇，世界经济版图将重新调整。欧美等国的经济复苏计划全部以发展新兴产业为战略核心，中国也提出发展战略新兴产业的规划，就是要与发达国家争夺未来科技制高点，争取在国际分工中占据有利地位。欧美等国的"再工业化"战略与新技术革命相结合，对中国及其他新兴经济体产生了巨大的压力，全球产业格局即将重组。

　　当前全球经济进入一个变革的时代，在国际金融危机之前，将来自世界不同地方的产品和服务连接起来，进入产品生产的全球供应链主导了全球贸易格局，在全球贸易中的占比接近80%，其中包括约12万亿美元的中间产品和服务贸易（J. Kynge，2015）。但是，在未来，全球供应链性质的改变将重塑全球贸易格局。特别是新兴发展中国家经济体越发凸显主动改变本国在全球供应链中地位的意图，中国作为最大的全球供应链的源头，将剥离很大一部分低成本制造业，而这部分低成本制造业正在向印度、东盟、孟加拉国和非洲转移。除了进行供应链升级的努力，中国还积极进行新战略的建设和开拓，围绕"一带一路"倡议建设基础设施，预示着全球供应链将扩张至相对较新的地区。

　　新兴发展中国家经济体正在努力突破发达国家经济体垄断的国际分工局面，而这种转变将提升新兴市场在制造业和服务业全球供应链中的地位，巩固新兴市场的出口实力。这对于中国而言，既是机遇又是挑战。一方面，东盟、印度等地区制造业的发展将产生巨大的设备和技术需求，这对中国的中高端制造业是一次难得的市场机遇；另一方面，中国的工业化进程尚未全面完成，新投资的外流和新兴市场的崛起，将对中国产生巨大的竞争压力。

二　全球价值链转移新动向

　　传统的全球价值链是在发达国家跨国公司的推动下，将产品生产的各个增值环节进行分工，形成研发、设计、生产、制造、营销和售后服务等各环节有序衔接的价值链条。发达国家通过掌握价值链中高附加值的研发、设计环节，实现高端渠道整合，而价值链中的生产、制造环节则被分配给发展中国家。由于发展中国家与发达国家相比，在技术水平和创新能力上存在较大差距，很难实现由低附加值到高附加值的产业升级。国际金融危机之后，全球产业结构发生重大调整，旧经济秩序被打破，新经济秩序的重建为发展中国家摆脱价值链低端生产局限、实现产业升级提供了机遇。而发达国家为了巩固世界经济主导权，纷纷提出"再工业化"战略，试图通过发展高端制造业来重振实体经济。在发展中国家和发达国家的双重推动下，全球价值链转移呈现若干新动向。

价值链在国际分工和全球产业格局重组的进程中发挥了重要作用。2011年，世界贸易组织和亚洲经济研究所联合发布了《东亚地区的贸易模式与全球价值链：从货物贸易到任务贸易》，该报告认为，任务贸易逐渐取代货物贸易，成为全球贸易的主流模式。任务贸易与全球价值链结合，形成垂直一体化、生产分享的供应链贸易。由于全球化进程不断加深，产品生产链扩展到世界各地，生产环节被最大限度地细分。一件标签为"中国制造"的产品，并非全部由中国制造。2011年，经济合作与发展组织联合世界贸易组织发布《附加值贸易：概念、方法与挑战》，该报告指出，在中国对美国关于苹果手机的18.75亿美元出口中，不仅需要抵扣2.29亿美元从美国元器件进口，而且在这抵扣后的所谓16.46亿美元顺差中，还需要考虑8亿美元从韩国的中间品进口、2.07亿美元从中国台湾的中间品进口、1.61亿美元从德国的中间品进口、4.13亿美元从世界其他国家的中间品进口。因此，实际上，由中国自己装配制造而产生的国内增加值只有0.65亿美元。

2013年，联合国贸易和发展会议发布《全球价值链与发展：全球经济中的投资和增加值贸易》，该报告正式给出了全球价值链的定义：全球价值链是一种无国界的生产系统，在这一系统中，生产工序分散化，工序中的生产任务和生产活动由国际分工实现，中间产品的服务贸易在这些分散的生产工序中完成。全球价值链改变了传统上使用出口贸易总值核算各个经济体的收益，转而使用增加值进行核算。国际分工新模式的出现使传统上以国家为单位的海关统计数据存在大量的重复计算问题，无法适应当前任务贸易中各国的实际价值增值。为适应全球价值链转移的新动向，国家战略的制定不能再以传统数据为基础，而是应该以国际投入产出表法、增加值来测度双边贸易。在全球价值链体系中，以生产增加值为核心的生产模式对发展中国家而言是一个巨大的赶超机遇。就发展中国家的平均水平来看，增值贸易对各国GDP的贡献率约为30%，而发达国家仅为18%。发展中国家可以利用全球价值链，进行技术引进和技能学习，从而提高本国生产能力，促进产业升级。

当今世界国际分工的主要承载形式是全球价值链体系。对发达国家而言，借助全球价值链可以在世界范围内进行资源配置，利用自身的技术优势，实现对价值链高端环节的控制；对发展中国家而言，全球价值链是其分享世界经济发展成果的一条重要途径，通过参与全球化进程，在与发达国家的合作中实现技术进步和升级。然而，发展中国家在参与全球价值链生产活动时，面临着被锁定在低附加值环节的风险，"中等收入陷阱"依然存在。包括中国在内的发展中国家，必须将经济增长动力从要素驱动向创新驱动转移，这就要求本国的核心产业链与核心技术链协同发挥作用。

在后国际金融危机时代，工业对发达国家和发展中国家都具有重要作用，这是因为，工业是实现科技创新的必备载体和工具。高端装备制造业是七大战略性新兴产业之一，"中国制造2025"战略的提出更加凸显工业在中国经济发展中的关键作用。改革开放以来，中国工业凭借低成本的优势得到迅速发展，但是，自2000年以来，随着劳动力成本和能源矿产价格上升，以及环境约束的加强，中国工业面临着巨大的成本压力。在新时期，中国必须摆脱以往要素驱动模式，向创新驱动转移，实现中国在全球价值链的分工体系中向高端环节攀升的发展目标。当前，中国制造尚停留在"微笑曲线"的低端环节——生产制造外包。在发展战略性新兴产业和"中国制造2025"的框架下，通过创新驱动，实现制造业向"微笑曲线"的两端延伸，掌握核心科技，生产核心产品，实现产业技术水平和出口产品复杂度的双重提升，从而在全球价值链体系中获得最大限度的出口贸易增加值。

三 新兴产业与传统产业融合新模式

"互联网＋""中国制造2025""科技金融深度融合"和"政府与市场关系的有效协调"构成了当前中国新兴产业与传统产业融合新模式的典型表征，为新兴产业与传统产业融合发展提供了物质基础与机制保障。

（一）以"互联网＋"为纽带的新兴产业与传统产业跨界融合

由于互联网具有解决信息不对称和减少交易成本的巨大优势，无论是与新兴产业还是与传统产业相结合，互联网都能提供良好的外部资源与环境。"互联网＋"的迅猛发展，已经上升至"国家战略"，可以与众多产业实现融合，能够为新兴产业与传统产业融合提供着力点。首先，互联网信息技术和传统产业的融合能够为传统产业的产品设计、制造和销售的全过程提供信息资源，提高企业的应变能力和市场竞争力；其次，

"互联网＋"与物联网、大数据等新一代新兴技术能够实现与现代制造业及其相关的生产性服务业跨界融合，拓宽新兴业态范畴，为产业智能化提供支撑和动力；最后，新兴产业与传统产业的融合创新发展也离不开互联网的牵线搭桥，两者形成相互促进、相互依存的关系，最终实现产业跨界融合的良好局面。

（二）以"中国制造2025"为主线的新兴产业技术带动传统产业转型升级

"中国制造2025"旨在大力推进中国由制造大国向制造强国转变，在此过程中，发展的目标主要集中在推动建设国家制造业创新中心、智能制造和高端装备等核心工业领域，这些领域的创新发展将直接带动相关传统产业过剩产能的淘汰，与供给侧结构性改革的理论内涵和实质保持一致，在新兴技术的倒逼压力下，传统产业将对自身的经营模式和产业结构进行深度整合，以提高产业的竞争力，在此过程中，新兴产业的技术溢出效应将有效带动传统产业的转型升级。

（三）以"科技金融深度融合"为特征的新兴产业与传统产业互动发展

随着云计算、电子商务和物联网等新兴技术的日益发展，互联网金融业态正在逐渐凸显，新兴产业与传统产业互动发展需要大量的资金支持，迫切需要金融与实体经济的高度融合。以大连市为例，大连市是科技和金融结合的试点地区，直接融资体系初步建成和间接融资体系日趋完善，但科技不良贷款风险较大的现象仍比较突出。当前，中国的科技金融融合并未达到最优状态，存在形式比较单一的特点，加之资本市场发育不足，尚未满足中小企业的融资需求，使创业投资不能得到长足发展，科技金融的进一步深度融合成为新兴产业与传统产业互动发展的新趋势。

（四）以"市场为主导、政府干预为辅"的新兴产业与传统产业融合新模式

发挥市场机制在资源配置中的决定性作用与供给侧结构性改革的内在要求是一脉相承的，成为新兴产业与传统产业融合新模式产生的机制基础，产业融合的本质是要素在产业间的流动和优化配置的过程，市场在资源配置中如何发挥决定性作用，直接影响着新兴产业与传统产业能否得到深度融合与互动发展。构建以企业为主体的产业融合机制，是新

兴产业与传统产业融合模式创新的基础性条件，在必要情况下，需要发挥政府的行政干预作用，为新兴产业与传统产业的融合发展提供政策支持，以达到提升产业融合质量的最终目标。

第三节 国际贸易新形式

根据我国加入世界贸易组织的协定，中国最迟将在 2016 年年底自动获得"市场经济"地位。但是，以美国为首的反对者声称，该协定并非如此简单，由于对中国政府是否干预价格制定、对某些行业提供补贴，以及是否实行计划经济政策等问题存在质疑和争论，2016 年 1 月欧盟委员会搁置了决定是否给予中国"市场经济"地位的提案。

国际金融危机对世界经济造成了严重的打击，各国都在为本国经济的复兴而努力，国际贸易问题变得格外敏感。由于新兴经济体对世界经济的影响力迅速提高，欧美等发达国家感受到来自中国等发展中国家的竞争压力。为了能够继续在国际贸易中掌握主动权，美国积极推动重构全球贸易框架，为达成两项大型地区性协议——《跨太平洋伙伴关系》（Trans‑Pacific Partnership，TPP）和《跨大西洋贸易与投资伙伴关系协定》（Transatlantic Trade and Investment Partnership，TTIP）而发起谈判（肖恩·唐南，2014）。美国贸易代表迈克·弗罗曼（Mike Froman）2014 年 6 月对美国外交关系委员会表示："美国通过在贸易领域发挥领导作用，有助于进一步强化我们实力的基础。"

美国希望通过 TPP 和 TTIP 继续加强在亚太地区和北大西洋地区经济贸易游戏规则的主导制定权，以此控制整个世界贸易投资的流向。美国的"单极化"世界格局的目标与中国的"多极化"世界格局的目标不同，世界两大经济体在经济层面的激烈竞争已经拉开序幕。

一 国际贸易"规则之争"

中国自 2001 年加入世界贸易组织以来，一直以规则遵守者的角色开展各项活动，随着经济实力的提高，中国意图摆脱被动接受规则的不利地位，积极向规则制定者的角色转换。但是，作为中国最大的经济竞争对手，美国依然希望继续保持其在国际贸易中的主导地位，意图通过 TPP 和 TTIP 重新强化美国在国际市场的核心地位，重新掌握国际贸易领导权，强化构建维护美国利益的国际贸易新规则。

（一）美国意图巩固国际贸易领导权

国际金融危机之后，地缘政治对国际贸易问题走向的影响日渐深切。由美国牵头的两项重大贸易协定都将中国排除在外，对中国的全球化战略产生了巨大的挑战（杰夫·代尔，2013）。在 TTIP 和 TPP 的相关会谈中，都涉及针对中国的内容，例如，政府补贴和知识产权保护问题。这两大内容是中美之间最具分歧的贸易问题，美国试图通过与欧亚的大多数国家签署相关协议，建立国际贸易新标准，迫使中国成为规则的被动接受者。

2016 年 2 月 4 日，美国、日本、澳大利亚、文莱、加拿大、智利、马来西亚、墨西哥、新西兰、秘鲁、新加坡和越南 12 个国家在奥克兰正式签署了 TPP 协定，TPP 成员国经济总量占全球经济的 40%，该协定提高了标准，并针对一些新问题提出解决方案。与此同时，美国和欧盟正在推进全球最大的双边协议。多哈回合谈判启动以来，已经有数十个国家签订了数百份协议，在世界贸易组织以外发起贸易协议成为常态。按照目前 TPP 的构想，其影响力将超过世界贸易组织，是一个"面向 21 世纪、高标准、全面的自由贸易的平台"（赵春明、赵远芳，2014）。虽然 TTIP 尚在谈判进程中，但由于其涵盖的是美国和欧盟两大世界经济体，如果完成谈判，TTIP 将会容纳 1/3 的全球贸易总量，占全球 GDP 的一半，覆盖 8 亿多人口，是人类历史上最大的自由贸易协定。TPP 和 TTIP 对中国最大的威胁在于其对未来国际贸易规制的控制权，包括市场准入、法规和非关税壁垒，这意味着如果中国一直被排除在外，那么中国将面临巨大的贸易成本。在 TPP 与 TTIP 的框架下，美国成为链接亚洲和欧洲的焦点，两大协议相互补充，形成美国从双边、区域到多边的全方位的世界贸易网络。

在这一新世界贸易网络中，美欧日等发达国家在已经占据产业优势和技术优势的基础上，利用贸易规则话语权，制订符合发达国家经济发展水平的新标准，其首要目的是解决发达国家的经济增长、出口与就业问题，TPP 或 TTIP 协定的范围越广、自由度越高、标准越高，发达国家的受益程度就越高。与此同时，在发达国家通过国际贸易获得发展优势的前提下，新兴经济体将会受到遏制。然而，新兴经济体的发展对发达国家的国际市场地位也产生了冲击：生产能力的提高，使新兴经济体对发达国家出口量大增；技术水平的提高，使新兴经济体在产业链中逐步向高端环节转移，这些都威胁到了发达国家原本的优势地位。经济实力的上升必然要求与之相对应的话语权，但这是发达国家不愿意看到的。因此，在 TPP 和 TTIP 这两大谈判中，作为新兴经济体的主要代表国家，中国、俄罗斯、印度等集体"被缺席"，虽然美国标榜其开放、平等的发展理念，但在实际行动中却无法掩盖美国限制新兴经济体发展的意图。

（二）中国应对国际贸易新规则的挑战

对中国而言，大多数国际贸易新规则和新标准与中国的改革方向是一致的，中国仍需要继续推动对外开放，通过参与国际竞争获得产业转型的升级动力，通过国际贸易和投资流动增进中国收益。即便中国没有参与 TPP 和 TTIP，然而，美欧间、美亚间的贸易壁垒消除将为 TPP 和 TTIP 以外的国家带来发展机会。

但是，从长远来看，新规则的高标准，将会成为新形式的非关税壁垒，美欧间、美亚间贸易壁垒的消除意味着这些地区与中国间的贸易壁垒相对提高，这会影响中国的出口规模和经济增长。据北京大学国家发展研究院测算，如果中国不加入 TPP，出口增速将比 2013 年预期增速下降 1.02 个百分点，GDP 增速将下降 0.14 个百分点。此外，由于美国在积极拉拢欧亚国家，使中国与这些国家的合作压力加大，背后的地缘政治问题会影响中国与亚洲、欧洲的战略合作进程。

为应对国际贸易新形势，中国积极推动与各国的自由贸易区协定谈判，力推《区域全面经济伙伴关系协定》（Regional Com-prehensive Economic Partnership，RCEP），该协定包括东盟十国，以及中国、日本、韩国、澳大利亚、新西兰、印度（"10 + 6"），致力于通过削减关税及非关税壁垒，建立 16 国统一市场。若 RCEP 谈成，将涵盖约 35 亿人口，GDP 总和将达到 23 万亿美元，占全球总量的 1/3，所涵盖区域也将成为世界最大的自由贸易区（陈家福，2014）。

中国自由贸易区服务网站的资料显示，截至 2016 年 2 月 12 日，中国已经签署协议的自由贸易区有 13 个，正在进行谈判的自由贸易区有 8 个，正在研究的自由贸易区有 4 个，优惠贸易安排有亚太贸易协定，如表1 - 5所示。

表 1 - 5	中国自由贸易区
已签协议的自由贸易区（13个）	澳大利亚、瑞士、哥斯达黎加、新加坡、智利、东盟、东盟（"10 + 1"）、韩国、冰岛、秘鲁、新西兰、巴基斯坦、中国内地与中国港澳地区更紧密经贸关系安排
正在谈判的自由贸易区（8个）	海合会、挪威、中日韩、《区域全面经济合作伙伴关系协定》（RCEP）、斯里兰卡、巴基斯坦自贸协定第二阶段谈判、马尔代夫、格鲁吉亚
正在研究的自由贸易区（4个）	印度、哥伦比亚、摩尔多瓦、斐济

资料来源：中国自由贸易区服务网：http：//fta. mofcom. gov. cn/。

（三）国际贸易新规则的特点与中国应对

当今世界多极化趋势明显，新兴国家的发展对美国主导的国际贸易体系提出了挑战，在这样的形势下，美国力推 TPP 和 TTIP 是为了确保美国继续通过控制国际贸易规则而掌握国际贸易领导权。中国及其他发展中国家也在积极主动寻求突破口，以改变在国际贸易中的被动地位，摆脱发达国家的控制。在这两股力量的推动下，国际贸易新规则的特点主要体现在以下三个方面：

第一，高标准、高自由度。按照 TPP 的要求，TPP 成员国须在十年内实现百分之百零关税，以实现货物贸易完全自由化。这一标准超过了现行任何一个国际贸易准则，包括世界贸易组织和亚太经济组织。国际贸易新规则中的很多要求都超过了发展中国家的现行发展水平，更多地体现了发达国家的意志。TPP 尤其强调敏感产业的自由化，例如，电信、金融等关键领域和电子商务等新兴领域，并要求在知识产权保护准则中包含互联网知识产权保护、延长著作权的保护时间、规范临时性的侵权行为等高要求条款，这对于发展中国家而言，高自由度的国际贸易新规则会对本国国民经济核心产业和支柱产业产生冲击，技术的引进和学习成本将大大提高。TPP 还在制度上进行创新，实行服务贸易负面清单原则，即除明确列出的经济部门外，其余在服务贸易中出现的任何新部门，都将自动开放。新规则的标准和自由度之高，前所未有。

第二，谈判议题更广泛。随着国际贸易环境变化，信息化和电子商务得到广泛应用，贸易操作的形式发生变化，谈判中产生了许多新的交叉议题，如竞争中立、监管一致、国有企业、电子商务、知识产权、政府采购等（赵春明、赵远芳，2014）。这些交叉议题呈现出新的规则走势，即从边境贸易壁垒议题深入国境内部，国际贸易新规则开始试图在关乎成员国国内经济制度建设方面有所突破，包括竞争中立、贸易便利化、数据自由流动、非歧视政策、知识产权保护、信息技术发展、政府透明度等。这些新议题成为国际贸易协定谈判的博弈重点。例如，TPP、TTIP中都涉及国有企业的竞争中立原则，以限制一国政府层面的商业行为，使国有企业不能享有比其他企业更高的特权，并允许其他国家企业进入其政府采购市场，对成员国国内市场提出了很高要求。国际贸易规则改革的未来走向是市场进一步开放，国家的边界将逐渐模糊，一个主权国家的经济体制、规制制度和政策等都将受到国际贸易规则的影响。

第三，服务贸易和投资的地位高出货物贸易。在新规则中，针对服务贸易和投资的条款成为核心内容，这是因为，在全球国际贸易中，货物贸易已经不再是主要部分，服务贸易和投资成为主要部分。在服务贸易方面，TPP新增了金融服务、电子商务等服务业专门条款。过去的自由贸易协定往往不会把金融、娱乐、医疗和会计等高端服务行业列为开放部门，而TPP和TTIP则重点打开这些行业的市场准入，并设置条款以消除跨境服务贸易壁垒，提高各成员国服务贸易政策的透明度。这对于具有成熟服务业的发达国家而言，服务贸易的提升将强化其在国际上的优势地位。在投资方面，TPP把母国国有企业在东道国建立企业的权利放在首位，着力构建监管一致性规则，即在外国投资者与东道国之间建立一个共同的监管条款，避免东道国滥用本国法律给投资者制造壁垒。

由于TPP和TIPP更多地体现了发达国家的利益，新规则淡化了对发展中国家的优惠政策，高标准、高自由度等愿景的背后是让发展中国家承受与本国经济实力不相符的责任义务。国际竞争由商品竞争转向规则竞争，发展中国家的发言权受到进一步削弱，南北差距将进一步拉大。发达国家借助新规则中关于知识产权保护等条款的限制，将对发展中国家的新兴产业造成巨大打击，为了应对这一局面，中国要积极加强区域合作，推进自由贸易区战略。一方面，要通过实施自由贸易区战略，扩大出口市场，提高贸易和投资的条件及环境，促进贸易自由化和投资便利化，扩大开放的广度和深度，提高开放型经济水平，促进地区繁荣；另一方面，要积极发展战略新兴产业，提高中国在世界产业链中的优势地位，为中国在国际贸易规则的制订竞争中奠定稳固的产业基础和技术支持。

二 服务贸易异军突起

世界贸易组织的数据显示，2014 年，服务贸易对全球贸易增长的贡献率首次超过了商品。根据联合国贸易和发展会议的数据，旅游、娱乐和商业服务等短时服务对 2014 年全球出口增长的贡献率为 62%，而实物商品的贡献率仅为 38%，而 2013 年则恰好相反，服务业对出口增长的贡献率为 38%，而制造业的贡献率为 62%，2011 年服务业的贡献率仅为 15%。在国际金融危机之后，虽然商品贸易开始呈现衰落趋势，但是，服务业贸易异军突起。

（一）全球经济重心转向服务业

国际金融协会（IIF）的数据显示，自 1990 年以来，发达国家、拉美国家、欧洲新兴国家和中国的服务业增加值占 GDP 比重也一直在稳步上升（史蒂夫·约翰逊，2016）。对冲基金公司 SLJ Capital Partners 创始人任永力（Stephen Jen）表示，2000—2012 年，由供应管理学会编制的美国制造业采购经理人指数与非制造业采购经理人指数的相关系数通常在 0.8—1。但是，自 2014 年开始，这种关系已经"瓦解"，目前这两个指数的相关系数已变为负值。近年来，美国服务业采购经理人指数保持高位，服务业发展势头良好（见图 1-2）。

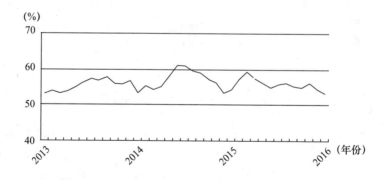

图 1-2 美国服务业采购经理人指数

资料来源：国家统计局。

中国也出现了和美国一样的分化趋势，服务业发展相对强势，而工业行业的发展则相对疲软。受国际金融危机影响，2008 年 11 月，中国制造业采购经理人指数跌落谷底，为 38.8%。随后该指数虽然迅速回升，但明显与国际金融危机前的势头不同，采购经理人指数（PMI）多次低于50%，制造业呈现明显的收缩态势。而世界经济也呈现出了相同的发展趋势，2015年，全球服务业采购经理人指数也显著高于制造业。

服务贸易的繁荣受多方面因素的影响，首要原因是世界达到前所未有的发展程度，全球基尼系数下降，"全球日益富足"意味着基本食品和家用物品等必需品的消费支出占比将会下降，"餐饮、娱乐和休闲旅行等涉及专业个人服务的奢侈项目"支出占比将上升。与此同时，人口老龄化导致医疗支出增多，进一步促进服务业的发展。在新技术革命的推动下，信息技术迅猛发展，降低了服务业的成本，改进了服务的提供方式，这都为服务业推动经济发展提供了技术支持和市场需求。

（二）互联网技术与服务业发展机会

2014年，中国的消费对GDP的贡献已经超过投资（见图1-3），服务业在全部产出增长中占据半壁江山。中国经济正在从依赖固定资产投资向依靠消费的方向转变，可以预期2016年产出将放缓，杠杆率将上升（陈敏兰，2015）。十八届五中全会提出，要实现更为平衡、包容和可持续的增长模式，强调服务业发展与高科技创新，而不是出口与制造业。

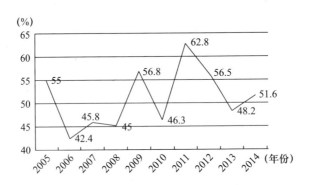

图1-3 中国最终消费支出对国内生产总值增长贡献率

资料来源：国家统计局。

在新经济秩序下，创新制造业与服务业等新兴产业将迅猛发展。由于亚洲的上网用户已占全球一半以上，互联网产业具有良好的市场基础。电子商务在人口密集的亚洲能够最大限度地发挥其网络效应，新崛起的增值服务，例如，数字广告、电子支付以及在线游戏等，也必将在中国经济大转型中获得长足发展。2016 年及以后，亚洲互联网行业营收预计将维持 20%—25% 的高增长。在行业整合及移动业务利润率提升的大背景下，中国互联网巨头将是最大的受益者。中国互联网络信息中心（CNNIC）发布的统计数据显示，截至 2016 年 1 月，中国国家顶级域名"CN"注册保有量达到 1636 万个，超过德国国家顶级域名"DE"，成为全球注册保有量第一的国家和地区顶级域名。中国网民数、宽带用户数等均达到全球首位，中国成为名副其实的互联网大国，并稳步迈向互联网强国。

除互联网产业外，从医疗保健、保险到旅游等其他高增长服务业也将有不俗的表现。值得关注的是，亚洲人口老龄化使现存基础设施捉襟见肘，因而整个亚洲的公共医疗支出将大幅攀升。例如，中国政府计划到 2020 年将医疗服务行业规模增长至 9 万亿元人民币，比 2011 年增长 7 倍。与此同时，未来十年，赴东盟国家进行医疗旅游的中国游客将迅速增加，再加上国内药品定价自由化、制药标准提高，这些都将为中国战略性新兴产业的发展带来新的机会。

第二章　世界产业发展新趋势 I：
第三次工业革命

　　工业革命是人类发展史上的伟大转折点。世界经济发展史上两次工业革命的发生及其传播和延续记录着世界产业变迁的轨迹，塑造了现代工业体系和世界产业分工格局。正处于萌芽阶段的第三次工业革命将是一次技术经济范式意义上的涵盖技术基础、生产方式、劳动力需求结构和组织方式并带来深刻经济社会影响的全面协同变革，制造能力和制造业的经济功能将重新定义，终将带来全球产业分工格局重构和产业竞争范式革命。新一轮工业革命对作为世界制造业基地的中国来说，既是挑战也是机遇。在第三次工业革命更加突出知识和技术在工业生产中的重要性，将对中国的低成本优势产生重大冲击；但尚处于萌芽阶段的第三次工业革命也为具有庞大制造基地和完备工业体系的中国提供了由"工业大国"向"工业强国"转变的"机会窗口"。在第三次工业革命背景下，中国工业发展战略面临调整。第三次工业革命不仅与中国新型工业化道路联系紧密，也将赋予中国新型工业化道路新的内涵，涵盖新一轮工业革命主要技术基础，作为抓住经济赶超"机会窗口"关键的中国战略性新兴产业的发展在新一轮工业革命中尤为重要。

第一节　工业革命与工业化的多维度解析

一　工业革命的历史溯源

　　人类物质文化在过去两百多年的发展变化比此前五千年的发展变化还要大，而这一切肇始于工业革命。始于工业革命的一系列新技术、新工艺的发明和广泛应用催生了大量新兴产业的出现及经济结构的根本性变革，由此引发了生产方式、组织方式、人口增长、城市化和经济增长方式等社会经济特征的变化，并对人类生活水平的提升和世界经济格局的形成产生了重大影响。虽然被冠以"革命"之名，工业革命实际上是一个漫长的演变过程。从世界经济的发展历程和世界经济格局的演变来看，工业革命大致可以划分为三个时间上略有重叠的阶段：工业革命的起源阶段、工业革命向欧洲及其移民国家的扩散与延续阶段和后发国家的工业革命与工业化阶段。

（一）工业革命的起源

工业革命起源于18世纪中后期的英国，当时典型的新技术和新工艺标志是机械纺织设备、焦炭冶铁技术、蒸汽机的改良与应用以及煤炭作为主要能源对风力、水力和有机能源的替代。上述新技术和新工艺对工业革命的进程产生了持久而深远的影响。机械纺织设备的发明和应用率先在棉纺织行业实现了生产机械化，并出现了与机械化生产相适应的工厂制度。随后，工厂机械化生产逐渐扩散到煤炭和冶金等行业。焦炭冶铁技术是另一项典型的新技术，因为它带来了廉价铁的足量供应，为机械化生产方式的推广和铁路、轮船运输的发展铺平了道路。蒸汽机和煤炭的结合则解决了动力问题，工业生产得以突破自然地理环境的限制，不仅使需要大量、持续动力的工厂机械化生产方式成为可能，也使机械动力得以运用于交通运输。随着工厂机械化生产方式在各行业的普遍应用和铁路、轮船运输的发展，以纺织机械、蒸汽机和蒸汽机车等为主要产品的机械设计和装备制造业开始兴起。至19世纪三四十年代，英国已建立起以纺织业为主，涵盖采矿业、冶金业和交通运输业等行业的工业体系，并具备了批量化生产机械设备的能力。

借助工业革命，英国拉开了由传统农业社会向现代工业社会转型的大幕，社会经济系统出现了重大变革。首先，工厂机械化生产替代家庭手工作坊成为主要的生产组织方式；其次，经济结构中工业取代农业成为国民经济的主导部门；再次，人口迅速增加，城市化进程加速，大型工业城市开始出现；最后，经济增长模式得以突破"马尔萨斯陷阱"，开启了经济持续迅速增长和生活水平快速提高的新时代。

（二）工业革命的扩散与延续

借助工业革命中的先发优势，英国确立了它在世界技术和经济中的领先地位。1820年，英国工业生产在世界工业生产中的占比高达50%，这一比重直到1870年仍为压倒性的32%，英国在生产技术上更是遥遥领先于欧洲大陆国家。工业革命在英国取得的非凡成就促使欧洲大陆国家和以美国为代表的欧洲移民国家纷纷效仿和学习，但工业革命在欧洲大陆国家和欧洲移民国家的扩散并没有立即展开。主要有以下三个主要原因：一是英国为保持竞争优势而设置各种障碍阻止技术向外国扩散，比如，工匠迁居国外在 1825 年前是禁止的，而自 1774 年开始实行的机器出口禁令一直维持到 1842 年；二是 18 世纪催生工业革命诞生的关键新技术和新工艺依赖于英国独特的资源禀赋条件和社会经济环境，新技术和新工艺发明之后的改良与各国引进英国先进技术并消化吸收是一个漫长的过程，比如，英国工业革命早期出现的珍妮纺纱机、瓦特蒸汽机和焦炭冶铁技术都具有煤炭耗费高、造价偏高的特点，这只适用于有着丰富的煤炭资源和较高工资水平的英国；三是来自英国廉价工业品的竞争使欧洲大陆国家和欧洲移民国家建立与发展自身工业体系时面临着更为激烈的国际竞争。

欧洲大陆国家和以美国为代表的欧洲移民国家的工业革命大多始于 19 世纪初，约比英国晚了 50 年，但有着英国的先进工业生产技术作为基础，工业革命与随之而来的工业化在欧洲大陆国家和欧洲移民国家的扩散远比英国的工业化迅速。1815—1870 年，英国工业革命所涉及的棉纺织业、冶铁业、煤炭工业、铁路与轮船运输和机器制造等主要行业已全部出现在欧洲大陆。美国有着比英国更为丰富的自然资源，依靠欧洲移民潮带来的劳动力、资本、技术和市场的扩张，于 19 世纪实现了工业化。虽然整个 19 世纪英国都是雄踞世界的经济大国，但英国与欧洲大陆国家和以美国为代表的欧洲移民国家之间的技术差距在 19 世纪中后期被抹平，工业革命的进一步发展也在孕育之中。19 世纪中后期到第一次世界大战前是工业革命的延续和进一步发展阶段。以钢铁、化学工业、电力工业、石油工业和耐用消费品制造业等为代表的重工业体系逐渐取代以棉纺织业为代表的轻工业体系，电动机和内燃机利用电力及石油提供新的动力来源，汽车、飞机和电报、电话、电视的出现带来了更有效率的交通运输和信息传播方式，工厂制度进一步演化为企业制度，大型股份制公司成为主导的生产组织方式。

（三）后发国家的工业革命与工业化

19 世纪和 20 世纪上半叶的工业革命浪潮对世界经济格局的形成产生了重大影响。以美国、德国、英国、法国为代表的欧美国家利用 19

世纪的工业革命浪潮实现了工业化并建立起重工业主导的工业体系。20世纪初，欧美国家的经济和科技实力已远远超过世界其他国家。后发国家在19世纪的工业革命浪潮中虽有工业革命的萌芽，但未能实现工业化和完成经济追赶，在欧美国家的殖民侵略和日益发达的国际贸易中逐渐沦为农产品、原材料的提供者和工业制成品的倾销地。唯一的例外是日本，依靠国家推动的模式在1905—1940年间建立了重工业体系，实现了工业化。

第二次世界大战后，原殖民地国家纷纷获得独立，推动工业化以实现经济发展成为首要任务，后发国家迎来了新一轮的工业革命和工业化浪潮。在新一轮的工业革命和工业化浪潮中，全球经济一体化和国际产业转移带动了东亚地区的工业发展，东亚地区建立了自身的工业体系，改变了以往作为外围国家仅仅输出农产品和原材料的地位。东亚地区的中国香港和中国台湾、韩国、新加坡所组成的亚洲"四小龙"更是新一轮工业革命和工业化浪潮中的佼佼者，实现了从国际产业链低端向高端的迁移，人均GDP快速持续增长，于20世纪末完成了对欧美发达国家的经济追赶。与东亚国家和地区相似，战后初期，拉丁美洲的主要国家工业发展迅速，涌现出了巴西、墨西哥和阿根廷等一批新兴工业化国家，但拉丁美洲的工业化进程在20世纪70年代遭遇了困境。拉丁美洲人均GDP在1950—1973年年均增长率为2.5%，与同期东亚国家和地区的人均GDP增长率持平；1973—1990年东亚国家和地区人均GDP的增长率为3.9%，同期拉丁美洲的人均GDP年均增长率却大幅下降为0.7%（见表2-1）。除南非外，非洲大部分国家却未能赶上新一轮的工业革命和工业化浪潮，工业化发展有限，至今仍是世界上最贫穷的地区。

战后工业革命和工业化大潮的另一方面是欧洲各国和日本在战后迅速重建了工业体系。从20世纪70年代开始，欧美发达国家开启了以信息技术与远程通信技术为主的新一轮科技革命，计算机、电信业、互联网等信息技术产业开始崛起成为新的经济增长引擎。与此同时，先行工业化国家产业结构开始重大调整，第一产业和第二产业增加值占GDP的比重持续下降，第三产业增加值占GDP的比值不断提高。随着先行工业化国家生产基地向劳动力成本低廉的发展中国家和地区转移，部分先行工业化国家甚至出现了产业"空心化"现象。2008年的国际金融危机却暴露出其缺乏实体产业部门支撑的虚拟经济发展的脆弱性和不可持续性，实体经济尤其是高端制造业在国民经济发展中的基础性作用进一步凸显出来。向实体经济回归、加强科技创新与培育发展战略性新兴产业成为先行工业化国家克服危机和重振经济的共同选择。

表 2 - 1　　战后主要国家和地区人均 GDP 增长率（1950—1999 年）

国家和地区	1950—1973 年	1973—1990 年	1990—1999 年	1950—1999 年
中国	2.9	4.8	6.4	4.2
中国香港	5.2	5.4	1.7	4.6
中国台湾	5.9	6.7	5.3	5.3
新加坡	4.4	5.3	5.7	4.9
韩国	5.8	6.8	4.8	6.0
日本	8.1	3.0	0.9	4.9
15 个东亚国家或地区	2.5	3.9	4.6	3.4
亚洲其他国家	4.1	0.4	1.1*	2.3*
拉丁美洲	2.5	0.7	1.4	1.7
非洲	2.1	0.1	-0.2*	1.0*
东欧和苏联	3.5	0.7	-4.8*	1.1*
西欧	4.1	1.9	1.4*	2.9*
美国	2.5	2.0	2.1	2.2

注：（1）表中增长率为年平均复合增长率；（2）15 个东亚国家和地区包括中国、中国香港、中国台湾、新加坡、韩国、印度、马来西亚、泰国、菲律宾、印度尼西亚、孟加拉国、缅甸、尼泊尔、巴基斯坦、斯里兰卡；（3）带 * 号的国家和地区的数据截至 1998 年。

资料来源：根据麦迪森《世界经济千年史》（北京大学出版社 2003 年版）表 3 - 14 整理。

二　工业革命与技术经济范式转变

工业革命源于一系列技术进步所引发的新技术和新工艺的发明及广泛应用，但工业革命的影响绝不仅仅局限于新技术和新工艺本身。"如果工业革命仅仅在于一些技术进步，如果它的影响并不扩张到设备和商品之外，那么，它就终将成为一个不太重要的事件，它在通史上只能占很少的篇幅。"技术进步也不是一个孤立的事件，新产品和新工艺的出现及扩散总是伴随着与之相配套的投入要素、生产技能、组织形态和管理方式等的相应变化。在 18 世纪中后期以来席卷全球的工业革命和工业化大潮中，工业因素已经渗透到经济社会的各个领域，工业革命的影响早已超出技术进步的范畴，实际上已经成为一场技术经济范式意义上的变革。

技术经济范式是来源于技术进步与经济社会发展关系相关研究的一个重要概念和分析框架。弗里曼和佩雷兹在经验研究的基础上，根据创新对经济社会发展影响程度的大小，将创新分为增量创新、基本创新、技术体系变革和技术经济范式变革四种类型。增量创新来源于"干中学"或"用中学"过程中的发明或改进，这一类创新连续不断地出现在任何产业之中，虽然增量创新总体上对生产率的提高意义重大，但单个增量创新不会产生重大的影响，仅仅反映在投入产出的数量变化上。基本创新来源于企业或研究机构有目的的研究开发活动，是一个不连续的事件，在各个产业中的分布也不均匀。基本创新通常包括新产品、新工艺的结合，会带来新的投资热潮并为新市场的成长奠定基础，但就单个基本创新而言，对经济社会发展的影响一般是较小的和局部的。技术体系变革则是增量创新和基本创新的一种组合，并伴随着组织创新和管理创新的影响深远的技术进步，将导致全新产业的出现，并对多个经济部门产生影响。技术经济范式是比技术体系更为宽泛的概念，技术经济范式变革通常包含数组增量创新和基本创新，最终形成多个新技术体系。技术经济范式变革的一个重要特征是对整个经济领域的渗透效应，将直接或间接地对所有经济领域产生影响。新技术经济范式一旦形成，将在相当长的时期内影响整个经济的运行和发展。同时，与技术经济范式变革相伴而生的是经济主导产业部门的更替、新基础设施的建立和深刻的制度和社会变革。

从主导技术体系及其社会经济影响来看，人类社会已经发生了两次工业革命，每一次工业革命都导致了技术经济范式的转变。第一次工业革命以18世纪后半叶英国纺织机械化和蒸汽机的利用为标志，第二次工业革命以20世纪初福特汽车公司大规模生产流水线诞生及石油的广泛应用和电气化为标志。从20世纪70年代开始的信息技术革命和20世纪80年代得以推广和发展的3D打印技术、纳米技术，由传统能源日益枯竭及大量使用所引发的经济环境问题和新技术应用而催生的新能源、新材料技术及生物学与电子信息学交叉而生的生物电子技术和智能机器人等技术的突破预示着新一轮工业革命的到来。长期来看，新一轮工业革命将孕育新的技术经济范式，并对经济社会发展产生重大影响。综上所述，三次工业革命与技术经济范式的关系可概括如表2-2所示。

表 2－2　　　　　　　　　　三次工业革命与技术经济范式

三次工业革命及其区间	技术经济范式	经济社会影响						
	技术革命	关键生产要素	生产方式	产业组织特征	支柱部门	基础设施	社会转型	主导国家
第一次工业革命（1771—1875 年）	第一次技术革命（1771）：棉花、铁和水力时代	棉花、煤炭、生铁	单件小批量生产	小规模工厂、合伙制企业	棉纺织业、冶铁业、铁路和蒸汽机	运河、公路、铁路、蒸汽船	农业社会向工业社会转型	英国（扩散到欧洲大陆和美国）
	第二次技术革命浪潮（1829）：蒸汽和铁路时代							
第二次工业革命（1875—1971 年）	第三次技术革命（1875）：钢铁、电力和重化工业时代	钢、石油	大规模生产	大型垄断企业、股份制公司	重型机械、重化工、电气设备、汽车、石油化工、合成材料、家用电器	钢轨、电话、高速公路、无线电、机场	工业社会形成	欧洲和美国
	第四次技术革命（1908）：石油、汽车和大批量生产时代							
第三次工业革命（1971—2070 年？）	第五次技术革命（1971）：信息和远程时代	芯片	大规模定制开始形成	大型跨国公司、全球产业链合作	计算机、软件、远程通信、廉价微电子产品	信息高速公路（互联网）	后工业社会	美国（扩散到欧洲和亚洲）
	第六次技术革命（2030 年左右？）：智能和清洁技术时代	可再生能源	大规模定制、全球个性化制造	产业组织向网络化和生态化发展，研发涉及的社会化参与	机器人、太阳能发电、光伏建筑一体化、智能装备制造、新能源汽车、3D 打印机	工业物联网、智能电网、高速铁路、智能化绿色交通运输体系		美国、欧盟、日本、中国

资料来源：笔者根据相关文献整理。

三　世界工业化演进与制造业基地转移

综观世界工业化进程，随着现代信息技术的飞速发展，机械化、重工业化的深入，大量生产技术可实现高度复制。这一方面促成全球制造基地由欧洲到美国、日本到韩国、新加坡、中国台湾到中国大陆等呈现出梯次转移；另一方面塑造了全球制造业分工格局。

在全球制造业基地的每一次转移中，首先起作用的是要素禀赋条件。资源、劳动力、土地廉价且丰富的地区成为制造业转移的目标。随着这些制造业发展所需的基本要素得到满足后，生产规模迅速扩张，工业化向着更高层次的目标发展。此时，基础资源的作用在衰退，而与资源禀赋条件相适应的新的产业科技主导路线逐渐形成。这首先表现在产业技术核心的转变。从机械化到电气化，再到信息化，直到如今信息化和工业化相结合的新兴工业化。其次是工业部门内部结构发生转变。从棉纺织、食品等初级消费品工业部门占主要比重向机械、钢铁、汽车、化工等资本品工业部门占主要比重变化。以产业核心科技主导路线为依据，世界工业化经历了阶段性的发展过程。目前，建立在互联网和新能源相结合基础上的新一轮产业革命正在酝酿当中，原先的制造业基地力争重返制造业，而作为当前世界制造基地的中国，其地位正受到这场技术革命的影响。在各国抢占新兴技术制高点、争夺下一个制造基地的同时，中国也提出大力培育和发展战略性新兴产业，力图巩固世界制造业中的核心地位，努力抓住下一轮科技革命所带来的发展机遇。

同时，在每次制造基地转移过程中，作为制造基地的国家都能够完成自身工业化进程，建立起符合本国社会观念的工业文化特质。这种文化特质的多样性决定了各国发展前景的多样性。优先完成工业化的国家虽然将制造工厂转移到了其他低成本国家，但是，保留下来的却是经过长期积淀才形成的深厚的制造文明。正是由于这些精髓的工业文明素质才使这些工业化发达国家无论世界工业化格局如何改变都能始终保持自身工业制造优势。从世界整体来看，在工业化进程中所形成的工业文明也经历了以高消耗、低附加值为代价的标准化、大规模、高速度、低成本的初级工业文明向精细化分工和精致制造的现代工业文明转变。概括地说，世界制造业基地转移情况可归纳如图2－1所示。

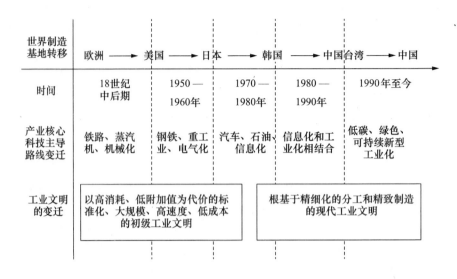

图 2 -1　世界制造业基地转移示意

资料来源：笔者根据相关资料整理绘制。

第二节　第三次工业革命的技术经济特征与产业发展影响

一　第三次工业革命的技术经济特征

对于第三次工业革命时间节点的判断，有着多种不同的观点。有的认为，第三次工业革命尚未到来或难以判断，产业发展是短期跳跃、长期连续的过程，前两次工业革命都是事后才能对其定义和充分描绘特征的，且都具有典型的跳跃性，工业革命之前和之后的生产组织模式，能源利用方式变化巨大，而目前远未发展到前两次工业革命的剧变程度；有的则认为，第三次工业革命在二十年前网络技术被广泛应用时，即已开始，目前正处于深刻的演化过程中；但更多的观点认为，第三次工业革命的萌芽阶段已经来临，绿色能源、现代信息技术和制造业相互结合的多层次的整个工业系统变革，正在逐渐取得突破并处于快速演进过程当中。

第三次工业革命之所以能称为"革命"，必然以重大技术进步为基础，并引发经济社会变革。第三次工业革命将表现出与第二次工业革命中所形成的技术经济范式不同的特征，特别是与产业发展相关的技术基础、生产方式、劳动力需求和组织方式的特征变化最为明显。

（一）技术基础

第三次工业革命需要多个协同融合的新技术体系来支撑，这些新技术体系可以划分为以下三个层次：第一层由新一代通信技术、大数据技术、新能源技术、新材料技术和生物技术等通用技术构成，这些技术本身可能并不属于生产制造范畴，但底层通用技术的进步使新一代生产制造技术的大规模商业化应用成为可能，比如，新一代通信技术和新材料技术的进步使3D打印的生产成本大幅下降而具备了大规模商业应用的价值。第二层由工业机器人、3D打印和数字制造等新一代生产制造技术组成，新一代生产制造技术将生产制造带入到数字化和智能化时代。第三层是底层通用技术和中层新一代生产制造技术集成应用而构成的柔性生产系统和可重构生产系统等新型生产制造系统。不同层次的技术体系协同融合而构成有机的整体，共同支撑第三次工业革命制造技术的智能化。

（二）生产方式变革

第二次工业革命中的主导生产方式是大规模流水线生产，通过规模经济以低成本满足主导消费需求，消费者的差异化需求只能以高成本的个性化定制方式实现。底层通用技术的突破和新型生产制造技术的大规模商业应用以及新型生产制造系统的构建，低成本和产品多样化的矛盾得以调和。针对消费者的多样化需求，新一轮工业革命中的生产方式将出现重大转变——大规模生产向大规模定制，甚至全球个性化定制转变（见表2-3）。

表2-3　　　流水线大规模生产方式与大规模定制生产方式比较

	流水线大规模生产方式	大规模定制生产方式
管理理念	以产品为中心，以低成本赢得市场	以顾客为中心，以快速响应赢得市场
驱动方式	推动型生产，根据市场预测安排生产	拉动型生产，根据客户定单安排生产
核心	通过稳定性和控制能力取得高效率	通过灵活性和快速响应来实现多样化和定制化
战略	成本领先战略：通过降低成本、提高生产效率，获取竞争优势	差异化战略：通过快速反应、提供个性化的产品，获取竞争优势
目标	以低价格开发、生产、销售、交付产品和服务	以多样化和定制化开发、生产、销售、交付顾客买得起的产品和服务

资料来源：笔者根据相关资料整理。

（三）劳动力需求结构变革

劳动力需求结构变革是工业革命的一个重要特征，主要体现在两个方面：一是产业间劳动力需求的结构性变革，新兴产业的出现导致劳动力由传统产业向新兴产业的结构性转移；二是不同技能和知识水平劳动力间的结构性需求变革，生产方式的变革带来更高生产效率的同时提高了对劳动力技能和知识水平的要求，导致高技能和知识型劳动力对低技能型劳动力的结构性替代。不同技能和知识水平的劳动力之间的结构性需求变革在第三次工业革命中可能表现得比前两次工业革命更为明显。第一次工业革命以机械化生产代替手工制造，机器开始代替简单体力劳动，要求劳动力具有操作机器的能力；第二次工业革命则以可替换的零部件和标准化流水线生产大规模替代劳动力的体力劳动，需要大量的技能型劳动力；在第三次工业革命中，数字化和智能化生产方式将物联网的传感器所采集的海量生产数据通过互联网汇集到云计算中心，然后经过信息管理系统对大数据进行挖掘分析，从而制定出正确决策，这本质上是对脑力劳动的部分替代。第三次工业革命将导致新一轮不同技能和知识水平劳动力的结构性需求变革，制造业对操作型和技能型劳动力的需求将逐步下降，面向工程师和产品设计开发人员的知识型岗位将不断涌现，需要的是能看懂图纸、能理解订单要求、能调整机器参数和能修正误差的创造性劳动力。

（四）组织方式变革

生产方式和组织方式是协同演进的。与新型生产方式相匹配，第三次工业革命中组织方式将呈现出以下新趋势：（1）产业边界模糊化，制造业与服务业深度融合。第三次工业革命中，生产制造由数字化和智能化生产方式完成，与制造业相关的研发、设计、IT、物流等生产性服务业成为制造业不可或缺的组成部分。为快速响应市场需求，制造业与服务业需要深度融合，第二产业与第三产业的边界将模糊化。（2）产业组织网络化和企业组织去部门化、扁平化。柔性生产系统和可重构生产系统等新型生产制造系统的突出特征是物质资源、信息和知识的高度集成，企业通过网络、跨越边界与其他企业和环境相联系成为新型生产制造系统有效运转的内在要求。同时，企业内部组织结构去部门化和扁平化，打破部门分隔，淡化组织中的等级制度，从而更有效地整合资源、传递信息和共享知识。（3）工厂生产向社会化生产转变。借助于新一代生产技术和发达的信息技术，生产制造得以突破重型生产性资产和地理范围的限制，极大地降低了中小企业甚至是个人进入生产制造领域的门槛，比如，个人或中小企业可以在任何地点依靠廉价的生产制造服务或3D打印等新一代生产技术将其设计的产品制造出来。与第二次工业革命中的大型工厂化生产相对应，第三次工业革命中，无数个人、中小企业和大型企业共同参与生产制造过程，生产组织方式将向更为分散、开放和灵活的社会化生产转变。

二　对第三次工业革命与制造业经济功能的重新认识

从产业结构来看，第三次工业革命的到来，需要我们重新审视制造业的经济功能。传统的产业结构理论中，主要从经济规模角度理解各产业的经济功能和经济发展过程中的结构变迁。在这一理论框架下，工业的经济功能主要由其占国民经济比重所决定。当一国经济发展步入工业化中后期，由于工业边际生产率的降低和服务业边际生产率的上升，工业占国民经济的比重将逐渐降低并最终低于服务业占国民经济的比重。传统产业结构理论据此判断工业在工业化中后期的经济地位是相对下降的。而作为工业主体的制造业，在第二次世界大战后所形成的全球分工体系中一直处于价值链的低端。在以化石能源为基础的大规模制造范式下，制造业也是导致资源消耗、环境污染和血汗工厂等经济社会问题的经济部门。因此，在传统产业结构理论中，制造业在工业化中后期所承担的经济功能是逐渐弱化的。与这些基本判断相对应，传统产业结构理论主张发达工业化国家引导经济资源向"微笑曲线"两端的研发设计和品牌营销等环节集中，"微笑曲线"底端的制造环节向发展中国家转移；而发展中国家产业结构优化升级的过程就是由"微笑曲线"底端的制造环节向两端的研发设计和品牌营销等环节攀升的过程。

可以看出，按照传统产业结构理论所提出的通过"去制造"和"去制造业"实现产业结构优化升级和经济增长的政策建议的有效性，严重依赖于以下相互关联的基本假设：一是制造业所承担的经济功能主要由其经济规模决定；二是从产业内部的价值链来看，制造环节的价值创造能力必然低于研发设计和品牌营销等价值链环节；三是制造与研发设计和品牌营销等价值链环节是相互独立的，制造环节的竞争力不会影响其他价值链环节的价值创造能力。

然而，随着第三次工业革命中新技术经济范式的形成和学术界对制造业认识的深化，传统产业结构理论赖以成立的三个基本假设都受到了越来越严重的理论和现实挑战。

首先，制造业的经济功能主要不是体现在制造业的经济规模或者制造业占国民经济的比重上，而是体现为制造业所蕴含的制造能力和知识的复杂性。制造业的本质是将资源通过制造过程转化为能够实现某种功能的产品，这一过程的实现受资源约束，也需要制造和实现某一功能的相关知识，而资源的约束最终也是知识的约束。从这一角度看，我们可以将制造业的产品看作是知识的载体，例如，汽车包含冶金、机械工程、电子技术、动力工程和设计等知识。但是，不同的产品所需要的制造能力和所包含的知识的复杂性是不一样的，比如，衬衫的制造所需要的制造能力和知识的复杂性显然比汽车的制造要低。在一个高度依赖劳动分工的市场经济中，我们通过购买产品而使用大量分散于个体的知识。经济全球化使市场范围扩大到世界所有国家，劳动分工进一步深化，使通过国际贸易可以使用分布于全球无数个体的知识。一国所能制造和出口的产品也反映出该国的制造能力和知识的复杂性，而这种制造能力和知识的复杂性对于经济体收入水平的提升和长期经济发展具有非常重要的作用。美国哈佛大学国际发展研究中心的研究成果显示，截至2013年的60多年间，由制造业产品所反映出的制造能力和知识的复杂性至少能够解释国家间收入水平差异的70%，也是所有预测性经济指标中能够较好地解释国家长期经济发展前景的指标。这种从制造能力和知识复杂性视角重新阐释制造业经济功能的要点是，虽然制造业在工业化中后期占国民经济的比重逐渐下降，但制造业所蕴含的制造能力和知识复杂性却是关系一国收入水平和长期经济发展的关键因素。

其次，制造环节创造价值的能力在不同产品架构类型中具有不同的特点。从产品架构角度，我们可以将产品分为"模块化"产品和"一体化"产品。在"模块化"产品中，由于零部件功能齐全、相对独立，接口简单，装配制造环节技术含量低，除关键零部件制造外，绝大部分利润被上游的研发设计和下游的品牌营销所占有。比如，微型计算机是典型的标准化产品，除CPU、内存条、显卡等关键零部件制造外，装配制造环节所占利润微乎其微。在"一体化"产品中，零部件之间存在着错综复杂的关系，所有零部件只有经过精密的"耦合"过程形成有机整体才能实现产品的功能，装配制造环节技术含量高，分享产品的大部分利润。比如，汽车是典型的"一体化"产品，"舒适、安全"这一产品功能的实现是由发动机、轮胎、避震器、底盘和车体等零部件"耦合"成一个有机整体实现的。日本产业省对日本制造业企业的调查发现，机械和汽车等"一体化"产品行业，装配制造环节的利润是最高的。同时，无论是在"模块化"产品中，还是在"一体化"产品中，关键零部件的制造都具有很强的价值创造能力。因此，制造环节的价值创造能力并不必然比其他价值链环节低，制造业中的"一体化"产品的装配制造和关键零部件的制造分享了产品的大部分利润（见表2－4）。

表2－4　　　　　　　　　不同架构类型产品的差异性比较

特点	"模块化"架构产品	"一体化"架构产品
零部件功能	独立性强	独立性弱
接口复杂度	简单	复杂
与整体功能关系	一对一	一对多，多对多
装配技术含量	技术含量低	技术含量高
典型产品	微型电脑	汽车、精密机床

资料来源：根据王茜《中国制造业是否应向"微笑曲线"两端攀爬》（《财贸经济》2013年第8期表1）整理和修改。

最后，第三次工业革命所形成的新技术经济范式中，新一代制造技术将带来更强的制造能力，产品所包含知识复杂性进一步提高，而新能源技术和新型生产系统则会减少资源消耗，并有望解决传统制造业所带来的环境污染、血汗工厂等经济社会问题。另外，为了快速响应消费者的个性化需求和适应社会化生产的组织方式变革，制造也将从实现创新的一个环节变为创新体系的一部分。工业机器人、3D打印和数字制造等新一代生产制造技术和柔性生产系统和可重构生产系统等新型生产系统成为将创新转化为现实产业竞争力的关键资源。在传统"设计—开发—制造"的创新模式中，创新主要是指实验室的产品设计和开发，并且创新是一个线性过程。但是，随着新一代制造技术突破和新型制造系统广泛应用，创新将成为"设计、开发和制造"的一体化、并行过程，制造能力不仅决定了制造环节的竞争力，也将影响研发设计等环节的价值创造能力。

三　第三次工业革命与国际产业竞争格局重构

从国际产业竞争来看，第三次工业革命对产业发展的影响主要体现在两个方面：一是第三次工业革命将带来新一轮的全球分工格局调整；二是国家之间产业竞争范式将从企业与企业之间的竞争、产业链与产业链的竞争转向产业生态系统之间的竞争。第三次工业革命带来的全球产业竞争格局重构，对各国产业发展和世界经济格局等都将产生重要影响。

第三次工业革命将带来新一轮的全球分工格局调整，后发国家的产业竞争和发展战略面临调整。在第二次工业革命的大规模制造范式下，20世纪70年代中后期以来的经济全球化使国际分工从产品细化到了生产环节，各国由专业化生产自身具有比较优势的产品转向了专业化参与自身具有比较优势的生产环节，产品的最终价值被分解成多个价值增值环节，所有价值增值环节按生产流程连接而形成贯穿全球多个国家或地区的链条，从而形成垂直型国际分工的全球价值链（Global Value Chains，GVC）。在全球价值链上，发达国家主导知识密集型和技术密集型的高附加值环节，并制定规则；后发国家则承接低附加值的劳动密集型环节，处于从属位置。由于占据不同的价值链环节，发达国家和后发国家之间形成了"雁行"格局。后发国家由于较低的要素成本、确定的战略方向和可供模仿学习的技术和经验而具有较大的后发优势。如"雁行模式"理论所预测，后发国家通过承接发达国家的产业转移，在劳动密集型产业和技术密集型产业、知识密集型产业的劳动密集型环节形成初步的制造基础，然后通过工艺和产品的改良，提高产业的国际竞争力，进一步在制造能力的基础上通过模仿创新和自主创新实现功能和链条的升级，最终实现技术和产业赶超。

简言之，由于存在"雁行"格局，大规模制造范式下的垂直型国际分工的全球价值链为后发国家提供了一个相对高效的产业追赶平台，有利于追赶型国家利用动态比较优势追赶全球领先国家，提高其产业竞争力和经济发展水平。但是，在第三次工业革命背景下，工业机器人、数字制造和智能制造等新一代生产技术的大规模应用，本质上是对简单劳动的完全替代和脑力劳动的部分替代，"设计—开发—制造"一体化也使制造环节在价值链中的战略地位提升，这不仅会削弱后发国家的比较优势，制造环节也可能会向发达国家回流。同时，制造业与服务业的深度融合，发达国家在高端服务业的领先优势也可能被进一步强化。后发国

家如果不能充分地利用新一轮工业革命所提供的技术和市场机会，发达
国家不仅可以在设计研发和品牌营销环节抑制后发国家，甚至能够利用
新一代制造技术和新型制造系统所带来的效率提升直至后发国家原有的
比较优势，后发国家的产业赶超将面临来自发达国家的双重抑制。正如
"雁行"理论所预测的，垂直型国际分工的全球价值链所提供的相对高效
的产业追赶平台将会消失，后发国家将可能更容易被低端锁定。

第三次工业革命影响全球产业竞争格局的另一方面是生产方式和产
业组织形态的协同变革所带来的产业竞争范式转变。在第三次工业革命
所形成的技术经济范式中，大规模定制生产方式以可接受的成本满足消
费者多样化需求，相应的产业组织方面产业边界日益模糊、企业连接网
络化和生产社会化。在生产方式和组织方式协同变革的影响下，产业形
态在供应链的基础上进一步升华，以消费者最终需求为导向，上游支撑
性企业群落、核心平台型企业和下游应用型企业群落共同组成协同共生
的产业生态系统。比如，智能手机产业的 IOS 生态系统和安卓生态系统
整合了上游的芯片、屏幕等生产企业，苹果和谷歌这种平台核心企业，
以及下游的手机制造和智能硬件外设制造、App 开发商等应用开发企业。
在产业生态系统这一产业形态下，产业竞争范式将从企业与企业之间的
竞争、产业链与产业链的竞争转向产业生态系统之间的竞争。产业生态
系统中，虽然通常平台型核心企业是生态系统平台的提供者，但由于多
个上下游企业群落共同支撑产业生态系统，并且企业群落具有跨平台服
务的能力，因此，在协同共生的产业生态系统中，很难识别决定产业长
期竞争力的关键资源或企业。或者说，不是某项关键资源或某个企业、
企业群落决定了产业生态系统的长期竞争力，而是产业生态系统作为一
个整体所体现的适应性和为消费者服务的能力决定了产业生态系统的长
期竞争力。

第三节 第三次工业革命与中国
工业发展战略调整

一 第三次工业革命背景下中国制造业面临的挑战与机遇

第三次工业革命为世界各国重新开启了提升产业竞争优势的"时间

窗口"，欧美发达国家可能以此为契机重振制造业，而新兴国家在"世界工厂"优势削弱的背景下，也有可能借此摆脱跨国公司全球价值链的控制，通过建立产业链高端环节，突破产业转型升级的困境，实现产业发展的赶超。

对于中国制造业而言，第三次工业革命将对曾经的"低成本优势"产生巨大冲击，传统的发展模式将更快地被淘汰，产业转型和升级的压力日益增加。之前，中国经济的高增长和制造业的快速崛起，在很大程度上依赖于廉价的劳动力、土地成本，以及极高环境污染容忍度所形成的成本优势，在这一显著优势下，中国制造业承接了全球最大规模的国际产业转移，"中国制造"的规模跃居全球第一。当然，这种发展模式无法支撑中国制造业的可持续发展。一方面，以资源和环境污染换取经济增长的方式本身是不可持续的，近年来，中国经济发展所面临的资源和环境约束也越来越严重；另一方面，随着中国经济发展，要素价格不可避免地会上涨，从而威胁制造业的成本优势。波士顿咨询公司发布的关于全球制造业成本演变的报告显示，2004—2014 年，中国经劳动生产率调整的制造业工资、工业用电成本和工业用天然气成本分别上涨了187%、66% 和138%；综合制造业成本指数大幅上升，2014 年已超过印度、印度尼西亚和泰国等新兴经济体。

第三次工业革命有可能进一步拉开"中国制造"同世界先进水平的差距，形成强者更强、弱者更弱的局面。从技术发展来讲，在新一代信息技术、高端装备制造、新能源、新材料、新能源汽车等产业中，虽然众多核心技术尚未得到突破，主导技术路线也未形成，但毋庸置疑，发达国家具备更好的孕育新兴技术的基础，在技术供给、转化及市场衔接方面的条件要明显优于新兴国家。同时，由于国际金融危机的影响，发达国家近几年对于新兴产业的支持与关注的水平都空前高涨。因而，在共同发展的过程中，中国新兴产业的发展并不具备技术上的优势，且差距有进一步拉大的可能。从人力资源的构成来讲，第三次工业革命与新一代信息技术、制造技术和能源技术密不可分，对于相应的生产工艺和产业工人提出了更高的要求，人工智能、数字制造、工业机器人、3D 打印等个性定制生产系统，需要大批适应柔性生产系统和可重构生产系统的工人，尤其是能理解订单、看图纸操作、应用全自动机械、修正误差的"学习型"和"创造型"工人。而目前中国产业工人的素质和技能还远不能适应此类第三次革命代表产业发展的要求。

第三次工业革命也为中国制造业转型与升级带来了难得的战略性机遇。首先，第三次工业革命的实质是信息技术、制造技术以及新能源利用方式的深度融合，不仅有利于催生新的产业群落和经济增长点，同时也将为传统产业的转型和发展注入新的技术与发展动力，还将带来制造技术和制造模式的重大变革。其次，新一代信息技术、新能源、新材料、新能源汽车等领域在中国有着规模巨大的潜力市场，中国的城镇化进程为新兴产业提供了庞大的市场需求空间，易于形成规模经济，降低研发成本，并实现产业化。最后，第三次工业革命将加速中国制造业的转型升级，进一步促进制造业和服务业的深度融合，新一代信息技术在制造业和服务业中的广泛应用，以及制造技术的柔性化、重构化创新将改变原有的传统生产模式，进一步促进制造业和服务业在各个环节的融合发展，这对于中国从"工业大国"向"工业强国"转变具有重要意义。

二　第三次工业革命与中国新型工业化道路的新内涵

工业革命发生以前，中国一直是手工制造业的大国。1730年，中国制造业占世界的比重曾高达30%，远远超当时的英国和美国等欧美国家。第一次工业革命发生后，基于传统手工制造生产方式的中国制造业的世界地位开始下降。1900年，中国制造业占世界的比重为6.2%。直到1913年，中国才进入前工业化发展阶段，并经历了长达半个世纪的持续衰落，到1953年，中国制造业占世界的比重降至历史最低点2.3%。新中国成立后，中国抓住战后世界工业革命与工业化大潮所提供的机遇，开始以重工业优先发展战略追赶先行工业化国家，建立健全国家工业体系。改革开放后，进一步通过承接发达国家产业转移，中国工业发展进入加速追赶阶段，轻重工业全面发展，并引入信息技术产业等高科技产业，全面建立现代工业体系。进入21世纪，中国工业发展速度进一步加快，1998—2014年，中国全部工业增加值年平均增长速度为9.84%，规模以上工业增加值年平均增长速度更是高达12.84%。工业速度发展加快的同时，中国工业实力显著增强。自2010年以来，中国制造业增加值连续五年超越美国，成为世界第一的制造业大国。

纵观中国百年工业发展，中国实现了从落伍者、追赶者到世界第一制造业大国的伟大转变。在这一过程中，与中国工业发展的不同阶段相对应，中国先后采取了国家主导的重工业优先发展战略和混合工业化战略。进入 21 世纪，针对中国工业发展的新阶段和世界经济发展的新形势，为完成由"工业大国"向"工业强国"跨越的历史任务，中国提出了"新型工业化"战略。党的十六大报告提出，"坚持以信息化带动工业化，以工业化促进信息化，走出一条科技含量高、经济效益好、资源消耗低、环境污染少、人力资源得到充分发挥的新型工业化路子"。党的十七大将科学发展观与中国的工业化道路相结合，进一步指出，中国特色新型工业化道路需要人与自然、经济和社会和谐发展。新型工业化道路的"新"主要体现在两个方面：一是有别于先行工业化国家先污染后治理、先工业化再信息化、城乡对立的传统工业化道路；二是有别于计划经济国家（包括我国早期的工业化）曾经走过的以粗放型增长为主、片面强调自力更生、城市化滞后的工业化道路。新型工业化道路的提出，既是对运用先行工业化国家工业化经验指导我国工业化发展难以为继的意识觉醒，也是对以往工业化过程中出现经济效益差、资源消耗高、环境污染严重和城乡发展失衡等经济社会问题的反思，还是面临信息技术革命所带来的历史发展机遇所做的战略部署。

第三次工业革命与中国新型工业化道路既紧密联系，又赋予了中国新型工业化道路新的内涵。

首先，智能化与信息化既紧密联系又有着更为丰富的内涵。新型工业化道路强调的是工业化和信息化的融合，在第三次工业革命所形成的新技术经济范式中，"制造业智能化革命"依赖于新一代信息通信技术但更强调多层次技术体系协调融合所带来的制造技术的变革。通用技术的突破、新一代制造技术、新型生产系统和整个生产制造过程的资源、信息、物品和人通过信息技术、互联网和物联网等构成相互融合的信息物理系统，从原材料采购到产品出厂，整个生产制造和物流管理过程都基于信息技术实现数字化、可视化和智能化。

其次，中国新型工业化道路的一个主要方面是减少资源、能源消耗和降低环境污染以应对中国日益增加的资源环境压力。通过信息化发展所带来的新兴产业以及运用信息技术对传统产业的改造，确实可以减少单位 GDP 的资源和能源消耗。但是，工业信息化程度提高的同时，也可能带来工业的进一步规模扩张，从而使信息化在降低总量资源能源消耗方面的作用大打折扣。第三次工业革命中的可再生能源革命或绿色革命却有望从根本上解决工业资源消耗高和环境污染严重的问题。比如，3D

打印等"增材制造"方式由于不存在边角料而大幅减少了资源消耗，太阳能、风能等新能源不仅是可再生的也不会产生传统化石能源所带来的环境污染问题。

最后，就人力资源开发而言，第三次工业革命将导致劳动力需求的结构性变革，既有劳动力在新旧产业之间的重新配置，又对劳动力技能和知识水平提出了新的要求。为应对第三次工业革命劳动力需求的结构性变革，人力资源开发在充分发挥中国人力资源数量优势、实现充分就业的同时，加强精英型研发人才、工程师的培育和引进以及一般产业工人整体技能和知识水平的提升。这就需要在继续贯彻落实国家引进精英型研发人才、工程师的一系列优惠政策的基础上，重点通过优化创新创业环境，形成海外高层次技术和管理人才回溯的市场机制，并着重构建由企业、职业技术学校、研究型大学和政府公共服务机构共同组成的终身学习体系。

三　第三次工业革命与中国战略性新兴产业发展

第三次工业革命与我国由"工业大国"向"工业强国"转变形成历史性交汇，巨大技术变迁为中国实现跨越式发展和经济赶超提供了"机会窗口"。根据演化经济学的技术变迁与经济赶超理论，新技术体系形成的初期，虽然大量新技术主要出现在技术先进的国家，但新技术的产业化应用尚处于探索性阶段，这几乎会将技术先进国家和技术落后国家"拉回同一起跑线"。落后国家完全有可能凭借后发优势和更快的新技术产业化应用而实现跨越式发展和经济赶超。经济发展史上数次赶超也为技术变迁和经济赶超理论提供了实践支撑。第二次工业革命初期，美国和德国利用巨大的技术变迁所带来的"机会窗口"，直接从重化工产业切入而实现对英国的技术和经济赶超；日本与亚洲"四小龙"在20世纪末的快速经济追赶和某些产业的赶超也与半导体产业的出现和信息技术革命所带来的"机会窗口"密不可分。2008年国际金融危机后，发达国家紧密布局新能源、3D打印、工业机器人、物联网和高端制造等技术和产业，第三次工业革命的技术基础日趋成熟，一批新兴产业迅速崛起。但是，第三次工业革命主导技术的大规模产业化应用远未完成，与之相配套的基础设施也远未完善，总体上看，第三次工业革命尚处于萌芽阶段。中国完全可以凭借完备的工业体系、强大的制造基础和巨大的国内市场，通过战略性新兴产业的发展快速推动第三次工业革命主导技术的大规模产业化应用而实现技术和经济赶超。为抓住第三次工业革命提供的重大发展机遇，实现由"工业大国"向"工业强国"的历史性跨越，未来中国战略性新兴产业发展战略的重点如下：

（一）推动战略性新兴产业与先进制造技术协同发展

先进制造技术的产业化应用依赖于战略性新兴产业的发展，战略性新兴产业的发展离不开先进制造技术的支撑。

一方面，在第三次工业革命的多层次技术体系中，先进制造技术处于承上启下的中间层，受底层通用技术发展的制约，构成上层新型生产系统的基础。新能源产业、新一代信息技术产业和新材料产业等战略性新兴产业的发展有助于新能源技术、新材料技术、大数据、云计算、物联网等底层技术的突破。同时，由于先进制造技术的采用需要重新设计生产工艺和流程，还需要投入额外的培训成本，采用新技术所带来的生产率提高往往是滞后的，这会延缓先进制造技术的采用。战略新兴产业的规模化发展将大幅降低先进制造技术的成本，提高先进制造技术的适用性和竞争力，加速先进制造技术的大规模产业化应用。

另一方面，战略性新兴产业的发展需要先进制造技术的支撑。首先，基于第三次工业革命先进制造技术的"设计—开发—制造"一体化，可以大幅缩减新产品的开发周期，从而有助于战略性新兴产业抢占产业发展的先机。其次，战略性新兴产业处于产业发展的初期，技术路线和市场需求都具有不确定性，传统的大规模生产应用于战略性新兴产业产品生产将产生较高的成本，而先进制造技术却能充分发挥多样性、小批量和低成本的优势，更适用于战略性新兴产业产品的生产。因此，战略性新兴产业发展与先进制造技术产业化应用必须协同推进，通过战略性新兴产业的发展，促进底层技术的突破和先进制造技术的产业化应用；通过先进制造技术的产业化应用，促进战略性新兴产业产品开发和应对产业发展初期的不确定性。

（二）突破对原有资源要素禀赋的依赖，开拓新兴资源利用空间

资源丰富、劳动力廉价曾经是中国发展成为"世界工厂"的优势所在。然而，随着经济持续快速增长，资源环境问题日益突出，劳动力结构发生改变，中国原有资源要素禀赋优势逐渐消失。据统计，2012 年，中国单位 GDP 能耗是世界平均水平的 2.5 倍，虽然 2012—2015 年单位GDP 能耗逐年降低，但能源消耗总量仍在逐年上升；同时，固体废弃物、

危险废弃物、持久性有机物等持续增加，重大环境污染事件时有发生。资源环境问题已严重制约中国社会经济发展。而中国以农民工为主体的普通劳动力工资持续上涨，"用工荒"、"招工难"问题已造成制造企业向东南亚等国家转移，中国已逐渐失去在劳动力和矿产资源储备方面的优势。

与此相反，中国在新兴资源方面储备巨大。以清洁能源为例，中国可开发的风能资源约有10亿千瓦；中国陆地表面每年接受太阳辐射能相当于49000亿吨标准煤，太阳能储备丰富。由此可见，以矿产能源为主的能源结构是有条件向清洁、可持续能源转化的，关键在于如何能够有效地利用储量如此巨大的清洁能源。因此，将清洁能源利用规划纳入战略性新兴产业发展框架，进一步完善清洁能源转化技术，扩大清洁能源使用范围，是中国能源结构转变的重点。而"用工荒"问题的出现反映出中国劳动力结构正发生改变。新生代农民工素质的普遍提高，倒逼企业升级换代，用资本和技术替代劳动，这会有效刺激企业的技术创新活动，促进战略性新兴产业的发展。

由此可见，虽然中国工业化长期发展所依赖的原有资源禀赋日渐式微，但是，以风能、太阳能为代表的新兴能源和以高学历、高素质工人为代表的新生代劳动力却显现出优越性。这种转变的出现顺应了工业化发展规律，符合新一轮工业革命的要求。战略性新兴产业的发展需要以推动和促进这种转变为目的，实现能源利用方式的绿色化、人力资本水平的高级化，以完成中国产业结构优化升级的目标。

（三）打破创新和生产二元体制，疏通科技成果转化渠道

自中国在开放的市场经济体制下进行工业化改造以来，就陆续推出了一系列国家科技计划，尽管这些科技计划项目的重点不同，目标各异，但项目执行方式始终没有摆脱规划、立项和资金支持三个主要手段。在中国创新和生产二元分立的现实状况下，这些科技计划项目带来的创新成果多，但转化为科技产品的少，没有取得高新技术产业发展的大范围突破。中国每年的科技创新成果3万多项，其中有相当多一部分被鉴定为"国际先进""国际领先"水平，但是，最终实现产业化的不足5%，科技成果转化率约为25%，远低于发达国家80%的转化率。

战略性新兴产业如何才能打破创新和生产二元体制，取得中国高科技产业的重大成就？

首先，需要从改革创新源头抓起。在多数产业部门技术路径不清晰的情况下，要实现战略性新兴产业技术创新的突破，需要转变以往科研院所主攻技术、企业负责生产的二元结构，以"协同创新"方式汇聚各方创新资源和要素，通过打破科研院所、企业、政府等创新主体之间的壁垒，充分释放彼此间人才、资金、信息、技术等创新要素活力，实现技术突破，掌握核心技术。

其次，培育战略性新兴产业产品市场需求，搭建起从研发到产业化之间的桥梁。产品有市场才能推动研发积极性，从而使创新主体积累产业化协作经验，提高技术水平和降低成本，促进战略性新兴产业取得实质性发展。然而，市场不确定性阻碍了战略性新兴产业产品市场的形成，挫败了企业参与研发创新的积极性。对于这一问题的解决，不能沿用依靠政府配置资源和制定投资激励政策的老方法。应当根据产业发展初期规律，重点支持基础研究，推动核心技术突破，并启动技术示范工程培育"实验性"消费者，引导消费者转变消费观念，拉动对战略性新兴产业相关产品的需求。

最后，要完善技术成果考核体系，对科技项目进行全程跟踪评价，从根本上解决创新和生产二元体制。战略性新兴产业的发展更为强调技术创新突破的重要性，如果不对当前科技成果考核体系进行改革，很容易陷入创新、生产相脱节的困境，重蹈以往国家科技计划项目创新成果多、科技产品转化少的覆辙。对此，需要建立科技项目跟踪评估体系，在把好立项审批关口的同时，加入中期检查、过程监督等辅助评价工作，以提高科技项目管理水平。此外，需要在专家评审的基础上引入第三方评价监督机构，以实现科技项目从立项到成果转化的公开、透明、有效。

（四）培育现代工业文明，坚守实业基础地位

中国 30 多年"压缩式的工业化"实现了以制造业为代表的实体经济突飞猛进的发展，涌现出一批具备全球竞争力的知名企业，而一大批中小企业的成长向国内外提供了物美价廉的产品。"中国制造"给中国经济带来充沛的活力。然而，在工业化业绩和规模迅速膨胀的同时，也带来急于求成、心浮气躁的社会心理。特别是近些年来，"去实业化"现象急剧蔓延，以高速膨胀发展的房地产和股票市场为代表的虚拟经济正严重冲击着中国实体经济的发展。

自 2008 年国际金融危机以来，欧美等国家已充分认识到不能依赖于

金融创新和信贷消费拉动经济，要实现从产业"空心化"向"再工业化"的回归。这意味着全球投资、贸易、消费市场格局正发生重大转变。欧美等国家无论在过去还是今天，在制造业上依然具备强大的竞争力。加之这些发达工业国家强大的科技创新能力和技术转化能力，一旦它们回归到"实业立国"的传统财富增长轨道上来，极有可能迎来实体经济的全面复苏。随之而加强的贸易和产业保护主义将改变全球投资、消费、贸易市场格局。这些工业化发达国家能够重回制造业轨道上来，除掌握核心技术外，它们所形成的各具特性的工业文明将起到关键作用。尽管在两百多年的工业化进程中世界制造业基地发生了多次转移，但是，以美国、德国、日本等为代表的国家却能成为少数工业化强国，其原因就在于这些国家经过长期积淀，形成了一种深厚的现代制造文明。在面对商业化产生的巨大利益诱惑时，总有企业家秉承实干精神和事业理念，推动着工业化向着精细分工和精致制造发展。

中国是"工业大国"而非"工业强国"。中国提出发展战略性新兴产业战略，一方面是为应对世界工业化格局的变革，抢占新一轮科技革命的制高点；另一方面是期望通过战略性新兴产业的发展，提振中国制造业，实现产业发展的转型升级。这一战略的顺利实施必须要有千千万万个坚守企业家精神和事业理念的企业家在实业发展中发挥中流砥柱的作用。只有这样，中国才能积淀起根植于本土的实业精神，培育出现代工业文明，支撑中国成为"工业强国"。

第三章　世界产业发展新趋势Ⅱ：
发达国家"再工业化"

进入 21 世纪之后，世界工业化的历史轨迹开始因能源利用方式的新一次变革而发生转换，世界工业化的新格局开始显现。德国的"工业4.0"与美国的"再工业化"、日本的"科技工业联盟"、英国的"工业2050 战略"、法国的"未来工业"一起，掀起了发达国家的"再工业化"浪潮。欧美发达国家重返制造业，而新兴经济体国家需要摆脱跨国公司全球价值链的控制，通过建立独立自主的产业链高端环节，突破产业转型升级的困境，实现产业发展的赶超。中国在结合自身优势走出独具特色工业化道路的同时，未来也面临着环境资源约束、人口红利衰退、虚实经济倒挂等诸多难题。为抓住发展战略性新兴产业的时代机遇，中国需借鉴欧美国家的发展经验，加强与世界的经济联系，通过"中国制造2025"与德国"工业 4.0"对接等国际合作，实现对发达国家的赶超。

第一节　世界工业化的历史轨迹与新格局

工业化即国民经济中制造业活动和第二产业所占比重的提高以及由此带来的生产方式、生活水平、城市化等一系列社会经济特征的变化。虽然世界工业化在人类漫长的文明进程中仅有短暂的两三百年的历史，但是，伴随着全球化的步伐，工业化逐渐由一个国别现象演变为全球现象，并在经历 4—5 次由产业核心科技变革所决定的经济长周期后，创造了人类文明和经济发展最为辉煌的阶段。

一　世界工业化历史轨迹

经过工业化的"洗礼"，世界上多数国家完成了从落后农业国向先进工业国的蜕变，极大地促进了生产力的提高，实现了经济和社会的现代化。在这一过程中，工业化经历了数个发展阶段，典型的划分方式是"三次工业革命"和五个"长周期技术路线时代"。而无论采取哪种划分方式，世界工业化的历史轨迹基本上都与能源利用方式的转变密切相关。

工业化发端于以煤炭作为主要能源的蒸汽动力的运用。自18世纪中后期开始到19世纪上半叶，蒸汽机率先在棉纺织业中得到普及，进而推动炼铁、水力等相关行业和基础设施建设的快速增长。在19世纪30—90年代，蒸汽机制造成为机器设备制造业的核心部门，各种机器、机车、机床设备制造业发展迅速。此时，工业化表现为煤炭能源向蒸汽动力转化。

从19世纪下半叶开始，以煤炭转化为蒸汽作为动力源的行业出现了报酬递减的趋势，而电力、钢铁等新兴行业开始兴起。电力需求的急剧膨胀带动了发电、输电等机器设备制造业的发展。到20世纪中期，石油得到了大规模开采利用并取代煤炭成为主要能源，这使汽车、飞机制造业快速发展，工业化国家进入了大众消费和大规模生产时期。在这期间，工业化表现为石油能源向电气化的转变。

进入20世纪中后期，世界工业化进程发生了两个重要转变：一是信息技术的迅猛发展，彻底改变了人类生产和生活方式；二是70年代爆发的两次石油危机使人们意识到不可再生能源作为推动工业化进程的局限性和不可持续性。然而，进入21世纪后，随着科技股泡沫的破灭，以电子信息通信技术和网络经济为产业核心的高新技术产业的长期盈利能力和商业模式的可行性受到越来越多的质疑，具有"创造性毁灭"的高技术产业会对工业化进程产生怎样的影响仍在探索之中。

也正因如此，世界工业化进程有了新的表象。西方发达工业化国家和新兴经济体国家开始寻求如风能、光能等低碳、绿色、可再生能源作为新的能源利用方式的可行性，并重新认识到制造业在工业化中的核心地位，试图寻求一条绿色环保、低碳可持续、现代信息技术和制造业相互结合的新型工业化道路。

二　当前世界工业化的新格局

20世纪80年代至今，世界制造业格局发生了较大变化。欧美等发达国家经历了从"去工业化"到"再工业化"过程，与此相对应，新兴经济体国家却经历了作为"世界工厂"从兴起到衰落的过程。

在2008年金融危机爆发之前，欧美等国家的劳动力迅速从第一、第二产业转向第三产业，制造业占本国 GDP 的比重持续下降，并且随着离岸外包和海外建厂的兴起以及精细化供应链的发展，这些国家的制造企业陆续在中国、印度等低劳动成本的国家建厂。据统计，1980—2010 年美国制造业占世界制造业增加值的比重从 20.93% 下降到 18.20%，德国从 8.91% 下降到 6.02%，法国从 5.02% 降低到 2.63%，而英国从 4.52% 降低到 2.26%。从就业人数变动来看，美国制造业就业人数占总就业人数的比重从 1980 年的 21.6% 下降到 2010 年的 8.9%；而欧盟工业部门吸收的就业人数比重从 20.9% 降至 17.9%，整个欧盟因此失去 280 万个工作岗位。与此形成鲜明对比的是，以中国、印度和巴西等为代表的新兴经济体国家却抓住了发展机遇，利用优势基础实现了制造业的快速发展。中国制造业增加值从 1980 年的 1330 亿美元增加到 2010 年的 19230 亿美元，占世界制造业增加值的比重从 4.78% 增加到 18.85%，并在 2010 年成为世界制造业第一大国。

但是，2008 年金融危机全面爆发后，"去工业化"的弊端充分暴露，欧美国家以透支消费、信贷扩张和房地产市场繁荣为支点的经济增长方式难以为继。长期"外包"导致这些国家制造业"空心化"严重，就业减少，收入水平下降。尽管这些国家对高新技术有较强的控制力，但是，这些高新技术产业不足以撑起整个国民经济，也不能提供充足的就业岗位。而且高新技术产业的进入门槛高，社会中下层难以得到经济发展的益处，造成就业难，收入差距拉大，引发社会矛盾的激化。深陷经济困境的欧美国家"重返制造业"的呼声日渐高涨，并超出以往重整、回归制造业的范畴，加入了要发展以高新技术推进高端、先进制造业的内容。2011—2012 年，美国制造业开始出现积极发展势头，相关岗位增加了 40 万，这是自 20 世纪 90 年代以来美国制造业部门首次出现就业连续增长。同时，美国还积极发展高附加值的制造业，并正式启动高端制造计划，积极在纳米技术、能源材料和生物制造等领域加强攻关，期望重新拥有强大竞争力的新工业体系（王垚、年猛，2016）。欧盟也正在通过加快低碳、信息等产业的发展，加大工业研发投入力度，积极推出促进工业企业发展政策等方面的措施，重塑工业实体经济。

国际工业化格局的"逆转移"对新兴经济体国家造成了巨大冲击和不利影响。这些国家的制造业尽管发展速度快，并取得了一定成就，但均以低端、高能耗产业为主，在技术含量、产品附加值等方面不具有优势。欧美国家的高端制造业回流现象，必定会加剧这些国家产业结构的失衡。贫富差距拉大、社会矛盾凸显同样困扰着这些国家，从而迫使其寻求新的经济发展模式。

2011 年，杰里米·里夫金出版了《第三次工业革命》一书，预言一种建立在互联网和新能源相结合基础上的新经济即将到来。他认为，从 18 世纪 70 年代至今，世界已经经历了两次工业革命浪潮。前两次工业革命让人类变得更为富裕，促进了城市化发展。而第三次数码化的制造业方兴未艾，新材料、新能源、纳米技术和生物电子等尖端技术虽处于实验室阶段，还未实现规模生产，但第三次工业革命的爆发已在酝酿之中。

在全球经济增长乏力、欧美重返制造业、新兴经济体国家"世界工厂"优势流失的背景下发生的第三次工业革命为各国开启了提升竞争优势的"时间窗口"。欧美国家可以此为契机重振制造业，而新兴经济体国家则需要摆脱跨国公司全球价值链的控制，通过建立独立自主的产业链高端环节，突破产业转型升级的困境，实现产业发展的赶超。

三　中国的工业崛起与"新型工业化"

中国在结合自身优势走出具有特色的工业化道路的同时，未来也面临着环境资源约束、人口红利衰退、虚实经济倒挂等诸多难题。面对当前世界产业格局的新变化，中国唯有通过实现以工业为核心的实体经济全方位转型，走创新升级的新型工业化道路，才能找到破解这些难题的突破口。

（一）中国工业化历程

中国工业化历程大致经历了计划经济和改革开放两个时期。在计划经济时期，政府通过强制力推动经济建设。这在新中国成立之初百废待兴的境况下起到了一定的积极作用，为中国工业化发展奠定了基础。在改革开放之后，制度创新推动中国经济由计划走向市场、从封闭转到开放的轨道，中国工业化进入高速发展轨道。

中国工业化进程大体可划分为三个阶段。第一阶段，1978—1993 年的机械化工业改造时期。该阶段以棉纺织、轻工业等初级消费品工业部门的快速增长为代表，奠定了中国工业化的基础。第二阶段，1993—2000 年由机械化改造过渡到重工业化改造时期。该阶段，中国利用资源优势、廉价劳动力优势迅速扩大制造业规模，并利用大批量连续作业生产方法，促进生产效率大幅提高，相关产品的生产能力取得了惊人的飞跃。第三阶段，2000 年至今，中国重工业化改造深入推进，并随着全球信息技术的飞速发展，中国开始进行工业信息化改造，以微型计算机、集成电路和通信产品为主的信息产业大幅发展。随着 2001 年中国加入世界贸易组织，中国迅速发展成为"世界工厂"，中国工业化进程融入世界经济体系当中，创造出巨大的物质财富。

经过三个阶段的工业化改造，中国工业化体系已基本确立。然而，工业化在带来经济繁荣的同时，也产生了资源浪费、环境污染等问题。为了转变高投入、高能耗的经济发展方式，走集约式、高效益的重化工发展道路，中国在 2002 年提出了新型工业化战略。在 2008 年爆发的国际金融危机后，世界工业化格局发生转变，新一轮科技革命即将到来，中国在 2009 年提出大力培育和发展战略性新兴产业，依靠新一代信息技术、节能环保和新材料等领域的科技创新，一方面最大限度地缓解重化工业发展与资源环境之间的矛盾，另一方面争取新一轮科技革命所带来的发展机会。

（二）中国特色工业化道路：从"重化工业化"到"新型工业化"

中国工业化道路起步于计划经济时代的重化工业化。在新中国成立初期，受到当时特定历史时期内忧外患严峻形势的影响，中国必须加快工业化步伐，以增强国防和经济实力。而作为工业化水平集中体现的重化工业自然得到优先发展。这样的战略选择在显著提升中国工业化水平的同时，也造成了严重的产业结构失衡。

在工业化初期，资金缺乏、技术落后，难以满足重化工业所需投入，只能依靠农业的剩余作为积累，转化为发展重化工业的投入。在重化工业自身发展还捉襟见肘的情况下，更不可能为农业和轻工业服务，这就导致"重工业太重、轻工业太轻、服务业太少、农业落后"的畸形产业结构，造成严重的比例失调和资源浪费。同时，传统计划经济体制观念根深蒂固，以国有企业为主的重化工业缺乏创新动力，一直依靠增加生产要素投入、消耗自然资源的粗放型增长方式发展。长此以往，不但工业发展受到制约，经济效益差，而且环境问题日益严重，影响人民生活质量的提高和经济发展的可持续性。

为了扭转中国工业化高投入、高消耗、高污染、低效益的粗放型发展方式，同时为了应对经济知识化、信息化、全球化的新挑战和新机遇，2002 年，党的十六大报告首次提出"新型工业化"的概念，即"坚持以信息化带动工业化，以工业化促进信息化，走出一条科技含量高、经济效益好、资源消耗低、环境污染少、人力资源得到充分发挥的新型工业化路子"（胡鞍钢等，2013）。2007 年党的十七大和 2012 年党的十八大报告又进一步提出要加快转变经济发展方式，坚持走中国特色新型工业化道路，大力推进产业转型升级。由此可见，中国工业化正逐渐形成符合自身资源禀赋、历史条件、经济社会发展水平的特色发展道路，并努力在产业结构优化升级、经济增长方式转变、科技创新实力、环境保护成效等方面取得成绩。

（三）中国工业化未来的艰难之路

中国工业化所取得的成就是有目共睹的，但中国要成为工业强国还有很长的路要走，在中国目前制造业已经具有相当大的规模条件下，继续发展制造业会有相当的困难和压力。其中，最为突出的就是资源环境约束（金碚，2012）。从能源供需来看，中国对能源的需求远高于供给量，并且供需缺口逐年增大。1999 年，中国能源消费总量为 14.1 亿吨标准煤，到了 2012 年，中国的能源消费总量已达到 36.2 亿吨标准煤的水平，短短的 13 年时间，能源消费总量增长了一倍多。从年均增长来看，2009—2011 年，中国能源消费总量年均增长 2.1 亿吨标准煤，2012 年比上一年增长 1.4 亿吨。尽管有小幅度下降，但按照这一增速也难以完成中国"十二五"期间制定的控量目标。与此同时，中国能源的对外依存度越来越高，继 2011 年中国首次超过日本成为世界最大的煤炭进口国后，2012 年，中国以 2.9 亿吨的煤炭进口量继续稳居世界第一。此外，2012 年，中国进口原油 2.85 亿吨，对外依存度达到了 58.7%，超过了国际上普遍接受的 50% 能源预警期。从能源利用来看，虽然中国经济高速增长，但能源利用效率却较为落后。中国单位 GDP 能耗是世界平均水平的 2.2 倍、美国的 2.8 倍、日本的 4.3 倍。2010 年，中国产出单位 GDP 需要直接投入自然资源 14.5 吨，而欧盟 15 国产出单位 GDP 直接投入自然资源只有 5.9 吨。1996—2010 年，中国城镇化率每增加 1 个百分点平均需要多消耗能源 4940 万吨标准煤。能耗高、利用率低，对煤炭能源的过度依赖，造成资源环境枯竭、污染浪费严重等一系列问题，严重制约着中国经济长期、可持续发展。

除资源环境约束之外，中国人口红利的衰退是另一个值得关注的问题。长期以来，廉价劳动力一直被视为是推动中国经济持续快速增长的重要因素。然而，自 2004 年以来，沿海地区的"民工荒"逐渐演变为普遍的"招工难"和"涨薪潮"，大幅度提高的制造业成本使低附加值行业如制鞋、服装加工、电子装配等从中国陆续迁移到劳动力成本更加低廉的国家和地区，中国人口红利逐渐消退（蔡昉，2012）。这种现象的出现倒逼传统制造企业寻求摆脱对低成本劳动力简单依赖的途径，努力通过提高劳动生产率，加快自主创新，提升盈利能力。而劳动力供需矛盾，市场倒逼的压力，体制机制的激励约束，也将逐渐转化为企业的内生动力，促使产业结构加快转型升级，从传统的粗放型增长向高质量、高附加值的发展转变。

另外，在西方国家将实体经济作为"再工业化"核心的同时，中国却陷入"弃实趋虚"之中。大量实体经济从主业转向房地产，从实业转向投机，在实体经济经历困难期的同时，投机炒作日益严重。同时由于资源、劳动力成本高企，中小微企业面临着融资、经营、技术等困境，大批企业倒闭，实体企业家"跑路"、移民，企业家的实业精神低迷。这种虚拟经济的过度自我循环和膨胀进一步挤压了实体经济的空间，破坏了中国社会经济的根基，使未来经济发展的风险日益加剧。

中国工业化在短短的几十年历程中创造了辉煌业绩，在全球竞争中稳稳地站住了脚，为国家积累了巨大财富，有力地提升了中国的国际地位。然而，世界工业格局处在不断的变化之中。国际金融危机的爆发，不但促使西方国家重新思考制造业在经济发展中的地位，也预示着新一轮科技革命正在到来。对此，西方国家高呼"制造业回归"的口号，大力发展以清洁能源、新材料和生物科技等高科技为核心的制造业，并凭借其在创新研发能力方面的积累，迅速取得再工业化成效。而中国作为当前世界制造业基地，面对世界工业格局的转变，"世界工厂"的地位岌岌可危。国外不断筑起贸易保护的屏障，而国内也面临着劳动力成本上升、能源供需矛盾加大、虚实经济发展不协调等一系列问题。对此，中国提出培育和发展战略性新兴产业，期望突破原有资源禀赋条件束缚，培育战略性新兴产业核心技术，实现产业结构的转型升级和发展方式的转变。而作为承接中国特色工业化道路的战略性新兴产业，其发展不但需要政府完善体制机制建设，创造良好的企业生存环境，还要企业、科研院所、各利益相关者积极地配合，营造全社会各阶层普遍的实业精神和以奋斗为本的价值观，形成根植于中国本土的现代化工业文明，建立强大的现代工业化国家。

第二节　美欧"再工业化"的进程与新动向

第二次世界大战之后，美欧等发达国家利用全球分工体系，掌握研发和市场这两个价值链的高端环节，并逐渐将低附加值的中间制造环节向发展中国家转移，以实现利润最大化。欧美经济逐渐偏重服务业，实体经济"空心化"，制造业萎缩严重。2010 年，中国取代美国成为世界第一的制造业大国。

由美国次贷危机引发的国际金融危机对金融系统中的核心市场和机构造成了全面冲击，以金融业为主要经济动力的发展模式受到了质疑，世界各国开始注意到制造业在保持本国产业领先地位和提供就业岗位的重要价值。国际金融危机发生之前，美国最引以为傲的是其高度发达的金融服务业，但是，在提供就业岗位的贡献上，制造业所吸纳的就业人数是金融服务业的 3 倍。正是看到了制造业在振兴经济和吸引基数庞大的蓝领阶层选票的政治利益，奥巴马在 2008 年总统竞选期间及其任期中，都大力推动美国的"再工业化"进程。欧洲在受到国际金融危机的重创之后，2009 年年底爆发了欧债危机，欧洲经济几乎都被拖入了泥潭，而德国经济一枝独秀。在国际金融危机爆发之时，2008 年德国出口占国内生产总值的 47.2%，高水平的对外依存度使德国在出口急剧萎缩的情况下遭受了一次严重的经济衰退。但是，德国是欧洲最早走出危机的国家，2010 年德国国内生产总值增速达到 3.7%，创 17 年来最高纪录。受到德国强有力的制造业体系和独具特色的中小企业群的启发，为延续在新一轮产业全球分工体系中的控制地位，欧洲也在尝试"再工业化"战略。

一　美国"再工业化"的初步成效

2008 年以来，美国为了促进制造业繁荣，先后出台了《美国复苏和再投资法案》《重振美国制造业框架》《美国制造业促进法案》《先进制造伙伴计划》《先进制造业国家战略计划》和《制造创新国家网络计划》等，为制造业的发展提供了巨大的法律和政策支持。与 20 世纪 70 年代的"凯恩斯主义"和 80 年代的"里根经济学"不同，国际金融危机之后，美国的"再工业化"与第三次工业革命相结合，不是简单地回归传统制造业，而是在新技术的推动下，进行产业升级，创新能力是美国"再工业化"的核心动力。经过近七年的发展，美国"再工业化"已经取得初步成效：第一，制造业开始结构性复苏，对总体经济形势产生利好；第二，为了奠定未来十年的科技成果转化能力，美国在围绕基础创新这一关键问题的制造业创新研究所建设上取得了巨大进展。

（一）美国"再工业化"对总体经济形势的影响

截至 2015 年年底，美国"再工业化"战略已经初见成效，从 2013 年 7 月起到 2014 年 12 月的 18 个月，制造业采购经理人指数有 15 个月都处在 55% 以上的扩张阶段，基本确立制造业整体的回暖态势。2015 年 6 月，美国制造业采购经理人指数为 53.5%。

美国的"再工业化"政策大大提高了制造业对劳动力的吸纳能力。在国际金融危机发生之前，美国制造业的工作岗位以每年大约 4% 的速度下降。而 2010 年，美国制造业创造了 64.6 万个就业岗位，根据美国劳工部 2014 年 1 月公布的数据，相比于农业、建筑业、批发零售业和交通运输等行业，制造业的失业问题较为乐观。

美国制造业占 GDP 的比重和贡献率上升。2013 年，美国制造业占 GDP 比重达 13.9%，较 2009 年上升两个百分点。2012 年、2013 年，美国 GDP 增幅分别为 2.8% 和 1.9%，其中，制造业的贡献分别为 0.77% 和 0.84%，高于同期服务业对 GDP 的贡献。制造业的良好表现对美国实体经济和虚拟经济之间的失衡关系起到了一定的调整作用。

美国的外贸出口额也有显著增长，2010—2013 年年底，出口额增长了 23%。国际收支状况得到改善，贸易逆差逐步缩小。著名跨国公司，如通用电气、卡特彼勒、波音、苹果等已着手将部分生产线回迁美国。麻省理工学院对 108 家拥有跨国经营业务的美国制造企业调查后发现，约有 14% 的美国公司准备将生产工厂迁回美国，有 1/3 的企业正在积极考虑回迁问题（余翔，2014）。

（二）美国"再工业化"战略

美国"再工业化"政策的核心不是简单地回归传统制造领域，与发展中国家开展低成本流水线生产的竞争，而是利用美国在科技领域的优势致力于打造高端制造业，继续占领高附加值生产高地，在技术上压制新兴经济体国家。这对于中国发展战略新兴产业造成了巨大的挑战和竞争压力。

"再工业化"的最大特点是生产方式的改变，受第三次工业革命的影响，制造业将与数字化相结合，减少能源和原材料消耗，数字化制造、网络化制造、个性化制造、可持续制造、服务化制造、小型化制造、本地化制造和"利基"式制造是新型高端制造业呈现出的与过去不同的面貌和特点，同时，一大批新兴产业随之演化和生成。根据美国政府2011年和2012年发表的有关先进制造业《总统报告》所提及的着力推进发展的先进制造业和技术领域，新兴产业应主要包括：可再生能源产业，新能源汽车，先进传感、测量和过程控制技术，先进材料的设计、合成与加工，可视化、信息学和数字制造技术，纳米制造，可持续制造，柔性电子制造，生物制造和生物信息学，3D打印制造，先进制造和测试设备，工业机器人，先进成型相和合成制造等。这与中国七大战略新兴产业所确定的领域基本重合。

由于美国已经在基础研究领域占据优势，将基础创新转化为市场化产品，并不断进行第二代、第三代技术优化，能够为美国提供具有长期竞争力的动力。因此，美国"再工业化"的成果除了表现在就业、增长和外贸出口等重要经济指标的好转上，为了奠定未来经济增长的长效动力基础，美国在围绕基础创新这一核心问题的制造业创新研究所建设上也取得了巨大进展。美国制造业创新研究的规划借鉴了德国弗劳恩霍夫研究所建设经验，奥巴马政府计划由企业、大学和社区共同建设，在10年内创建15个制造业创新研究所。研究所建设为新产品和新工艺的开发、展示和商业化、一级高水平制造业技术工人培训提供了培育基地，应用研究和示范项目的推进有助于减少商业化新技术的成本和风险。

设立制造业创新研究所有助于高校、企业和各级政府形成合力，开发尖端技术，加速技术及产品创新，降低新技术商业化的成本和风险。截至2015年，奥巴马政府在敦促美国国会通过资助这一倡议法案的同时，已经通过行政命令启动了9个制造业创新研究所，如表3－1所示。

表 3-1 美国制造业创新研究所

年份	名 称	主要领域
2012	增材制造业创新研究所	着重研发和推广 3D 打印技术等
2014	新一代电力电子制造业创新研究所	打造更加智能化、可靠安全、低成本且节能环保的 21 世纪电力网络
	数字制造和设计技术创新研究所	进行数字化设计、工程和制造等过程的技术和流程研发与应用
	轻型现代金属制造业创新研究所	金属将主要用于军民两用汽车、机器设备、船舶、飞机制造
2015	复合材料制造创新研究所	研发和生产比钢更轻更强的材料,用于制造飞机、军用车辆、卫星及豪华轿车等,达到低成本、高速和节能制造目标
	集成光电子制造创新研究所	开发一个所谓"从终端到终端"的美国光电子"生态系统",包括国内铸造接驳、集成设计工具、自动包装、组装和测试,以及人力资源开发等项目
	灵活的混合型电子制造创新研究所	设计、制造最先进的集成电子设备和传感器,以及组装和测试自动化设施
	智能制造的清洁能源制造创新研究所	制造先进的传感器、控制装置、平台和建模等
	革命性纤维和纺织品创新制造研究所	形成革命性的纤维和纺织品的技术创新制造中心

资料来源:笔者整理。

产学研不匹配、政府的产业政策与产业发展实际需要不匹配等问题在中国的战略性新兴产业建设中广泛存在,同样的问题也发生在美国,创新研究所的一个重要功能就是解决美国联邦政府对研发的投资和税收优惠等政策与相应制造业技术创造和产品生产不匹配的问题。

二 欧洲"再工业化"的发展

国际金融危机过后,欧洲各国开始意识到实体经济作为经济稳定器的重要作用,欧盟委员会推出"再工业化"战略,将建设强大的工业基础作为实现欧洲经济复苏和保持国际竞争力的关键,其目标是:到 2020年,欧盟工业占 GDP 的比重由 15.6% 提高至 20%。英国、法国和德国作为欧洲三大主要国家,都分别提出了本国的"再工业化"战略,德国提出"工业 4.0";英国提出"工业 2050"战略;法国提出"未来工业"计划。

欧洲的社会成熟度和环境标准高，而自然资源和能源相对匮乏，第三次工业革命带给欧洲新的竞争机遇，通过利用其在全球价值链的优势地位，依靠技术创新，巩固工业基础，力争再次创造欧洲的经济神话。欧洲"再工业化"进程的突破口体现在以下三个方面：

（一）加强科研创新投入，激励创新投资

自1984年欧盟研发框架计划开始实施以来，2013年，第七研发框架计划（FP7）结束，随后欧盟正式启动"地平线2020"。欧盟的研发框架计划已有30多年的经验积累，并在科技、工业和社会等方面取得突出成效，在第七研发框架计划实施期间，欧洲经历了国际金融危机和欧债危机，曾经获得巨大成功的传统发展模式受到冲击，旧的政策措施不再有效，对此欧盟积极调整策略，重新定位，"地平线2020"计划将在2014—2020年投入接近770亿欧元，比第七研发框架计划的532亿欧元增加了近50%。到2020年，欧盟研发与创新投入要占欧盟总财政预算的8.6%。"地平线2020"主要关注三大战略优先领域：①基础科学，总预算为244.41亿欧元；②工业技术，总预算为170.16亿欧元；③社会挑战，总预算为296.79亿欧元（张茉楠，2016）。四项单列资助计划是参与扩大化、人才广泛化和科学与社会，欧洲创新科技研究所，联合研究中心非核能研究。其中，基础科学领域的投资比重最高，占总预算的31.73%，这一战略的优先领域旨在加强和扩大欧盟在基础科学上的优势，巩固欧洲研究区，使欧盟研究和创新体系在全球范围内具有更强的竞争力。"地平线2020"共分为四项行为计划：一是欧洲研究理事会（ERC）：主要致力于最优秀科研人员领衔的前沿研究，预算金额为130.95亿欧元；二是未来和新兴技术（FET）：主要致力于开创性的创新领域，预算金额为26.96亿欧元；三是玛丽·斯克沃多夫斯卡—居里行动（MSCA）：主要致力于科研培训和职业生涯发展，预算金额为61.62亿欧元；四是欧洲基础研究设施，包括e—基础设施：主要致力于建造世界一流的基础设施，预算金额为24.88亿欧元（陈广仁等，2014）。

（二）促进中小企业发展

欧洲委员会2010年在北京成立欧洲商业中心，计划投资500万欧元鼓励中小企业之间的信息交流和商业活动。根据欧洲委员会发布的《欧洲国家中小企业发展现状备忘录》，2013年，欧洲中小企业的发展不容乐观。相对于 2008 年国际金融危机爆发之时，中小企业从业人员减少了 190 万人，下降幅度为 2.16%。中小企业增加值比 2012 年下降了 0.4%。中小企业不仅是欧洲吸纳就业的主力军，2015 年，法国的中小企业数量超过 300 万家，提供的就业岗位占法国总就业岗位的一半左右，更重要的是中小企业是欧洲制造业最具活力的组成部分。德国的中小企业以为精准细分市场提供专业产品供应而闻名，并为技术工人提供终身制的职业培训，因此，德国的中小企业能够提供独一无二的、高质量的产品，德国制造业也因此在世界上享有盛名。法国在 2015 年 6 月公布《小企业法案》，为鼓励小企业发展提供了一系列的政策支持。例如，首次雇用工人可以获得 4000 欧元的特别帮助补贴，分两年发放；若雇用工人的数量增加，在 50 人以内的，三年之内税制保持不变；为失业者提供与中小企业急缺岗位挂钩的 4 万项优先培训课程。法国在"未来工业"计划中，将成立未来工业联盟，帮助中小企业实现信息化转型升级。同时，设立两个特殊基金支持企业投资信息化改造，分别是 25 亿欧元的税收优惠，这项优惠适用于所有实施信息化改造的企业，以及 21 亿欧元的发展贷款，主要用于中小企业的信息化、自动化、工业节能改造。

（三）释放欧洲内需，加强国际合作

欧洲内部市场开发不足，仍有很大潜力。欧盟计划加速建设欧洲单一市场，实现欧洲内部市场一体化，推进内部产品及服务市场的无缝对接，提高商业效率，降低交易成本。推进能源、交通和通信等基础设施的网络一体化建设，以满足新技术革命的发展要求。在促进欧洲"再工业化"战略中，各国发展规划实现对接和互补。法国的"未来工业"与德国的"工业 4.0"异曲同工，两国国有企业在联合项目、试点项目、技术发展等方面具有合作潜力。2015 年秋，法国"未来工业"正式和德国"工业 4.0"建立合作关系。为推进"工业 4.0"的落实，德国三大工业协会——德国资信技术和通信新媒体协会（BITKOM）、德国机械设备制造业联合会（VDMA）及德国电气和电子工业联合会（ZVEI）共同建立了"第四次工业革命平台"办事处，以吸引并协调所有参与本次革命的资源（邵安菊，2015）。此外，加强国际合作，特别是与新兴市场国家的合作。欧盟委员会致力于在世界贸易组织的框架中推动自由贸易，加强与各国在规则和标准方面的合作，通过双边自由贸易和投资谈判，以及加强贸易防御措施，帮助欧洲企业以更有利的竞争条件获得全球价值链的优势地位。围绕着中国的"一带一路"建设和亚洲基础设施投资银行建设，欧洲各国与中国开始建立更广泛的合作关系。2015 年 9 月，《中欧互联互通平台的谅解备忘录》的签订，组建联合工作小组促进"一带一路"倡议与欧盟泛欧交通网络等互联互通倡议协作以及各领域投资合作，中国宣布注资 3150 亿欧元，参与"欧洲投资计划"，包括英国、法国和德国在内的欧洲 18 个国家已经签署协议，成为亚洲基础设施投资银行意向创始成员国。2014 年 10 月，中德两国联合发表《中德合作行动纲要：共塑创新》，确定共同开展"工业 4.0"合作。

三　美欧"再工业化"的启示

当前，新兴国家市场急速扩大，中国国内市场需求呈现逐步提高的迹象。2015 年，最终消费支出对国内生产总值增长的贡献率为 66.4%，比上年提高 15.4 个百分点。中国经济的驱动力量正在发生改变。与此同时，中国国内的企业生产成本越来越高，中国的制造业正面临着日益激烈的国际竞争，今后如何利用经济结构优化调整的良好趋势，实现中国产业的升级，是当下中国需要解决的重点问题。

在发达国家中，美国制定了针对促进制造业复兴的对策，一部分制造业正在回归美国本土；德国的制造业发展态势良好，成为德国经济，乃至在国际金融危机和欧债危机双重压力之下的欧洲经济稳定器。

欧美发达国家传统的制造业国际分工体系是在本土进行产品设计，而生产制造环节委托给劳动力成本较低的发展中国家，通过控制产业链的价值高端环节而强化自身在全球化时代的竞争力，在这一过程中，发达国家的产品生产基地大规模地转移到发展中国家，本国制造业萎缩，产业"空心化"严重。随着亚洲等新兴经济体国家经济实力和收入水平的提高，新兴经济体作为新兴市场，其巨大的消费需求正在改变全球贸易和分工格局。

（一）德国经验

国际金融危机之后，在整个欧洲经济持续低迷的情况下，德国经济依靠制造业的支持而维持良性运行，在这其中，2000 年后，施罗德政府实施的结构改革以及德国的经济政策和产业政策起到了重要作用。中国发展战略新兴产业，需要借鉴德国的经验，但是，必须首先了解德国"工业 4.0"的启动基础。

第一，德国推行双重教育机制，获得职业培训资格是找工作的必要条件。该机制以完成义务教育（9—10 年）后的年轻人为对象，培养传统行业的劳动者和熟练工人。以小企业为例，按德国的划分标准，员工数量不超过 249 人的企业为小企业，德国约有 70% 的职业资格培训在小企业进行，培训结束后，大多数受训者直接在该企业就职。双重教育机制不仅保证了德国的人口素质，而且直接与就业对接，减少了信息不对称造成的就业损失，提高了劳动者的就业效率和企业的培训成本。

第二，产学研对接效率高。德国各地的研究机构和大学对企业的技术应用做出了巨大的贡献。弗劳恩霍夫应用研究促进协会，下属 80 个科研院所，是欧洲最大的应用科学研究机构，以增强德国和欧洲在技术层面的产业竞争力为主要目标，通过进行企业的委托研究和独立研究项目的副产品技术应用、专利批准和进出口许可、对企业的创业支持等，实现技术应用市场化。马克斯—普朗克研究所，下属 80 个科研院所，是政府支持的进行基础研究的专业研究机构，其论文的被引用数量位于世界第一。拥有专门从事于专利批准、进出口许可、副产品技术支持等专业机构，致力于知识和技术的市场应用。亥姆霍兹国家研究中心联合会，拥有 17 个大规模研究中心，是德国每年预算最多（约 40 亿欧元）的研究机构。拥有以基础研究为主的机构，以及主攻技术研发的院所，后者通过副产品技术支持、民间企业共同进行项目开发等，助力企业的技术应用。德国的工科大学在进行高质量基础研究的同时，也有专科学校通过应用研究与技术支持，提高地方中小企业的竞争力。联邦政府对专科大学的支持力度近年来不断增加（2005 年该预算约 1000 万欧元，2012年约 4000 万欧元），研究成果的技术应用通过知识产权管理机构进行。

第三，工商联合会保护出口企业利益。德国经济的对外依存度高达40% 以上，为了保护企业在国际市场中的利益，德国本土企业和驻外企业自发成立工商联合会，现已在 80 多个国家成立了 120 多个分会。工商联合会负责为德国企业提供所驻地国家的法律、税制、市场等相关信息，协助德国企业参加所驻地国家的商品交易会，并提供市场调研活动支持。

（二）美国经验

国际金融危机之后，美国的一批制造企业开始将在中国等发展中国家的生产基地回迁，重启美国本土的制造和生产，呈现"制造业复兴"的现象。但是，美国此次的"制造业复兴"并不是简单地将低端生产环节整体搬迁，而是在新技术革命的推动下，由原材料革新、绿色能源、微电子与纳米电子技术、机器人技术等构筑的全面产业升级。美国利用其技术优势，试图重新组建新型生产模式，这对于中国的产业升级和战略新兴产业的发展既是挑战又是可以借鉴学习的对象。

第一，制造业与服务业相融合的发展模式。美国格外重视巩固其在尖端制造领域的领导地位。奥巴马政府推出的各项支持"制造业复兴"的政策中，一个突出的特点是鼓励制造业与服务业融合发展。国际金融危机之后，美国制造业回流主要集中在技术密集型产业，例如，计算机和电子产品、家电和电气设备、机械设备、金属制品、运输工具等（徐建伟，2013）。而在劳动密集型的轻纺产业等，或原材料类型的石油、化学等重化工等领域，没有回流的必要性和比较优势。美国制造业的核心竞争力在于将制造业与信息技术结合，重点发展现代制造服务业，随着高资本技术行业领域中专业服务的日益标准化以及效率的提高，美国制造业将在国际舞台上迎来一个复兴阶段（戚自科，2010）。对中国而言，必须认清制造业的未来发展方向，结合自身在制造业领域的特殊优势，形成与美国新型制造服务业价值链相对接的产业结构，获得发展机遇，占领市场先机。

第二，促进出口。在贸易政策上，奥巴马政府，一方面改革出口管制政策，积极为美国企业拓展海外市场；另一方面，推出一系列贸易保护政策，保护国内制造业。为给"美国制造"拓展更大的海外市场，2013年12月，美国在世界贸易组织第九次部长级会议上转变立场，支持并达成了世界贸易组织成立以来首份全球性贸易协定——《巴厘一揽子协定》（即多哈回合"早期收获"协议），打破了多哈回合谈判持续12年的僵局。美国还与韩国、哥伦比亚和巴拿马相继签署双边自由贸易协定，启动《跨太平洋伙伴关系协议》（TPP）和《跨大西洋贸易与投资伙伴关系协议》（TTIP）谈判（余翔，2014）。

第三，注重人才培养，加强职业培训。奥巴马政府每年在劳动力开发项目上投入数十亿美元，实施"科学、技术、工程和数学教育计划"，加大对理工科人才的培养。通过"美国毕业计划"和"美国未来技能"计划，加强对社区大学的投入，推动社区大学与行业间建立合作伙伴关系，鼓励企业、基金与学校合作提高劳动者素质和技能，为美发展先进制造业培养高素质的就业者。奥巴马在2014年《国情咨文》中提出，应当为未来的劳动力做准备，让每个孩子享有世界一流的教育，并提出将在全国范围内与各州和各社会团体协力投资学前教育，力争上游，未来两年内争取让超过 1.5 万所学校和 2000 多万学生用上宽带（余翔，2014）。

第三节　德国"工业 4.0"与"中国制造 2025"

2014 年 10 月，中德两国联合发表《中德合作行动纲要：共塑创新》，确定共同开展"工业 4.0"合作，鼓励两国企业在该领域开展自愿、平等的互利合作，政府将为双方合作提供有利的框架条件和政策支持。2015 年，中国更是提出了"中国制造 2025"计划，被誉为中国版的"工业 4.0"，是未来十年工业制造业的路线图，围绕创新驱动、智能转型、强化基础、绿色发展、人才为本等关键环节，以及先进制造、高端装备等重点领域，提出了加快制造业转型升级、提质增效的政策举措，力争到 2025 年从"制造大国"迈入"制造强国"行列。

2013 年 11 月，中国与欧盟签订《中欧合作 2020 战略规划》，在这一规划下，中欧将加强对话磋商机制，通过政策交流，提高工业产品贸易便利，特别强调在汽车、工业能效、原材料、造船、中小企业等领域的合作，加强中欧信息技术、电信和信息化对话机制，开展相关战略、政策、法规的交流与对话。2014 年 10 月，中德政府共同发布《中德合作行动纲要：共塑创新》，双方决定在全方位战略伙伴关系的框架下建设中德创新伙伴关系，并建立了"工业 4.0"合作论坛。为推动工业生产的数字化进程，中德两国政府为企业参与该进程提供政策支持。与之对接的中方政府部门是工业和信息化部、科技部，德方的政府部门是联邦经济和能源部、联邦教研部。2015 年 5 月，"中国制造 2025"正式发布。随后，两国国有企业间、政府间的合作以及首脑间的高层合作密集展开，"中国制造 2025"与德国"工业 4.0"的对接活动日益增多。作为新兴制造业大国的中国与老牌工业化强国的德国如何在新一轮技术革命的背景下进行制造业的对接，对接的方式如何，可以预见的前景如何是中德同创共赢的核心问题。

一　德国"工业 4.0"的战略意图与影响

2006 年，德国发布了国家级创新计划"德国高技术战略"，其目的是通过技术创新弥补德国高对外依存度的制造业在成本上缺乏国际竞争力的劣势，该战略确定了17个重点领域，包括健康与医药技术、安全技术、种植技术、能源技术、环境技术、通信与信息技术等。2008年之后，受国际金融危机和欧债危机的影响，德国适时调整战略规划，在2010年推出《德国高技术创新战略2020》，确定了5个重点领域，包括气候变化与能源、健康与营养、移动、安全和通信等。在这一战略的基础上，2013年，在汉诺威工业博览会上，由多领域专家组成的德国"工业4.0"工作组发布了专门报告——《保障德国制造业的未来：关于实施"工业4.0"战略的建议》，首次提出"工业4.0"。"工业4.0"的战略重点关注以下8个方面：标准化和参考架构建设；管理复杂系统的工具和方法；加强本国的宽带基础设施建设，并与伙伴国实现互联互通；信息安全和系统保护；适应智能化工厂时代的新组织与工作设计；能够满足终身学习和个人的职业发展的实践网络和数字化学习工具；与新的产业革命相符合的科学管制框架；提高资源利用效率和绿色化。

德国将由信息技术的发明所推动的工业自动化定义为第三次工业革命，这与美国认为本次工业革命是第三次工业革命的观点不同，德国对前三次工业革命的划分是：18世纪的机械制造，与"工业1.0"对应；20世纪初的电气化，与"工业2.0"对应；20世纪70年代的信息化，与"工业3.0"对应。将物联网和制造业服务化定义为"工业4.0"即"第四次工业革命"。德国意在引领"第四次工业革命"，通过倡导和力推"信息物理系统"（CPS），实现制造业的数字化、智能化和网络化，重获在制造业领域的全球竞争力，抢占先进制造业的全球制高点。事实上，"工业4.0"已经在德国初见成效，例如，德国西门子公司安贝格电子厂，基于"工业4.0"理念优化之后，生产效率大幅度提高，产能较智能化前提高了8倍，质量合格率高达99.9988%，较智能化前提高了40倍。

二　中国制造的发展潜力

当前，中国制造业面对来自发展中国家与发达国家的双重压力。一方面，随着以劳动力成本为代表的生产要素成本快速持续上涨，建立在低成本基础上的中国制造业价格优势正在快速削弱，近年来，已出现沿海劳动密集型产业向周边更低成本国家转移的现象。另一方面，随着机器人价格的持续走低、可重构生产系统的广泛采用和智能工厂的日益成熟，发达国家不但有望大幅度缩小相对于发展中国家的劳动成本劣势，而且能够更好地适应发达国家个性化和快速变化的市场需求。实施中国版"工业4.0"战略，既是应对劳动力成本快速上涨的需要，更是抓住新一轮产业革命与科技变革、实现对发达国家赶超的战略机遇。

促进战略性新兴产业的发展是中国经济转型、产业升级的一个战略重点，发展高端装备制造业是在当前国内产业结构调整和经济转型双重压力下寻求突破的关键。在经济新常态背景下，中国要继续保持一定规模的经济增长，首先要做到持续提供一定规模的就业岗位，保持社会稳定；其次要借助第三次工业革命的推动力量，促使农业、制造业和服务业从低端领域向高端领域升级。而这两项任务的完成都需要中国拥有一个具有高端技术水平的制造业。

根据德国的发展经验，信息技术的应用是德国"工业4.0"的核心，信息技术改变了制造业的价值链特征，价值创造能力和产业带动能力得到大大提升，同时还推动了生产性服务业的繁荣。"中国制造2025"以智能制造为主攻方向，还包括制造业创新建设工程、工业强基工程、绿色制造工程和高端装备创新工程。中国制造的工业基础与德国相比存在很大差距，"中国制造2025"对传统工业的意义在于利用第三次工业革命的成果，以最短的时间和最低的能源消耗继续完成发达工业化国家已经完成的"工业3.0"，乃至"工业2.0"，实现弯道超车。

中国制造要想借鉴德国制造的经验，实现与德国在同一平台上的合作与竞争，必须正视自身的缺陷与差距。"中国制造2025"和德国"工业4.0"的共同特点是将制造业放在核心位置，这是由于两国的竞争优势都在于本国强大的制造能力，这与美国以互联网技术为核心的"再工业化"定位不同。中德两国的发展路径都是以制造业为核心，应用互联网技术对传统制造业生产模式、营销模式进行改造，向智能化方向发展。就当前两国的制造业基础条件而言，装备制造业和汽车产业是可预见的最先实现突破的领域。

中国的制造业虽然已经具备了智能化制造的基础技术和装备，但是，一方面智能装备产业与国际先进水平仍然存在较大差距，高端机器人、智能生产线和关键零部件仍然需要进口；另一方面装备制造业本身的总体智能化水平仍然较低。必须认清中国制造业与智能制造的差距，有针对性地弥补短板，并依据现实条件，调整出适合中国制造发展的新目标。在实施"中国制造2025"战略时，特别需要对以下四个方面进行重点关注：

第一，智能制造标准化建设。智能化制造需要整合企业内部和企业间的多种资源，形成生产、仓储、物流等循环网络。为了使企业之间能够实现联网、集成和共享业务，需要不同业务模式的企业在基本结构原理、接口和数据等方面达成一致。中国制造业的上下游企业之间虽然形成一定的协作关系，但距离智能化链接尚有相当大的差距，系统的封闭、标准的差异成为巨大的障碍。这一问题使企业仅将智能制造局限于企业内部，大大降低了效率，同时又缺乏接口去参与更大产业链条上的竞争。而德国将其制造业的地区标准逐步转化成国际标准，中国需要加强对制造业的标准化建设，通过中德"工业4.0"参与到标准的制定和执行当中。尽早地向国际标准靠拢，这是今后参与国际竞争的必备条件。

第二，加强网络基础设施建设，保障安全性。实时、可靠、大容量的数据交换是智能制造的基础，因而智能制造对信息网络设施和网络服务质量的要求前所未有地提升。同时，由于信息泄露和生产信息错误将会带来比以往更严重的损失，因此，智能制造需要保障从传感器到客户交流所有环节的数据安全性。提升现有的通信网络系统，是实现中国制造业智能化的必备条件，应支持网络运营商提高网络的拓展性、安全性，并考虑网络服务价格的可接受性。

第三，注重人力资本积累。在"工业4.0"时代，生产线上的员工将从重复的例行任务中解脱出来，更专注于创新性和高附加值的生产活动。由于智能化制造对中国来说是一个新生事物，发展智能制造需要培养出一支既掌握智能制造理论知识又具有实践经验的人才队伍。中国制造业长期积累了大批具有实践经验的技工群体，但一方面熟练技工流失严重，某些国有企业的技工年流失率曾高达40%；另一方面技工知识技能面临更新换代，而企业却缺乏持续学习的制度和组织架构。新一代智能制造的开放虚拟工作平台和人机交互系统一旦在装备制造业得到应用，在出现大量的人才缺口的同时，又会对现有技工工作机会产生威胁。

第四，提高企业创新意愿。制造业的智能化需要制造业企业的积极参与，充分发挥其创新活力。德国2013年的调查显示，47%的企业已经积极参与"工业4.0"，18%的企业加入了"工业4.0"的研究，12%的企业已经开始实施"工业4.0"。同时50%的企业从行业协会获得了"工业4.0"的相关资料。中国制造企业的创新与升级意愿在日益激烈的市场竞争中都大幅度提高，但创新活力仍未被充分释放。中国制造业国有企业创新市场导向不足，民营企业的创新短视行为和外资企业的技术封闭等问题并存，企业的创新升级意愿亟待激发。

三　"中国制造 2025"与德国"工业 4.0"的战略对接

第三次工业革命对世界而言是一次重新洗牌的机会，前两次工业革命分别以蒸汽机、电力和信息技术为核心驱动力，提高了生产力，改变了生产方式，能够顺应时代潮流、抓住机遇的国家获得了竞争优势，世界政治经济格局随之发生调整，甚至是颠覆性的改变。中国连续错失了前两次工业革命的历史发展机遇，付出了惨重的代价，其教训不可谓不深；德国在第二次工业革命中被美国超越，经济发展受到压制。20 世纪 70 年代以来，由美国引领的互联网革命改变了人们的生产、生活方式，美国的优势产业也是以互联网技术为核心的第三产业，尤其是金融业，其他国家纷纷效仿，美国成为世界规则制定的主导国家。

在经济全球化程度加深、国际竞争加剧以及第三次工业革命的背景下，中德之间进行战略对接的基础，一是来自美国竞争的压力，二是两国工业存在契合点。

（一）与美国竞争的压力

在德国推出"工业 4.0"、中国推出"中国制造 2025"之前，美国的"再工业化"战略已经早于德国 4 年，早于中国 6 年开始进行，美国凭借其在第二次工业革命领先者的地位优势，对包括德国在内的发达国家和包括中国在内的新兴国家造成了巨大的竞争压力和发展空间制约，表 3 - 2 为美国、德国和中国三国在制造业发展战略上的对比。

表 3 - 2　　　　　　　　美国、德国和中国制造业发展战略

	美国"再工业化"（2009 年）	德国"工业 4.0"（2013 年）	"中国制造 2025"（2015 年）
提出背景	国际金融危机爆发，产业"空心化"，贸易财政双赤字，失业率高	欧债危机，经济疲软，美国等发达国家的"再工业化"带来的刺激，新兴国家与德国在产品市场的激烈竞争	经济由高速增长向中高速增长调整，产业亟须转型升级，受欧美等国重返制造业的冲击

续表

	美国"再工业化" （2009 年）	德国"工业 4.0" （2013 年）	"中国制造 2025" （2015 年）
经济基础	以苹果、波音等为代表的大批美国企业控制着产业链中具有高附加值的产品创造和品牌设计部分，科技与创新优势显著。金融业发达，融资能力强。软件和互联网产业发达，2014 年全球市值最大的 20 个互联网企业中，美国有 11 个	工业制成品出口大国，在汽车、机械、医药化工、电机和电气等方面拥有世界领先的技术水平，高性能和高质量树立了德国制造的品牌形象	已经建成门类齐全、独立完整的产业体系，但是，与世界先进水平相比，中国制造业仍然大而不强，在自主创新能力、资源利用效率、产业结构水平、信息化程度、质量效益等方面差距明显
战略目标	创造高质量的国内就业机会，进行技术换代和产业升级，确保技术领域的国家安全，保持美国生产力全球领先地位	巩固其作为生产制造基地、生产设备供应商和 IT 业务解决方案供应商的地位	到 2025 年，迈入制造强国行列；到 2035 年，中国制造业整体达到世界制造强国阵营中等水平；到新中国成立一百年时，综合实力进入世界制造强国前列
发展重点	以机器人、3D 打印和智能化为支持的工业互联网	围绕高端制造业建设智能工厂和智能制造	五大工程和十大领域

资料来源：笔者整理。

中国和德国的经济发展都面临着来自美国强大的压力。世界经济论坛发布的《全球竞争力报告》为识别处于不同发展阶段的世界各国竞争力状态提供了全面图景，衡量一国在中长期取得经济持续增长的能力，其评价标准是全球竞争力指数（GCI），该指数由 12 个竞争力支柱项目构成，这些支柱是：制度、基础设施、宏观经济稳定性、健康与初等教育、高等教育与培训、商品市场效率、劳动市场效率、金融市场成熟性、技术设备、市场规模、商务成熟性、创新。在 2015—2016 年全球竞争力排名榜上，美国位列第三，德国位列第四，中国继续保持第 28 位。在历年的全球竞争力排名上，美国与德国的竞争十分激烈（见表3-3）。2012—2014年，德国一度超过美国；近两年，美德两国的排名十分接近。

表3-3 美国、德国和中国历年全球竞争力排名

国家	2008—2009年	2009—2010年	2010—2011年	2011—2012年	2012—2013年	2013—2014年	2014—2015年	2015—2016年
美国	1	2	4	5	7	5	3	3
德国	7	7	5	6	6	4	5	4
中国	30	29	27	26	29	29	28	28

资料来源：历年世界经济论坛《全球竞争力报告》。

"工业4.0"，有助于帮助德国打破美国利用信息技术对制造业的支配地位，如果德国不能掌握云计算等核心技术和核心数据，那么云端平台和云包社区将使工厂沦为信息的附庸。美国依靠其掌握信息技术的核心科技，成为"工业3.0"的"掌门人"，包括德国在内的整个欧洲都受制于美国。比如，在信息产业最活跃的互联网领域，2014年，全球市值最大的20个互联网企业中，美国有11个，中国有阿里巴巴、腾讯、百度、京东、网易和唯品会5个，日本2个，韩国1个，没有欧洲企业，欧洲的互联网市场基本被美国企业垄断，德国副总理兼经济和能源部长加布里尔曾说，德国企业的数据由美国硅谷的四大科技把持，这正是他所担心的。

德国最大的竞争对手是美国，而中国的竞争力相对较弱。根据发展程度划分，《全球竞争力报告》将140个国家分为了5组。中国处在第三组，美国在第五组。这清楚地表明，美国真正的竞争来自欧洲的贸易伙伴，而不是廉价的亚洲和拉美制造商。美国的排名主要依靠创新（第4位）、商务成熟度（第4位）、金融市场成熟性（第5位）、市场规模（第2位）等方面拉动。在高等教育与培训方面，也表现强劲（第2位），包括科学家和工程师在内的人力资源（第4位）、投入研发的公司（第3位）、灵活的劳动力市场（第4位）。而在基础设施建设（第11位）、机构力量（第28位）、宏观经济环境（第96位）、教育系统质量（第18位）、数学和科学教育（第44位）等方面美国排名较低，由于过于依赖进口以及出口能力低下，这两项都排在第136位。相较之下，中国面临着

制造成本增加、人口老龄化，以及过去30年来在工厂、房地产、基础设施建设的投入上报酬递减等问题。在一些重要指标上，排名靠后，严重拉低了中国的国际竞争力，例如，银行的稳定程度（第78位）、行贿受贿（第67位）、设立新公司的效率（第123位）、高等教育和培训（第68位）和技术准备度（第74位）。

但是，中国作为新兴经济体，意图争取相应的发展空间和国际地位，必然会与美国在多个领域开展激烈竞争。尤其是在与创新相关的领域，如科技行业、基础型制造业和金融行业等，这是美国的竞争优势所在。中国正在向可持续发展的经济模式转型，必须依靠创新需求突破，而美国是创新大国，控制着世界大多数的高端技术。中国的优势则在于一般制造业和部分服务型行业，也包括互联网。经过改革开放30多年的发展，中国的工业体系门类齐全，产业链基础构建较为成熟。中国进行创新的工业基础已经具备，但是，仍然有很长的路要走。"中国制造2025"不仅要在高新技术领域与发达国家展开竞争，大力培育战略性新兴产业，提高制造业创新能力，而且同时要兼顾对传统产业进行改造升级，提高产品质量，夯实工业基础。

（二）第三次工业革命与中德两国竞争优势的契合点

"工业4.0"是德国针对自身特点，以最大限度发挥自身优势为目标而量身定制的超越计划，特别凸显德国在制造研发领域的优势。德国的"工业4.0"改变了传统的经济追赶模式，不再模仿、复制经济领先国家的发展路径和优势产业，而是立足本国经济结构，另起炉灶。德国的支柱产业是制造业，"工业4.0"的目标是把传统制造业转型成电子型制造业，并在制造业中加入新的服务，进一步巩固德国在国际上作为生产制造基地、生产设备供应商和信息技术业务解决方案供应商的地位。

"中国制造2025"的目标是推进信息化和工业化深度融合，大力发展智能制造，构建信息化条件下的产业生态体系和新型制造模式。与德国"工业4.0"在大方向上是一致的，中德两国都希望通过信息技术和先进制造业的结合，带动整个制造业的新一轮发展。

中国经过改革开放30多年的发展，已经建立了较为完整的制造业基础体系，正处于转型提升的阶段，从过去的劳动密集型产业、资源高消耗型的低端制造向高效、低碳环保型制造升级。中德两国在技术创新、市场开发和人才合作等方面具有很强的互补性，主要体现在以下三个方面：

第一，中国需要学习德国的创新驱动体系。中国制造业的创新环境与德国相去甚远。2012 年 12 月，欧盟统计的数据表明，2011 年，欧盟 28 国研发总支出 2566 亿欧元，同比增长 4.3%，研发总支出的 57% 来自企业（湛军，2015）。其中，德国国家研发支出为 737 亿欧元，位列欧盟 28 个国家之首，随后是法国为 449 亿欧元、英国为 310 亿欧元、意大利为 197 亿欧元，四个国家研发支出总和超过欧盟 28 国研发支出的 50%，德国一国占 29%。而中国的装备制造业七大细分行业（金属制品业、通用设备制造业和专用设备制造业、交通运输设备制造业、电器机械及器材制造业、电子及通信设备制造业和仪器仪表制造业）的企业资金在研发费用中所占比重均在 85% 以上，政府资金占研发费用的比重普遍较低，其中，交通运输设备制造业研发费用中的政府资金比重较高，但也仅为 9.79%。

第二，中德两国在市场开发上存在共同利益。2013 年 10 月，中国提出筹建亚洲基础设施投资银行（以下简称亚投行），主要业务是为亚太地区国家的基础设施建设提供援助。中德两国在亚投行的建设项目中能够充分发挥各自的产业优势，中国通过提供完整制造业产业链、德国则施展其在高端技术领域的优势，形成互补，并互为借力。亚洲拥有占世界 60% 以上的人口，经济总量占世界的 30% 以上，是当今世界最具经济活力和市场增长潜力的地区。建设亚投行是为了解决一些国家在铁路、公路、桥梁、港口、机场和通信等基础建设方面的投资短缺问题，释放该区域的发展潜力和市场需求。亚洲要想维持现有的经济增长水平，对基础设施建设的需求巨大，由于基础设施建设投资的资金需求量大、实施的周期很长、收入流不确定使得私人部门投资基础设施具有非常大的难度。虽然亚洲开发银行和世界银行能够为亚洲国家提供资金，但是，两家银行的资金总额只有 2230 亿美元，能够提供给亚洲国家的每年只有 200 亿美元，亚洲的基础设施投资平均每年的资金需求量是 8000 亿美元，存在着巨大的投资缺口。中国在开发亚洲基础设施建设市场中具有一定的优势，特别是能够利用中国完整的制造业产业链优势，发挥在公路、桥梁、隧道、铁路等方面的工程建造能力。通过对亚洲市场的开发，使中国的制造业更快地走出国门，消化国内产能，促进制造业转型升级。2015 年 3 月，德国申请成为亚投行的意向创始成员国。相对于中国在基础设施建设方面的优势，德国制造业的优势主要来源于其高端技术。尤其是德国在汽车及其他机动车、仪器设备、复合材料、纳米技术、环保技术、可再生能源等领域的国际领先地位，使德国能够迅速开拓亚洲市场，满足亚投行建设项目对先进设备和解决方案的市场需求。

第三，中德两国共同推动国际通行规则与标准的制定。在高端装备制造业领域，物联网技术的应用使产业链中的各个环节产生大量接口，使用国际通用标准的接口会大大降低交易成本。2015 年 5 月 28 日，中德经济合作联委会标准化合作委员会确定成立中德智能制造（"工业 4.0"）标准化工作组（以下简称"工业 4.0"标准化工作组），推进工业测控和自动化技术交流与合作。"工业 4.0"标准化工作组是在《中德合作行动纲要》框架下推进的，由国家标准委、工信部、科技部和德国联邦经济技术部（BMWI）、德国标准化协会（DIN）、德国电工电子及信息技术委员会（DKE）、德国机械设备制造业联合会（VDMA）共同牵头，意在促进"中国制造 2025"与德国"工业 4.0"的战略对接，为中德两国的智能制造关键技术研究、装备集成创新、标准制定和试点示范提供有力支撑。在七大战略新兴产业中，新能源汽车的技术发展迅速，标准的制定关系该产业在未来市场中的地位，中德在电动汽车的标准制定问题上有着共同的利益诉求，自 2011 年 6 月中德双方签署《关于成立中德标准化合作委员会的联合声明》和《关于建立电动汽车战略伙伴关系的联合声明》以来，中德在电动汽车国际标准的制定上取得了巨大成绩。中德双方将充电接口、控制导引、通信协议等技术方案成功纳入国际标准。双方还相互支持推动了电动汽车换电国际标准 IEC 62840 的工作开展。未来，中德还将在工业机器人、3D 打印、工业互联网与 CPS、动力电池、网联汽车以及工业软件等领域开展合作，积极寻求在国际标准化组织中，联合提交智能制造（"工业 4.0"）提案，取得国际话语权。

第四章 中国战略性新兴产业发展研究进展

中国战略性新兴产业的培育发展已经全面展开，理论界的有关研究也在不断推进和深入，学者的研究为中国战略性新兴产业的发展提供了强大的理论支撑。本章将从新兴产业发展态势及评价、战略性新兴产业发展规律、战略性新兴产业培育发展中的政府作用和战略性新兴产业培育发展政策四个方面对国内外相关文献进行述评。

第一节 新兴产业发展态势及评价

随着世界范围内新技术、新产业的不断涌现，世界产业发展呈现出一些新的动向和趋势。只有认清世界产业发展的新趋势、新方向，才能清楚地认识中国战略性新兴产业的现有基础、存在的问题以及发展方向。与此同时，在产业成长与发展的过程中，将不可避免地出现一些新情况和新问题，为明确后续的发展方向与发展重点并吸取发展中得到的经验和教训，也需要对产业发展的态势进行系统的跟踪评价。

一 新兴产业发展的趋势与特点

新一轮科技革命与经济危机以来的全球经济复苏乏力和增长放缓是当今世界产业发展呈现新趋势的两个重要背景。研究者普遍认为，当前世界科技进入了新的创新密集时期，新一轮科技革命与产业革命正在孕育爆发。在信息、能源、新型材料和先进制造技术等对于现代化进程具有战略意义的领域里，一些重要的科学问题和关键技术正在发生或已先兆性地显现出革命性的突破（于新东、牛少凤、于洋，2011），这一趋势必将催生许多新兴产业的出现和发展。2008年国际金融危机的爆发，引发了世界各国对实体经济发展的深度思考。世界各国再次聚焦制造业，各国制造业在全球价值链（GVC）上的升级出现了新趋势，发达国家与

"金砖国家"制造业升级整体上都获得了良好的经济绩效，而且"金砖国家"制造业升级的社会绩效要高于发达国家（孙理军、严良，2016）。同时，面对世界日趋严峻的能源、资源、环境、健康等问题，欧盟、美国、日本等主要发达国家在总结经验教训的基础上，纷纷采取力度空前的经济刺激措施，加大对新能源、新材料、节能环保、生物技术和新一代信息技术等战略领域的投入，加快新兴产业的关键技术突破和产业结构的调整（彭森，2011），以期取得新一轮世界经济发展竞争的制高点。在此背景下，世界产业日趋呈现出低碳、节能、绿色等特点。以低能耗、低污染、低排放为基础的经济模式和向低碳经济转型已经成为世界经济发展的大趋势（王昌林、姜江，2010）。各国的实践证明，当前培育以节能环保、新能源、新材料、生物、新一代信息技术为代表的新兴产业已成为许多地区实现经济振兴、培育新的经济增长点的重要突破口。欧盟高度重视新能源和新型环保技术；美国为缓解国际金融危机的不利影响，将新能源作为振兴美国经济的增长点，积极致力于节能减排以及新能源技术的开发（史丹，2010）；日本凭借其超前的研发优势和研发成果的实用化开发力度，继续加强低碳、新能源等产业的发展（宾建成，2012）。世界产业发展趋势与特点的另一方面是发达国家"再工业化"和经济服务化。但是，由于产业关联在发达国家继续增强，发达国家通过"再工业化"重振实体经济可能很难实现，更多的是希望凭借生产性服务业的优势发展高端制造业，巩固制造业的全球领先地位（张月友、刘丹鹭、周经，2014）。

从上述研究来看，国内学者对世界产业发展新趋势的认识包括科技革命促成了新产业产生与发展、产业的低碳与节能环保、国际金融危机后发达国家重返制造业等新趋势与特点。然而，这些研究还没有对世界产业发展新趋势进行系统和深入的剖析，也较少探讨这些新趋势对中国战略性新兴产业发展会带来怎样的影响。

二　新兴产业发展评价

国外关于产业发展态势评价的文献主要集中在主导产业和新兴产业评价指标体系及其实践应用方面。就主导产业评价指标体系的选择而言，研究成果比较丰富。基于动态比较费用论和主导部门理论，罗斯托（1960）提出了主导产业的选择基准和产业扩散效应理论；赫希曼（1991）提出了产业关联基准和联系效应理论；筱原三代平（1982）提出了基于生产率上升基准和收入弹性基准的"筱原二基准"。主导产业选择常用的指标主要有全要素生产率、比较劳动生产率、区位商、市场占有率、影响力系数、需求收入弹性系数、综合就业系数、感应度系数等。关于新兴产业评价指标体系的选择,研究者由于研究角度不同,以及侧重点不同,所选取的指标也不同。现有研究主要集中在新兴产业创新能力的评价方面,所选取的指标主要分为投入指标和产出指标两大类,投入指标主要为财力投入和人力资源投入,而产出指标则主要为科技成果产出和产业成果产出(Nasierowski,2003)。

国内现有文献对中国战略性新兴产业发展的评价视角多有不同,但分析方法主要是层次分析法和因子分析法。分析视角主要有竞争力比较、发展潜力比较、创新能力比较等产业不同能力的角度,或者将各种能力综合评价。贺正楚等(2010)选择政府支持、资源环境、市场、技术研发、战略新兴性作为一级指标,将层次分析法和综合模糊评价法相结合,通过专家打分的方式对二级指标进行定性赋值,从而建立评价模型。张良桥等(2010)认为,学界当前对战略性新兴产业的评价属性选择受主观因素影响,具有模糊性,提出了基于灰色关联度模糊多属性决策模型的方法,并将其应用于生物医药产业群的实证分析中,以此作为评价一个省或地区的某个产业在区域发展态势中所起作用的工具,其评价指标包括政策导向、经济效益、创新能力和发展潜力。何雄浪等(2011)将战略性新兴产业价值评价的指标主要分为能源指标、行业指标和投资指标三大类,采用层次分析法(AHP)对评价指标进行组合赋权,研究发现,战略性新兴产业发展需要统筹兼顾,其重点是关注低能耗低碳产业发展。霍影(2012)从发展潜力切入,以科技实力、金融环境及政策环境为评价指标,运用AHP方法对东北三省的战略性新兴产业发展潜力做出评价。周晶(2012)运用2010年的工业和服务业的数据分析了中国七大战略性新兴产业发展及其地区分布,研究发现,中国战略性新兴产业发展迅速,但存在某些行业集中度较高、行业发展不均衡的现象,而从地区分布来看,主要集中在我国东部地区。施卓宏和朱海玲(2014)根据波特的钻石理论,将战略性新兴产业发展评价放入生产要素、需求要素、相关产业与支持产业以及企业战略、企业结构和竞争对手为一体的四维坐标中,将机会和政府作为辅助影响因素,从而建立战略性新兴产业发展评价指标体系。张永安和邬龙(2015)根据创新政策的不同,将战略性新兴产业发展演化划分为技术期、应用期和市场期三个阶段，以专利产出的效率和产品利润作为主要指标，运用趋势分析法对战略性新兴产业的发展阶段进行分析，并对北京市的电子信息产业和医药产业进行了案例研究。

显然，目前国外对于产业发展态势的评价选取的角度多，指标较为丰富，研究有一定的深度，而国内对战略性新兴产业的评价处在初步探索阶段，尚未形成一个统一的、被广泛认定的标准。从地域范围来看，也局限于省级或区域空间，缺少全国范围内的战略性新兴产业评价研究。主要局限因素是国家对于战略性新兴产业发展的指标标准近期才出台，缺少一致的统计口径和统计数据。但是，由中国工业和信息化部牵头制定的战略性新兴产业分类目录已于 2012 年年底发布，由国家发展和改革委员会牵头制定的《战略性新兴产业重点产品和服务指导目录》2016 年版征求意见稿也已于 2016 年 7 月发布。在此数据基础上，对战略性新兴产业国家层面的评价分析就有了初步的依据。此外，值得注意的是，分析视角的多样化虽然能够帮助我们从不同的角度考察问题，但是，也由于缺乏系统性，造成了分析对象的模糊性和在具体操作过程中无法应用的尴尬。

第二节　战略性新兴产业发展规律

借鉴国外科技创新与产业成长中的经验，把握新兴产业发展规律，对中国培育和发展战略性新兴产业具有重要的现实意义。

一　新兴产业发展的内在动力

世界新兴产业发展方向呈现出了新趋势与新特点，那么是什么内在动力促使世界产业发展趋向这些新兴产业的发展方向？各国做出产业发展趋势判断的理论依据是什么？关于产业发展的破坏性创新理论和产业转移理论对这些问题提供了可能的解释。

克里斯滕森和鲍尔（Christensen and Bower, 1995）的开创性研究将创新分为持续性创新和破坏性创新，其中，持续性创新以现有消费需求为导向，主要是现有产品和服务的增量创新及改进，破坏性创新却以更为简单、便利和便宜的产品及服务创造新的消费需求并逐渐抢占市场份额，最终对现有产业结构产生颠覆性影响。克里斯滕森（1997）进一步从技术创新和市场创新相融合角度，运用破坏性创新理论解释了行业发展演变中普遍存在的主导企业更替现象。罗伯特和维里泽（Robert and Veryzer，1998）则认为，破坏性创新必须符合两个基本条件：（1）技术能力条件，即破坏性创新与原有技术相比必须基于新的技术范式；（2）顾客感知价值条件，即破坏性创新必须带给客户新的感知价值。克里斯滕森（2003）进一步拓展了破坏性创新理论的内涵和适用范围，他认为，除技术革新外，某些客户价值提供方式的创新和商业模式的创新也可被称为破坏性创新，只要这些创新能够改变竞争规则，并从非主流市场逐渐演进最终颠覆原有主流市场。由此可见，蕴含着破坏性创新的技术革命会对整个行业的发展进行重新洗牌，甚至催生新兴产业的出现。为了保证破坏性创新所带来的经济活力和新兴产业的竞争力，一套完善且不断更新的知识产权战略体系对于一国经济发展具有非常重要的作用（史贞，2014）。

在世界新兴产业呈现快速增长的同时，产业转移也正在促成全球产业的新布局与分工体系重构（蔡兴、刘子兰、赵家章，2014）。这表现在：一方面发达国家进一步将生产环节和非核心研发环节向发展中国家与经济后发国家转移，并在全球范围内进行要素整合和布局，从而实现对整个产业链条的控制；另一方面，发达国家发出了向实体经济回归的信号，开始重视国内产业尤其是先进制造业的发展（参见《2010 世界新兴产业发展报告》）。2009 年 12 月，美国总统奥巴马发表声明，美国经济要转向出口推动型增长和制造业增长，制造业是美国经济的核心；2010年 8 月 11 日，奥巴马签署了《制造业促进法案》，标志着美国的制造业复兴战略进入实质性发展阶段；2016 年，美国国会发布的《国家制造创新网络年度报告》显示，截至 2015 年 12 月，美国已经验收 10 个制造业创新中心，进一步加强基础科研能力的产业化转化能力。黄永春等（2013）认为，虽然美国的"制造业复兴"战略被学界冠以"再工业化"之名，但它不是简单地恢复传统制造业，而是寻求经济社会发展的新工业基础，扩大就业和出口，最终实现在新的技术创新基础上继续扩大美国的工业竞争优势，保持制造业领先地位。美国以及欧盟的"再工业化"战略会加剧围绕科技创新与产业化制高点的竞争，这对中国制造业向产业链高端升级，以及以技术突破为核心的战略性新兴产业的发展构成了更大的挑战（姚海琳，2012；徐礼伯、沈坤荣，2013）。

　　综上所述，学者在一定程度上揭示了世界产业发展动向的内在动因。这为在分析判断世界产业发展趋势的基础上明确未来中国战略性新兴产业的发展重点、制约因素和推进措施奠定了基础。

　　二　战略性新兴产业的成长路径与发展条件

　　国内关于战略性新兴产业成长路径的研究大多是对新兴产业发展的动力机制分析和成长路径探索。任寿根（2004）提出了外生产业集群理论，并以上海外高桥保税区为例分析了制度分割对新兴产业集群的影响，创新性地解释了新兴产业集群形成的原因。田敏和杨进（2006）从产业链分工和产业链价值创造的角度分析了新兴产业发展的影响因素，发现新兴产业的形成是产业链和价值链上的企业利用各自的知识要素和比较优势，通过信息化网络进行能力和资源重组的结果。孟祺（2011）在测度新兴产业集聚程度的基础上实证研究了产业集聚对新兴产业成长的影响，验证了产业集聚对新兴产业成长的促进作用。喻登科等（2012）分析了战略性新兴产业集群以价值链、知识链和物联网为媒介的三种协同发展路径，进而提出了产业集群协同发展的单核、多核和星形模式。此外，段文斌（2011）认为，后危机时代的产业成长将步入内生驱动、多级增长的轨道，具体表现为：在承接新一轮国际产业转移中形成内生技术能力；以扩大消费和消费升级推动产业成长；依托城镇化形成多极增长的新格局。肖兴志（2010a）归纳了战略性新兴产业三种可能的成长模式：一是完全依靠市场机制；二是完全依据国家政策；三是在遵循市场规律的同时，由政府进行干预来弥补市场失灵。在此基础上，作者认为，第三种模式最符合我国战略性新兴产业发展的实际。杨以文等（2012）通过对调研数据的实证研究，发现传统产业升级到越高的阶段，越有利于突破性创新；而战略性新兴产业升级到越高的阶段，越不利于突破性创新，但有利于增量性创新。曲永军和毕新华（2014）从产业成长动力源、动力结构以及动力演化机理三个方面研究了后发地区战略性新兴产业的成长动力，认为后发地区可从建立政府政策支持协调机制、发挥市场拉动作用推进技术创新、利用资源优势形成特色产业和实现地区间的合作与联动效应四个方面建立战略性新兴产业成长动力保障机制。李亚光等（2015）从生产要素配置、市场需求、市场网络组织、政府作用和发展环境五个方面研究了中国电子信息产业的增长动力问题，提出了我国电子信息产业的成长路径。陈文锋和刘薇（2015）运用推动战略性新兴产业发展的市场—技术动力因子描述战略性新兴产业的生命周期阶段性特征，实证研究结果显示，中国七大战略性新兴产业具有不同的产业发展阶段特征，相应的动力机制也有差别，具有不同的技术和市场需求侧重点，推动战略性新兴产业发展应实行差别化与方向性的支持政策。这些成果对研究战略性新兴产业的成长问题提供了借鉴依据。

国内学者对战略性新兴产业发展条件做了一定程度的研究。陈清泰（2010）、黄南（2010）、王昌林（2011）、乔晓楠（2011）、马军伟（2013）、温可等（2014）、刘佳刚和汤玮（2015）等学者分别提出了具有代表性的观点，归纳起来，包括技术支撑、资源禀赋、要素分配、市场需求、产业链延伸、空间布局、体制机制、金融支持和政策支持等。针对上述战略性新兴产业发展的前提条件，学者进一步分析了理想假设与现实基础之间的差距，认为主要存在以下五方面的问题：在技术支撑方面，由于战略性新兴产业相关企业规模较小，研发能力不足（吴晓青，2010），自有技术标准导入滞后（邓州，2014），以及政府没有提供足够力度的政策对科技创新给予激励和保障（肖兴志，2011b），所以，企业自主创新能力普遍薄弱，处于战略性新兴产业价值链高端环节的核心技术难以掌握，容易陷入"高端产业、低端制造"的困境（刘洪昌，2015）。在资源禀赋方面，当前各类战略性新兴产业均存在资源供给"瓶颈"，这些"瓶颈"将对战略性新兴产业的产业结构、增长速度和增长方式均构成制约（肖兴志，2010b）。在要素分配方面，可能出现知识、资本、劳动力等生产要素的结构性失衡（肖兴志，2011b）。在市场需求方面，战略性新兴产业存在需求不确定（吴晓青，2010）、科技成果转化主体不清等严重问题，其根本原因在于研发、生产、中介和需求四环节的体制机制障碍没有解除（肖兴志，2011b；朱瑞博、刘云，2011；姜霞、姜平，2013）。在政策制定方面，可能忽视战略性新兴产业与传统产业的协调发展，在高度强调战略性新兴产业的同时使传统产业的发展受到忽视，进而由于忽视传统产业的发展而造成经济增长和就业等一系列损失。

综上所述，有关新兴产业发展一般性规律的研究已经深入展开，并为新兴产业的发展实践提供了丰富的理论参考。这些规律不仅有助于我们为战略性新兴产业成长所需的条件提早做出准备，而且有利于我们通过对比理想状态与现实情况之间的差距，主动采取应对策略，使差距可能引发的问题得到及时有效的解决。当然，也需要承认，对于战略性新兴产业自身发展规律的研究还很有限：一方面，国外的理论体系不能完全适用于战略性新兴产业的发展实际；另一方面，国内刚刚起步的研究还未能向纵深开展。所以，当务之急是要尽快对这类产业的成长动因、路径、条件和特点等进行充分研究，尽早探索出这类产业特有的成长机理，以保证今后的发展实践有据可依。

三　战略性新兴产业与传统产业协同发展

战略性新兴产业的技术带动效应与传统产业的转型升级能否实现协同发展，作为转变经济发展方式的重要内容，一直以来都是学术界与政府产业政策制定所持续关注的热点。由于新兴产业与传统产业的根本区别在于技术差异性，国外文献主要从技术生命周期理论和耗散结构理论等视角研究产业演化发展规律。其中，安德森和图什曼（Anderson and Tushman，1990）指出，技术演化模型被认为是技术生命周期理论的经典模型；随后得到了 Kaplan 和 Tripsas（2008）、默南和弗伦肯（Murmann and Frenken，2006）以及 Suarez（2004）的广泛拓展；麦加本等（McGahan，2004）认为，这些文献主要关注的是技术演化、产业内技术进步和产业演化过程；Dosi（1982）认为，主要是研究宏观层面的技术轨迹。苏屹（2013）指出，耗散结构理论最早是由比利时物理学家 I. Prigogine 在1969 年关于《耗散结构与生命》的国际会议报告中提出，并与汤姆（R. Thom）的"突变论"和哈肯（H. Haken）的"协同论"一起构成系统科学的"新三论"，并在经济学研究中得到广泛应用。耗散结构理论和耦合系统演化理论通常被应用于产业创新系统和协同发展问题的理论层面研究，正确判断战略性新兴产业与传统产业的耦合程度和阶段是政府政策制定的基础。

国内学者对产业协同发展领域的研究具有以下四个方面的特征：第一，从理论层面界定新兴产业与传统产业发展的阶段划分；第二，采用典型案例进行实证研究；第三，从理论层面提出促进产业协同发展的政策建议；第四，现有的文献主要是从评价方法、视角和内容上展开。从研究方法来看，国内学者主要利用系统学、协同学和耗散结构理论分析复杂系统或产业协同机制。孟庆松和韩文秀（2000）基于系统学视角首次提出复合因子、协调机制的概念，建立了一个可实际计算的复合系统的协调度模型，并以"教育—经济—科技"的复合系统为例，对该模型的有效性进行了验证。王宏起和徐玉莲（2012）采用有序度模型和复合系统协同度模型，测度了 2000—2010 年中国科技创新和科技金融的复合系统协同度区间为 [−0.2，0.2]，表明中国还未形成科技创新与科技金融的协同发展机制。綦良群和孙凯（2007）结合协同学和耗散结构理论，对高新技术产业与传统产业的协同发展机理进行了理论分析，并以东北老工业基地振兴为例，提出促进老工业基地产业的协同发展机制，认为高技术产业与传统产业的子系统兼有竞争和协同的相互作用，最终导致产业的涨落，而且这种涨落必须有人参与，只有通过制定合理的产业政策，才能促进形成具有耗散结构特征的产业系统。

从研究视角来看，近年来，部分学者从产业耦合发展模型和博弈模型的角度研究了战略性新兴产业与传统产业发展的关系。熊勇清和李世才（2010）从产业要素、产业结构和产业布局等视角对战略性新兴产业与传统产业子系统的耦合内容进行了细致的理论分析，并从理论层面阐述了耦合过程：萌芽阶段、成长阶段、发展阶段初期和发展阶段中后期分别对应于无耦合、低度耦合、中度耦合和高度耦合，其中，在成长阶段，需要政府的推动机制，随后依次为传导机制、叠加放大机制、联动机制和融合机制。陆立军和于斌斌（2012）在进化博弈理论框架下，研究了战略性新兴产业与传统产业融合的演化、企业行为和政府的产业政策，研究表明，融合演化分为相互适应、协调发展和分化替代三个阶段，影响融合度的因素主要包括地方政府和龙头企业决策，并认为地方政府在产业融合发展中具有重要作用。苑清敏和赖瑾慕（2013）的研究认为，时变演化是战略性新兴产业和传统产业耦合发展过程中的显著特征，通过技术、产品、资金、政策等要素，能够促进两者实现动态耦合式发展，并将动态耦合过程分成无耦合、协调、发展极限、衰退、重组等阶段，政府作用发挥应以正确评价两者的耦合程度为基础。苑清敏（2015）的研究则表明，战略性新兴产业与传统产业的耦合协调度存在区域差异，东部地区战略性新兴产业与传统产业耦合协调发展能力高于中西部地区。

从研究内容来看，主要是以政府补贴形式支持战略性新兴产业与传统产业发展，多数文献研究了补贴的动机与效果。王宇和刘志彪（2013）从政府作用角度研究了补贴方式对传统产业和新兴产业的影响，研究认为，不同产业中研发的知识溢出效应决定了研发补贴的效果；产业间具备双向知识溢出的情形下，生产性补贴在短期促进新兴产业增长，而抑制传统产业增长，此时的补贴方式所带来的增长在长期来看不具备持续性，甚至会阻碍技术进步。因而，新兴产业与传统产业在发展的不同阶段需要对补贴方式进行动态调整。李少林（2015）运用空间面板计量方法分析了产业协同度影响因素，结果表明，新兴产业科技活动经费筹集额中政府资金比重对协同度的影响不显著，传统产业高能耗特征依然显著，环境规制未能抑制高污染行业增长，人力资本增长提升了协同水平，但市场化改革的效果并不显著。

　　从上述已有文献可以看出，上述研究虽然视角比较全面，但相对忽略了战略性新兴产业的技术溢出与传统产业带动效应的内在逻辑和传导机理，而且多数为理论分析和案例研究，实证研究相对缺乏。由于技术扩散、技术生命周期与产业协同存在密切的经济联系，在中长期发展过程中，政府如何根据发展阶段选择合理的产业政策标准，值得深入研究。现有研究尚未将政府行为纳入统一的分析框架，而且没有对经济社会发展施加资源环境的双重约束，缺乏大样本数据的经验证据，研究得出的政策建议，通常理论性色彩较浓，针对性和可操作性可能不足。

第三节　战略性新兴产业培育发展中的政府作用

　　为了抢占战略性新兴产业的发展先机，保持经济发展的活力，对于市场主体发育尚未成熟的战略性新兴产业，政府通过政策支持、财政补贴和投资规划等政策工具引导和促进战略性新兴产业有序发展一直是各国的通行做法。因而，政府如何在战略性新兴产业培育发展中发挥引导和促进作用及其背后的机理一直是国内外学者关注的焦点。

一　战略性新兴产业培育发展中政府的作用机理

　　政府在新兴产业发展中的功能定位和作用一直是经济学关注的重要主题之一。国外学者通过不同的理论视角探讨了有关政府对于新兴产业发展促进作用的机理，其中包括外部性、"干中学"、知识外溢、比较优势等理论视角。从外部性视角，肯普（Kemp，1964）认为，新兴产业发展所需的私人经验往往具有正外部性，市场失灵将导致社会边际收益与私人边际收益的偏离，政府应该制定政策保护和发展新兴产业。应用"干中学"理论，巴德汗（Bardhan，1971）在动态框架下分析了开放经济中的"干中学"效应，证明当学习效用无边界时，从社会角度看，最优选择是对新兴产业进行补贴，并给出了新兴产业动态最优补贴机制和时间路径，但缺点是只局限于单一产业的发展问题，且没有考虑到知识的跨产业和跨国溢出效应。苏卡（Succar，1987）放松知识外溢性假设，扩展了巴德汗的分析，发现当产业间存在学习效应的溢出时，"干中学"效应不足以成为政府干预的理由，从社会角度看，需要权衡补贴流的折现值和新兴产业通过"干中学"所得的产出流折现值的相对大小。波特（Porter，1990）的钻石理论认为，产业的竞争力水平由需求条件、生产要素、相关产业绩效、企业战略、机会和政府六项因素共同决定，而政府对产业发展的影响是通过其余六项因素发挥作用的。雷丁（Redding，1999）在内生增长框架下分析动态比较优势问题时认为，当前具有比较优势的领域仅能为一国或地区带来静态的贸易所得，为了避免长期内的动态福利损失，政府应通过实施产业政策培育和促进具有较大增长潜力的产业发展。在经验研究方面，舍温和艾森逊（Sherwin and Isenson，1966）在对美国国防创新历史的研究发现，政府的国防采购对于 710 项关键国防创新具有至关重要的作用，比如卫星、航天器和导弹系统等。帕克（Pack，2000）通过深入考察了 1997 年亚洲金融危机后韩国和日本的产业政策对本国经济造成的影响，发现产业政策不是导致金融危机重创经济的原因，而是金融危机过后带动经济增长和投资效率提升的重要力量。

中国经济发展过程中，政府产业政策一直发挥着重要的作用（林毅夫、刘培林，2001；刘志彪，2015）。面临新一轮的科技和产业革命，中国做出加快发展战略性新兴产业的战略部署，重点支持节能环保、新一代信息技术和生物产业等七大战略性新兴产业的发展。在此背景下，国内学者重点研究了政府在战略性新兴产业培育发展中的作用机理。朱迎春（2011）认为，由于战略性新兴产业具有准公共性、外部性和高风险性等产业特点，其在发展过程中不可避免地存在市场失灵，政府应选择合理的政策工具扶持战略性新兴产业发展，具体可概括为引导、激励、服务和规范四个方面。安礼伟（2013）以江苏昆山小核酸产业作为案例，研究了地方政府在新兴产业培育中的作用，认为政府在新兴产业培育中的主要作用是为各方主体搭建平台，推动新技术研发和新技术的商业化、产业化转化。周亚虹等（2015）通过构建新兴产业的企业行为反应模型，分析了促进生产和补贴需求这两类政策在新兴产业自主创新和健康发展中的作用，并基于新能源产业的数据进行了实证检验，研究表明，政府补助能在产业起步阶段为新兴产业带来盈利优势，但产业扩张后，政府补贴难以鼓励企业进一步增加研发投入，导致同质化产能过剩，政府应更多地转向鼓励原始创新和培育需求。同时，在战略性新兴产业的培育发展中，各级政府和企业之间可能存在多元化的利益目标，需要从产业主体和市场的不同角度建立利益协调机制，以确保各级政府和企业在战略性新兴产业培育与发展中出现协调一致的行为取向（熊勇清、郭兆，2012）。

二　战略性新兴产业培育发展中政府的角色演进

战略性新兴产业培育发展的不同阶段存在不同的技术创新难度、产业链配套需求、相关基础设施建设配套等内在要求以及不同的制度性障碍和市场"瓶颈"等问题（朱瑞博、刘芸，2011）。与战略性新兴产业的成长阶段相对应，政府应有针对性地进行制度安排和政策设计，真正实现战略性新兴产业促进经济增长方式转变和结构优化升级的目标。因此，政府在战略性新兴产业发展的不同阶段所具有的不同角色定位被大量文献所关注。

随着战略性新兴产业培育发展阶段的变化，政府作用机制的着力点将逐步变化，并与市场机制互动变换。时杰（2010）认为，政府在战略性新兴产业发展的创新阶段、成长阶段和成熟阶段的角色定位分别为培育扶持、构建适宜的激励机制与整合高技术产业发展要素以引导和促进战略性新兴产业发展。张少春（2010）认为，战略性新兴产业发展初期往往属于弱势产业，对于关系国民经济和国防安全的战略性领域及战略性新兴产业的关键环节，在市场调节的前提下，政府应发挥宏观指导、政策激励诱导和必要的组织协调等作用。此外，肖兴志（2011a）提出，在新兴产业培育初期，由于技术和体制尚不成熟，应按照有限重点、循序渐进原则，在具备基础条件的关键领域努力实现点式突破；在培育中期，应全面采用高端技术发展新兴产业，并搞好共性关键技术攻关和成果转化，推进七类产业共同进步；在培育成熟期，应加强不同产业的融合，通过整合资源、延伸产业链、调整结构和优化布局等，加强新兴产业发展和传统产业升级之间的互动，提高产业整体水平。在政府与市场的角色转换上，短期应以政府扶持为主，长期则由市场发挥主导作用。

即新兴产业在起步阶段亟须政府扶持，而随着企业发展新兴产业的内生机制初步形成、外部环境逐渐改善，市场机制的作用将不断增强，并长期发挥主导作用。费钟琳和魏巍（2013）也认为，战略性新兴产业发展的不同阶段具有不同的政策需求，并在产业生命周期理论的框架下剖析了战略性新兴产业在引入期、成长期、成熟期和调整期的阶段性特征，并针对性地提出了政策建议。

三　发达国家政府作用的经验借鉴

肖兴志（2011b）、薛澜等（2013）、曾智泽（2013）、渠慎宁等（2014）、王征（2014）、汪文祥（2015）等学者对于欧盟、美国、日本、韩国等发达国家的实践经验做了大量深入的考察，这些文献对发达国家政府作用的经验总结为四个方面：（1）欧盟的经验：一贯高度重视利用产业政策推动新兴产业发展，通过制订研发计划和"环保型经济""绿色经济"、物联网技术等新兴产业中长期发展规划，极大地提升了区域新兴产业的竞争力。但是，由于欧盟成员国众多，各项政策针对性过强，各成员国之间又必须实现政策互补，导致大量本应用于支持新兴产业的财政资源被耗费在资助"夕阳产业"上。（2）美国的经验：推行比较隐蔽的新兴产业培育政策，构建国家制造业创新网络，有效地推动了信息产业的发展和以信息产业与先进制造技术为主导的产业结构升级。但三权分立的政治体制、社会的多元化和分散的决策机制影响了产业政策的效果。（3）日本的经验：实施"科技创新立国"方针，通过支持新能源产业和信息产业，使这些产业的产值迅速提升。但也有学者认为，该国经济赶超的成功依靠的是健全的市场体系，而不是政府主导的产业政策。（4）韩国的经验：从宏观层面引导新兴产业的发展，并根据经济环境和科技环境的变化做出适时调整，使半导体、平板显示器、文化产业等新兴产业发展迅速。但长期以来将经济增长作为第一战略目标，难以避免经济增长具有很大程度的"政府强迫"性。

上述研究成果表明，政府扶持在各国战略性新兴产业的发展中起着至关重要的作用。这些成果着重考察了政府的作用对象、影响机理、角色演进，以及政府机制和市场机制的协调互动，为相关领域的研究做出了一定的贡献。相关研究成果比较丰富但也有其局限性，具体表现为：第一，从研究深度上看，由于中国战略性新兴产业相关政策的制定以新一轮工业革命为背景，政策出台的时间较晚，所以，缺乏对政策效果的评价和改进措施的分析，相关研究仍处于起步阶段；第二，从研究范围上看，现有文献普遍以政策为导向而理论性较弱，相关研究结论的客观性和科学性缺少严密的理论支撑；第三，从研究的细化程度上看，现有观点对政府具体政策的切入点和着力方向还未达成共识，在当前政策资源相对稀缺的条件下，这些政策资源不可能覆盖战略性新兴产业的所有领域，从而使具体实施策略的探索难以为继。那么，如何选择重点领域以实现率先突破并尽快形成竞争优势？怎样发挥这些领域的优势来带动关联产业的发展？这些问题亟待得到答案。

第四节　战略性新兴产业培育发展政策

政府对战略性新兴产业的作用主要体现在政策层面上，因此，学者在制定政策的原则与具体政策措施方面均做了大量研究，主要包括科技创新政策、市场培育政策和国际要素整合与产业链融入政策研究。

一　科技创新政策

现有研究对科技创新政策的相关研究主要集中于创新原则与具体措施两类。关于科技创新原则，雷家骕等（2009）指出，对发达国家技术依赖严重和高新技术企业被外资以不同形式并购是中国高新技术产业发展中存在的严重问题，增加高新技术产业自有资金和技术占比应引起政府高层和业界的高度关注。之后，赵刚（2010）就这一问题呼吁中国高新技术产业必须坚持自主创新，如果技术依赖国外，不仅无法享有价值链高端的超额利润，而且将陷入恶性循环，最终只能成为一个制造大国。万钢（2010）通过对比分析欧盟、美国、日本等主要发达国家和地区国际金融危机后的战略性新兴产业扶持政策，发现加大科技创新投入、加快新兴技术和产业发展的布局，以发展新技术和培育新产业来抢占新一轮经济增长的战略制高点，创造新的经济增长源泉是发达国家应对国际金融危机的重要举措。郭晓丹和何文韬（2012）认为，战略性新兴产业发展初期，需要有别于常规"技术推进"的培育方式，通过技术创新活动的"保护性空间"培育与治理实现产业扶持方式从"起点"向"全过程"的推进，这是提高产业规模和竞争力有效的政策工具。应通过技术试验、市场试样和市场推广环节构架产业发展的"保护性空间"，并从方向、定位、环境条件与发展驱动等层面积极应对。叶锐和杨建飞（2014）将科技创新与战略性新兴产业发展抽象为非线性微分动力系统，分析了两者间的互动影响，研究发现，在科技创新通过成果转化速度与战略性新兴产业发展相联系，在科技创新与战略性新兴产业发展速度一定的情况下，应控制两者之间相互转化速度；当成果转化速度一定时，两者之间应协调发展；当科技创新与战略性新兴产业发展之间任何一方发展缓慢时，除加大落后方发展力度外，还可通过强化另一方发展来带动落后方发展。余剑（2015）认为，科技创新与战略性新兴产业发展应该相辅相成，这也符合中国经济新常态下经济增长动力转换的要求。理论分析与实证研究表明，战略性新兴产业市场需求与科技创新之间具有相互影响的作用机制，技术与市场均衡发展才是战略性新兴产业发展路径的正确选择。

关于科技创新的具体措施，杨继瑞（2009）、肖兴志（2010）、朱瑞博（2010）、陈柳钦（2011）、刘志阳（2010）、姜达洋（2014）、李文军（2014）等学者的建议可以归纳为六个方面：①在稳定与前瞻之间做好权衡。稳定是指短期内根据当前国内实际情况引进和跟踪国外先进技术，以保证战略性新兴产业得到及时快速的发展；前瞻则是指通过科学制定战略性新兴产业技术路线图，从战略高度对技术研发和产业布局进行长远部署，以跟上不断加快的技术发展速度。②加快体制机制创新。技术创新往往需要体制机制的变革相配套，目前，我国落后的体制机制严重制约着企业的自主创新，应通过完善国家创新体系，为战略性新兴产业的自主技术创新创造良好的外部环境。③对已有的产学研合作模式进行改革。一方面应加快技术转移机构、孵化器、加速器和创业资本等机构和配套制度建设，充分发挥技术转移机构、孵化器、加速器和创业资本等专业化服务组织的作用；另一方面应突出企业的主体地位，并结合战略性新兴产业的发展需要，发展一批由企业主导，高等院校、科研机构和金融机构等积极参与的产业技术创新联盟，协同突破战略性新兴产业核心关键技术，掌握自主知识产权和创建自有品牌。④根据实施模块化创新转换战略的要求，对不同技术和创新类型进行划分，累积战略性新兴产业的核心竞争能力。一是要自主完成通用模块技术的积累与创新；二是通过与跨国公司合作和创新网络的学习掌握非专有核心模块技术；三是通过融入国外本地创新网络掌握产品的非专有架构技术，从而形成基于模块化创新转化战略的创新能力。⑤培养和引进科技创新所需的各类人才，尤其是战略性新兴产业关键技术突破所需的高端创新人才。通过政府财政补贴和创新薪酬制度等措施引导各地区引进人才，根据战略性新兴产业发展的技术需求，结合各级科研单位和全国高等院校的专业优势，有重点、有选择地对科研带头人进行投资。⑥加强科技管理体制建设，提高科技人才绩效评估质量，以保证科技创新工作的顺利、高效进行。

二　市场培育政策

技术创新是战略性新兴产业发展的根本动力，市场需求为战略性新兴产业成长创造空间。一方面，政府的科技创新政策通过激励创新来推动新兴产业的发展；另一方面，市场需求的拉动是战略新兴产业发展的重要动力。在战略性新兴产业孕育阶段和发展初期，由于存在主导设计不明确、消费者认知有限、新兴产品只适用于特定领域等问题，市场培育往往需要政府的扶持与引导（孙晓华、王林，2014）。但是，市场机制是拉动战略性新兴产业发展的根本力量，战略性新兴产业市场培育必须处理好市场与政府的关系，把握好市场功能和政府行为的最佳结合点，创新战略性新兴产业市场培育机制，以促进战略性新兴产业规模化发展（李晓东，2015）。

在战略性新兴产业的市场培育政策上，一些学者肯定了政府采购拉动需求的重要作用。杨继瑞（2009）认为，由于在战略性新兴产业发展初期，政府对产品与服务的消费是市场上最好启动的消费，也是最大的内需来源，所以，培育初期应加大政府采购、物资储备对新兴产业的产品与服务的支持力度。陈志（2012）论述了战略性新兴产业与商业模式的相互关系，认为新兴产业的发展往往会推动不同类型的商业模式创新，其中充满了各种风险和成本，政府政策应从宏观政策和微观政策两个方面着手，促进新兴产业的商业模式创新。郭秀颖和惠晓峰（2015）进一步从经济效益、产业转化、客户需求、社会环境和学习与成长五个方面构建了战略性新兴产业商业模式创新能力评价模型，以航空航天装备制造和生物制药产业为例的实证分析表明，技术自主创新能力和新产品产业转化能力是影响战略性新兴产业商业模式创新能力的关键因素。申俊喜（2012）提出了创新的产学研合作的组织模式，实现从基于企业技术需求到基于产业技术需求、从点对点分散式合作到网络集成式合作、从知识技术的单向转移到双向互动、从契约式合作到一体化合作是当前突破产业关键技术、提升战略性新兴产业核心竞争力的基本路径。在市场培育的方向上，熊勇清等（2015）从现实环境和实际贡献两个维度分析了国际市场和国内市场对中国战略性新兴产业发展的影响，研究表明，国内市场是中国战略性新兴产业现阶段发展的重点，由"外需拉动"转为"内需拉动"十分必要且切实可行。

三　国际要素整合与产业链融入政策

对于战略性新兴产业培育与发展中国际要素整合与产业链融入的问题，江小涓（2007）认为，中国已进入一个新的开放发展阶段，中国经济深入融入全球经济网络，与外部经济的互动关系更为频繁和复杂，中国国有企业全球配置资源的能力显著增强，资金、技术和人才等要素从单向流入为主向双转向流动并重的格局开始形成。黄群慧等（2016）进一步指出，虽然技术、设备进口和外商直接投资对于形成改革初期工业的基础生产能力和经济快速增长至关重要，但面对新一轮科技革命和产业革命，中国的开放政策应从驱动增长向整合资源转变。具体来说，一是开放政策的重点要逐渐从促进"引进来"向鼓励"走出去"转变；二是自主创新能力归根结底要在本土形成，技术引进仍然是需要的，但技术引进的结构需要调整优化；三是关注国际高端市场，调整出口结构。

那么，在新的开放发展阶段和第一轮的科技革命与产业革命的背景下，如何通过国际合作和全球资源整合来加快我国战略性新兴产业的发展，无疑是学者关注的又一个重点。对此，金芳（2004）研究了跨国公司在华投资对中国产业发展的影响，发现专利和新产品保护制度的缺乏或不完善，加上国内企业技术吸纳和消化的意愿及能力的缺乏，中国从外商直接投资中获得技术模仿的机会被大大降低。作者建议从国家立法层面保障专利权、发明权、技术流动、贯彻国际环保标准等，以构成高标准、国际化、与中国发展阶段相适应的投资立法框架，全面营造有利于国内外智力资本集聚和企业专利投资的法制环境。在此基础上，李珮璘（2008）专门考察了跨国公司并购对中国战略性新兴产业发展的影响，研究发现，跨国公司并购对于高级生产要素向中国战略性新兴产业的聚集有促进作用，有利于产业技术进步，提升战略性新兴产业的国际竞争力，但也存在削弱自主创新能力的风险。据此，作者从产业政策、政府规制和企业发展三个维度提出了对策：在产业政策层面，扶持中国战略性新兴产业发展的产业政策制定应符合世界贸易组织的规则；在政府规制层面，应完善外资并购立法，增加外资并购中国战略性新兴产业相关企业的政府规制强度；在企业发展层面，应鼓励中国国有企业依靠自主创新做大做强。吕铁和贺俊（2013）认为，虽然创新系统复杂性和战略性新兴产业所特有的技术多样性决定了现阶段我国战略性新兴产业的培育发展仍然要高度依赖国外的资源和市场，但由于战略性新兴产业关系到国家和企业的核心竞争力，我国战略性新兴产业发展所需的技术和设备不可能完全通过引进方式获得，只能通过融入国际产业链和发达国家的本地创新网络，通过整合国际要素来逐渐积累战略性新兴产业发展相关的技术能力。在具体模式选择上，可以通过内向型国际化发展、外向型国际化发展和内外向型整合发展模式来建立战略性新兴产业全球开放创新网络，加速战略性新兴产业核心技术突破和规模化发展（喻红阳，2015）。

综上所述，国内学者对战略性新兴产业的科技创新、市场培育和产业发展等问题进行了一定程度的探索，为战略性新兴产业的培育发展等政策问题的研究建立了良好的基础，但现有研究仍难以满足国家培育发展战略性新兴产业的政策需求。现有成果大多以决策参考类文献和发展报告为主，并提出了一些有价值的建议，但对于促进自主创新的科技创新政策支持、市场培育中的政府与市场机制协调互动和国际要素整合等很多重要的政策问题还没有得到深入研究，对节能环保、新一代信息技术、生物、高端装备制造、新能源、新材料、新能源汽车等战略性新兴产业的现实问题跟踪把握尚显不足，缺乏对不同发展阶段差异性、不同产业领域问题的关注，所提政策建议的针对性和可操作性有待加强。同时，当前研究大多仅关注单一政策的设计，缺乏对市场培育与发展政策体系完整性、协调性的考虑，并且也缺乏对政策实施效果的实证评价。

第五章　中国战略性新兴产业发展态势

中国战略性新兴产业的发展已经历经七个年头，这一发展方向的选择无疑具有高度的前瞻性和战略意义，在取得阶段性发展成就的同时，也收获了难得的经验与教训。纵观 2013 年以来发达国家"制造业回归"、欧美市场疲软、国内实体经济低迷一系列的环境变革，给中国战略性新兴产业的发展带来了前所未有的挑战，部分战略性新兴产业也表现出了剧烈震荡等特殊状况，在发展过程中，内外部市场的均衡、政策的波动调整、产业发展规模、速度与稳定性的关系，都值得深入反思和及时调整应对。未来中国战略性新兴产业发展任重而道远。

一　中国战略性新兴产业七大领域发展态势

本章从规模扩张、经济效益和研发创新等多维视角对战略性新兴产业的七大领域——节能环保产业、新一代信息技术产业、生物产业、高端装备制造产业、新能源产业、新材料产业和新能源汽车产业的发展态势进行概括性总结和分析，为开展相关问题的跟踪研究提供了现实素材和基础。

（一）节能环保产业

从规模扩张来看，"十二五"期间，节能环保产业总产值年均增长速度维持在 15%，高于国民经济的平均增长速度。节能环保产业企业数量不断增加，仅节能环保产业企业数量而言，已由 2000 年的 18144 家增加至 2014 年的 25710 家，增长了近 41.7%。节能环保产业的产品销售收入由 2000 年的 1689.9 亿元增长至 2014 的 39810 亿元，收入水平增长了 22.6 倍。废弃资源综合利用业的产品销售收入也由 2004 年的 79.5 亿元增长至 2014 年的 3668.6 亿元，11 年间增长约 45.1 倍。

从经济效益来看，以废弃资源综合利用业为例，废弃资源综合利用业利润水平整体呈逐年上升趋势，利润总额由 2003 年的 0.84 亿元增长至 2014 年的 198.71 亿元，增长了近 236 倍。根据《中国经济统计快报》资料，2015 年 1—8 月，废弃资源综合利用业利润累计达到 104.2 亿元，比 2014 年，同期上升了 72.3%。废弃资源综合利用业的成本费用利润率也持续提高，由 2003 年的 1.69% 增长到 2011 年的 6.51%。随后两年由于受原材料价格上涨、劳动力成本提高等因素影响，废弃资源综合利用业成本费用利润率有所下滑。2014 年，废弃资源综合利用业成本费用利润率再度上升至 5.71%，表明盈利能力有望进一步提高。

从研发创新来看，全国环境保护科研机构数量（包括国家级、省级、地市级和县级科研机构）由 2011 年的 244 个增加至 2013 年的 324 个。全国环境保护科研机构人员数由 2011 年的 6509 人增长至 2013 年的 7445 人，三年增长了 14.4%。节能环保产业的发明专利授权数量呈现出逐年上升趋势，由 2008 年的 4826 件上升至 2012 年的 13138 件，增长幅度超过了 1.7 倍多，年均增长率达到 30.07%，高于同期战略性新兴产业总体发明专利授权数量年均 26.04% 的增长率，节能环保产业科技研发创新速度较快。

（二）新一代信息技术产业

从规模扩张来看，2015 年，中国电子信息产业整体保持了平稳增长。规模以上电子信息产业企业个数 6.08 万家，其中，电子信息制造企业 1.99 万家，软件和信息技术服务业企业 4.09 万家。全年完成主营业务收入总规模达到 15.4 万亿元，同比增长 10.4%。其中，电子信息制造业实现主营业务收入 11.1 万亿元，同比增长 7.6%；软件和信息技术服务业实现软件业务收入 4.3 万亿元，同比增长 16.6%。

从经济效益来看，2015 年，规模以上电子信息制造业实现利润总额 5602 亿元，同比增长 7.2%；产业平均销售利润率 5%，比 2014 年提高 0.1 个百分点。总的来说，自 2009 年以来，除 2010 年实施的应对国际金融危机的政策措施、2013 年实施的推广数字机顶盒以及促进信息消费的政策措施导致电子信息制造业利润总额大幅度增长外，中国电子信息制造业利润总额呈现出稳步增长、增长率逐渐下降、销售利润率稳步提高的态势。

从研发创新来看，中国信息技术经过多年的发展，积累了一定的研发能力，涌现出了一批高新技术和高附加值产品，但仍有相当一部分信息产品的关键技术、零部件、原材料及设备受制于人。部分重点技术和设备完全依赖进口，许多信息产品还停留在组装和来料加工层次。以手机芯片为代表的高性能集成电路芯片、基础操作系统、液晶、玻璃基板、彩色滤光片、偏光片等新型平板显示核心原材料及刻蚀机、曝光机等关键设备，OLED发光材料、玻璃基板等原材料及蒸镀、旋涂等关键设备大多掌握在欧盟、美国、日本、韩国企业手中，国内企业缺乏核心技术，只能从事简单的加工组装，新一代信息技术产业尚不能发挥战略性的核心作用。

（三）生物产业

从规模扩张来看，在2010年之前，生物产业产值规模一直未突破5000亿元；在2011年之后，产值得到了大幅度增长，是2010年的5倍左右，到2012年，生物总产值达到2.5万亿元左右，增长率为25%，2015年的增加值比2010年翻一番。中国医疗器械的市场销售规模在2001—2014年间增长了14倍，年均复合增速为22.7%。"十二五"期间拉动新增医疗器械产值2000亿元，形成8—10家产值超过50亿元的大型医疗器械产业集团（潘蕾，2012）。

从经济效益来看，据世界经济论坛预测，到2020年，生物相关产业效益将超过2300亿美元。而中国的生物产业也将会在获得良好经济效益和社会效益的同时，逐步迅速增长。其中，生物医药产业的销售收入在2011—2014年间保持了年均增长20%的速度，远高于全球水平的4%—7%。另外，从产业发展空间看，中国生物医药产业相比于其他发达国家，占GDP的比重还较小，可挖掘的潜力仍然较大，预计未来有望形成6000亿—8000亿元的市场。

从研发创新来看，在生物医学方面，2008—2013年，中国新药研发的十大治疗领域包括肿瘤、心脑血管疾病、神经退行性疾病、糖尿病等，共获批了18个自主研发一类新药，其中有7个是生物药，占比有所提高，其中包括百泰生物的尼妥珠单抗、恒瑞药业的艾瑞普布片、浙江贝达的盐酸埃克替尼片、康弘药业的康柏西普眼用注射液等。截至2014年，共83个品种获得新药证书，其中，41个品种拥有自主知识产权。

（四）高端装备制造业

从规模扩张来看，"十二五"期间，高端装备约占装备行业的20%。近年来，中国高端装备制造业具有代表性的产品主要包括海工装备、高铁、国产C919大型客机等。2015年1—6月，中国智能制造、高速轨道交通和海洋工程等高端装备制造业产值在装备制造业中所占比重超过了

10%，国产智能手机在国内的市场上占据70%以上的份额。2015年，中国海洋工程装备的国际市场份额由2010年的不到20%，增长到35%，跃居为世界第一。中国高铁是高端装备制造产业发展较为成功的典型代表，从中国开往全球的高铁，堪称中国制造的新名片。2015年9月，中国高铁开进美国；2015年10月，中国高铁获得从基础建设、设备制造、运营与融资服务全链条出海的第一单——总投资额为60亿美元的印度尼西亚雅加达至万隆高速铁路项目的建设与运营；2015年11月，首列动车组出口到欧洲，德国计划采购中国高铁装备、泰国已与中国开展高铁项目建设方面的合作；中国高铁还连续在俄罗斯、新加坡等国取得新订单。2015年年底，中国高铁总运营里程达到约1.9万千米，占全球高铁里程的60%。

从经济效益来看，中国高端装备制造业的成本压力依然较大，盈利空间进一步压缩，2015年前9个月，装备制造工业企业主营业务成本同比增长率达3.78%，利润同比下降率为0.03%，由于存在融资难、库存积压过多等突出问题，部分高端装备制造业的订单流失。

从研发创新来看，中国高端装备制造业七大细分行业专利申请数和拥有发明专利数呈现出逐年增长态势。其中，电子及通信设备制造业拥有的发明专利数最多，2013年达到97994件，表明电子及通信设备制造业的技术创新活动相对活跃，创新产出较为突出；电气及机械及器材制造业拥有发明专利数位居第二；金属制品业和仪器仪表制造业拥有发明专利数最少，2013年分别为9656件和9236件。其余行业拥有的发明专利数均在2万—3万件，表明创新产出具有明显的行业差异性。

（五）新能源产业

从规模扩张来看，自《"十二五"国家战略性新兴产业发展规划》发布以来，国家及各级地方政府纷纷出台相应的政策支持新能源产业发展，在补助、税收优惠政策及其他促进措施的带动下，新能源产业无论在规模产量、企业数量上都有了较大的提高。据国家能源局预计，2015年，水电、风电、光伏发电装机预计分别达到3.2亿千瓦、1.2亿千瓦、4300万千瓦左右，可再生能源发电总装机预计达到4.8亿千瓦左右。至此，"十二五"期间，水电、风电、太阳能发电装机规模分别增长1.4倍、4倍和168倍，带动非化石能源消费比重提高了2.6个百分点（马佳，2016）。

从经济效益来看，中国光伏产业以引进先进生产设备作为技术来源，以海外光伏人才作为技术创新保障，从而实现了产能快速增长和生产成本优势。然而，由于产业政策重点在于从供给侧扶持光伏企业快速成长，实现产业规模扩张，因此，尽管把握住了世界光伏市场发展高潮，但却失去了国内需求市场。这就使中国光伏产业在短期内迅速膨胀，但当外部需求发生变化时，就变得不堪一击了。

从研发创新来看，由于新能源产业处于起步阶段，技术以及需求市场尚不成熟，需要政府的支持与引导。日前，政府对新能源产业的补贴属于供给侧补贴，这可以激励处于发展初期的企业扩大产能，获取利润。但从长期来看，缺乏研发专用型的补贴政策可能会降低企业进行创新的动力，造成企业低水平重复建设，不利于企业长期发展。已有研究发现，中国新能源产业研发投入不足，创新效率低下，政府补贴并没有用在刀刃上。

（六）新材料产业

从规模扩张来看，在 2010 年被入选为中国七大战略性新兴产业之一以后，新材料产业始终保持较快的增长速度，从 2010 年的 6500 亿元增长到 2014 年的约 16000 亿元，年平均增长速度维持在 25% 的水平。2014年，从新材料六大子行业的产业结构来看，特种金属功能材料占 32%，先进高分子材料占 24%，高端金属结构材料占 19%，新型无机非金属材料占 13%，高性能纤维及复合材料占 9%，前沿新材料占 3%。

从经济效益来看，核心技术缺失、官产学研用脱节、配套产业落后、规模布局不合理、产业化程度低、相关政策扶持不明确和商业模式存在风险等是中国新材料产业发展进程中存在的主要问题。中国新材料产业应当从研发投入强度、知识产权保护、风险补偿机制、龙头企业培育、科研投入与评价机制、产业园区集群发展、资金支持方式和商业模式创新等方面着手，系统性地破解当前所存在的"瓶颈"，为新材料产业的发展提供良好的市场环境。

从研发创新来看，截至 2015 年 10 月 9 日，新材料产业 72 家新三板挂牌公司的专利申请总量 2992 件，国内专利申请 2954 件，国外专利申请 38 件，中国新材料产业新三板挂牌公司的专利分布仍然集中在国内，海外专利布局意识有待进一步提高。此外，72 家挂牌公司的商标总量达到 822 件。从新材料产业的行业分类与专利数量结构来看，专利数量排名前三位的子行业分别是新型无机非金属材料、高性能复合材料和先进高分子材料。其中，其他特种无机非金属材料专利申请数量为 739 件，占 25%；树脂基复合材料为 548 件，占 18%；工程塑料为 258 件，占 8.6%，这三个子行业的专利数量占新材料行业专利数量的 51.6%。

（七）新能源汽车产业

从规模扩张来看，2014—2015 年，中国新能源汽车产业进入发展"快车道"。2014 年，新能源汽车产销量分别为 7.85 万辆和 7.48 万辆，同比分别增长 3.5 倍和 3.2 倍；2015 年，新能源汽车产量达 37.9 万辆，同比增长 4 倍，呈现出爆发式增长趋势。与此同时，新能源汽车车型数量和申报新能源汽车企业数量暴增，工信部 2015 年发布了 12 个批次的节能与新能源汽车目录（《节能与新能源汽车示范推广应用工程推荐车型目录》第 65 批开始至 76 批），共发布新增新能源车型 1857 个，较 2009 年增长了近 40 倍。从 2009 年的第 1 批次开始计算到 2015 年第 76 批次，进入目录车型的数量共 3409 个，2015 年列入目录的新能源汽车企业数量达 160 家。

从经济效益来看，2015 年，比亚迪、北汽等企业新能源汽车销量位居全球前十，中国成为全球最大的新能源汽车市场。在利好的政策环境和市场环境下，随着各公司新能源汽车的销量与业务收入的增加，预计今后新能源汽车业务给各公司带来的经济效益还会增加。

从研发创新来看，国家"十二五"计划支持下的"高能量锂离子电池系统和电池组技术开发"项目取得了重大突破，其研发的产品单体电池能量密度达到了 138.6 瓦时/千克，功率密度达到 915.6 瓦/千克，循环 1200 次后的容量保持率为 94.1%，而且成果已经应用于批量生产的 50 安时能量型动力电池上。其中，针对电动汽车使用的 38.4 伏/50 安时的电池模块能量密度达到了 121 瓦时/千克，功率密度达到了 800 瓦/千克，可以满足电动汽车应用的高要求。此外，纯电动汽车电机及控制系统领域也有突破。

二　中国战略性新兴产业的技术创新发展

经过前期的积累以及最近五年的大力发展，战略性新兴产业无论是在技术创新的软环境方面还是硬件设施方面都取得了长足进步，创新投入和创新产出都处于快速持续增长中，呈现出良好的发展态势。然而，也应该看到战略性新兴产业技术创新发展中存在的问题，有待改进。比如，技术创新效率不高，"低端锁定"的基本特征没有本质改变，融资困境依旧存在。在对战略性新兴产业技术创新发展前景保持乐观的同时，差距与不足也会激励相关企业深耕市场，着力提升核心创新能力。

（一）战略性新兴产业技术创新投入与产出持续增长，发展态势良好

战略性新兴产业创新投入增长迅速。从行业层面看，中国战略性新兴产业创新投入规模有较大幅度的增加。2011—2014年，中国战略性新兴产业研发人员全时当量年均增速为8%，研发经费内部支出年均增速约为14%。从企业层面看，战略性新兴产业上市公司研发投入稳步提高。从年均增长率来看，新一代信息技术产业和高端装备制造业研发投入增长最快，增速最高达53%；生物产业紧随其后，增速为35%；而节能环保产业、新材料产业和新能源汽车产业研发投入增长最慢，增速约为20%。整体来看，战略性新兴产业的研发投入处于高速增长中，并且表现出较好的持续性。

战略性新兴产业创新产出成果也不断涌现。中国高技术产业的创造能力大幅提升。2011—2014年，中国申请发明专利数和有效发明专利数年均增速分别为14%及26%。上市公司申请专利年度总量持续增加，从2007年的10505件增加到2014年的22278件，8年间年均增长率为11.3%，一直保持在较高水平。并且发明专利申请数量的比重明显增加，这也表明战略性新兴产业的创新质量有显著提升。

（二）战略性新兴产业技术创新"低端锁定"的基本特征没有改变，制约发展壮大

如前所述，战略性新兴产业的技术创新发展态势良好，然而，技术创新效率不高、"低端锁定"的基本特征仍然没有改变。关键技术缺失、产品技术经济性不高，成为制约中国战略性新兴产业发展壮大的主要因素（黄晓芳，2015）。

从企业创新投入或产出的角度观察，中国战略性新兴产业的投入与产出都有了较大幅度增长，但是，单方面的投入指标、产出指标与技术创新水平提升之间并不一定是严格的正相关关系。基于2009—2014年416家战略性新兴产业上市公司年报数据，利用异质性随机前沿模型（SFA）定量测算了战略性新兴产业创新效率，结果发现，战略性新兴产业上市公司整体创新效率平均为75%，标准差为7.2%。约占53%的上市公司创新效率集中在［0.7，0.8］的区间上，实际创新产出比最优创

新产出低 20%—30%。同时，21% 的上市公司创新效率低于 0.7，也有少数公司的创新效率低于 0.5，最低的仅为 0.45；不到三成的公司创新效率在 0.8 以上。对于以创新为主要特征的战略性新兴产业来说，实际表现距离最优产出的预期比较远。企业年龄引发的技术积累、管理水平以及技术协同能力都对企业技术效率有较大影响。

战略性新兴产业技术创新基本特征没有变化。具体表现如下：

（一）采取以消化吸收再创新为主的技术创新方式

目前，中国战略性新兴产业部分企业具备了一定的技术创新能力，形成了一套不太完善的技术体系，顺着这套技术体系虽然能够实现产业的发展，但是付出的成本很高，同时有些环节的突破需要借助外力，在这种情形下，企业会引进国外先进技术，对其进行消化吸收，最终转化为自己的技术，这是目前战略性新兴产业技术创新采取的主要创新方式。

（二）传统产业为战略性新兴产业技术创新的主要来源渠道

在七大战略性新兴产业中，新材料产业和新能源产业的技术发展主要源于重化工产业的技术创新，新一代信息技术产业的技术发展主要源于电子信息制造及服务行业的创新，新能源汽车产业的技术发展主要源于传统汽车产业的技术创新，高端装备制造业的技术发展主要源于传统装备制造业的技术创新。通过对传统产业各生产环节，如对知识链、产业链流程的技术创新，使其成为战略性新兴产业中间产品的供应商；抑或是对分销渠道，或是技术容易延伸的环节对其进行高新技术嫁接、技术创新，从而发展为战略性新兴产业。

（三）战略性新兴产业技术创新呈现出低端锁定特性

技术创新的低端锁定是指战略性新兴产业未能在核心技术和关键技术方面取得技术突破，距离发达国家仍有一定的差距。比如，在风电领域，一些关键风电设备主要依靠进口，需要向国外支付高昂的专利费，这导致风电产品国际竞争力下降，出现了大量的产能过剩，直接导致风电行业利润普遍下降，这不仅使国内整个风电行业面临亏损，而且还限制了国内企业在国外市场的发展。在互联网领域，高端芯片、精密传感器均需要从发达国家进口。在新材料领域，高端和精细的基础性材料也面临着依靠国外进口的尴尬局面。

（四）战略性新兴产业技术创新发展融资困境有所缓解，但问题依然存在

战略性新兴产业企业在进行技术创新时，最为关注的事情之一就是如何获取创新资金，这是关乎创新企业生存和发展的重要因素。然而，企业在创新过程中，由于存在风险和收益不确定的问题，以及信息不对称问题、代理问题等，企业进行外部融资的成本高于内部资本的成本，即存在融资约束问题。这导致企业研发得不到有效的资金支持，也是造成企业研发积极性受挫的主要原因之一。

国家采取多种措施解决企业技术创新融资约束问题。在 2010 年出台《关于加快培育和发展战略性新兴产业的决定》后，大部分省份都设立了战略性新兴产业专项资金。国家在 2011 年设立了战略性新兴产业发展中央专项资金，2015 年设立的新兴产业创业投资引导基金的规模达 400 亿元。通过对战略性新兴产业 254 家上市公司的年报数据分析，政府补贴从2007—2013 年逐年增加，2013 年补贴高达 137.82 亿元，平均每家企业获得 5400 万元的补贴。2016 年，国家发展和改革委员会、国家开发投资公司、中国投融资担保股份有限公司共同签订了《战略性新兴产业融资担保风险补偿金合作协议》，三方将共同在战略性新兴产业领域开展项目融资风险补偿试点工作，旨在实现战略性新兴产业创新企业的便捷融资。多项研究表明，这些政府补贴基金可以直接缓解资本市场不完善带来的融资约束，同时具有释放信号的作用，间接帮助企业获取外部融资。这些在一定程度上可以改善融资状况，整体上促进了战略性新兴产业技术创新，但是，企业技术创新融资难的问题依然存在。

战略性新兴产业技术创新融资因投资者的不同而有很大的差异。企业规模越大，资金越雄厚，企业投融资越容易。而部分急需资金支持的战略性新兴产业中小创新企业由于抵押物少、风险高，难以获得银行贷款，技术创新融资困境难以突破。在 2015 年第二季度对 1000 家左右的战略性新兴产业典型企业的调查中，融资难仍是企业当下最为关注的问题（黄晓芳，2015）。

三 中国战略性新兴产业的市场发展和培育情况

在中国经济增长由高速转入中高速发展的新常态阶段，需要培育和发掘新的经济增长点。在此背景下，战略性新兴产业获得了良好的发展机遇，成为带动经济增长的强劲动力。而该动力的来源除要提升技术供

给能力、加大技术创新投入力度之外，还需要培育市场需求并创新商业模式，将技术转化为商业价值。当前，随着全球多领域新技术融合创新步伐的加快，战略性新兴产业的市场空间持续增长，这表现在：一是新一代信息技术与各行业深度融合，不断创新技术应用新模式，催生出新兴商业模式。例如，物联网、大数据、高性能计算等技术交叉融合创新出"制造即服务"的商业模式；移动互联网与金融服务相结合推动互联网金融的发展。二是新技术的快速推广应用，不断扩大新兴产业的市场空间。虚拟现实技术将在旅游、科学研究、心理治疗等方面大量应用，具有极大的市场空间；薄膜电池技术在太阳能、建筑材料、新能源汽车等方面的应用将取得突破，商业化步伐正逐渐加快；3D 打印技术已经在生物医疗、新能源、节能环保等领域使用，预计未来市场规模将进一步增长。在"十三五"时期，战略性新兴产业要重点培育形成以集成电路为核心的新一代信息技术产业、以基因技术为核心的生物产业以及绿色低碳、高端装备与材料、数字创意等突破十万亿规模的五大产业。战略性新兴产业市场需求规模的不断扩张，将成为产业发展的重要推动力量。

战略性新兴产业由七大不同行业组成，每个行业又处在不同的产业发展阶段，由此根据战略性新兴产业不同行业所处的萌芽期、成长期和成熟期来分析各个产业的市场培育状况。

首先，新能源汽车、物联网、高性能复合材料处于产业萌芽阶段。据中国汽车工业协会数据统计，2015 年，新能源汽车产量达 340471 辆，销量 331092 辆，同比分别增长 3.3 倍和 3.4 倍。随着 2016 年国务院禁止对新能源汽车实行限购政策，加之电动车充电国家新标准的完善和落实，预计新能源汽车销量将持续高速增长。物联网行业涵盖智能电网、医疗、教育等多个热点行业，同时还与云计算、大数据、移动互联网相关，市场前景广阔。2014 年，物联网市场规模约 6320 亿元，2015 年预计会达到 7500 亿元，年复合增长率超过 30%。在新材料行业，伴随着高端装备制造业提到国家战略层面，中国对于高性能复合材料的需求也将快速增长，其中，仅航空航天产业 1.5 万亿元体量的投资就为高性能复合材料行业提供广阔的市场空间。处于萌芽期的战略性新兴产业部门，其产品处于市场导入期，消费者对产品接受程度低，产品扩散较慢，因而产业实现的销售利润也较低。该阶段的市场培育需要政府通过首购、采购、产品购置税减免等需求激励性政策来对社会需求进行引导和创造。

其次，处于成长期的生物制药、新能源、节能环保等产业。随着中国步入老龄化发展阶段，对于生物制药的需求在逐年上涨。据统计，全球生物医药市场增速在 10% 以上，其中，中国的年均增长率更是达到 25% 以上。2009—2013 年，生物医药行业市场规模年均增长率在 20% 以上；2013 年，生物医药行业市场规模达到 12096 亿元，同比增长 23.55%。在新能源产业中，光伏、风电产业在经历震荡调整后，显现出复苏增长迹象。以光伏产业为例，2014 年，中国晶体硅太阳能电池与光伏组件出口总价值高达 144 亿美元，较 2013 年增长 17.27%。在出口总价值中，亚洲占比最高，达 54.5%，价值为 78.55 亿美元，较 2013 年暴增 42.73%，亚太地区超越欧洲，成为全球最大的光伏产品需求市场。在节能环保产业中，中国加大政策支持力度，"十三五"期间，环保产业投资需求将达到 10 万亿元，环保产业逐渐成为中国新的经济增长点。处于产业成长期的技术已具有一定稳定性，可实现产品的规模化生产。同时，该阶段市场状况波动起伏，市场培育不确定性较大，部分产业陷入发展"瓶颈"期，而实现消费观念转变、找准政策着力点，才能从根本上打开新兴产品市场。

最后，以高端装备制造、新一代信息技术为代表的处于产业成熟期的战略性新兴产业部门。高端准备制造业是现代产业体系的脊梁，自 2014 年以来，在国内经济结构调整与转型升级压力的推动下，中国高端装备制造业总体保持快速增长，行业规模进一步扩大，市场需求迅速增长，发展动力十足。特别是铁路、船舶、航空航天和其他运输设备制造业的主营业务收入加快增长，国际竞争力逐步增强，成为装备制造业的新增长点。随着《"中国制造 2025"重点领域技术路线图》（2015 版）中"新一代信息技术产业"内容的率先制定完成，该产业有望在未来十年实现市场规模从 5 万亿—10 万亿元的翻倍增长，集成电路、新型显示、高端软件、高端服务器等核心基础产业将实现由大到强的整体跨越。处于产业成熟期的战略性新兴产业部门，其市场培育并非"零起点"。这些产业部门与传统产业或高新技术产业有着密切关系，通过渐进式技术创新以获得产业的升级改造或发展到更高层次，市场培育也将伴随着对传统产业的技术改造升级而得以成功。

战略性新兴产业的发展除要加大力度培育市场需求外，商业模式创新的重要性也受到高度重视。当前，战略性新兴产业的商业模式创新主要有以下三个方面：

第一，由市场创新推动商业模式创新。例如，云计算产业和节能环保产业进行了市场细分，划分出公众用户和企业用户，并针对不同细分市场消费者的特点，在企业价值主张、经营方式、资源组合等方面进行调整，由此适应不同顾客群体对产品的要求，从而为顾客创造更多具有差异性的核心价值，为企业创造有效的利润空间。

第二，由销售产品转向销售服务实现商业模式创新。数控机床产业、风电产业、光伏产业、新材料产业中的某些企业不仅加大技术创新力度，提高产品生产质量和性能，而且还将价值增值空间拓展到前市场服务范围的企业品牌建立、产品销售渠道开拓等环节，以及后市场服务范围的产品使用、维护和处置回收等环节，从而实现产品全生命周期的价值创造。

第三，由资源组合实现商业模式创新。资源组合创新有两种方式：一种是创建新企业，形成新的资源组合；另一种是在原有企业的基础上，对资源进行重组。这突出表现在高端装备制造、新能源、新材料等产业当中。

战略性新兴产业的商业模式创新要依靠技术作为支撑，依赖价值网络实现创新，依托新兴市场作为动力，然而，在中国特定产业背景下，战略性新兴产业商业模式创新面临着诸多困难和挑战。一是产业市场空间难以启动，制约了商业模式创新活力。二是产业技术积累薄弱，难以支撑起完整的商业模式体系。三是产业政策配套不足，阻碍了企业进行商业模式创新的积极性。对此，政府要着力改善商业模式创新的需求条件，破解体制机制障碍，企业要形成创新战略联盟，合作开发，优势互补，风险共担，最终实现技术突破。

参考文献

1. 《科技日报》记者：《抓住机遇培育和发展战略性新兴产业——访科技部部长万钢》，《理论参考》2010 年第 11 期。

2. 《人民日报》记者：《战略性新兴产业需要信心和宽容——访全国政协经济委员会副主任陈清泰》，《理论参考》2010 年第 11 期。

3. Anita M. McGahan，Nicholas Argyres and Joel A. C. Baum，"Context，Technology and Strategy：Forging New Perspectives on the Industry Life Cycle"，*Advances in Strategic Management*，Vol. 21，No. 1，2004.

4. Bower L. Joseph，Clayton M. Christensen，"Disruptive Technologies：Catching The Wave"，*Harvard Business Review*，Vol. 73，No. 1，1995.

5. C. Sherwin and R. Isenson，*First Interim Report on Project HINDSIGHT*，Clearinghouse for Federal Scientific and Technical Information，Interim Report AD/642/400，October，1966.

6. Carlota Perez，"Technological Revolutions and Techno – Economic Paradigms"，*Cambridge Journal of Economics*，Vol. 34，No. 1，2010.

7. César A. Hidalgo et al.，"The Product Space Conditions the Development of Nations"，*Science*，Vol. 317，No. 5837，2007.

8. César A. Hidalgo，Ricardo Hausmann，"The Building Blocks of Economic Complexity"，*Proceedings of the National Academy of Sciences*，Vol. 106，No. 26，2009.

9. Clayton M. Christensen and Michael E. Raynor，*The Innovator's Solution：Creating and Sustaining Successful Growth*，Boston：Harvard Business School Press，2003.

10. Clayton M. Christensen，Heiner Baumann，Rudy Ruggles and Thomas M. Sadtler，"Disruptive Innovation for Social Change"，*Harvard Business Review*，Vol. 84，No. 12，2006.

11. Giovanni Dosi, "Technological Paradigms and Technological Trajectories: A Suggested Interpretation of the Determinants and Directions of Technical Change", *Research Policy*, Vol. 11, No. 3, 1982.

12. Clayton M. Christensen, *The Innovator's Dilemma: When New Technologies Cause Great Firms to Fail*, Boston: MA Harvard Business School Press, 1997.

13. Giovanni Dosi, "Technological Paradigms and Technological Trajectories: A Suggested Interpretation of the Determinants and Directions of Technical Change", *Research Policy*, Vol. 11, No. 3, 1982.

14. Harold L. Sirkin, Michael Zinser, Justin Rose, "The Shifting Economics of Global Manufacturing: How Cost Competitiveness Is Changing Worldwide", The Boston Consulting Group, 2014.

15. Harold L. Sirkin, Michael Zinser, Justin Rose, *The Shifting Economics of Global Manufacturing: How Cost Competitiveness Is Changing Worldwide*, The Boston Consulting Group, 2014.

16. Howard Pack, "Industrial Policy: Growth Elixir or Poison?", *World Bank Research Observer*, Vol. 15, No. 1, 2000.

17. Johann P. Murmann and Koen Frenken, "Toward a Systematic Framework for Research on Dominant Designs, Technological Innovations, and Industrial Change", *Research Policy*, Vol. 35, No. 7, 2006.

18. L. Rosenkopf and M. Tushman, "Organizational Determinants of Technological Change: Toward Sociology of Technological Evolution", *Research in Organizational Behavior*, No. 14, 1992.

19. Michael E. Porter, *The Competitive Advantage of Nation*, New York: The Free Press, 1990.

20. Murray C. Kemp, "The Pure Theory of International Trade", *Econometrica*, Vol. 31, No. 121, 1964.

21. Patricia Succar, "The Need for Industrial Policy in LDC's – A Re – statement of the Infant Industry Argument", *International Economic Review*, Vol. 28, No. 2, 1987.

22. Philip Anderson and Michael L. Tushman, "Technological Discontinuities and Dominant Designs: A Cyclical Model of Technological Change", *Ad-

ministrative Science Quarterly，Vol. 35，No. 4，1990.

23. Pranab Bardhan，"On the Optimum Subsidy to a Learning Industry：An Aspect of the Theory of Infant – Industry Protection"，*International Economic Review*，Vol. 12，No. 1，1971.

24. Ricardo Hausmann et al.，*The Atlas of Economic Complexity*：*Mapping Paths to Prosperity*，Cambridge，MA：The MIT Press，2014.

25. Robert W. Veryzer Jr.，"Discontinuous Innovation and the New Product Development Process"，*Journal of Product Innovation Management*，Vol. 15，No. 1，1998.

26. Sarah Kaplan，Mary Tripsas，"Thinking about Technology：Applying a Cognitive lens to Technical Change"，*Research Policy*，Vol. 37，No. 5，2008.

27. Stephen Redding，"Dynamic Comparative Advantage and the Welfare effects of trade"，*Oxford Economic Papers*，Vol. 51，No. 1，1999.

28. W. Nasierowski and F. J. Arcelus，"On the Efficiency of National Innovation Systems"，*Socio-Economic Planning Sciences*，Vol. 37，No. 3，2003.

29. 艾伯特·赫希曼：《经济发展战略》，曹征海、潘照东译，经济科学出版社 1991 年版。

30. 艾伦：《近代英国工业革命揭秘：放眼全球的深度透视》，毛立坤译，浙江大学出版社 2012 年版。

31. 艾伦：《全球经济史》，陆赟译，译林出版社 2015 年版。

32. 安礼伟：《新兴产业培育中地方政府的角色——来自昆山小核酸产业培育模式的启示》，《产业经济研究》2013 年第 1 期。

33. 宾建成：《国际战略性新兴产业发展趋势与中国对策》，《亚太经济》2012 年第 1 期。

34. 蔡昉：《人口红利消退　中国制造业何去何从》，《财经界》2012 年第 5 期。

35. 蔡希贤、王韬：《产业结构评价与调整的数量方法初探》，《数量经济技术经济研究》1988 年第 5 期。

36. 蔡兴、刘子兰、赵家章：《国际产业转移与全球贸易失衡》，《当代经济研究》2014 年第 1 期。

37. 车维汉：《"雁行形态"理论研究评述》，《世界经济与政治论坛》2004 年第 3 期。

38. 陈广仁、朱宇、苏青：《引领未来的科学计划》，《科技导报》2014 年第 31 期。

39. 陈家福：《共同打造中国—东盟自由贸易区升级版》，《东南亚纵横》2014 年第 10 期。

40. 陈柳钦：《战略性新兴产业自主创新问题研究》，《决策咨询》2011 年第 2 期。

41. 陈敏兰：《如何抓住互联网和服务业投资机会?》，FT 中文网，ht-tp：//www. ftchinese. com/story/001065292？full = y，2015 年 12 月 16 日。

42. 陈文锋、刘薇：《战略性新兴产业发展的动力机制研究》，《中国科技论坛》2015 年第 3 期。

43. 陈志：《战略性新兴产业发展中的商业模式创新研究》，《经济体制改革》2012 年第 1 期。

44. 邓洲：《技术标准导入与战略性新兴产业发展》，《经济管理》2014 年第 7 期。

45. 多西、弗里曼、纳尔逊等编著：《技术进步与经济理论》，钟学义、沈利生、陈平等译，经济科学出版社 1992 年版。

46. 费钟琳、魏巍：《扶持战略性新兴产业的政府政策——基于产业生命周期的考量》，《科技进步与对策》2013 年第 3 期。

47. 干春晖、郑若谷：《改革开放以来产业结构演进与生产率增长研究——对中国 1978—2007 年"结构红利假说"的检验》，《中国工业经济》2009 年第 2 期。

48. 干春晖、郑若谷：《中国地区经济差距演变及其产业分解》，《中国工业经济》2010 年第 6 期。

49. 高德步、王珏：《世界经济史》，中国人民大学出版社 2011 年版。

50. 关爱萍、王瑜：《区域主导产业的选择基准研究》，《统计研究》2002 年第 12 期。

51. 郭克莎：《工业化新时期新兴主导产业的选择》，《中国工业经济》2003 年第 2 期。

52. 郭克莎：《结构失衡的影响与宏观调控的取向》，《经济学动态》2004 年第 6 期。

53. 郭熙保、陈志刚：《论后危机时期中国外贸发展方式转变——基于世界经济结构调整的视角》，《经济学家》2013 年第 5 期。

54. 郭晓丹、何文韬：《战略性新兴产业规模、竞争力提升与"保护性空间"设定》，《改革》2012 年第 2 期。

55. 郭晓丹、何文韬：《战略性新兴产业政府 R&D 补贴信号效应的动态分析》，《经济学动态》2011 年第 9 期。

56. 郭秀颖、惠晓峰：《战略性新兴产业商业模式创新能力评价研究》，《天津大学学报》（社会科学版）2015 年第 3 期。

57. 国风：《关于产业结构调整的思考》，《管理世界》1999 年第 5 期。

58. 何德旭、姚战琪：《中国产业结构调整的效应、优化升级目标和政策措施》，《中国工业经济》2008 年第 5 期。

59. 何国勇、徐长生：《比较优势、后发优势与中国新型工业化道路》，《经济学家》2004 年第 5 期。

60. 何维达：《新兴产业要防滥竽充数》，《理论参考》2010 年第 11 期。

61. 何维达：《新兴产业要突进不要冒进》，《人民日报》（海外版）2010 年 3 月 29 日。

62. 何雄浪、马永坤、恩佳：《低碳经济下战略性新兴产业发展研究——基于层次分析法的价值指标评析》，《当代经济管理》2011 年第 9 期。

63. 贺俊、吕铁：《从产业结构到现代产业体系：继承、批判与拓展》，《中国人民大学学报》2015 年第 2 期。

64. 贺俊、姚祎、陈小宁：《"第三次工业革命"的技术经济特征及其政策含义》，《中州学刊》2015 年第 9 期。

65. 贺正楚、张训、周震虹：《战略性新兴产业的选择与评价及实证分析》，《科学学与科学技术管理》2010 年第 12 期。

66. 洪银兴：《产业创新与新增长周期》，《经济学动态》2009 年第 10 期。

67. 洪银兴：《自主创新投入的动力和协调机制研究》，《中国工业经济》2010 年第 8 期。

68. 胡鞍钢、高宇宁、鄢一龙：《从落伍者、追赶者到超越者：中国工业百年发展之路（1913—2013）》，《浙江社会科学》2013 年第 9 期。

69. 胡春力：《我国产业结构的调整与升级》，《管理世界》1999 年第

5 期。

70. 胡乃武、王春雨：《加入 WTO 与我国产业结构调整》，《中国人民大学学报》2002 年第 3 期。

71. 黄南：《世界新兴产业发展的一般规律分析》，《科技与经济》2008 年第 5 期。

72. 黄群慧、贺俊：《"第三次工业革命"、制造的重新定义与中国制造业发展》，《工程研究——跨学科视野中的工程》2013 年第 2 期。

73. 黄群慧、贺俊：《"第三次工业革命"与中国经济发展战略调整——技术经济范式转变的视角》，《中国工业经济》2013 年第 1 期。

74. 黄群慧、贺俊：《中国制造业的核心能力、功能定位与发展战略》，《中国工业经济》2015 年第 6 期。

75. 黄群慧、李晓华、贺俊：《"十三五"：工业转型中的政策调整》，《中国经济报告》2016 年第 3 期。

76. 黄晓芳：《战略性新兴产业成为稳增长中流砥柱》，《经济日报》2015 年 11 月 21 日。

77. 黄永春、郑江淮、杨以文等：《中国"去工业化"与美国"再工业化"冲突之谜解析——来自服务业与制造业交互外部性的分析》，《中国工业经济》2013 年第 3 期。

78. 霍影：《战略性新兴产业发展潜力评价方法研究——以东北 3 省为例》，《科学管理研究》2012 年第 2 期。

79. 贾根良：《第三次工业革命与新型工业化道路的新思维——来自演化经济学和经济史的视角》，《中国人民大学学报》2013 年第 2 期。

80. 贾根良：《评佩蕾斯的技术革命、金融危机与制度大转型》，《经济理论与经济管理》2009 年第 2 期。

81. 贾根良：《我国新型工业化道路主导产业的选择与战略意义》，《江西社会科学》2015 年第 7 期。

82. 贾建平：《多维融合的中国特色新型工业化》，《中共山西省委党校学报》2015 年第 2 期。

83. 简新华、向琳：《新型工业化道路的特点和优越性》，《管理世界》2003 年第 7 期。

84. 江飞涛、曹建海：《市场失灵还是体制扭曲——重复建设形成机理研究中的争论、缺陷与新进展》，《中国工业经济》2009 年第 1 期。

85. 江小涓：《中国对外开放进入新阶段：更均衡合理地融入全球经济》，《经济前沿》2007 年第 6 期。

86. 江小涓：《服务业增长：真实含义、多重影响和发展趋势》，《经济研究》2011 年第 4 期。

87. 姜达洋：《战略性新兴产业发展悖论重解》，《科技进步与对策》2014 年第 5 期。

88. 姜霞、姜平：《深圳市战略性新兴产业发展条件及路径研究》，《商业时代》2013 年第 1 期。

89. 杰夫·代尔：《美国自贸协定撇开中国》，FT 中文网，http：//www.ftchinese.com/story/001049760，2013 年 4 月 3 日。

90. 金碚、吕铁、邓洲：《中国工业结构转型升级：进展、问题与趋势》，《中国工业经济》2011 年第 2 期。

91. 金碚、杨丹辉、黄速建等：《国际金融危机冲击下中国工业的反应》，《中国工业经济》2009 年第 4 期。

92. 金碚、张其仔、原磊：《2011 年中国工业经济运行形势展望》，《中国工业经济》2011 年第 3 期。

93. 金碚：《全球竞争新格局与中国产业发展趋势》，《中国工业经济》2012 年第 5 期。

94. 金碚：《世界工业革命的缘起、历程与趋势》，《南京政治学院学报》2015 年第 1 期。

95. 金芳：《产业全球化及其对中国产业发展的影响》，《世界经济研究》2004 年第 9 期。

96. 金奇：《全球供应链的巨变》，FT 中文网，http：//www.ftchinese.com/story/001062309，2015 年 6 月 2 日。

97. 雷家骕、彭勃、王岩：《两种现象并存之下我国的技术供给安全问题》，《国有资产管理》2009 年第 12 期。

98. 李宏舟：《战略性新兴产业与创业投资体系》，《财经问题研究》2012 年第 4 期。

99. 李京文、郑友敬：《技术进步与产业结构选择》，经济科学出版社1989 年版。

100. 李京文：《调整产业结构应注意的几个问题》，《求知》2001 年第 6 期。

101. 李珮璘：《跨国公司并购与中国战略产业的发展》，《世界经济研究》2008 年第 7 期。

102. 李少林：《战略性新兴产业与传统产业的协同发展——基于省际空间计量模型的经验分析》，《财经问题研究》2015 年第 2 期。

103. 李文军：《战略性新兴产业的技术政策》，《技术经济与管理研究》2014 年第 4 期。

104. 李晓东：《经济新常态下战略性新兴产业市场培育机制探索》，《改革与战略》2015 年第 2 期。

105. 李晓华、吕铁：《战略性新兴产业的特征》，《理论参考》2010 年第 11 期。

106. 李晓华、吕铁：《战略性新兴产业的特征与政策导向研究》，《宏观经济研究》2010 年第 9 期。

107. 李晓华、吕铁：《中国工业高增长的行业因素：分布、特征与结构变动》，《改革》2008 年第 8 期。

108. 李晓华：《产业结构演变与产业政策的互动关系》，《学习与探索》2010 年第 1 期。

109. 李亚光、罗仲伟、任国良：《新时期中国电子信息产业发展动力与路径》，《工业经济论坛》2015 年第 2 期。

110. 厉以宁：《未来五年中国经济和世界经济展望》，《当代经济》2010 年第 21 期。

111. 林伯强、姚昕、刘希颖：《节能和碳排放约束下中国能源结构战略调整》，《中国社会科学》2010 年第 1 期。

112. 林伯强：《发展战略性新兴产业，助推我国低碳经济转型》，《科技成果纵横》2010 年第 1 期。

113. 林伯强：《发展战略性新兴产业面临三大挑战》，《中国科技产业》2010 年第 11 期。

114. 林毅夫、刘培林：《自生能力和国有企业改革》，《经济研究》2001 年第 9 期。

115. 林毅夫：《发展战略、自生能力和经济收敛》，《经济学》（季刊）2002 年第 2 期。

116. 林毅夫等：《比较优势与发展战略》，《中国社会科学》1999 年第 5 期。

117. 刘洪昌：《战略性新兴产业高端化发展的产业培育模式及路径》，《企业经济》2015年第1期。

118. 刘佳刚、汤玮：《战略性新兴产业发展演化规律及空间布局分析》，《中国科技论坛》2015年第4期。

119. 刘金科：《新时期促进战略性新兴产业发展的财税思考》，《经济研究参考》2010年第7期。

120. 刘立力：《我国石油石化产业结构调整的政策重点》，《中国工业经济》1999年第7期。

121. 刘明宇、芮明杰：《全球化背景下中国现代产业体系的构建模式研究》，《中国工业经济》2009年第5期。

122. 刘仕国等：《利用全球价值链促进产业升级》，《国际经济评论》2015年第1期。

123. 刘伟：《工业化进程中的产业结构研究》，中国人民大学出版社1995年版。

124. 刘友金、黄鲁成：《技术创新与产业的跨越式发展——A—U模型的改进及其应用》，《中国软科学》2001年第2期。

125. 刘友金、赵瑞霞、胡黎明：《创意产业组织模式研究——基于创意价值链的视角》，《中国工业经济》2009年第12期。

126. 刘友金：《集群式创新：中小企业技术创新的有效组织模式》，《经济学动态》2004年第5期。

127. 刘元春：《经济制度变革还是产业结构升级——论中国经济增长的核心源泉及其未来改革的重心》，《中国工业经济》2003年第9期。

128. 刘志彪：《经济发展新常态下产业政策功能的转型》，《南京社会科学》2015年第3期。

129. 刘志阳、施祖留：《大力推进战略性新兴产业自主创新的对策》，《理论参考》2010年第11期。

130. 陆立军、于斌斌：《传统产业与战略性新兴产业的融合演化及政府行为：理论与实证》，《中国软科学》2012年第5期。

131. 陆燕：《国际金融危机中的世界贸易》，《国际贸易》2009年第6期。

132. 吕铁、贺俊、李晓华：《关于"十二五"时期我国产业结构调整的思考》，《中国经贸导刊》2009年第14期。

133. 吕铁、贺俊：《技术经济范式协同转变与战略性新兴产业政策重构》，《学术月刊》2013 年第 7 期。

134. 吕铁、余剑：《国际金融危机对中国经济发展的影响》，《经济管理》2009 年第 4 期。

135. 吕铁：《创新机制发展战略性新兴产业》，《理论参考》2010 年第 11 期。

136. 吕铁：《论技术密集型产业的发展优势》，《中国工业经济》2003 年第 10 期。

137. 吕伟业：《我国电力产业结构调整重点的思考》，《管理世界》2002 年第 8 期。

138. 吕政：《论工业的适度快速增长》，《中国工业经济》2004 年第 2 期。

139. 吕政：《知识经济与传统产业改造》，《经济管理》2004 年第 8 期

140. 马佳：《供给侧改革能源行业如何适应》，《国家电网报》2016 年 1 月 5 日。

141. 马军伟：《金融支持战略性新兴产业发展的必然性与动力研究》，《当代经济管理》2013 年第 1 期。

142. 孟祺：《基于产业集聚视角的新兴产业发展研究》，《科学管理研究》2011 年第 4 期。

143. 孟庆松、韩文秀：《复合系统协调度模型研究》，《天津大学学报》2000 年第 4 期。

144. 欧阳峣、生延超：《战略性新兴产业研究述评》，《理论参考》2010 年第 1 期。

145. 潘蕾：《政策促医药生物分化，首选业绩稳定个股》，《证券时报》2012 年 2 月 1 日。

146. 潘力剑：《长江三角洲产业结构调整及城市化的必要》，《经济管理》2001 年第 7 期。

147. 彭森：《认识形势、把握特点，推动战略性新兴产业加快发展》，《中国科技投资》2011 年第 1 期。

148. 戚自科：《美国贸易要素结构与制造业的发展趋势》，《经济学动态》2010 年第 12 期。

149. 綦良群、孙凯：《高新技术产业与传统产业协同发展机理研究》，《科学学与科学技术管理》2007 年第 1 期。

150. 钱纳里等：《工业化和经济增长的比较研究》，上海三联书店 1995 年版。

151. 乔晓楠、李宏生：《中国战略性新兴产业的成长机制研究——基于污水处理产业的经验》，《经济社会体制比较》2011 年第 2 期。

152. 曲永军、毕新华：《后发地区战略性新兴产业成长动力研究》，《社会科学战线》2014 年第 5 期。

153. 渠慎宁、贺俊、吕铁：《经济增长、结构调整与战略性新兴产业发展——基于多国的经济周期核算分析》，《经济管理》2014 年第 1 期。

154. 任寿根：《新兴产业集群与制度分割——以上海外高桥保税区新兴产业集群为例》，《管理世界》2004 年第 2 期。

155. 芮明杰：《产业竞争力的"新钻石模型"》，《社会科学》2006 年第 4 期。

156. 芮明杰：《第三次工业革命与中国选择》，上海辞书出版社 2013 年版。

157. 邵安菊：《"工业 4.0"对上海装备制造业转型升级的启示》，《上海市经济管理干部学院学报》2015 年第 9 期。

158. 申俊喜：《创新产学研合作视角下我国战略性新兴产业发展对策研究》，《科学学与科学技术管理》2012 年第 2 期。

159. 施卓宏、朱海玲：《基于钻石模型的战略性新兴产业评价体系构建》，《统计与决策》2014 年第 10 期。

160. 时杰：《战略性新兴产业发展中的政府角色》，《理论参考》2010 年第 1 期。

161. 史丹：《发达国家新能源产业发展的新态势》，《决策与信息》2010 年第 10 期。

162. 史丹：《国际金融危机之后美国等发达国家新兴产业的发展态势及其启示》，《理论参考》2010 年第 11 期。

163. 史蒂夫·约翰逊：《服务业兴起对新兴市场不利?》，FT 中文网，http：//www.ftchinese.com/story/001066058? full = y，2016 年 2 月 3 日。

164. 史贞：《知识产权战略：新兴产业发展的新环境与新动力》，《理论与改革》2014 年第 3 期。

165. 史忠良：《产业经济学》，经济管理出版社 2005 年版。

166. 斯塔夫里阿诺斯：《全球通史：从史前史到 21 世纪》，董书慧等译，北京大学出版社 2005 年版。

167. 苏东水：《产业经济学》，高等教育出版社 2000 年版。

168. 苏屹：《耗散结构理论视角下大中型企业技术创新研究》，《管理工程学报》2013 年第 2 期。

169. 眭纪刚：《结构调整、范式转换与"第三次工业革命"》，《中国科学院院刊》2014 年第 6 期。

170. 孙理军、严良：《全球价值链上中国制造业转型升级绩效的国际比较》，《宏观经济研究》2006 年第 1 期。

171. 孙晓华、王林：《范式转换、新兴产业演化与市场生态位培育——以新能源汽车为例》，《经济学家》2014 年第 5 期。

172. 田露露、韩超：《第三次工业革命：历史演进、趋势研判与中国应对》，《经济与管理研究》2015 年第 7 期。

173. 田敏、杨进：《信息经济时代新兴产业熵变条件研究》，《经济体制改革》2006 年第 3 期。

174. 万钢：《把握全球产业调整机遇，培育和发展战略性新兴产业》，《求是》2010 年第 1 期。

175. 万钢：《发展中国特色风险投资　培育战略性新兴产业》，《理论参考》2010 年第 11 期。

176. 汪文祥：《中国战略性新兴产业投融资模式：借鉴美日经验探索自己道路》，《中国战略新兴产业》2015 年第 18 期。

177. 王昌林、姜江：《国际金融危机背景下世界产业发展的新动向和趋势》，《中国产业》2010 年第 2 期。

178. 王昌林：《中国产业发展报告 2010——培育战略性新兴产业的对策研究》，经济管理出版社 2011 年版。

179. 王大林、杨蕙馨：《信息革命与新常态背景下的新产业生态系统》，《广东社会科学》2016 年第 1 期。

180. 王宏起、徐玉莲：《科技创新与科技金融协同度模型及其应用研究》，《中国软科学》2012 年第 6 期。

181. 王茜：《中国制造业是否应向"微笑曲线"两端攀爬——基于与制造业传统强国的比较分析》，《财贸经济》2013 年第 8 期。

182. 王垚、年猛：《美国制造业复兴战略及对中国的启示》，《当代经济管理》2016 年第 2 期。

183. 王宇、刘志彪：《补贴方式与均衡发展：战略性新兴产业成长与传统产业调整》，《中国工业经济》2013 年第 8 期。

184. 王岳平、葛岳静：《关于新时期我国产业结构调整战略的思考》，《管理世界》1997 年第 2 期。

185. 王征：《全球视野下的战略性新兴产业发展态势与我国的对策选择》，《决策咨询》2014 年第 2 期。

186. 王忠宏、石光：《发展战略性新兴产业，推进产业结构调整》，《中国发展观察》2010 年第 1 期。

187. 魏江、刘锦：《基于协同技术学习的组织技术能力提升机理研究》，《管理工程学报》2005 年第 1 期。

188. 魏巍、吴明、吴鹏：《不同发展水平国家在全球价值链中位置差异分析——基于国际产业转移视角》，《产业经济研究》2016 年第 1 期。

189. 温可、雷军、段祖亮：《中国战略性新兴产业发展支撑条件空间分异研究》，《干旱区资源与环境》2014 年第 12 期。

190. 邬义钧：《我国产业结构优化升级的目标和效益评价方法》，《中南财经政法大学学报》2006 年第 6 期。

191. 吴炜峰、杨蕙馨：《新产业生态系统竞争——兼对智能手机和智能汽车新产业生态系统图的绘制》，《经济社会体制比较》2015 年第 6 期。

192. 吴晓青：《大力发展战略性新兴产业，加快经济发展方式转变》，《经济界》2011 年第 2 期。

193. 西蒙·库兹涅茨：《各国的经济增长》，常勋等译，商务印书馆 1985 年版。

194. 夏永洋、王常雄：《中央政府与地方政府的政策博弈及其治理》，《当代经济科学》2006 年第 2 期。

195. 萧国亮、隋福民：《世界经济史》，北京大学出版社 2007 年版。

196. 肖恩·唐南：《中国在贸易谈判上更趋主动务实》，FT 中文网，http：//www.ftchinese.com/story/001057110#adchannelID＝2000，2014 年 7 月 7 日。

197. 肖兴志、陈长石：《我国垄断行业规制效果评价体系探讨》，

《财政研究》2008 年第 12 期。

198. 肖兴志、邓菁：《战略性新兴产业组织的政策评价与取向》，《重庆社会科学》2011 年第 4 期。

199. 肖兴志、韩超等：《发展战略、产业升级与战略性新兴产业选择》，《财经问题研究》2010 年第 8 期。

200. 肖兴志：《中国战略性新兴产业发展战略研究》，《经济研究参考》2011 年第 7 期。

201. 肖兴志：《中国战略性新兴产业发展的财税政策建议》，《财政研究》2011 年第 12 期。

202. 肖兴志等：《学者就推动辽宁战略性新兴产业提出五点建议》，《辽宁领导参考》2010 年 7 月 25 日。

203. 肖兴志等：《公用事业市场化与规制模式转型》，中国财政经济出版社 2008 年版。

204. 肖兴志主编：《产业经济学》，中国人民大学出版社 2012 年版。

205. 肖兴志主编：《中国战略性新兴产业发展研究》，科学出版社 2011 年版。

206. 谢伏瞻、李培育、仝允恒：《产业结构调整的战略选择》，《管理世界》1990 年第 4 期。

207. 熊伟：《智能制造：两化深度融合的主战场》，《中国信息化》2016 年第 2 期。

208. 熊勇清、李世才：《战略性新兴产业与传统产业耦合发展的过程及作用机制探讨》，《科学学与科学技术管理》2010 年第 11 期。

209. 熊勇清、李鑫、黄健柏等：《战略性新兴产业市场需求的培育方向：国际市场抑或国内市场——基于"现实环境"与"实际贡献"双视角分析》，《中国软科学》2015 年第 5 期。

210. 徐建伟：《美国制造业回归对我国的影响及对策》，《宏观经济管理》2013 年第 2 期。

211. 徐礼伯、沈坤荣：《美国"再工业化"国内研究述评》，《现代经济探讨》2013 年第 7 期。

212. 薛澜、林泽梁、梁正等：《世界战略性新兴产业的发展趋势对我国的启示》，《中国软科学》2013 年第 5 期。

213. 亚太总裁协会：《2010 世界新兴产业发展报告》，中国网，ht-

tp：//www. china. com. cn/economic/txt/2010 – 11/12/content_ 21331253_
2. htm，2010 年 11 月 12 日。

　　214. 鄢显俊：《从技术经济范式到信息技术范式——论科技—产业革命在技术经济范式形成及转型中的作用》，《数量经济技术经济研究》2004 年第 12 期。

　　215. 杨继瑞：《以新兴产业发展催化产业结构调整升级的十项对策》，《决策咨询通讯》2009 年第 5 期。

　　216. 杨以文、郑江淮、黄永春：《传统产业升级与战略新兴产业发展——基于昆山制造企业的经验数据分析》，《财经科学》2012 年第 2 期。

　　217. 杨治：《篠原三代平的产业结构理论》，《现代日本经济》1982 年第 4 期。

　　218. 姚海琳：《西方国家"再工业化"浪潮：解读与启示》，《经济问题探索》2012 年第 8 期。

　　219. 叶锐、杨建飞：《我国科技创新与战略性新兴产业互动发展机制研究》，《管理现代化》2014 年第 6 期。

　　220. 于立、肖兴志主编：《产业经济学学科定位与理论应用》，东北财经大学出版社 2002 年版。

　　221. 于娜：《第三次工业革命与中国制造业转型升级》，《山东工商学院学报》2016 年第 1 期。

　　222. 于娜：《战略性新兴产业发展阶段判析——以新一代信息技术产业为例》，《科技管理研究》2014 年第 10 期。

　　223. 于新东、牛少凤、于洋：《培育发展战略性新兴产业的背景分析、国际比较与对策研究》，《经济研究参考》2011 年第 16 期。

　　224. 余剑：《新常态下战略性新兴产业发展路径选择及其金融政策响应——基于需求端视角的研究》，《财政研究》2015 年第 6 期。

　　225. 余翔：《美国制造业振兴战略的成效及前景》，《现代国际关系》2014 年第 4 期。

　　226. 喻登科、涂国平、陈华：《战略性新兴产业集群协同发展的路径与模式研究》，《科学学与科学技术管理》2012 年第 4 期。

　　227. 喻红阳：《战略性新兴产业全球开放式创新模式研究》，《区域经济评论》2015 年第 3 期。

228. 原磊、金碚：《中国工业：回眸与展望》，《中国经济报告》2016 年第 1 期。

229. 苑清敏、高凤凤、邱静等：《我国战略性新兴产业与传统产业耦合影响力研究》，《科技管理研究》2015 年第 19 期。

230. 苑清敏、赖瑾慕：《战略性新兴产业与传统产业动态耦合过程分析》，《科技进步与对策》2013 年第 11 期。

231. 约瑟夫·阿洛伊斯·熊彼特：《经济发展理论》，叶华译，中国社会科学出版社 2009 年版。

232. 曾智泽：《美国政府培育发展新兴产业的经验》，《产业经济评论》2013 年第 2 期。

233. 湛军：《"再工业化"背景下欧盟现代服务业创新及发展我国高端服务业研究》，《上海大学学报》（社会科学版）2015 年第 1 期。

234. 张捷、周雷：《国际分工对产业结构演进的影响及其对我国的启示——基于新兴工业化国家跨国面板数据的经验分析》，《国际贸易问题》2012 年第 1 期。

235. 张丽娟：《金融危机以来美国贸易政策的回顾与展望》，《国际贸易问题》2011 年第 6 期。

236. 张良桥、贺正楚、吴艳：《基于灰色关联分析的战略性新兴产业评价——以生物医药为例》，《经济数学》2010 年第 9 期。

237. 张茉楠：《全球创新创业与经济强国的战略选择》，《上海证券报》2016 年 1 月 14 日。

238. 张其仔：《比较优势的演化与中国产业升级路径的选择》，《中国工业经济》2008 年第 9 期。

239. 张翼燕：《法国发布"未来工业"计划》，《学习时报》2015 年 10 月。

240. 张永安、邬龙：《战略性新兴产业发展三阶段划分及评价研究：基于技术效率的视角》，《科技管理研究》2015 年第 19 期。

241. 张月友、刘丹鹭、周经：《去工业化、再工业化与经济服务化——产业联系的视角》，《财贸研究》2014 年第 3 期。

242. 赵春明、赵远芳：《国际贸易新规则的挑战与应对》，《红旗文稿》2014 年第 21 期。

243. 中国社会科学院工业经济研究所课题组：《第三次工业革命与中

国制造业的应对战略》，《学习与探索》2012 年第 9 期。

244. 周冯琪：《中国产业结构调整的关键因素》，上海人民出版社 2003 年版。

245. 周晶：《战略性新兴产业发展现状及地区分布》，《统计研究》 2012 年第 9 期。

246. 周叔莲、吕铁、贺俊：《新时期我国高增长行业的产业政策分析》，《中国工业经济》2008 年第 9 期。

247. 周叔莲：《我国产业结构调整和升级的几个问题》，《中国工业经济》1998 年第 7 期。

248. 周叔莲：《中国产业政策研究》，经济管理出版社 1990 年版。

249. 周亚虹、蒲余路、陈诗一等：《政府扶持与新型产业发展——以新能源为例》，《经济研究》2015 年第 6 期。

250. 朱瑞博、刘芸：《我国战略性新兴产业发展总体特征、制度障碍与机制创新》，《社会科学》2011 年第 5 期。

251. 朱瑞博、刘芸：《战略性新兴产业机制培育条件下的政府定位找寻》，《改革》2011 年第 6 期。

252. 朱瑞博：《中国战略性新兴产业培育及其政策取向》，《改革》 2010 年第 3 期。

253. 朱迎春：《政府在发展战略性新兴产业中的作用》，《中国科技论坛》2011 年第 1 期。

254. 邹辉霞、杨春杰：《高新技术向战略性新兴产业转化过程中的风险研究》，《技术经济》2011 年第 6 期。

第二部分

中国战略性新兴产业
技术创新跟踪研究

　　本部分通过构建中国战略性新兴产业创新能力评价体系,对产业技术创新强度和能力进行客观、全面的评价,找出产业未来发展所面临的重大技术问题。从技术来源和技术组织两个方面破解技术约束与发展障碍。在技术来源的研究中,通过内、外部技术源的培育和开拓,寻求技术进一步成长的内在作用机制。

第一章 中国战略性新兴产业创新能力评价

创新驱动是战略性新兴产业的核心特征，在发展战略性新兴产业过程中适时、客观、高效地对相关产业的创新能力进行评价，是保证战略目标实现的关键。本章在借鉴现有的创新评价指标体系及其评价结果的基础上，结合战略性新兴产业的发展现状，通过对战略性新兴产业创新能力的评价内容、评价时机、评价标准和评价方法的研究，旨在为国家培育战略性新兴产业提供一套系统、科学、合理的评价思路和评价工具，以指导发展战略性新兴产业实践。本章重点研究：①对战略性新兴产业创新能力做出描述。从投入水平和产出水平两个维度建立相应的指标，然后通过收集整理行业和企业统计数据，从整体上解析与评估战略性新兴产业创新能力。②测算战略性新兴产业创新效率与评价。在对产业创新能力整体把握的基础上，利用异质性随机前沿分析方法测算了产业创新效率，并从产业类型、企业规模、产权属性等多个角度进行了全方位比较分析。③研究战略性新兴产业政策对技术创新的影响。通过追踪企业创新能力在政策前后的变化趋势，利用双重差分法实证检验产业政策的激励效果，并进一步验证了产权性质对政策效果的影响。

第一节 战略性新兴产业技术创新能力描述

战略性新兴产业经过前期的积累以及最近五年的大力发展，创新投入增长迅速，创新产出成果不断涌现。战略性新兴产业技术创新具有高投入、高收益和高风险的"三高"特征，对这些特征的把握成为洞察战略性新兴产业创新能力的良好切入点。作为对技术创新能力进行定量刻画的重要指标，本节从创新投入和创新产出两个层面对战略性新兴产业技术创新情况做出整体描述性统计。

一　战略性新兴产业创新投入分析

战略性新兴产业创新投入分析主要体现在研发人员和研发经费两个指标上。由于目前战略性新兴产业的数据资料匮乏，而高技术产业和战略性新兴产业有着很高的重叠性，故采用高技术产业的相关数据进行替代。

（一）基于行业层面数据的分析

从整体上看，中国战略性新兴产业创新投入规模有较大幅度增加。2011—2014 年，中国战略性新兴产业研发人员全时当量年均增速为8%，研发经费内部支出年均增速约为14%。其中，医药制造业无论是在研发科技活动人员全时当量增速还是研发经费支出的增速上，均为发展最快的产业，前者增速为12%，后者为17%。发展速度紧随其后的是仪器仪表制造业，研发人员全时当量增速为11%，经费内部支出增速也为17%。电气机械和器材制造业两者的增速也可圈可点，均不低于总体增速。计算机、通信和其他电子设备制造业各绝对量指标显示研发投入规模很大，2014 年研发人员全时当量占总体的30%，研发经费内部支出占总体的31%，但增长速度相对其他产业较低，研发人员全时当量和研发经费内部支出的增长速度不高于总体增长速度。铁路、船舶、航空航天和其他运输设备制造业研发经费支出增速最小，为12%，如表 1 – 1 所示。

表1–1　行业层面战略性新兴产业创新投入规模情况（2011—2014 年）

指标	产业分类	2011 年	2012 年	2013 年	2014 年	3 年年均增长率
规模以上工业企业研发科技活动人员折合全时当量（万人年）	医药制造业	9.35	10.67	12.32	13.39	0.12
	通用设备制造业	15.47	17.30	19.19	21.32	0.11
	专用设备制造业	14.65	15.65	17.85	17.37	0.05
	铁路、船舶、航空航天和其他运输设备制造业	—	9.51	10.59	10.76	0.06
	电气机械和器材制造业	20.53	22.60	25.58	27.49	0.10
	计算机、通信和其他电子设备制造业	31.80	38.05	39.10	41.19	0.04
	仪器仪表制造业	6.16	5.94	6.92	7.30	0.11
	合计	—	119.72	131.54	138.82	0.08

续表

指标	产业分类	2011 年	2012 年	2013 年	2014 年	3 年年均增长率
规模以上工业企业研发经费支出（亿元）	医药制造业	211.25	283.31	347.66	390.32	0.17
	通用设备制造业	406.67	474.60	547.89	620.60	0.14
	专用设备制造业	365.66	424.94	512.32	540.87	0.13
	铁路、船舶、航空航天和其他运输设备制造业	—	342.75	372.09	426.15	0.12
	电气机械和器材制造业	624.01	704.16	815.39	922.85	0.14
	计算机、通信和其他电子设备制造业	941.05	1064.69	1252.50	1392.51	0.14
	仪器仪表制造业	120.87	123.72	149.29	169.03	0.17
	合计	—	3418.17	3997.14	4462.34	0.14

资料来源：中经网统计数据库。

（二）基于企业层面数据的分析

通过以上按行业分类的数据描述，可以把握各行业的创新投入情况及其差异，但是，无法看出企业的创新投入情况。目前，国内关于企业创新的研究多采用行业层面的较为宏观的数据，从整体上把握企业的创新情况。然而，行业层面的数据难以用于建模分析企业创新特点，企业作为创新的主体，其作用至关重要，是战略性新兴产业技术创新的核心力量，从某种程度上讲，企业的创新积极性决定了新技术的发展程度。因此，从微观层面分析企业的创新投入对于了解和把握战略性新兴产业的技术创新状况具有重要意义。下面采用上市公司的数据做出说明。

表 1-2 显示，在七大战略性新兴产业当中，新能源汽车与高端装备制造业的研发投入规模最大；生物产业、新材料产业和节能环保产业研发投入规模最小，新一代信息技术产业和新能源产业研发投入规模处于中等水平。从年度平均值来看，战略性新兴产业研发投入稳步提高。从 4 年年均增长率来看，新一代信息技术产业和高端装备制造业研发投入增长最快，增速最高达 53%，生物产业紧随其后，增速为 35%，而节能环保产业、新材料产业与新能源汽车产业研发投入增长最慢，增速约为 20%。整体上看，战略性新兴产业的研发投入处于高速增长中，表现出了较好的持续性。

表1-2 企业层面战略性新兴产业创新投入规模情况（2010—2014年）

七大产业	2010年	2011年	2012年	2013年	2014年	平均值	4年年均增长率
节能环保产业	0.30	0.43	0.53	0.58	0.67	0.46	0.22
新一代信息技术产业	0.58	0.95	1.45	2.60	3.15	1.58	0.53
生物产业	0.29	0.47	0.66	0.89	0.98	0.60	0.35
高端装备制造业	0.86	1.81	2.82	3.19	4.17	2.32	0.49
新能源产业	0.81	1.05	1.30	1.34	1.55	1.14	0.18
新材料产业	0.38	0.59	0.64	0.76	0.80	0.58	0.21
新能源汽车产业	2.32	3.25	3.59	3.74	4.60	3.18	0.19
平均值	0.74	1.19	1.57	1.93	2.34	1.38	0.33

资料来源：Wind资讯金融终端。

二 战略性新兴产业创新产出分析

创新作为一项高风险活动，激励企业进行创新的条件是创新成功后获得的高收益。长期大量的创新投入，如果不能带来可观的创新成果，就会打击企业的创新积极性，影响创新的持续性。战略性新兴产业在政府的大力扶持下，取得了丰硕的创新成果，一大批核心关键技术的研发和产业化取得重大突破。

（一）基于行业层面数据的分析

战略性新兴产业创新产出分析可以从申请发明专利数和有效发明专利数两个指标入手。总体上看，中国高技术产业发明专利创造能力大幅提升。2011—2014年，中国申请发明专利数和有效发明专利数年均增速分别为14%和26%。其中，铁路、船舶、航空航天和其他运输设备制造业申请发明专利数增速最快，年均增长24%；仪器仪表制造业有效发明专利数增速最快，年均增长为36%；专用设备制造业也表现不俗，年均增速为35%。同期，医药制造业申请发明专利数和有效发明专利数年均增长均高于整体年均增速；计算机、通信和其他电子设备制造业申请发明专利数和有效发明专利数绝对规模占总体规模的比重最大，2014年分别为38%和42%，但年均增长均低于整体年均增速；通用设备制造业申请发明专利数增速略高于总体增速，但有效发明专利数低于总体增速（见表1-3）。

表 1 - 3　战略性新兴产业技术发明专利总量指标（2011—2014 年）

指标	产业分类	2011 年	2012 年	2013 年	2014 年	3 年年均增长率
规模以上工业企业发明专利申请受理数（件）	医药制造业	6968	9050	10475	12620	0.18
	通用设备制造业	8637	11691	14292	15723	0.16
	专用设备制造业	10300	13711	17528	17889	0.14
	铁路、船舶、航空航天和其他运输设备制造业	—	4985	5897	7607	0.24
	电气机械和器材制造业	16667	24697	25283	31336	0.13
	计算机、通信和其他电子设备制造业	40980	46623	50516	58088	0.12
	仪器仪表制造业	4319	4805	5950	7796	0.27
	合计	—	115562	129941	151059	0.14
规模以上工业企业有效发明专利数（件）	医药制造业	10506	15058	19558	24799	0.28
	通用设备制造业	13464	22984	23994	33014	0.20
	专用设备制造业	16358	21785	28145	39555	0.35
	铁路、船舶、航空航天和其他运输设备制造业	—	6682	9461	12236	0.35
	电气机械和器材制造业	24052	31346	38601	51467	0.28
	计算机、通信和其他电子设备制造业	62159	83589	97994	126488	0.23
	仪器仪表制造业	6759	7763	9236	14335	0.36
	合计	—	189207	226989	301894	0.26

资料来源：中经网统计数据库。

（二）基于企业层面数据的分析

创新成果可以通过专利状况来说明。专利在衡量企业的创新能力时具有数据容易获得、数据质量高等优点，本节将专利分为申请专利和授权专利。申请专利可以反映企业对于创新的主观努力程度，是企业权衡了专利价值与专利申请成本之后的理性选择，而授权专利反映企业有效的受法律保护的专利状况。两者相比较，申请专利比授权专利的数据更及时、更稳定，受外界因素影响更小，因此，这里主要分析申请专利数据情况。依据所申请专利的新颖性、创造性和实用性，专利分为发明专利、实用新型和外观设计三种类型。

1. 专利数量年度变化趋势

根据平安证券行业分类的平安战略性新兴产业挑选了496家战略性新兴产业上市公司作为研究样本，其中，无专利数据披露的企业有52家，占10.48%；444家企业（90%左右）有专利数据披露。当然，我们不能确定无专利数据披露的企业未进行创新，也有可能是担心申请专利会将企业研发动向暴露给竞争对手，因此，采用专利申请外的方式——商业秘密保护机制保护企业的核心技术。但是，专利数据作为企业向市场证实自身研发能力和未来发展潜力的主要方式之一，并且随着专利竞争激烈程度加剧及专利保护制度的完善，申请专利可为企业带来越来越多的优势。这为我们分析企业创新能力提供了可行路径与可靠支撑。换句话说，没有专利数据并不意味着企业创新能力差，但披露的专利数据中专利数据申请数量高常常表明企业的创新能力较强。

图1-1显示，申请专利年度总量持续增加，从2007年的10505件增至2014年的22278件，8年间年均增长率为11.3%，一直保持在较高水平。但是，从增长速度变化来看，2008—2014年，增长变得越来越缓慢。进一步观察不同的专利类型申请数量发现，发明专利申请从2007年的2702件增至2014年的9529件，增长幅度比较大。三种类型的专利中，外观设计申请数量所占比重逐步减少，实用新型申请数量基本持平，发明专利申请数量所占比重明显增加，这也表明战略性新兴产业的创新质量有显著提升。

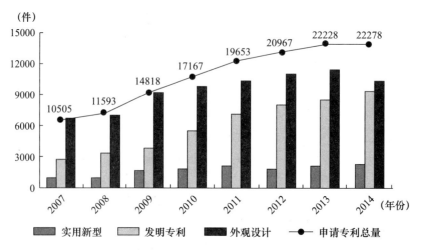

图1-1　专利数量年度变化趋势

资料来源：根据佰腾网专利数据整理。

2. 专利数量产业分布情况

不同产业的专利状况存在较大差异。表1-4显示，从样本企业专利数据披露情况来看，新能源产业中无专利数据披露的企业占比最高，达15.38%；节能环保产业无专利数据披露的企业占比最低，为7.27%。从产业内每家企业平均申请专利数量来看，新能源汽车最多，每家企业的申请数量达789件，结合其较低的无专利数据披露企业占比（7.55%），说明中国在新能源汽车产业专利技术研发方面进步较快，从侧面反映了新能源汽车产业竞争激烈和企业专利意识的增强。同时也可以看出，目前，新能源汽车产业专利中外观专利与实用新型专利占68%，创新含量最高的发明专利仅占三成。而申请专利平均数最少的是生物产业和新材料产业，分别为73件/家、78件/家；但是，仔细辨别可以发现，这两个产业的创新集中在发明专利上，实用新型和外观设计比较少，这与其产业性质相关，这两个产业的创新呈现出量少而质优的特点。新一代信息技术产业专利申请平均数量仅次于新能源汽车产业，但新一代信息技术产业申请发明专利的平均数最高，为530件/家；而新能源汽车产业发明专利申请平均数量为254件。这至少表明部分新一代信息技术企业在创新质量上处于高端水平，比如，从数据中发现，中兴通讯股份有限公司在2009年的发明专利申请数量高达5872件。

表1-4 专利数量产业分布情况

产业类型	样本企业			申请专利				
	总计（家）	有专利企业（家）	无专利企业占比（%）	发明专利（件）	实用新型（件）	外观设计（件）	合计（件）	平均（件）
节能环保产业	55	51	7.27	2534	4049	847	7430	146
新一代信息技术产业	100	90	10.00	47701	11343	3610	62654	696
生物产业产业	59	53	10.17	2600	697	596	3893	73
高端装备制造业	79	69	12.66	4594	6577	638	11809	171
新能源产业	78	66	15.38	3323	5304	1030	9657	146
新材料产业	72	66	8.33	3296	1554	268	5118	78
新能源汽车产业	53	49	7.55	12456	18920	7272	38648	789
总计	496	444	10.48	76504	48444	14261	139209	314

资料来源：根据佰腾网专利数据查询整理。

3. 专利数量产权属性分布

专利数量产权分布特点如表1-5所示。地方企业平均申请专利数量仅次于外资等其他企业，高达489件/家。出乎意料的是，民营企业平均申请专利数量最少，仅为160件/家。即使是对申请专利的类型进行比较分析，可以发现，民营企业也是申请发明专利最少的，仅为66件/家；中央企业与地方企业申请发明专利的平均数量为144件/家、213件/家。这与大多数文献认为的民营企业比国有企业创新性更强的结论不一致（吴延兵，2012）。本节认为，这是由于战略性新兴产业培育初期是由政府主导的特性有关。在政策引导下，国有企业具备资金雄厚、抗风险能力强的优势，因此，在大量政府补贴激励下进行研发创新。而民营企业大多数规模比较小，抗风险能力差，即便存在大量政府补贴也不敢贸然进行大量研发。

表1-5 专利数量产权属性分布

产权属性	样本企业			申请专利				
	总计	有专利企业	无专利企业占比（%）	发明专利	实用新型	外观设计	合计	平均
中央企业	86	73	15.12	10527	10602	2959	24088	330
地方企业	87	70	19.54	14909	15043	4294	34246	489
民营企业	277	257	7.22	16938	18576	5652	41166	160
其他	46	44	4.35	34130	4223	1356	39709	902
总计	496	444	10.48	76504	48444	14261	139209	314

资料来源：根据佰腾网专利数据整理。

综上所述，战略性新兴产业在政府支持下专利获得了快速的增长。但需要注意的是，这只是对客观事实的总结描述，表明战略性新兴产业在目前的条件下获得了发展，并不是强调政府扶持带来了这些成果。战略性新兴产业取得了一定的成果与政府扶持之间的关系只是相关关系，不是因果关系。甚至可以进一步设想：如果没有政府扶持，战略性新兴产业会不会取得这些成果？答案不明确，有待于进一步的检验。对于政府扶持与产业发展之间的关系，很多学者对于这个问题进行了丰富的探讨，后文会进一步展开论述。

第二节　战略性新兴产业技术创新
效率测算与评价

仅从企业创新投入或者产出的角度观察，可以发现，投入与产出都有了较大幅度的增长，但是，单方面的投入指标、产出指标与技术创新水平提升之间并不一定是严格的正相关关系。因此，需要在整体把握战略性新兴产业投入与产出的基础上，对投入与产出之间的关系即技术创新效率进行测算与评价。这将有助于更加明确与清晰地理解企业技术创新活动的完整过程，并甄别出该过程中存在的制约因素。基于 2009—2014 年 416 家战略性新兴产业上市公司年的数据，利用异质性随机前沿模型（SFA）定量测算了战略性新兴产业创新效率，并从行业、规模和产权属性三个维度进行了对比分析。研究发现，在 2009—2014 年，战略性新兴产业上市公司整体创新效率平均为 75%，标准差为 7.2%。战略性新兴产业上市公司创新产出比最优产出水平低 20%—30%，无效率的主要影响因素是企业年龄引发的技术积累、管理水平和技术协同能力。战略性新兴产业上市公司创新效率差异较大，分组统计表明，各行业之间存在差异，不同规模和不同产权属性的企业的创新效率也存在明显不同的时变趋势。

一　战略性新兴产业技术创新效率测算模型构建

在效率测算方法上，单一相对指标法由于计算简便，直接将产出与投入比较即可得出相对效率值，早期文献使用较多，但其计算误差大，且仅适用于单投入单产出，适用情形单一。随后采用生产函数测算效率，传统的生产函数定义是给定投入情况下的最大产出，即假定所有生产单元都处于生产前沿面上，这意味着生产决策单元是完全有效率的。但在现实中，大部分生产单元都达不到最大产出的前沿面上，存在无效率项。在这一现实观察的基础上，通过构造生产前沿面计算效率值成为主要思路。数据包络分析（Data Envelopment Analysis，DEA）和随机前沿分析（Stochastic Frontier Analysis，SFA）成为这种思路的主要实现方法。

（一）方法选择

DEA 方法作为一种非参数估计方法，其最大的优点是无须设定生产函数的具体形式，避免了由于生产函数设定而带来的种种局限。实际上，DEA 是建立在样本上的相对效率。但 DEA 方法无法区分导致生产单元偏离有效前沿面的原因是随机误差项还是技术无效率项造成的，将其全部视为技术无效率，并且其结果受离群值的影响较大，效率值均为 1 的情况比较普遍，这意味着大多数企业位于效率前沿，这在现实中却较少出现。

最早由艾格纳等（Aigner et al.，1977）提出的 SFA 方法是一种参数估计方法，需要建立生产函数，估计结果依赖于具体函数形式的设定。SFA 方法有以下优点：一是将实际产出区分为生产函数、随机误差和技术无效率三部分，将随机因素考虑进去了；二是由于考虑了随机误差，并且采用了极大似然估计方法，利用技术无效率项的期望值作为技术效率的评价依据，因此不会出现效率值均相同并且都有效的情形；三是采用极大似然估计法充分利用每个样本的信息并且计算结果稳定，因此不易受到离群值的影响产生较大误差，具有可比性强、可靠性高的优点。以上三个优点有效地弥补了 DEA 方法的不足。当然，SFA 方法也有不足：第一，指标选择对于测算结果的影响比较大，尤其是投入指标具有共线性时，容易与实际效率情况产生偏差；第二，SFA 方法处理多产出情形的生产决策比较烦琐。但对比 DEA 方法，建立在生产函数上的随机前沿模型对于产出模型的测算更接近于真实的效率值。

（二）测算模型

生产函数可以设定为：

$$Y_i = f(x_i, \beta)\eta_i + \varepsilon_i$$

式中，Y_i 表示产出；x_i 表示一组投入；β 是模型待估参数；ε_i 代表企业 i 的效率水平，区间为（0，1]，取值为 1 时，表明企业 i 恰好处于生产前沿。鉴于生产函数受到随机因素的影响，因此可以将生产函数设定为：$Y_i = f(x_i, \beta)\eta_i \exp(v_i)$。为了表述方便，进一步定义 $\eta_i = \exp(-u_i)$，则生产函数可表示为：$Y_i = f(x_i, \beta)\exp(v_i - u_i)$。

随机扰动 ε_i 为复合结构，分为两部分：一部分用于表示统计误差，又被称为随机误差项，用 v_i 来表示；另一部分用于表示技术的无效率，用 u_i 来表示，刻画了仅对个体具有的冲击，因为 $u_i \geq 0$，所以又被称为非负误差项。当取等号时，恰好处于技术前沿上。

当模型的生产函数选择柯布—道格拉斯（Cobb–Douglas）生产函数

时，生产函数表示成如下形式：

$$\ln Y_i = \beta_0 + \sum_j \beta_j \ln x_{ij} + v_i - u_i$$

模型假定：随机误差项 $v_i \sim N(0, \sigma_v^2)$，主要是由不可控因素引起，如气象条件等；非负误差项 $u_i \sim N^+(0, \sigma_u^2)$，取截断正态分布（截去 < 0 的部分），且有 u_i、v_i 相互独立，其与解释变量相互独立。

对于以上模型，我们可以将 SFA 技术效率定义如下：

$$TE_i = \exp(-u_i) = \frac{Y_i}{f(x_i, \beta)\exp(v_i)}$$

所以，在 u_i 的分布已知的情况下，可以根据样本点的观测值得出模型中参数的估计值，并根据这些估计值求出随机扰动项，从而计算出技术效率的平均值 $TE_i = E[\exp(-u_i)]$，但是，无法计算出每个 u_i 和 v_i 的估计值，即无法得出各样本点的技术效率值。

为了能够计算出每个样本点的技术效率，可将技术效率定义为 $TE_i = E[\exp(-u_i \mid \varepsilon_i)]$，即通过条件分布进行点估计，以条件期望 $E(u_i \mid \varepsilon_i)$ 作为 u_i 的估计，从而得出了技术效率值。

如果在模型中引入时间因素，SFA 模型可以对面板数据进行效率评价，具体模型如下：

$$Y_{it} = f(x_{it}, \beta)\exp(v_{it} - u_{it}), \quad i = 1, 2, \cdots, N, \quad t = 1, 2, \cdots, T$$

考虑到数据的可得性，在测算战略性新兴产业创新效率时，采用专利申请数量作为创新产出指标，采用研发投入和企业员工中技术人员的数量作为创新投入指标。因此，战略性新兴产业创新效率模型可以设定如下：

$$\ln zl_{it} = \beta_0 + \beta_1 \ln rd_{it} + \beta_2 \ln rdyg_{it} + v_{it} - u_{it}$$

（三）样本处理

本节主要财务数据来自 Wind 资讯金融终端数据库，样本区间为 2009—2014 年。企业员工结构数据来源于同花顺数据库。公司专利数据由手工收集整理。上市公司样本是根据平安证券行业分类的平安战略性新兴产业挑选的，该分类中有 500 家上市公司，剔除部分数据缺失的样本。最终保留了 416 家上市公司，共 1926 个观察值。变量的编制方法与基本的描述统计如表 1 - 6 所示。数据处理和估计均采用 STATA14.0 完成。

表1-6 　　　　　　　　　　　　　变量编制方法与描述统计

变量名称	变量	平均值	标准差	最小值	最大值	编制方法
创新产出	zl	39.35	241.9	0	6416	发明＋实用新型＋外观专利
研发费用	rd	1.4e4	5.3e4	7.96	9.7e5	企业研发支出（万元）
研发人员	rdyg	1065	5014	3	99000	企业技术人员数量
企业年龄	age	13.88	4.759	1	34	所在年份－成立年份
企业规模	size	8.4e5	3.7e6	5012	6.8e7	企业资产总计（万元）
管理水平	glsp	0.097	0.077	0	0.528	（管理人员＋行政人员）／员工总数
技术需求	jszb	0.248	0.187	0.010	1.263	技术人员／员工总数

二 战略性新兴产业技术创新效率影响因素

战略性新兴产业技术效率的测算有助于把握产业技术创新的动态，而对影响技术效率的相关因素进行分析，有助于从中发现战略性新兴产业创新效率中存在的问题，把脉影响效率的症结所在，有助于探寻改善战略性新兴产业技术效率的提升路径，关系到战略性新兴产业发展政策的顺利实施与政策效果。因此，对于影响因素的分析尤为必要。研究发现，管理水平、研发人员整合效率、企业年龄、企业规模都会影响到企业的创新产出的效率。

表1-7列示了5种不同情形下的随机前沿模型估计结果。模型1采用无效率项均值与标准差均具有异质性的随机前沿模型，没有对参数施加任何约束。模型2至模型5则是分别在模型1的基础上施加不同约束条件后得到的。模型2假定管理水平、研发人员整合效率、企业年龄、企业规模等变量对技术无效率的标准差没有影响，只影响技术无效率的均值；而模型3假定以上变量对技术无效率的均值没有影响。模型4假定技术无效率的均值服从在零处截断的异质性半正态分布。模型5采用了传统的随机前沿分析模型，没有考虑个体异质性，主要用于以上四个模型的参照对比。

从估计结果可知，在所有情形下，研发经费投入（lnrd）和研发人员投入（lnrdyg）都在1%的显著性水平下显著为正，而时间效应也通过了显著性检验。这也符合常识，研发本身即具有高投入的特点，经费和人才当然是必不可少的投入要素。从表1-7中最后四行的似然比检验（LR test）中，LR_1 和 LR_2 分别表示对应模型与模型5和模型1进行似然比检验得到的卡方值，前者的原假设认为"技术无效率不存在，即都处于生产前沿面上"，后者的原假设认为"技术无效率存在异质性"。最终的检验结果都表明，异质性随机前沿模型1，即无约束模型显著优于其他四个模型。需要注意的是，模型1优于模型5意味着存在着技术无效率。同时，表明技术无效率的均值和标准差对战略性新兴产业上市公司的创新支出具有显著的影响。因此，下面的分析都以模型1的情形作为蓝本进行。

表1-7　　　　　　　不同情形下随机前沿模型估计结果

	模型1（无约束）	模型2（$\gamma=0$）	模型3（$\delta=0$）	模型4（$\omega=0$）	模型5（$u=0$）
产出函数					
lnrd	0.420***	0.425***	0.445***	0.443***	0.456***
	(12.66)	(12.72)	(13.64)	(13.54)	(14.10)
lnrdyg	0.386***	0.358***	0.336***	0.362***	0.232***
	(9.85)	(8.78)	(8.12)	(9.56)	(6.82)
常数项	-2.176***	-1.857***	-1.819***	-2.374***	-1.930***
	(-7.79)	(-5.27)	(-4.57)	(-10.10)	(-10.02)
年度效应	控制	控制	控制	控制	控制
Mu					
age	0.147***	0.039***			
	(4.43)	(2.90)			
lnsize	-0.227**	0.098			
	(-2.39)	(1.49)			
glsp	-1.422	0.488			
	(-1.26)	(0.71)			
jszb	2.970***	1.655***			
	(4.45)	(3.66)			
常数项	0.316	-1.323	1.058***		
	(0.35)	(-1.01)	(2.64)		
Usigmas					
age	-0.086***		0.021	0.026**	
	(-6.00)		(1.63)	(2.44)	

续表

	模型 1 (无约束)	模型 2 ($\gamma = 0$)	模型 3 ($\delta = 0$)	模型 4 ($\omega = 0$)	模型 5 ($u = 0$)
lnsize	0.313 *** (6.36)		0.225 *** (4.40)	0.203 *** (3.95)	
glsp	1.785 * (1.95)		0.301 (0.38)	0.336 (0.49)	
jszb	−0.937 ** (−2.19)		1.593 *** (5.00)	1.553 *** (5.25)	
常数项	−2.143 *** (−3.01)	0.388 ** (2.48)	−3.254 *** (−4.29)	−2.806 *** (−3.56)	
对数似然值	−3044.4	−3071.9	−3069.4	−3071.3	−3096.7
LR₁	104.5606	49.4287	54.6121	50.7466	—
P 值	0.000	0.000	0.000	0.000	—
LR₂	—	55.1319	49.9484	53.814	104.5606
P 值	—	0.000	0.000	0.000	0.000

注：（1）表中数据为变量的回归系数，括号内数值为 t 值，***、**、* 分别表示在 1%、5%、10% 的显著性水平下显著。（2）所有模型的样本数量均为 1926。

  由模型 1 的估计结果可见，企业年龄（age）对于无效率项的均值在 1% 的显著性水平下显著为正，而对无效率项的标准差在 1% 的显著性水平下显著为负，表明企业年龄越大会导致企业技术越无效率，但可以减弱无效率项的不确定性。造成这种情形的主要原因可能是企业年龄的增加，意味着企业在原有技术方面越成熟，采用新技术面临的阻碍更大，融合起来更困难，但年龄越大，通常在技术方面积累的经验越多，有更强的抵御风险能力。所以，企业年龄对于企业技术创新是一把"双刃剑"。与此同时，企业规模对于技术无效率项的均值影响在 5% 的显著性水平显著为负，对技术无效率项的标准差在 1% 的显著性水平下显著为正。这意味着企业规模越大，采用新技术的效率越高，但是也面临着更高不确定性。

  用管理行政人员占比来衡量的企业管理水平对于企业技术无效率项的均值影响不显著，对无效率项的标准差在 10% 的显著性水平下显著为正。管理行政人员占比越高，通常意味着企业在行政效率越低，人员冗余问题越严重，这也导致了企业管理水平越低，反映在技术创新上，意味着对技术创新的管理和规划水平越差，创新资源的调配能力不足，最终导致企业技术创新的效率不确定性越高。估计结果还表明，企业技术依赖程度越高，无效率项的均值越高，标准差越低。这与我们的直觉相悖，但是，从描述指标入手，发现企业技术人员占比越高，企业技术依赖程度越高，同时，协同众多技术人员的复杂困难程度越大，企业因此而面临的技术无效率项的均值越大。这也说明，企业员工结构中过高的技术人员比例不一定对企业技术创新效率的提升有利。

三 战略性新兴产业技术创新效率时序变化趋势

采用 SFA 方法可以得到每家公司的创新效率值，因此，非常便于分析比较。图 1－2 是全部样本技术创新效率频数分布图，可以看出，整个分布呈现出右偏的特点，因此，有少数企业的创新效率比较低。战略性新兴产业上市公司创新效率的均值和标准差分别为 0.752、0.072。约占 53% 的上市公司创新效率集中在 [0.7，0.8] 的区间上，实际创新产出比最优创新产出低 20%—30%。同时，21% 的上市公司创新效率低于 0.7，也有少数公司的创新效率低于 0.5，最低的仅为 0.45；不到三成的公司创新效率在 0.8 以上。对于以创新作为主要特征的战略性新兴产业来说，实际表现距离最优产出的预期比较远。

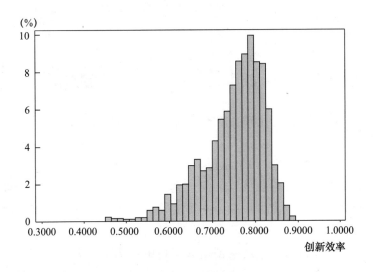

图 1－2　技术创新效率频数分布

（一）不同产业的技术创新效率对比

从图 1-3 可以看出，2009—2014 年，战略性新兴产业创新效率整体上不但没有提高，反而呈现较为明显的下降趋势。具体来说，除新能源产业创新效率有小幅度提升外，无论是一直处于技术创新效率较高水平的节能环保产业，还是一直处于技术创新效率较低水平的生物产业，其在 2012 年之后都出现了剧烈的下滑趋势，到 2014 年下滑接近 5 个百分点。高端装备制造业处于不稳定状态，2010 年后出现下降，2012 年下降到最底端开始增长，至 2014 年回归到 2010 年的技术创新效率水平。新能源汽车产业在经历了 2011 年短暂的上升阶段之后，有缓慢下降趋势。新材料产业较为平稳，一直处于 0.75 的技术创新效率水平附近。

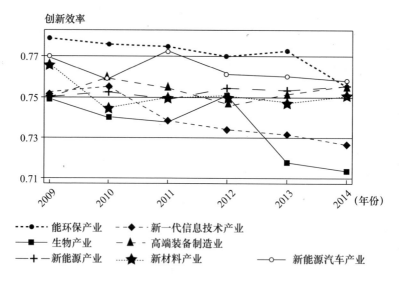

图 1-3　战略性新兴产业技术创新效率产业差异

（二）不同规模企业的技术创新效率差异对比

企业规模会影响企业技术创新效率。为此，将战略性新兴产业上市公司按照资产总额分为大规模、中等规模和小规模三类企业，分年度测算了三类企业的技术创新效率。图 1-4 显示，整体来看，2010—2014年，各年战略性新兴产业技术创新效率集中在 72%—78% 之间，技术效率整体不高，并且呈现出下降趋势。这表明战略性新兴产业的技术创新效率有较大的提升空间。

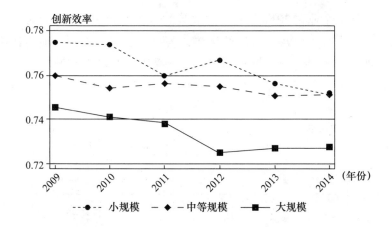

图 1-4　不同规模企业的技术创新效率差异对比

从图 1-4 发现，不同规模企业的技术创新效率有着明显的差异。企业规模越大，创新效率越低。小企业的技术创新效率在三类企业当中处于最高位，但随着时间的推移，小企业在技术创新效率上的优势逐渐被削弱。这可能是由于更多中等规模的企业进入战略性新兴产业的领域中，小企业在技术竞争中并不具备绝对优势。战略性新兴产业的市场培育尚未成熟，原有的市场被中大型规模企业瓜分，导致小企业在技术创新中无论在资金还是在人才上均处于劣势地位。而研发性沉没成本的存在，使小企业维持原有投入，但是，创新产出却不如培育政策出台之前。这也间接地表明了政府扶持政策向小微企业倾斜的合理性。

（三）不同产权性质企业的技术创新效率差异对比

从图 1-5 来看，战略性新兴产业上市公司的技术创新效率也存在明显的产权性质差异。从不同性质企业自身的变化趋势来看，中央企业在 2010—2014 年创新技术效率变化呈现为 U 形，对比 U 形两端没有增长，即 2014 年技术创新效率与 2010 年基本持平。地方企业和民营企业在 2010—2012 年出现了急剧下滑的趋势，虽然在 2013 年有一个短暂的增长期，但 2014 年的技术创新效率远低于 2010 年的水平。从三者变化趋势的对比来看，民营企业的技术创新效率由 2010 年的最高水平下滑，2011 年低于中央企业，2013 年后，成为三者中创新效率最低的企业类型，下降高达 5 个百分点。对于这种变化趋势一个可能的解释是：在 2010 年战略性新兴产业政策提出前，民营企业在这些领域较为活跃，获得了更多的专利。而中央企业在 2011 年后受到政策的号召开始大举进入该领域，凭借自身的技术实力以及多方面的优势，获得了更多的专利。而对比中央企业，地方企业在创新方面并不积极，享受了政府补贴等政策优惠的同时，在技术创新方面乏善可陈。

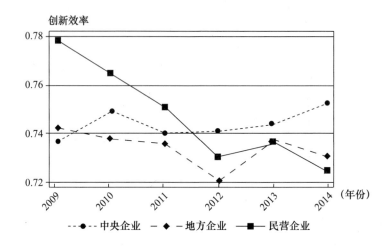

图 1–5 不同产权性质企业的技术创新效率差异对比

第三节 战略性新兴产业政策对技术创新影响与评价

　　战略性新兴产业技术创新的积极性受到市场认可和政府激励两个方面的影响，这也是研发回报的两条途径。政府支持对于企业的技术创新活动有较大的影响。2010 年，国家提出战略性新兴产业政策，对于企业创新能力的影响事关相关政策的效果评价，是我们关注的重点问题。本部分从两个角度展开研究：一是采用 DID 方法分析了产业政策的平均处理效应以及动态边际变化；二是区分了不同产权性质的企业对于政府激励的反应。

一　数据来源、指标处理与描述统计

（一）数据来源与样本特点

本节用到的政府补贴数据主要来源于上市公司年度报告中披露的数

据，包括年报非经常性损益情况中"计入当期损益的政府补助，但与公司正常经营业务密切相关，符合国家政策规定、按照一定标准定额或定量持续享受的政府补助除外"项目中披露的政府补助，通过手工收集获得。其他数据来源于 Wind 资讯金融终端数据库，样本区间为 2007—2014 年，对于部分缺失数据参照年报，手工进行了填充。另外，对于研发投入数据年报之间不一致时，以最新的年报数据为准，进行了修正。上市公司样本是根据平安证券行业分类的平安战略性新兴产业挑选的，该分类中有 500 家上市公司，剔除部分数据缺失的样本，最终得到 2007—2014 年 496 家上市公司的财务数据样本，样本点 3968 个。

表 1-8 描述了样本按照产权性质及所属行业划分的情况。

表 1-8　　　　　　　　　　样本产权与行业分布

	中央企业	地方企业	民营企业	其他	合计
节能环保产业	3	10	35	7	55
新一代信息技术产业	16	14	61	9	100
生物产业	1	9	40	9	59
高端装备制造业	30	9	35	5	79
新能源产业	11	19	43	5	78
新材料产业	16	12	37	7	72
新能源汽车产业	9	14	26	4	53
合计	86	87	277	46	496

资料来源：笔者整理。

(二) 变量定义

1. 企业创新 (rd)

研究企业创新行为的计量模型中，通常用创新投入和创新产出两类指标来表示。创新产出通常用专利和商标数目或者新产品的销售收入来计量，由于数据的可得性，本节采用创新投入来表示企业的创新活动。创新投入可由研发投资强度和研发水平值表示。本节采用企业研发支出水平。上市公司的研发费用主要是在上市公司年度报告附注中予以披露，一般会在"管理费用"科目下列示的费用化研发费用或在"无形资产"科目下的"开发支出"公布资本化的研发费用。此外，还有部分上市公司并没有明确公布研发投入，比如，生物产业就较少公布明确的研发费用，本节根据相关新闻报道或者增长率的相对值进行了估计。本部分主要采用企业上一期研发投入的对数值（lnlrd）。

2. 政府激励（subsidy）

在中国，政府对企业进行研发补贴是政府激励的主要手段，该变量的数据来自上市公司财务报表中利润表附注下的补贴收入科目。本部分主要使用当期政府补贴对数值（lnsubsidy）和上一期政府补贴对数值（lnlsubsidy）。

3. 产权性质

对国有企业和非国有企业设置虚拟变量 state，当为国有企业时，state取值为1。进一步细化国有企业的分类，细分为中央企业和地方企业，分别用变量 zy 和 df 表示。

4. 除上述主要变量外，加入描述企业特征的变量

除研发创新年度投入外，白俊红（2011）认为，企业多年积累的知识存量（K）对于政府补贴效果的发挥具有正向作用，本章根据其提供的处理方法计算出企业知识存量。从熊彼特提出大企业更有利创新的观点之后，企业规模一直被视为影响创新的重要因素，企业规模与研发投入的相关性已得到大量文献证实（白俊红，2011；吴延兵，2009），本节采用三个指标衡量企业规模：当期主营业务收入（sales）、当期主营业务收入的对数值（lnsales）和上一期主营业务收入的对数值（lnlsales）。企业盈利能力越强，进行研发创新的资金越充裕，本节分别采用公司资产收益率和企业利润率两个指标来衡量企业业绩。众所周知，企业的创新活动主要由两种力量驱动：市场需求带来的丰厚利润与行业竞争带来的生存压力。行业市场竞争程度越高，企业就越有动力进行创新以便在竞争中占据优势。采用文献中普遍使用的赫芬达尔指数（HHI）衡量行业间的竞争强度，具体算法为行业内所有企业市场份额的平方和，该指标可以较好地反映出行业内企业之间的规模差异特点。赫芬达尔指数的取值越小，表明该行业内相同规模的企业就越多，行业内部的竞争就越激烈。还有反映企业资产运营效率的总资产周转率（totalturn）、反映企业财务状况的资产负债率（lev）。

5. 其他变量

主要包括：行业变量（industry），为了控制不同行业之间差异的影响，按七大战略性新兴产业的分类标准，设置 6 个行业虚拟变量；年度变量

（year），为了控制各年度经济环境带来的差异，设置 5 个年度虚拟变量。

综上所述，变量定义总结如表 1 - 9 所示。

表 1 - 9　　　　　　　　　　　　　变量定义

反映维度	变量名称		符号	变量定义
企业创新	研发投资		lnrd	当期研发支出水平的对数值
			lnlrd	上一期研发投入的对数值
政府激励	补贴收入		lnsubsidy	当期补贴收入的对数值
			lnlsubsidy	上一期补贴收入的对数值
产权性质	国有企业 state = 1	中央企业	zy	公司实际控制人为国资委
		地方企业	df	公司实际控制人为地方国资委
	非国有企业	民营企业	my	公司实际控制人为境内自然人
	state = 0	其他	qt	公司实际控制人含境外自然人或高校控股等
企业经验等	企业年龄		age	企业建立年度时长
创新能力	知识存量		lnk	根据白俊红（2011）的计算方法计算出的企业知识存量
竞争程度	赫芬达尔指数		hhi	赫芬达尔指数
企业规模	企业主营业务收入		sales	当期主营业务收入
			lnsales	当期主营业务收入的对数值
			lnlsales	上一期主营业务收入的对数值
盈利程度	公司业绩		roa	资产收益率
	企业利润率		rr	营业利润/营业总收入
运营效率	总资产周转率		totalturn	总资产周转率
财务状况	资产负债率		lev	资产负债率

二　战略性新兴产业政策对创新投入的动态影响

（一）识别策略

在衡量产业政策对战略性新兴产业技术创新能力的影响时，通常的面板数据回归方法难以解决内生性问题。以政府补贴为例，政府补贴与企业创新能力之间可能存在双向因果关系，在实证检验中难以排除。而双重差分方法（DID）能够去除掉不可观测的因素，可以较好地评估政府补贴对于企业创新能力的影响效果。原因如下：首先，2010 年实施的战略性新兴产业培育政策作为一项外生性冲击，可以视为一次准自然实验，满足 DID 的政策外生性要求；其次，政策颁布时间有明确的时间点，实验期间易于确定；最后，培育政策对于处于后经济危机背景下的企业具有雪中送炭的功效，政府干预作用更加凸显。以上这些都为使用 DID 方法提供了适用条件。

对于两期数据的 DID 模型，通常设定如下：

$$y_{it} = \beta_0 + \beta_1 dsei + \beta_2 dt + \beta_3 dsei \times dt + \gamma Control + \varepsilon_i$$

但是，本节使用的是 2007—2014 年的面板数据，可以通过双向固定效应控制时间效应和个体效应。因此，模型的设定如下：

$$y_{it} = \beta_0 + \beta_1 dsei \times dt + \gamma Control + \mu_i + \eta_i + \varepsilon_i$$

其中，y_{it} 是研发投入；dt 是政策时间虚拟变量，2011 年及以后各年取 1，之前各年取 0；$dsei$ 是用于区分处理组和对照组的虚拟变量，处理组为战略性新兴产业上市公司；判别标准为平安证券行业分类的平安战略性新兴产业，对照组为非战略性新兴产业上市公司。$dsei \times dt$ 是 $dsei$ 和 dt 的交互项，其系数反映了战略性新兴产业政策对企业技术创新的净效应。$Control$ 表示控制变量，包含企业规模、管理水平和资产收益率。μ_i、μ_i 和 ε_i 为随机扰动项。

（二）政策的整体效果：平均处理效应

表 1 - 10 显示，平均处理效应采用模型 1、模型 2 和模型 3 三个模型逐步估计。模型 1 采用了混合面板回归，仅考虑时间虚拟变量 dt、分组虚拟变量 dsei 及其两者交叉项 gd。以上三个变量均在 1% 的显著性水平下显著，其中，我们最为关注的政策净效应为 0.285。模型 2 采用个体固定效应回归，由于分组虚拟变量的时间不变性导致在组内回归时被一阶差分消除掉了。面板固定效应的 F 值检验的 p 值为 0.0000，显著拒绝个体效应不存在的假设，对比模型 1，模型 2 充分考虑了个体之间的差异，解决了个体间异质性可能造成的估计不一致问题。模型 2 的估计结果表明，战略性新兴产业培育政策的实施使得企业研发投入增加了 10.2 个百分点。模型 3 采用双向固定效应模型，在模型 2 的基础上控制了时间效应，解决了不随个体改变但随时间变化的遗漏变量问题。由模型 3 估计结果可见，政策净效应在 5% 的显著性水平下显著为正，战略性新兴产业培育政策的实施使企业研发投入增加了 10.3 个百分点，与模型 2 估计结果较接近，时间效应对估计结果的影响不大。

表 1-10 战略性新兴产业政策对创新投入的影响

变量	平均处理效应			动态边际效应	
	模型1（混合回归）	模型2（个体固定效应）	模型3（双向固定效应）	模型4（个体固定效应）	模型5（双向固定效应）
gd	0.285*** (4.45)	0.102** (2.29)	0.103** (2.31)	0.357*** (6.66)	0.122** (2.15)
dsei	0.420*** (7.84)				
dt	0.667*** (18.88)	0.750*** (31.03)	0.847*** (29.58)	0.750*** (31.03)	0.843*** (27.90)
mu2011				-0.583*** (-15.27)	-0.023 (-0.50)
mu2012				-0.307*** (-11.11)	-0.044 (-1.35)
mu2013				-0.132*** (-5.68)	-0.010 (-0.36)
时间效应	—	—	控制	—	控制
常数项	7.205*** (239.70)	7.273*** (491.05)	7.410*** (487.67)	7.272*** (491.08)	7.410*** (486.81)
样本	11683	11683	11683	11683	11683

注：表中数据为变量的回归系数，括号内数值为t值，*、**、***分别代表显著性水平为10%、5%、1%。

以上结果表明，从平均处理效应来看，战略性新兴产业政策实施的净效应使企业的研发投入有较为显著的增长。

（三）政策的动态边际效应

以上研究从整体上分析了政策的净效应，但是，无法反映出企业创新能力的变化过程。为了解决这一问题，借鉴韩超、胡浩然（2015），引入年份净效应变量 dsei×dt×dyr，模型设定如下：

$$y_{it} = \beta_0 + \beta_1 dsei \times dt + \sum_{j=2011}^{2014} \rho dsei \times dt \times dyr_j + \gamma Control + \mu_i + \eta_i + \varepsilon_{it}$$

其中，dyr_j 表示政策实施后 j 年的年份虚拟变量；$dsei \times dt \times dyr$ 用 mu_j 来表示。

动态边际效应采用模型 4 与模型 5 两种模型估计。模型 4 考虑了个体固定效应，净效应的绝对值为 0.357，在 1% 的显著性水平下显著；2011 年、2012 年、2013 年的边际效应均在 1% 的显著性水平下显著为负，并逐渐增大，表明政策对企业研发的激励作用存在一个逐年加强的作用，稳步提升。但是，在模型 4 的基础上考虑了时间效应以后，模型 5 估计结果中各年边际效应的系数均不显著，时间效应却在 1% 的显著性水平下显著（见表 1 - 10）。这表明各年份对企业创新投入的影响只有截距项上的差异，但并未对净效应的斜率造成显著影响。即时间效应只影响了企业创新的投入值的大小，但并未影响净效应提升创新能力的速度。

三　政府激励对不同产权性质企业研发投入的影响

从获得政府补贴角度看，国有企业在获取政府补贴上具有明显的优势，民营企业获得政府补贴的平均数额较小。然而，政府补贴的多少与企业创新投入的多少并不存在正相关关系。从表 1 - 11 中可以看出不同产权性质企业的研发投入的显著差异。虽然从绝对值上看，民营企业的研发投入最少，合资、集体等其他企业研发投入最高；国有企业处于中间水平，进一步分析可以发现，2012 年前，中央企业与地方企业研发投入没有明显的差别；2012 年后，中央企业研发投入显著高于地方企业。但从相对值来看，其他企业研发力度最大，民营企业位居其后，中央企业次之，地方企业最小。需要注意的是，这里的研发投入是企业在多种因素下做出的决策，政府补贴对于研发激励的效果无法从表 1 - 11 中得出结论。比如说，民营企业研发投入比例高，既有可能是研发补贴刺激的结果，也有可能是民营企业本身的特性所决定的，民营企业若要在战略性新兴产业中立足，即使政府不补贴也要进行创新。政府的研发补贴究竟有没有效果还需要进一步检验。

表 1 - 11　　　　　　　　不同产权性质企业研发投入的比较

平均值	企业性质	2007 年	2008 年	2009 年	2010 年	2011 年	2012 年	2013 年	2014 年
研发投入（百万元）	中央企业	74.06	90.72	126.20	139.14	172.49	369.23	424.43	523.21
	地方企业	63.59	115.46	78.47	134.07	186.76	275.83	279.75	312.97
	民营企业	17.51	24.07	27.38	35.95	51.90	74.25	91.02	108.41
	其他	204.02	168.13	214.26	206.82	258.94	306.62	252.06	303.95
研发投入占总资产比例（%）	中央企业	—	1.26	4.16	3.43	3.95	4.50	4.69	4.82
	地方企业	3.71	3.30	2.59	2.86	3.35	3.99	4.06	3.81
	民营企业	8.96	5.43	5.31	4.90	5.27	6.35	6.89	6.71
	其他	—	4.00	6.07	5.50	5.79	6.79	7.16	7.31

资料来源：笔者整理。

为了分析企业产权性质对政府补贴激励创新效果的影响，借鉴白俊红（2011）的做法，通过在回归方程中引入产权性质与政府补贴的交互项来验证，具体形式如下：

$$\ln rd_{it} = \beta_1 \ln lsubsidy_u + \beta_2 state \times \ln lsubsidy_{it} + \beta_3 zy \times \ln lsubsidy_{it} + \beta_f df \times \ln lsubsidy_{it} + \beta_5 \ln sales \times \ln lsubsidy_{it} + \eta_i + \mu_i + \varepsilon_{it}$$

表 1 - 12 报告了以企业创新投入作为被解释变量的面板回归结果，主要用来分析对于不同产权性质的企业而言，政府补贴是否促进了企业研发投入。通过对回归系数的比较分析，得出了以下结论。

表 1 - 12　　　产权性质对于政府补贴激励效果影响的回归结果

变量	模型 1（固定效应）	模型 2（固定效应）	模型 3（固定效应）	模型 4（固定效应）
常数项	9.0621 ***（98.7380）	9.0302 ***（96.1558）	9.0370 ***（96.1855）	9.3191 ***（115.7546）
lnlsubsidy	0.2411 ***（17.4545）	0.2280 ***（14.1878）	0.2280 ***（14.1941）	- 1.1394 ***（- 20.9448）
state × lnlsubsidy		0.0498（1.5876）		

续表

变量	模型 1 （固定效应）	模型 2 （固定效应）	模型 3 （固定效应）	模型 4 （固定效应）
zy × lnlsubsidy			0.0912 ** （2.2986）	
df × lnlsubsidy			− 0.0012 （ − 0.0283）	
lnsales × lnlsubsidy				0.1124 *** （26.0196）
样本数	2596	2596	2596	2596
Hausman	68.70 ***	48.08 ***	49.38 ***	53.78 ***
F 值	12.21 ***	11.84 ***	11.59 ***	11.12 ***

注：表中数据为变量的回归系数，括号内数值为 t 值，* 、* * 、* * * 分别代表显著性水平为 10% 、5% 、1% 。

在模型 1 中，政府激励对于企业创新投入的贡献十分显著，这说明从产业整体上看，政府对于战略性新兴产业的补贴对于促进企业的研发是有效的。在模型 2 纳入了国有产权性质与上一期补贴的交互项，发现政府激励的这种贡献在企业中并未有显著差异。然而，在模型 3 中进一步地将企业分为中央企业和地方企业，发现中央企业对政府激励的导向作用都是在 5% 的显著性水平下显著为正。这符合我们的预期：我们通常认为，中央企业应该对政府导向反应更灵敏。在模型 4 中，发现政府补贴对于企业研发投入的激励作用显著为负，企业规模对于研发投入影响正显著。模型 3 和模型 4 的结果难以分辨出企业规模对于政府补贴效果的影响，企业规模对于政府补贴效果的影响不明确。结果同时表明，战略性新兴产业中民营企业对于技术创新相对来说较为谨慎，不会将政策导向作为技术创新活动的主要决策依据。面对同样的政策导向，民营企业持观望态度，因为创新的失败意味着民营企业将无法生存；对于国有企业创新来讲，即使创新机会不成熟，失败时也有当地政府兜底，对于企业经营者的影响不大，但是，不服从政策号召的代价会很大。

为了确保上述主要研究结论对于不同估计方法或者指标选取都能够

成立，使用两种方法进行稳健性检验，第一种途径是采用随机效应（稳健标准差）、随机效应（自助法）进行重新估计，第二种途径是使用专利数量作为被解释变量进行重新估计。估计结果表明，政府补贴、企业规模、产权性质等交互变量无论是显著性水平还是符号方向都没有发生实质性变化，反映出本节的研究结论不敏感于估计方法或者指标选择，较为稳健。

第二章　战略性新兴产业技术源约束与解决策略

战略性新兴产业是以世界级高新技术为支撑的新一代产业，消化吸收再创新为主的技术创新方式、传统产业为技术创新的主要来源渠道以及技术创新就呈现低端锁定为产业发展的基本特征，技术研发的多元化市场环境发展滞后、科技金融市场建设滞后和产业标准体系落后大大制约了企业技术研发的进程。为了破解这一问题，需要在跟踪研究和评价当前战略性新兴产业技术源获取策略与途径的有效性、可行性基础上，深入探究取得技术重大突破的动力机制，即技术创新对战略性新兴产业企业生存期的延长和技术创新对战略性新兴产业企业规模的塑造，并力图从传统产业研发资源的利用、基础共用技术供给侧协调、技术创新环境的优化与破解技术成果的转化障碍等方面推进战略性新兴产业研发进程。

第一节　战略性新兴产业技术创新的现实特性分析

为破解战略性新兴产业技术源约束，需要深度剖析战略性新兴产业技术创新现实特性。梳理战略性新兴产业技术创新特性主要从以下几方面展开分析：首先要把握战略性新兴产业技术创新的基本特征；其次探析战略性新兴产业技术创新的动力机制；最后找出战略性新兴产业技术创新的主要障碍。

一　战略性新兴产业技术创新的基本特征

战略性新兴产业技术创新主要呈现出以下几个特征：一是以消化吸收再创新为主的技术创新方式；二是传统产业为战略性新兴产业技术创新的主要来源渠道；三是战略性新兴产业技术创新呈现出低端锁定特性。

（一）消化吸收再创新为主的技术创新方式

表2-1显示，整体来讲，七大战略性新兴产业中采取原始技术创新的企业大约为21%，采取集成技术创新的企业大约为14%，采取消化吸收技术创新的企业大约为8%，采取简单模仿、引进技术创新的企业不到10%，而采取消化吸收再创新的技术创新的企业高达45%。

表2-1　　　　　　　　　七大产业主要技术创新方式　　　　　单位:%

技术创新方式	新一代信息技术产业	高端装备制造业	新能源产业	生物产业	新材料产业	节能环保产业	新能源汽车产业
原始技术创新	25.1	20.3	13.8	20.0	16.6	20.4	34.2
集成技术创新	18.0	10.2	14.5	9.0	15.4	9.2	20.5
消化吸收再创新技术创新	40.2	42.4	52.8	45.1	50.7	53.1	29.5
消化吸收技术创新	8.4	16.8	11.6	8.6	8.7	4.9	0.0
简单模仿、引进技术创新	8.3	10.3	4.9	13.8	4.3	8.3	15.8
其他技术创新	0.0	0.0	2.4	3.4	0.0	4.2	0.0

资料来源：邢红萍、卫平：《中国战略性新兴产业企业技术创新行为模式研究——基于全国七省市企业调查问卷》，《经济学家》2013年第4期。

从七大战略性新兴产业来看，新能源汽车产业的原始技术创新比例最高，达到34.2%，新能源产业原始技术创新比例最低，为13.8%；新能源汽车产业集成技术创新比例最高，为20.5%；而生物产业集成技术创新比例最低，为9.0%；节能环保产业消化吸收再创新技术创新比例最高为53.1%；新能源汽车产业的消化吸收再创新技术创新比例最低，为29.5%；高端装备制造业消化吸收技术创新比例最高，为16.8%，新能源汽车产业消化吸收技术创新比例最低，为0；新能源汽车产业简单模仿、引进技术创新比例最高，为15.8%；新材料产业简单模仿、引进技术创新比例最低，为4.3%。整体来讲，消化吸收再创新技术创新为七大战略性新兴产业主要技术创新方式。

目前，中国的战略性新兴产业部分企业具备了一定的技术创新能力，形成了一套不太完善的技术体系，顺着这套技术体系发展虽然能够实现产业的发展，但是，付出的成本很高，同时有些环节的突破需要借助外力，在这种情形下，企业会引进国外先进技术，对其进行消化吸收最终转化为自己的技术，这是目前战略性新兴产业技术创新采取的主要创新方式。

（二）传统产业中的技术创新为其主要来源渠道

在七大战略性新兴产业中，新材料产业和新能源产业的发展主要源于对重化工产业的技术创新，新一代信息技术产业的发展主要源于对电子信息制造及服务行业的创新，新能源汽车产业的发展主要源于对传统汽车产业的技术创新，高端装备制造业的发展主要源于对传统装备制造业的技术创新。通过对传统产业各生产环节，如对知识链、产业链流程技术创新，使其成为战略性新兴产业中间产品的供应商；抑或是对分销渠道，或是技术容易延伸的环节对其进行高新技术嫁接、技术创新，从而发展为战略性新兴产业，具体如图 2-1 所示。

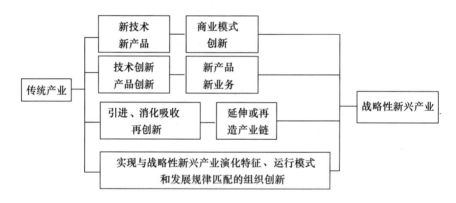

图 2-1　传统产业向战略性新兴产业

（三）技术创新呈现出低端锁定特性

技术创新低端锁定是指战略性新兴产业未能够在核心技术和关键技术方面取得技术突破，核心技术和关键技术创新距离发达国家仍有一定的差距。比如，在风电领域，一些风电关键设备主要依靠进口，同时向国外支付高昂的专利费，这引发风电产品国际竞争力下降，出现了大量的产能过剩，直接导致风电行业利润普遍下降，这不仅使国内整个风电行业面临亏损，而且还限制了国内企业在国外市场的发展。在互联网领域，高端芯片、精密传感器均需要从发达国家进口。在新材料领域，高端和精细的基础性材料也面临着依靠国外进口的尴尬局面。

　　造成战略性新兴产业技术创新尴尬局面的原因主要有两个：一是战略性新兴企业在发展过程中逐步陷入"技术能力跃迁陷阱"；二是战略性新兴企业受到技术标准锁定。所谓"技术能力跃迁陷阱"，是指企业通过合资得到了外方成熟的产品技术时，由于企业的目的是通过本土化来实现替代生产，因此企业提高的是生产能力，而非技术创新能力。近年来，战略性新兴企业在自主创新过程中，主要通过引进设备以及加强国外技术合作实现技术战略，对外部技术具有很强的依赖性，并且其利用外资的数量也呈现出快速增长的态势，战略性新兴企业逐步陷入了"技术能力跃迁陷阱"。如果说存在技术创新能力，也仅仅是在原有产品基础上的改进，而没有实现重大的技术创新。

　　技术标准锁定体现在国外技术标准限制了战略性新兴企业自主创新活动的效果。从技术标准具备的知识产权来说，任何想实施技术标准而又不具备技术研发能力的企业，唯一的选择就是向技术标准体系下的权利人申请技术许可并给付许可费用。但是，标准体系只要求权利人声明"在非歧视和合理情况下"对全球范围内想要获得技术许可的另一方进行技术转让磋商，这将是否许可技术转让的"大权"完全交给了权利人，同时把希望获得许可的另一方置于更加不利的地位。战略性新兴企业进行技术创新，其产品或服务往往需要建立在既有的市场标准之上，即创新产品或服务使用了原有技术标准中的专利。在这种情况下，掌握该技术标准专利产权的国外企业通常索要超出专利成本的专利费用，大肆掠夺企业创新得到的市场利润，致使战略性新兴企业处于不利地位。

二　战略性新兴产业技术创新的动力分析

　　首先，基于目前战略性新兴产业绿色技术创新现实特性，探讨绿色技术创新对战略性新兴产业企业生存期的延长机制。其次，从战略性新兴产业绿色技术创新成果转化严重脱节的现实入手，探究绿色技术创新对战略性新兴产业企业规模的塑造机制。

　　（一）技术创新对战略性新兴产业企业生存期的延长

　　美国学者 Geroski 和 Schwalbach（1991）、Agarwal 和 Gort（2002）均指出，美国有 5%—10% 的企业在市场生存 1 年便会退出市场。Bartelsman、Scarpetta 和 Schivardi（2005）发现，在经济合作与发展组织（OECD）中，有20%—40%的企业进入市场两年内便会宣告退出。国内学者杨玉民、刘瑛（2006）实证分析得出，中国规模以下工业企业生存时间为 8.84 年，存活时间为 5 年以下的企业占总数的 39.76% 。对于传统产业，国内外学者提出了自己的见解，那么对于战略性新兴产业而言，技术创新对企业生存是否存在特殊之处呢？

由于企业生存是一动态过程，对它的研究若用传统的参数方法不能有效地处理包含纵贯性数据的生存问题，而事件史分析方法对于处理企业生存表现出极大的优势，它是通过构建离散状态、连续时间的随机模型来分析纵贯性数据，弥补实证研究企业生存数据的缺乏，并且能够精确分析企业生存过程。研究的样本数据选取于 2004—2009 年《中国工业企业数据库》，首先将《战略性新兴产业分类（2012）》（试行）与其中的四位行业代码进行近似匹配，筛选出了航空航天及其他专用设备、合成材料制造等 101 个行业，然后将《战略性新兴产业分类（2012）》（试行）与《中国工业企业数据库》中的产品名称对比分析，确定出用于分析战略性新兴产业的 494 家企业样本。本节中使用企业的专利数量和新产品产值指标来反映技术创新水平，其中，企业专利数量来源于佰腾网专利检索系统。同时，将"研发行为"设定为定类变量，如果企业在观测期内既没有专利记录也没有新产品产值数据，那么研发行为标为"0"；如果企业在观测期内存在专利记录或有新产品产值数据，那么研发行为标为"1"；如果企业在观测期内既有专利记录也有新产品产值数据，那么研发行为标为"2"。

本节构建战略性新兴产业企业生存函数，即 $S_i(t) = \mathrm{Pr}(T \geq t) = P$，其中，T 为观测期内战略性新兴产业企业的生存时间，令 $t = 1, 2, 3, 4, 5, 6$；$S_i(t)$ 为战略性新兴产业企业 i 的生存函数，即持续生存时间超过 t 年的概率。基于生命表方法、乘积限（Kaplan-Meier，KM）估计方法，使用 Stata11.0 对战略性新兴产业 494 家企业的生存函数进行了整体估算以及研发行为对企业生存影响的分层估算。

战略性新兴产业观测企业生存的整体估算结果如表 2 - 2 所示。

表 2 - 2　　　战略性新兴产业观测企业生存整体估算结果

生存时间（年）	观测企业数	退出企业数	丢失企业数	生存率	标准差	95% 的置信区间	
1	494	47	93	0.9049	0.0132	0.8754	0.9276
2	354	13	33	0.8716	0.0156	0.8375	0.8990

续表

生存时间（年）	观测企业数	退出企业数	丢失企业数	生存率	标准差	95% 的置信区间	
3	308	16	15	0.8263	0.0184	0.7867	0.8593
4	277	19	28	0.7697	0.0213	0.7247	0.8083
5	230	27	49	0.6793	0.0249	0.6278	0.7253
6	154	20	134	0.5911	0.0284	0.5331	0.6444

　　从表 2-2 可以看出，随着时间推移，战略性新兴产业观测企业的生存率呈现出下降的趋势。生存时间维持在 1 年以上的企业约占观测总数的 90.49%，约有 9.51% 的企业存活率仅为 1 年时间。但是，生存时间维持在 6 年以上的企业占观测总数的 59.11%，约有 40.89% 的企业退出了该产业。杨玉民、刘瑛（2006）研究认为，在传统行业中，生存时间在 5 年以下的企业约占 39.76%，生存时间在 5—10 年的企业约占 31.01%，生存时间在 20 年以上的企业低于 8%。相比而言，战略性新兴产业企业生存时间并没有比传统企业生存时间长。

　　按照研发行为作为分层变量，战略性新兴产业观测企业的生存率估算结果如表 2-3 所示。

表 2-3　　基于研发分层的战略性新兴产业观测企业生存估算结果

生存时间（年）	观测企业数	退出企业数	丢失企业数	生存率	标准差	95% 的置信区间	
研发行为 = 0							
1	106	13	26	0.8774	0.0319	0.7982	0.9269
2	67	4	5	0.8250	0.0393	0.7316	0.8883
3	58	4	2	0.7681	0.0457	0.6633	0.8440
4	52	4	4	0.7090	0.0509	0.5960	0.7957
5	44	5	9	0.6284	0.0564	0.5074	0.7276
6	30	6	24	0.5027	0.0644	0.3714	0.6204
研发行为 = 1							
1	313	32	57	0.8978	0.0171	0.8585	0.9266
2	224	9	25	0.8617	0.0202	0.8165	0.8965
3	190	12	9	0.8073	0.0243	0.7543	0.8500
4	169	10	15	0.7595	0.0271	0.7013	0.8080

续表

生存时间（年）	观测企业数	退出企业数	丢失企业数	生存率	标准差	95%的置信区间	
5	144	19	33	0.6593	0.0318	0.5928	0.7176
6	92	12	80	0.5733	0.0361	0.4993	0.6404
研发行为=2							
1	75	2	10	0.9733	0.0186	0.8976	0.9933
2	63	0	3	0.9733	0.0186	0.8976	0.9933
3	60	0	4	0.9733	0.0186	0.8976	0.9933
4	56	5	9	0.8864	0.0408	0.7752	0.9445
5	42	3	7	0.8231	0.0517	0.6932	0.9018
6	32	2	30	0.7717	0.0599	0.6273	0.8658

由表2-3可以看出，战略性新兴产业企业研发行为的差异会导致企业生存时间的不同。没有得到专利并且没有新产品的企业生存率要远远低于那些有专利或有新产品的企业，以及那些既获得专利又有新产品的企业。在观测期内，那些既没有专利记录也没有新产品开发的企业超过1年的生存率为87.74%，而超过6年的生存率下降为50.27%。那些有专利记录或是新产品开发的企业超过1年的生存率上升为89.78%，超过6年的生存率约为57.33%。那些既有专利记录同时也有新产品开发的企业超过1年的生存率上升为97.33%，超过6年的生存率约为77.17%。通过对比可以看出，企业进行技术创新确实能够改变企业的生存状况，这进而大大鼓励了战略性新兴产业企业进行技术研发。

（二）技术创新对战略性新兴产业企业规模的塑造

在现有研究中，熊彼特（1975）指出，技术创新决定了市场结构的形成，尤其与企业的规模是息息相关的，这被归结为"熊彼特假说"。同熊彼特观点类似，达斯古普塔和斯蒂格利茨（Dasgupta and Stiglitz，1980）认为，技术创新决定企业规模的分布。马斯利（Marsili，2005）采用荷兰制造企业数据实证表明，技术创新同样是决定企业规模分布的因素之一，并且技术创新能够改变产业组织方式。马宁（2001）等实证分析了960家高新企业规模与技术创新之间的关系，结果表明，随着企业规模的上升企业技术研发强度阶梯式下滑，技术创新强度分布大致为倒"U"形。从国内外学者的研究来看，技术创新对企业规模的影响没有得到一致的结论。鉴于学者先前的研究，本节尝试对战略性新兴产业的技术创新与企业规模进行分析，试图寻找技术创新是如何对企业规模进行塑造的。

基于《中国工业企业数据库》，本节从战略性新兴产业 94 个行业中选取 658 个企业，尝试从企业技术创新、行业集中度、国有化程度、政府补贴以及企业进入率等角度构建对战略性新兴产业企业规模的模型，即：

$$PAR_{it} = \alpha_0 + \beta_1 INV_{it} + \beta_2 IC_{it} + \beta_3 OSD_{it} + \beta_4 \ln GS_{it} + \beta_5 EN_{it} + \varepsilon_{it}$$

其中，i 表示行业；t 表示年份；PAR 定义为帕累托指数，用来衡量企业的规模；INV 定义为新产品的产出率，用"新产品产值/工业总产值"来表示；IC 定义为行业集中度，用"前四位企业销售收入总和/该行业所有企业销售收入之和"来表示；OSD 定义为国有化程度，用国有企业数量/所有企业数量来表示；GS 定义为政府补贴收入，用"行业获得的政府补贴收入"来表示；EN 定义为企业进入率，用"（当年企业数 – 上年企业数）/上年企业数"表示；ε_{it} 为残差项。其中，变量 INV 和 IC 为自变量，变量 OSD、GS 和 EN 为控制变量。

在本节中，采用校正面板标准误的最小二乘法来分析战略性新兴产业观测企业的创新因素等对企业规模的影响，使用软件 Eviews6.0 对模型进行实证分析，结果如表 2 – 4 所示。

表 2 – 4　　　　　　　　　　模型估算结果

变量	系数值	t 值	Prob.
C	0.664	30.084 ***	0.000
INV_{it}	– 0.039	– 2.058 **	0.040
IC_{it}	– 0.091	– 6.089 ***	0.000
OSD_{it}	– 0.223	– 11.657 ***	0.000
$\ln GS_{it}$	0.006	2.985 ***	0.003
EN_{it}	0.001	0.689	0.491
$\overline{R}^2$	0.951		
D—W	1.624		

注：***、** 分别表示变量在 1%、5% 的显著性水平下显著。

由表 2 – 4 可知，技术创新 INV 的系数值为 – 0.039，并且显著，这意味着企业技术创新能力的提高会带动企业规模分布偏离齐夫分布。虽然大型企业技术创新力度较大，新产品产出率较高，能带动企业规模的扩大。但是，作为战略性新兴产业发展的重要生力军——中小企业技术创新在塑造企业规模分布方面发挥着主导作用，促使企业规模偏离齐夫分布。

三　战略性新兴产业技术创新的主要障碍

战略性新兴产业技术在发展过程中，主要存在以下几点障碍，一是战略性新兴产业所在的多元化市场环境发展滞后；二是战略性新兴产业面临的科技金融市场发展滞后；三是战略性新兴产业标准体系落后。

（一）多元化市场环境发展滞后

大量案例表明，相比大型企业，中小企业更容易进行技术创新，从而迈入战略性新兴产业领域，原因在于中小企业比大型企业面临更大的生存压力，然而，它具备"船小好调头"的天然优势，可以通过不断"试错"的方式，不断地进行自我调整，寻找生存出路。中小企业技术创新往往建立在尚未成熟的新兴技术上，尝试通过选择不同的商业模式或技术路线进行成果的产业化，在不断的"试错"过程中，战略性新兴企业的主导设计逐步完成。由于战略性新兴产业领域关键技术和核心技术的缺乏，国内大型企业缺乏自主创新的能力，同时大型企业在追踪前沿技术方面动力不足，在搭建技术创新平台方面能力缺乏，在系统整合产业链方面经验不足，更为关键的是，大型企业缺乏中小企业技术创新的优势和动力，因此，与国外新兴产业相比差距较大。纵然中小企业具备技术创新的动力，但是，相比大型企业处于弱势地位，国家对中小企业技术创新存在政策上歧视，中小企业还面临着体制约束、市场准入门槛高等问题，最为重要的是，中小企业在融资方面也面临着很大的困境，然而，作为战略性新兴产业技术创新主体重要组成部分的中小企业技术创新环境需要得到大力提升，需要形成以大型企业为核心并整合分散的中小企业的产业组织模式，这样，才能激发战略性新兴产业的整体发展。

此外，中小企业在战略性新兴产业发展过程中还能有效地减少在位企业的惰性，这种惰性是指面临突破性创新时，在位企业固守原有的技术创新模式，不能及时认识到突破性创新带来的威胁，或是反映不及时而不能够进行突破性创新。在位者惰性往往使大型企业技术创新能力下降，缺乏竞争优势。原因在于在位者对原有技术和原有产品投入了大量的精力和财力，如果转向开发新的产品或未成熟的技术，那么在位者会产生较大的沉没成本和转换成本，所以，在位者选择避免开发新产品或新技术。此外，新产品往往对原有产品构成替代，在位者为了维持市场份额，它会选择使用垄断地位对新进入企业构成进入壁垒，造成中小企业进入门槛高等问题。

为优化多元化市场发展环境，政府需要做好两方面的工作：一是要鼓励中小企业继续加强技术创新，鼓励风险投资机构加大对中小企业的扶持力度，彻底解决中小企业的融资难问题；二是加大对大型企业技术创新的压力和刺激，通过增加在位者惰性成本来减小在位者惰性，促进大型企业进行技术研发。

（二）科技金融市场建设滞后

战略性新兴企业技术创新进行产业化，在不同阶段其风险特征和资金需求是不同的，目前，中国多元化、多层次的投融资机制发展滞后，严重制约了中国战略性新兴产业的发展，如在新能源产业、航空航天领域、生物制造领域等虽然已经具备了技术创新能力，但是，由于获取资金较难，缺少外部资本有效投入，使发展产业化较难。战略性新兴企业在技术创新之初，得到金融机构的扶持较难，造成这种局面的原因主要有三个：一是战略性新兴企业在技术创新初期，无论是技术模式还是商业模式均存在较大的风险，金融机构为减小风险，不愿对其进行扶持；二是战略性新兴企业在技术创新之初，可能获得专利技术，但是固定资产却寥寥无几，因缺乏固定资产很难得到金融机构的扶持；三是战略性新兴企业在技术创新初期，不存在盈利或信用等级不能达到良好，缺乏合适的担保人对其贷款进行担保，因此得到金融机构的贷款难度又增加了。

在中国，资本市场对战略性新兴企业进行投资时有门槛要求，比如，企业最低资本规模为5000万元、企业连续三年获得盈利等，这些要求对很多战略性新兴企业在初期对获得资本支持望而却步。因为很多企业要么存续时间较短、要么缺乏盈利记录、要么无法达到创业板上市要求等，这制约了战略性新兴企业初期在国内市场上无法进行融资。相比美国而言，纳斯达克上市取消了企业必须具有盈利的记录，同时降低了对企业存续年限和企业规模的要求，相比之下，战略性新兴企业初期在美国资本市场更易获得资本支持，进而推动企业更好地进行技术创新。因此，中国政府应积极推动国内科技金融市场的建设，让其更好地为战略性新兴企业在初期服务。

（三）产业标准体系落后

谁占据行业标准制定，谁就能拥有真正的话语权。同样，在战略性新兴产业领域也不例外，其行业标准体系和准入制度已成为战略性新兴产业是否能够有序发展的关键，中国的战略新兴产业标准存在以下两个方面的问题。

第一，一味地采用国际标准，如在新能源领域，太阳能发电、风力发电等分布式能源电站定价以及与传统电网间的并网均需要国家出面来协商解决接入标准和准入制度。先前的政府管理模式已经不再适应物联网的发展，现在的物联网是一个具备多设备、多网络、多应用的大网，有关接口与协议需要统一标准来协调，因此，政府要打破传统的纵向制度壁垒，构建全新的运行体制。此外，国内采用的风电标准依然是采用国际电工委员会 IEC 标准，然而，这并不适合中国国情，因此，亟须制定一套适合中国气候特征和地理环境的新的风电标准。

第二，标准的缺失，如在三网融合领域，尽管智能电视、数字电视等技术发展较为先进，一些厂商也具备高技术的发展能力，但是，因为行业标准的滞后使三网不能很好地融合。由于三网融合涉及设备监管、运营监管等，还需要多个部门协调，因为各部门利益上的分歧，使行业标准的出台迟迟没有得到落实，因此，产业标准的滞后成为制约三网融合最大的"瓶颈"。

第二节　战略性新兴产业技术源培育与技术转化策略

为破解战略性新兴产业取得技术突破的现实约束，需要优化战略性新兴产业技术源培育策略和途径，试图通过对传统产业技术源的培育、协调与升级，基础共用技术供给侧激励与改革，技术创新环境探析评估、维护与优化，以及技术成果转化障碍的破解与驱动等方面有效推进战略性新兴产业的技术研发进程。

一　传统产业研发资源的利用、协调与升级

为了在经济发展中抢占制高点，与欧美国家发展战略有所不同，中

国选择在调整改造传统产业同时，要培育发展战略性新兴产业，即中国的战略性新兴产业是在传统产业发展不充分的基础上培育起来的。选择这一发展战略的初衷是以较短的时间、较低的代价能够与欧美发达国家齐头并进，甚至超过发达国家。在中国的现实情况下，中国的产业发展既面临着传统产业改造高峰，同时又面临着战略性新兴产业培育高峰的"双峰逼近效应"。以重大技术突破和重大发展需求为基础，战略性新兴产业能否在传统产业发展基础上充分利用传统产业资源并实现协同发展，进而带动传统产业实现升级，这一直都是政府和学术界关注的焦点。

　　战略性新兴产业与传统产业如何实现协同发展呢？本节尝试将政府行为和环境约束作为战略性新兴产业与传统产业协同发展的影响因素，利用1998—2011年中国30个省份的面板数据进行经验研究，战略性新兴产业用高技术产业来表示，传统产业用总产值与高新技术产业差额来表示，期望对中国战略性新兴产业和传统产业的协同发展提供经验支持。模型涉及的变量如表2-5所示。

表2-5　　　　　　　　　　　　模型变量的统计描述

变量名称	变量含义	样本数	均值	标准差	最小值	最大值
PRO	新兴产业与传统产业相对比重	420	0.11	0.11	0.00	0.61
FUN	新兴产业科技活动经费筹集额中政府资金的比重	420	0.14	0.24	0.00	4.38
$\ln(RD)$	研发经费支出额对数	420	0.00	0.00	0.00	0.03
REG	治理工业污染项目投资额占工业增加值比重	420	6.40	0.85	3.47	8.39
$\ln(ENE)$	电力消耗总数的对数	420	5.48	0.49	3.93	6.29
$\ln(HUM)$	每万人高中、专科和本科在校生数量的对数	420	3.63	0.56	-0.22	6.97
$\ln(MAR)$	市场化指数的对数	420	1.74	0.37	0.40	2.49
$\ln(PGDP)$	人均GDP的对数	420	9.52	0.76	7.77	11.35

　　战略性新兴产业与传统产业最大的不同点在于技术发展水平。由于技术创新活动溢出性较强，所以，经济发展与技术外溢具有一定的空间相关性，若用传统的面板模型进行分析，效果较差，本节利用空间面板

计量模型来实证分析战略性新兴产业跟传统产业之间的协同发展程度，构建的模型具体如下：

$$PRO = \alpha_1 + \alpha_2 FUN + \alpha_3 REG + \alpha_4 ENE + \alpha_5 HUM + \alpha_6 RD + \alpha_7 MAR + \alpha_8 PGDP + \varphi_{it} + \theta_{it}$$

其中，φ_{it} 和 θ_{it} 是随机扰动项。

为确保模型结果能够更有效地进行比较分析，本节分别使用静态和动态空间面板计量方式进行经验研究。在静态空间误差固定效应模型中，分别使用地区固定效应、时间固定效应和双向固定效应三种估计方法。具体估算结果如表2－6所示。

表2－6　　　　　　　　静态空间误差固定效应模型回归结果

固定效应类型	地区固定效应（1）			时间固定效应（2）			双向固定效应（3）		
变量	系数	t值	p值	系数	t值	p值	系数	t值	p值
FUN	－0.00	－0.44	0.66	－0.00	－0.22	0.82	－0.00	－0.35	0.72
ln(RD)	0.74	1.04	0.30	2.09*	1.86	0.06	0.46	0.63	0.53
REG	0.01**	2.06	0.04	－0.07***	－8.43	0.00	0.01**	1.99	0.05
ln(ENE)	－0.00	－0.20	0.84	－0.04*	－1.87	0.06	－0.02	－0.89	0.38
ln(HUM)	0.04**	3.81	0.00	0.07***	11.47	0.00	0.05***	4.68	0.00
ln(MAR)	0.02	1.29	0.20	－0.04	－1.60	0.11	0.03	1.37	0.17
ln(PGDP)	－0.09***	－5.53	0.00	0.10***	7.68	0.00	－0.03	－1.10	0.27
spat. aut.	0.27**	4.54	0.00	0.28***	4.60	0.00	0.22***	3.52	0.00
log – likelihood	811.58	512.63	822.76						
R^2	0.16	0.57	0.09						

注：***、**和*分别表示变量在1%、5%和10%的显著性水平下显著。

由表2－6可知，地区、时间和双向固定效应的空间自相关系数为正值，这意味着战略性新兴产业与传统产业存在协同发展的促进作用。但是，从系数显著程度来看，时间固定效应效果更佳。那么，接下来以时间固定效应结果做出解释。

FUN的系数为－0.00，且不显著，这表明新兴产业科技活动经费筹集额中政府资金的投入不能有效地促进战略性新兴产业和传统产业的协同发展，可能是因为得到政府资金补贴的企业创新动力不足。因此，政府为鼓励企业进行自主创新，只是片面地增加资金支持是远远不够的，这需要充分调动企业创新的积极性，让企业真正地能够实现技术上的跨越。ln(RD) 的系数是 2.09，在 10% 的显著性水平下显著，这同研发支出的技术外溢是相关联的，研发经费支出每增加 1% 会带动战略性新兴产业和传统产业之间的协同度提高 2.09%，这意味着增加研发经费支出可以带动战略性新兴产业和传统产业协同度的提高。REG 的系数为 -0.07，在 1% 的显著性水平下显著，这表明治理工业污染即环境规制在一定程度上抑制了战略性新兴产业和传统产业之间的协同度。ln(ENE) 的系数是 -0.04，在 1% 的显著性水平下显著，表明电力消费在一定程度上也抑制了战略性新兴产业和传统产业之间的协同度。ln(HUM) 的系数是 0.07，在 1% 的显著性水平下显著，这表明人力资本水平的提升对促进战略性新兴产业和传统产业之间的协同度有积极的促进作用，人力资本水平每提高 1% 会带动战略性新兴产业和传统产业之间的协同度提高 0.07%。ln(MAR) 的系数是 -0.04，结果并不显著，这意味着市场改革对于战略性新兴产业和传统产业之间的流动作用并不明显，今后需继续加强市场改革。ln(PGDP) 的系数是 0.10，在 1% 的显著性水平下显著，这表明人均GDP 水平的提升会显著地提高战略性新兴产业和传统产业之间的协同度。

为分析产业协同发展可能存在的动态性，本节拟用动态空间误差模型进行估计，使用软件 Matlab 进行估计，其中，模型是以经济距离空间权重矩阵为基础，所需命令使用 NB 逼近估计法，结果如表 2 - 7 所示。

表 2 - 7　　　　　　　　动态空间误差固定效应模型回归结果

变量	系数	t 值	p 值
PRO(-1)	0.00	0.02	0.98
FUN	-0.27	-0.83	0.41
ln(RD)	0.29***	6.62	0.00
REG	0.24	0.05	0.96
ln(ENE)	0.75	0.00	1.00
ln(HUM)	0.23**	2.22	0.03
ln(MAR)	0.26***	4.72	0.00
ln(PGDP)	0.21	1.42	0.16

续表

变量	系数	t 值	p 值
spat. aut.	0. 22	1. 44	0. 15
χ^2	0. 04		
log – likelihood	0. 01		

注：＊＊＊、＊＊分别表示变量在1%和5%的显著性水平下显著。

由表 2 – 7 可知，FUN 的系数为 – 0. 27，且不显著，同静态空间误差效应模型类似，这表明政府资金的投入并不能有效地提高战略性新兴产业和传统产业之间的协同度。ln(RD) 的系数为 0. 29，在 1% 的显著性水平下显著，这表明研发投入的增加能显著增加战略性新兴产业和传统产业的协同度。ln(HUM) 的系数是 0. 23，在 5% 的显著性水平下显著，表明人力资本水平的提高能增加战略性新兴产业和传统产业之间的流动性。ln(MAR) 的系数是 0. 26，在 1% 的显著性水平下显著，这与静态空间误差效应模型是不同的，这意味着市场化改革能够提高战略性新兴产业和传统产业之间的协同度。

二　基础共用技术供给侧现状、激励与改革

(一) 基础共用技术供给侧现状

在国家政策的大力倡导下，企业的自主创新意识不断提高，企业技术创新的进程也随之加快。2012 年，与欧盟国家研发资金占国内 GDP 的 1. 96% 相比，中国的比例达到 1. 98%，位居世界前茅。但是，从创新绩效角度来分析，中国相比发达国家要差。从 2013 年全球创新指数排名角度来讲，中国居 35 位，而前 10 名世界排名中欧盟占 60% 的席位。从基础研究角度来讲，虽然 SCI 论文量上所占比例较大，但是，质量水准与国际发展水平还有一段距离。中国企业自主创新的投产与产出并不成正比，这可能源于两方面原因：一是相比欧美等发达国家，中国的人力资本水平较低；二是中国的研发结构不合理，用于基础研究、试验发展和应用研究的人力与物力比例分配失衡，如图 2 – 2 所示，用于试验发展研究的人员与资金比例逐年升高，而用于基础应用研究的人员和资金比例却呈现出逐年下降的趋势。

与发达国家比较，中国国有企业的研发投入结构也呈现出不合理之处，表 2 – 8 为中国国有企业的研发投入结构，由表 2 – 8 可知，中国国有

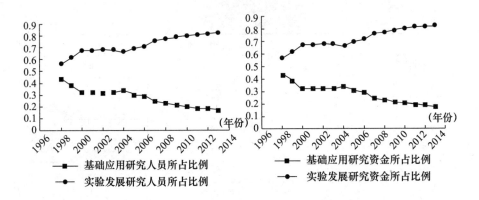

图 2 - 2　中国创新投入现状

资料来源：笔者通过《中国科技统计年鉴》数据整理所得。

表 2 - 8 　　　　　　　　　中国国有企业研发投入结构　　　　　　　单位:%

年份	基础研究	应用研究	试验发展
2009	4.7	12.6	82.7
2010	4.6	12.7	82.8
2011	4.7	11.8	83.5
2012	4.8	11.3	83.9
2013	4.7	10.7	84.6
平均值	4.7	11.82	83.5

资料来源：根据《中国科技统计年鉴》数据整理所得。

企业用于基础研究和应用研究的资金比例较低。表 2 - 9 为 2011 年中国国有企业研发投入结构与国际比较，由表 2 - 9 可知，2011 年，中国用于基础研究和应用研究的资金比例仅为 4.7% 和 11.8%，而法国用于基础研究和应用研究的资金比例分别高达 25.4% 和 38.4%，澳大利亚用于基础研究和应用研究的资金比例分别高达 24% 和 49%。

表 2 - 9 　　　　　　　　2011 年中国研发结构与国际比较　　　　　　　单位:%

	基础研究	应用研究	试验发展
中国	4.7	11.8	83.5
澳大利亚	24	49	26.9

续表

	基础研究	应用研究	试验发展
奥地利	19.4	35.8	44.8
捷克	25.5	32.2	42.3
丹麦	19.2	24.2	56.7
法国	25.4	38.4	36.2
日本	12.9	22	65.1
韩国	18.1	20.3	61.7
英国	14.9	48.2	37

资料来源：根据《中国科技统计年鉴》数据整理所得。

表 2 - 10 展示了规模以上企业研发经费内部支出中试验发展所占比例，由表 2 - 10 可知，试验发展在规模以上企业的经费支出中的比例高达 97% 以上。

表 2 - 10　　　　规模以上企业研发经费内部支出试验所占比例

	2009 年	2011 年	2012 年	2013 年
全国	0.98534	0.974911	0.973203	0.975913
东部地区	0.99067	0.980585	0.980009	0.979983
中部地区	0.980639	0.964628	0.970992	0.970056
西部地区	0.952067	0.949757	0.949127	0.968972

资料来源：根据《中国科技统计年鉴》数据整理所得。

（二）基础共用技术供给侧激励

有学者指出，声誉的作用在于为关心长期利益的参与人提供一种隐性激励以保证其短期承诺行动，声誉成为显性合约的替代品。企业声誉作为一种无形资产，能够显著提升企业的商业价值。

本节从数理角度对企业研发投入失衡进行分析，绩效衡量主要从声誉提升（w_k）和质量提升（v_k）两个方面着手。在跨期描述中，研究型与试验型企业在创新上呈现出不同的绩效，基于此，本节假设存在两个代表型企业，即 i 和 j。两个企业将研发资金分为两期均等投入，具体创新绩效如表 2 - 11 所示。

表 2 - 11 企业不同路径跨期创新收益

创新形式	当期	第 2 期
研究型企业	$(0, 0)$	(w_{i2}, v_{r2})
试验型企业	(w_{j1}, v_{d1})	(w_{j2}, v_{d2})

由表 2 - 11 可知，研究型企业在当期，既不能享受由创新带来的声誉资本提升，也不会有明显的质量提高，这与基础研究和应用研究的滞后影响作用有关。但在第 2 期，研究型企业开始受益，产品质量大幅度提升，相应声誉资本也随之增大。与之相比，试验型企业在产品创新进程中，呈现出"短、平、快"的态势，通常收益较快，能够较快地享受到创新所带来的收益，但也存在收益相对较低的弊端。基于此，本节结合杨其静（2011）假设表述，引进以下假设：首先假定企业创新绩效通过质量提升来表现，也因此获得高端消费者的青睐；其次，假设产品为非耐用品，即企业在第 2 期需要再次选购产品；最后，本节假设经济中存在 N 个消费者。消费者对产品质量存在偏好，强度为 θ，并以价格 p 购买 v 质量的产品，此时消费者剩余为 $\theta v - p$。其中，偏好强度 $\theta \in [\underline{\theta}, \overline{\theta}]$，$\overline{\theta} = (1 + \lambda) \underline{\theta}$。假设低端消费者数量为 xN，高端消费者，数量为 yN，中间消费者数量为 $(1 - x - y) N$。为了研究方便，中间消费者数量表示为 zN，其分布密度 $l = \dfrac{zN}{\lambda \theta}$。为了突出中间消费者的影响，假设 x，y $\in$ (0, 0.5)。

在利润层面，为了研究方便，本节假设 i 企业在创新进程中选择以基础研究和应用研究为主，而 j 企业选择以试验发展为主的研发路径。企业每期创新成本皆为 1，则在第 1 期，两者利润函数可以表现为：

$$\max_{p_{i1}} \pi_{r1} = (p_{i1} - c_0) \left[xN + \left(\frac{p_{j1} - p_{i1}}{v_{j1}} - \underline{\theta} \right) \times l \right] - 1 \tag{2.1}$$

$$\max_{p_{j1}} \pi_{j1} = (p_{j1} - c_0 + w_{j1}) \left[yN + \left(\overline{\theta} - \frac{p_{j1} - p_{i1}}{v_{j1}} \right) \times l \right] - 1 \tag{2.2}$$

在第 2 期，企业创新利润函数为：

$$\max_{p_{j2}} \pi_{i2} = (p_{i2} - c_0 + w_{i2}) \left[yN + \left(\overline{\theta} \frac{p_{i2} - p_{j2}}{v_{i2} - v_{j2}} \right) \times l \right] - 1 \tag{2.3}$$

$$\max_{p_{j2}} \pi_{j2} = (p_{j2} - c_0 + w_{j2}) \left[xN + \left(\frac{p_{i2} - p_{j2}}{v_{i2} - v_{j2}} - \underline{\theta} \right) \times l \right] - 1 \tag{2.4}$$

　　上述利润函数意味着企业相对质量地位存在转换，研究型企业在第 1 期质量较低，但在第 2 期实现了质量赶超。相对试验型企业取得了更大的质量进步。

　　为了测算企业当期最佳价格函数，我们对式（2.1）和式（2.2）求导，并由此求得其均衡结果为：

$$p_{i1} = \frac{y+3x}{3l} N v_{j1} + \frac{1}{3}\underline{\theta} v_{j1} - \frac{2}{3}\underline{\theta} v_{j1} + c_0 - \frac{1}{3} w_{j1}$$

$$= \frac{y+2x}{3l} \lambda \underline{\theta} v_{j1} - \frac{1-\lambda}{3} \underline{\theta} v_{j1} + c_0 - \frac{1}{3} w_{j1}$$

$$p_{j1} = \frac{2y+x}{3l} N v_{j1} + \frac{2}{3}\overline{\theta} v_{j1} - \frac{1}{3}\underline{\theta} v_{j1} + c_0 - \frac{2}{3} w_{j1}$$

$$= \frac{2y+x}{3l} \lambda \underline{\theta} v_{j1} + \frac{1+2\lambda}{3} \underline{\theta} v_{j1} + c_0 - \frac{2}{3} w_{j1}$$

　　将价格函数代入利润函数，从而可得当期企业最大利润为：

$$\pi_{i1} = \frac{Nz\, \underline{\theta} v_{j1}}{9\lambda} \left(\frac{y+2x}{z}\lambda - \frac{w_{j1}}{\underline{\theta} v_{j1}} - 1 + \lambda \right)^2 - 1$$

$$\pi_{j1} = \frac{Nz\, \underline{\theta} v_{j1}}{9\lambda} \left(\frac{2y+x}{z}\lambda + \frac{w_{j1}}{\underline{\theta} v_{j1} + 1 + 2\lambda} \right)^2 - 1$$

　　当然，为了获取最大利润，在企业当期行为上还存在价格和质量层面的约束。为此，首先算出产品的均衡质量水平，即：

$$\theta_1^* v_{j1} - p_{j1} \geq \theta_1^* v_{i1} - p_{i1}$$

　　由此可知，$\theta_1^* = \dfrac{p_{j1} - p_{i1}}{v_{j1} - v_{i1}}$，由于在第 1 期中我们假设基础、应用研究型企业并不存在质量改善，基于此假设，可认为 $\theta_1^* = \dfrac{p_{j1} - p_{i1}}{v_{j1}}$。

　　对于基础应用研究型企业：

①$\theta_1^* > \underline{\theta} \to \dfrac{w_{j1}}{v_{j1}\underline{\theta}} < \dfrac{y-x}{z}\lambda - 1 + \lambda$

②$p_i \geq c_0 \to \dfrac{w_{j1}}{v_{j1}\underline{\theta}} \geq \dfrac{y+2x}{z}\lambda - 1 + \lambda$

　　对于试验发展型企业同样有以下约束：

③$\theta_1^* < \underline{\theta} \to \dfrac{y-x}{z} - 1 - 2\lambda < \dfrac{w_{j1}}{v_{j}1\,\underline{\theta}}$

④$p_i \geqslant c_0 - c_{j1} \rightarrow -\dfrac{2y+x}{z}\lambda - 1 - 2\lambda \leqslant \dfrac{w_{j1}}{v_{j1}\underline{\theta}}$

综合上述四个约束条件，可知对于企业而言，存在这样的总体约束：

$$\dfrac{y-x}{z}\lambda - 1 - 2\lambda < \dfrac{w_{j1}}{v_{j1}\underline{\theta}} < \dfrac{y-x}{z}\lambda - 1 + \lambda$$

对于企业第 2 期的最佳定价，我们对式（2.3）和式（2.4）求导，并由此求得其均衡价格函数。

$$p_{i2} = c_0 + \dfrac{1}{3}\big[(v_{i2} - v_{j2})\underline{\theta} - (2w_{i2} + w_{j2}) \big] + \dfrac{(2-x)\lambda\,\underline{\theta}(v_i - v_j)}{3z}$$

$$p_{j2} = c_0 - \dfrac{1}{3}\big[(v_{i2} - v_{j2})\underline{\theta} + (w_{i2} + 2w_{j2}) \big] + \dfrac{(1+x)\lambda\,\underline{\theta}(v_i - v_j)}{3z}$$

对于其约束条件由 $\theta_2^* v_{j2} - p_{j2} \geqslant \theta_2^* v_{i2} - p_{i2}$，可得：

$$\theta_2^* = \dfrac{p_{i2} - p_{j2}}{v_{i2} - v_{j2}} = \dfrac{1-2x}{3z}\lambda\,\underline{\theta} + \dfrac{2}{3}\underline{\theta} - \dfrac{w_{i2} - w_{j2}}{3(v_{i2} - v_{j2})}$$

在此基础上，对于第 2 期的研究型企业 i，有以下约束：

①$\theta_2^* \leqslant \overline{\theta} \rightarrow \dfrac{w_{i2} - w_{j2}}{(v_{i2} - v_{j2})\,\underline{\theta}} \geqslant \dfrac{1-2x}{z}\lambda - 1 - 3\lambda$

②$p_{i2} \geqslant c_0 - w_{j1} \rightarrow \dfrac{w_{i2} - w_{j2}}{(v_{i2} - v_{j2})\,\underline{\theta}} \geqslant -1 - \dfrac{2-x}{z}\lambda$

对于试验型企业 j 有以下约束：

③$\theta_2^* \geqslant \underline{\theta} \rightarrow \dfrac{w_{i2} - w_{j2}}{(v_{i2} - v_{j2})\underline{\theta}} \leqslant \dfrac{1-2x}{z}\lambda - 1$

④$p_{j2} \geqslant c_0 - w_{j2} \rightarrow \dfrac{w_{i2} - w_{j2}}{(v_{i2} - v_{j2})\underline{\theta}} \leqslant -1 + \dfrac{1+x}{z}\lambda$

综合上述约束条件可得：

$$\dfrac{1-2x}{z} - 1 + 3\lambda \leqslant \dfrac{w_{i2} - w_{j2}}{(v_{i2} - v_{j2})\underline{\theta}} \leqslant \dfrac{1-2x}{z}\lambda - 1$$

在此约束条件下，由均衡价格水平求得其最大利润函数为：

$$\pi_{i2} = \dfrac{(v_{i2} - v_{j2})}{9\lambda}\underline{\theta} z N \Big(1 + \dfrac{w_{i2} - w_{j2}}{v_{i2} - v_{j2}} + \dfrac{2-x}{z}\lambda \Big)^2 - 1$$

$$\pi_{j2} = \dfrac{(v_{i2} - v_{j2})}{9\lambda}\underline{\theta} z N \Big(-1 - \dfrac{w_{i2} - w_{j2}}{v_{i2} - v_{j2}} + \dfrac{1+x}{z}\lambda \Big)^2 - 1$$

如果简单地假设经济存在两期，由此可得总利润函数为：

$$\pi_i = \frac{Nz\,\underline{\theta}\,v_{j1}}{9\lambda}\left[\frac{y+2x}{z}\lambda - \frac{w_{j1}}{\underline{\theta}v_{j1}} - 1 - \lambda\right]^2 - 1 +$$

$$\frac{\dfrac{Nz\,\underline{\theta}}{9\lambda}\,(v_{i2}-v_{j2})\left[\dfrac{2-x}{z}\lambda + \dfrac{w_{i2}-w_{j2}}{(v_{i2}-v_{j2})\,\underline{\theta}} + 1\right]^2 - 1}{1+r}$$

$$= \frac{Nz\,\underline{\theta}}{9\lambda}\left[v_{j1}\left(\frac{y+2x}{z}\lambda - \frac{w_{j1}}{\underline{\theta}v_{j1}} - 1 - \lambda\right)^2 +\right.$$

$$\left.\frac{(v_{i2}-v_{j2})\left[\dfrac{2-x}{z}\lambda + \dfrac{w_{i2}-w_{j2}}{(v_{i2}-v_{j2})\,\underline{\theta}} + 1\right]}{1+r}\right] - 1 - \frac{1}{1+r} \qquad (2.5)$$

同理可得：

$$\pi_j = \frac{Nz\,\underline{\theta}}{9\lambda}\left[v_{j1}\left(\frac{2y+x}{z}\lambda + \frac{w_{j1}}{\underline{\theta}v_{j1}} + 1 + 2\lambda\right)^2 +\right.$$

$$\left.\frac{(v_{i2}-v_{j2})\left[\dfrac{1+x}{z}\lambda - \dfrac{w_{i2}-w_{j2}}{(v_{i2}-v_{j2})\,\underline{\theta}} - 1\right]^2}{1+r}\right] - 1 - \frac{1}{1+r} \qquad (2.6)$$

那么，企业在纯策略组合情况下，对于创新活动的开展将会何去何从？针对于此，本节构建静态博弈矩阵来分析其背后的思维逻辑。假设企业对自己的下期收益具备很好的预测能力，则在第 1 期，其决策行为构成的支付矩阵如表 2 - 12 所示。

表 2 - 12　　　　　　　　　企业创新路径博弈支付矩阵

		企业 j	
	基础、应用研究（R）	试验发展（D）	
企业 i	基础、应用研究（R）	$-1 - \dfrac{1}{1+r}, \ -1 - \dfrac{1}{1+r}$	$(6),\ (5)$
	试验发展（D）	$(6),\ (5)$	$-1 - \dfrac{1}{1+r}, \ -1 - \dfrac{1}{1+r}$

假设企业 i 以 p 的概率选择基础、应用研究路线，以 1 - p 的概率选择试验发展道路，则企业 f 在不同路线选择下的预期收益为：

$$E(R) = p \times \left(-1 - \frac{1}{1+r}\right) + (1-p)\left\{\frac{Nz\,\underline{\theta}}{9\lambda}\left[v_{j1}\left(\frac{y+2x}{z}\lambda - \frac{w_{j1}}{\underline{\theta}v_{j1}} - 1 - \lambda\right)^2 +\right.\right.$$

$$\frac{\left(v_{i2}-v_{j2}\left[\dfrac{2-x}{z}\lambda+\dfrac{w_{i2}-w_{j2}}{(v_{i2}-v_{j2})\underline{\theta}}+1\right]^2\right)}{1+r}\right]-1-\frac{1}{1+r}\right\}$$

$$E(D)=p\left\{\frac{Nz}{9\lambda}\underline{\theta}\left[v_{j1}\left(\frac{2y+x}{z}\lambda+\frac{w_{j1}}{\underline{\theta}v_{j1}}+1+2\lambda\right)^2+\right.\right.$$

$$\frac{\left(v_{i2}-v_{j2}\left[\dfrac{1+x}{z}\lambda-\dfrac{w_{i2}-w_{j2}}{(v_{i2}-v_{j2})\underline{\theta}}-1\right]^2\right)}{1+r}\right]-1-\frac{1}{1+r}\right\}+$$

$$(1-p)\left(-1-\frac{1}{1+r}\right)$$

由此可知，混合投资被选择的充分必要条件为：

$$E_R=E_D$$

基于此，可以求得：

$$p=\frac{\dfrac{Nz}{9\lambda}\underline{\theta}\left[v_{j1}\left(\dfrac{y+2x}{z}\lambda-\dfrac{w_{j1}}{\underline{\theta}v_{j1}}-1-\lambda\right)^2+\dfrac{(v_{i2}-v_{j2})\left[\dfrac{2-x}{z}\lambda+\dfrac{w_{i2}-w_{j2}}{(v_{i2}-v_{j2})\underline{\theta}}+1\right]^2}{1+r}\right]}{\dfrac{Nz}{9\lambda}\underline{\theta}\left[v_{j1}\left(\dfrac{2y+x}{z}\lambda+\dfrac{w_{j1}}{\underline{\theta}v_{j1}}+1+2\lambda\right)^2+\dfrac{(v_{i2}-v_{j2})\left[\dfrac{1+x}{z}\lambda-\dfrac{w_{i2}-w_{j2}}{(v_{i2}-v_{j2})\underline{\theta}}-1\right]^2}{1+r}\right]}$$

$$=\frac{1}{T}$$

则在上式中有：

$$T=\frac{v_{j1}\left(\dfrac{2-x}{z}\lambda+\dfrac{w_{j1}}{\underline{\theta}v_{j1}}+1\right)^2+\dfrac{(v_{i2}-v_{j2})\left[\dfrac{1+x}{z}\lambda-\dfrac{w_{i2}-w_{j2}}{(v_{i2}-v_{j2})\underline{\theta}}-1\right]^2}{1+r}}{v_{j1}\left(\dfrac{1+x}{z}\lambda-\dfrac{w_{j1}}{\underline{\theta}v_{j1}}-1\right)^2+\dfrac{(v_{i2}-v_{j2})\left[\dfrac{2-x}{z}\lambda+\dfrac{w_{i2}-w_{j2}}{(v_{i2}-v_{j2})\underline{\theta}}+1\right]^2}{1+r}}$$

$$=\frac{v_{j1}A^2+\dfrac{v_{i2}-v_{j2}}{1+r}B^2}{v_{j1}B^2+\dfrac{v_{i2}-v_{j2}}{1+r}A^2}$$

其中，$A=\dfrac{2-x}{z}\lambda+\dfrac{w_{j1}}{\underline{\theta}v_{j1}}+1$；$B=\dfrac{1+x}{z}\lambda-\dfrac{w_{i2}-w_{j2}}{\underline{\theta}(v_{i2}-v_{j2})}-1$，并由前文的约束条件可得：A、B > 0。

本节根据上式求出各项指标对企业选择基础、应用研究概率的影响。

$$\frac{\partial T}{\partial \frac{w_{j1}}{\theta v_{j1}}} = \frac{2v_{j1}A\left(v_{j1}B^2 + \frac{v_{i2}-v_{j2}}{1+r}A^2\right) + 2v_{j1}B\left(v_{j1}A^2 + \frac{v_{i2}-v_{j2}}{1+r}B^2\right)}{\left(v_{j1}B^2 + \frac{v_{i2}-v_{j2}}{1+r}A^2\right)^2} > 0$$

结合 $\frac{\partial p}{\partial T} = -\frac{1}{T^2}$，可知：

$$\frac{\partial p}{\partial \frac{w_{j1}}{\theta v_{j1}}} < 0 \tag{2.7}$$

在研发有限的情况下，企业会通过对比不同路径带来经济效益来明确以哪种研发投入为主来推动自身发展。由式（2.7）可以获知，在企业创新路径选择问题中，试验发展所带来的企业声誉提升会降低企业从事基础、应用研究的动力，这符合我们的直觉。然而，试验型企业质量提升越大，反而会促进其他企业进行基础、应用研究。这可能由于企业质量提升存在溢出效应，而基础、应用研究有助于加强企业自身的吸收能力，以谋求搭创新进程中的"便车"。此外，由于试验发展式创新发展与已有基础、应用研究水平相关。与国际相比，中国试验型的"短、平、快"发展难以取得较大的技术进步，相应反馈促进作用过低，强者越强、弱者越弱，逐步形成国际创新绩效上的"马太效应"。

$$\frac{\partial T}{\partial \frac{w_{i2}-w_{j2}}{(v_{i2}-v_{j2})\theta}} = \frac{-\frac{2(v_{i2}-v_{j2})}{1+r}B\left(v_{j1}B^2 + \frac{v_{i2}-v_{j2}}{1+r}A^2\right) - \frac{2(v_{i2}-v_{j2})}{1+r}A\left(v_{i1}A^2 + \frac{v_{i2}-v_{j2}}{1+r}B^2\right)}{\left(v_{j1}B^2 + \frac{v_{i2}-v_{j2}}{1+r}A^2\right)^2} < 0$$

故：

$$\frac{\partial p}{\partial \frac{w_{i2}-w_{j2}}{(v_{i2}-v_{j2})\theta}} > 0 \tag{2.8}$$

由于在前文中，本节假设企业创新是一项持续性的进程，且其调整成本很高。基础、应用研究在第 2 期中具有相对更高的技术提升，研究型企业占据高端市场地位。由式（2.8）可以明确，基础、应用研究高于试验发展所带来的声誉资本提升会促使企业走研究型路线。这与前文的分析一致。即当相应的质量差变大时，反而会妨碍企业从事基础、应用研究。这背后的原因在于，一方面，国民对本土高质量产品需求有所不足；另一方面，现有专利保护制度建设的相对滞后抑制了企业进行基础、应用研究的动机。加之，没有完善的声誉平台，企业从事基础、应用研究的动力进一步下降。

为了控制质量提升所带来的消费者影响，本节继续给出基于消费者偏好变动空间的企业路径选择问题：

$$\frac{\partial T}{\partial \lambda} = \frac{\dfrac{2AB\,(2-x)\,B - (1+x)\,A}{2}\left[v_{j1}^2 - \left(\dfrac{v_i - v_j}{1+r}\right)^2\right]}{\left(v_{j1}B^2 + \dfrac{v_{i2} - v_{j2}}{1+r}A^2\right)^2}$$

在上述方程中，将 A、B 代入发现，$\dfrac{(2-x)B - (1+x)A}{z} < 0$。

由此可以认为，对于消费者偏好变动空间来说，有：

若 $v_{j1} > \dfrac{v_i - v_j}{1+r}$，则相对有 $\dfrac{\partial T}{\partial \lambda} < 0$，即：

$$\frac{\partial p}{\partial \lambda} > 0 \tag{2.9}$$

若 $v_{j1} < \dfrac{v_i - v_j}{1+r}$，则相对有 $\dfrac{\partial T}{\partial \lambda} > 0$，即：

$$\frac{\partial p}{\partial \lambda} < 0 \tag{2.10}$$

从式（2.9）和式（2.10）中可以发现，消费者偏好空间对企业走研究型道路造成的影响受到从事基础、应用研究与试验发展所带来的质量提升之差的约束。即当 $v_{j1} > \dfrac{v_i - v_j}{1+r}$ 时，消费者偏好变动空间越大，会加大企业从事基础、应用研究的概率。总体来说，当期试验发展带来的质量提升相对越大，消费者偏好变动给基础、应用研究带来正向的激励；反之则相反。这是由于消费者偏好变动通过质量差距来影响企业走研究型道路的概率，就企业质量提升带来的影响而言，这里佐证了前文的结论。

（三）基础共用技术供给侧改革

不同于现有研究，本节通过数理推导发现，伴随着研究型路线带来的声誉提升，企业会越发偏向于基础、应用研究。理论上说，声誉效应给企业带来正向的行为激励。结合中国研发投入结构失衡的现状，本节认为，政府可以通过完善声誉传导机制，构建声誉传播平台，在采取税收、补贴等激励外，能够更多地考虑通过声誉等因素来引导企业研发。

与此同时，政府也可以通过声誉机制对企业研发结构进行调控，例如，对从事基础、应用研究的企业予以宣传鼓励等。

此外，研究发现，试验型路线带来的质量提升会促进企业进行基础、应用研究。但与国际相比，中国相应的基础、应用研究"底蕴"过低。企业单靠试验发展难以取得较大的创新成果，进一步限制了这一反馈作用的发挥。在此意义上说，创新绩效正逐步呈现"马太效应"，呈现出"强者越强、弱者越弱"的格局。对此，政府应当着力提高试验发展的质量提升空间。在创新初期，政府可以适当参与基础、应用研究，为企业试验发展路线提供研究基础，后期再让位于企业。

而研究型质量提升却对自身研究投入形成抑制。这背后的根源在于：首先，企业质量提升会存在一定的溢出作用。与国际相比，中国专利保护制度不够完善，企业的创新成果很容易为竞争企业所窃取。尤其对于基础、应用研究，其自身存在很高的溢出效应，在利润层面降低了企业从事基础、应用研究的积极性。对此，政府有必要完善现有专利保护制度，让从事基础、应用研究的企业可以依托专利保护维持其市场地位，激发其投入基础、应用研究的积极性。其次，在需求市场上，国民为本土高质量产品的边际支付意愿并不高，产品竞争出现"劣币驱逐良币"的窘境。伴随着互联网销售的普及，这种现象越发加重。人民对于国产品牌的信赖度不高，盲目崇拜进口商品。这也一定程度上削弱了本土企业从事基础、应用研究的动机。对此，政府应当着手建立健全的质量甄别体系，这不仅有利于降低消费者的搜寻成本，还对企业进行深层次的研究，避免自主创新过程中的"短、平、快"具备很好的引导作用。最后，在融资上，相对于发达国家，中国金融市场仍存在较高的融资约束，中小企业依旧面临着融资难的困境。资金上的"瓶颈"也遏制了企业走研究型路线的可能。

本节认为，在中国"轰轰烈烈"的创新进程中，对于企业研发投入结构性失衡问题，政府应当起到更为积极的作用。一方面完善声誉甄别机制，引导企业从事基础、应用研究；另一方面在创新初期，政府可以适当参与基础、应用研究，后期再让位于企业。同时，政府应当继续加强现有专利保护制度，健全质量甄别机制，引导消费观念调整，拓宽企业融资渠道，从利润层面诱导企业走研究型道路。当然，国家在促使基础、应用研究比例不断加大的同时，应当注重协调试验发展投入，促使中国创新绩效迈上新台阶。

三　外部政策影响的评估、维护与优化

贾菲和帕尔默（Jaffe and Palmer）、黄德春和刘志彪以及张中元和赵国庆等实证研究发现，对环境进行一定程度上的规制可以引发企业进行技术创新，为避免产生大量的废弃物企业积极寻找能够有效解决问题的途径，这种"创新补偿"带来的收益补偿甚至会远远超过投入成本，带动企业和产业，以及社会环境达到"双赢"效果。董直庆等研究指出，企业技术创新与环境质量的提高之间关系也较为显著。此外，根据波特效应，一定程度的环境规制有利于技术创新，同时技术创新有助于减少环境污染，学者 Carrión - Flores 和 Innes 也指出，技术创新与环境规制相互促进、相互影响显著。

本节拟尝试以高污染行业和低污染行业为研究背景，分析技术创新与环境规制之间的交互机制以及它们对能耗强度影响的内在机理，以期对技术创新环境做出正确的评估。在本节的研究中，采用 2002—2011 年这 10 年的行业面板数据，定义 EI、REGU 和 TECH 为主要研究变量，EXP、OWNIP、PRORA、R&D 和 FDI 为控制其他因素影响。选取的变量以及变量的描述性统计具体如表 2 - 13 所示。

表 2 - 13　　　　　　　　　变量的描述性统计

变量	含义	样本数	均值	标准差	最小值	最大值
EI	能耗强度	360	1. 20	1. 30	0. 03	7. 52
EI_{t-1}	能耗强度滞后 1 期	324	1. 15	1. 30	0. 03	7. 52
EI_{t-2}	能耗强度滞后 2 期	288	1. 27	1. 33	0. 04	7. 52
REGU	环境规制	360	17. 78	28. 23	0. 18	322. 77
TECH	技术进步	360	1. 26	0. 17	0. 98	2. 31
REGU × TECH	交叉项	360	24. 24	49. 96	0. 24	683. 07
OWNIP	所有制结构	360	0. 29	0. 30	0. 00	4. 71
EXP	出口密集度	360	0. 18	0. 20	0. 00	0. 76
PRORA	利润率	360	0. 07	0. 06	- 0. 11	0. 44
R&D	研发密度	360	0. 01	0. 00	0. 00	0. 02
FDI	外商直接投资	360	0. 49	0. 47	0. 00	2. 99

考虑到模型可能存在内生性问题，本节中加入了被解释变量的滞后 1 期和滞后 2 期，具体的模型为：

$$EI_{it} = \alpha_1 EI_{it-1} + \alpha_2 EI_{it-2} + \beta_1 REGU_{it} + \beta_2 TECH_{it} + \beta_3 REGU_{it} \times TECH_{it} +$$
$$\gamma_1 OWNIP_{it} + \gamma_2 EXP_{it} + \gamma_3 PRORA_{it} + \gamma_4 R\&D_{it} + \gamma_5 FDI_{it} + \varepsilon_{it}$$

其中，$i = 1, 2, \cdots, 36$；$t = 2002, 2003, \cdots, 2011$。

本节首先运用混合最小二乘法进行估计，结果如表 2 - 14 所示。

表 2 - 14　　　　　　　　　　基准模型估计结果

模型	(1)	(2)	(3)	(4)	(5)	(6)
EI_{t-1}	-0.16*** (0.05)	-0.18*** (0.05)	-0.22*** (0.04)	-0.18*** (0.04)	-0.14*** (0.04)	-0.14*** (0.04)
EI_{t-2}	-0.18*** (0.05)	-0.16*** (0.04)	-0.11** (0.04)	-0.08** (0.04)	-0.07* (0.04)	-0.07* (0.04)
REGU	0.05*** (0.01)	0.05*** (0.01)	0.03*** (0.01)	0.03*** (0.01)	0.03*** (0.01)	0.03*** (0.01)
TECH	-1.78*** (0.37)	-2.17*** (0.37)	-2.50*** (0.35)	-1.65*** (0.40)	-1.92*** (0.39)	-1.92*** (0.39)
REGU × TECH	-0.02*** (0.01)	-0.02*** (0.01)	-0.01*** (0.01)	-0.02*** (0.01)	-0.01*** (0.00)	-0.01*** (0.01)
OWNIP		-0.99*** (0.19)	-0.53*** (0.20)	-0.50*** (0.19)	-0.45** (0.19)	-0.45** (0.19)
EXP			-1.87*** (0.34)	-1.70*** (0.33)	-1.81*** (0.32)	-1.80*** (0.32)
PRORA				-7.61*** (1.79)	-6.27*** (1.78)	-6.28*** (1.79)
R&D					-43.00*** (10.99)	-42.99*** (11.01)
FDI						0.02 (0.13)
常数项	3.29*** (0.48)	4.14*** (0.48)	4.90*** (0.48)	4.21*** (0.49)	4.74*** (0.50)	4.74*** (0.51)
样本数	288	288	288	288	288	288

注：***、**和*分别表示变量在1%、5%和10%的显著性水平下显著。

由表 2 - 14 可知，在模型（1）至模型（6）中，TECH 的系数符号均为负，说明在 1% 的显著性水平下显著，这意味着技术水平的提高对减少能源消耗作用显著，进而表明技术进步有助于优化资源节约型和环境友好型社会的发展。REGU × TECH 的系数符号为负，在 1% 的显著性水平下显著，这意味着在技术创新和环境规制双重作用下，能源消耗会产生明显的减排效应。OWNIP、EXP、PRORA 和 R&D 的系数符号为负，结果较为显著，这意味着所有制结构、出口密集度、利润率和研发密度都有助于降低能源消耗，推动技术创新环境的优化。FDI 的系数符号为正，这意味着外商直接投资可能会加剧社会环境的进一步污染，这就是说，外商直接投资是中国环境污染的一大来源。

接下来，本节使用动态面板系统广义矩估计方法（SYS - GMM）进行估算，其中，REGU、TECH、TECH × REGU 和 EI_{t-1} 设置为解释变量，估算结果如表 2 - 15 所示。

表 2 - 15 　　　　　　　　考虑内生性的估计结果

模型	全部行业	行业分类		官方分类	
	(1)	(2)	(3)	(4)	(5)
EI_{t-1}	3.61E - 11** (2.63)	6.53E - 11* (1.95)	- 1.23E - 10** (- 2.35)	1.34E - 11** (2.36)	- 5.81E - 10* (- 1.90)
EI_{t-2}	- 1.6E - 11*** (- 2.71)				
REGU	1.68E - 13** (2.18)	3.11E - 12** (2.20)	- 7.82E - 12* (- 1.88)	2.61E - 13** (2.55)	- 2.83E - 10 (- 1.70)
TECH	- 8.87E - 12** (- 2.11)	- 5.4E - 11* (- 1.81)	- 1.36E - 10* (- 2.01)	3.29E - 12 (0.55)	- 1.67E - 09 (- 1.65)
REGU × TECH	- 8.84E - 14** (- 1.96)	- 1.36E - 12** (- 2.14)	5.82E - 12* (1.88)	- 1.39E - 13** (- 2.32)	2.08E - 10 (1.70)
OWNIP	- 1.33E - 11** (- 2.32)	3.48E - 11 (0.92)	1.42E - 11 (0.28)	- 1.75E - 11** (- 2.59)	2.12E - 10 (0.45)
EXP	5.4E - 12** (2.31)	7.62E - 12 (0.57)	- 4.9E - 11 (- 1.02)	1.47E - 11** (2.74)	4.03E - 10 (1.46)

续表

模型	全部行业	行业分类		官方分类	
	(1)	(2)	(3)	(4)	(5)
PRORA	$-2.15E-11^*$	$6.02E-11$	$1.37E-10$	$1.88E-12$	$6.34E-09^*$
	(-1.7)	(0.93)	(1.42)	(0.3)	(2.04)
R&D	$-1.95E-10^{**}$	$1.14E-09$	$-7.78E-10$	$4.9E-11$	$1.64E-08^*$
	(-2.37)	(1.04)	(-0.88)	(0.52)	(1.93)
FDI	$2.44E-12^{**}$	$2.38E-12$	$-1.76E-11^{***}$	$-2.02E-13$	$2.55E-11$
	(2.39)	(0.37)	(-3.24)	(-0.38)	(0.29)
常数项	$1.82E-11^{**}$	$2.29E-11$	$1.97E-10^*$	$-1.33E-12$	$1.2E-09$
	(2.26)	(0.51)	(2.04)	(-0.16)	(1.29)
萨根检验	1.00	0.48	0.99	1.00	0.59
汉森检验	1.00	1.00	1.00	1.00	1.00
AR（2）检验	0.98	1.00	0.99	1.00	0.98
样本数	288	108	216	189	135

注：***、**和*分别表示变量在1%、5%和10%的显著性水平下显著，萨根检验、汉森检验和AR（2）检验对应的是p值。

由表2-15可知，模型（1）中AR（2）检验的p值为0.98，大于0.05，萨根和汉森检验均通过，结果意味着在模型（1）中不存在二阶自相关问题和过度识别问题。与基准模型类似，TECH系数的符号依然为负，并且较为显著，意味着技术创新能够节约能源，有利于环境的维护。此外，REGU与TECH的交叉系数符号也为负且通过了显著检验，这意味着在环境规制和技术创新的相互作用下，能源消耗强度会下降。这表明企业技术创新不仅有助于减少环境能耗，而且还有助于优化环境质量，进而带动企业整体水平的上升。

四　技术成果转化的主要障碍、破解与驱动

（一）技术成果转化存在的障碍

战略性新兴产业技术创新技术成果在转化过程中，一般会出现以下三个方面的障碍：

1. 技术成果转化各环节信息不对称

战略性新兴产业技术成果转化分别是从技术成果的研发到技术成果的小试，然后又到技术成果的中试，最后到技术成果的产业化，中间涉

及多个环节。此外，每个环节的政策导向与市场需求变化都与技术创新成果是否能够实现好转化息息相关。然而，事实表明，七大战略性新兴产业技术创新成果转化在不同环节均存在不同程度的信息不对称。

2. 科研评价体系不合理

鉴于目前中国的科研评价体系，科研人员进行技术创新往往是以发表论文数目以及期刊级别、专利申请以及专著出版数量、科研经费的申请数量等为衡量标准，然而，对战略性新兴产业技术创新成果是否真正实现转化重视不够，并忽视了技术创新成果带来的经济效益和社会效益。由于科研评价体系不合理，严重影响了战略性新兴产业技术创新成果转化。

3. 科技成果转化机制不完善

据统计，战略性新兴企业科技成果转化的资金主要来源是向金融机构贷款和自筹获取，金融机构贷款只占总量的30%，而企业自筹进行科技成果转化却达到总量的70%。一些科研机构进行技术创新所需资金主要来源是政府投入以及与其进行产学研合作的企业投入，总的占比达到一半以上。无论是战略性新兴企业进行技术创新成果转化还是科研院校进行技术创新成果转化，金融机构并没有真正地为技术创新成果转化提供金融支持。

（二）技术成果转化破解与驱动对策

为克服战略性新兴产业技术创新成果转化中存在的种种障碍，在此提出如下对策：

1. 鼓励技术创新成果信息全面公开

首先，对七大战略性新兴企业新增科技成果做好登记工作。凡是列入科技计划的项目，无论是国家级的还是省级的、市级的，在项目完成后做好成果登记工作，并鼓励其他单位在项目实施过程中寻找创新点进行申报。

其次，做好技术创新成果评价工作。应该积极组织有关专家对技术创新的先进性、可转化性进行合理的鉴定和评价，并做出战略性新兴企业技术创新成果转化评价报告，定期或不定期地向社会公开。

2. 积极拓宽技术成果资金融资渠道

目前，战略性新兴企业技术创新成果转化资金主要依靠企业自筹，在初期，企业需要花费大量资本进行技术创新，若继续通过自筹进行成果转化会使企业举步维艰，大大降低企业技术成果转化率。因此，需要各级政府加大资金融资渠道，确保战略性新兴企业有资金用于技术创新和技术成果转化，并建议设立技术成果转化专项基金，使战略性新兴企业能够顺利完成小试和中试，乃至实现技术创新成果转化的产业化。

3. 完善技术创新成果转化的激励政策

目前，股权激励成为战略性新兴企业技术创新成果转化最重要的激励政策，为避免科研人员重论文轻转化的现状，可实施技术入股来激励科研人员积极参与到技术创新成果转化进程中来。技术入股是指将技术创新成果换算为市场价值以获取企业股权，在以技术入股方式进行的技术转移中，战略性新兴企业以股权的形式支付技术的使用权而非现金，这有两点优势：一是企业在技术创新初期缺乏大量资金，技术通过入股的形式实现，可以有效地帮助企业对技术的使用；二是技术转化的股权是对未来价值的衡量，通过技术入股可以将企业与科研人员紧密地联系在一起，构建有效率的技术联盟，大大降低企业对未来的风险。

第三节　战略性新兴产业技术源引进方式与处理

在剖析战略性新兴产业技术创新基本特征和技术源培育路径基础上，本节将进一步开拓战略性新兴产业技术源引进方式，力图从外资引进对新兴技术的影响视角，以及以光伏产业为例总结技术引进对战略性新兴产业的深度影响。最终，通过新兴技术源的培育和引进多重耦合创新模式，推进战略性新兴产业技术创新取得重大突破。

一　外资引进的作用：市场能否换来技术

自20世纪80年代上海大众建立合资企业以来，"以市场换技术"政策开始流行，其初衷是通过开放国内市场吸引外商进行投资，从而获取国外先进技术，并通过消化吸收形成自主研发能力，最终提高国内企业的技术水平。但在今天大力提倡自主创新的大环境下，人们开始对"以市场换技术"提出了质疑：国内市场是出让了，但国外先进技术却没有走进国内；即使换来了技术，这些技术也都不是核心技术，而是一些二流技术；大规模地吸收外商直接投资在一定程度上侵蚀了国内企业的自主创新能力。那么现实到底是怎样的呢？"以市场换技术"政策已经过时了吗？外商投资带来的技术溢出与国内企业进行自主研发相比，哪一种途径更能提升中国国有企业的创新能力呢？

在此背景下，本节试图研究外商投资和自主研发投入等因素对创新能力的影响，尝试从实证角度给予分析，构建的模型为：

$$lpatent_{i,t} = \beta_0 + \beta_1 lfdi_{it} + \beta_2 lrdc_{i,t} + \beta_3 per_{i,t} + \beta_4 pgdp_{i,t} + dummy_i + \varepsilon_{i,t}$$

其中，$lpatent$ 表示企业自主创新能力，选用专利申请数作为衡量指标。$lfdi$ 表示外商直接投资，采用流量水平来测算外资水平。$lrdc$ 表示企业研发投入，采用永续盘存法对研发投入进行测算，即 $K_{it} = E_{it} + (1 - \delta_{it}) K_{i,t-1}$，$K_{it}$ 表示 i 省 t 时间的研发投入存量，E_{it} 表示 i 省 t 时间研发投入流量数据，δ_{it} 表示企业研发投入的经济折旧率，参照学者先前研究将 δ_{it} 设置为 15%。per 表示国内平均受教育水平，采用"小学比重 × 6 + 初中比重 × 9 + 高中比重 × 12 + 大专以上比重 × 16"来计算。$pdgp$ 表示人均国内生产总值，使用"生产总值/年底人口数量"来估算。$dummy$ 是虚拟变量，因为北京、上海和天津三个地区经济比较发达，对这三个地区虚拟变量赋值为 1，其他地区赋值为 0。$\varepsilon_{i,t}$ 为随机扰动项。年份选取是从 1998—2011 年，数据来自各地区的统计年鉴、《中国科技统计年鉴》《中国统计年鉴》《中国教育统计年鉴》和中经网统计数据库。对各变量进行描述性统计，具体结果如表 2 - 16 所示。

表 2 - 16　　　　　　　创新要素对创新能力的影响分析

符号	含义	样本量	均值	最大值	最小值	标准误
lfdi	实际利用外资额的对数	420	11.846	7.562	14.983	1.642
lrdc	研发投入存量的对数	420	13.946	17.342	9.840	1.592
lpatent	专利申请数的对数	420	8.571	12.761	4.820	1.488
per	6 岁以上居民平均受教育程度（年）	420	7.835	11.555	4.856	1.083
gdp	国内生产总值（亿元）	420	7548.123	53210.2	220.92	8165.995
p	年底总人口数（万人）	420	4286.417	10505	503	2597.8
dummy	虚拟变量					

接下来，运用软件 Eviews 对模型进行回归，结果如表 2 - 17 所示。

表 2 - 17　　　　　　　　　创新要素对创新能力的影响分析

lpatent	系数	p 值
lfdi	0.1493***	0.000
lrdc	0.5055***	0.000
per	0.0295	0.315
pgdp	0.1685***	0.000
dummy	-0.3600	0.107
常数项	-0.7492*	0.052

注：***、*分别表示变量在1%、10%的显著性水平下显著。

由表 2 - 17 可知，外商直接投资和研发投入的增加均会带动企业自主创新能力的提高，虽然外商直接投资弹性系数要小于研发投入系数，但是两者对企业自主创新能力的提高都起到了正向的促进作用。进而证明了"以市场换技术"并没有过时，依然对中国国有企业技术创新有积极的带动作用。同时意味着"以市场换技术"并没有违反政策的初衷，与经济发展是相符的。

二　光伏产业技术引进对战略性新兴产业技术创新的启示

光伏产业是可再生能源革命的代表性产业，也是战略性新兴产业的一部分，由光伏产业跌宕起伏的发展经验可知，若继续沿袭传统产业发展模式是无法实现经济在第三次工业革命时期对发达国家的经济追赶的。为了抓住第三次工业革命的发展机遇，中国的产业发展模式需要做出重大变革。光伏产业技术引进对战略性新兴产业发展的启示主要表现为以下四个方面。

（一）掌握产业发展核心技术，重视产业高端价值链

在第二次工业革命发展时期，中国依靠廉价的劳动力参与国际分工取得发展优势，迈入世界制造大国的行列，但是，从整体制造水平来看，一是技术含量不够高；二是中国产业处于制造业价值链的中低环节，生产与制造模式处于工业化的初、中期。然而，到了第三次工业革命发展时期，同样试图以"第一种机会窗口"来迎接挑战，这是行不通的。在第三次工业革命背景下，发达国家逐渐将先进制造环节转移到本土生产，中国如果继续依靠廉价劳动力进行发展将难以为继，以光伏产业中的无锡尚德企业为例，从2000年建立太阳能生产线到2005年纽交所上市，无

锡尚德获得较大的成功，成为光伏企业纷纷效仿的楷模，然而，2013 年 3 月宣布破产重整使其跌入谷底，这给人们敲响了警钟，掌握核心技术才是产业发展的关键，重视产业高端价值链，才能使产业发展具有可持续性。

（二）高度重视市场需求，试图抓住第三次工业革命发展机遇

通过对光伏产业案例研究发现，正是因为偏远地方电力难以输送，太阳能光伏产业为满足边远地区用电需求才能够借机发展起来，市场需求在产业发展中起到了至关重要的作用；中国光伏产业陷入困境，美国和欧盟的"双反"只是导火索，根本原因是国内市场需求没有启动。

第三次工业革命发展最突出的特点之一是个性化生产，研究消费者的个性化需求和对其进行定制化生产，成为第三次工业革命时期企业能够制胜的关键要素。伴随着现代制造技术的出现和发展，出现了柔性制造系统，依靠计算机辅助设计技术、模糊控制技术、人工智能专家系统及智能传感器技术等对产品功能和产能进行任意调整，加速了全球化个性化范式的形成，对市场的多样化需求能够做出快速反应，向客户提供个性化定制的产品。因此，在面对第三次工业革命时，要高度重视市场需求的力量，试图抓住第三次工业革命发展机遇。

（三）正确定位政府在第三次工业革命发展中的角色和地位，能够积极推动产业可持续发展

通过对无锡尚德、江西赛维等光伏企业的发展研究可知，地方政府通过实施干预，对光伏企业的发展壮大起到了关键性的作用，但也正是因为政府的过度干预，忽视了市场的力量，使其失去国际竞争力，造成了近几年光伏产能的严重过剩。龙头企业无锡尚德于 2013 年宣布破产就是一个活脱脱的例子。这给政府敲响了警钟，盲目干预和过度参与只会带动企业一时的发展，但是，要想取得发展的可持续性，政府要正视自己的角色，要从国家层面提供战略支持，为产业发展提供良好的发展环境，能够正确地助推第三次工业革命的发展。

第一，政府可以改变以往培育龙头企业的思路，转向以培育高端产业链为主，因为产业链包括多个环节，从原材料、技术研发、加工设备、生产制造、管理营销到后期服务等涉及多个企业，单纯依靠政府的力量是无法完成的，这需要发挥市场的作用，构造出一个完整的产业链。借助市场的力量，它不会因为某个龙头企业的破产而造成断链。

　　第二，政府联合企业、科研单位等打造高水平的科技平台，同时向海内外引进高端技术人才，但是，政府不要充当参与者的角色，让企业借助市场的力量实现优胜劣汰，中国产业才能应对第三次工业革命的挑战。

第三章　战略性新兴产业技术创新
融资约束与政府作用

企业在参与技术创新过程中，最为关注的事情之一就是如何获取创新资金，这是关乎创新企业生存和发展的重要因素。然而，企业在创新过程中，由于内在的高风险和收益不确定性特征，与信息不对称、代理问题等众多因素的存在，使企业研发投资进行外部融资的成本高于内部资本的成本，即产生融资约束问题。这导致了企业研发得不到有效的资金支持，是造成企业研发积极性受挫的主要原因之一。而政府在缓解企业的技术创新融资约束困境问题上大有可为。一方面可以直接缓解企业融资困境，诱导企业产生额外行为加大研发投入；另一方面可以通过提供企业研发创新信号吸引外部投资，间接地帮助企业解决该问题。本章正是从这一点出发，实证分析战略性新兴产业技术创新政府资金在具体投向、对象选择与期限选择等方面如何采取恰当有效的策略，并对目前资金使用过程中暴露出来的问题进行剖析，提出相应的规制防范手段。

第一节　战略性新兴产业技术创新
融资中的政府作用

在政策制定者推出影响企业决策的产业政策之前，首先面临的是规范性问题：为什么政府要介入企业的选择？传统观点认为，纯市场由于研发的内在特征对于激励创新是无效率的，因此，政府干预非常有必要。尽管政府干预是被接受的，但是，政府补贴具体可以起到哪些正面效应需要系统梳理，这种考察和探究也是厘清政府职能定位的必要前提。在大量前人文献的基础上，下文主要分析企业遭遇技术创新融资困境的原因以及政府是如何发挥作用的。

一　战略性新兴产业技术创新融资约束困境

信息不对称是造成融资约束的主要原因。研发项目风险性高，经营者为避免研发项目泄露给竞争者往往不愿意披露研发的具体内容和目标等信息，外部投资者对研发项目成功的概率比经营者拥有的信息少，容易造成逆向选择。股东和经营者之间存在代理成本也是融资约束的原因之一。风险规避的经营者倾向于投资对自身利益最大化的项目，而较少对研发进行投资。同时，监督难度大，道德风险问题难以避免。相关文献中融资约束对于企业研发投入的作用还未达成共识，实证研究的结论常常因国家而异。比如，西塞拉和拉韦特（Cincera and Ravet, 2010）探讨了 2000—2007 年欧盟和美国大型制造企业研发投资融资约束的存在性和重要性。误差修正模型估计出来的结果表明，现金流变化对研发投资的敏感性对于欧盟企业很显著，而美国国有企业则没有显现出融资约束。国内学者康志勇（2013）、唐清泉、肖海莲（2012）等也就融资约束对于企业研发投资是否具有抑制效应进行了研究，认为融资约束阻碍了企业的研发投资，尤其是对于战略性新兴产业发展意义重大的突变式创新而言。

目前，企业研发投资主要来自内部资本。不少研究指出，企业研发投资的优先顺序是从内源融资到外源融资，内源融资主要依靠企业自身利润的积累及企业所有者实收资本的增加（Himmelberg and Petersen, 1994）。尤其是对于战略性新兴产业中初创企业而言，面临着比大企业更强的融资约束，内源融资是企业进行研发投资的主要途径（Hall, 2002）。卡彭特和彼得森（Carpenter and Petersen, 2002）采用 1981—1998 年美国 2400 家高科技上市公司的数据进行了实证检验，结果表明，高新技术产业由于存在融资约束，可能会导致投资不足。卡内帕和斯通曼（Canepa and Stoneman, 2008）利用英国的数据也有类似的发现。内源融资是企业研发投资的主要来源，并不说明外部融资不重要，这是面对目前现状的一个无奈的选择。研发作为无形资产投资，通常不受投资者青睐，因为不能像资本货物那样提供融资抵押品，即便是外部投资者通常也无法对其价值做出准确的评估（Himmelberg and Petersen, 1994），一旦发生破产清算，无形资产价值不高（Segarra et al., 2013）。企业研发的外部融资环境不乐观。信息不对称及其造成的逆向选择和道德风险问题或许可以解释外部资本为什么不愿意流向企业的研发项目，众多研究均从这一角度展开（Stiglitz and Weiss，1981）。与一般投资不同，研发项目存在高额的前期投入和沉没成本。仅以人力成本为例，高度专业化的研发人员薪资水平比一般员工要高很多。这对于企业，尤其是研发密集型的战略性新兴产业企业而言，企业内部资本往往无法支付研发创新早期巨额的投入，使企业不得不放弃一些研发项目，导致企业的研发投入不足。因此，即便收益不确定性和道德风险等问题降低了外源融资对于研发投资的积极性，但外源融资对于企业的研发投资却越来越重要。帮助创新企业获取外源融资可以激发更多的研发创新活动，促进企业新产品的开发和新技术的应用，促进转型国家更快地追赶发达国家。

二　技术创新补贴缓解融资约束的双重效应

政府补贴可以直接缓解资本市场不完善带来的融资约束，Hyytinen 和 AToivanen（2005）检验了政府补贴对于芬兰中小企业的影响，认为在资本市场不完善的情形下，政府补贴可以不成比例地激励那些依赖外源融资的企业进行创新活动和发展。这是政府补贴直接缓解融资约束的实例。图 3-1 直观地阐释了不完美资本条件下政府补贴的直接作用。纵轴表示资本成本和投资收益率，横轴表示企业的研发投入。在完美资本市场条件下，企业面临的资本边际成本是 MCC_perfect，这是一条平行于横轴的直线，不存在内源融资与外源融资的差异，两者可以完全替代，即不存在融资约束（Modigliani and Miller，1958）。但是，由于前文所述的信息不对称、逆向选择等问题造成了融资约束，企业使用外部资金的边际成本向上倾斜，如 MCC_imperfect 所示。MR 表示企业研发投入的边际收益，这是一条向下倾斜的曲线，因为随着企业研发投入的增加，投资的边际收益递减。如果在完美市场条件下，企业的最优选择位于 D 点；在不完美资本市场条件下，企业的最优选择位于 B 点。可以很容易地理解，由于资本市场不完善，存在融资约束，导致了企业的研发投资不足。政府补贴直接降低了企业外部融资的边际成本，促使边际成本曲线向右侧移动至 MCC_subsidy，此时，企业的均衡点位于 C 点，不完美市场中融资约束造成的问题得到缓解。当然，政府补贴对于仅仅依靠内源融资的企业来说没有影响，如图中 A 点所示。因此，政府补贴重点对象是需要外源融资的企业，将政府补贴发放给仅靠内源融资就可满足的企业意义不大。

政府补贴缓解融资约束的间接机制也比较有效，政府补贴在帮助企业获取外部融资方面具有很强的信号作用（Kleer，2010；高艳慧等，2012），

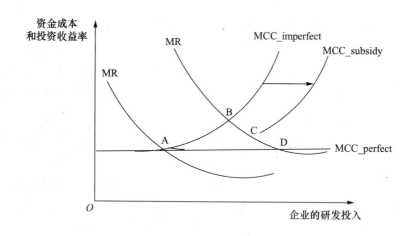

图 3 - 1　不完美资本市场条件下政府补贴的直接作用

资料来源：根据 Hyytinen 和 AToivanen（2005）修改。

主要通过两个层面来发挥作用：一是向外界释放企业在相关研发处于领先地位的信号，因为企业能够获得政府补贴表明通过了政府组织相关领域专家对其进行的评估和审核；二是向外界释放企业与政府拥有良好的关系，这会对企业获得银行的信贷支持有很大的促进效应。中国正处于发展转型期，各种非市场的影响因素和政府关系在各方面表现得更为复杂。政府对于国有银行的信贷资源配置有一定的影响力，释放出与政府关系良好信号的企业常常意味着偿债能力有所保障。张杰等（2012）以获得政府补贴作为企业有政治关联的划分方式，发现获得过政府补贴的民营企业可以将银行贷款作为研发投入的资金来源，而其余民营企业则无法做到。另外，政府补贴可以部分满足企业研发创新项目前期运行启动需要的资金，增加了企业自身和外部投资者的信心。相较于股权融资和债权融资这两种外源融资及其他内源融资，政府补贴可以激励上市公司通过债权融资提高公司的创新投资，是提高中国上市公司创新投资效果最显著的手段。

三　产业政策熨平创新投入波动的平滑效应

持续时间长、沉没成本大是技术创新，尤其是突破性技术创新的基本特征。创新成果的取得不是一蹴而就的，需要长期的不断试错、积累经验和改进，创新投入持续地进行才能保证企业的创新活力。这意味着企业应该对创新活动进行长期规划，平滑技术创新波动，确保创新活动资金支持的延续性,从而促进创新活动的顺利进行。否则,创新活动可能会因为资金链的断裂而中止,使创新活动面临较大的风险。在实践中,企业大量技术创新活动中途被搁置、半途而废的情况较为普遍,原因有两个方面:一是技术上遇到难以攻克的"瓶颈";二是企业的创新资金难以维持。在政策层面,财政部于 2007 年下发了《关于企业加强研发费用财务管理的若干意见》(财企〔2007〕194 号),明确指出,企业可以根据研发计划及资金需求建立研发准备金制度以确保研发资金的需要。然而,在实践中,这项意见并不具备强制性,从而在执行上存在着很大的不足,对企业也没有起到该有的警示作用,企业的创新活动依旧面临着很大的波动风险。如何合理、有效地规避由于创新投入波动带来的风险成为值得关注的问题。肖兴志、王海(2015)研究发现,当企业受到产业政策支持时,有利于企业融资熨平创新投入波动。具体检验方法如下:首先检验了内部现金流、股权融资和债务融资三种渠道对于企业保障其创新活动平稳持续的作用。采用以下模型做出测量:

$$\Delta innovation_{it} = \beta_+ + \beta_1 \Delta innovation_{i,t-1} + \beta_2 \Delta innovation_{i,t-1}^2 + \beta_3 cash_{i,t} + \beta_4 pdebt_{i,t-1} + \beta_5 pstock_{i,t-1} + \beta_6 size_{i,t} + \varepsilon_{i,t}$$

其中,$\Delta innovation_{i,t-1}^2$ 表示企业综合创新波动的平方项,$cash$、$pdebt$、$pastock$ 分别表示内部现金流、债务融资以及股权融资。$size$ 表示企业规模,用企业年末总资产的对数来衡量。β、β_1、β_2、β_3、β_4、β_5、β 为系数。$\varepsilon_{i,t}$ 为随机扰动项。实证结果如表 3 – 1 所示。

表 3 –1　　　　　　　　融资渠道对综合创新的平滑性影响

	随机效应	固定效应
创新波动滞后项	– 0.1604 ***	– 0.1849 ***
	(0.000)	(0.000)
创新波动 滞后项平方	– 4.73e – 09 ***	– 5.39e – 09 ***
	(0.000)	(0.000)
人均债务融资 滞后项	0.0001	0.0020
	(0.907)	(0.119)
人均股权融资 滞后项	– 0.0096 ***	– 0.0157 ***
	(0.000)	(0.000)

续表

	随机效应	固定效应
企业现金流	0.0087 ***	0.0073 **
	(0.004)	(0.039)
企业规模	−7186.99 *	15544.96
	(0.063)	(0.225)
常数项	181000.5 *	−306280.7
	(0.077)	(0.274)

注：*、**和***分别表示在10%、**、5%和***1%的显著性水平下显著，括号内为相应p值（本节下同）。

实证结果表明，现金流并未起到平滑企业综合创新的作用，而股权融资却很好地减缓了企业的创新波动，债务融资的影响作用未定。一次项和二次项系数都显著为负，表明创新活动具有连贯性强的特点。

随后，通过在模型中加入企业现金流与企业产权性质的交叉项，企业现金流与产业政策的交叉项以及企业性质、产业政策和企业现金流三者的交叉项进一步分析了产业政策、企业产权性质等因素对现金流平滑作用发挥的影响。回归结果如表3-2所示，从中进一步验证了前面关于三种融资渠道平滑作用的差异性。对新加入的交叉项来说，企业内部现金流与企业产权性质系数并不显著，而企业内部现金流与政策支持交叉项的系数显著为负。由此可以推断出新的观点，当企业受到明显产业政策支持时，其现金流在缓解综合创新波动时卓有成效，这种缓解作用与其产权性质无关，也就是说，国有企业性质并未影响现金流的平滑效应，但产业政策支持却可以熨平企业创新资金投入的波动性。通过对股权融资的进一步细化验证，也可以发现产业政策支持的平滑效应显著。

表3-2 国有企业身份、政策支持及企业现金平滑作用

	固定效应			系统 GMM 估计结果		
创新波动滞后项	−0.1849 ***	−0.1832 ***	−0.1848 ***	−0.0503	−0.0498	−0.0504
	(0.000)	(0.000)	(0.000)	(0.232)	(0.237)	(0.232)
创新波动滞后项平方	−5.39e−09 ***	−5.35e−09 ***	−5.39e−09 ***			
	(0.000)	(0.000)	(0.000)			

续表

	固定效应			系统 GMM 估计结果		
人均债务融资滞后项	0.0020	0.0016	0.0019	-0.0043	-0.0046	-0.0042
	(0.116)	(0.207)	(0.148)	(0.398)	(0.366)	(0.418)
人均股权融资滞后项	-0.0157***	-0.0161***	-0.0156***	-0.0169***	-0.0171***	-0.0168***
	(0.000)	(0.000)	(0.000)	(0.008)	(0.007)	(0.009)
企业内部现金流	0.0054	0.0500***	0.0121***	-0.0016	0.0454*	0.0057
	(0.210)	(0.000)	(0.002)	(0.888)	(0.075)	(0.704)
企业规模	15881.81	13598.36	15121.16			
	(0.216)	(0.288)	(0.238)			
托宾 Q				127.39***	128.67***	125.83***
				(0.001)	(0.001)	(0.001)
企业内部现金流×企业产权性质	0.0056			0.0149		
	(0.440)			(0.599)		
企业内部现金流×政策支持		-0.0536***			-0.0530**	
		(0.000)			(0.044)	
企业内部现金流×企业产权性质×政策支持			-0.0212***			-0.014
			(0.009)			(0.627)
常数项	-313803.4	-262788.6	-296614.6	37681.04***	38684.93***	38000.12***
	(0.197)	(0.263)	(0.218)	(0.000)	(0.000)	(0.000)
AR (2)				-0.94	-0.92	-0.93
				(0.345)	(0.356)	(0.352)
汉森检验				21.58	21.50	21.29
				(0.306)	(0.310)	(0.321)

注：*、**和***分别表示在10%、5%和1%的显著性水平下显著。

为什么产业政策支持能够很好地平滑企业创新进程呢？我们认为，可能主要是由以下原因造成的："十一五"规划和"十二五"规划以及战略性新兴产业发展规划等选取的行业具备一定的特殊性。这些重大的技术突破在资金方面难以单独由个别企业自己来支撑完成，而国家政策支持集聚了各方面的资金资源。这就预示着对于中国的创新持续稳定发展而言，政策支持很有必要，从而为中国政策制定导向提出建议，在创新发展裹足不前的产业或者行业中，国家应当出台政策来对其加以扶持，从根本上确保其综合创新能力平稳发展。

第二节　战略性新兴产业技术创新政府资金投向与期限选择策略

一　技术创新基金投向：传统转型企业还是新生企业？

战略性新兴产业的重大技术突破离不开政府资金的引导和推动，尤其是在发展初期，政府创新支持资金的具体投向以及投资方式的选择就显得尤为重要。自熊彼特提出创新理论以来，企业特征对创新的影响一直是理论和经验研究者重点关注的热点问题，如企业规模的大小、进入的先后、垄断者还是竞争者、国有企业还是民营企业等。

本节重点关注进入战略性新兴产业的有技术基础企业与无技术基础企业之间对政策激励的反应差异，从而确定技术创新基金的投向。在研究之初，需要识别出两类企业的特征。将进入战略性新兴产业的企业分为两类：传统转型企业和新生企业。两者的区别在于在进入战略性新兴产业之前是否具有相关技术基础。前者是指在进入战略性新兴产业之前从事相关传统产业的企业，其生产的传统产品与战略性新兴产品在同一市场销售存在替代关系，比如，一家原来从事汽车生产的企业进入了新能源汽车领域，一家原来从事传统材料生产的企业进入了相关的新材料领域；后者包含两类企业：一类是在成立时就进入战略性新兴产业的企业，另一类企业本身是传统企业，但其在进入战略性新兴产业之前从事的是完全不相关的领域，即该传统企业生产的传统产品与其生产的战略性新兴产品在同一市场销售不存在替代关系。如一家从事房地产的企业进入了新能源领域，或是新成立的一家新材料企业，这些企业则属于新生企业。随后需要考虑的问题是，这两种类型的企业各自的创新特征是否存在差异，政府创新基金政策与这两种类型企业创新特点存在怎样的关系，政府创新基金对这两种类型企业的创新支持是否需要差别对待，并以何种支持方式引导其技术创新，对于这一问题的讨论可以从两部分展开：

首先，借鉴内特（Nett，1994），肖兴志、姜晓婧（2013）建立的传统转型企业与新生企业两阶段研发竞争模型，结果显示，两种类型企业的研发积极性取决于研发投入效率、传统产品与新兴产品之间的替代弹性和边际成本三个因素。

其次，采用分组回归的方法，检验两种类型企业研发创新的特征差异，并运用 Bootstrap 组间差异检验方法，检验差异的显著性。采用的实证检验模型为：

$$RDint_{it} = \alpha + \beta_1 Time_{it} + \beta_2 \ln size_{it} + \beta_3 (\ln size_{it}) + \beta_4 LEVE_{it} + \beta_5 ROA_{it} + \beta_6 LDR_{it} + \beta_7 LAZ_{it} + \varepsilon_{it}$$

其中，$RDint$ 表示研发支出与销售收入的比值；$Time$ 表示进入时机，以企业生产出战略性新兴产品的时间点为进入时间。然后将这个时间点与每个年份变量的差值作为进入时机变量的数值，例如，一个企业进入时间为 2004 年，那么对应 2006 年的进入时机变量的数值为 3，对应 2007 年的进入时机变量则为 4，以此类推，一直到 2011 年的进入时机变量为 8。$\ln size$ 表示以公司年末营业收入的对数衡量的企业规模。$LEVE$ 表示资产负债率。ROA 表示企业的资产报酬率。LAZ 表示流动资产周转率。LDR 表示流动比率。

表 3 - 3　　　　　　　　　　　主要变量回归结果

解释变量	(1)	(2)	(3)	(4)	(5)	(6)
	全样本		传统转型企业		新生企业	
time	0.0020 ***	0.0021 ***	0.0013 **	0.0015 **	0.0048 ***	0.0048 ***
	（-4.03）	（-4.22）	（-2.28）	（-2.51）	（-4.39）	（-4.33）
lnsize	-0.0072 ***	-0.0472 ***	-0.0046 **	-0.0503 ***	-0.0157 ***	-0.0109
	（-4.33）	（-2.75）	（-2.27）	（-2.69）	（-5.25）	（-0.21）
$lnsize^2$		0.0009 **		0.0011 **		-0.0001
		（-2.34）		（-2.46）		（-0.09）
LEVE	0.0122 *	0.0097	0.0126 *	0.0096	0.0135	0.0133
	（-1.92）	（-1.53）	（-1.8）	（-1.36）	（-0.85）	（-0.83）

续表

解释变量	(1)	(2)	(3)	(4)	(5)	(6)
	全样本		传统转型企业		新生企业	
ROA	-0.0021	-0.006	-0.0073	-0.0146	0.0074	0.0073
	(-0.24)	(-0.68)	(-0.62)	(-1.21)	(-0.59)	(-0.57)
LDR	0.0016***	0.0014**	0.0019***	0.0018***	-0.0018	-0.0017
	(-2.69)	(-2.4)	(-2.97)	(-2.68)	(-1.23)	(-1.18)
LAZ	-0.0017	-0.0015	-0.0014	-0.001	0.0002	0.0002
	(-1.29)	(-1.13)	(-0.91)	(-0.69)	(-0.06)	(-0.07)
样本数	618	618	510	510	108	108
F值	21.55***	21.29***	20.24***	19.77***	25.18***	24.41***

注：***、**和*分别表示在1%、5%和10%的显著性水平下显著，括号中为t值，所有模型均为固定效应模型。

　　结果见表3-3，从中可以发现，企业进入时机、企业规模对这两种类型企业都有显著影响。而从两种类型企业的分组回归系数的差异显著性的角度看，只有企业进入时机体现出了两者具有显著差异，并且企业进入时机对于新生企业具有更强的研发激励效应。这从直觉上也比较好理解，新生企业没有资源基础，战略性新兴产业不论在生产上还是销售上均没有相关经验，唯一可以依托的是新技术，因此，只有比同时点进入的企业在技术上投入更多，才能获得立足之地。

　　该研究对国家创新基金的投向有借鉴意义：对战略性新兴产业的资金扶持进行细分，不能实施"一刀切"的政策。对于那些高度依赖原有技术积累、容易在技术融合上有发展的产业而言，由于传统转型企业进入时机对创新激励不足，而新生企业又无力承担创新重任，从效率角度讲政府创新基金应该在传统转型企业有所倾斜，比如，对于高端装备制造业就可以通过制定加速折旧或补贴等政策推动其技术升级和改造；而对于那些对原有技术依赖度低、容易实现突破式技术创新的产业而言，颠覆式的革新往往是产业发展的基本路径，新生企业活力强，面临的资金约束大，政府创新基金投向应在新生企业上有所侧重，比如，新一代信息技术就体现出了技术跨越式发展的特点。因此，政府不仅要在资金投向上有的放矢，还需要通过消除进入壁垒等多种方式鼓励创建更多的新生企业，形成集群，从而激发创新活力。

二　技术创新补贴对象选择：大企业还是中小企业？

企业禀赋特点中比较容易观察的是企业规模。根据规模进行政府补贴在实施层面比较容易操作。正如周黎安、罗凯（2005）所言，中国政府有着深厚的大企业情结。韩国的三星、现代，日本的三菱株式会社等大企业集团在韩国和日本的经济中占据重要地位，甚至成为其国际形象的代表。中国政府借鉴这两个亚洲邻国的发展经验，也着力于打造大型企业集团。那么，政府在选择补贴对象时是否对于规模大的企业具有特别偏好呢？

不少学者对这个问题做出了回答。白俊红（2011）从行业之间差异视角考察了企业知识存量水平与规模等维度对于获取政府补贴的影响，从描述统计数据来看，这两个维度按照排序分别划分为大、小两个组别，发现它们的正向变化有利于企业获取更多政府补贴，即这两个方面越大，越容易获得政府补贴。仅以企业规模为例，大企业获得了整个行业超过七成的政府补贴，小企业获得的补贴不足三成。这说明政府补贴对象选择偏爱大企业。

下面进一步检验企业规模是否影响政府补贴的激励效果。汉森（1999）建立的面板门槛回归模型为我们的检验提供了可行方案。该方法的优点是：以严格的统计推断方法对门槛值进行估计和检验，自动识别门槛值，而不是像传统做法那样主观确定门槛值将样本分成若干份，既不对门槛值进行参数估计，也不对其显著性进行统计检验（陈强，2014）。为了规避和修正人为划分企业规模带来的偏误，这里将企业规模设为门槛变量，模型设定如下：

$$Innov_{it} = \beta_0 + \beta_1 control_{it} + \beta_2 gov_{it} I(sales < r) + \beta_3 gov_{it} I(sales \geq r) + \varepsilon_{it}$$

当然，以上只是假设存在一个门槛的情况，如果存在两个门槛的话，模型设定如下：

$$Innov_{it} = \beta_0 + \beta_1 control_{it} + \beta_2 gov_{it} I(sales \leq r_1) + \beta_2 gov_{it} I(r_1 < sales \leq r_2) + \beta_4 gov_{itl}(sales > r_2) + \varepsilon_{it}$$

其中，$I(-)$ 为示性函数，即如果括号内表达式为真，返回值为 1；反之，返回值为 0。$control_{it}$ 为控制变量，ε_{it} 为随机扰动项。多个门槛的情况以此类推，比较容易扩展。

为了确定估计所使用模型的形式，实证检验首先需要做的是判断出门槛个数，并估计出门槛值。依次对不存在门槛、存在一个门槛和存在两个门槛情形下对模型进行估计，根据估计的 F 统计量和采用 Bootstrp 得出的 P 值，发现单一门槛和双重门槛效果都非常显著，虽然三重门槛 F 值检验效果显著，P 值为 0.030。但是，依据门槛估计值和 95% 的置信区间，发现符合条件 7.650 < sales < 10.229 的样本仅有 111 个，样本量过少，因此，本节基于双重门槛模型进行分析。根据这两个门槛值可以将上市公司分为小微型企业（sales ≤ 2.390）、中型企业（2.390 < sales ≤ 10.229）和大型企业（10.229 < sales）三种类型。

　　本节分析的重点是政府补贴对于企业创新投入的影响。表 3 - 4 给出了门槛回归估计结果。从中可以看出，政府补贴对于促进企业增加研发投入是有正向效果的。并且细分来看，相较于中型企业，小微型企业的政府补贴效果更好，而大型企业政府补贴效果有所削减。这与拉克（Lach，2002）利用以色列的数据得出的结论相一致。这就证实了前面的假设，即企业规模抑制了企业的补贴效果，企业规模越大，政府补贴的激励作用越小。这也为政府为小微型企业提供大力度的扶持增加了实证支持。实际上，欧盟对于促进技术创新的政策工具是区分企业规模实施的，在政策设计时就明确了鼓励中小型企业参与研发创新的宗旨（Arqué – Castells，2013），允许其成员国对中小型企业提供比大型企业更多的补贴（Takalo et al.，2013）。另外，发现资产盈利率 roa 与企业研发投入负相关，表明企业在当期运营状况的不好的情形下，创新积极性会提高，在困境中寻找变革是企业生存的常态。

表 3 - 4　　　　　　　　　　模型参数估计结果

	固定效应（常规标准误）	固定效应（稳健性标准误）
roa	− 0.0560 ***	− 0.0560 ***
	（− 4.35）	（− 1.92）
zf	− 0.0000858	− 0.0000858
	（− 0.96）	（− 0.96）
ld	0.0417	0.0417
	（1.31）	（1.00）
hhi	− 0.00027 **	− 0.00027
	（− 2.40）	（− 1.04）

续表

	固定效应（常规标准误）	固定效应（稳健性标准误）
I（sales < 2.390）× subsidy	0.0213 ***	0.0213 ***
	(5.56)	(2.37)
subsidy	0.00412 ***	0.00412 ***
	(3.36)	(2.21)
I（sales > 10.229）× subsidy	− 0.00395 ***	− 0.00395 ***
	(− 3.16)	(− 2.12)
常数项	6.093 ***	6.093 ***
	(11.88)	(7.46)
R^2	0.0705	0.0705
$R^2\_$ w	0.0705	0.0705
样本数	1524	1524
F	13.69	3.704

注：***、**、*分别表示在1%、5%、10%的显著性水平下显著，括号内为 t 值。

三　技术创新补贴期限选择：临时还是持续？

在不同的约束条件下，政府补贴对企业技术创新的激励效果呈现出较大差异，比如企业自身技术水平、补贴时长、沉没成本多少都会影响政府补贴的政策效果。曹建海、邓菁（2014）在企业存在不同研发性沉没成本的前提下建立了研发模型，重点分析了临时性政府补贴和持续性政府补贴的政策效果差异。该文认为，临时性补贴政策比持续性补贴政策的激励效果好。原因有两个：一是临时性政府补贴因为存在时间限制，造成了在位企业尽快研发创新以尽快享有政府补贴的"紧迫感"，激发了在位企业研发的积极性；二是对于进入成本较高的行业来讲，存在临时性政府补贴阻碍了部分技术水平较低的潜在进入者，使行业保留了较高比例的高技术水平企业。与此同时，如果企业进入成本较低且研发性沉没成本较高，会使部分技术水平较低的企业放弃创新，选择退出。企业的利润仅取决于研发性沉没成本，从而导致政府补贴的激励作用失效。

曹建海、邓菁（2014）对以上数理模型得出的结论进行了实证检验。使用无形资产占总资产比重区别研发性沉没成本高低，以此刻画企业的异质性。

$$patent_{it} = \alpha + \beta_1 SUDY_{it} + \beta_2 RD_{it} + \beta_3 EMPL_{it} + \beta_4 EXPT_{it} + \beta_5 LEV_{it} +$$

$$\beta_6 LDBL_{it} + \beta_7 SALE_{it} + \beta_8 state_i + \mu_{it}$$

其中，$SUDY_{it}$、RD_{it}、$EMPL_{it}$、$SALE_{it}$ 分别代表政府补贴金额、企业研发投入、企业员工数量和净销售额的对数值。$EXPT_{it}$ 代表企业的年度出口占销售收入比重。LEV_{it} 代表企业的资本结构，计算方法是用总负债除以总资产。$LDBL_{it}$ 代表企业流动比率，是流动资产对流动负债之比，用来衡量企业流动资产在短期债务到期以前可以变为现金用于偿还负债的能力。比率越高说明企业资产的变现能力越强，短期偿债能力也越强；反之则越弱。$state_i$ 代表企业的所有制性质，1 为国有企业，0 为非国有企业。

实证结果如表 3 - 5 所示，结果表明，临时性政府补贴由于控制了新进入企业的数量，因此，对在位企业的研发活动存在激励效果。这说明中国战略性新兴产业的补贴政策确实起到了促进企业创新，提升行业科技水平的作用。并且进一步检验补贴的异质性影响，发现对研发性沉没成本低的企业而言，政府补贴的激励作用十分显著，但是，政府补贴对研发性沉没成本高的企业并没有发现显著的激励作用。采用面板门槛模型得出的结果和平均分组的实证结果相一致。

表 3 - 5　　　　　　　　　　企业专利申请量的影响因素

	全样本	研发性沉没成本低	研发性沉没成本高		全样本	研发性沉没成本低	研发性沉没成本高
SUDY_s	0. 207 *	0. 831 ***	0. 0395	SALE	-0. 0118 ***	-0. 0143 **	-0. 0183 **
	(1. 84)	(3. 09)	(0. 17)		(-3. 90)	(-2. 49)	(-2. 53)
RD_s	0. 0535 ***	0. 258 ***	0. 0567 **	LEV	-1. 568 ***	-1. 940 ***	-1. 679 ***
	(2. 77)	(3. 48)	(2. 00)		(-5. 47)	(-4. 32)	(-2. 73)
EMPL_s	0. 293 ***	-1. 169 **	0. 329 **	state	-0. 183	-0. 468 *	-0. 547 *
	(3. 07)	(-2. 16)	(2. 43)		(-1. 28)	(-1. 88)	(-1. 91)
EXPT	0. 0245	0. 445	-0. 382	常数项	0. 826 ***	0. 761 ***	1. 063 ***
	(0. 10)	(1. 07)	(-0. 77)		(4. 70)	(2. 70)	(2. 95)
LDBL	0. 0186 **	0. 0173	-0. 00615	P		0. 04	
	(1. 98)	(1. 55)	(-0. 21)				

注：回归方法为随机效应回归；括号中是回归系数标准差；*** 、** 和 * 分别表示1%、5%、10%的显著性水平下显著。

第三节　战略性新兴产业技术创新政府资金使用不规范问题破解

作为国家产业扶持政策，为了促进国内企业自主创新和升级，政府对战略性新兴产业的补贴有其合理性。世界上很多国家都利用政府补贴政策来引导产业发展，比如日本，其战后实体经济的快速腾飞，政府补贴起到了重要作用；再如欧盟及其成员国，其对新能源产业的补贴政策帮助不少欧洲企业成为该行业的佼佼者。政府补贴应该用于促进技改扩能、研发创新、转型升级，市场开拓、品牌建设等"刀刃"上。这些方面的用途是政府补贴使用合理性的来源。然而却存在着众多政府补贴使用不规范的问题，同时也引发了"寻租"腐败等一系列问题。本部分正是从现象入手，深入挖掘现象背后的动机，揭示问题存在的根源，为发挥政府补贴良好效果提出相应的防范策略。

一　技术创新补贴滥用现象、动机与防范

(一) 政府补贴滥用现象

在引起广泛关注的关于政府补贴问题的讨论中，政府补贴的动机却饱受质疑。诸多媒体报道中，政府补贴已经成为粉饰上市公司业绩的重要手段（李扬帆，2013）。一些地方政府为了避免本地上市公司出现亏损不惜一再动用补贴手段，如2012年12月7日，山西省财政厅给予漳泽电力一次性贷款贴息5000万元助其弥补亏损；2012年12月25日，又给予其4000万元财政贴息，作为银行贷款利息补贴（李香才，2012）。究其原因，地方政府利益目标的实现依赖于企业，加上部分上市公司确实是地方龙头企业，具有技术、产业创新和发展的领先优势，因此使地方政府萌生了保护本地企业的倾向。地方政绩思维促使政府协助上市公司"保壳"与扮靓业绩（黄锐，2012）。而对于连年亏损的公司，政府补贴往往能起到扭转乾坤的作用（齐雁冰，2013）。部分政府补贴未用在"刀刃"上，反而成为一些公司扭亏的"灵丹妙药"，但这种补助并不能从根本上解决上市公司运营不良的问题。与这种行为相对应的是，一些企业陷入了越补越亏、越亏越补的怪圈。蝉联A股"亏损王"的中国远洋，2011年亏损104亿元，获得补贴9亿元；2012年再亏95亿元，获得补贴

3 亿元；2013 年上半年亏损近 10 亿元，获得补贴 1.8 亿元。一些企业尽管亏损巨大却仍能获取补贴，比如号称"靠政府哺养的不死鸟"的京东方，自上市以来在大量融资近 300 亿元、净利润不断亏损累计近 80 亿元的情形下却依然获得了超过 16 亿元的政府补贴。这些现象反映出作为产业政策的重要手段，政府补贴在执行中出现了问题。由于在选择补贴对象和补贴程度方面具有自由支配权，政府存在有意识地利用补贴协助企业扭亏或阻止业绩下滑的可能性。若本应用于促进企业创新的政府补贴挪用于协助亏损企业来粉饰业绩，这是一种政策扭曲的现象，会阻碍资源的合理配置。公共舆论的高度关注促使我们思考，政府补贴是否存在被扭曲的现象？是用来促进创新还是协助企业粉饰业绩？政府补贴是否用在了"刀刃"上？

（二）政府补贴滥用的动机分析

政府补贴具有粉饰企业业绩的作用，但是，它不同于资产减值准备等其他盈余管理手段基本可以由企业自主决定，政府补贴的发放是由国家或地方各级政府决定的，通过政府补贴来调节利润的难度大大高于以前年度减值准备的冲回。那么地方政府在选择补贴对象时，是否有意识地协助企业来满足上市公司的盈余管理需求成为值得研究的问题。

关于政府补贴动机的问题，有诸多文献有所涉及。有部分学者指出，政府对上市公司进行补贴的重要目的是满足上市公司盈余管理需求，协助公司达到监管部门规定的财务要求。陈晓、李静（2001）研究发现，为了协助本地上市公司获得配股资格募集资金，或者保留住其上市资格，维护本地资源，地方政府有明确的动机利用政府补贴等财政工具协助亏损企业达到监管部门规定的指标要求。Chen 等（2008）认为，在中国进行盈余管理不只是企业的决策，地方政府和上市公司因为从股市获取更多资本的共同利益而达成合谋，地方政府通过提供补贴帮助企业进行盈余管理来达到中央政府的监管要求。朱松、陈运森（2009）认为，政府会基于企业的社会责任、企业的重要程度、政府自身的财政实力、补贴政策的持续性等因素对企业进行补贴，其中，扭亏和保牌的动机是非常明显的。当上市公司业绩面临财务报表不好时，政府往往慷慨相助，协助其粉饰业绩，渡过危机。邵敏、包群（2011）研究表明，地方政府在获得补贴企业中更倾向于给予市场竞争力较弱企业更高程度的补贴，并且地方政府补贴程度决定行为更多地体现了"保护弱者"特点。孔东民等（2013）实证研究发现，具有保牌和融资需求的上市公司显著地获得政府的更多补贴，表明政府补贴的确具有协助上市公司操纵盈余的动机。但是，这一观点并未得到普遍认同。Qian 和 Roland（1998）提出，在中国现有分权体制下，地方政府为了争取流动资源获得竞争优势，没有激励向亏损的国有企业提供帮助。唐清泉、罗党论（2007）研究认为，政策的更替使帮助企业获得配股资格动机不再是政府补贴上市公司的强烈动机，政府补贴并未起到协助上市公司再融资的作用。黄蓉、赵黎鸣（2011）利用 2002—2008 年的上市公司数据分析了政府补贴的动机，研究认为，补贴既不具有帮助需要保壳企业的"保壳"动机，也不具有帮助不需要保壳企业的"培优"动机。另外，还有学者研究了非经常性损益标准的出台对政府补贴作用的影响。如龚小凤（2006）认为，非经常性损益标准的出台使补贴对配股资格的影响降低，但仍具有一定影响；同时，补贴为上市公司的扭亏起到重要作用。

然而，目前的相关文献有两点局限性。第一，大多数研究从单一角度考察政府补贴的动机。要么考察政府补贴具有协助企业粉饰业绩的动机，要么考察政府补贴对促进创新的作用。实际上，政府补贴的动机可能并不单一。第二，大多数文献考察政府补贴协助上市企业达到监管要求的动机，较少考虑协助企业迎合资本市场达到预期盈余的动机。实际上，2006 年出台《上市公司证券发行管理办法》（中国证券监督管理委员会令 2006 年第 30 号）后，监管要求是以扣除非经常性损益后的计算与扣除前低的作为标准。换言之，按照规定，2006 年后政府补贴可能无法起到协助企业达到监管要求的作用。

肖兴志、王伊攀（2014）通过构建一个政府与企业共同参与的理论模型，将亏损企业具有"寻租"效应和信息效应作为基本假定，探讨了地方政府官员"促增长、保稳定"和个人"寻租"等利益诉求是否扭曲了政府补贴动机，重点阐释了其在促进企业创新和协助企业粉饰业绩之间的权衡。研究发现，政府补贴促进创新和粉饰企业业绩的功能之间相互影响成立的条件是：首先，政府重视企业的发展能力。其次，企业的创新能力能够体现企业的发展潜力。再次，有粉饰业绩需求的企业的"寻租"效应和信息效应至少有一个能体现出来。在实践中，这三个条件均可实现，因此本节认为，政府补贴促进企业创新和粉饰企业业绩的功能之间是相互影响的。随后进行了实证检验。从战略性新兴产业 254 家上市公司政府补贴对净利润贡献率分布中可以看出，政府补贴占净利润的比重在10%以上的企业超过三成。政府补贴确实对许多公司的年报净利润产生了重大影响。

企业利用政府补贴进行粉饰业绩主要有两种动机：资本市场动机和监管动机，前者主要表现为迎合资本市场对企业盈余的预期；后者是为了规避相关监管的要求、满足配股的监管要求等。鉴于 2006 年出台《上市公司证券发行管理办法》（中国证券监督管理委员会令 2006 年第 30 号）后，监管要求是以扣除非经常性损益后的计算与扣除前低的作为标准，其后政府补贴无法起到协助企业达到监管要求的作用。退一步讲，即使政府补贴对企业配股有一定的影响，影响较 2006 年前已大为降低。而本节采用的数据时间区间为 2007—2012 年，故本节主要分析企业利用政府补贴迎合资本市场盈余预期的动机，即扭亏及避免业绩迅速下降的动机。企业实际利用政府补贴粉饰业绩分为两个方面：

一方面，从净利润的绝对值来看，政府补贴是否具有扭亏为盈的作用。将企业的净利润 np 扣除政府补贴 gov 重新计算，得出扣除政府补贴的企业净利润 $np_{new} = np - gov$。$np_{new} < 0$，表示扣除政府补贴后企业净利润为负。$np \times np_{new} < 0$，表示企业的净利润在扣除政府补贴前后的符号相反，即政府补贴使企业原本为负的净利润变为正的净利润。

另一方面，从净利润的相对值来看，政府补贴是否具有扭跌为升的作用。计算企业净利润的年增长值 $dnp_t = np_t - np_{t-1}$，$dnp_t < 0$，表示当期企业的净利润比上期少，出现了业绩下滑的现象。将企业净利润年增长值中的政府补贴扣除，可以得到企业净利润的净年增长值 $dnp_{new} = dnp_t - gov$。$dnp_t \times dnp_{new} < 0$，表示企业净利润的年增长值在扣除政府补贴前后的符号相反，即政府补贴使企业原本为负的净利润年增长值变为正值。

从表 3-6 中可以看出，从扣除政府补贴的净利润上看，需要粉饰业绩的样本个数为 91 个，仅占全部样本的 6%，其中，依靠政府补助将净利润扭亏为盈的样本个数为 25 个，占需要粉饰业绩样本的 27%。从扣除政府补贴的净利润年增长值看，需要粉饰业绩的样本个数为 575 个，占全部样本的 45%，这意味着如果没有政府补贴，近一半的样本当期净利润比上期的少。其中，依靠政府补贴将净利润年增长值扭跌为升的样本个数为 180 个，占需要粉饰业绩样本的 31%。换句话说，在企业年报上显示净利润年增长为正的 875 个样本中，有 180 个样本是由于政府补贴才为正的，约占21%。

表3-6　　　　　　　　利用政府补贴粉饰业绩的企业数量

条件	2007年	2008年	2009年	2010年	2011年	2012年	合计
净利润为负	4	16	12	4	13	42	91
净利润扭亏为盈	0	3	3	2	5	12	25
净利润增长为负	—	108	77	85	142	163	575
净利润增长扭跌为升	—	28	32	37	45	38	180

随后进行的实证结果显示，企业的创新能力和盈余管理的需求情况共同影响了企业获得政府补贴的数额：对有盈余管理需求的企业，创新支出与政府补贴有更强的相关性，并且粉饰业绩需要的资金越多，政府补贴越高；企业的盈余管理需求会显著改善企业获取补贴的规模。这表明政府在选择补贴对象和补贴程度时兼有促进企业创新和协助企业粉饰业绩两种动机，并不是单纯地取其一，即促进企业创新是政府补贴政策考虑的重要因素，但也存在协助上市公司粉饰业绩问题，并未完全用在"刀刃"上。这也解释了战略性新兴产业政府补贴"整体有效，问题并存"的原因。

（三）防范措施

基于上述研究结论，提出以下防范措施：

1. 明确政府与企业的职能，纠正地方上市公司亏损责任错位，从源头上根除地方政府协助企业粉饰业绩的动机。政府在战略性新兴产业的发展中，既不能无所作为，也不能过度干预

在市场经济体制下，企业的发展主要依靠市场这只"看不见的手"发挥作用，但也需要政府的"援助之手"发挥弥补市场失灵的作用。地方上市公司亏损责任错位的根源，在于对地方政府以经济为主导的政绩考核方式，地方政绩思维促使政府协助上市公司"保壳"与扮靓业绩。应建立更加多元化的考核方式，可将是否进行了低效率的政府补贴支出纳入政府业绩考核中来，从源头上根除地方政府协助企业粉饰业绩的动机。随着研发变得更有竞争力、更普遍，战略性新兴产业形成了技术交易市场，标志着市场作为主要驱动力的地位的加强。鉴于市场失灵程度和境况的变化，政府的角色需要适时调整、重新定位。比如，政府补贴

对于旨在商业应用的研发的必要性减弱，更应该关注基础研发。政策制定者应该依据创新参与者对于研发的不同贡献重新考虑分配资源的方式。

2. 加强政府补贴信息披露力度，压缩政府的权力"寻租"空间，规避政府利用补贴协助企业粉饰业绩

充分披露企业可以获取补贴的条件、拿到补贴企业的情况、补贴金额和企业使用情况，接受社会监督；加强对政府补贴的外部审计，杜绝模糊地带和"灰色"操作。对于地方政府滥用补贴政策的行为予以打击，以维护公平的市场竞争环境。从目前会计准则要求披露的政府补助事项来看，披露的程度应该施加硬性规定。

3. 完善补贴资金监管机制，进一步明确政府补贴的应用范围，监督企业切实将政府补贴用于创新

目前，政府对企业的补助关注的重点集中在补贴决策的前期，即是否补贴与补贴多少，但疏于对补贴效果的后期评估，这样就使企业积极申请补贴，但对使用的效果不予关注。针对这些问题，可以建立企业的补贴档案，对企业之前接受过的补贴的使用情况进行评价和审核，以此作为决定是否对企业进行新一轮补贴的依据。若发现其业绩表现与所获补贴金额反差较大时，则应加强对企业创新能力的审核，以确保补贴用于创新，而不是为其经营亏损"买单"。对于与事前释放的创新能力信号不一致的企业，可以中止对其补贴。

二 技术创新补贴引致的"寻租"问题与发生机理

（一）政府补贴引致的"寻租"问题

政府补贴使企业投资呈现出"重关系、轻创新"的局面。企业家花费了大量的时间和精力来编织、运营和发展各种关系网络，进行了大量社会资本投资。企业社会资本本质上是企业建构关系网络的交易费用（刘林平，2006），对政府部门进行社会资本投资以便与其建立良好关系成为某些企业发展的重要手段（张建君、张志学，2005）。据调查，大多数高管认为，与中国政府搞好关系很重要，超过半数的在华外资企业宣称在中国用于维系关系所投入的资源超过本国（范悦安等，2013）。中国国有企业的娱乐餐饮费用占企业工资总额的20%，主要用于建立和维护社会关系（Cai et al.，2005）。与此形成鲜明对比的是，企业的创新积极性不高，很多核心关键技术并未掌握。这种现象引起了公众对政府补贴

对象选择和补贴效果的质疑。社会普遍认为，企业是否拥有广泛的社会交往与其能否获取补贴紧密相连，部分企业与握有补贴实权的政府存在着利益交换关系。

不少文献验证了企业为获取补贴进行"寻租"的直觉：很多民营企业为了获取政府补贴与政府建立政治联系（余明桂等，2010）；上市公司京东方通过与地方政府利益交换获得了大量政府补贴（步丹璐、黄杰，2013）。但现有研究采用案例或者间接的方式验证企业"寻租"假设，并不能体现普遍性和直观性，本节引入企业社会资本的概念并采用定量方法对其进行了衡量，更全面地概括了企业为获取政府补贴所做出的努力，直接检验该假设。虽然投资于社会资本以获取补贴已成为部分经营者的行动策略，但企业进行这种投资决策的微观机理并不明确，现有文献较少关注在资源有限且存在大量政府补贴的情形下企业的资源配置决策，本节基于微观视角，考察政府补贴对企业行为的影响，探讨企业"重关系、轻创新"的原因，尝试对"企业社会资本投资的决策机制是什么、受到哪些因素的影响、社会资本投资是否能够带来更多的政府补贴"等问题做出回答。这不仅有助于人们理解企业行为逻辑背后的推动力，加深对市场失效、政府干预和企业决策三者关系的理解，破解战略性新兴产业发展困局，丰富对中国情境下企业经营战略的讨论，还能够为政府重新审视补贴政策提供新的视角。

（二）"寻租"问题的发生机理

中国国有企业进行社会资本投资的动机很大程度上受文化因素的影响。在儒家传统文化的影响下，中国社会呈现出典型的"关系"型社会，集权的政治结构和具有社会分割特点的社会结构为其提供了土壤。这种社会文化氛围促成了中国以关系为基础的商业环境，关系成为企业获取竞争优势的重要战略资源，通过对关系的投资和利用，可以期望在市场中得到回报。除文化因素外，企业热衷于搞关系的更为重要的因素是中国市场化改革中正式制度安排的缺位，导致了信息不畅和信任难建立起来的问题，企业不得不依靠非正式的关系来弥补制度的不足（Yueh，2011）。文化因素和制度安排缺位因素使企业进行社会资本投资有利可图。比如，社会资本投资有利于企业获取有用信息、捕捉商机、猎取稀缺资源（边燕杰、丘海雄，2000），帮助企业获得融资优惠（潘越等，2009）、补贴和救助（余明桂等，2010）、缓解法律保护薄弱等对企业投资活动的限制（潘越等，2009）。

　　除了上述共性的影响，战略性新兴产业费力耗神"搞关系"有着其适宜的独特土壤，在企业社会资本投资方面有着较强的动机，可以作为典型进行分析。如图 3 - 2 所示，战略性新兴产业的发展离不开市场和政府两只手。战略性新兴产业发展之所以需要政府培育，其合理性来源于市场机制的失效：由于研发的外部性以及市场需求的拉动不足，其研发积极性不高，仅靠企业自身则研发投资不足，为此，政府采取了一系列激励措施，其中政府补贴和知识产权保护对企业具有直接影响。然而，政府培育也存在着失效的问题，如还存在知识产权保护实际执行不力、政府补贴发放不规范的情形。企业的最终目标是利润最大化，实现该目标有多种途径，战略性新兴产业部分企业在创新盈利不佳的情况下，面对大量补贴资金，在发展过程中不再只关注市场，而是把精力和资源用来争取政府补贴从而资源流向了社会资本投资上。下面具体分析三个主要的影响因素：

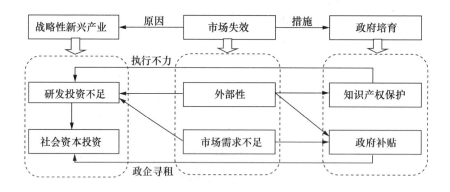

图 3 - 2　战略性新兴产业社会资本投资机理

　　首先，从政府权力来看，地方官员对本地企业扮演着"扶持之手"和"攫取之手"的角色，但不论是哪种角色，对于企业的决策行为都具有重要影响（陈德球等，2011）。目前，政府掌握着补贴等大量公共资源，对于战略性新兴产业更是如此，政府掌握了大量专项资金，在补贴的发放上具有很大的决定权，同时社会还缺乏对政府的有效监督机制，这为部分政府官员提供了广阔的"寻租"空间。社会存在着政府管制和"寻租"，企业就会拿出一定的资源用于获取政府的支持，唐晓华、徐雷

（2011）通过企业竞争博弈表明了企业应对政府的必然性。在政府对补贴发放不规范的情形下，企业"寻租"的预期收益很大，企业有很强的动机通过社会资本投资与政府建立良好关系，从而赢得政府信任，获取补贴（杨其静，2011；Li et al.，2008）。与政府搞好关系至少有两点作用：一是避免政府的征收和干涉，可称之为自保动机；二是从政府手中获取更多的额外利益，可称之为"寻租"动机。鉴于战略性新兴产业受到政府的大力支持，可能后者更为显著。

其次，从消费者分布来看，对战略性新兴产业产品需求量相对较小，市场存在较为严重的产销脱节现象。造成该问题的原因有两个方面：一是在新兴产品替代传统产品时，遇到路径依赖问题，如新能源汽车替代汽油车。汽油车的性能、价格及市场配套等经过长期发展已经被广大消费者所认同并形成了完整的体系，发展新能源汽车所面临的不仅仅是产品技术性能上的障碍，更重要的是消费者的认同及整个市场体系重构所形成的障碍，这需要长期努力才能有效突破。二是战略性新兴产业普遍依赖外国市场，国内市场相对较小，这对产业发展构成极大的制约。光伏产业目前的困境很大程度上是由于国内市场的培育出现了问题。我们在不断推出各类提升产业技术创新能力手段的同时，往往忽略市场需求在拉动产业技术更新和推动产业升级换代中的重要作用，消费者的需求一直处于较低端水平，这抑制了企业进一步创新的动力。

最后，战略性新兴产业的核心特征在于创新，创新主要是由利润驱动，但从创新的获利程度和维持创新利润的环境来看，企业处境不理想。一方面，中国科技成果转化率与发达国家相比严重偏低。发达国家的科技成果转化率是80%，而中国仅为25%，其中真正实现产业化的不足5%（倪迅，2013）。转化率低使科技成果难以形成生产力，造成研发创新投入难获利。另一方面，适度水平的知识产权保护可以有效地维持创新者的利润，从而激励创新活动。但知识产权侵权问题在中国仍然较为突出。《2013年中国商业报告》显示，大部分受访企业认为，知识产权侵权对其业务造成了损害：61%的企业认为有损害但不严重；27%的企业认为有严重或者非常严重的损害，新产品投入市场以后，竞争对手在4—6个月内就会推出类似产品或者复制品。各地区知识产权保护力度是有差异的，地区市场化程度和投资环境的差异导致了各地区执法有效性的差异。企业创新得不到期望的回报，此消彼长，便投入更多精力和时间"搞关系"获利。

综上所述，一方面，从外部环境来看，企业生存的环境适合"搞关系"；另一方面，从内部动力来看，企业的社会资本投资可以使企业获得直接好处。这两个方面的原因共同促成了企业把"搞关系"作为企业的经营策略。

（三）应对"寻租"问题的策略

在上述思路基础上，肖兴志、王伊攀（2014）借鉴杨其静（2011）的模型，扩展了企业获取政府补贴方式的假设，重点考察通过搞关系获取政府补贴对于企业投资方向的影响。随后利用战略性新兴产业254家上市公司2007—2012年的数据实证检验显示，政府干预能力、消费者分布都对企业社会资本投资产生了显著的影响，知识产权保护程度弱显著；企业社会关系资本投入越多，获得的政府补贴就越多。采用PSM方法检验结论显示，在其他条件相同的情况下，进行社会资本投资的企业比无此投资的企业多获取42%的政府补贴，显著加强了企业获取补贴的程度。结论表明，政府干预能力、消费者分布、知识产权保护程度等外部环境和通过社会资本投资获得补贴的内部激励共同影响到企业对两种投资的资源分配，解释了当前企业费力耗神"搞关系"的原因。基于上述研究结论，提出以下三个方面的政策建议：

首先，从长远来看，探索政府补贴逐步退出机制，从根本上切断政企"寻租"的源头。政府补贴作为战略性新兴产业扶持政策的重要手段，重点在于培育初期的引导作用，通过"援助之手"将产业扶持到正确的轨道上来，但是，战略性新兴产业的最终成长还是需要市场来主导，政府对于战略性新兴产业既不能无所作为也不能过度干预。随着战略性新兴产业的深入发展，需要逐步退出，发挥市场的主导力量，让企业通过自身"无形的手"加强技术创新，强化企业群体自我更新、自我淘汰的机制，使其在良性竞争中发展壮大。政府补贴的逐步减少可以依据产业发展状况如产业产能、技术发展程度等相机抉择。对于研发创新产生的外部性问题的解决，可以通过强化知识产权的保护力度，降低自主创新维权成本来实现。

其次，从短期着手，完善政府补贴细则，建立公开评审制度，对政府补贴的事由、金额在信息披露方面做出强制性规定，压缩政府利用补贴的"寻租"空间。目前，国家层面出台的关于补贴的政策大多属于纲领性文件，而更多的细则制定和具体实施由地方政府决定，这样，地方政府在补贴对象选择上具有相对过高的自由裁量权。不过，这种情况也在发生变化，国家层面的政策在逐步推进和细化，如2013年9月出台的《关于继续开展新能源汽车推广应用工作的通知》，与上一轮补贴政策相比，补助对象和标准等多方面都有明显调整和变化，其中，规定补助资金直接发放至新能源汽车生产企业，绕开了上一轮政策"补贴资金由汽车企业销售行为发生所在地政府发放"，这就减少了企业通过向地方政府"寻租"获取补贴可能性，也很大程度上破除了地方政府的保护主义倾向。但是，其他行业的补贴政策还没看到这种变化。因此，有必要从国家层面的政策上降低地方政府在补贴对象选择上过大的自由裁量权，强化对违反政府补贴政策法规的刚性约束。可以尝试引入第三方进行审计，加强对补贴的跟踪监控，确保扶持企业的研发活动而不是扶持企业本身，使企业在不进行创新的情况下不能获得非生产性收入，从而创造一个公平的竞争环境。

最后，注重从需求端引导产业发展。以往的政策往往更加重视通过技术创新驱动产业内生增长，但战略性新兴产业的需求状况、消费者对其产品的认同是决定产业能否顺利发展的必要条件。由于战略性新兴产业处于生命周期的初期，其需求市场还处于起步和培育阶段，需求量相对较小，需要进行充分的引导。引导的着力点在于破除对传统产品的路径依赖，建设新兴产品的市场配套，协调产学研部门协作，清除新产品推广的外部障碍，同时要防范可能的滥用。政府的优势是可以集中社会力量进行多部门协作和大规模投资，从而使新技术迅速形成生产能力，但劣势是政府离技术前沿较远，对技术进行规划风险极大。因此，技术路线的确立应交给市场，政府在推广和市场配套上给予企业支持，解决的是具有外部性的公共设施和服务。

本节的研究反映了转轨经济背景下政府行为对企业的影响，政府控制资源能力越强，企业的行为更容易受到政府利益等一些非市场因素的影响。之前大多数研究采用定性方法，研究了企业政治关联的收益，而本节采用定量的方法从企业社会资本投资视角揭示了企业社会资本投资对于获取政府补贴的"收益效应"，对以往的研究做了补充。当然，本节也存在一些不足和缺陷，如社会资本的衡量方法还比较粗略，企业的社会资本投资的数据并不能够把企业的"寻租"费用和高管在职消费区分开，需要采用更为精确的方法进一步完善。另外，企业的社会资本投资作为一种经营策略，还受到很多因素的影响，比如企业高管的个人特征。因此，未来的研究也应该从更多的角度展开。

参考文献

［1］白俊红：《中国的政府 R&D 资助有效吗？——来自大中型工业企业的经验证据》，《经济学》（季刊）2011 年第 4 期。

［2］边燕杰、丘海雄：《企业的社会资本及其功效》，《中国社会科学》2000 年第 2 期。

［3］步丹璐、黄杰：《企业寻租与政府的利益输送——基于京东方的案例分析》，《中国工业经济》2013 年第 6 期。

［4］曹建海、邓菁：《补贴预期、模式选择与创新激励效果——来自战略性新兴产业的经验证据》，《经济管理》2014 年第 8 期。

［5］陈德球、李思飞、王丛：《政府质量、终极产权与公司现金持有》，《管理世界》2011 年第 11 期。

［6］陈强：《高级计量经济学及 Stata 应用》，高等教育出版社 2014 年版。

［7］陈晓、李静：《地方政府财政行为在提升上市公司业绩中的作用探析》，《会计研究》2001 年第 12 期。

［8］董直庆、蔡啸、王林辉：《技术进步方向、城市用地规模和环境质量》，《经济研究》2014 年第 10 期。

［9］范悦安、许斌、周东生、卜悦乐、李俊骏：《2013 年中国商业报告》，中欧国际工商学院，2013 年。

［10］郭晓丹、韩雪莲：《战略性新兴产业进入决策与成长绩效：基于 D 特钢集团的跨案例研究》，《产业组织评论》2012 年第 3 期。

［11］郭晓丹、闫静静、毕鲁光：《中国可再生能源政策的区域解构、有效性与改进》，《经济社会体制比较》2014 年第 6 期。

［12］郭晓丹、张军：《经济自由与工业企业成长》，《财经问题研究》2016 年第 6 期。

［13］郭晓丹：《产业动态研究进展与新兴产业模拟分析方法》，《经

济学动态》2012 年第 12 期。

　　［14］郭晓丹、刘海洋：《中国战略性新兴产业规模分布与创新影响》，《财经问题研究》2013 年第 11 期。

　　［15］韩超、胡浩然：《节能减排、环境规制与技术进步融合路径选择》，《财经问题研究》2015 年第 7 期。

　　［16］韩超、胡浩然：《清洁生产标准规制如何动态影响全要素生产率——剔除其他政策干扰的准自然实验分析》，《中国工业经济》2015 年第 5 期。

　　［17］黄德春、刘志彪：《环境规制与企业自主创新——基于波特假设的企业竞争优势构建》，《中国工业经济》2006 年第 3 期。

　　［18］黄蓉、赵黎鸣：《政府补助：保壳还是培优》，《暨南学报》（哲学社会科学版）2011 年第 1 期。

　　［19］黄锐：《两市公司年底获政府百亿补贴》，《新京报》2012 年 12 月 25 日。

　　［20］康志勇：《融资约束、政府支持与中国本土企业研发投入》，《南开管理评论》2013 年第 5 期。

　　［21］孔东民、刘莎莎、王亚男：《市场竞争、产权与政府补贴》，《经济研究》2013 年第 2 期。

　　［22］李少林：《战略性新兴产业与传统产业的协同发展——基于省际空间计量模型的经验分析》，《财经问题研究》2015 年第 2 期。

　　［23］李少林：《政府补贴政策是否提高了中国光伏企业效率？——兼论产业链补贴分布的优化》，《产业组织评论》2013 年第 4 期。

　　［24］李香才：《业绩将收官，地方政府驰援上市公司扭亏战》，《中国证券报》2012 年 12 月 25 日。

　　［25］李扬帆：《年关逼近，上市公司用尽心思扮靓业绩》，《重庆商报》2013 年 8 月 6 日。

　　［26］刘林平：《企业的社会资本：概念反思和测量途径——兼评边燕杰、丘海雄的〈企业的社会资本及其功效〉》，《社会学研究》2006 年第 2 期。

　　［27］马宁、官建成、高柏杨：《我国高新技术企业规模与技术创新》，《管理科学学报》2001 年第 2 期。

　　［28］倪迅：《创新驱动难在哪?》，《光明日报》2013 年 6 月 21 日。

［29］潘越、戴亦一、吴超鹏、刘建亮：《社会资本、政治关系与公司投资决策》，《经济研究》2009 年第 11 期。

［30］齐雁冰：《百亿政府补贴润色上市公司业绩，十巨头年亏 500 亿》，《北京青年报》2013 年 4 月 28 日。

［31］邵敏、包群：《地方政府补贴企业行为分析：扶持强者还是保护弱者？》，《世界经济文汇》2011 年第 1 期。

［32］唐清泉、罗党论：《政府补贴动机及其效果的实证研究——来自中国上市公司的经验证据》，《金融研究》2007 年第 6 期。

［33］唐清泉、肖海莲：《融资约束与企业创新投资—现金流敏感性——基于企业 R&D 异质性视角》，《南方经济》2012 年第 11 期。

［34］唐晓华、徐雷：《大企业竞争力的"双能力"理论——一个基本的分析框架》，《中国工业经济》2011 年第 9 期。

［35］吴延兵：《中国哪种所有制类型企业最具创新性？》，《世界经济》2012 年第 6 期。

［36］肖兴志、何文韬、郭晓丹：《能力积累、扩张行为与企业持续生存时间——基于我国战略性新兴产业的企业生存研究》，《管理世界》2014 年第 2 期。

［37］肖兴志、姜晓婧：《战略性新兴产业政府创新基金投向：传统转型企业还是新生企业》，《中国工业经济》2013 年第 1 期。

［38］肖兴志、王海：《哪种融资渠道能够平滑企业创新活动？——基于国有企业与民企差异检验》，《经济管理》2015 年第 8 期。

［39］肖兴志、王伊攀：《不同补贴方式对战略性新兴产业竞争格局的影响》，《产业经济评论》2013 年第 4 期。

［40］肖兴志、王伊攀：《战略性新兴产业政府补贴是否用在了"刀刃"上？——基于 254 家上市公司的数据》，《经济管理》2014 年第 4 期。

［41］肖兴志、王伊攀：《政府补贴与企业社会资本投资决策——来自战略性新兴产业的经验证据》，《中国工业经济》2014 年第 9 期。

［42］肖兴志、王伊攀、李姝：《政府激励、产权性质与企业创新——基于战略性新兴产业 260 家上市公司数据》，《财经问题研究》2013 年第 12 期。

［43］邢红萍、卫平：《中国战略性新兴产业企业技术创新行为模式

研究——基于全国七省市企业调查问卷》,《经济学家》2013 年第 4 期。

　　[44] 杨其静:《企业成长:政治关联还是能力建设?》,《经济研究》2011 年第 10 期。

　　[45] 杨玉民、刘瑛:《规模以下工业企业年龄状况及相关分析》,《统计研究》2006 年第 6 期。

　　[46] 余明桂、回雅甫、潘红波:《政治联系、寻租与地方政府财政补贴有效性》,《经济研究》2010 年第 3 期。

　　[47] 张建君、张志学:《中国民营企业家的政治战略》,《管理世界》2005 年第 7 期。

　　[48] 张杰、芦哲、郑文平、陈志远:《融资约束、融资渠道与企业 R&D 投入》,《世界经济》2012 年第 10 期。

　　[49] 张中元、赵国庆:《FDI、环境规制与技术进步——基于中国省级数据的实证分析》,《数量经济技术经济研究》2012 年第 4 期。

　　[50] 周黎安、罗凯:《企业规模与创新:来自中国省级水平的经验证据》,《经济学》(季刊) 2005 年第 2 期。

　　[51] 朱松、陈运森:《政府补贴决策、盈余管理动机与上市公司扭亏》,《中国会计与财务研究》2009 年第 3 期。

　　[52] Aigner, Dennis, C. A. Knox Lovell, Peter Schmidt, "Formulation and estimation of stochastic frontier production function models", *Journal of Econometrics*, Vol. 6, No. 1, pp. 21 – 27, 1977.

　　[53] Arnold, A. E. and H. Callahan, "Eat, drink, firms and government: An investigation of corruption from entertainment expenditures of Chinese firms", *Social Science Electronic Publishing*, Vol. 54, No. 1, pp. 55 – 78, 2005.

　　[54] Arqué – Castells, P., "Persistence in R&D Performance and its Implications for the Granting of Subsidies", *Review of Industrial Organization*, Vol. 43, No. 3, pp. 193 – 220, 2013.

　　[55] Canepa, A., Stoneman, P. L., *Financial Constraints to Innovation in the UK: Evidence from CIS2 and CIS3*, Oxford Economic Papers, Vol. 60, No. 4, pp. 711 – 730, 2008.

　　[56] Carpenter, R. E., Petersen, B. C., "Capital Market Imperfections, High – tech Investment, and New Equity Financing", *The Economic*

Journal, Vol. 112, No. 477, pp. F54 – F72, 2002.

[57] Carrión – Flores, C. E., Innes, R., *Environmental Innovation and Environmental Policy: An Empirical Test of Bi – directional Effects*, University of Arizona Working Paper, 2006.

[58] Chen, X., Lee, C. W. J., Li, J., "Government Assisted Earnings Management in China", *Journal of Accounting and Public Policy*, Vol. 27, No. 3, pp. 262 – 274, 2008.

[59] Cincera, M., Ravet, J., "Financing constraints and R&D Investments of Large Corporations in Europe and the US", *Science and Public Policy*, Vol. 37, No. 6, pp. 455 – 466, 2010.

[60] Dasgupta, P., Stiglitz, J., "Industrial Structure and the Nature of Innovative Activity", *The Economics Journal*, Vol. 90, No. 358, pp. 266 – 293, 1980.

[61] Hall, B. H., "The Financing of Research and Development", *Oxford Review of Economic Policy*, Vol. 18, No. 1, pp. 35 – 51, 2002.

[62] Hansen, B. E., "Threshold Effects in Non – dynamic Panels: Estimation, Testing, and Inference", *Journal of Econometrics*, Vol. 93, No. 2, pp. 345 – 368, 1999.

[63] Himmelberg, C. P., Petersen, B. C., "R&D and Internal Finance: A Panel Study of Small Firms in High – Tech Industries", *The Review of Economics and Statistics*, Vol. 76, No. 1, pp. 38 – 51, 1994.

[64] Hyytinen, A., Toivanen, O., "Do Financial Constraints Hold Back Innovation and Growth? Evidence on the Role of Public Policy", *Research Policy*, Vol. 34, No. 9, pp. 1385 – 1403, 2005.

[65] Jaffe, A. B., Palmer, K., "Environmental Regulation and Innovation: A Plan Data Study", *Review of Economics and Statistics*, Vol. 79, No. 4, pp. 610 – 619, 1997.

[66] Kleer, R., "Government R&D Subsidies as a Signal for Private Investors", *Research Policy*, Vol. 39, No. 10, pp. 1361 – 1374, 2010.

[67] Lach, S., "Do R&D Subsidies Stimulate or Displace Private R&D? Evidence from Lsrael", *The Journal of Industrial Economics*, Vol. 50, No. 4, pp. 369 – 390, 2002.

［68］ Li, H., Meng, L., Wang, Q. and Zhou, L., "Political Connections, Financing and Firm Performance: Evidence from Chinese Private Firms", *Journal of Development Economics*, Vol. 87, No. 2, pp. 283 – 299, 2008.

［69］ Marsili, O., "Technology and the Size Distribution of Firms: Evidence from Dutch Manufacturing", *Review of Industrial Organization*, Vol. 27, No. 4, pp. 303 – 328, 2005.

［70］ Modigliani, F., Miller, M. H., "The Cost of Capital, Corporation Finance and the Theory of Investment", *The American Economic Review*, pp. 261 – 297, 1958.

［71］ Nett, L., "Why Private Firms are More Innovative than Public Firms", *European Journal of Political Economy*, No. 10, 1994.

［72］ Qian, Y., Roland, G., "Federalism and the Soft Budget Constraint", *American Economic Review*, pp. 1143 – 1162, 1998.

［73］ Schumpeter, J., *Creative Destruction*, New York: Harper, pp. 82 – 85, 1975.

［74］ Blasco, Agusti Segarra, J. Garcia – Quevedo, M. Teruel, "Financial Constraints and the Failure of Innovation Projects", *Ssrn Electronic Journal*, No. 47, pp. 326 – 335, 2013.

［75］ Stiglitz, J. E., Weiss, A., "Credit Rationing in Markets with Imperfect Information", *The American Economic Review*, pp. 393 – 410, 1981.

［76］ Takalo, T., Tanayama, T., Toivanen, O., "Estimating the Benefits of Targeted R&D Subsidies", *Review of Economics and Statistics*, Vol. 95, No. 1, pp. 255 – 272, 2013.

［77］ Yueh, L., *Enterprising China: Business, Economic and Legal Developments Since 1979*, New York: Oxford University Press, 2011.

第三部分

中国战略性新兴产业市场培育、资本对接与商业模式跟踪研究

　　培育市场需求是发展战略性新兴产业的基础，金融资本市场的支持是促进战略性新兴产业发展的重要因素，而现阶段战略性新兴产业的发展受到有效需求不足、市场份额较小、融资困难、商业模式滞后等多重市场和融资问题的困扰。本部分在对战略性新兴产业发展评价基础上，从培育市场需求、完善资本市场对接和创新商业模式三个方面研究战略性新兴产业的市场和融资问题。

第一章　战略性新兴产业发展评价研究

当前，我国正处于经济转型的关键时期，实体经济发展动力下降，产业升级较慢，经济"脱实向虚"趋势不断加剧，严重影响社会经济的发展。作为创造实体经济新增长点和引领未来社会发展的重要手段，战略性新兴产业技术密集、资源消耗低、成长潜力巨大，担负着经济结构调整、应对经济危机、提升国家竞争力的重要任务，已成为抢占新一轮经济和科技发展制高点的重大战略。基于数据的科学性、可比性和可操作性等原则，本章根据 2014 年公司年报中披露的主营业务范围和主营产品类型，选取了 676 家主营业务为战略性新兴产业的上市公司为样本，对中国战略性新兴产业企业发展进行评价，其中剔除了数据存在缺失以及战略性新兴产业业务收入占比较低的企业。

第一节　中国战略性新兴产业公司发展评价

一　中国战略性新兴产业上市公司运营情况评价

（一）上市公司规模情况

对样本公司 2014 年的总资产规模分布情况进行分析，结果如图 1-1 所示，样本上市公司平均总资产为 96.54 亿元，其中，资产规模 10 亿—100 亿元的公司占总样本的 73%，资产规模在 100 亿元以上的公司占总样本的 14%，资产规模在 1 亿—10 亿元的公司占总样本的 11%。规模最小仅为 2.3 亿元，仅有 2% 的公司规模在 1000 亿元以上。

图 1-2 显示了 2014 年样本公司的员工规模分布情况。数据显示，样本公司平均员工人数为 5390 人，26% 的公司员工规模在 1000 人以下，规模最小的员工人数仅为 141 人。大部分公司员工规模在 1000—1 万人，占总样本的 64%；而超过 1 万人的公司仅占总样本的 10%，其中，仅有两

家公司员工数超过 10 万人。

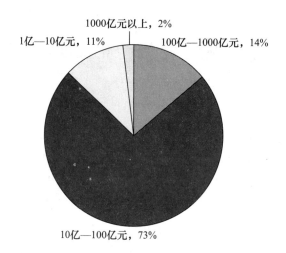

图1-1 2014 年战略性新兴产业样本公司资产规模分布情况

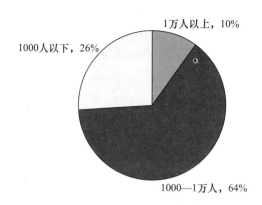

图1-2 2014 年战略性新兴产业样本公司员工规模分布情况

(二) 上市公司盈利情况

从样本公司 2014 年净利润来看 (见图 1-3), 平均净利润仅为 35 万元。净利润在 0—1 亿元和在 1 亿—10 亿元的公司比重大致相同, 占总样本的比重均在 43% 左右; 仅有 6% 的公司净利润超过 10 亿元, 其中, 两家公司净利润超过 100 亿元。此外, 有 8% 的公司净利润为负数, 处于亏损状态, 最严重的公司亏损额高达 78.97 亿元。

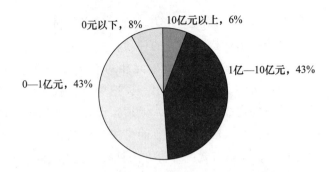

图 1 - 3　2014 年战略性新兴产业样本公司净利润分布

对样本公司资产规模、人员规模和利润规模的分析表明，我国战略性新兴产业公司整体规模偏小，资产过百亿元、员工规模过万人、利润过十亿的大型企业并不多。

二　中国战略性新兴产业上市公司效率评价

（一）发展评价指标选取

综合考虑科学性、可比性和可获得性等操作性原则，我们构建了战略性新兴产业发展评价的投入产出指标（见表 1 - 1）。其中，投入指标由企业资产总额、营业成本、员工总数和研发费用 4 个指标构成，反映了战略性新兴产业不同行业在物力、人力和财力上的投入情况；产出指标由营业收入和净利润两个指标构成，反映了战略性新兴产业上市公司的经营成果。

表 1 - 1　　战略性新兴产业发展评价指标选取及说明

投入指标	企业资产总额（X_1）	企业拥有或控制的全部资产
	营业成本（X_2）	企业所销售商品或提供劳务的成本
	员工总数（X_3）	公司截至报告期末全体在职员工数
	研发费用（X_4）	公司在产品、技术、材料、工艺、标准的研发过程中发生的各项费用
产出指标	营业收入（Y_1）	日常经营过程中所形成的经济利益
	净利润（Y_2）	缴纳所得税后公司的利润留成

（二）评价方法

数据包络分析（DEA）是一种通过数学规划模型对具有多个投入和

产出的单位进行相对有效性评价的方法。数据包络分析评价方法主要根据评价单元的投入产出指标构建相应的评价模型，进而通过对投入产出数据的综合分析，得出反映每个评价单元相对有效性的综合效率指标。数据包络分析评价方法的优点在于：第一，避免指标权重确定中的主观性，采用最优化方法内定权重；第二，无须预设投入产出的具体函数关系；第三，避免了各指标因量纲不一致而带来的评价困难；第四，与绝对有效评价方法相比，相对有效的评价方法具有更强的实际意义。

数据包络分析包括两种主要模型，分别为规模报酬不变条件下的CCR 模型与规模报酬可变情况下的 BBC 模型。本章所使用的 BBC 模型，是在最基本的 CCR 模型基础上修订而来的，它将总效率分解为技术效率和规模效率两个部分，从而将效率低下分解为生产技术上的无效率和未处于最佳生产规模两个原因。由此得到的技术效率所衡量的生产技术水平排除了生产规模因素，因此评价更为准确。

（三）效率评价

采用 DEA 软件对 676 家样本公司 2014 年的投入产出指标进行计算，图 1-4对样本公司总效率分布情况进行刻画，数据显示，样本公司总效率值总体较高，平均值为 0.733，方差为 0.016。总效率为 1 的公司比例并不高，仅为 18 家，占总样本的 2.67%；效率值在 0.4—0.6 的样本公司比重较小，仅为 11.44%；不足 0.4 的公司更少，仅为总样本的1.19%，其中效率值最低的仅为 0.239；超过八成的样本公司总效率值在0.6—0.8 和 0.8—1 两个区间内，占总样本的比重分别达到 58.99% 和

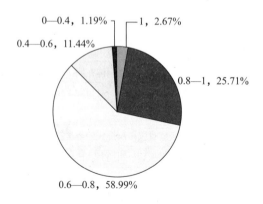

图 1-4　2014 年战略性新兴产业样本公司总效率分布情况

25.71%。这表明我国战略性新兴产业上市公司的总效率较以往有了显著性的提高，然而，总效率达到 1 的公司比例较低，未来发展仍有较大的提升空间。

从图 1-5 所示的战略性新兴产业纯技术效率和规模效率来看，样本公司的纯技术规模效率普遍好于技术效率，规模效率达到 1 的公司占总样本的 3.27%；高达 91.53% 的公司规模效率在 0.8—1，最低的公司规模效率也在 0.6 以上。而纯技术效率相对偏低，仅有 5.20% 的公司纯技术效率值达到 1，大部分公司的效率值分布在 0.8—0.1 和 0.6—0.8 两个区间，占总样本的比重分别达到 34.18% 和 35.81%，还有 23.03% 的公司效率值在 0.4—0.6，此外还有 1.78% 的公司纯技术效率甚至低于 0.4，其中效率值最低的公司仅为 0.284。这表明战略性新兴产业公司无效率的主要原因在于纯技术效率偏低。

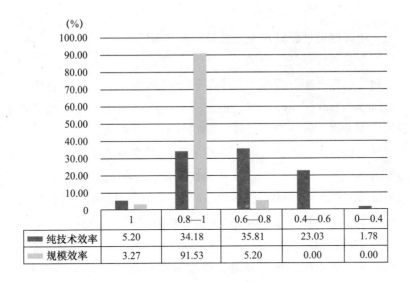

(%)	1	0.8—1	0.6—0.8	0.4—0.6	0—0.4
纯技术效率	5.20	34.18	35.81	23.03	1.78
规模效率	3.27	91.53	5.20	0.00	0.00

图 1-5　2014 年战略性新兴产业纯技术效率和规模效率

（四）规模效益分析

样本公司规模效益分布情况如图 1-6 所示，数据显示，仅有 2.67% 的公司处于规模效益不变阶段；50.97% 的战略性新兴产业公司投入尚显不足，处于规模效益递增阶段，可通过增加投入来提高效率；46.36% 的公司处于规模效益递减阶段，增加投入的产出效率较低，应提高投入要素的利用程度。此外，处于规模效率递减阶段的公司的纯技术效率和规模效率值均略高于处于规模效益递增阶段的公司。

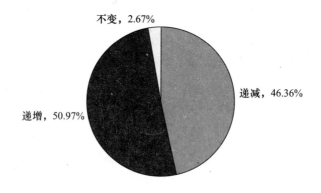

不变，2.67%

递减，46.36%

递增，50.97%

图 1-6　2014 年战略性新兴产业规模效益分布情况

三　中国战略性新兴产业上市公司生产率评价

生产率是当代经济学中的一个重要概念，学术界对于生产率的研究已经从对劳动生产率、资本生产率等的单纯测算发展到对全要素生产率（Total Factor Productivity，TFP）的测算。生产率的变化可能源于效率变化或者技术进步，效率变化反映了现行技术水平下从固定投入水平获取最大水平产出的能力。技术进步则反映了由创新或技术改变所引发的效率边界的移动（Sellers - Rubio and Mas - Ruiz，2007）。本部分拟运用马姆奎斯特生产率指数（MI）分析 2010—2014 年我国战略性新兴产业上市公司生产率变化，探析五年间生产率变化的原因。

（一）研究方法

马姆奎斯特生产率指数是进行全要素生产率动态分析的重要工具，凯维斯等（Caves，1982）首次提出了马姆奎斯特生产率指数的概念，并将之作为一个理论指数引入生产率分析领域，Färe 等（1994）将它发展成为一个实证指数，目前，马姆奎斯特生产率指数得到了广泛的应用。马姆奎斯特生产率指数将生产率的变动分解为靠近或背离生产边界的效率变化和生产边界移动的技术进步。最常用的估算距离函数的方法是由Färe 等（1994）提出的基于线性规划方法的数据包络分析法。本章也采用这一方法对战略性新兴产业上市公司的生产率变化进行分析。

（二）战略性新兴产业生产率变化的总体分析

从表 1-2 2010—2014 年生产率变化、技术进步与技术效率变化来看，除 2011—2012 年之外，战略性新兴产业上市公司生产率基本呈现"U"形的先降后升变动趋势，从 2010—2011 年的 0.970 增长至 2013—2014 年的 1.008，增长率为 3.92%。这与国家近年来对战略性新兴产业的政策扶持紧密相关。

进一步分析生产率增长的因素可以发现，生产率变化可以划分为两个阶段。第一个阶段为 2010—2012 年，这一阶段生产率大幅度下滑，由 0.970 跌至 0.933，下降比率高达 3.81%，导致这一下滑的主要因素归结于技术进步指标的下滑，由 2010—2011 年的 1.127 下滑至 2011—2012 年的 0.772，下降了 31.50%。相反，新兴产业的技术效率在这一阶段实现了较大比例的提升，由 2010—2011 年的 0.861 增长至 2011—2012 年的 1.209，增长率高达 40.42%，且主要体现为纯技术效率的改善，有效地缓解了生产率的下滑，而规模效率仅提高了 6.80%，对总效率变化的影响程度较低。第二阶段为 2012—2014 年，这一阶段战略性新兴产业的生产率实现了稳步上升，由 2011—2012 年的 0.933 上升至 2013—2014 年的 1.008，五年以来生产率指数首次超过 1，而且与前一阶段不同的是，该阶段生产率的上升主要依赖于技术进步，而技术效率在 2012 年之后呈现截然相反的变化趋势，由 1.209 下滑至 0.966。这表明我国战略性新兴产业 2012 年之前存在的主要问题为自主创新能力低下，而 2012 年之后技术进步与技术效率损失并存，表明该阶段年我国战略性新兴产业的创新能力得到大幅度提升，但对于技术的推广和扩散不成功，资源配置效率和闲置要素的利用程度有待进一步提高。

表 1-2　　　2010—2014 年生产率变化、技术进步与技术效率变化

时间（年）	马姆奎斯特指数（MI）	技术进步（TC）	技术效率变化（EC）	纯技术效率变化（PEC）	规模效率变化（SEC）
2010—2011	0.970	1.127	0.861	0.887	0.970
2011—2012	0.933	0.772	1.209	1.166	1.036
2012—2013	0.982	0.999	0.983	0.991	0.992
2013—2014	1.008	1.043	0.966	0.976	0.990
几何平均数	0.973	0.976	0.997	1.000	0.997

第二节　中国战略性新兴产业行业发展评价

一　中国战略性新兴产业行业特征

（一）战略性新兴产业的行业分布

上市公司样本的行业分布情况如图 1 - 7 所示，由图可知，除新能源汽车产业之外，其余六大行业基本分布较为平均，其中新一代信息技术产业与生物产业占比最高，分布为 24.67% 和 23.33%，高端装备制造业、新能源产业和节能环保分布较为均衡，占比在 13%—14%，比重最低的新能源汽车产业和新材料产业则分别为 3.57% 和 8.32%。

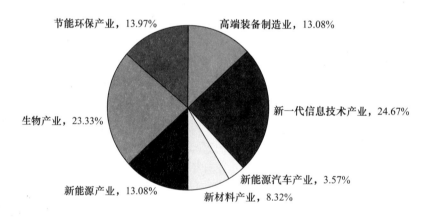

节能环保产业，13.97%　　高端装备制造业，13.08%

新一代信息技术产业，24.67%

生物产业，23.33%

新能源汽车产业，3.57%

新能源产业，13.08%　　新材料产业，8.32%

图 1 - 7　2014 年战略性新兴产业上市公司行业分布情况

（二）战略性新兴产业的行业特征

1. 规模特征

采用总资产和员工总数对 2014 年战略性新兴产业七大行业的规模特征进行统计分析，如图 1 - 8 所示。数据显示，七大战略性新兴产业的企业规模呈现出两极分化，其中高端装备制造业、节能环保产业和新能源汽车产业的企业平均资产规模均达到 100 亿元以上，分别为 228.48 亿元、170.90 亿元和 127.05 亿元；其次为新能源产业，资产规模达 88.52 亿元，而新一代信息技术产业、新材料产业和生物产业则相对较低，平均资产规模仅在 50 亿元左右，规模最小的新材料产业平均规模仅为 40.39

亿元，不足高端装备制造业的 1/5。

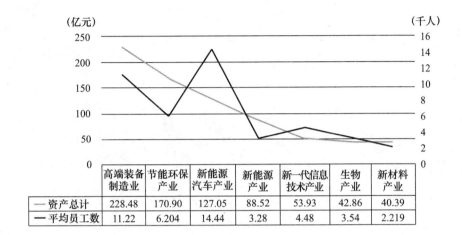

	高端装备 制造业	节能环保 产业	新能源 汽车产业	新能源 产业	新一代信息 技术产业	生物 产业	新材料 产业
资产总计	228.48	170.90	127.05	88.52	53.93	42.86	40.39
平均员工数	11.22	6.204	14.44	3.28	4.48	3.54	2.219

图 1 - 8　2014 年七大战略性新兴产业规模特征

从行业平均员工数来看，资产规模较大的高端装备制造业和新能源汽车产业员工规模同样较大，平均员工数均超过 1 万人，而资产规模排位第二的节能环保产业平均员工数并不高，仅为 6204 人。新能源产业、新一代信息技术产业、新材料产业和生物产业平均员工数更是不足 4000 人，其中，最低的为新材料产业，平均员工数仅为 2219 人，不足新能源汽车产业的 1/6。

2. 盈利能力

采用产业的平均资产利润率对战略性新兴产业七大产业的盈利情况进行分析。如图 1 - 9 所示，生物产业和新能源产业盈利能力较好，资产利润率均达到 5% 以上；其次为新一代信息技术产业，资产利润率为 4.32%；新能源汽车产业、高端装备制造业和新材料产业三类产业获利能力有限，仅为 2% 左右；产业平均利润率最低的是节能环保产业，仅为 0.91%。

3. 行业集中度

按照行业中 2014 年总资产排名前五和前十的公司总资产占全行业比例计算不同行业的市场结构集中程度，结果如图 1 - 10 所示。其中节能环保产业、新能源汽车产业和高端装备制造业行业集中度相对较高，行业前五大公司的总资产占总样本的比重达到 60% 以上，前十大公司的比重

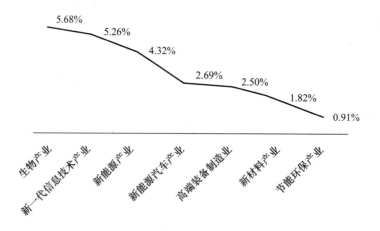

图1-9 2014年七大战略性新兴产业资产利润率

达到70%以上，新能源汽车产业的该比重甚至高达81%；而新能源产业和新材料产业集中度则相对分散，行业前五大公司的总资产比重在40%以上，前十大公司的比重在60%以上；新一代信息技术产业集中程度相对较低，行业总资产排名前五大公司比重仅为行业总资产的30.78%，前十大公司的比重仅为40.29%；生物产业的集中度最低，行业前五大公司总资产比重仅为17.54%，前十大公司的比重仅为28.22%。

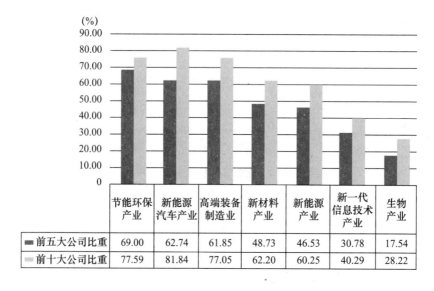

	节能环保产业	新能源汽车产业	高端装备制造业	新材料产业	新能源产业	新一代信息技术产业	生物产业
前五大公司比重	69.00	62.74	61.85	48.73	46.53	30.78	17.54
前十大公司比重	77.59	81.84	77.05	62.20	60.25	40.29	28.22

图1-10 2014年七大战略性新兴产业行业集中度

4. 成长性

表1-3显示了七大行业从2010—2014年营业收入的年增长率情况。数据显示，五年间战略性新兴产业得到了极大的发展，营业收入增长迅速，平均年增长率为22.80%。其中，2010年、2011年增速较快，七大产业的平均增长率高达30%以上，其中，增长最快的新材料产业和新能源汽车产业2010年营业收入增长率甚至超过45%。然而，自2012年起，各行业营业收入增长率明显下降，平均增速猛降至10.61%，其中，新能源产业从2011年的48.70%下降至12.64%，下降幅度高达36.05%，在七大产业中下降幅度最大；前两年增速较快的新材料产业和新能源汽车产业2012年的增长速度跌入谷底，新能源汽车产业基本为零增长，新材料产业甚至出现负增长；同样出现负增长的是高端装备制造业，2012年增速由2011年的27.36%猛降至-0.05%；而节能环保产业、生物产业和新一代信息技术产业发展相对稳定，增速虽有略微下降，但下降幅度相对平缓。2012年之后，除新能源汽车产业之外，其余各产业的营业收入增长率均实现稳步回升，其中，新一代信息技术产业在2014年更是达到近五年的最高值37.79%；而新能源汽车产业虽然在2013年增长率有所回升，但在2014年又一次降至战略性新兴产业的最低点8.39%，与2010年的领跑七大产业的形势形成鲜明对比。

表1-3　七大战略性新兴产业2010—2014年营业收入年增长率情况　　单位:%

	2010年	2011年	2012年	2013年	2014年	平均
新一代信息技术产业	34.35	24.92	23.41	19.98	37.79	28.09
新能源产业	38.81	48.70	12.64	16.84	21.75	27.75
新能源汽车产业	45.91	34.37	0.51	21.48	8.39	22.13
新材料产业	47.53	32.69	-0.55	7.43	19.33	21.28
节能环保产业	28.75	25.20	19.87	16.11	15.64	21.11
生物产业	23.84	22.02	18.45	19.58	17.69	20.32
高端装备制造业	32.50	27.36	-0.05	16.98	17.86	18.93

二　中国战略性新兴产业行业效率

(一) 行业效率评价

通过对七大中国战略性新兴产业效率进行计算可知（见图1-11），我国战略性新兴产业2014年总效率基本在0.7以上。其中，规模效率总体较好，基本趋近于1，而纯技术效率相对较低，在0.70—0.85，总效率值主要受技术效率值的影响，这表明战略性新兴产业目前发展规模效率较好，但整体技术效率偏低。

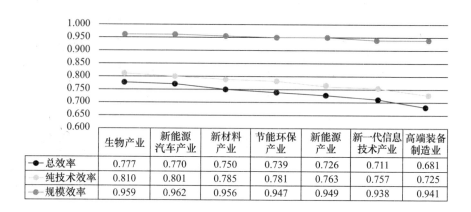

	生物产业	新能源汽车产业	新材料产业	节能环保产业	新能源产业	新一代信息技术产业	高端装备制造业
总效率	0.777	0.770	0.750	0.739	0.726	0.711	0.681
纯技术效率	0.810	0.801	0.785	0.781	0.763	0.757	0.725
规模效率	0.959	0.962	0.956	0.947	0.949	0.938	0.941

图 1 - 11　2014 年七大战略性新兴产业平均总效率、纯技术效率和规模效率

从各产业指标来看，七大产业效率分布并不均衡，其中，生物产业和新能源汽车产业效率最高，总效率在0.77及以上，纯技术效率和规模效率分别达到0.8和0.95以上；其次为新材料产业，规模效率同样达到0.95以上，纯技术效率略低于生物产业和新能源产业；节能环保产业和新一代信息技术产业纯技术效率相对较好，节能环保产业为0.781，接近于新材料产业，新一代信息技术产业为0.757，接近于新能源产业，但是，由于各自的规模效率相对较低于相邻产业，导致其总效率偏低；而新能源产业和高端装备制造业恰好相反，规模效率较好，但纯技术效率相对较低。

进一步对各产业的规模效益进行分析（见图1 - 12），新能源汽车产业、高端装备制造业和新一代信息技术产业中50%以上的企业处于规模效率递减阶段，其中，新能源汽车产业规模效率递减的企业比例甚至高达70.83%，这表明增加投入后，产出的增长比例可能小于投入增加比例，即增加投入的产出效率比较低；新材料产业中有58.93%的企业处于规模效率递增阶段，这表明此类产业在适当增加投入量后将获得更大比例的产出回报。此外，节能环保产业、生物产业和新能源产业中处于规模效率递增和递减企业的比例差距并不大，且达到规模效益不变阶段的企业数量也相对较多。

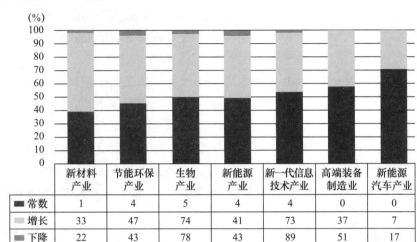

	新材料产业	节能环保产业	生物产业	新能源产业	新一代信息技术产业	高端装备制造业	新能源汽车产业
■ 常数	1	4	5	4	4	0	0
增长	33	47	74	41	73	37	7
下降	22	43	78	43	89	51	17

图 1-12 2014 年七大战略性新兴产业的规模效益分析

（二）投影分析

对七大产业进行投影分析，测算各项投入指标的冗余程度，分析不同产业投入资源的改进潜力以及重点改进方向。图 1-13 列出了各产业员工总数、资产总计、营业总成本与研发费用 4 项指标与其投影（最优值）之间的差距。

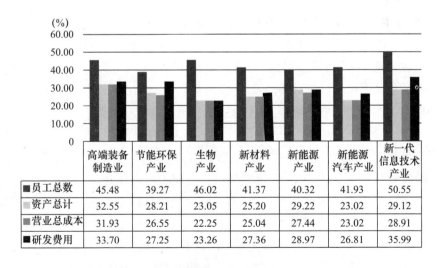

	高端装备制造业	节能环保产业	生物产业	新材料产业	新能源产业	新能源汽车产业	新一代信息技术产业
■ 员工总数	45.48	39.27	46.02	41.37	40.32	41.93	50.55
资产总计	32.55	28.21	23.05	25.20	29.22	23.02	29.12
■ 营业总成本	31.93	26.55	22.25	25.04	27.44	23.02	28.91
■ 研发费用	33.70	27.25	23.26	27.36	28.97	26.81	35.99

图 1-13 2014 年七大战略性新兴产业投入要素冗余程度

　　从行业整体冗余程度来看，生物产业、新材料产业和新能源汽车产业发展状况较好，产业投入产出效率高，各要素投入的冗余程度相对较低，新能源产业和节能环保产业次之，而高端装备制造业和新一代信息技术产业则存在产出效率低、冗余程度高的问题。

　　从冗余指标来看，七大产业均存在严重的员工冗余情况，大部分产业冗余比例在40%以上，冗余最严重的新一代信息技术产业员工冗余比例高达50.55%，冗余比例最低的节能环保产业员工冗余也达到39.27%，远高于其他指标。其次，产业之间研发投入的冗余程度差别较大，新一代信息技术产业、高端装备制造业的冗余程度相对较高，在30%以上，而生物产业的研发冗余程度偏低，为23.26%。此外，总资产和营业成本投入的冗余较低，且产业之间发展较为均衡，其中，高端装备制造业和新一代信息技术产业的冗余程度相对偏高，但与其他产业之间的差距不大，基本在7%—8%。

三　中国战略性新兴产业生产率

　　为进一步探讨我国战略性新兴产业生产率变化的行业差异，我们将测算的上市公司生产率按照行业进行划分。结果显示（见表1-4），七个产业生产率在2011—2012年均存在不同程度下滑，2012年之后有所回升。变化幅度最大的为新能源汽车产业，2010—2011年生产率高达1.031，远高于其他产业，2011—2012年下滑至0.904，下滑幅度高达12.32%，尽管2012年之后有所回升，2013—2014年生产率仅为0.979，排名由2010—2011年的第一位变为最后一位。变化幅度同样较大的还有新能源产业，但其发展趋势则与新能源汽车产业恰好相反，初期新能源产业的生产率较低，2011—2012年仅为0.879，排在七大产业的最末位，2012年之后年新能源产业实现大幅度的提升，2012—2013年增长率高达13.54%，2013—2014年进一步增长至1.059，位居榜首。新材料产业和高端装备制造业变化幅度相对平缓，2011—2012年生产率分别下滑9.03%和8.09%，但在2012年之后同样实现了一定比例的回升，2013—2014年生产率分别为0.996和0.991。新一代信息技术产业、节能环保产业和生物产业的生产率则在平稳中实现增长，五年来变化幅度基本不超过5%，如2011—2012年在其他四个产业都产生较大幅度的下降的同时，三个产业的下降比率在1%左右，形成鲜明的对比，其中新一代信息技术产业下降比率仅为0.43%。

表1-4　　2010—2014年七大战略性新兴产业生产率变化的行业差异

时间（年）	2010—2011	2011—2012	2012—2013	2013—2014
新能源汽车产业	1.031	0.904	1.025	0.979
新材料产业	1.019	0.927	0.986	0.996
生物技术业	0.979	0.962	0.966	0.998
高端装备制造业	0.976	0.897	0.986	0.991
新能源产业	0.956	0.879	0.998	1.059
节能环保产业	0.947	0.937	0.979	0.990
新一代信息技术产业	0.935	0.931	0.982	1.019

第三节　中国战略性新兴产业区域发展评价

一　中国战略性新兴产业区域发展现状

（一）战略性新兴产业发展规模存在较大的区域性差异

表1-5采用总资产和从业人员平均数对我国战略性新兴产业各省份发展规模进行衡量（见表1-5），结果显示，各省份战略性新兴产业发展规模存在显著差异。其中，发展规模最大的为广东和江苏，总资产分别为20513.1亿元和15200.3亿元，从业人员平均人数分别为380.38万人和246.18万人。两个省份的总资产合计占全国战略性新兴产业总资产的40.97%，从业人员合计占48.43%，而排位紧随其后的上海资产和从业人员占全国战略性新兴产业比重仅为5.96%和4.71%。规模较小的新疆、西藏、宁夏等省份资产规模更是不足100亿元，从业人员不足1万人，与发达省份相比差距悬殊。

表1-5　　　　　　　　2013年各省份战略性新兴产业发展规模情况

单位：亿元、万人

排名	省份	资产总计	从业人员规模	平均资产规模	排名	省份	资产总计	从业人员规模	平均资产规模
	全国	87177.9	1293.69	3.24	16	江西	1480	27.75	2.13
1	广东	20513.1	380.38	3.54	17	河北	1460.1	19.74	2.90

续表

排名	省份	资产总计	从业人员规模	平均资产规模	排名	省份	资产总计	从业人员规模	平均资产规模
2	江苏	15200.3	246.18	3.12	18	湖南	1240.8	30.36	1.41
3	上海	5195.3	60.94	5.07	19	吉林	1096.0	15.15	2.78
4	浙江	5060.1	67.04	2.12	20	黑龙江	791.3	8.39	4.32
5	山东	5050.8	69.13	2.51	21	山西	766.5	14.21	5.55
6	四川	4712.3	50.15	5.60	22	广西	592.2	12.51	1.97
7	北京	4229.8	28.73	5.41	23	贵州	492.7	4.71	3.31
8	河南	3064.7	63.40	3.28	24	云南	434.5	3.53	3.19
9	天津	2739.8	27.11	4.68	25	内蒙古	358.2	3.27	3.58
10	湖北	2407.6	29.36	2.90	26	甘肃	278.6	2.84	2.60
11	福建	2302.0	37.74	3.10	27	海南	215.5	1.87	4.23
12	辽宁	1986.4	21.84	2.70	28	青海	104.4	0.59	3.73
13	陕西	1945.9	23.06	4.84	29	宁夏	85.8	0.67	4.52
14	安徽	1728.1	20.52	2.05	30	新疆	48.4	0.44	1.73
15	重庆	1570.4	21.93	4.10	31	西藏	26.5	0.15	3.31

　　采用地区总资产与企业数的比值对全国各地区战略性新兴产业的企业平均规模进行衡量，数据显示，我国 2013 年战略性新兴产业的企业平均规模为 3.24 亿元，同比 2012 年增长了 47.48%，规模增长迅速。从各地区数据来看，我国战略性新兴产业总体发展规模最大的广东和江苏，但其企业的平均规模并不大，仅在 3 亿元左右；企业平均规模最大的为四川，企业资产平均规模高达 5.60 亿元，其次为山西和北京，平均规模分别为 5.55 亿元和 5.41 亿元；而平均资产规模较低的如湖南、新疆、广西等省份，企业平均规模仅为 1 亿元多一点。

　　进一步将全国一级行政区域划分为东北、西北、华北、华东、华中、华南、西南七大区域，对 2013 年全国战略性新兴产业的区域分布和平均规模进行分析。如图 1-14 所示，我国战略性新兴产业主要集中于华南和华东地区，总资产规模在 5000 亿元以上，但企业的平均规模并不大，在 3 亿元左右；西北、西南和华北地区新兴产业的总体规模较小，其中西北地区资产规模甚至不足 500 亿元，但这三个区域的企业平均规模相对较高，均高于 4 亿元，其中西南地区企业的平均资产达到 4.77 亿元；最后，东北和华中地区的战略性新兴产业发展步伐相对滞后，总资产和企业的平均资产均较低。

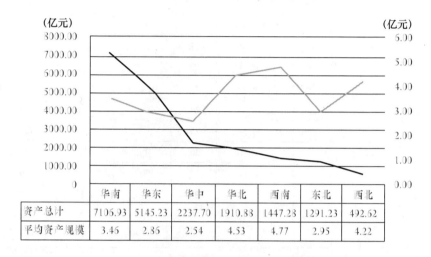

	华南	华东	华中	华北	西南	东北	西北
资产总计	7106.93	5145.23	2237.70	1910.83	1447.23	1291.23	492.62
平均资产规模	3.46	2.85	2.54	4.53	4.77	2.95	4.22

图 1-14 2013 年全国七大区域的战略性新兴产业发展规模

（二）华东地区利润能力领先全国各区域

从表 1-6 所示的 2013 年各省份所获利润来看，各地区战略性新兴产业的获利能力同样存在较大差距。其中，利润居全国首位的仍是江苏和广东，2013 年利润分别为 1521.5 亿元和 1388.6 亿元，两省份合计占全国利润总额的 40% 以上，远超其他省份；而利润较低的西藏、新疆、青海，2013 年的利润不足 10 亿元，宁夏的利润甚至为 -0.1 亿元。但是，从不同省份的总资产利润率来看，江苏和广东的利润率并不高，江苏的总资产利润率为 10.01%，而广东仅为 6.77%，运营能力一般，反而企业平均规模小、利润较低的广西和湖南的资产利润率较高，其中广西的资产利润率高达 20.97%，远远超过其他省份。

表 1-6　　　　2013 年各省份战略性新兴产业盈利情况　　　　单位：亿元、%

排名	省份	利润	资产利润率	排名	省份	利润	资产利润率
1	江苏	1521.5	10.01	17	吉林	115.3	10.52
2	广东	1388.6	6.77	18	河北	107.8	7.38

续表

排名	省份	利润	资产利润率	排名	省份	利润	资产利润率
3	山东	700.3	13.87	19	陕西	86.2	4.43
4	浙江	419.2	8.28	20	重庆	73.6	4.69
5	四川	370.0	7.85	21	黑龙江	48.8	6.17
6	天津	297.9	10.87	22	云南	42.2	9.71
7	北京	292.4	6.91	23	内蒙古	33.9	9.46
8	河南	274.1	8.94	24	贵州	27.8	5.64
9	上海	235.7	4.54	25	山西	25.1	3.27
10	湖南	188.1	15.16	26	甘肃	19.1	6.86
11	福建	176.9	7.68	27	海南	17.0	7.89
12	辽宁	173.1	8.71	28	青海	7.8	7.47
13	安徽	157.8	9.13	29	西藏	3.3	12.45
14	江西	156.0	10.54	30	新疆	1.9	3.93
15	湖北	148.4	6.16	31	宁夏	-0.1	-0.12
16	广西	124.2	20.97		全国	7233.7	8.30

从 2013 年全国七大区域战略性新兴产业的获利指标来看（见图 1-15），华东地区的获利能力和运营能力均较高，处于七大区域的首位；与华北地区相对应的是西北和西南地区，利润总额和资产利润率均偏低，其中西北地区情况最低，资产利润率仅为 4.66%；华南和华北地区相对发展较为均衡，利润总数和利润率均处于中游位置；东北和华中地区的情况较为特殊，与华东地区的"双高"和西北、西南地区的"双低"不同，东北和华中地区的战略性新兴产业尽管利润总额偏低，但资产使用效果较好，2013 年资产利润率分别高达 8.70% 和 9.10%，仅次于华东地区，是西北地区的两倍左右。

（三）华中和西南地区近年来增长较快

表 1-7 对 2009—2013 年全国各省份战略性新兴产业主营业收入的平均增长率进行排序，数据表明，规模和获利能力均较低的重庆、山西和广西等显示了较强的增长能力，五年的平均增长率高达 40% 以上，位居全国首位，其中重庆平均增长率甚至高达 75.89%；而上海、北京、浙江、广东等战略性新兴产业发展相对超前的省份近五年增长率相对较低，

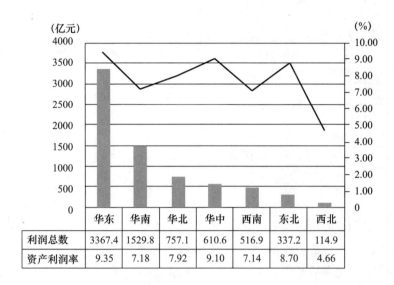

	华东	华南	华北	华中	西南	东北	西北
利润总数	3367.4	1529.8	757.1	610.6	516.9	337.2	114.9
资产利润率	9.35	7.18	7.92	9.10	7.14	8.70	4.66

图 1 - 15　2013 年全国七大区域的战略性新兴产业获利指标

不足 10%，其中上海的收入 2012 年和 2013 年出现负增长，分别为
-0.17% 和 -3.24%；相对而言，河南、四川、安徽等省份同样规模较
大、获利能力较强，但近年来仍然保持了较高的增长，近五年主营业务
收入平均增长率在 40% 以上；发展相对落后的省份如新疆、贵州、黑龙
江等规模和获利能力均较差，增长能力在全国各省份排名也相对靠后。

表 1 - 7　　　　全国战略性新兴产业 2009—2013 年平均增长率　　　　单位:%

排名	省份	五年平均增长率	排名	省份	五年平均增长率
1	重庆	75.89	17	山东	20.30
2	河南	54.41	18	内蒙古	17.45
3	山西	49.56	19	陕西	16.78
4	广西	43.23	20	河北	16.08
5	湖南	42.21	21	江苏	15.51
6	安徽	41.10	22	黑龙江	15.28
7	青海	37.19	23	贵州	11.86
8	四川	35.32	24	辽宁	11.45
9	西藏	34.43	25	福建	11.28
10	吉林	30.88	26	广东	9.99

续表

排名	省份	五年平均增长率	排名	省份	五年平均增长率
11	江西	30.25	27	浙江	9.47
12	湖北	24.90	28	北京	4.76
13	天津	22.93	29	宁夏	1.58
14	甘肃	22.87	30	新疆	-0.40
15	云南	22.11	31	上海	-0.93
16	海南	21.64		全国	15.94

　　图 1-16 进一步对七大区域 2009—2013 年五年间的主营业务收入增长率进行比较，数据显示，自 2009 年我国提出大力发展战略性新兴产业战略以来，我国战略性新兴产业得到了迅猛的发展，2010 年各区域战略性新兴产业增长率均有显著提升，之后增速均有所放缓。七大区域中增速较快的为华中、西南和东北地区，2009 年增长率就达到 20% 左右，

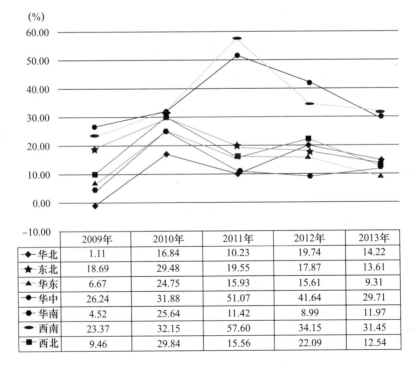

	2009年	2010年	2011年	2012年	2013年
◆ 华北	1.11	16.84	10.23	19.74	14.22
★ 东北	18.69	29.48	19.55	17.87	13.61
▲ 华东	6.67	24.75	15.93	15.61	9.31
● 华中	26.24	31.88	51.07	41.64	29.71
● 华南	4.52	25.64	11.42	8.99	11.97
— 西南	23.37	32.15	57.60	34.15	31.45
■ 西北	9.46	29.84	15.56	22.09	12.54

图 1-16　全国七大区域 2009—2013 年主营业务收入增长率

2010 年更是进一步提升至 30% 左右，2010 年之后这三个区域增长速度有
所分化，华中和西南地区持续高速增长，2011 年主营业务收入增长率高
达 50% 以上，2012 年和 2013 年尽管有所下滑，但仍保持在 30% 以上，
远高于全国其他区域；而东北地区增速自 2010 年之后有所放缓，从 2010
年的 29.48% 一路下滑至 2013 年的 13.61%；华北地区增长启动较晚，
2011 年之前增长率在全国各区域中一直位于末位，2012 年猛增至
19.74%，2013 年虽然下滑至 14.22%，但仍高于其他区域，仅次于华中
和西南地区。

（四）华东、华南地区的创新支出与产出均高于其他区域

从全国各省份战略性新兴产业 2013 年用于内部开展研发活动的实际
支出来看，广东研发支出远高于其他各省份，内部支出达 661 亿元，是紧
随其后的江苏的两倍以上，其外，江苏、山东、浙江、北京和上海等份
研发活动支出均超过 100 亿元，且超过 100 亿元的省份研发支出中人员劳
务费支出的比重也相对较高，除山东之外，均在 30% 以上，广东比重甚
至接近 50%。吉林、广西、云南、山西、海南等 11 个省份研发支出不足
10 亿元，其中，青海、新疆和西藏 3 个省份最低，支出尚不足亿元，且
与发达省份相比，研发活动支出中用于人员劳务费用的支出也相对较低，
除排名最后的西藏之外，其他 10 个省份人员劳务费用支出占研发活动支
出的比重均不足 30%，比重最低的新疆仅为 10.70%，而用于购置仪器和
设备的费用高达 35.47%。

表 1-8　　　　全国战略性新兴产业 R&D 支出及构成　　单位：万元、%

排名	省份	内部支出合计	人员劳务费	仪器和设备	排名	省份	内部支出合计	人员劳务费	仪器和设备
	全国	20343380	35.89	9.77	16	河北	216687	25.18	13.06
1	广东	6612820	47.56	8.50	17	江西	214956	31.04	8.42
2	江苏	2798080	30.13	13.23	18	黑龙江	210882	23.48	7.16
3	山东	1562172	26.09	8.54	19	重庆	166156	30.28	14.14
4	浙江	1304677	40.11	7.78	20	贵州	155535	22.41	5.05
5	北京	1065430	36.26	4.02	21	吉林	72387	22.29	14.99
6	上海	1061501	40.02	13.21	22	广西	63038	28.38	8.97
7	湖北	732174	33.26	13.06	23	云南	61105	20.01	9.43

续表

排名	省份	内部支出合计	人员劳务费	仪器和设备	排名	省份	内部支出合计	人员劳务费	仪器和设备
8	福建	705357	33.61	9.43	24	山西	58480	18.94	10.98
9	四川	618378	26.69	11.12	25	海南	39039	19.45	13.13
10	陕西	583150	18.58	9.38	26	甘肃	30488	23.52	15.22
11	辽宁	533576	15.28	2.91	27	内蒙古	15532	20.99	5.87
12	天津	451315	31.50	18.52	28	宁夏	14822	21.62	23.36
13	湖南	433737	20.23	10.37	29	青海	6093	13.26	6.24
14	安徽	301380	26.96	14.53	30	新疆	3448	10.70	35.47
15	河南	249531	35.64	10.67	31	西藏	1454	33.15	3.51

图 1-17 对各区域研发经费支出中来自各级政府部门的资金和来自企业自有资金的比重进行比较可以发现，我国战略性新兴产业的主要研发经费来源于企业自有资金，来自政府部门资金比重较低。其中，华南和华东地区等产业发展较好的区域企业资金比重超过90%，而政府投入资金仅在5%左右。而东北和西北两个区域尽管企业资金比重超过60%，但仍有较大比重的资金投入来源于政府，东北地区政府投入占经费支出比重为31.62%，而西北地区更是高达37.64%，其中，比重最高的是陕西和黑龙江，该比重甚至超过40%。

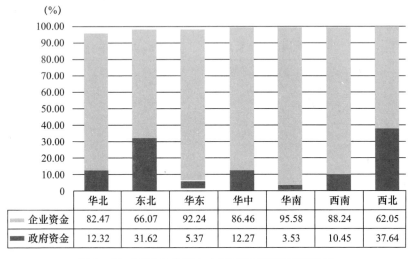

图 1-17 2013 年全国七大区域研发经费来源比重

从表1-9显示的战略性新兴产业新产品销售收入和有效发明专利数等创新产出情况来看，排在前列的依然是广东、江苏、天津、山东等省份，其中排名第一的广东有效发明专利70733个，占全国总量的50%，远高于其他各省份，而排名相对靠后的仍然为黑龙江、云南、山西、甘肃、内蒙古等东北和西北地区，可见较高的政府投入并未取得预期效果，东北和西北地区的创新能力并没有得到显著提高。此外，人员劳务费用支出比重较高的省份相对而言创新的产出情况也较好，例如，河南和天津人员劳务费的比重超过30%，尽管研发经费支出并不算高，新产品销售收入高达1981亿元和1823亿元，分列全国的第三和第四位。

表1-9　　　　　2013年各省份战略性新兴产业创新情况　　单位：亿元、个

排名	省份	新产品销售收入	有效发明专利数	排名	省份	新产品销售收入	有效发明专利数
	全国	31230	138785	16	陕西	218	1855
1	广东	9769	70733	17	河北	199	928
2	江苏	6154	14243	18	重庆	152	1044
3	河南	1981	950	19	吉林	134	606
4	天津	1823	3456	20	广西	91	403
5	山东	1819	4667	21	贵州	88	1005
6	浙江	1819	6672	22	黑龙江	66	593
7	北京	1584	8714	23	云南	52	697
8	福建	1223	2665	24	山西	47	277
9	上海	795	5359	25	甘肃	30	102
10	湖南	762	1307	26	内蒙古	18	51
11	四川	731	3684	27	海南	14	331
12	湖北	556	2888	28	宁夏	14	39
13	安徽	420	2722	29	西藏	2	27
14	辽宁	385	1780	30	新疆	2	19
15	江西	278	967	31	青海	1	1

二　中国战略性新兴产业区域效率评价

（一）评价指标选取

为了对我国战略性新兴产业区域效率进行评价，本节采用中国29个

省份的数据作为战略性新兴产业地区发展的评价单元（青海、宁夏由于数据存在缺失被剔除），数据来源于《中国高技术产业统计年鉴(2014)》。综合考虑科学性、可比性、可获得性和可操作性等原则，我们最终选取 6 个投入产出指标。投入指标分别为从业人员平均数、资产总额和研发经费总支出，产出指标分别为利润、专利申请数和新产品销售收入，指标说明如表 1-10 所示。

表 1-10　　　　战略性新兴产业地区发展评价指标选取及说明

投入	从业人员平均数（X_1）	该指标是指在生产过程中对人力资源的使用情况，包括生产人员、管理人员、技术人员等
	资产总额（X_2）	该指标是指拥有或控制的能以货币计量的经济资源，包括各种财产、债权和其他权利
	研发经费总支出（X_3）	该指标是指用于研发活动的实际支出，既包括调查单位对于内部的支出，也包括对外部的支出
产出	利润（Y_1）	该指标是指销售产品的收入扣除成本价格和税金以后的余额，是利得减去损失之后得到的净额
	专利申请数（Y_2）	该指标是指在一定时期内申请的专利数量，反映自主创新能力及科研成果
	新产品销售收入（Y_3）	该指标是指企业在主营业务收入和其他业务收入中销售新产品实现的收入

（二）投入产出效率评价

采用 DEA 软件对全国各省份战略性新兴产业的发展效率进行衡量，结果如表 1-11 所示。全国战略性新兴产业总效率为 0.839，其中北京、天津、浙江等 12 个省份的总效率达到 1，综合效率最优；吉林、海南两个省份虽未达到有效，但效率值也相对较高，总效率、纯技术效率和规模效率三个指标均在 0.9 以上；内蒙古、云南、江苏和四川 4 个省份总效率值虽然仅在 0.8 左右，但纯技术效率较好，均在 0.98 以上，云南和江苏省纯技术效率甚至为 1，导致效率偏低的主要原因在于规模效率较低，且规模效益均处于递减阶段；而排名相对靠后的辽宁、重庆、江西、甘肃、湖北、上海、黑龙江、山西、陕西和河北 10 个省份规模效率均较高，除山西省规模效率为 0.871 之外，其余 9 个省份的规模效率均在 0.9 以上，有 6 个省份的规模效率高达 0.99 以上，而造成这些省份总效率偏低的主要因素均为纯技术效率，其中河北、山西、黑龙江、上海 4 个省市纯技术效率仅为 0.5 左右。

表 1-11　　　　　　2013 年各省份战略性新兴产业投入产出效率值

排名	省份	总效率	纯技术效率	规模效率	排名	省份	总效率	纯技术效率	规模效率
1	北京	1	1	1	16	内蒙古	0.86	0.989	0.87
1	天津	1	1	1	17	云南	0.857	1	0.857
1	浙江	1	1	1	18	江苏	0.819	1	0.819
1	安徽	1	1	1	19	四川	0.779	0.983	0.793
1	山东	1	1	1	20	辽宁	0.739	0.752	0.983
1	河南	1	1	1	21	重庆	0.738	0.81	0.912
1	湖南	1	1	1	22	江西	0.693	0.721	0.961
1	广东	1	1	1	23	甘肃	0.68	0.687	0.99
1	广西	1	1	1	24	湖北	0.646	0.648	0.998
1	贵州	1	1	1	25	上海	0.594	0.596	0.996
1	西藏	1	1	1	26	黑龙江	0.586	0.592	0.99
1	新疆	1	1	1	27	山西	0.57	0.655	0.871
13	吉林	0.924	0.974	0.949	28	陕西	0.517	0.519	0.996
14	海南	0.914	0.925	0.988	29	河北	0.515	0.52	0.991
15	福建	0.896	0.898	0.998		全国平均	0.839	0.871	0.964

注：青海、宁夏数据因缺失被剔除。

图 1-18 进一步对各省份规模效益分布情况进行分析，结果显示，约 41% 的省份处于规模效益不变阶段，而规模效率不足 1 的省份中大部分省份处于规模效益递减阶段，即存在投入资源没有得到有效利用的问题，仅有海南、福建、湖北、黑龙江和陕西 5 个省份处于规模递增阶段，规模效应还没有充分地发挥，可通过进一步扩大发展规模提高效率。

（三）投影分析

通过投影分析对效率不足 1 的省份进行冗余分析，结果如图 1-19 所

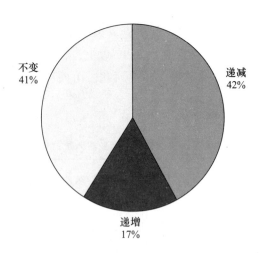

图 1-18　2013 年我国各省份战略性新兴产业规模效益分布情况

示。从投入的三个要素总资产、从业人员和研发经费的冗余情况来看，各省份分布并不均匀。其中，山西、重庆两个省份以总资产和从业人员冗余为主，山西、湖北、辽宁、福建和海南 5 个省份则主要以研发经费冗余为主，甘肃、吉林、四川和内蒙古 4 个省份主要以从业人员冗余为主，其余省份如河北、上海、黑龙江省份三类要素的冗余程度基本持平。

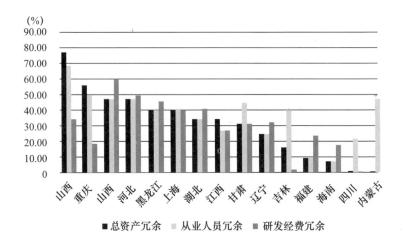

■ 总资产冗余　■ 从业人员冗余　■ 研发经费冗余

图 1-19　2013 年各省份战略性新兴产业冗余情况

注：不存在冗余的省份相关数据略。

第二章　战略性新兴产业市场需求
培育与拓展研究

　　创新战略性新兴产业培育模式，需要深入研究战略性新兴产业市场需求培育路径和策略，加强从需求侧推动产业发展。本章首先对战略性新兴产业市场需求类型进行了详细划分，指出从"量化"需求规模到"质化"需求结构转变的重要性。其次，结合战略性新兴产业发展阶段和产品技术特征，剖析各阶段市场需求培育重点。在此基础上，以新能源汽车产业为例，从"实验性消费者"入手，详细分析培育战略性新兴产业市场需求的途径。最后，通过分析国内外市场环境的变化，指明未来战略性新兴产业市场拓展的方向和策略。

第一节　战略性新兴产业市场需求分类分析

一　国内市场需求与国外市场需求

　　战略性新兴产业发展需要技术创新和市场培育协调进行，而技术创新需要迎合市场需求的变化。市场需求在战略性新兴产业培育过程中发挥着关键性作用。与此同时，伴随着产业全球化布局步伐的加快，战略性新兴产业突破国界限制，在全球寻找最优创新资源、最活跃市场区域，融入全球价值链，参与全球竞争是发展的必然趋势。因此，战略性新兴产业市场需求自然划分为国内市场和国外市场。

　　中国国内市场需求潜力巨大。进入 2015 年以来，战略性新兴产业受国家政策和宏观经济环境的影响，逐步进入稳中提质的新阶段，部分领域的市场发展潜力得到进一步释放。例如，在新一代信息技术领域，2014 年，中国全年电信业务总量达到 1.8 万亿元，同比增长 16.1%；2015 年上半年，电信业务总量同比增长 23.2%。信息消费带动相关产业

1.2 万亿元的发展。在生物技术领域，2015 年，中国生物仿制药品的年销售额将从 2011 年的 2748 亿元增长到 4478 亿元，年均复合增长率约在 15%。同时，新能源产业、新能源汽车产业以及高端装备制造业等前期面临一定困难的产业也出现了持续回暖的态势。这些数据说明充分利用中国庞大的国内市场和需求潜力能够显著促进战略性新兴产业发展，这具体体现在：一是国内市场需求规模大，会为战略性新兴产业相关产品生产带来规模经济效益，从而降低产品生产成本，提高产业竞争力；二是培育国内战略性新兴产业市场，能够产生"本土市场效应"，实现产品大规模生产，并获得高效率；三是以往中国产业发展严重依赖"出口导向"，阻碍了中国攀升全球高端价值链，因此，在发展战略性新兴产业时，要处理好国内市场与国外市场的关系。在构建稳固的国内市场需求基础的前提下，争取在全球价值链分工格局中争得有利地位。

与此相对应，在中国逐渐进入全面深化改革开放的新时代，战略性新兴产业市场需求的培育也需要在开放的市场环境中进行，在利用优质生产要素在全球范围内广泛流动所带来的好处的同时，也应当认识到国际竞争的激烈性和复杂性。这其中最为典型的案例是中国光伏产业的发展。得益于德国、意大利、日本、西班牙等国家出台的上网电价补贴、"屋顶计划"等政策措施，有效地刺激了光伏投资者的投资意愿，形成了巨大的光伏国际市场。中国光伏企业抓住这一机遇，迅速扩大产能，将所生产的 90%—95% 的光伏产品都出口到欧洲和北美洲，在短时间内抢占欧美光伏应用市场。在政府和企业配合下，中国光伏产业成长为少有的具有国际竞争力的新兴产业，取得显著的成绩。然而，过度依赖国外市场的弊端随着西方国家国际贸易保护主义的抬头而充分显现。2011 年，在"双反调查"和削减光伏补贴的影响下，中国光伏产业遭受严重打击，产业深陷震荡调整期。随着国内光伏应用市场的成长，到 2014 年年底，中国光伏发电累计并网装机容量达 2805 万千瓦，跃升为全球最大的光伏应用市场。

上述分析说明，培育战略性新兴产业市场需求要平衡好国内市场与国外市场的关系，以国内市场作为凝聚产业核心竞争力的坚强后盾，以拓展国外市场作为实现战略性新兴产业链高端化的可行方式，两者协调发展，创造出规模巨大、利润可观的新兴市场。

二　国家战略性需求、工业品需求与消费需求

根据战略性新兴产业的内涵，可以将战略性新兴产业市场需求划分为国家战略性需求、工业品需求和消费需求。战略性新兴产业包括"新兴性"和"战略性"两个维度，表明该产业在国民经济中具有战略性地位，对经济社会发展和国家安全具有重大的及长远的影响，并且产业发展着眼于未来，具有成长为国家经济发展支柱产业的可能性。相应地，在战略性新兴产业市场需求培育过程中，政府行政力量起着关键作用，并且出于对经济安全、国防安全和经济可持续发展的战略考虑，形成了具有公共属性的国家战略性需求。随着居民收入水平的不断提高，以及消费观念、生活方式的转变，形成了基于产品升级换代的私人消费需求。在国家战略性需求和私人消费需求的拉动下，引发了工业品需求的增长。

国家战略性需求属于公共需求的一部分，区别于刺激经济增长和提升就业率的普通公共需求。在战略性新兴产业中，国家战略性需求体现在两个方面：一是针对事关国计民生的生态资源、环境健康等领域；二是事关产业核心竞争力，涉及国家安全性、基础性、前沿性等领域。这意味着为满足国家战略性需求首先需要解决的就是在基础研究中取得突破。经过多年的发展和积累，中国基础研究的整体水平、综合实力和国际影响力不断增强。2005 年，我国基础研究投入 155.76 亿元，2014 年达到 613.5 亿元，年均增长约为 20%。[1] 在基础研究市场化方面，中国已在新材料、生物制药、新能源等方面取得显著突破，石墨烯纳米材料、干细胞治疗、太阳能薄膜电池等已得到广泛应用。这些基础研究成果为中国通过培育战略性新兴产业实现能源安全、绿色低碳、健康可持续发展奠定了基础，并对中国争夺新一轮科技革命领先地位具有重要战略意义。

在私人消费需求方面，最为显著的变化就是消费理念的转变对战略性新兴产业产品需求的拉动作用。随着中国居民消费水平、能力和层次的提升，消费理念更加个性化、科技化，也更加注重生态保健、绿色健康和消费效益。在此影响下，新一代信息技术、生物医药、节能环保、新能源等相关产业的产品需求提升明显。中国汽车工业协会的数据显示，2015 年 1—10 月，中国新能源汽车累积销量为 17.1 万辆，年底有望达到

---

① 《2014 我国研发投入强度持续提高》，科学网，http://news.sciencenet.cn/htmlnews/2015/12/333019.shtm? id=333019，2015 年 12 月 2 日。

22万—25万辆，将可能超过美国而成为世界最大的新能源汽车市场。中国生物医药销售收入也由2010年的1011亿元增长到2014年的2469亿元，同比增长7%以上。由此可见，消费理念更新，促使消费方式多样化，推进消费模式升级，也对战略性新兴产业市场培育起到积极的促进作用。

国家战略性需求和私人消费需求的提高，必然导致工业品需求市场发展。这在新材料产业中表现得尤为突出。新材料产业是国防建设的基础，也是高新技术发展的保障。据统计，中国新材料产业规模由2010年的6500亿元增长至2014年的16000亿元左右，年均增长约为25%。特种金属功能材料、先进高分子材料、前沿新材料的占比均有明显提升。以新材料产业为代表的工业品需求市场在战略性新兴产业发展中的支撑作用逐渐显现。

国家战略性需求、工业品需求和私人消费需求在战略性新兴产业发展过程中相辅相成。在产业发展早期，国家战略性需求占据主导地位，这是因为，在该阶段以政策扶持并引导产业发展为主。随着居民收入水平的提高以及消费理念的成熟，战略性新兴产业私人消费需求规模不断扩大，成为激励企业进行产品技术创新的驱动力。而工业品需求贯穿其中，起到重要的支撑作用。

三 "量化"需求规模与"质化"需求结构

从提升战略性新兴产业市场需求培育的"量"和"质"上看，战略性新兴产业市场需求可分为需求规模和需求结构两个维度，需求规模从"量"上拉动产业发展，而需求结构从"质"上提升产业竞争力（熊永清等，2015）。

战略性新兴产业市场需求培育的首要任务是"将蛋糕做大"，即扩大需求规模，为战略性新兴产业发展创造新的市场机会，从而形成内生良性循环激励机制，驱动产业进步。但是，总体需求规模并不等同于有效需求规模（范红忠，2007），战略性新兴产业市场规模扩大的同时，要避免产生"需求挤出效应"。综合现有研究的观点（孙晓华等，2010），有效需求规模是指有利于增加国内企业销售和收益的市场需求，这说明在衡量战略性新兴产业市场需求规模时，不仅要考虑到国内需求，还要注意国际市场对本国产品需求的放大效应。例如，在中国高端装备制造产业当中，所生产的产品满足发达国家技术标准和消费需求，但是，由于技术水平落后，产品生产部门不积极采用国产技术设备而直接从国外引进。中国质量协会发布的2013年全国装备制造业企业质量管理现状调查报告显示，装备制造企业质量管理的成熟度平均值为63.5分（满分为100分），47.6%的被调查企业最重要的关键设备来自其他国家和地区，关键设备的国产化率仅为52.4%。这造成的后果是，尽管下游产业在国内外需求的驱动下实现了市场规模扩张，但是并没有相应地带动国内装备制造业需求的扩张，而是为国外装备企业创造了巨额需求，加速了国外高技术设备"挤出"本土设备，导致企业有效需求规模的萎缩。因此，在培育战略性新兴产业市场需求时，要将"蛋糕"中的"水分"挤出去，以真实的、有利于国内企业实现销售增长的有效需求规模作为评价战略性新兴产业市场培育效果的衡量标准。

有效需求是否充足的另一个方面就是需求结构是否得以优化。战略性新兴产业的需求结构体现在高端、终端和低端三个环节上。产品技术含量和附加值沿着这三个环节依次递减。以往的产业发展经验表明，发达国家通常会通过占据产业价值链的高端环节，将发展中国家锁定在低附加值、微利润的低端环节，并利用其技术和市场优势抢占这些国家的高端市场需求，从而严重阻碍了它们利用本土市场需求来发展具有自主创新能力企业的内生机会。战略性新兴产业的发展要尽全力避免这种低端锁定问题的出现，通过政府采购、"首台套"政策等手段措施，从需求侧打开国内产品市场出口，调整外商直接投资的税收优惠政策，从而在保持和扩大国内产品有效需求规模的同时，促进国内市场需求结构更加合理。通过对高端装备制造业的跟踪观察发现，随着"中国制造2025"规划的推出以及"一带一路"倡议的实施，中国高端装备制造业迎来了历史发展新机遇。2014年，中国装备制造业出口额达到2.1万亿元，大型成套设备出口额约1100亿美元。而中国高铁已建成1.6万千米，在建1万多千米，高铁拥有量位居世界第一。种种迹象表明，虽然中国战略性新兴产业在某些领域仍受困于价值链低端环节，但是，随着中国国有企业自主创新能力的提升，以及国家政策的大力扶持，战略性新兴产业有效需求规模正逐步提升，需求结构也趋于优化，市场培育已初见成效。

第二节 战略性新兴产业市场
需求培育的特征

一 基于产业发展阶段的市场需求培育变化

(一) 产业萌芽期的市场需求培育

处于萌芽期的战略性新兴产业部门,其产品处于市场导入期,消费者对产品接受程度低,产品扩散较慢,因而产业实现的销售利润也较低。该阶段的市场培育需要政府通过首购、采购、产品购置税减免等需求激励性政策来对社会需求进行引导和创造。在战略性新兴产业当中,新能源汽车、物联网、高性能复合材料等产业都处于萌芽期市场培育阶段。

具体来看,新能源汽车产业的发展模式是政府积极参与并支持新能源汽车的技术研发与市场推广,以此来带动新能源汽车生产企业的自主研发,加快促进新能源汽车的产业化。在政府的大力推动下,一汽集团、比亚迪、奇瑞、长安、东风等大型汽车企业都已成功研发了多款新能源汽车,并且新能源汽车的市场化速度也较快,销售数量持续上升。然而,值得注意的是,中国新能源汽车的配套服务设施建设仍然较为匮乏,没有专业充能站、车辆上牌照难等问题仍阻碍着新能源汽车的快速普及,产业还没有形成良好的市场效应。与新能源汽车产业有紧密联系的高性能材料产业需求也十分旺盛。其中,中国对高性能玻璃纤维的需求将会很快超过美国,并成长为全球玻璃纤维应用的最大市场。然而,受制于中国材料基础研究的低水平,复合材料产品在性能的稳定性和服役环境的可靠性等方面还与国外有很大差距。除了少数品种的高性能复合材料达到国际先进水平实现自给,大部分新材料技术中国都没有自主知识产权,也没有形成规模化的产业。因此,中国高性能复合材料产业要实现市场化发展,还需在产品开发、技术更新等方面实现突破。同样,处于市场培育起步阶段的物联网在部分领域也取得了显著进展,从技术研发到产业化应用已显现出了广阔前景。据统计,2013 年,中国物联网市场规模达到 5000 亿元,2014 年约 6320 亿元,市场规模持续增长。包含智能电网、智能仓储、智能交通等在内的物联网与"互联网+"、大数据运用平台等密切联系,从而拥有广阔的市场前景。目前,99% 的物理设备已经连接到互联网，到 2020 年，预计这一数据将攀升到 50 亿元。这些日益增长的连接设备将创造出一个巨大的市场机会，物联网的各种应用也将随之爆发。

由新能源汽车、高性能材料和物联网等产业的市场培育情况可以看出，在产业萌芽阶段培育需求市场。首先，政府要在其中起到主导作用。因为在该阶段的产业产品刚刚脱离实验室走向市场，产品技术不够成熟，消费者接受程度低，需要政府通过需求拉动政策创造市场。其次，该阶段的产品技术稳定性较低，多数产品不掌握核心技术，在市场化过程中处于被动地位，因此，国内产品要得到消费者认可仍需要在技术创新方面多做努力。最后，有实力的大型国有企业可以成为培育战略性新兴产业产品市场的主力军。这些企业资金雄厚，在科技创新和人才培养等方面具备优势。同时，伴随着产业内外部条件的不断成熟，大型国有企业在推动产品市场当中将更具规划性和科学性。因此，以这些大型企业作为主力推动产品产业化、市场化将更具实效。

（二）产业成长期的市场需求培育

处于成长期的战略性新兴产业部门，其市场逐步形成，产品销量和利润额增长较快。此时，产品市场局面已经打开，消费者逐渐增多，产品已能够实现大规模生产，技术处于更新和完善阶段，相应的市场中的竞争也日益激烈。在战略性新兴产业中，生物制药、新能源、节能环保等产业处于该市场培育阶段。

在市场需求旺盛和政策大力扶持等利好因素的推动下，中国生物制药产业市场化步伐明显加快。据统计，自 2003 年以来，全球生物医药市场增速在 10% 以上，而中国的年均增长率更是达到 25% 以上。2014 年，中国生物医药产业销售收入已达 2469 亿元，同比增长 7% 以上。随着生物医药前沿技术领域的发展和突破，以及中国人口老龄化的加快，生物制药产业将进入新一轮快速发展期。而在新能源产业中，光伏、风电产业在深陷震荡调整期后，显现出复苏迹象。2014 年，中国全年光伏发电累计并网装机容量达 2805 万千瓦，同比增长 60%，光伏年发电量约 250 亿千瓦时，同比增长超过 200%。同时，产业当中出现的水电和光电联合调度等光伏发电应用模式创新，为光伏产业发展注入了新活力，开拓了更广泛的光伏应用市场空间。随着我国风电发展战略的提升，加之可再生能源配额制出台及风电上网电下调等多项政策的实施，风电产业也逐步走出低迷，以金风科技为代表的一批风电企业营业收入、净利润水平都显现出强劲增长趋势。在节能环保产业，面对雾霾、生态环境恶化等现实问题，节能环保市场出现迅速发展势头，并且需求增长点已由单一环保装备向着成套化、尖端化、系列化方向发展，而且需求重点包括大气污染防治、水污染防治、固体废弃物处理与防治、噪声与振动控制等方面。

通过对上述产业市场需求培育状况的分析，可以得出在成长期的战略性新兴产业部门市场需求具有以下三方面的特点：第一，技术的成熟和完善是实现产品市场扩容的先决条件。由上述分析可以看出，无论是生物制药产业、节能环保产业不断加大产品研发投入力度实现产品销量增长，还是风电、光伏产业运用较为成熟的新兴技术不断扩大产能，都离不开较为稳定的产品技术。因此，与处在市场初始孕育的产业部门技术相比，该阶段的技术已具有一定的稳定性，可实现产品规模化生产。第二，该阶段市场状况波动起伏，市场培育不确定性较大，部分产业陷入发展"瓶颈"期。以风电、光伏产业为代表的战略性新兴产业在发展过程中缺乏合理规划、无序上马新项目，致使产能严重过剩，造成市场供大于求，引发恶性低价竞争，损害产业发展。对此，急需通过政策调整引导产业向高端升级，开拓新市场空间，在消化过剩产能的同时，实现产业良性发展。第三，实现消费观念的转变才能从根本上打开新兴产品市场。战略性新兴产业中的低碳环保产品、功能高端化产品、精加工定制产品等符合当前经济社会发展需求，代表主流消费趋势，能够从根本上提高人民生活质量。面对新旧产品更替，如何有效引导消费者及时转变传统消费观念，提高对新产品认同度，才是推动战略性新兴产业产品市场走向成熟的关键。

（三）产业成熟期的市场需求培育

处于成熟期的战略性新兴产业，其产品已在市场上普遍销售，有稳定的用户群。对于战略性新兴产业来说，市场基本形成阶段并不意味着市场已培育成熟，而是指在原有产业部门的基础上通过技术创新实现市场改良和产品改良，寻求新的市场增长点或革新旧产品。在战略性新兴产业中的高端装备制造业、新一代信息技术产业属于该市场培育阶段。

高端装备制造业将逐步成长为中国国民经济的支柱产业。中国将高端装备制造业列为战略性新兴产业部门对机械行业特别是装备制造业的发展振兴意义重大。无论是传统产业转型升级还是战略性新兴产业发展都需要高技术附加值装备，尤其是对数控机床需求旺盛。产业信息网发布的数据显示，2014 年，我国机床电子市场规模为 425 亿元，其中数控系统市场规模约为 246.5 亿元，占比最大。除了数控机床，机器人技术在重构制造业生产模式，推动中国制造业水平提升的同时，本身也蕴藏着巨大的市场潜力。目前，中国使用机器人的制造业企业日益增多，在装配、点胶、搬运等工业领域已经掀起一股使用机器人替代人工的热潮。据中国机器人产业联盟发布的数据，2015 年上半年，中国国产机器人销售 11275 台，销售同比增长 76.8%。尽管对数控机床、机器人的需求在不断增长，但是，技术自主创新能力弱，仍是制约中国高端装备制造业市场规模扩张的主要因素。而新一代信息技术产业无论从产业基础、市场空间还是产业关联等角度看，都将充当着"排头兵"的作用。从新一代信息技术产业的各细分行业来看，集成电路、电子信息制造等都孕育着巨大的市场增长潜力。2014 年，中国集成电路产业实现销售收入 2627 亿元，同比增长 11.2%。中国重点集成电路企业主要生产线平均产能利用率超过 90%，订单饱满，销售状况稳定。同期，电子信息制造业实现销售产值 103902 亿元，同比增长 10.3%，保持较快增长。

　　总结这些战略性新兴产业部门市场需求培育状况，可以概括出在成熟期的战略性新兴产业市场需求培育有以下三个特点：一是处于该阶段的战略性新兴产业，其市场培育并非"零起点"。相比以突破性技术创新为起点的产业进行市场培育，面临着巨大的风险和不确定性，而这些产业天生与传统产业或高新技术产业有着密切关系，是在这些产业的基础上进行渐进式技术创新来获得产业的升级改造或发展到更高层次。因而，这些产业有良好的市场培育基础，能更快地实现产业经济效益。二是市场培育伴随着对传统产业技术的改造升级。处于该市场培育阶段的产业已经拥有较为稳定的用户群，因而市场培育的重点是在巩固当前市场占有率的前提下扩展新的细分市场，寻求新的潜在顾客。为了达到这一目的，需要这些产业凭借发展战略性新兴产业的良好契机，进行技术的升级换代，提高产品的科技含量及多方面的适用性，使其更符合当前低碳、环保、绿色的消费理念。三是该阶段市场培育的主要任务在于扭转对国外产品的依赖，增强国内消费者对本土产品的信心。如果说以突破性创新为基础培育一个新兴市场，各个国家站在同一起跑线上，那么在这些对传统产业依赖性较强的产业中进行市场培育，中国就显得稍有落后。例如，数控机床技术难以实现核心技术突破，高端市场被国外品牌占据，造成中国的高端数控机床产业的自给率严重偏低。在集成电路产业中，核心技术芯片都依靠国外进口。尽管中国政府在不断加大对技术研发的补贴力度，并通过首台套等政策刺激企业对国产产品的需求，然而，真正做大市场、获得产品竞争力的关键还在于这些产业中的企业从产品种类、技术水平、产品质量和产量上取得进步，在关键核心技术方面取得重大突破。

二　基于产品技术特征的市场需求培育重点

（一）团簇性增长的技术改进型市场

技术改进型市场是指由于运用新兴技术改善原有产品的特征指标和功能而出现的新兴市场。其中的新产品属于原有产品升级换代的产品。这类市场在战略性新兴产业当中最为常见，并且在大多数情况下该市场中的产品销量能够跨越维持企业生存的临界点，满足新生的、呈团簇性的客户群体需求（赵振元等，2004）。市场当中的客户群体之所以呈团簇性是因为企业通过排除技术障碍、完善技术和产品特征组合，使产品不仅能满足现有客户需求，而且可以满足新客户需求。这些新客户集中在由于技术创新而产生的利基市场当中，因此呈现出团簇性快速增长。

在战略性新兴产业的市场培育中，出现技术改进型市场的可能性最大。虽然发展战略性新兴产业的目的在于在新一轮科技革命中取得突破性技术创新，抢占科技经济增长制高点。但是，战略性新兴产业中仍包括大量的基于原有技术而发展起来的新兴技术。这也意味着战略性新兴产业的发展脱离不了传统产业、基础研究的支撑作用。在新一代信息技术产业中，4G 技术就是基于 3G 技术演化而来的。该技术能为用户带来更快的通信速度、更宽的网络频谱、更丰富的增值服务。各电信运营商通过终端补贴、套餐优惠、业务创新等一系列营销策略，开发 4G 应用市场。据统计，截至 2014 年，中国三大运营商 4G 用户规模达到 9000 万户，成为全球仅次于美国的第二大 4G 市场。新一代信息技术产业的市场培育成果表明，技术改进型市场更有利于培育新需求。团簇性集中在利基市场当中的用户规模会随着新兴技术的成熟和普及而快速成长起来，从而带动原有产业转型升级，促使产业发展步入新阶段。

（二）爆炸性增长的技术突破性市场

技术突破性市场是指由于新兴技术获得突破性创新成功，由此带来的新产品需求突破原需求惯性桎梏，在正反馈机制作用下促进企业进入爆炸性增长期，新兴市场迅速建立并成长起来。在该市场中，消费者的购买意愿快速上升，推动产品产量增加，生产成本急剧下降。企业从新产品销售中获得的利润直线增长，出现"赢者通吃"的现象，甚至出现竞争垄断的市场格局（何应龙等，2008）。

科学技术水平的积累为实现群体性突破奠定了基础。这可能引发新的科技革命，并带动产业发生重大变革，转变人类生产和生活方式。培育战略性新兴产业，十分注重推动重大技术实现突破，以增强产业发展核心技术能力。而跟随突破性技术创新出现的新兴需求市场也繁荣发展起来。在新能源产业中，生物质能、太阳能、风能在一定程度上取代了对化石燃料能源的需求；在生物制药产业中，细胞治疗、基因检测、蛋白质工程等前沿技术已进入实际应用阶段；在新材料产业中，稀土功能性材料、高性能膜材料、功能陶瓷、半导体照明材料等得到越来越广泛的应用。由这些实例可以看出，技术取得突破，不但满足已有需求，还能够创造新需求，直接推动新兴产业部门的出现，创造巨大的经济社会效益。

（三）追捧性消亡的技术早熟型市场

按照产品技术特征来划分，还有一类新兴技术在出现的初期受到热烈追捧，但是，由于技术所能满足需求的能力和程度也非常不明确，无论是在技术研发过程中还是研发完成之后，市场都呈现出高度不确定。这就造成部分新兴技术不被市场所接受，沦为过度超前的早熟技术。尽管该新兴技术受到追捧，但是，因产品销量难以跨越维持企业生存的零界点而消亡。

在战略性新兴产业市场培育过程中，应当避免出现此类早熟型市场。战略性新兴产业的本质特征决定了该产业具有较高的技术路径不清晰、市场需求不确定等问题。因此，战略性新兴产业的技术创新和市场培育要符合产业发展规律，如果脱离市场需求实际，跃进式发展新兴技术，就难以彻底打破技术鸿沟，造成新兴技术过早"夭折"。例如，在光伏产业和风电产业的发展中，受国外市场需求拉动影响，发展光伏、风电技术受到各级政府极大支持，实现了产能快速扩张。但是，国内光伏、风电的市场却没有培育起来,光电、风电并网难的问题始终未得到有效解决,从而导致产业发展出现有技术、有产能、无市场的矛盾。

由此可见,技术的发展既要脚踏实地,大胆创新,也需要配合市场需求培育步伐,避免由于新兴技术受到过度追捧而造成技术早熟,从而影响到技术转化效果。

三 基于新兴消费业态的市场需求培育方向

在内外经济环境变化下,中国进入调整产业结构,转变发展方式的新常态。经济发展动力正从传统增长点转向新的增长点,而其中拉动消费成为重要引擎。当前,随着居民收入水平的普遍提高,消费结构升级步伐加快,居民在满足基本生活消费需求的基础上,开始追求生活质量方面的提升。伴随着各类新兴业态的蓬勃兴起,新的消费热点代表着未来消费升级的方向,战略性新兴产业市场需求的培育就是要牢牢把握消费需求变动趋势,继续发展壮大这些新的消费热点。

业态,即经营的形态,是形态与效能的统一。新兴消费业态是指针对出现的新的消费热点或消费者的特定需要,按照一定战略目标,有选择地运用商品经营结构、销售方式、价格策略等经营手段,提供满足新兴消费需求的类型化经营形态。在战略性新兴产业中,新兴消费业态的出现与信息技术的进步,产业融合发展的趋势密切相关。这表现在:第一,新兴产业向传统产业渗透、融合,转变原有业态形式。信息和生物技术对传统工业的融合,产生了生物芯片、机械电子、生物电子等新兴产业;电子网络技术向传统商业、运输业渗透产生了电子商务、物联网等新兴领域。以信息技术为代表的高新技术正以前所未有的广度和深度渗透到传统产业的各个环节中,使传统产业的生产过程和产品,以至经营管理方式发生了深刻的变化。这一方面提升了传统产业的发展水平,加速了传统产业的高技术化;另一方面也带来对原有业态形式的改变,出现以"互联网 +"为核心特征的新兴消费业态。第二,产业间的延伸融合催生出新兴消费业态。除新旧产业间的融合之外,战略性新兴产业链的形成也推动着产业间相互融合。这类融合通过赋予原有产业新的附加功能,增强了产业竞争力。例如,在农业中出现了现代农业服务体系,在工业中出现了工业服务业、工业旅游业等新兴业态。第三,产业内部重新组合改造原有业态形式。产业重组融合主要发生在具有紧密联系的产业或同一产业内部不同行业之间。通过重组融合而产生的产品或服务往往是不同于原有产品或服务的新兴业态形式。例如，云计算与物联网、移动互联网等融合发展，催生基于云计算的在线研发设计、教育医疗、智能制造等新业态。

新兴消费业态的出现既离不开消费者消费观念的转变，也与战略性新兴产业中取得技术突破创新密切相关。在当前中国消费结构不断升级的背景下，培育战略性新兴产业市场需求，要在发挥好消费的基础作用前提下，围绕消费热点进行业态创新，为消费者提供多元化的消费选择。

第三节　战略性新兴产业市场需求培育的现实途径

一　产业市场需求培育手段：实验性消费者的发展

战略性新兴产业的市场需求面临着两方面的困境：一是产品技术创新要求高、过程复杂、周期长，但能创造新需求，促进新产业兴起；二是消费者对新兴产品有需求，但限于现有技术发展水平和消费习惯等的影响，消费倾向难以真正转化为消费行为。如何平衡技术创新与市场需求之间的差异？实现技术与市场双轮驱动新能源汽车产业发展？培育实验性消费者是可行手段。

（一）技术与市场"双轮驱动"效应中的实验性消费者

战略性新兴产业的发展离不开技术推动和需求拉动的作用。从技术创新的推动作用来看，新兴技术正改变着原有技术发展模式，甚至跳跃原有技术轨道，改变生产技术工艺，创造出全新的产品或创新型的商业模式，从而创造出全新市场需求，推动战略性新兴产业演化发展。

从市场需求的拉动作用来看，在战略性新兴产业发展初期，技术路线尚未定型，产品也不成熟，潜在市场需求难以实现，需要政府通过各项优惠措施加以培育，推动技术创新的成功和市场应用环境的成熟。由此可见，技术创新和市场培育是推动战略性新兴产业发展的两股力量，两者的良性互动能对产业发展起到事半功倍的效果。

技术创新的驱动作用表现在新兴技术实现突破使产品批量化生产成为可能。实际上，在战略性新兴产业中除革命性、突破性技术之外，还存在大量的基于原技术进行的创新、改进。然而，由于基础研究难以突破、消费者观念还未成熟等问题，新兴技术没有能够实现市场化。随着科技水平的发展，如今在基础研究的多个方面取得了创新突破和革新，消费者观念也逐渐发生转变，形成了新兴产品系列化、规模化应用的基础，消费者有了更多元化的选择空间，从而为经济发展创造了新增长点。

反过来，市场的驱动作用表现在重大且紧迫的需求能迅速催生出新兴领域，并推动产业技术新旧交替，实现技术路线的跃迁和升级。近年来，随着能源安全、环境污染、气候变化等问题日益突出，全球正兴起一场以绿色、低碳等为代表的新能源革命。核能、风电、太阳能、生物质能等新兴能源的运用逐渐受到关注，相关产品也受到消费者的追捧。在战略性新兴产业各领域中，随着政府补贴力度的加大，相应的技术运用市场的培育正在稳步开展。由此也拉动了企业、科研院所的技术创新热情，产品质量得到提高，产品性能获得市场认可。

技术与市场"双轮驱动"效应在战略性新兴产业发展实践中已经表现得十分明显，然而，虽然这种技术与市场的相互促进、协调配合的作用机制会自发形成，但受限于现实产业发展演进过程中内外因素的影响和干扰，时常会表现出不协调、不同步。在战略性新兴产业中，一方面产业技术还不成熟、技术路径也不清晰，产品表现难以满足消费者期望；另一方面大部分消费者的消费观念并未得到根本转变，在消费惯性的作用下仍选择传统产品。如何协调技术创新和市场培育之间的相互作用机制，实现"1＋1＞2"的驱动效应来推动战略性新兴产业快速发展？产业发展的理论和实践表明，通过策略性利基管理创造实验性消费者可以成为链接技术与市场的关键纽带，实现技术与市场的协调配合。

（二）实验性消费者的需求特性分析

按照利基理论，利基是可盈利的市场空白，其实质就是一个"孵化室"，在其中通过私人资源和公共资金把创新型的企业培育起来。利基的形成以市场中出现的新经济增长点为基础条件，并有望为占有利基的企业在未来赢得超额利润。例如，在汽车产业中出现的新能源汽车，在医药产业中出现的生物制药等都可以被视为是该市场中由于技术创新而出现的"利基"。

新技术进入市场时需要经历一个发展过程。该过程包括由科学家、工程师、开发者、创业者以及用户形成的网络。这一前市场阶段以技术在被称为"保护性空间"的技术利基中发展为特征，而该技术利基又是通过大规模的示范工程项目而存在。当技术孵化过程进行顺利时，一个真正的市场利基将在适当的时候发展起来，从而在市场中获得生存机会。在这一过程中，有一特殊的群体起到重要作用，那就是实验性消费者。该消费者具有区别于普通消费者的偏好特性：首先，实验性消费者基于新技术而购买产品，并且不会因为是实验性产品而阻止他们购买，新产品的质量并不是他们主要考虑的因素；其次，部分实验性消费者对新产品具备专业性的知识，甚至能够参与到技术研发中；最后，实验性消费者的概念范围较为宽泛，不但包括类似于"极客"的新技术产品痴迷者，同时也包括致力于推动新技术产品市场化的机构、组织等。

（三）战略性新兴产业中实验性消费者的培育条件

随着科学技术水平的发展，新兴技术层出不穷，实验性消费者在以新技术为代表的新兴产业发展演化中起到越来越重要的作用。例如，在互联网的早期发展阶段，有一组以研究人员为主的实验性消费者进入市场，他们用互联网的前身——"阿帕网"链接研究实验室，并最终发展成为现在的互联网。事实上，互联网产业的发展是通过初始利基市场和实验性消费者的培育实现新技术市场化的案例之一，早期的汽车产业、飞机产业都是按照这种方式发展起来的。

战略性新兴产业同样具备通过培育试验性消费者实现市场化的条件。从技术方面来看，战略性新兴产业以实现突破性技术创新为特征，并且该技术能够引领产业结构实现转型，催生出新兴市场增长点，完全具备通过构建"保护性空间"加以培育的条件。从参与者构成来看，在该保护性空间中，技术研发机构、大型企业、政府机构以及实验性消费者可以通过建立联盟、组建伙伴关系或活动组织形成一个支持网络，开展相关新技术试验和市场化的部署行动，并从嵌入特定局部市场入手，最终将新技术和产品扩散、传播到更为广阔的区域。从产业特征来看，目前，战略性新兴产业处在发展初期阶段，技术路线处在探索之中，主导性的技术设计还未出现。市场中有多种可供选择的产品类型，而每种类型的产品仅占微小的市场份额。如果不加以保护，极易遭到市场排挤而"夭折"。当前，政府出台了一系列补贴政策扶持战略性新兴产业发展。这些政策措施不但构建起产业的"保护墙"，而且产业所获得的补贴也是发展实验性消费者的基础保障。

二 产业市场需求培育方式：从实验性消费者到大众市场的演化路径

（一）从利基演化视角解析实验性消费者的作用

按照利基管理理论，战略性新兴产业技术创新的市场化过程是通过建立保护性空间培育实验性消费者，从而形成利基市场的过程。在保护性空间中，政府、企业、各类市场参与者构成了新兴技术的"实验平台"。新兴技术在保护性空间中经过"技术利基"转到"市场利基"，并最终融入主流市场。

新技术在第一次进入市场前已经经历了一个发展过程，这一前置性的市场阶段以技术在特定"保护性空间"里发展为特征，而此时的保护性空间就是技术利基。技术利基通过两种方式显现出来：一是大规模的示范性项目，例如，新能源汽车产业中实施的"十城千辆"试点工程；二是嵌入特定局部市场中的参与者网络，如生产者、供应商、实验性消费者等构成的支持网络。示范性项目的存在目的在于实验新技术；而参与者网络在特定地区或领域发展并传播新技术，希望这些技术通过培育在未来能够扩散到更为广阔的市场区域。最终实现技术利基的样本市场发展成为市场利基。

新技术进入市场利基发展阶段后，技术的发展程度由其能够满足消费者需求的效用特性来衡量。由此可见，一个市场利基就是一个小型的极度专业化市场，在这其中的技术采纳策略和市场选择过程与主流市场相同。例如，对新能源汽车有需求的消费者无须对新能源动力系统感兴趣，他们只需要购买一个最为便利的新能源汽车。所以，市场利基的形成与技术能够满足即时消费者需求的效用程度有关。此外，国家提出可再生能源政策用于促进可再生、新能源电力、动力供应的普及。这一政策的出台也为一系列相关技术如风电、太阳能、新能源汽车创造了一个切实可行的市场。并且可再生已经成为一个市场选择技术的判断标准。

（二）实验性消费者作用下的战略性新兴产业利基演化过程

战略性新兴产业技术创新的社会—技术"实验"过程也是该产业通过建立保护性空间形成利基的过程。利基出现的基本条件就是市场上出现的新的盈利点。战略性新兴产业中的新盈利点就是新兴技术的研发和运用。在利基管理过程中，政府政策引导下高新技术企业、各类市场参与者、实验性消费者积极参与所形成的保护性空间构成了新兴技术的"实验平台"。新兴技术在保护性空间中经过"技术利基"转到"市场利基"，并最终融入主流市场。这一动态的、有机结合的新兴技术培育方式十分适合战略性新兴产业技术创新的特点，是可取的技术创新与市场培育政策工具。对此，选取新能源汽车产业作为研究对象，具体分析在实验性消费者作用下，产业由技术利基向市场利基的演化过程。

在新能源汽车产业中，新能源汽车主要有以下几大类：太阳能汽车、氢能汽车、醇类汽车、燃料电池汽车、纯电动汽车、混合动力汽车以及液化石油气汽车。可以按照这些产品的技术成熟度和市场化程度来刻画该产业利基的演化过程。

技术利基是新技术市场化的起点，也是技术创新发展的"实验室"或"原型机"阶段。在生物质能源产业中，处在该阶段的典型代表是太阳能汽车、氢能汽车、醇类汽车和燃料电池汽车。国内开展太阳能、氢能、醇类、燃料电池转化为汽车动力研究的单位较多，但是，很少有完成中试技术和产品研制的。因而在该阶段，以政府机构和科研单位为主所组成的支持性网络致力于学习和完善技术基础，目的在于提高技术的可行性。其中实验性消费者主要参与试制品体验，所起到的技术市场化推动作用较小。

新能源汽车技术创新活动过渡到下一阶段"市场利基"后，利基中的活动重点转向技术产品化和市场实验。目前，真正实现部分产品化的新能源汽车类型包括液化石油气汽车、混合动力汽车和纯电动汽车。此时，由政府机构、生产企业、科研单位和实验性消费者所组成的支持性网络着重培育技术产品，试点产品生产，从而为最终实现市场化做准备。实验性消费者在该阶段起到十分重要的作用，他们亲身体验新技术产品，并将结果反馈给研发机构和生产企业。这种反馈机制对于完善产品性能，实现新技术脱离实验室走向市场提供了极具价值的参考信息。

当技术走完研究开发、产品试制、市场推广阶段后，保护性空间的作用逐渐减弱，技术创新在真实的市场环境中接受检验。那些有发展潜力和盈利能力的新能源汽车技术类型牢固地嵌入主流市场中，成为新的产品类别。此时，实验性消费者也完成自身使命，转变为真正的产品消费者。

（三）由实验性消费者培育战略性新兴产业市场需求的可行路径

培育和发展战略性新兴产业，有两个亟待解决的关键问题：一是新兴技术来源；二是建立新兴技术运用市场。利基管理作为培育新兴技术的有效政策工具，能够针对战略性新兴产业技术创新特点，通过建立保护性空间将技术培育和市场创建过程有机结合起来，以培育利基的形式，形成一条新兴技术从实验室到最终市场产品的有序发展路径。

在战略性新兴产业发展初期，技术的成熟度和市场化程度都较低，在这个阶段，保护性空间表现出技术利基特点，主要关注技术期望和未来收益，通过支持性网络成员间的相互作用以"技术实验"为主学习新兴技术的可行性、用户期望符合程度等。当技术攻关取得一定突破后，新兴技术培育走向下一阶段——以产品试制和市场实验为主的市场利基阶段。这时保护性空间的关注点是技术的市场可行性。通过产品试制和市场实验收集产品使用反馈信息，调整产品设计、逐渐确定目标顾客，在"试制—调整"的反复过程中认识新兴技术的市场前景。在新兴技术具备一定市场化能力后，保护性空间的保护逐渐减弱，让这些技术得到真正市场的筛选和检验。市场利基所模拟出的市场必然与真实市场存在着差距，所以不排除有部分技术最终还是会遭到淘汰。只有真正符合社会经济发展需求的新兴技术，才能最终成功嵌入主流市场，甚至有部分技术能够进一步扩大其影响，最终引起技术—社会体系的转变。

以新能源汽车产业为例，在产业当前发展阶段，技术的成熟度和市场化程度都比较低。因此，保护性空间表现出技术利基的特点，主要关注技术期望和未来收益，并通过科研机构、生产企业和实验性消费者来构建支持性网络，以技术试验的方式学习新能源汽车技术的可行性、用户期望符合程度等。当技术攻关取得一定突破后，新能源汽车技术培育走向以产品试制和市场实验为主的市场利基阶段。这时保护性空间的关注点是技术的市场可行性，实验性消费者的作用凸显出来。他们通过市场实验给出对新技术产品的使用反馈信息，从而帮助生产企业调整产品设计，并逐渐确定出目标顾客。在新能源汽车技术具备一定市场化能力后，保护性空间的保护逐渐减弱，让这些技术得到真正市场的检验和筛选。并不断扩张市场份额，最终引起技术—社会体系的转变，使绿色消费的观念深入人心，实现新能源汽车对传统燃料汽车的替代。

三　产业市场需求培育策略：实验性消费者的激励

从实验性消费者角度设计战略性新兴产业的发展路径，其实质是通过利基管理思想来引导新兴技术实现市场化。在该思想下，技术创新所形成的经济增长点被抽象化、概念化为利基，而由政府、科研机构、生产企业、实验性消费者等所构成的网络支撑起利基发展演化的保护性空间，在其中将新兴技术"孵化"为成熟产品。这一过程中，实验性消费者起到连接技术试验和产品市场化的关键作用。他们与技术创新者之间的半合作行为能够带来技术市场化的根本转变和提升，正因如此，需要进一步强化对实验性消费者的激励和效用改进。

首先，需要针对实验性消费者需求特点制定激励政策。实验性消费者是消费者中的一类特殊群体，他们多数既是新兴技术科研人员，也是新产品测试人员。产品的质量、性能不是他们购买新产品的主要考虑因素，而是产品中的新技术吸引着他们的购买欲望。致力于推广战略性新兴产业相关产品的政府机构应加强与这些实验性消费者之间的联系，针对他们的消费特点，制定产品补贴政策，如此一来，不但有利于新兴产品先在小范围实现试点推广，同时也降低了实验性消费者购买新产品的门槛，从而能更好地针对产品改进提供有价值的反馈信息。

其次，创造条件发挥实验性消费者对普通消费者的带动作用，推动新兴产品融入主流产品市场。由上述分析可以看出，实验性消费者是联结技术创新与市场培育的关键纽带，也是实现新兴技术从利基市场融入主流市场的重要参与者。战略性新兴产业的发展历程已经表明，新兴技术知识主体转化为设计规则、技术标准、模型构架以及实践方法需要经历相当长的时期。并且从技术研发到市场推广之间存着被称为技术创新"死亡谷"的阶段。有很多新技术在这一阶段"夭折"或需要经历很长时间才能跨越这一时期。一旦技术失败，前期大量研发投入就付诸东流，造成极大的损失。实验性消费者的存在虽然不能弥补多大的研发投入，但是，他们在保护性空间所创造出的拟市场环境能够初步实现对新产品的市场实验。而实验反馈信息有助于帮助企业改进产品。因此，需要创造实验性消费者发挥作用的平台，构建实验性消费者、生产企业、科研机构相互联系的支持网络，并由实验性消费者的培育入手，带动其他消费者认识和接受新产品。在实验性消费者的带动下，最终实现新技术的扩散，使新兴技术利基市场牢固嵌入主流市场中，并进一步推动社会—技术体系发生根本性转变，带来整体产业结构的升级转型。

最后，通过实验性消费者培育转变消费观念，增强消费者对新兴产品的信心是发展这一群体的根本目的。虽然目前多数战略性新兴产业技术发展水平还未普遍达到消费者预期，但是，其发展潜力和未来所能带来的社会经济效益是不可估量的。因此，一方面需要加大新产品的宣传力度，增强消费者的消费信心；另一方面要通过实验性消费者的培育缩短产品导入期，形成市场消费示范效应，进一步刺激和带动市场需求，最终实现消费观念的转变，促进对新兴产品的消费倾向转变为实际的消费行为，推动战略性新兴产业市场培育步伐的加快。

第四节　战略性新兴产业市场拓展方向与策略

一　国内外市场环境分析

中国培育战略性新兴产业具备很多有利条件和良好的市场环境。随着我国工业化、信息化、城镇化、农业现代化的深入推进，将为扩大内需、发展战略性新兴产业提供广阔的市场空间。与此同时，中国政府职能加快转变，为民营企业和小微企业的发展提供多项优惠措施，这将进一步激发新兴产业的发展活力。但也应当看到，当前国内外不稳定的因素仍较多，工业潜在增长率出现下降，出口增速明显放缓，经济下行压力和产能相对过剩的矛盾有所加剧，通过培育战略性新兴产业转变经济发展方式还需付出巨大努力。

从国际来看，外需市场不振，贸易保护主义严重，中高端市场均面临压力，影响战略性新兴产业的出口。根据世界银行和国际货币基金组织的预测，2015 年，世界经济增长率将为 3.1%，较 2014 年下降 0.3%。各国消费投资需求普遍不高，导致国际贸易增长乏力。加之一些区域自贸协定形成规则壁垒，对协定外的国家形成产品和服务出口的歧视。据英国智库经济政策研究中心的监测，全球贸易保护主义措施中超过 1/4 对中国出口产生影响。其中，最为典型的案例是中国光伏产业和风电产业所遭受的"双反调查"，严重影响了中国光伏、风电产品的出口。同时，随着新技术革命和新兴产业的蓬勃发展，欧盟、美国、日本等发达国家在信息技术、节能环保、新能源、新材料、智能制造等高技术产品和服务领域快速进步，持续推动高技术产品和服务的出口。特别是智能制造将成为高端装备制造的国际竞争焦点，对此德国制定了"工业 4.0"、日本推出了"机器人新战略"、美国发布了"实现 21 世纪智能制造"。智能制造作为工业发展革新的基础，各国传统产业升级、新兴产业发展都将为其带来大量的市场需求。而电子信息产业向着网络智能化发展，也为云计算、大数据、智能移动终端等创造了广阔市场前景。面对如此巨大的市场，中国战略性新兴产业将面临更大的竞争压力。在产业中低端环节，由于周边国家的劳动力、土地等要素成本更为低廉，承接加工制造环节的转移速度加快，倒逼中国加快产业升级步伐。

从国内来看，中国经济仍处于重要的战略机遇期，扩大内需的潜力巨大，但制约因素也在增多。

首先，国内政策环境有利于战略性新兴产业进行技术研发创新，培育市场需求。在战略性新兴产业发展的初期阶段，离不开政府的大力扶持，从中央到地方各部门制定并出台了多项措施，例如，在新一代信息技术领域，由八部委联合发布的《关于印发促进智慧城市健康发展的指导意见的通知》（发改高技〔2014〕1770号），将物联网、云计算、大数据、空间地理信息集成等新一代信息技术与城镇化发展质量和水平的全面提升有效融合，既有利于推动新一代信息技术的创新应用，为产业发展打开市场空间，也有利于经济的转型升级，符合可持续发展理念。在新能源汽车领域，《国务院办公厅关于加快新能源汽车推广应用的指导意见》（国办发〔2014〕35号）、《政府机关及公共机构购买新能源汽车实施方案》（国管节能〔2014〕293号）等一系列国家政策的利好，为新能源汽车的推广应用创造了良好环境。这些政策措施紧密围绕战略性新兴产业重点行业、关键领域和典型区域的市场需求，推动新技术、新产品的大规模应用。

其次，战略性新兴产业的培育和发展需要大量的资金投入。为此，国家需要设立专门的扶持基金，重点支持处于起步阶段的创新型企业，促进技术与市场融合，创新与产业对接，培育新兴市场需求。同时，鼓励拓展战略性新兴产业的融资渠道，开发适合高新技术企业需求特点的融资产品，支持信息消费、集成电路、新能源汽车、光伏等产业的发展。

最后，战略性新兴产业的关键核心竞争力仍相对较弱，产业培育市场阻力较大。这表现在：一是产业部分关键核心关节缺失，制约产业发展。例如，尽管近些年来中国机器人制造发展较快，但是，国内工业机器人核心零部件缺乏领先的自主创新技术及产品，市场主要被国外行业巨头所垄断。二是战略性新兴产业面临着国际市场拓展举步维艰和国内市场高端失守的双重压力。一方面全球经济复苏乏力，出口不振；另一方面部分高端产品的国内市场占有率偏低,难以形成自主品牌优势。三是高素质人才缺乏问题在部分战略性新兴产业当中表现得尤为突出。例如,随着"互联网+"、云计算等新一代信息技术在制造领域的深入应用,制造业将呈现出数字化、网络化和智能化的特征,这对复合型技术人才、高素质管理者的需求急剧增长,人才"瓶颈"日益显现。

综上所述,培育战略性新兴产业市场需求离不开良好的环境支持。通过对当前国内外市场环境的分析可以看出,战略性新兴产业发展机遇与挑战并存。一方面各国纷纷出台措施,推动节能环保、绿色低碳、智能互联产业的发展,创造出了广阔的市场需求空间。并且国内产业政策环境利好,补贴力度持续加大,资金筹措渠道丰富,为战略性新兴产业相关企业的成长、市场开拓营造了良好环境。另一方面世界经济仍处于国际金融危机后的深度调整阶段,形势更加错综复杂,外部风险可能增多,贸易保护主义势力抬头,产业中高端环节竞争日渐激烈,对中国国有企业形成巨大挑战。同时,国内企业也面临着技术创新能力不足、高端人才匮乏等问题。因此,充分发挥中国工业化过程中所积累的经验以及构建的完整产业链优势,弥补技术创新、人才培养等方面的劣势,在拉动国内潜在巨大需求的同时,积极应对国外产业发展挑战是应当长期坚持的发展策略。

二　战略性新兴产业市场拓展方向

市场是战略性新兴产业发展的关键因素。再好的技术也只有通过市场检验、获得市场认可,才能实现其价值,并最终为整个产业发展壮大带来推动力。但市场潜力并不能自动转化为现实需求。在战略性新兴产业仍处于市场培育初级阶段的情况下,很多行业都面临着市场化的"瓶颈"。对此,除了出台各项政策措施拉动产业需求,也需要各相关企业积极寻求可行的市场拓展方向,为战略性新兴产业创造更为广阔的发展空间。结合战略性新兴产业当前国内外市场环境及阶段性特点,产业市场拓展主要有以下三个方向:

(一)本土市场和新兴市场的开拓

相比发达国家,中国在推动战略性新兴产业发展方面具有独特优势,但是,如果仅走低成本和技术复制的老路,很容易陷入路径依赖的陷阱,难以实现技术、市场的赶超,最终得不偿失。中国具有庞大的人口规模,随着中国经济的快速发展,人均消费水平和收入水平不断增加,对经济发展的贡献率逐步上升。因此，巨大的本土市场规模是中国的比较优势，是实现新兴产业赶超的机会窗口。通过本土市场规模的引致能力，内生出培育战略性新兴产业的潜在和高级要素的发展动力，依托本土市场为战略性新兴产业发展打下坚实基础。此外，在欧美各国"重返"制造业的竞争压力下，中国新兴产品进入欧美市场越来越受到排挤。扭转这一局面，除了积极提升自身产品品质，完善产品标准，也应当努力开拓新兴市场，尤其是自贸区战略、"一带一路"倡议的实施，将为中国战略性新兴产业提供新的增长空间，带动中国大型成套设备、高端装备制造、核电、高铁等产品出口，提升高技术产品在新兴市场中的份额。例如，近年来，光伏产业受到来自欧美等国"双反调查"的打压，试图通过设置各种壁垒阻碍中国光伏企业发展。然而，中国光伏企业通过转向本土市场、开拓新兴市场，使产业链整合并取得初步成效，一批具有自主知识产权的光伏企业纷纷成长起来，市场份额持续扩大。因此，通过扩大外需与扩大内需相结合，长期战略与短期战略相结合，能够推动中国战略性新兴产业从规模速度增长向质量效益提升转变。

（二）由低端产品市场向高端产品市场的转移

在全球化背景下，中国企业在全球价值链的竞争优势难以在技术、渠道、品牌方面取得，这就决定了中国在全球高技术产品市场中的中低端地位。例如，在世界海洋工程装备设计建造领域，基本形成了欧美设计及关键配套、亚洲总装制造的格局。中国船舶制造70%以上的配套设备需要进口。在新能源汽车产业中，虽然中国新能源汽车的产销量连年上升，但是，关键零部件和材料等高端配套产品仍不能自足，整体产业链也未建立起来。因此，战略性新兴产业由低端产品市场向高端产品市场转移与技术研发能力的提高密不可分。中国目前所依赖的要素优势是一种非稳固的竞争优势，唯有打破产业链低端锁定，争取扩大高端产品市场份额，才能实现战略性新兴产业发展突围，提高行业整体盈利能力。

（三）由智能制造与"互联网+"创造的市场机遇

继移动互联网之后，人工智能浪潮开始掀起。2015年5月和6月，中国国务院连续印发了《中国制造2025》和《关于积极推进互联网+行动的指导意见》两个国家战略层面的文件，将我国智能产业推入快速发展的轨道。与此同时，随着中国制造业整体开始向附加值更高的机电产品、高新技术产品迁移，对加工或生产这些产品的设备本身的要求也随之提高。低精度、低可靠性、低效率的普通设备已经不能满足中国制造业企业的需要，对高精度、高可靠性、高度智能化的新一代智能制造设备的需求开始涌现。据不完全统计，2015 年，中国智能制造产业的销售收入已经突破 1 万亿元，并形成了一批重点产品，如高速精密加工中心、重型数控镗铣床等相继研制成功并投入应用。此外，政府也明确了智能装备的发展方向，通过顶层设计和政府统筹推动智能制造的发展。尽管政策导向与执行落实之间尚存落差，企业期待更多更契合其需求的政策出台，但是，"中国制造"向"中国智造"转型是大势所趋，以工业机器人为代表的高端智能装备行业必将进入高速增长期。

三　战略性新兴产业市场拓展策略

在市场经济条件下，市场需求是一切科技和经济活动的中心。市场需求反映了消费者对科技创新及其产品的认同，在促进创新和战略性新兴产业发展的同时，也对新产品、新技术的研发提出了更高的要求。因而市场需求是推动技术升级、促进产业结构调整、引导战略性新兴产业发展的重要因素之一。为了拓展战略性新兴产业市场空间，培育新兴产品需求，需要采取以下策略：

（一）组织实施重大应用示范工程

示范工程和试点项目建设具有两方面的意义：一是验证技术、项目设计的可行性；二是为产品全面市场化做准备。以根本性创新为特点的战略性新兴产业，技术转化过程复杂、周期长，技术路径不清晰，市场接受程度低。为此，需要政府带头，联合企业建立战略性新兴产业应用示范工程和试点项目，从而达到保护新兴技术免遭市场苛刻选择淘汰的同时实验新兴技术、培育产品市场的目的。在战略性新兴产业示范工程的建设中要选择改善人民生活、涉及民生健康的关键需求率先展开试点，从而提高民众对战略性新兴产业相关技术的接受程度，为培育消费市场奠定基础。

（二）支持市场拓展和商业模式创新，鼓励消费模式多样化发展，促进消费结构升级

重构传统产业分工是新兴产业的显著特性，商业模式能否创新突破，直接关系到战略性新兴产业能否做大做强。节能环保、绿色出行等领域，支持企业大力发展有利于扩大市场需求的专业服务、增值服务等新业态，并积极推行合同能源管理、废旧物品循环利用等新型商业模式，大力鼓

励商业模式创新。此外，从金融、财税、产业政策等方面系统扶持新兴产业的配套产业发展，加快清理区域、行业市场壁垒和行业垄断，为战略性新兴产业发展营造宽松、公平的竞争环境。

（三）标准体系和市场准入制度进一步完善，促进产业市场繁荣

为了保证战略性新兴产业健康发展，市场培育的下一步重点工作将放在加快建立有利于战略性新兴产业发展的行业标准和重要产品技术标准体系上。通过优化市场准入审批手续，健全产品注册管理机制，完善政府集中采购制度，支持节能环保产品优先进入市场，扩大产品消费使用补贴力度。多项措施并举，促进我国战略性新兴产业产品市场繁荣、需求规模扩大。

第三章 战略性新兴产业资本市场
对接策略研究

在当前世界各国纷纷加大科技创新支持力度、培育和发展新型经济增长点、抢占未来经济科技制高点的发展趋势下，大力培育和发展战略性新兴产业成为中国经济发展转型的产业依托。在此过程中，随着资本市场的不断完善，其在国民经济发展中的作用也日益明显，并且在优化资源配置方式、推动经济发展方式转变、促进产业结构优化、升级和改善企业融资结构等方面发挥了越来越重要的作用。然而，战略性新兴产业由于其自身具有高投入、高风险特征，唯有健全、完善的资本市场才能快速、有效地进行大规模资本融通，从而促进战略性新兴产业发展，因此，战略性新兴产业与资本市场能否良好对接与战略性新兴产业的发展状况息息相关，甚至将在一定程度上决定着战略性新兴产业能否健康、快速发展。本章将对中国战略性新兴产业资本市场对接的理论、现状和对接模式创新进行系统介绍与分析。

第一节 资本市场促进战略性新兴产业
发展的作用机理

一般来说，战略性新兴产业的生命周期可以划分为种子期、初创期、成长期和成熟期四个阶段，新兴产业的成长过程也表现为这四个时期的逐步演进。安德森和图什曼（Anderson and Tushman）指出，产业生命周期的更替主要是因为技术的重大突破导致不同发展方向的技术出现，然后依靠不同的技术发展成市场信赖的技术群和企业群[1]，而战略性新兴技

---

[1] Anderson, P. and M. L. Tushman, Technological Discontinuties and Domain Designs: A Cyclical Model of Technological Change, *Administrative Science Quarterly*, 1990, (35).

术就具有这种创造新行业或改变某个已有行业的潜力特征。[①] 因此，战略性新兴产业的成长过程往往伴随着技术创新和商业模式创新的共同演进，其发展依赖于技术创新驱动，而新技术、新产品的产业化需要通过创新商业模式来实现，所以，资本市场对战略性新兴产业发展的促进作用主要体现在对新兴技术的推动和商业模式的发展上。在此过程中，战略性新兴产业主要可以通过股票债券市场、商业银行及非银行金融机构、创业风险投资和政府扶持基金四种渠道集聚社会资本，快速而有效地融通资金，以此助推战略性新兴产业的成长和发展。然而，实际上，不同的融资渠道和融资方式对战略性新兴产业技术创新演进和商业模式创新演进的促进作用不同。

一　产业技术创新演进中资本市场的作用

与传统产业不同的是，战略性新兴产业发展的内在核心动力主要依赖于技术创新。根据战略性新兴产业的产业周期特征和商业模式创新要求，战略性新兴产业的技术创新演进过程主要包括技术突破、技术标准化和技术产业化三个阶段。技术突破是指企业技术上的新突破，新技术应运而生，新技术的产生主要源于引进新技术和自主创新两种途径。技术标准化就是针对不同类型的战略性新兴产业最新出现的应用技术，相关机构考察以突破性新兴技术创新的产品的市场推广效果，通过产品化检验和实际市场分析，针对多元化的技术方向确立新的市场技术标准。技术产业化就是战略性新兴技术通过商业化开发和市场推广，将技术创新的成果大规模产业化，形成消费者信赖的技术群和企业群。

技术上的新突破主要发生于战略性新兴产业的种子期，该阶段的主要任务就是进行技术研发、市场需求研究等，寻找新技术发展方向，因此，研发投入是该阶段战略性新兴产业资金投入的核心部分，在新兴技术研发投入得以保证的前提下，才能实现新兴技术的突破，从而使战略性新兴产业由种子期成功过渡到初创期。技术突破阶段需要能够投入技术研发的长期资金，虽然其融资规模不大，但由于该阶段存在技术进步方向和未来市场需求及竞争环境变化的不确定性，此时，战略性新兴产业在新技术研发方面的风险和市场风险都较高，可利用的筹资渠道十分

---

① 何小三：《资本市场促进战略性新兴产业成长研究》，博士学位论文，中国社会科学院研究生院，2013 年。

有限，主要以内源融资、创业风险投资和政府扶持专项基金为主。内源融资主要是指创业者个人筹集的资金；创业风险投资是指创业企业通过展示自身的创意构想和市场发展前景吸引天使投资者和创业风险投资机构的支持，战略性新兴产业企业让渡一定比例股权获取风险投资的帮助，共担风险、共享收益。由于创业者个人筹集的资金有限，难以保证充足的资金投入于技术研发，而创业风险投资主体一方面具有雄厚的资金实力，能够有效地提供大规模的技术研发投者，承担较高的风险；另一方面，天使投资者、创业风险投资机构具有丰富的行业经验、专业知识和广泛的社会人际网络，能够为战略性新兴产业企业提供关于市场发展变化、企业经营管理、技术进步方向和政府产业政策等的指导及建议，可以充分利用自身优势条件，助推战略性新兴产业企业快速成长，由种子期向初创期顺利过渡。

战略性新兴产业由种子期顺利过渡到初创期后，便面临着新技术的标准化问题。突破性新技术的标准化决定着战略性新兴产业的技术发展方向，是培育和发展战略性新兴产业的关键。在新技术标准化阶段，战略性新兴产业内企业的主要任务是综合分析技术发展方向、市场需求、技术应用效果等多方面信息，继续完善新技术，并围绕新兴技术成果制定有利于企业经营和市场开发的系统规划，加快新兴技术成果向商业成果转变的步伐，该阶段需要为突破性新兴技术成果转化为商业化产品、市场开拓以及未来技术研发筹集资金，资金需求规模远远超过种子期，再加上战略性新兴产业前期投资规模较大、回报周期较长，虽然该阶段技术风险较低，但市场风险和企业运营风险还是比较大，因此，创业企业依赖较多的仍然是创业风险投资，创业风险投资机构能够提供大规模的资金支持和包括新兴技术产品的市场推广、企业运营管理、战略管理、市场定位等专业化的指导，甚至直接派遣专业人员进入企业管理团队，这些都有利于加快企业突破性技术成果的标准化进程，这对企业前期的健康、稳定发展十分重要。另外，对于处在新兴技术标准化阶段的战略性新兴产业企业，还可以通过政府扶持政策和无形资产抵押的形式获得银行信贷支持，部分股份制银行也会提供如经营管理咨询和市场需求环境、竞争变化分析等服务。创业风险投资和银行信贷推动了战略性新兴产业突破性技术成果快速、有效地转化为市场信赖的商业成果，推动战略性新兴产业由技术标准化阶段向技术产业化阶段顺利演进。

　　战略性新兴技术成果产业化是处于战略性新兴产业成长期的企业面临的主要任务，因此，战略性新兴产业的技术产业化阶段即是其由成长期向成熟期过渡的阶段，该阶段战略性新兴产业企业应致力于将前期技术创新的成果大规模产业化，但在不断将战略性新兴技术成果转化为商业成果以及新产品的推广过程中，为了适应市场需求环境和竞争环境的变化及技术发展方向变化，促进战略性新兴产业快速发展，企业必须及时改进、完善生产技术，扩大生产规模和提高市场占有率，这些都需要大量外部资金的支持。技术产业化阶段的战略性新兴产业企业都是通过市场选择机制留下的技术产业化成功的企业，发展前景良好，自身已经能够产生利润，现金流入预期平稳，可利用的外部性融资渠道多元化，并获得更多的资本支持。

　　第一，由于股票市场融资规模大、不用偿还，而且还可以提高市场声誉，因此，处于成长期、技术产业化阶段的战略性新兴产业企业可以通过新三板市场融资、创业板融资和中小企业板融资，从而推动战略性新兴技术成果的大规模产业化进程。

　　第二，处于成长期的战略性新兴产业企业本身已经积累了大量资本和市场声誉，具备向商业银行贷款的条件，银行信贷资金的投入能够促进企业的技术产业化能力提升、产能扩张、生产规模扩大，增强企业的盈利能力、偿债能力和企业竞争力，会促使银行更愿意投入资金到战略性新兴产业，形成良好互动，这有利于推动战略性新兴产业快速成长。

　　第三，成长期的战略性新兴产业企业具有稳定的收益预期和良好的发展前景，会得到风险投资更多的、全方位的支持，天使投资者、创业风险投资机构提供的上市经验、管理咨询等增值服务能够促使战略性新兴产业企业更好、更快地成长，推动了战略性新兴技术的产业化。

　　第四，由于每年有债券资金使用情况的审计报告向市场公开发布，因此，处于快速成长期，尤其是即将步入成熟期的战略性新兴产业企业，针对特殊技术成果的产业化，可以通过发行资金用途特定的债券进行融资，这种市场监督机制可以保证企业资金用于新兴技术的产业化，对于资产规模较小、尚未能够独立发行债券的中小企业也可以通过发行中小企业集合债券的方式筹集企业发展所需的资金，这些都有利于加速战略性新兴技术的产业化进程，促使战略性新兴产业快速向成熟期演进。

二　产业商业模式创新中资本市场的作用

培育和发展战略性新兴产业是在原有产业体系中创建一个新兴产业体系，这个新兴的产业体系主要依赖于突破性的技术创新，由于战略性新兴技术本身不能直接产业化，因此，商业模式作为技术产业化的必要条件，必须要借助与新兴技术和新兴产业特征相契合的、创新性的商业模式，才能顺利实现战略性新兴技术的产业化。商业模式创新有利于促进战略性新兴技术的产业化进程，推动创建新兴产业体系，是战略性新兴产业成长的重要动力，关系到战略性新兴产业发展的成败。战略性新兴产业是由技术创新驱动的，商业模式创新实现技术的产业化，从而创建新的产业体系，因此，商业模式创新是伴随着战略性新兴技术的产业化进程演进的，与技术创新的演进路径紧密联系。对应战略性新兴技术创新的演进阶段，商业模式创新也包括商业模式构想、商业模式创建和商业模式调整三个阶段。商业模式构想是指战略性新兴产业中的企业围绕突破性的技术成果，构建一个可以将技术成果转化为商业成果的商业模式；商业模式创建是指根据经过市场认定的标准化的新兴技术，确立合理、完善的商业模式推动技术的市场化进程；商业模式调整是指在突破性技术成果产业化进程中，随时根据市场变化情况调整企业的商业模式，促进战略性新兴技术的产业化。在不同的商业模式创新演进阶段，不同类型的资本市场对战略性新兴产业商业模式创新的促进作用不同。

对应技术创新演进中的技术突破阶段，创业企业处于商业模式创新演进进程中的商业模式构想阶段。突破性技术成果的出现使创业企业迫切需要构建一种新的商业模式来完成技术成果的市场化应用和推广，而该阶段技术风险和市场风险都较高，战略性新兴产业融资的最优选择是获取创业风险投资，包括天使投资者、创业风险投资机构等在内的风险投资方可以利用自身丰富的行业经验、专业知识、广泛的社会交际网络以及准确的市场分析，为战略性新兴产业企业提供商业模式构建方面的咨询服务，构建能够与新兴技术及其产业化特征相匹配的商业模式，从而推动战略性新兴产业顺利成长。

在确定了新兴技术商业开发标准后，就进入商业模式创建阶段，企业需要正式确定并着手创建合理的、创新性的、与标准化战略性新兴技术特征相契合的商业模式。一般情况下，该阶段的技术风险下降，但企业运营风险、财务管理风险和市场风险还是比较高，因此，资本市场对战略性新兴产业商业模式创新的促进作用主要体现在创业风险投资方面。创业风险投资方可以充分利用自身优势，对新兴技术市场推广和商业模式确定提供有益建议，甚至可以委派专业人员协助创业企业进行经营管理，这些都有利于商业模式创新能力的提升。同时银行信贷更倾向于商业模式更好的企业，并能够督促战略性新兴产业企业更好地创建适合标准化突破性技术成果的商业模式。

伴随着战略性新兴技术产业化，需要时刻关注新兴技术发展方向、市场需求和竞争环境变化情况，对围绕标准化的新兴技术创建的商业模式进行动态的优化调整，从而实现战略性新兴产业的快速发展。由于战略性新兴产业企业此时已经开始盈利，自身具备稳定的现金流和良好的市场声誉，该阶段的战略性新兴产业企业可以充分利用多元化的融资方式，其中，股票市场中企业经营信息会得到及时、完整的披露，新兴技术和企业的优势、劣势都体现在价格信息中，这些会督促企业管理团队进行商业模式优化调整，加快商业模式创新步伐；随着商业银行对战略性新兴产业放贷意愿增强，银行对企业的考察将更加全面，是否拥有优秀的商业模式及企业商业模式创新能力也成为商业银行考察的条件，这将促使企业管理层不断地对商业模式进行动态优化调整以适应市场变化，增强竞争实力，提高获取银行信贷支持的能力；创业风险投资依然可以利用自身优势为战略性新兴产业企业提供优质的增值服务，给予企业上市、并购重组、企业管理等方面的咨询服务，协助企业进行商业模式创新；债券市场融资的监督机制也有利于保证企业投入稳定的资金进行商业模式调整、提高商业模式创新能力。这四种融资方式各自发挥着独特的功能和作用，通过给予企业商业模式创新的外部压力，推动战略性新兴产业企业不断地根据技术进步方向、市场需求和竞争环境变化对商业模式进行动态优化调整，促使企业的商业模式创新能力不断提升。

第二节　战略性新兴产业不同阶段的融资需求特征

从微观产业结构角度来说，同传统产业一样，战略性新兴产业的成长和演化也遵循着产业发展的一般规律，即其必然会经过产生、发展和消亡的完整生命周期过程。由于在产业处于衰退阶段时，将不再具备战略性和新兴性的产业特点，因此，战略性新兴产业的生命周期可以划分为种子期、初创期、成长期和成熟期四个阶段，处于产业生命周期不同阶段的战略性新兴产业的经营特征、预期价值和投资风险都不相同，相对应的战略性新兴产业成长各阶段的融资需求也就不同，需要针对性地采用不同的金融工具和融资方式。

一　种子期的融资需求

（一）经营特征

种子期的战略性新兴产业的核心任务是将好的创意通过技术手段呈现出来，具体包括进行可行性技术研究、商业模式创新与技术研发。一般来说，种子期的战略性新兴产业已完成了原始产品的机理证明、模型塑造等基础开发试验，但还需要进一步通过生产车间实验进行产品生产扩大工艺化研究，从而获得系统的、稳定的生产参数，为产品扩大化生产做准备。该阶段的战略性新兴产业企业尚未进行批量化生产和市场经营，只有投入，没有经营性收入和财务成果，融资资金主要用于进行突破性技术的研发。

（二）风险特征

种子期的战略性新兴产业面临的风险主要可以从技术风险和市场风险两个方面分析：一方面，该阶段存在技术进步、技术发展方向的不确定性，技术风险较高；另一方面，从市场发展角度来说，该阶段的项目失败率较高，项目能否立项、技术能否顺利转化为商品的市场风险较大。

（三）融资特征

种子期的战略性新兴产业所需的资金量较小，主要用于技术研发和市场转化研究，主要依靠个人或家庭的内源融资、民间借贷以及科技拨款和政府资金等政策性金融支持，极少部分优秀创业企业可以获得天使投资在内的创业风险投资。

二　初创期的融资需求

（一）经营特征

战略性新兴产业企业由种子期进入初创期，已经初步建立企业组织架构，工艺路线、生产设备和技术参数等基本确定，产品开始小批量生产，已经进入部分客户的试用、预售和市场推广阶段。该阶段战略性新兴产业企业的所有权和经营权合二为一，产品产销量小、经营成本较高、盈利能力弱、市场份额低、产品质量问题多、市场拓展较慢等。

（二）风险特征

初创期的战略性新兴产业企业技术已基本成熟，商业化前景明朗，技术风险有所降低，由于市场需求存在不确定性，技术商业化的市场风险和财务风险较大，比如，在产品的销售、试用过程中，企业需要根据售后消费者关于产品质量、产品功能和用途以及产品性价比的反馈，不断地调整、更新工艺、设备和生产技术，及时适应市场需求。与此同时，处于初创期的战略性新兴产业企业的商业模式初步建立，还不成熟，对自身的市场定位、客户目标群体等尚未确定，会存在创业企业技术人员营销完全代替市场营销的现象。

（三）融资特征

此阶段的战略性新兴产业企业面临着产品开发、改进和市场开拓的双重任务，资金需求量较大，主要资金来源是创业者和政府扶持的初始投入以及部分创业风险投资资金。但是，由于企业后续的资金需求量较大，而该阶段的企业尚处于亏损状态，创业者和政府扶持的资金有限，此时企业因为经营风险较高、无现金净流入、没有可抵押的"效能性资产"不能得到银行信贷的支持，同时创业风险投资会持观望态度，或者其要求的股权对价超出企业承受范围，创业企业也很难得到创业风险投资的资助。

三　成长期的融资需求

（一）经营特征

在战略性新兴产业企业的成长期阶段，伴随着战略性新兴技术的产业化，新产品已进入市场并得到大量推广，同时市场需求的多元化促使企业不断地进行生产技术和工艺的创新、改进，创业企业的产品获得广泛的市场认可，企业面临着产能扩张、市场份额扩大、市场竞争环境的不断变化，急需进行技术创新和商业模式创新，以适应市场环境变化、技术进步趋势和企业发展需要。该阶段企业的财务状况明显改善，规模效应使企业生产成本大幅度降低，盈利能力快速提高，企业的经营性现金流充沛。

（二）风险特征

成长期的战略性新兴产业企业的新兴技术已成功转化为商业成果，在市场上大量推广并得到消费者的初步认可，因此，该阶段的战略性新兴产业企业技术风险大幅度降低，企业面临的风险主要是在扩大生产规模、市场开发和推进新兴技术产业化的过程中。同时，产品更新换代的风险、企业管理运营风险和财务风险提高。例如，战略性新兴产业企业获得的超额利润和广阔的发展前景必然会诱使众多的追随者效仿和追赶，此时，企业将会面临技术被替代的风险，需要不断地进行技术更新换代。同时，企业初创时管理团队以技术人员居多，由于职业思维习惯和管理理念的局限，企业组织架构、人力资源结构、企业制度和决策机制等管理体制都亟须改革和完善，因此，成长期的战略性新兴产业企业面临着管理体制转型的风险。

（三）融资特征

此阶段的战略性新兴产业企业虽然盈利能力快速提升、现金流量充沛，但企业自身的资金远远不能满足抢占市场、提高市场占有率、扩大生产规模的需要。总的来说，成长期的战略性新兴产业企业的发展前景良好，技术风险、经营风险和财务风险都较低，现金流存量不会有大规模的变动，盈利能力提升，有能力利用多元化的融资渠道以获得更多的资金支持，除可以利用内源性融资和政府扶持资金、风险投资之外，创业企业也会获得来自银行信贷和股权融资的支持，但同时由于融资体制原因也会受到各种条件的限制，银行信贷可能依然会受到抵押、担保和存贷比等各种条件约束，从而使得融资额度有限，股权融资也会受到股权比例摊薄、让渡经营决策权等因素的影响而不能给予创业企业充分的资金支持。

四 成熟期的融资需求

（一）经营特征

成熟期的战略性新兴产业企业都是少数经过激烈的市场竞争最终生存下来的大企业。这些企业实力雄厚，企业的销售和利润比较稳定，技术先进、创新能力强、盈利能力突出、经营管理水平高，具有明显的竞争优势，企业的生产、供应、技术以及企业管理体制都处于"按部就班、有条不紊"的稳定运行期，在各自行业的市场上产业集中度较高，呈现垄断竞争或寡头竞争的稳定市场格局。

（二）风险特征

该阶段的战略性新兴产业企业的技术、企业盈利能力、知名度和社会信誉度都得到社会的认可，因此，企业的技术风险、经营风险和财务风险都大大降低。企业主要面临三个方面的风险：一是由于市场需求滞涨和技术进步带来的被新产品替代的风险；二是企业多元化经营或本行业逆势扩张的风险；三是企业自身管理体制僵化、机构臃肿、企业内部组织成本上升以及企业内部创新激励机制不完善、缺乏创新动力、企业家创新精神不足的风险。

（三）融资特征

处于成熟期的战略性新兴产业企业的主要任务是保持和扩大市场占有率、维护和调整商业模式，由于已有的技术发展成熟稳定，企业自身经营状况良好，盈利能力较强，现金流稳定，整体处于稳定时期，此时企业需要做的是关注最新的技术进步动态情况，考察市场环境的变化，为新一轮技术创新做准备，资金需求量仍很大，该阶段的企业自身拥有稳定的现金流和盈利能力，在资本市场上占据更加主动的地位，融资方式更加趋于多元化。一般而言，成熟期企业整体上处于结构稳定状态，资金存量不会发生大幅度的增减变动，企业的技术研发投资也处于探索阶段，企业整体对资金的需求相对较弱，融资需求也就处于"缄默期"。

第三节　战略性新兴产业现有融资模式及其影响

经济学家希克斯曾指出，"真正引发英国工业革命的不是技术创新，而是银行和金融市场的发展使得需要资本的大型技术项目得以实现，促进了经济增长"。经济学理论和经济发展实践也表明，产业的成长依赖于资本形成，尤其是战略性新兴产业承担着提升国家产业竞争力、带动经济发展、转变经济发展方式和缓解资源环境压力的战略性重任，其具有全局性、创新性、导向性、战略性、新兴性以及可扩展性、高风险性和高效用性，这些特征表明有效地融通大规模的资金是决定战略性新兴产业能否快速成长为支柱产业和先导产业的关键，因此，战略性新兴产业的发展不仅需要政策上的宏观规划指导，健全、高效的金融体制和融资模式是其顺利成长、发展的支撑。

一　战略性新兴产业与传统产业融资模式的区别

战略性新兴产业与传统产业在产业性质、产业发展特征、产业服务对象和发展规律等方面都存在一些不同，这决定了两者的融资模式会存在显著的差异。传统产业通常从种子期成长到成熟期的发展时间较长，生产的产品已经为消费者所熟知，生产技术和市场需求稳定，但普遍具有较低的附加值且产业成长缓慢，并且对土地、劳动力、资本以及原材料等资源的依赖性较强。而战略性新兴产业以知识产权和技术创新为核心资产，产业发展对自然资源和传统要素禀赋的依赖性较弱，主要依赖于持续不断的创新，战略性新兴产业成长速度快、发展时间短、资金需求量大、预期收益高，但在其发展初期的技术风险、经营风险和财务风险相对传统产业来说也较高。正是由于战略性新兴产业和传统产业具有显著不同的产业性质及发展特征，两种类型产业在其各自形成和发展过程中的融资模式也存在着明显的差异。

（一）融资企业自身的资产条件存在差异

由于传统产业对自然资源和传统生产要素的依赖较强，在商业银行及非银行金融机构信贷考察和信用评级时，传统产业一般容易满足抵押和担保的信贷考核条件，比如土地、生产设备、建筑等固定资产和库存商品，而战略性新兴产业主要依赖于知识和技术创新，大多是轻资产企业，在面临如银行信贷等的融资条件考察时往往没有足够用来抵押和担保的有形资产，而企业的无形资产价值又受到未来技术发展趋势、企业盈利能力、市场需求变化以及市场竞争环境变化等因素的影响，这使企业可以用于抵押和担保的资产价值难以进行合理、准确的评价。

（二）融资企业的财务条件存在差异

经历了长时间的发展和积累，传统行业的产品已得到社会认可，市场需求稳定，传统行业企业虽然盈利能力相对战略性新兴产业来说较弱，但其拥有稳定的现金流和盈利能力；战略性新兴产业虽然在进入成熟期后盈利能力强、现金流规模大，但处于初建和成长过程中的战略性新兴产业企业的技术尚未成熟，还没有得到市场的广泛认可，企业经营收入和现金流波动较大，而且数量规模都较小。

（三）融资渠道存在差异

传统行业企业主要通过申请银行贷款获得资金支持，少数企业通过发行企业债券进行融资，总体来说，企业发展所需的资金主要来源于银行贷款等间接融资；而战略性新兴产业由于其成长发展的周期短，不同的发展时期能够运用的融资方式不同，种子期和初创期以创业者个人为主的内源融资、政府扶持基金和创业风险投资融资等直接融资为主，成长期能够得到商业银行信贷和股票市场的支持，成熟期的战略性新兴产业企业融资渠道较为多元化，总体来说，战略性新兴产业企业融资渠道以直接融资为主、间接融资为辅。

（四）融资的保障方式存在差异

传统行业企业发展成熟，具有稳定的盈利能力和现金流，承受风险的能力较强，除可以提供土地、设备、厂房等固定资产作为抵押和担保之外，还可以提供企业存货、产品销售订单等作为补充担保，这些都可以降低融资风险；而战略性新兴产业在前中期发展阶段技术风险、经营风险和财务风险都较高，无法具备上述条件，必须创立和其风险特征相匹配的风险保障方式。

（五）融资风险识别难易程度存在差异

传统行业企业由于其经营和财务状况都较为稳定，可以直接通过经营指标和财务指标识别及监控融资风险；战略性新兴产业企业在进入成熟期之前的发展初期，企业的技术不稳定、未来技术进步趋势不确定性强，产品不成熟未受到市场的广泛认可，企业的经营状况和财务状况都不稳定，再加上新兴技术更新换代迅速等问题，战略性新兴产业企业的融资风险难以通过传统的经营指标和财务指标进行识别及判断。

二　战略性新兴产业现有融资模式

（一）通过资本市场直接融资

直接融资是企业获取资金的最佳途径，对众多正处于发展萌芽期的中小型战略性新兴产业企业来说，在中国资本市场，战略性新兴产业企业主要在新三板、创业板和中小企业板块，可以通过发行股票、债券等方式获取初期发展的资本。据统计，截至 2015 年年底，中小板上市企业数量达到 777 家，创业板上市企业 492 家。另外，符合条件的部分企业还可以通过采用企业债券、中小企业集合票据和短期融资券等创新型直接融资工具进行融资，仅有少数规模较大、实力雄厚的战略性新兴产业企业可以在主板上市融资。

然而，由于中国资本市场的规章制度不够完善，中国战略性新兴产业企业通过直接融资获得的资金数量有限，远远不能满足产业发展的需要。对于众多处于起步时期的战略性新兴产业企业来说，资本市场的高要求将很多中小型企业拒之门外。中国人民银行调查显示，中国 90% 以上的中小企业主要通过间接融资获取发展资金。另外，中国战略性新兴产业自身的一些发展特点也是阻碍其通过直接融资获取发展资金的因素，例如，在政府的有力扶持下，战略性新兴产业规模庞大，企业数量众多，生产的产品质量参差不齐，不同行业和企业的新兴技术及企业未来的发展前景存在较大的差异，企业发展受到技术进步趋势、市场环境变化等影响较大，前中期的企业经营收入和财务状况不稳定，这些都使融资的风险控制难度提升。

（二）通过商业银行等金融机构间接融资

中国战略性新兴产业的主要融资途径是申请商业银行信贷和其他非银行金融机构贷款，通过间接融资方式获得初期发展资本和日常资金融通。根据中国人民银行统计的数据，截至 2015 年 9 月末，小型、微型企业总体贷款余额 22.54 万亿元，占同期金融机构全部贷款余额总量的 23.06%，小型、微型企业总体贷款量较上年同期增长 14.58%，高于各项贷款的平均增速。这说明通过商业银行信贷和向非银行金融机构贷款的间接融资方式在新兴产业企业尤其是中小企业融资体系中占据重要位置，已成为中小企业融通资金的主要途径。

尽管中小型战略性新兴产业企业通过信贷等间接融资方式获得的资金额快速增长，但受到商业银行、非银行金融机构信贷制度的限制，再加上战略性新兴产业企业自身的发展特征约束，还是存在众多中小型企业尤其是处于种子期和初创期的企业融资困难。一方面，商业银行和非银行金融机构本质上仍然以营利为目标，会对申请信贷企业进行财务指标、经营状况、发展前景和商业模式等的考察，而战略性新兴产业企业在成熟期之前的成长过程中，在种子期、初创期和成长期具有技术不稳定、不成熟、技术风险大、企业盈利能力差和财务风险大的特征，企业建立时间短、规模较小，一般来说，初期企业经营管理人员都是由技术人员担任，管理水平差、财务制度不健全、信用等级低，这些都使企业很难通过考核。另一方面，商业银行和非银行金融机构为了控制信贷风险，提高获利水平，会要求申请贷款企业提供固定资产或存货作为贷款抵押品或担保，而战略性新兴产业企业的技术和发展前景不确定性较高，资产价值无法量化。一般来说，战略性新兴产业企业很难满足信贷所要求的资产抵押条件，这些都增加了新兴产业企业进行间接融资的难度。

（三）通过风险投资、私募股权融资

在直接融资和间接融资都无法满足战略性新兴产业发展的融资需求

时，部分战略性新兴产业企业还可以通过获得创业风险投资基金支持和私募股权的形式进行融资。风险投资和私募股权融资主要在资本市场之外以非公开的形式进行，资金来源于各类投资机构或私人，资金投资方向主要面向新兴的、尚未上市的、具有发展前景的中小型企业。战略性新兴产业企业发展主要依赖于知识产权和技术创新，存在较大的不确定性，在其成长过程中会受到技术成果的商业转化、前沿技术发展方向、市场需求、竞争环境变化和政策环境变化等多个因素的影响，同时战略性新兴产业企业在发展初期的资金需求量大、投资回报周期长，很难通过传统融资渠道获得企业发展所需的大规模资金，然而，战略性新兴产业具有战略性、新兴性和实用性的特点，一般而言，新兴技术和企业都具有良好的市场发展前景，而且大多数企业产品已投入市场，这些都使风险投资和私募股权融资较为青睐于高风险、高收益的战略性新兴产业。

然而，从当前中国战略性新兴产业通过私募股权形式筹集资金的情况来看，一方面，私募股权融资投资方更加倾向于投资生产技术成熟、经营状况稳定、财务风险较小、现金流稳定的企业，大部分私募股权基金的投资仍然比较谨慎、保守，资金主要流向了比较成熟的企业和稳定的传统企业。另一方面，中国目前私募股权基金的总体规模相对较小，无法完全满足规模较大的战略性新兴产业企业发展的资金需求。而且风险投资和私募股权融资存在信息不对称的缺陷，市场上没有形成系统的企业信息共享系统，风险投资和私募股权投资方的搜寻成本较高，信息流通不畅、信息不对称使潜在的融资双方无法有效对接。

（四）通过内源性融资和政府扶持融资

在战略性新兴产业发展前中期，创业企业的内源性融资是企业发展所需资金的重要来源，但限于创业者自身的资金实力，与新兴产业企业所需要的大规模资金相比，内源性融资所获得的资金量相对较小。另外，战略性新兴产业还可以通过申请政府扶持基金获得发展资金，虽然政府扶持基金融资的成本较低，但融资手续复杂、门槛较高，而且政府财政扶持往往主要针对特定的战略性新兴产业给予相应的资金支持和政策优惠，其他产业则没有同样的待遇，因此，政府财政扶持的覆盖面较窄，总体融资规模有限，无法满足中国战略性新兴产业大规模的融资需求。

三 战略性新兴产业融资的特征及存在的问题

（一）直接融资比例过低，过度依赖于银行信贷为主的间接融资

目前，中国战略性新兴产业的发展资金主要来源于商业银行及非银行金融机构，从资本市场、风险投资和私募股权基金获得的金融支持比例较小。这种过度依赖债务型融资的经营方式会过早暴露战略性新兴产业企业早期的财务风险，同时也会使债权人因为缺乏其他融资主体分担风险而导致不良贷款和信贷坏账增多的风险，使银行风险容忍度降低，反过来限制了企业进一步的融资需求。这是因为，首先，银行信贷等债务融资一般都是短期流动资金贷款，而战略性新兴产业从种子期到成熟期要经历很长的发展周期，资金使用期限结构的错配会给企业带来频繁且较大的还款压力，影响企业经营管理和财务状况的稳定。其次，商业银行传统的融资模式不能与战略性新兴产业中小型企业的融资需求相适应，多数商业银行等金融机构使用的贷款标准、条件等和传统产业一致，无法与战略性新兴产业的发展特征相适应，这增加了融资难度，比如，银行信贷主要通过传统的有形资产抵押或担保从而提供贷款资金支持，而大多数战略性新兴产业企业尤其是处于发展前中期的企业规模小，属于轻资产企业，无法达到银行和非银行金融机构的信贷抵押和担保条件，这会导致战略性新兴产业无法通过贷款融资获得发展所需的资金，较高的融资成本会对战略性新兴产业造成挤出效应。最后，战略性新兴产业的内源资本不足，需要大规模的外源资本支持，在战略性新兴产业发展的前中期，企业有形资产较少，资产多为技术、知识产权、预期收益和发展前景等无形资产，企业过度依赖单一的债务型融资会导致财务风险表象较高，会在一定程度上阻碍了企业的融资和发展。

（二）政府支持资金比重大

在中国战略性新兴产业的发展历程中，政府对新兴产业的支持力度较大，新兴产业融资中的政府扶持资金比重较大，这主要体现在：一方面，作为当前世界经济发展的新趋势，各国都在大力发展以技术创新为特征的新兴产业，力图占据未来世界经济发展的制高点，为了积极应对经济发展新常态、转变经济发展方式、缓解资源环境压力，中国政府高度重视战略性新兴产业的培育和发展，先后出台了众多支持战略性新兴产业发展的资金扶持政策，通过补贴、直接拨款等财政政策方式和政府扶持、发起建立创业投资基金等方式给予战略性新兴产业资金上的支持，

再加上中国资本市场存在着制度设计上的缺陷，中国战略性新兴产业在前中期的发展中很大比重的外源资金来源于政府扶持。另一方面，从战略性新兴产业的融资结构来看，政府主导的扶持基金占企业资金来源的比例较高，战略性新兴产业企业的贷款资金多数为国有银行信贷，在直接融资中，国有性质的股东份额占据绝大部分，而社会资本的参与程度有限，社会资本利用率较低。另外，政府扶持导向的战略性新兴产业融资模式也在一定程度上造成了资本的错配，导致不同类型的战略性新兴产业通过不同渠道获得融资资金的比例分布不合理、不均匀，导致一部分产业产能过剩而有的产业投资不足，资金投向主要集中在新能源产业、节能环保产业和信息产业，其他产业所获得的资金相对较少。

（三）风险投资存在众多阻碍

目前，我国战略性新兴产业对于风险投资和私募股权的利用不够充分，利用效率较低，新兴产业企业通过风险投资获取发展资金受到多方面的制约。

第一，技术约束。战略性新兴产业的发展主要依赖于知识产权和技术创新，而技术研发时间跨度较长，研发初期技术不稳定、不成熟，技术能否研发成功以及未来能否顺利转化为畅销的商业成果的不确定性较强，包括技术在内的企业无形资产的价值都无法量化，这给风险投资的风险和收益评定带来困难。

第二，项目信息约束。由于我国尚未建立一个完善的战略性新兴产业企业信息共享系统，这导致风险投资机构不能及时、准确地寻找到合适的投资项目，风险投资的搜寻成本较高，使项目和资本不能及时对接。

第三，管理能力约束。风险投资机构在与战略性新兴产业对接完成后，可以派遣有企业发展经验的资深管理人员进入企业管理团队，这有利于企业的经营发展，同时也会促进企业管理体制转型，快速形成完善的经营模式，然而，战略性新兴产业的新兴性特征又决定了国内风险投资机构缺乏足够先进的经营管理经验，无法给予企业成熟的经营管理建议。

第四，资金来源约束。由于缺乏完善的风险投资机制，中国资本市场上的风险投资资金大多比较分散，规模较小，投资方的风险承受能力较弱。一般来说，投资较为保守、谨慎，而国外大规模的风险投资资金又由于制度、政策约束无法顺利进入国内市场，国内市场上的外资利用水平较低。

第五，退出机制约束。风险投资机构是以营利为最终目的，然而，由于我国资本市场不发达、市场运作效率低、法律法规不健全等问题，风险投资机构很难在短时间内获利并顺利退出，这增加了战略性新兴产业通过风险投资获得发展资金的难度。

四　融资模式创新对战略性新兴产业发展的影响分析

战略性新兴产业在前期发展过程中高风险、高投入、周期长的特点要求对融资模式进行创新。首先，战略性新兴产业从技术研发到市场认可的发展周期较长，资金需求量较大。其次，战略性新兴产业的发展是依赖于技术创新驱动的，推动其发展往往是从事项目研发的高精尖的技术人才，技术研发和产品制造所需要的也大多是昂贵的新材料，这些都要耗费大量的资金。最后，由于战略性新兴产业的产生和发展都依赖于突破性技术的形成，其发展初期必然会缺乏配套的产业链，战略性新兴产业从开始形成发展，到其能够发挥产业规模效应需要很长时间，在由突破性技术成果研发成功，到形成标准化的商业成果，再到形成基于技术成果的商品产业化的过程中，战略性新兴产业企业需要投入大量的经营成本，而且在此阶段企业的盈利能力较差、财务风险较大、信用等级较低。

然而，面对战略性新兴产业发展过程中规模巨大的资金需求，目前我国战略性新兴产业能够利用的融资渠道却存在着很多缺陷，以商业银行等金融机构为主的信贷融资考核标准不能与战略性新兴产业的产业发展特征相适应，银行和非银行金融机构的信贷业务不能很好地服务于战略性新兴产业的发展，战略性新兴产业企业无法通过向商业银行等金融机构申请信贷支持等间接融资方式获得全部所需资金；资本市场的高门槛使绝大多数战略性新兴产业企业不能满足上市融资的条件，无法通过直接融资获取足够的发展资金；风险投资融资由于信息不对称、风险评估技术约束、退出机制约束而无法有效支持战略性新兴产业发展。另外，由于正规金融机构的融资限制，直接和间接融资仍然不能满足战略性新兴产业企业融资的需求，从而使市场中滋生了高利贷等非正规金融融资方式，导致战略性新兴产业企业的融资成本和发展成本增加。因此，面对战略性新兴产业巨大的融资需求和非正规融资方式的负面冲击，必须创新直接和间接融资模式，结合战略性新兴产业的产业发展特征，建立多元化、多层次的融资渠道，建立健全的多渠道、多方参与的风险分散机制，促进战略性新兴产业的发展。

　　战略性新兴产业面临着技术研发和市场环境变化方面的不确定性，只有创新融资模式，才能支撑其快速、平稳发展。首先，战略性新兴技术的研发，没有明确可以参考的经验，因此，技术研发的风险较高，需要大量的研发资金支出，而多元化的融资模式可以分散技术研发失败的风险，这推动了资本市场参与主体创新融资模式，使其与战略性新兴产业发展特征相适应。其次，战略性新兴产业面临着市场需求和市场环境变化的不确定性，比如，新产品从出现到被市场认可所需时间长短，由于新兴技术产品使用的人力、物力等成本高昂导致定价过高影响消费者规模扩大，消费者习惯、产品同质性和企业经营管理水平等都会影响产品的市场需求，同时随着新兴技术产品得到市场认可会有大量的跟随者进入市场，市场竞争环境会发生变化，相应的生产技术、产品质量也会随之变化，市场的不确定性会严重影响到企业的经营销售状况、盈利能力和风险承受、分散能力，从而影响企业的正常融资，这些都促使金融机构全方面地考察战略性新兴产业的风险、收益、信用等级、发展特征等。对此，需要创新融资模式，更好地为促进战略性新兴产业发展服务。

第四节　战略性新兴产业资本对接的融资模式创新策略分析

　　战略性新兴产业是未来经济科技竞争的关键产业，在世界各国争相发展创新型新兴产业以力图抢占未来经济发展制高点的趋势下，中国战略性新兴产业的培育和发展面临着国际化的竞争，其成长既需要速度又需要质量，而战略性新兴产业具有高风险、高投入、高收益、回报周期长、不确定性大的特征，这些特征决定了其迫切需要快速有效地融通大规模资金投入，但是，由于目前我国资本市场发展不成熟、体制不健全，导致战略性新兴产业没有与资本市场有效对接，金融资本对以技术创新为特征的战略性新兴产业发展的支持力度较弱，例如，股票市场进入门槛高、商业银行信贷体系不能与战略性新兴产业各发展时期的融资需求相适应、债券市场种类缺乏创新、风险投资基金发展不完善等。而战略性新兴产业又以大量的中小型企业为主，因此，不完善的资本市场融资体制无法给予战略性新兴产业的发展提供有效的资金支持。从资本市场与战略性新兴产业发展的关系也可以看出，大力培育和发展战略性新兴产业有利于推动资本市场完善投融资体系，有利于加快成熟、完善的资本市场建设步伐，资本市场与战略性新兴产业的有效对接有利于发挥资本的乘数效应，促进产业快速发展，也可以打牢产业经济基础，有效防范金融泡沫。因此，为了促进资本市场和战略性新兴产业有效对接，推动战略性新兴产业发展，同时也为了促进资本市场的快速成长，必须进行全方位的金融体制改革，创新融资模式，开发多样化的金融产品，建立多元化、多层次的资本市场支持体系，完善战略性新兴产业的投融资体系建设，提高资本融通能力，为战略性新兴产业发展提供强有力的资金保障。

一 政府补贴信号效应的传导机制

战略性新兴产业源于新兴科技与新兴产业的深度融合，以新能源汽车、云计算、高端功能材料、高速铁路和生物育种等为代表的战略性新兴产业技术。研发活动投入高、风险大、外部性强，需要大量的资金投入。然而，战略性新兴产业的技术研发无法单靠社会资本和企业自身投入完成，政府补贴是解决研发投入不足、引导和促进更多的资本投入研发活动的重要手段。即使在市场经济较为发达和完善的西方国家，技术研发也不是完全靠社会资本来解决问题，基本模式就是政府导向和社会资本的跟进。事实上，21世纪初，我国就已提出发展新能源、电子信息、节能环保等新兴产业，2009年更是将高端装备、电子信息、生物、新能源、新材料、节能环保和新能源汽车七大重点领域聚合为"战略性新兴产业"，代表着未来产业调整的发展方向，给予了空前的重视和支持。一直以来，政府补贴都是推进新兴产业发展的主要手段，2011年，中央财政投入战略性新兴产业的扶持资金达到35亿元，之后逐年扩大。2014年，中央财政下达战略性新兴产业发展专项资金20亿元，累计安排资金共达91亿元，吸引带动地方政府、社会资金427亿元，投资了大量创新型企业，不仅促进了企业成长，也推动了战略性新兴产业发展。

政府为战略性新兴产业企业提供补贴基于两方面的考虑：一是政府愿意给予能够产生积极外部性的研发活动以补贴，从而体现政府职能，实现社会福利最大化。同时，这种补贴也将进一步鼓励和促进企业参与战略性新兴产业的技术创新、市场开拓等活动。二是政府对于高新技术企业的补贴将向社会潜在投资者传递有价值的信息，从而产生有效的投资引导作用。最终，政府补贴的核心意义在于运用有限的财政资金起到"四两拨千斤"的作用。在这一过程中，市场参与者将政府补贴行为本身视为一个信号，向市场传递国家重点发展产业的战略方向和未来政策变动的倾向，从而对企业内外的投资经营行为产生影响，这即是政府补贴信号效应的传导机制。对战略性新兴产业政府补贴信号效应的研究表明，虽然政府补贴所发出的信号并没有起到预想的增加企业研发支出的效果，但是，对于企业外部潜在的投资者而言，政府补贴所传达出来的投资信号效应能够提高企业获得来自银行和社会投资者投资的可能性。但是，机构投资者对于补贴信号的反应较为消极，两者之间的关系并不密切。总的来说，通过政府补贴所发挥的信号效应能够推动资本市场与战略性新兴产业相对接，完善战略性新兴产业的投融资体系建设。

二　构建多层次资本市场体系

为促进产业经济发展，满足不同类型企业的融资需求，我国资本市场已初步建成了包含主板、创业板、中小企业板、新三板以及债券市场在内的多层次资本市场和多元化的融资模式，但相对战略性新兴产业不同发展阶段的产业特征和所需的大规模融资需求来说，还需要进一步扩大资本市场规模，推动建立健全、完善的资本市场融资体系，促进融资模式不断创新。

（一）推动大型战略性新兴产业企业主板上市

对处于成熟期的大型战略性新兴产业企业，应鼓励其在主板上市融资，同时为了提高战略性新兴产业上市企业质量，可以鼓励优质的战略性新兴产业企业通过整合实现整体上市。优质战略性新兴产业企业整体上市有利于为企业提供稳定的资金保障，还可以有效地提高企业的股票市值规模，对企业的长远发展有重要作用，同时也有利于改善资本市场运行、遏制股票市场投机行为、优化证券市场结构，对战略性新兴产业和资本市场的稳定发展有重要促进作用。

（二）发展和完善新三板、中小企业板和创业板融资

新三板、中小企业板和创业板市场是多层次资本市场的重要组成部分，其建立和发展极大地解决了数量众多的中小型战略性新兴产业企业的融资问题，在促进战略性新兴产业发展过程中发挥着不可替代的作用。

新三板市场的建立打通了多层次资本市场之间的通道，为处于起步期和发展初期的战略性新兴产业的成长提供了有力的资金支持，其实行的严格的信息披露制度能够有效地促进企业规范经营，提高管理水平，增强了企业的发展潜力，应大力推进以新三板为基础的全国统一场外交易市场建设，加快推进新三板市场与股票市场其他板块之间的转板制度建设，更好地为战略性新兴产业融资发展服务。中小企业板自建立以来促进了大批中小企业的成长和发展，形成了自身的发展特色和一定的规模，成为主板市场的有益补充，在创业板成立之前，也为大量的中小型战略性新兴产业发展提供了重要的资金支持，应继续鼓励和支持符合条件的战略性新兴产业企业在中小企业板上市。同时也应当充分考虑战略性新兴产业发展特征，创新融资模式以有效地利用中小企业板融资市场。

创业板市场主要致力于引导资本流向技术创新型、市场前景良好的企业，而战略性新兴产业恰好具有战略性、新兴性、创新性和高收益性的特点，其发展主要依赖于技术创新和商业模式创新，因此，大力培育和发展战略性新兴产业，必须发展和完善创业板市场，创新融资方式。首先，受限于战略性新兴产业发展初期技术不成熟、盈利能力差、经营收入和财务状况不稳定的产业特征，企业自有资金不足，尽管创业板市场上市条件较主板市场低，但仍显得过高，如果降低上市门槛又会增加风险，因此，应适当放宽上市标准，创新、完善并实行严格的审批制度、信息披露制度，加强监管，增加企业信息披露频率，要求企业提供更加全面、翔实的经营信息，规范上市企业经营管理。其次，建立严格健全的退市制度，坚决清理不合格的上市企业，保证和提高上市公司质量，但对于面临退市的企业也应给予一定的缓冲时间，在规定时间内，无法达到创业板市场标准的企业应勒令退市。

(三) 推进债券市场发展、创新

创新战略性新兴产业融资模式必须大力发展债券市场，健全债券市场规章制度，尤其是要促进中小企业债券市场的发展和完善。目前，在我国债券市场上，战略性新兴产业的债券融资规模小、债券期限不丰富，投资方的信息搜寻成本和政府协调成本较高，导致战略性新兴产业不能与债券市场有效对接，严重制约了中小企业债券市场的发展。由于战略性新兴产业企业多为中小型企业，因此应着手鼓励发展中小企业债券，将中小型战略性新兴产业企业作为重点扶持发展的对象。首先，战略性新兴产业可以针对特定技术项目发行债券融资。由于其资金用途明确，更容易获得投资者的认可，同时可以推动发行中小企业集合债券，解决单个企业由于资产规模不符合条件而无法发行债券的困境。其次，需要强化中小企业信息披露机制。通过激励措施，促使企业完善公司治理结构，解决企业经营状况不稳定、信息披露不完全的问题，同时可以推动政府相关机构牵头构建中小企业债券市场信息的共享系统，降低投资者信息搜寻成本。再次，转变政府在中小企业债券市场的发挥的主导作用，减少"寻租"行为，强化政府服务职能。最后，创新中小企业债券种类。针对不同行业和不同发展阶段的战略性新兴产业发展特征，开发与之相契合的债权，推动中小型战略性新兴产业企业通过债券市场进行多元化融资，例如，在风险可以预期、控制、未来发展前景良好的情况下，允许战略性新兴产业企业发行高收益债券，丰富战略性新兴产业融资渠道。

三　建立完善的以商业银行为核心的间接融资体系

（一）建立完善的无形资产质押模式

战略性新兴产业主要依赖于知识产权和技术创新，具有成长周期长、高风险、高收益等特点，因此，商业银行应尽快建立专业研究团队，根据战略性新兴产业的发展特征和融资需求特征创新信贷产品及业务模式，建立全新的无形资产抵押模式。战略性新兴产业一般无形资产所占比重较大，企业拥有的有形资产无法满足银行的信贷条件，商业银行应积极建立有效的无形资产评估、抵押体系，可以联合外部专业机构对包括知识产权在内的无形资产进行价值评估，同时引进知识产权质押融资相关领域的专业人才，降低融资风险，在知识产权随市场变化而出现价值变动时，应对质押的无形资产进行有效监控。

（二）构建有效的信用评级体系

商业银行在发放贷款前会对申请信贷企业进行资产规模、经营标准和信用等级等的评定，企业能够获得贷款的额度、期限等受限于商业银行信用评级。而战略性新兴产业与传统产业不同，其具有发展初期高风险、盈利能力差、经营管理能力低的特征，尤其是战略性新兴产业企业初期都属于轻资产的中小型企业，能够提供的抵押担保很有限，这些都增加了企业获得银行高级别信用评级，从而获得银行和非银行金融机构信贷资金的难度。因此，商业银行和非银行金融机构应根据战略性新兴产业在不同阶段的发展特征，不仅将历史数据纳入信用评级体系，还应该充分考虑企业的成长性、所处的成长周期、企业发展状况和未来市场前景等因素，综合采用定性、定量的评价方法，全面、准确地对战略性新兴产业进行信用评级。同时商业银行还应积极引进专业人才，参与新兴产业的信用评级，提高信用评级的准确性。

（三）鼓励建立和发展支持技术创新发展的金融机构

目前，中国战略性新兴产业企业大多为中小型企业，在创新信贷模式和信用评级体系为战略性新兴产业提供资金支持的同时，还应该鼓励建立和发展专门支持技术创新的政策性银行、科技银行和民营、中小型及新型的金融机构，促进金融机构相互竞争，提高金融机构数量，降低金融市场集中度，通过鼓励竞争的方式提高对新兴产业发展的融资支持力度。首先，考虑到战略性新兴产业发展初期技术风险和财务风险都较高、盈利能力差、信用等级低的产业发展特征，可以在加强现有三大政策性银行对战略性新兴产业资金支持的基础上，建立专门支持科技型中小企业发展的政策性银行和科技银行，尤其是科技银行与风险投资机构共享市场上创业企业信息，可以最小化风险、最大化收益，也允许采用知识产权和技术等无形资产进行抵押，还可以通过持股的方式获取高额股本回报从而抵消信贷风险，科技银行的这些特征都有利于对战略性新兴产业发展进行强力的融资支持。其次，为了降低市场集中度，加强银行业市场竞争，可以鼓励民营资本独资或合资建立民营性质的专业支持技术创新型的中小型商业银行和非银行金融机构，鼓励引导民营资本建立合作信用社、科技小额信贷公司及民间金融租赁公司等新型金融机构，这也将有利于推动建立健全的存款保险制度和商业银行破产制度。

四　加大风险资本支持力度

自风险投资融资体系建立以来，在我国发展迅速，集资金融通、企业经营管理、技术和市场开发等于一体，而且与战略性新兴产业的发展特征相适应，能够较好地满足战略性新兴产业发展的融资需要。但总体来说，中国风险投资的融资规模较小，还远远不能满足当前战略性新兴产业发展的需求，而且融资渠道单一，风险投资机构、天使投资者、私募股权等一般都较为谨慎，更增加了具有高风险特征的战略性新兴产业融资的难度，因此，应完善中国的风险投资体系，建立完善的利益风险均衡分担机制，考虑拓宽资金筹集渠道，扩大资金来源和风险投资规模，重视培养风险投资专业人才，建立健全的风险投资退出机制。

（一）拓宽风险投资资金筹集渠道

重视风险投资主体的培育，建立多元化的风险投资资金筹集渠道，扩大资金来源和风险投资资金规模，借鉴国外发展经验，与中国发展现状相结合，建立包括风险投资机构、大型企业、个人资金和政府资金等在内的多元化资金筹集渠道。例如，充分利用如保险资金、养老基金和信托资金等社会闲散资金，加强风险控制，适当放宽社会资金的投资限制，推动其成为促进战略性新兴产业发展的融资助力；鼓励大型、实力强的企业参与风险投资基金的组建；充分发挥政府对战略性新兴产业扶持资金的政策示范作用，带动社会、企业资金的参与；积极引进国外大规模的资金和先进的经营管理经验，开辟多元化的风险投资融资渠道。同时，应由政府发挥主导作用，引导成立具备专业人才的咨询服务机构，鼓励建立完备的战略性新兴产业发展咨询服务体系，提高战略性新兴产业的风险识别、未来收益识别和无形资产价值识别能力，促进风险投资和战略性新兴产业顺利对接。

（二）培养和引进风险投资专业化人才

中国的风险投资机制建立时间尚短，由于风险投资对人才的综合素质要求较高，是一项高度专业化的投资活动，我国这种掌握多种专业技能的复合型风险投资人才较为稀少，应该吸取和借鉴国外成功的风险投资人才培养经验。一方面，可以鼓励国内外风险投资机构共同合作，学习、引进先进的企业经营管理模式和理念以及丰富的市场投资经验，加大风险投资人才的引进力度，吸引国外风险投资专业人才参与国内风险投资体系建立；另一方面，要加大风险投资专业人才的培养力度，加强国内风险投资人才培养的师资力量投入和课程更新，自行培养专业、优秀的风险投资人才。

（三）建立完善的风险投资退出机制

风险投资的最终目的在于获取利润回报，而这需要完善的资本退出机制作保障，风险投资的顺利退出也为后续的风险投资起到了示范推动作用，有利于促进战略性新兴产业在风险投资市场上的融资互动顺利进行。风险投资的主要退出方式有资本市场上市和企业并购、回购，因此，应重点致力于完善多层次的资本市场体系，推动资本市场成为战略性新兴产业风险投资顺利退出的主要方式。同时加强市场和规章制度建设，建立健全的产业并购、企业回购制度，鼓励未能上市的战略性新兴产业企业，通过并购重组和回购的方式实现风险投资的顺利退出。

五　合理利用外资

在发展中国家，资金是制约战略性新兴产业发展的重要因素，为协助战略性新兴产业顺利渡过发展初期的困难，缓解国内资本市场支持战略性新兴产业发展的融资压力，应切实引导外资支持战略性新兴产业的发展。

首先，应营造有利于外资进入国内金融市场的政策环境，完善引进外资的法律法规，严格执行引进外资的审批制度和资金使用监管制度，保障外资的有效引进和正确利用。

其次，创新外资利用模式，除外商直接投资外，积极吸引国外风险投资基金投资我国战略性新兴产业，还可以通过中外合资、中外合作等方式鼓励外商直接介入技术创新型企业，引导规模较大、实力雄厚的跨国企业与战略性新兴产业企业合资经营，引进先进的知识、技术和企业经营管理模式，促进现有企业全方位改造，提升企业生存能力、创新能力和发展潜力，但同时也要严格制定关系到国计民生的产业的外资利用制度，注意关乎国家经济命脉和国计民生产业的外资合作方式、股权控制等问题。

最后，加大政策支持力度，吸引跨国企业将研发中心或总部设立在中国，充分利用知识和技术的外部性，通过学习、借鉴和模仿跨国企业先进的经营管理方式和技术创新，推动国内战略性新兴产业企业的技术进步，提高技术创新能力，助推战略性新兴产业的快速发展。

第四章 战略性新兴产业商业模式创新研究

随着互联网经济与战略性新兴产业的发展，商业模式的概念在 20 世纪 90 年代中期被提出，并迅速在新兴市场中发展起来。随着经济的发展，企业之间的竞争已经从产品竞争转移到商业模式竞争，大量实证研究证明，选择正确合理的商业模式能够有效地推动企业的发展。然而，从我国新兴产业的发展现状来看，商业模式发展滞后导致战略性新兴产业重大技术创新和技术突破缺乏有效的商业模式推向市场，企业不断做大产业生产制造规模，但却无法为企业和消费者创造价值，甚至导致产能过剩，严重阻碍了产业的发展。实际上，我国目前在某些高端产业不乏一些拥有先进技术和自主知识产权的企业，在汽车锂电池、LED、风力涡轮机、超级计算机、干细胞研究、3D 打印和钛合金等领域取得了较大的技术创新与突破，在局部环节已经达到甚至超过世界平均水平，位居世界前列。但是，由于商业模式的滞后，这些企业缺乏将新技术推向市场的渠道，技术创新无法转化为经济价值，直接导致科技成果的转化率低和产学研脱节等问题。因此，如何选择有效的创新路径实现商业模式创新，从而推动战略性新兴产业的市场化和产业化，是破解战略性新兴产业发展困局的可行途径。

本章从分析商业模式的含义和构成要素入手，梳理并归纳战略性新兴产业现有商业模式基本形态。在此基础上，说明战略性新兴产业商业模式的创新过程及阶段性特征，剖析战略性新兴产业商业模式创新中的障碍与困难。由此提出从网络化视角重构战略性新兴产业商业模式的思路和框架，并采用多案例分析方法对战略性新兴产业商业模式创新的路径和策略进行了详细说明，最后预见性地指出战略性新兴产业商业模式创新可能的趋势。

第一节　商业模式创新的理论基础

一　商业模式的含义及构成要素

战略性新兴产业的主体是由知识密集型和成长潜力大的企业所构成的。这些企业需要依靠自身技术先进性来实现盈利，也就是说，通过商业模式创新对先进技术进行商业化改造，从而向顾客传递价值，为企业创造利润，以实现生存和发展。因此，战略性新兴产业的发展离不开企业通过商业模式创新来实现从技术到价值的转化。

按照传统定义，商业模式是一个认知机制，用来表明企业的价值创造和价值获取活动（Chesbrough and Rosenbloom，2002）。基于此，对商业模式的界定主要有盈利模式、价值创造模式和系统整合模式三种。然而，随着对商业模式认识的不断深化，学者大多倾向于支持后两种模式的界定方式，并指出，盈利模式仅仅是商业模式的一个构成要素，从盈利模式视角界定商业模式会导致企业片面地追求收入和利润，忽略企业间价值传递与合作等重要因素，模糊商业模式的本质和作用机理。相较而言，价值创造模式明确了商业模式的诉求，系统整合模式明确了商业模式系统运行的本质，虽然研究视角不同，但在内在逻辑上是相互补充的。因此，商业模式是描述企业将技术的潜在价值转化为顾客价值的一系列价值活动的集合，这些价值活动包括价值主张、价值创造与传递和价值获取三个主要方面。结合产业特征，战略性新兴产业的商业模式内涵可从三方面来理解：

第一，战略性新兴产业商业模式的价值主张。价值主张用于表明企业为顾客提供何种价值，是企业开展一切经营活动的出发点。以高新前沿技术为特征的战略性新兴产业，其价值主张意味着基于先进技术提供产品和服务，满足顾客需求，实现先进技术的市场化，为顾客创造价值，为企业创造利润。

第二，战略性新兴产业商业模式的价值创造与传递。企业将产品和服务交付于目标客户的过程就是企业通过商业模式实现价值创造和传递的过程。战略性新兴产业在技术转化过程中，研发投入大，风险高，市场也具有较多不确定性因素。为了规避风险，降低研发失败可能造成的损失，战略性新兴产业在价值创造和传递过程中，宜于与科研结构、供应商、终端顾客等结成广泛的价值链网络，整合各方资源，实现新产品价值创造。

第三，战略性新兴产业商业模式的价值获取。企业将产品和服务交付于目标客户，从中获取利润。企业实现盈利是其一切活动的最终目的。企业商业模式的价值实现包括成本模式和收入模式两部分。其中，战略性新兴产业的收入模式主要有基于技术创新提供新产品和服务所获得收入以及通过技术转让获得收入两种模式。而成本模式由企业资源整合方式与运作流程管理效率所决定。

除上述商业模式的三个构成要素之外，理解商业模式也有动态和静态两个视角。在静态视角中，商业模式从根本上讲是一个"蓝图"，它所能够实现的重要功能是描述和分类，从这个方面来说，商业模式综合体现了一个企业创造价值的方式。这种定义角度有利于更为精确地描述一个企业如何完成其职能并创造收益。通过该定义帮助管理者概念化企业为了创造价值所采用的不同手段和机制。在动态视角中，商业模式被视为是用来解决来自企业组织或商业模式自身变化的概念或工具。特别地，新的商业模式被认为是根本性的创新，具有撼动整个产业的潜力。企业很少能够一开始就建立起一个稳健的商业模式，它需要渐进式的改进以实现内部一致性并适应环境。每一种视角都有其优势，但也存在弱点。一方面，按照静态观点能够为商业模式建立起分类并深入研究商业模式和企业绩效之间的关系。从管理学观点来看，它给出了一个连续的关于不同商业模式构成及其运作的图像。但是，静态观点不能用来描述商业模式的演化过程。另一方面，动态观点能够较好地应对这些管理问题，并帮助管理者如何做到进一步改进其商业模式。但是，动态观点倾向于改变商业模式的概念以使其用于讨论变化，而非寻求如何改变商业模式本身。因此，最好的商业模式定义是将这两个视角相互整合，从企业资源和能力方面来认识商业模式。

按照融合观点，商业模式可以被描述为三个主要构成部分，分别为资源和能力、组织结构以及价值定位。其中，资源可能来自外部市场或者由企业内部发展而来。能力是指管理者能够推动、重构或改变其资源的能力和知识。而组织结构涉及组织活动以及本组织所建立的与其他组织一起联合开发资源的关系，包括活动价值链和价值网络。最后，价值定位是一个企业以产品和服务形式传递给顾客的价值。在次级层面上，这些定位也包括如何以及为谁提供产品。企业可能为不同类型的顾客定位价值，包括终端消费者、供应商、互补品生产者、竞争者或赞助商。价值定位反映了与顾客交易的内容，以及每个组织所采用的特殊资源运用方式。这三个核心元素中的每一个都包含若干不同元素，例如，许多不同种类的资源、在价值网络中与不同企业间的伙伴关系、为顾客提供的不同类型的产品等。

综上所述，无论从哪一个视角定义商业模式，它都是企业以价值创造和价值获取为目标而进行的一系列整体性、结构性和功能性的设计、安排及选择。

二　商业模式的设计元素及创新过程

信息技术的快速发展有利于不同经济主体之间以信息作为新媒介相互交流。这从根本上改变了企业"做生意"的方式，特别是它们组织管理跨企业甚至产业边界与顾客、供应商、合伙人或其他利益相关者的交互活动。正是由于技术的进步，才增加了企业管理者构建关系网络策略的选择性，而他们这种独创性的设计就是企业商业模式创新活动。一个创新性的商业模式既可以为企业创造一个新市场，也可以帮助企业在现有市场当中创造、开拓新机会。在商业模式创新过程中，内容、结构和管理是三个重要的设计元素，它们可能单独也可能联合影响商业模式的创新，这具体可以从以下两方面进行分析。

（一）商业模式创新的构成元素

在商业模式的设计元素中，首先是选择商业模式创新的内容。例如，传统汽车生产厂商顺应消费者对绿色出行的需求而积极研发新能源汽车。那么就需要在企业原有商业模式基础上加入创新性的内容，雇用新员工、建立新生产线、制定新营销策略，并将这些活动与现有商业模式系统如平台、应用和渠道联系起来。其次是商业模式创新系统的结构，用来描述如何将不同的商业模式创新活动联系起来。以互联网金融新业态为例，该金融创新商业模式将互联网运营商、银行、证券公司等参与主体相互联系，搭建起新型金融服务体系。最后是商业模式创新系统的管理，具体是指哪些行为人需要参与到商业模式创新活动中。实践表明，商业模式创新的内容、结构和管理三个要素之间是相互依赖的。

（二）商业模式和盈利模式之间的依赖关系

盈利模式是指企业通过商业模式获得收益的特定方式。盈利模式是商业模式的补充，正如定价策略是生产策略的补充一样。仍以新能源汽车产业为例，那些将商业模式定位于搭建充电桩的企业完全可以独立于新能源汽车生产企业。这就像是电信网络运营商一样，只专注于电信网络的建设而不生产通信终端设备。这些以建立充电桩网络为主营业务的企业，其创新商业模式结构当中包括从政府、汽车生产企业到清洁能源供应商等一系列合作伙伴，而这些企业的盈利模式依赖于顾客汽车使用里程，这就将商业模式和盈利模式联系起来。

基于以上分析，战略性新兴产业由高新技术企业组成，技术创新是产业商业模式创新的前提条件。新兴技术受到来自创新环境和企业内部因素的影响。战略性新兴产业中的企业在价值主张的指引下，企业围绕客户需求，通过工程化和产品化创新过程，向客户提供创新产品和创新服务，同时实现技术创新和商业模式创新。战略性新兴产业围绕新兴技术进行商业模式创新。在技术研发阶段，企业联合科研院所形成广泛的创新网络，利用政府所提供的创新资源，实现工艺创新，推出创新产品和服务。在这一过程中，企业结成广泛的、具有实际功能的商业模式创新网络结构。在产品市场化阶段，战略性新兴产业中的企业基于工程标准在政府支持下投入技术、人员和资金等要素提供创新产品和创新服务，该阶段需要众多参与者的协调配合，这包括政府提供的各项政策扶持措施和创新资源；中介机构提供的技术咨询、专利管理、风险评估等服务；金融机构提供的资金支持、借贷服务；企业间所形成的产业联盟等。在企业与这些创新参与者的交互过程中会形成不同的界面模式，这决定了企业价值网络结构形成各种不同的形态。经过以上商业模式创新流程，战略性新兴产业企业通过提高自身技术水平获得触发商业模式创新的具体内容，搭建起价值创造、传递与获取的网络关系和渠道，最终实现新技术转化为现实生产力的战略目标。

三　战略性新兴产业商业模式创新的动力来源

企业商业模式创新是战略性新兴产业商业模式创新的基本构成单元。由于企业异质性的存在，推动企业商业模式创新的动力也存在着差别。根据商业模式创新的系统性和外向性可知，商业模式创新的驱动力可分为来自企业内部和外部两个方面。外部驱动力包括技术创新、产业需求、产业竞争和产业政策，而内部驱动力包括企业家的创新精神和企业创新决策。

在外部驱动因素中，首先是技术创新的推动。商业模式不能孤立实现，它必须与技术创新相互结合才能实现。在战略性新兴产业中，基于新一代信息技术使多种新模式如移动支付、智能交通等得以运行。新一代信息技术在为企业更好地满足消费者需求创造条件的同时，也使企业间的交流更为顺畅和便捷。除新一代信息技术之外，驱动商业模式创新的技术力量还可能来自相关的基础材料、工艺流程、管理方式等不同类型的技术创新。而这些不同类型的技术创新作用于不同企业产生不同的商业模式创新效果。其次是需求拉动产生的商业模式创新。战略性新兴产业发展的最终目的是通过满足消费者需求来提升生活质量和水平。因此，产业的发展要顺应市场需求的变化，寻求满足新增消费需求的途径和手段。从这个意义上说，需求是促进商业模式创新的关键动力来源之一。在战略性新兴产业中，随着消费者消费观念的转变，消费者更加追求绿色、环保、低碳的消费理念，这就需要节能环保、新能源产业的相关企业及时调整经营策略，以全新模式向消费者提供绿色产品。此外，产业竞争压力迫使企业通过商业模式创新而创造价值。面对新一轮科技革命，各国争相转变发展方式，由依靠资源劳动力投入，转向追求高新技术发展。由此逼迫企业开发未满足的消费需求，重新整合资源，再造全新价值主张。最后是产业政策的扶持作用。国家为了转变发展方式，提出大力培育发展战略性新兴产业，并给予各项政策扶持和优惠条件，从而促进了各种创新活动，催生出新型商业模式的出现。

在内部驱动因素中，企业家的创造性应当排在首位。从某种意义上讲，企业核心竞争力是企业家的创造精神在现实环境中的发挥与体现。企业家的创造性是企业家精神的重要组成部分，也是企业核心竞争力的主要来源。面对复杂的创新环境，企业家发挥其创造性，充分调动各类创新资源，结合企业特点、外部市场环境状况形成独特的商业模式，从而为企业创造价值，获得竞争力。如果说企业家的创造性构成企业商业模式创新的内核，那么整个企业各个层次上的系统性变革就是实现商业模式的重要途径。企业各类创新要素的协调配合，才能实现商业模式运行的成功。

综上所述，商业模式创新具有系统性、整合性，它区别于技术创新、产品创新、市场创新等职能创新。传统意义上的企业创新内部驱动因素很难在企业整体层面的创新过程中发挥作用。但是，在商业模式创新中，外部驱动力只有通过企业家这一企业内部驱动力才能发挥作用，是通过企业家充分发挥预见性、冒险精神、协调作用和影响力，才能克服来自企业内外的各种阻力，实现商业模式的创新。

第二节　战略性新兴产业商业模式形态与特征

一　战略性新兴产业现有商业模式形态

战略性新兴产业企业结合自身资源能力，积极适应外部环境，通过商业模式创新取得了一定成就，并且随着技术创新的突破，商业模式的形态也层出不穷，尤其是在节能环保产业、高端装备制造业、生物医药产业等领域出现了大量的创新性商业模式。

在节能环保领域，围绕着节能服务，商业模式形态逐渐由单一的签订能源管理合同向着更为全面的合同环境服务转变，这种模式构建起一个合理的利益分配机制，从而激励用能单位进行节能改造。在环保领域，这一模式被改造成合同环境服务模式。通过该模式，企业将环境服务外包给提供环境服务的企业，从而实现从投融资到设备集成，乃至环评结果的一条龙综合服务。相应地出现节能环保超市、节能环保企业联盟、节能环保集成服务商等新兴商业模式形态。这类商业模式的核心是合同能源管理，其实质是以省的能源费用支付节能减排环保项目成本的投资方式。它允许用户使用未来的收益购买节能减排环保设备，其涉及的范围涵盖污水处理、大气处理、固废处理、电机变频、余热利用、工业自动化、建筑节能、LED 照明等多个节能环保领域。这种商业模式实现了各方共赢，在政策推动下能够保障节能减排环保项目的顺利进行。

在高端装备制造业的数控机床领域，面对数控机床产业产品特性及市场结构，当前中国数控机床厂商提出从传统机械制造商向工业服务商转变的商业模式创新主题。在该模式中，数控机床厂商为客户提供包括回购二手机床、运用新技术再制造、二手经营等集成性的全流程解决方案。从仅提供机床销售服务发展为对产品全生命周期进行管理。在这种商业模式下，数控机床厂商不是追求工厂规模的扩大，而是将能力投向技术、研发和市场，这从整个社会看，将大大减少资源消耗。

在生物医药产业领域，随着新兴生物技术、信息技术融入医药市场，制造企业正通过三个出发点来重塑其商业模式，即管理患者，交付结果；扩大医疗服务范围；解决未满足的医疗需求。信息技术企业、生物技术企业配合医药产业的急速变化，与医药企业开展协作，让患者得到更为理想的健康成效。与"非传统"医药企业进行创新合作已成为当下生物医药产业商业模式创新的典型特征。

在其他产业领域，如风电产业出现"整机 + 服务平台"商业模式、云计算产业的"混合数据云"商业模式等。这些战略性新兴产业企业与顾客、合作企业、中介机构、科研院所、金融机构等主体之间建立起广泛的价值网络，采用不同的资源整合方式，实现商业模式创新。

二 战略性新兴产业商业模式创新的阶段性特征

最佳的商业模式应当随着产业发展演化不同阶段的需求变化、资金来源变化、市场竞争形势变化而做出及时的调整。战略性新兴产业各行业发展起点不同，所处的阶段各异，因此，需要深入探究在不同产业阶段内企业商业模式的创新特点。

（一）产业萌芽期的商业模式创新

在产业萌芽期时，现有的外部环境不足以支撑商业模式的自我跃迁，商业模式系统无法高效地运转起来，整个商业化系统处于较为不稳定的阶段。企业无法对产业前景做出准确预测，因此不能有效地整合资源，完成价值创造活动。正因如此，也为商业模式创新多样化提供了条件。企业管理者可充分发挥主观能动性，建立起独特的要素组合，形成企业特有的商业模式。因此，在该阶段常常会出现对以往商业模式颠覆性的创新。对于新兴企业来说，在产业萌芽期极易形成独特的价值主张，特别是生产型企业，由于战略性新兴产业市场环境不确定，市场信息预测困难，产品开发以渐进式为主，并根据市场和用户反馈不断改进。在这一新旧产品交替时期，企业通过市场创新能有效刺激市场需求，而通过商业模式创新能吸引顾客认识和接受新产品，从而不断开辟产品新的应用领域。

（二）产业成长期的商业模式创新

在产业成长期时，企业的盈利能力和资源整合能力都趋于稳定，相应的商业模式形态也基本成形。因此，战略性新兴产业企业在该阶段需要在技术创新的驱动下，进一步提升资源整合能力和盈利能力，引导商业模式创新向着更高阶段跃迁。同时，企业也可以利用产品差异化或规模经济等途径形成模仿障碍，从而建立起独创性的商业模式。相应地，在产业成长阶段，政府应当逐渐减少对企业商业模式创新的干预，推动企业在遵循商业模式创新机理的基础上，自主适应产业市场环境和演化规律，提升企业价值界定能力，并优化商业模式创新过程中的价值获取方式及结果。此外，这个时期的技术创新更多地表现出一种增量式的创新，从而也为部分企业由产品型商业模式向着服务型商业模式转变提供了空间和条件。

（三）产业成熟期的商业模式创新

在产业成熟期，技术路线已经成熟，产业界限也变得更加明晰，从而实现技术创新的难度也更高。商业模式创新过程中的价值主张、价值创造与传递、价值获取之间的运行方式固定下来。因此，该阶段基于技术创新的价值界定能力的提升不再是商业模式创新的关键作用点，企业活动目标将转向两个方面：一是维持自身与商业模式创新相关的企业能力保持在较高水平；二是应当根据商业模式创新特征寻找新的创新方向，以引导商业模式创新向着更高水平发展。

由于战略性新兴产业处于发展初期阶段，因此，仅着重分析了产业萌芽期、成长期和成熟期的商业模式创新特征。从分析中可以看出，开发新产品需要创造力，推出与企业能力和资源相适应的商业模式同样需要创造力。比起企业开发新产品的难度来说，企业通过商业模式创新实现产品价值更为困难。而企业在设计、发展独特的商业模式时，需要配合整个产业的演化规律，适时对商业模式创新策略做出调整，以维持商业模式活力，为企业带来更多收益。

三 战略性新兴产业商业模式创新障碍

战略性新兴产业的商业模式创新要依靠技术作为支撑，依赖价值网络实现创新，依托新兴市场作为动力，然而，在中国特定产业背景条件下，战略性新兴产业商业模式创新面临着诸多困难和挑战。

（一）产业市场空间难以启动，制约了商业模式创新活力

商业模式创新以市场需求为基础。在战略性新兴产业中，技术创新投入大但市场认知度、接受度较低，市场需求存在着较高的不确定性，这直接影响到企业进行商业模式创新的积极性。

（二）产业技术积累薄弱，难以支撑起完整的商业模式体系

战略性新兴产业实现发展的根本前提在于新兴技术创新。技术创新是商业模式创新的基础，只有实现技术创新，才能推动商业模式探寻创新路径。但是，我国战略性新兴企业商业模式创新的技术创新驱动力不足，企业产出的产品与服务市场认可度低，主要集中于价值链低端。在新材料、光伏太阳能等产业，关键核心技术掌握在国外高技术企业手中，中国仅仅参与了产业链低端加工、装配环节。技术积淀的不足切断了商业模式系统体系，企业找不到商业模式创新的突破口。

（三）企业管理能力较弱，价值创造活动各环节不能相互匹配，阻碍了商业模式创新

我国战略性新兴企业在价值创造的过程中将过多的精力置于企业内部运营过程中相关的成本控制环节，往往忽视了价值链研发等创新环节及市场等产生大量利润的环节，薄弱环节无法支撑整个价值链活动的顺利展开。以高端装备产业中的企业为例，我国大量机床制造企业在提供创新产品与服务的过程中，为了短期的成本优势，大量进口国外核心部件，并利用规模生产与我国劳动力资本优势降低生产成本，但忽视了企业内部的研发环节与产品市场化环节的管理，使企业提供的产品和服务在竞争中处于劣势地位。而战略性新兴企业商业模式创新过程中所进行的各项价值创造活动是紧密联系的，只有各项价值活动之间相互协调，才会达到不断降低成本的目的，商业模式创新才能得以实现，才能为企业带来持续的竞争优势。

（四）政策措施的出台滞后于产业发展，影响了企业进行商业模式创新的积极性

战略性新兴产业投入高、风险大，政府必须出台政策来协调资金、人才等要素市场。如果政策跟不上产业变化步伐，将导致企业无法获得必需的关键资源，而处于被动地位。此外，当前的产业政策往往集中于产业上游，不断做大产业生产制造规模甚至导致产能过剩。而产业下游拉动需求的政策力度却明显不足，这就造成产业畸形发展，无法为企业和消费者创造价值。对此，政府要着力改善商业模式创新需求条件，清除体制机制障碍，企业要形成创新战略联盟，合作开发、优势互补、风险共担，从技术到市场实现技术突破，实现商业模式创新。

第三节　基于网络化视角的战略性新兴产业商业模式创新

一　网络化商业模式创新方式

与商业模式内涵有静态和动态两种理解角度相类似，商业模式创新方式也有静态和动态两种视角。静态视角更关注商业模式的构成要素，认为商业模式创新是在其构成要素模型的基础上通过某个或某些构成要素的更改实现的商业模式创新。进一步的研究发现，商业模式创新不仅是指构成要素的创新，还应包含各要素之间的规则及作用关系。由于技术进步、市场需求变化和竞争加剧等外部环境剧烈变化，商业模式的构成要素及其关系也呈现多样化和复杂化。因此，在商业模式创新过程中应引入动态视角，并在原有商业模式的基础上进行不断完善和递进升级式的创新。随着网络理论的引入，商业模式创新发展出价值重构式创新和价值模块化创新两种方式。

（一）价值重构式创新

价值网络源于价值链理论，是将企业的价值增值过程进行分解细化为一系列价值活动。这些活动分布于整个价值创造的每一个环节。这些环节随着相互之间的作用，已由传统的点线面结构关系演化为价值网络关系。商业模式创新的目的就在于从这些网络关系当中挖掘价值，从而开辟新的盈利点，形成一种全新的企业价值实现方式和商业模式。而商业模式创新就对原有商业规则进行更新，这主要通过对现有价值链进行调整来实现。价值链创新把关注的焦点放在价值活动的定位、设计与匹配上。具体来讲，有三种创新策略可供选择：一是价值链重新定位。将非盈利、非核心业务外包出去，仅专注于企业擅长的环节。二是价值链重组。以消费者需求为核心创造性地重组价值链构成单元。三是价值链整合优化。关键手段是要扬长避短，优化资源配置，提高生产经营效率，降低总成本。在价值链条上，企业仅能在个别环节取得优势，这就意味着企业要整合大量的无形和有形资源，而这一过程必将产生较高的成本，所以，企业需要分清优劣环节。据此，需要进行资源优化配置，舍去既耗费资源又无法创造价值的环节，优化整合出一条具有高效率的新价值链。总的来说，这三种创新策略的共同特征是集中资源发展核心业务，而将次要活动外包出去，从而实现资源集约化管理，培育核心盈利能力。

（二）价值模块化创新

模块化是结构设计的规则，即将复杂系统分解并整合的动态过程。该过程将复杂系统按照特点规则分解成具有独立功能，能够发挥整体作用的模块，并基于新规则将各自独立的部分通过兼容的结构连接成一个完整的系统。基于价值模块化创新网络模式有三种主要方式：一是基于价值模块的商业模式创新。这主要通过提升企业价值模块，产生价值创造方式的创新，从而带来商业模式的改变。一般来说，这种商业模式创新方式并非对整个商业模块进行更新，而是革新关键商业模块，保留其他模块，从而能够使企业更快地适应变化的外部环境。同时，在维持系统稳定性的前提下，给予能够为企业带来更大价值的模块分配更多的资源，从而加强具有主导增值功能的价值模块的发展。二是基于界面规则更新的商业模式创新途径。企业在保留原有价值子模块功能的同时，改变价值子模块之间的界面规则，从而产生创新。这是一种变革幅度更大的商业模式创新途径。企业通过对模块间既有联系的重新组合带来商业模式的更新变化。三是基于以上两种变革途径的商业模式创新方式。既对关键价值模块进行更新，也改变价值模块之间的关系。基于两者混合的变革路径是基于价值子模块的变革路径和基于界面规则的变革路径的一种组合。

二 战略性新兴产业商业模式的网络化重构

基于现有网络化商业模式创新方式，结合战略性新兴产业商业模式创新发展现状和趋势，可以对战略性新兴产业中企业价值创造的功能进行模块化、系统化和网络化，从创新网络视角对战略性新兴产业的商业模式创新过程进行重构。

商业模式创新网络的价值模块包括功能模块和系统模块，界面规则包括功能规则、结构规则和网络关系规则。功能规则是指模块间的价值传递与价值创造功能，结构规则是指功能模块间的组合规则，网络关系规则是指系统模块组成的创新网络的关系规则。通过构建创新网络视角下的商业模式理论模型，商业模式的创新过程被视为网络内不同模块按照新的界面标准重新整合的动态过程。

（一）价值创造功能的模块化

基于模块化理论，综合不同商业模式要素构成，按照功能规则将企业的价值创造功能细化为不同的功能模块，包括价值主张模块、目标市场模块、优势资源模块、核心战略模块、产品制造模块、销售渠道模块、供应链模块、顾客关系模块、定价模块、支付模块、信息传递模块、收入模块和成本控制模块等。其中，每个功能模块都具有兼容性、可重复利用和独立功能等模块特征，并能够与其他同类原子模块组合成更复杂的子系统的价值节点。

（二）功能模块的系统化

按照模块间的结构规则，将功能模块组成系统模块，包括企业内部系统、客户系统、供应商系统、互补者系统和竞争者系统等。其中，同一功能模块可以在不同系统模块中重复使用，如物流配送模块可以同时使用于供应商系统和顾客系统，产品制造模块可以同时使用于企业内部系统、供应商系统和顾客系统等，信息传递模块可以广泛地使用于各个子系统。

（三）子系统的网络化

基于价值网络理论，将商业模式视为按照子系统间的网络关系规则整合而成的创新网络。通过商业模式的网络化重构，企业的商业模式创新不再拘泥于企业内部，而是作为节点根据自身的能力和核心资源，融入企业价值网络中。其中具有核心能力要素的企业通常占据创新网络的核心位置，在商业模式创新中，负责价值模块和界面规则之间的组织协调，而一般成员企业则通常作为不同价值模块的设计者和制造者，根据核心企业设定的界面规则对自身资源进行调整和优化。通过商业模式的网络化重构，创新网络中的企业将各自核心能力要素进行联结，不仅能够实现自身资源的优化整合，而且可以实现企业间优势资源的整合，从而形成新的竞争优势。

根据以上构建的网络化商业模式概念模型，战略性新兴产业企业可以通过在原本的商业模式中分割、代替、去除、增加、归纳和移植价值模块，或改变不同模块之间的界面规则实现创新。

三　网络特征对战略性新兴产业商业模式创新路径选择的影响

通过对商业模式的网络化重构，构建了一个由不同系统模块所组成的商业模式创新网络。根据社会网络理论，网络能够为战略性新兴产业企业带来优势，如丰富社会资本、提供信息、提高核心能力和专业化能力以及对环境变化反应灵敏等，从而使企业获得更强的创新能力。然而，不同的网络具有不同的功能和传递方式，网络特征能够影响创新网络中成员的紧密程度、信息与资源交流的速度和频率，从而影响企业商业模式创新路径选择。

（一）网络中心度

网络中心度关系到网络中的企业接近和获取有价值的知识及资源的能力。网络中心度越高，企业从网络获取信息、资源和知识的广度及宽度就越大，会获得更多的联结渠道和资源，使企业能够低成本、快速、高效地获取网络成员的最新资源，有利于实现商业模式销售渠道、信息传递、产品制造、研发和顾客关系等功能模块及模块划分规则创新，以及企业自身、供应商、客户和互补者等系统模块创新。然而，处于较高中心度的企业在获得更多资源的同时，也容易受到网络规则的约束，使企业嵌入网络关系中，而处于网络边缘的企业反而拥有更多机会与其他网络进行外部联结，这种边缘优势有利于实现结构规则或网络关系规则等界面创新。

（二）网络密度

网络密度是企业实际联结的网络成员数量与最大可能的成员数量的比值，反映网络成员间的互动程度。高密度网络能够为企业建立信任和共同的行为模式，形成良好的互动与合作关系、共享的态度和主张，促进网络成员的深度沟通以及有价值的信息交换，帮助企业迅速识别和掌握市场的细微变化，了解网络成员的感知和需求。因此，高密度网络有利于企业通过改变价值主张、核心战略、顾客关系和利润模式等实现功能模块和系统模块创新，以及通过功能模块的进一步细分、合并或更替实现功能规则界面创新。

然而，高密度网络也会为处于其中的企业带来网络锁定和制裁效应，导致结构僵化和惯性思维等消极影响，进而产生大量的冗余信息和资源，将企业逐渐锁定在无效率的状态中，对企业的创新行为产生约束。而相对疏松的网络结构则有助于企业获取更多异质信息，更有利于企业进行跨系统的结构规则界面创新和跨网络合作的网络关系规则界面创新。

（三）网络规模

网络规模越大，企业的关系资源越丰富，不仅能够扩大信息获取的数量，降低企业知识转移的成本，同时有助于增加企业的信息异质性。因此，网络规模越大，网络中的企业可联系的节点就越多，对于不同类型的商业模式创新均有推动作用。也有研究指出，网络存在最优规模，在超出最优规模之后，尽管有利于建立更多的合作关系，但同时也会导致大量的信息与资源的同质化。因此，企业所处网络的规模越大，越能够促进企业商业模式创新，但当企业所处网络超出最优规模，反而会降低企业进行结构规则或网络关系规则等界面创新的可能。

（四）网络关系强度

网络关系强度体现网络成员之间合作交流的频率，主要包括强关系网络和弱关系网络两种模式。其中，强关系网络有益于形成长期的互利关系和信任机制，能够增加成员之间的社会资本，促进企业之间资源与信息的共享。因此，很多学者提出，强关系网络比较适合基于现有资源基础上的渐进式创新，可能会促进企业选择功能模块、系统模块和功能规则创新。而弱关系网络的主体之间联系尽管较为松散，但与强关系网络相比，企业所获取的信息重复性和同质性较低，且节点之间的联系具有高度的灵活性，伙伴转换的成本较低，对外开放度较大，容易实现跨界组织交流与合作，有利于提升网络成员对外部机会和威胁的反应速度，因而更有可能促进企业选择结构规则或网络关系规则等界面创新。

第四节　战略性新兴产业商业模式创新
路径的案例分析

一　战略性新兴产业商业模式创新路径

在创新网络视角下，可以从模块创新和规则创新两方面对战略性新兴产业企业的商业模式创新路径进行分析。

（一）模块创新

路径一：功能模块创新。功能模块创新是指通过系统内某个或某几个功能模块的改变实现的商业模式创新，如风电产业的资源换市场模式、整机＋服务平台模式和节能环保产业的合同能源管理模式等。以合同能源管理模式为例，为了实现节能目标，能源服务公司以签订合同的方式为用能企业或单位制定节能目标并提供节能服务，客户则根据节能效益对节能服务公司进行支付。

作为一种先进的市场化节能机制，合同能源管理主要通过价值主张与支付等功能模块的创新实现商业模式创新：一方面，与传统的节能项目不同，节能服务公司向企业销售的并非某种节能产品或技术，而是提供包括项目设计、项目融资、设备采购安装、日常维护、人员培训和节能监测等在内的全过程节能服务，即向用能企业销售节能量。这种新的价值主张为项目的节能效率提供保障，将项目可能存在的技术及经济风险全部转嫁给节能服务公司，能够有效地消除用能企业对节能项目的顾虑和担心。另一方面，整个节能项目过程中涉及的资金全部由节能服务公司负责，用能企业不需要承担任何费用，而是根据节能项目未来可能产生的节能收益对整个节能服务进行支付。这种支付模式使企业不必投入资金即可对节能设备进行升级与改造，最大限度地降低了企业的节能成本和技术风险。

路径二：系统模块创新。系统模块创新是指通过整体系统模块发生改变实现的商业模式创新，如新一代信息技术产业中的阿里巴巴、腾讯等企业所采取的事业群制组织变革模式、小米手机的轻资产供应链组织模式和阿里巴巴的社会化平台供应链整合模式等。以腾讯的事业群制组织变革模式为例，2012 年，腾讯正式宣布对其组织架构进行重大调整，将公司原有的按业务职能划分的职能系统、运营平台系统和平台研发系统等组织架构体系进行了进一步分解与重构，成立了六个新的事业部，重点布局社交、游戏、网媒、无线、电商和搜索六大业务。

通过对企业组织架构的重大调整，腾讯以往的组织模式被彻底改变。其中，原有的平台研发系统被彻底打散，即时通信相关部分纳入社交网络事业部，微信和 QQ 邮箱纳入企业发展事业部，搜索业务被进一步划分，地图和运营部分纳入移动互联网事业部，而核心技术相关部分纳入新成立的技术工程事业部。这种新的组织模式使每一个事业部形成一个完整的闭环，明确精准地聚焦各自的核心资源及行业领域，最大限度地避免了以往由于产品跨界导致的内部资源争夺，减少了新产品研发初期的内耗和矛盾。

（二）规则创新

路径一：功能规则创新。功能规则创新是指通过细化、合并和替代等改变功能模块划分规则实现的商业模式创新，使企业在网络中的角色与定位发生颠覆性变化。以新一代信息技术产业中的高德地图导航软件为例，作为国内市场占有率最高的传统导航地图厂商，2013 年之前，高德的盈利模式以向前收费为主，即将导航软件出售给汽车厂商，或以APP 和数据包等形式出售给一般消费者，为用户提供地图、导航、定位和路线规划等服务，相关收入曾占其营业收入的 50% 以上。2013 年，高德继百度之后宣布其地图导航软件不再向终端用户收取费用，并于 2015 年进一步宣布放弃 O2O 市场，而是转为面向用车软件、O2O 智能硬件和公益环保等多个行业推出 LBS + 开放平台战略。

经过两次转型，高德虽然仍提供传统的导航软件产品和服务，但该业务因不再具备收入功能而从"收入模块"中被去除，其曾经的目标市场及用户不再为使用软件支付费用，但却由于通过使用软件生成大量的位置、行为和消费偏好等数据，能够帮助合作伙伴进行数据管理分析和智能化商业决策，因而成为高德转型后的"优势资源"。高德也借这两次转型，明确了自己未来的发展和战略方向。

路径二：结构规则创新。结构规则创新是指通过功能模块在不同系统之间的分割、代替、去除、增加、归纳和移植等结构规则的改变实现商业模式创新，包括互联网产业的领先用户改善模式、O2O 离线商务模式，生物制药产业的 CRO 研发外包模式和 CMO 代工模式。以小米的领先用户改善模式为例，该模式将手机发烧友作为领先客户，由企业快速开发出最小化的可行产品，通过客户参与和互动不断地对产品进行改进，从而迅速实现产品的迭代升级。与传统创新模式不同，在小米的创新模式中，客户不是局限于需求调查和产品测试，而是组建"开发者团队"和"荣誉内测组"等客户团队，基于产品开发平台、MIUI 论坛和小米论坛等互联网平台，深度参与产品的策划、设计、开发、测试、发布和销售的整个创新过程中。

小米的领先用户改善模式通过功能模块在不同系统中的结构变化实现商业模式创新，即通过鼓励和推动领先用户参与产品创新的全过程，将原本属于企业系统的研发和销售等功能模块划分出一部分转移到客户系统中。这种系统结构规则的改变，保证小米以最小成本最大限度地挖掘和利用客户价值，以最快速度推出符合市场需求的产品，极大地缩短了产品的开发周期，减少了企业的开发成本。

　　路径三：网络关系规则创新。网络关系规则创新是指通过系统间网络关系的改变实现商业模式创新，拟选取的案例包括光伏产业的垂直整合模式、云计算产业的中国云联盟模式、跨业态非竞争性战略联盟和软件产业的众包、开放源代码模式等。以光伏产业为例，天合光能公司把原本作为产业链上的各环节工程整合为企业厂区里的车间，把周围各厂区连成一片，配合光伏产业园建设，联合其他配套企业形成产业集群，并逐步开拓国际市场。

　　跨业态非竞争性战略联盟（以下简称 R&V 联盟）的网络关系规则创新模式是将现实中的实体经济与网络、虚拟市场中的虚拟媒体资源相结合，在资源共享的基础上实现资源效用的最大化。与传统的战略联盟不同，R&V 联盟内的合作伙伴不处于同一产业，也不存在上下游关系，而是基于双方核心资源的互补利用进行深度融合。这种核心资源包括有形的实体资源，如产品和设备等，也包括品牌、理念和媒体平台等无形资源。这一模式彻底改变了企业间的网络关系，将原本没有任何联系的两家企业以创新的方式进行融合，并通过对合作伙伴核心资源的创造性利用，在不增加额外成本的基础上实现现有资源的巨大增值，为企业整合外部资源和强化自身核心竞争力提供了新的思路。

　　通过上述案例分析，从新兴产业商业模式创新的不同路径来看，模块创新主要通过不同模块自身的改变实现商业模式创新，既能够确保企业将创新资源进行有效集中，又通过保留大部分原有模块和界面规则，缩短了商业模式创新的周期，能够使企业迅速适应外界变化，更有效地对创新需求做出反应，是一种较为稳定的局部变革。而界面规则创新则更多地通过改变模块间和系统间的联系规则与关系实现商业模式创新，不局限于企业或系统内部，而是将企业的供应商、客户、竞争者和互补者等更多的利益相关者纳入创新网络中，通过建立、重构或改变网络成员之间的关系来获取更彻底、更具破坏性的商业模式创新，但由于涉及众多网络成员，需要较长的周期进行协调和相互渗透。

二　战略性新兴产业商业模式创新策略

　　战略性新兴产业企业在明确自身商业模式创新阶段的基础上，可以根据自身能力和资源优势选择相应的商业模式创新路径。但是，路径选择仅仅为商业模式创新提供了可行方向，而真正实现商业模式创新仍需要体制机制的配套，具体的商业模式创新可采用以下策略。

（一）围绕价值创新设计商业模式形式

战略性新兴产业企业通过研发新兴技术，制造先进产品。但是，从技术研发、产品生产到获得利润必须借助商业模式进行价值创造、价值营销和价值提供来实现。为了达到这一目标，企业需要提高资源配置效率，以最少的投入、最优的组合设计商业模式，以实现企业价值最大化。这些资源除技术和产品之外，还包括企业品牌、经验、管理能力、人力资本、客户关系等。各类资源的优化组合加之企业创新能力，才能创造出新价值。

（二）营造创新企业文化氛围，建立创新团队

战略性新兴产生企业商业模式创新由企业内部团队及内部与外部协作共同完成，企业商业模式创新实现不能仅靠团队中某个个体的力量实现，需要企业拥有一个开放的环境，构建创新型企业文化氛围。创新型企业文化氛围的关键在于企业内部不同团队之间、团队内部成员之间、内部团队与外部团队之间不断地进行信息交流，为企业发展不断提供新思路，企业通过构建创新型企业文化能够使企业在发展过程中不断地调整企业发展的战略目标，为企业发展提供正确的方向。打造创新型企业文化是一个需要累积和传承的过程，因此，需要管理者的高度重视和大力支持，企业管理者需要鼓励员工自由地表达自己的观点与建议，企业可以通过建立科学的激励机制，引导员工认同企业创新文化，逐步引导企业内部各项创新行为，同时企业应建立科学的考核机制跟踪企业员工的创新行为，培养员工创新意识，在企业内部建立起浓厚的创新文化氛围。

（三）充分利用"互联网＋"带来的新机遇，创新企业商业模式

互联网已经成为整个社会的基本架构，战略性新兴产业作为"互联网＋"的实践基地，其中的企业必须紧跟互联网发展步伐，重构商业模式。为此，企业需要进行两方面的变革：一是加快企业电子商务平台的建设。通过电子商务化将企业的经营活动与信息技术紧密结合，从而提高企业经营效率，降低成本，形成竞争能力。二是需要积极推动流程再造。由原来的塔形结构向着扁平化"动态网络"结构转变。该组织形式通过企业内部各部门间的信息有效传递，实现企业动态管理，使信息沟通更加顺畅，各种市场信息和决策能够得到快速反馈，从而降低监督协调成本，提高企业对外部市场环境变化的反应能力，调动员工积极性，促进相互间的知识分享和交流，形成学习型

组织，以应对激烈的竞争环境。

（四）组建学习型组织，动态调整商业模式形态，以充分适应市场需求变化

战略性新兴企业商业模式创新过程中，创新型企业文化将驱动企业的技术创新行为，从而引发企业商业模式的动态创新，动态能力的培养为商业模式创新提供了充足的养分，而企业商业模式创新的实现离不开土壤环境即企业组织结构的支撑。毫无疑问，现代社会中信息技术的快速发展为企业准确高效地获取并处理企业外部反馈信息提供了技术保障与支撑，而来自现实世界的各种信息反馈一方面会改变企业在商业模式创新过程中的现有组织框架中的决策，另一方面还会导致企业决策者的心智模式发展变化。战略性新兴企业在建立学习型组织结构的过程中，基于知识管理能力的提升，不断创造并调整改变企业价值创造活动的各种规则，强化自己的竞争优势，可以更好地适应外界变化。

三　战略性新兴产业商业模式创新趋势

"互联网＋"技术的发展为商业模式创新提供了新的思路和方向。因此，战略性新兴产业企业未来商业模式的变化有以下几方面的趋势。

趋势一：分布式协作创新模式将替代原有固定创新模式，是企业信息技术发展过程中出现的新的协作创新模式。通过分布式协作创新，企业可以开放创新窗口，使各类创新资源、科研人才凝聚在一起，充分参与到产品研发活动中。分布式协作创新模式提高了企业创新效率，降低了创新成本。例如，在高端装备制造领域，大飞机、巨型船舶等的制造早已实现在全球范围内分工。随着信息技术的发展，这种分工协作体系将更为细化和便捷。

趋势二：基于互联网技术的物联网将改变信息、物品接受传递方式，促进商业模式创新。例如，在物联网未来的应用中，各类个体之间的界限可能趋于模糊，强势个体成为物联网生态系统的主导者，而一些小企业作为生态系统的共生者占据利基资源，发掘市场单一需求点，在某个专业领域取得竞争力。如此一来，在物联网将形成一个融合型网络，并覆盖生活的方方面面，从而为创业模式创新提供更为广阔的空间。

趋势三：商业模式的形式更加多样化。例如，在互联网企业中，很多都采用免费模式。例如，随着互联网技术的发展，为链接进入互联网的使用者提供更多免费服务将成为可能。因为在分享经济发展的推动下，接入

互联网服务的用户数量越多，为其付费组织所能够获得利益也越大。因此，让互联网连带受益人付费的商业模式将成为商业模式创新的新趋势。

　　除此之外，商业模式创新在应用领域也将不断拓展新趋势。特别是在大数据应用时代，单一的科技技术发展已经逐渐被市场淘汰，跨界融合、跨界创新成为企业商业模式设计的主流。大数据的应用彻底改变了企业业务逻辑，它除能够挖掘顾客的信息之外，更重要的是挖掘顾客的潜在需求，帮助企业改变产品模式和服务方式。这将在电子商务、金融服务、健康医疗等多个新兴产业领域体现出来，并成为企业商业模式创新和实践的大趋势。

参考文献

［1］郭晓丹、何文韬：《战略性新兴产业规模，竞争力提升与"保护性空间"设定》，《改革》2012 年第 2 期。

［2］何小三：《资本市场促进战略新兴产业成长研究》，博士学位论文，中国社会科学院研究生院，2013 年。

［3］何应龙、周宗放：《我国新兴技术企业特征函数与成长模型研究》，《管理评论》2010 年第 10 期。

［4］孙晓华、李传杰：《有效需求规模，双重需求结构与产业创新能力》，《科研管理》2010 年第 1 期。

［5］万丛颖：《我国新兴产业的商业模式创新路径选择——基于创新网络视角》，《东北财经大学学报》2015 年第 4 期。

［6］肖兴志、姜莱：《战略性新兴产业发展对中国能源效率的影响》，《经济与管理研究》2014 年第 6 期。

［7］肖兴志、姜晓婧：《中国电信产业改革评价与改革次序优化——基于产权、竞争、规制的动态面板模型》，《经济社会体制比较》2013 年第 2 期。

［8］肖兴志、李少林：《光伏发电产业的激励方式、他国观照与机制重构》，《改革》2014 年第 7 期。

［9］肖兴志、李少林：《环境规制对产业升级路径的动态影响研究》，《经济理论与经济管理》2013 年第 6 期。

［10］肖兴志、李少林：《能源供给侧改革：实践反思、国际镜鉴与动力找寻》，《价格理论与实践》2016 年第 2 期。

［11］肖兴志、李少林：《中国服务业扩张模式：平推化还是立体化？》，《数量经济技术经济研究》2013 年第 11 期。

［12］肖兴志、彭宜钟、李少林：China's Optimal Industrial Structure：Theoretical Model and Econometric Estimation，*China Economist* 2014 年第 1

期。

　　[13] 肖兴志、彭宜钟、李少林：《中国最优产业结构：理论模型与定量测算》，《经济学》（季刊）2013 年第 1 期。

　　[14] 肖兴志、王海：《受教育程度、吸收能力与 FDI 技术溢出效应——基于面板门槛回归模型的分析》，《云南财经大学学报》2013 年第 6 期。

　　[15] 肖兴志、王伊攀、李姝：《政府激励、产权性质与企业创新——基于战略性新兴产业 260 家上市公司数据》，《财经问题研究》2013 年第 12 期。

　　[16] 肖兴志、王伊攀：《不同补贴方式对战略性新兴产业竞争格局的影响》，《产业经济评论》2013 年第 4 期。

　　[17] 肖兴志、王伊攀：《政府补贴与企业社会资本投资决策——来自战略性新兴产业的经验证据》，《中国工业经济》2014 年第 9 期。

　　[18] 熊勇清、李世才：《战略性新兴产业与传统产业耦合发展的过程及作用机制探讨》，《科学学与科学技术管理》2010 年第 11 期。

　　[19] 赵振元、银路、成红：《新兴技术对传统管理的挑战和特殊市场开拓的思路》，《中国软科学》2004 年第 7 期。

　　[20] Anderson, Philip and M. L. Tushman, "Technological Discontinuities and Dominant Designs: A Cyclical Model of Technological Change", *Administrative Science Quarterly*, Vol. 35, No. 4, pp. 198 – 210, 1990.

　　[21] Caves, Douglas W. and W. E. Diewert, "The Economic Theory of Index Numbers and the Measurement of Input, Output, and Productivity", *Econometrica*, Vol. 50, No. 6, pp. 1393 – 1414, 1982.

　　[22] Chesbrough, Henry and R. S. Rosenbloom, "The Role of the Business Model in Capturing Value from Innovation: Evidence from Xerox Corporation's Technology Spin – off Companies", *Industrial & Corporate Change*, Vol. 11, No. 3, pp. 529 – 555, 2002.

　　[23] Färe, Rolf and Z. Zhang, "Productivity Growth, Technical Progress, and Efficiency Change in Industrialized Countries", *American Economic Review*, Vol. 84, No. 1, pp. 66 – 83, 1994.

第四部分

中国战略性新兴产业国际产业链融入跟踪研究

　　本部分将重点分析中国战略性新兴产业国际化发展水平及其影响因素、对外直接投资区位特征及区位选择决定因素、全球贸易网络特征、产能利用与国际竞争力综合地位等，并基于相关分析提出中国战略性新兴产业开展国际化的对策建议。

第一章 中国战略性新兴产业国际化进展评价

本章分别分析节能环保产业、新一代信息技术产业、生物产业、高端装备制造业、新能源产业、新材料产业六个产业的国际化水平。首先，通过将战略性新兴产业国际化分为贸易国际化、投资国际化和国际化能力三个部分，分别构建了战略性新兴产业国际化发展水平评价指标；其次，运用主成分分析方法分别对 2011—2014 年六个战略性新兴产业的国际化发展水平进行综合评价。综合 2011—2014 年的情况来看，中国新一代信息技术产业的综合得分始终处于第一位，国际化发展水平在六个产业中处于领先地位；高端装备制造业、新能源产业和新材料产业的国际化发展水平处于中间位置；节能环保产业和生物产业的国际化发展水平相对较低。

第一节 战略性新兴产业国际化发展水平测度

战略性新兴产业国际化发展水平的影响因素众多，单个指标较难做出科学的解释和判断。基于此，此部分将通过构建评价指标体系，对中国战略性新兴产业国际化发展水平作综合评价。

一 评价指标体系

结合中国战略性新兴产业国际化特征和发展水平，基于科学性、可比性、动态性和可操作性原则，将战略性新兴产业国际化分为贸易国际化、投资国际化和国际化能力三个部分，构建如下指标体系（见表 1 - 1）：（1）贸易国际化：利用战略性新兴产业的出口贸易额和显示性比较优势指数两个指标来衡量其贸易国际化发展水平。（2）投资国际化：利用战略性新兴产业的海外分支机构数量、境外营业收入和境外营业收入比重三个指标来衡量其投资国际化发展水平。（3）国际化能力：利用战略性新兴产业的研发费用、人均净利润率、人均产值和人均成本四个指标来衡量其国际化能力发展水平。

表 1 - 1　　　　　　战略性新兴产业国际化发展水平评价指标体系

类别	指标	指标含义
贸易国际化	出口贸易额	一定时期内一国从国内向国外出口商品的全部价值
	显示性比较优势指数	一国某产业出口额占其出口总值的份额与全球出口总额中该产业出口额所占份额的比重
投资国际化	海外分支机构数量	企业在不同国家建立的分支机构数量
	境外营业收入	企业全部海外分支机构的营业收入
	境外营业收入比重	企业全部海外分支机构的营业收入占全部营业收入的比重
国际化能力	研发费用	企业在产品、技术、材料、工艺、标准的研究、开发过程中发生的各项费用
	人均净利润率	一定时期内利润总额与企业职工平均人数之间的比重
	人均产值	一定时期内企业资产总值与在职员工总人数的比重
	人均成本	一定时期内营业总成本与企业在职员工人数之间的比重

二　国际化发展水平的描述性统计分析

运用已构建的评价指标体系，分别从贸易国际化、投资国际化和国际化能力三个方面评价中国战略性新兴产业国际化发展水平。限于数据可获得性，本部分仅收集到节能环保产业、新一代信息技术产业、生物产业、高端装备制造业、新能源产业和新材料产业六个产业的国际化指标数据。

（一）贸易国际化

1. 出口贸易额

一般认为，出口是衡量战略性新兴产业国际化发展水平的重要指标之一，战略性新兴产业的出口额越大，国际化发展水平越高。由于中国战略性新兴产业产品出口贸易并没有专门的统计数据，此部分采用比对匹配方式，以 2013 年中国发布的《战略性新兴产业重点产品和服务指导目录》与 2006 年联合国发布的《国际贸易标准分类》（SITC4）为匹配依据，通过精确匹配、部分匹配、近似匹配等处理，得到 SITC4 编码产品 61 个（其中三位数编码产品完全匹配 4 种，四位数编码产品完全匹配 25

种，五位数编码产品完全匹配 32 种），涵盖中国战略性新兴产业六个产业。战略性新兴产业产品出口贸易数据来自联合国商品贸易统计数据库（UN COMTRADE）。由表 1 - 2 可以看出，在样本期间，六个战略性新兴产业的出口额总体呈上升趋势，年均增长率为 6.2%，并于 2013 年达到峰值。各产业出口额由高到低依次是新一代信息技术产业、新材料产业、生物产业、节能环保产业、高端装备制造业和新能源产业。就单一战略性新兴产业而言，生物产业、节能环保产业和高端装备制造业产业的出口额均呈持续上升趋势，年均增速分别为 6.6%、14.8%、14.7%；新一代信息技术产业和新能源产业的出口额在样本期间总体呈上升趋势，但在个别年份出口额出现下降；新材料产业在 2011 年出口额较高，但 2012—2014 年在大幅下跌后缓慢上升，因此，整个样本期间呈下降趋势。

表 1 - 2　　　　　　　2011—2014 年战略性新兴产业出口贸易额　单位：亿美元、%

	节能环保产业	新一代信息技术产业	生物产业	高端装备制造业	新能源产业	新材料产业	全部
2011 年	48.7	818.5	190.8	29.8	3.8	433.8	1525.4
2012 年	55.7	1044.7	202.9	30.7	3.8	348.5	1686.3
2013 年	62.6	1371.6	214.1	35.0	3.3	361.9	2048.5
2014 年	73.6	1087.4	231.2	45.0	3.9	388.0	1829.1
增速	14.8	9.9	6.6	14.7	0.9	-3.7	6.2

资料来源：联合国商品贸易统计数据库（UN COMTRADE）。

2. 显示性比较优势指数

巴拉萨（1965）提出的显示性比较优势指数（Revealed Comparative Advantage Index，RCA）是衡量一国产业国际竞争力的重要指标之一。此部分利用中国战略性新兴产业出口贸易的相关数据计算其 RCA 指数，计算公式如下：

$$RCA_i = \frac{X_i / X_C}{W_i / W_t} \tag{1.1}$$

其中，RCA_t 为中国第 i 个战略性新兴产业的显示性比较优势指数；X_i 表示中国第 i 个战略性新兴产业出口额；X_C 表示中国出口贸易总额；

W_i 表示第 i 个战略性新兴产业的全球出口额；W_t 表示全球出口贸易总额。

从计算结果可以看出（见表 1-3），在样本期间，新一代信息技术产业和新材料产业的 RCA 指数均处于 1.25—2.5，表明这两个产业具有较强的国际竞争力；其余产业的 RCA 指数均处于 0.80 以下，表明其国际竞争力仍相对较低。就单一战略性新兴产业而言，新能源产业和新材料产业的 RCA 指数总体呈下降趋势，表明这两个产业的国际竞争力有所下降；生物产业和高端装备制造业的 RCA 指数基本持平，表明这两个产业的国际竞争力保持不变；节能环保产业的 RCA 指数小幅上升，表明其国际竞争力略有提升；新一代信息技术产业的 RCA 指数变动较大，表明其国际竞争力在不同年份存在较大差异。

表 1-3　　　　　　　　战略性新兴产业显示性比较优势指数

	节能环保产业	新一代信息技术产业	生物产业	高端装备制造业	新能源产业	新材料产业
2011 年	0.59	1.35	0.27	0.15	0.60	1.93
2012 年	0.62	1.52	0.26	0.13	0.59	1.64
2013 年	0.63	1.82	0.25	0.14	0.49	1.69
2014 年	0.64	1.37	0.24	0.14	0.45	1.63
均值	0.62	1.52	0.25	0.14	0.53	1.72

资料来源：联合国商品贸易统计数据库（UN COMTRADE）。

综合出口贸易额和显示性比较优势指数两个指标，中国新一代信息技术产业和新材料产业的出口额较高，且 RCA 指数也远高于其他产业，表明其贸易国际化发展水平相对较高；节能环保产业、生物产业和新能源产业，其贸易国际化发展水平居中；高端装备制造业的出口额较低，且 RCA 指数低于其他五大产业，表明其贸易国际化发展水平最低。

（二）投资国际化

1. 海外分支机构数量

在"走出去""一带一路"倡议引领下，中国对外直接投资迅猛发展。对于战略性新兴产业而言，投资国际化既是衡量国际化发展水平的重要标准，更是参与国际竞争、提升国际竞争力的重要发展方向。此部分选取中国战略性新兴产业的676家上市公司作为分析样本，以这些企业在海外设立的分支机构数量作为衡量投资国际化的指标，相关数据来自于商务部网站"境外投资企业（机构）名录"，样本数据时间为2011—2014年。由表1-4可以看出，首先是高端装备制造业、新一代信息技术产业和新能源产业的企业海外分支机构数量较多，由高到低依次为135个、129个和108个，表明这三个产业企业的跨国经营能力较强，投资国际化发展水平较高；其次是生物产业，其企业海外分支机构数量为73个，表明其企业具有一定的跨国经营能力，投资国际化发展水平居中；最后是新材料产业、新能源汽车产业和节能环保产业，其企业海外分支机构数量分别为40个、30个和28个，表明其企业的跨国经营能力有待提高，投资国际化发展水平相对较低。

表1-4　　　　　　　　　**战略性新兴产业企业海外分支机构数量**

	节能环保产业	新一代信息技术产业	生物产业	高端装备制造业	新能源产业	新材料产业	新能源汽车产业
海外分支机构（个）	28	129	73	135	108	40	30

资料来源：商务部境外投资企业（机构）名录。

2. 境外营业收入规模

中国战略性新兴产业投资国际化水平可以通过样本企业在境外的营业收入规模来衡量。此部分利用样本企业年报获得企业境外营业收入额数据，数据时间为2011—2014年。由表1-5可以看出，在样本期间内，中国战略性新兴产业企业境外营业收入呈上升趋势，年均增速为7.7%。就单一战略性新兴产业而言，新一代信息技术产业的企业境外营业收入高于同期其他产业的企业，年均境外营业收入是1765.7亿元，年均增速是6.9%。高端装备制造业年均境外营业收入是1382.4亿元，年均增速是13.8%，高于其他产业，表明这两个产业的投资国际化发展水平较高。新能源产业和新能源汽车产业，其企业境外营业收入均值分别为445.0亿元和370.5亿元，但新能源产业企业的境外营业收入呈下降趋势，年均增速为-5.9%，新能源汽车产业企业的境外营业收入则呈上升势头，年均增速为 10.6%。生物产业、节能环保产业和新材料产业，其企业的境外营业收入均值分别是 250.8 亿元、226.5 亿元和 213.2 亿元，生物产业企业的境外营业收入增速是 10.3%，高于新材料产业企业（5.9%）和节能环保产业企业（0.1%）。

表 1-5　　　　　　　　　　战略性新兴产业企业境外营业收入　　　　　单位：亿元、%

	节能环保产业	新一代信息技术产业	生物产业	高端装备制造业	新能源产业	新材料产业	新能源汽车产业	全部
2011 年	237.6	1619.1	210.4	1152.0	480.6	209.7	325.9	4235.3
2012 年	192.1	1703.7	245.3	1279.4	465.7	197.3	339.5	4422.9
2013 年	238.1	1761.5	265.3	1401.1	433.7	196.2	375.7	4671.7
2014 年	238.2	1978.3	282.2	1697.0	399.9	249.4	440.8	5285.7
年均	226.5	1765.7	250.8	1382.4	445.0	213.2	370.5	4653.9
增速	0.1	6.9	10.3	13.8	-5.9	5.9	10.6	7.7

资料来源：各企业年报。

3. 境外营业收入比重

除了境外营业收入规模，还可以用境外收入占企业总营业收入的比重来衡量中国战略性新兴产业的投资国际化水平。由表 1-6 可以看出，中国新一代信息技术产业企业的境外营业收入比重均值为 36.4%，远高于其他产业的企业境外营业收入比重。2011—2014 年，其余战略性新兴产业的境外营业收入比重的四年均值依次为新材料产业达 20.4%、新能源达 17.1%、新能源汽车产业达 16.7%、高端装备制造业产业达 12.0%、生物产业达 11.9%、节能环保产业达 4.2%。在样本期间，新一代信息技术产业、生物产业、新能源产业、新材料产业企业的境外营业收入比重呈下降趋势，新能源汽车产业企业的境外营业收入比重呈上升趋势，节能环保产业、高端装备制造业企业的境外营业收入比重呈波动上升趋势。总体来看，中国战略性新兴产业企业境外营业收入比重总体偏低，具有很大的发展空间。

表 1 - 6　　　　　　战略性新兴产业企业的境外营业收入比重　　　单位:%

	节能环保产业	新一代信息技术产业	生物产业	高端装备制造业	新能源产业	新材料产业	新能源汽车产业
2011 年	3.7	38.9	13.4	11.1	21.1	22.1	14.6
2012 年	3.7	37.1	11.9	12.1	18.8	20.0	16.6
2013 年	3.7	34.8	11.2	11.1	15.4	18.1	17.0
2014 年	5.6	34.9	11.0	13.7	13.2	21.6	18.7
均值	4.2	36.4	11.9	12.0	17.1	20.4	16.7

资料来源:根据各企业年报计算获得。

综合海外分支机构数量、境外营业收入及其占总收入比重三个指标,中国新一代信息技术产业和高端装备制造业的投资国际化发展水平较高,其次是生物产业和新能源产业,新能源汽车产业、新材料产业和节能环保产业的投资国际化发展水平较低。

(三) 国际化能力

此部分利用研发费用、人均净利润率、人均产值、人均成本等数据来衡量中国战略性新兴产业的国际化能力。相关指标数据来自样本企业年报,数据时间为 2011—2014 年。

1. 研发费用

研发费用是衡量产业技术创新能力的重要指标,研发费用的高额投入有助于推动产业技术创新能力的提高,增强产业国际市场竞争力和国际化能力。由表 1 - 7 可以看出,在样本期间,中国战略性新兴产业企业的研发费用投入呈逐年递增趋势,年均增速为 14.2%。就单一战略性新兴产业而言,高端装备制造业、新一代信息技术产业的研发费用投入较高;其次是生物产业和新能源产业,尤其是生物产业研发费用投入增长势头迅猛,年均增速为 42.6%;节能环保产业、新能源汽车产业、新材料产业的研发费用投入相对较低。

2. 人均净利润率

利润是企业持续发展的基础,是企业形成国际化能力的重要源泉。此部分用人均净利润率来衡量中国战略性新兴产业的盈利能力。由表 1 - 8 可以看出,在样本期间,节能环保产业的人均净利润率均值是 15.4%,高于其他产业;其次是新能源产业、新一代信息技术产业、高端装备制造

表 1-7 　　　　　　　　　战略性新兴产业企业的研发费用　　　　　　　单位：亿元

	节能环保产业	新一代信息技术产业	生物产业	高端装备制造业	新能源产业	新材料产业	新能源汽车产业	
2011 年	74.2	208.6	64.9	329.1	84.4	31.6	63.4	856.2
2012 年	73.1	282.7	90.0	312.5	104.6	27.8	74.6	965.3
2013 年	94.0	305.4	164.5	318.9	115.1	33.0	82.2	1113.1
2014 年	86.8	372.9	188.0	360.2	137.2	33.5	97.2	1275.8
均值	82.0	292.4	126.9	330.2	110.3	31.5	79.4	1052.6
增速	5.4	21.4	42.6	3.1	17.6	2.0	15.3	14.2

资料来源：各企业年报。

业、生物产业和新材料产业；新能源汽车产业的人均净利润率最低，均值仅为 2.6%。从人均净利润率的变动趋势来看，新一代信息技术产业、生物产业、高端装备制造业和新能源产业的人均净利润率均于 2012 年出现最低值，呈现波动上升趋势；节能环保产业尽管人均净利润率的绝对水平较高，但呈逐年下降趋势；新材料和新能源汽车产业则总体呈下降趋势。

表 1-8 　　　　　　　　　战略性新兴产业人均净利润率　　　　　　　单位：%

	节能环保产业	新一代信息技术产业	生物产业	高端装备制造业	新能源产业	新材料产业	新能源汽车产业
2011 年	17.6	8.7	7.7	8.8	9.0	8.6	4.2
2012 年	16.5	3.0	6.9	4.1	6.0	5.8	1.9
2013 年	14.9	9.4	7.2	8.5	6.7	5.4	2.3
2014 年	12.5	10.5	7.8	8.5	11.9	5.6	1.9
均值	15.4	7.9	7.4	7.5	8.4	6.3	2.6

资料来源：根据各企业年报计算获得。

3. 人均产值

人均产值反映产业的经营绩效，产业的经营绩效与其国际化能力息息相关。产业的人均产值越高,产业的经营绩效越高,国际化能力越强。由表 1 - 9 可以看出,在 2011—2014 年,新能源产业和节能环保产业的人均产值较高,均值分别为 254.9 万元和 251.6 万元;其次是高端装备制造业和新材料产业,人均产值的均值分别为 172.7 万元和 166.7 万元;生物产业、新一代信息技术产业和新能源汽车产业的人均产值相对较低。就单一战略性新兴产业而言,七个产业的人均产值在样本期间均呈现上升势头,新材料产业、新能源汽车产业和高端装备制造业人均产值的增速较快,其次是节能环保产业和生物产业,新一代信息技术产业和新能源产业的人均产值增速较低。

表 1 - 9 　　　　　　　　战略性新兴产业人均产值　　　　　　　　单位:万元、%

	节能环保产业	新一代信息技术产业	生物产业	高端装备制造业	新能源产业	新材料产业	新能源汽车产业
2011 年	226.5	97.6	99.9	148.0	242.9	140.7	65.5
2012 年	237.6	100.0	99.2	167.1	242.2	158.5	75.7
2013 年	263.2	103.6	108.4	180.2	257.4	173.4	82.2
2014 年	279.3	113.6	121.3	195.4	277.1	194.2	88.0
均值	251.6	103.7	107.2	172.7	254.9	166.7	77.9
增速	7.2	5.3	6.7	9.7	4.5	11.3	10.3

资料来源:根据各企业年报计算获得。

4. 人均成本

一般而言,人均成本与企业投资国际化能力呈负相关。由表 1 - 10 可以看出,2011—2014 年,高端装备制造业和新能源产业的人均成本较高,均值分别为 125.0 万元和 120.7 万元;其次是新材料产业、节能环保产业和新一代信息技术产业,人均成本均值分别为 99.4 万元、98.5 万元和 88.5 万元;新能源汽车产业和生物产业的人均成本最低,均值分别为 65.4 万元和 68.1 万元。七个战略性新兴产业的人均成本均呈现不同程度的上升,新材料产业、高端装备制造业和生物产业的人均成本上升相对较快,而新能源产业、新一代信息技术产业、新能源汽车产业、节能环保产业的人均成本上升速度相对较慢。

表 1-10　　　　　　　　　　战略性新兴产业人均成本　　　　　单位：万元、%

	节能环保产业	新一代信息技术产业	生物产业	高端装备制造业	新能源产业	新材料产业	新能源汽车产业
2011 年	95.7	86.4	64.7	115.6	117.3	93.4	63.5
2012 年	97.6	89.0	64.3	121.2	114.1	93.9	64.5
2013 年	103.6	88.0	70.3	131.7	127.6	102.8	67.4
2014 年	96.9	90.6	73.2	131.5	123.9	107.6	66.3
均值	98.5	88.5	68.1	125.0	120.7	99.4	65.4
增速	0.4	1.6	4.2	4.4	1.8	4.8	1.4

资料来源：根据各企业年报计算获得。

综合上述四个指标可以看出，新一代信息技术产业研发费用的投入较大，人均净利润率和人均产值高于其他产业且呈现出上涨的趋势，人均成本较低且涨幅较小，因此，新一代信息技术产业的国际化能力水平较高。

三　国际化发展水平评价

主成分分析法是利用降维的思想，在损失很少信息的前提下把多个指标转化为几个综合指标的多元统计方法，其中每个主成分都是原始指标变量的线性组合，各个主成分之间互不相关。这些综合指标尽可能多地保留了原始指标的信息，从而更容易抓住主要矛盾，揭示事物内部变量之间的规律性，同时使问题得到简化，提高了分析效率。基于此方法，此部分利用 SPSS 20.0，对中国战略性新兴产业国际化发展水平进行综合评价。中国和全球战略性新兴产业出口数据均来自联合国商品贸易统计数据库（UN Comtrade），分类标准为 SITC4，海外分支机构数量数据来源于商务部境外投资企业名录，境外营业收入等其他数据来源于样本上市公司相关年份年报。由表 1-11 可以看出，各变量之间的相关系数大部分大于 0.3，存在着相关性和信息上的重叠性，样本数据可以用来进行主成分分析。

表 1-11　　　　　　　　　　相关系数矩阵

	出口贸易额	显示性比较优势指数	海外分支机构数量	境外营业收入	境外营业收入比重	研发费用	人均净利润率	人均产值	人均成本
出口贸易额	1.000	0.716	0.259	0.536	0.853	0.050	-0.324	-0.671	-0.434
显示性比较优势指数	0.716	1.000	-0.179	0.031	0.608	-0.363	-0.140	-0.220	-0.126

续表

	出口贸易额	显示性比较优势指数	海外分支机构数量	境外营业收入	境外营业收入比重	研发费用	人均净利润率	人均产值	人均成本
海外分支机构数量	0.259	-0.179	1.000	0.939	0.471	0.904	-0.369	-0.235	0.426
境外营业收入额	0.536	0.031	0.939	1.000	0.619	0.821	-0.289	-0.394	0.205
境外营业收入比重	0.853	0.608	0.471	0.619	1.000	0.118	-0.565	-0.456	-0.111
研发费用	0.050	-0.363	0.904	0.821	0.118	1.000	-0.200	-0.253	0.403
人均净利润率	-0.324	-0.140	-0.369	-0.289	-0.565	-0.200	1.000	0.594	0.117
人均产值	-0.671	-0.220	-0.235	-0.394	-0.456	-0.253	0.594	1.000	0.664
人均成本	-0.434	-0.126	0.426	0.205	-0.111	0.403	0.117	0.664	1.000

资料来源：利用 SPSS 20.0 计算而得。

根据累计贡献率≥85% 以及特征值 >1 的原则，提取主成分。从表 1-12 中可以看出，前三个主成分的方差百分比分别为 44.130%、30.195%、14.126%，特征值为 3.972、2.178、1.1721，累计贡献率达到了 88.452%。出于降维的考虑，由于前三个主成分对于各个战略性新兴产业国际化进展水平的解释能力已经达到了 88.452%，选取前三个主成分即可。

表 1-12　　　　　　　　　　　总方差解释

组件	初始特征值			提取载荷平方和		
	总计	方差百分比（%）	累计百分比（%）	总计	方差百分比（%）	累计百分比（%）
1	3.972	44.130	44.130	3.972	44.130	44.130
2	2.718	30.195	74.326	2.718	30.195	74.326
3	1.271	14.126	88.452	1.271	14.126	88.452
4	0.761	8.458	96.910			
5	0.278	3.090	100.000			
6	$1.905E-16$	$2.117E-15$	100.000			
7	$-5.758E-18$	$-6.398E-17$	100.000			
8	$-8.390E-17$	$-9.322E-16$	100.000			
9	$-1.727E-16$	$-1.918E-15$	100.000			

资料来源：利用 SPSS 20.0 计算而得。

从表 1 - 13 中可以看出，出口贸易额、海外分支机构数量、境外营业收入、境外营业收入比重、人均净利润率和人均产值在第一主成分上具有较高的载荷，第一主成分基本反映了这些指标信息，它们主要反映了战略性新兴产业在投资国际化方面的表现。人均成本和研发费用在第二主成分上有较高的载荷，第二主成分基本反映了这些指标信息，它们主要反映了战略性新兴产业在国际化能力方面的表现。显示性比较优势指数在第三主成分上具有较高的载荷，第三主成分基本反映了这一指标信息，它主要反映了战略性新兴产业在贸易国际化方面的表现。因此，提取的三个主成分基本上可以反映全部的指标信息。

表 1 - 13　　　　　　　　　　　成分矩阵

	成分 1	成分 2	成分 3
出口贸易额	0.798	- 0.513	0.179
显示性比较优势指数	0.348	- 0.651	0.611
海外分支机构数量	0.742	0.665	0.029
境外营业收入	0.859	0.439	0.068
境外营业收入比重	0.849	- 0.281	0.335
研发费用	0.556	0.769	- 0.188
人均净利润率	- 0.623	0.12	0.265
人均产值	- 0.704	0.384	0.553
人均成本	- 0.104	0.75	0.58

资料来源：利用 SPSS 20.0 计算而得。

利用成分矩阵和相对应的特征值平方根可以分别计算出三个特征向量 t_1、t_2、t_3（见表 1 - 14），将特征向量和标准化的原始变量相乘可以分别得到主成分 F_1、F_2、F_3 的表达式。

表 1 - 14　　　　　　　　　　主成分载荷矩阵

	t_1	t_2	t_3
出口贸易额	0.40	- 0.31	0.16
显示性比较优势指数	0.17	- 0.39	0.54
海外分支机构数量	0.37	0.40	0.03

续表

	t_1	t_2	t_3
境外投资收入	0.43	0.27	0.06
境外投资收入比重	0.43	−0.17	0.30
研发费用	0.28	0.47	−0.17
人均净利润率	−0.31	0.07	0.24
人均产值	−0.35	0.23	0.49
人均成本	−0.05	0.45	0.51

资料来源：利用 SPSS 20.0 计算而得。

$$F_1 = 0.40ZX_1 + 0.17ZX_2 + 0.37ZX_3 + 0.43ZX_4 + 0.43ZX_5 + 0.28ZX_6 - 0.31ZX_7 - 0.35ZX_8 - 0.05ZX_9$$

$$F_2 = -0.31ZX_1 - 0.39ZX_2 + 0.40ZX_3 + 0.27ZX_4 - 0.17ZX_5 + 0.47ZX_6 + 0.07ZX_7 + 0.23ZX_8 + 0.45ZX_9$$

$$F_3 = 0.16ZX_1 + 0.54ZX_2 + 0.03ZX_3 + 0.06ZX_4 + 0.30ZX_5 - 0.17ZX_6 + 0.24ZX_7 + 0.49ZX_8 + 0.51ZX_9$$

根据主成分综合模型可得综合主成分值。运用主成分分析方法分别对 2011—2014 年六个战略性新兴产业的国际化发展水平进行综合评价。由表 1-15 可以看出，2011 年，新一代信息技术产业的综合得分较高，其次是高端装备制造业、新能源产业、新材料产业、生物产业，最后是节能环保产业。2012 年六个战略性新兴产业国际化发展水平的得分排名与 2011 年相同。2013 年，新材料产业的综合得分名次由第四名上升到第三名，新能源产业则由第三名下降至第四名，其他产业的排名没有发生变化。2014 年六个战略性新兴产业国际化发展水平的综合得分排名有了较大的改变，新一代信息技术产业的得分排名仍处于第一位；新能源产业和节能环保产业的得分排名分别上升至第二位和第四位；新材料产业、高端装备制造业和生物产业的得分排名均有所下降。

综合 2011—2014 年的情况来看，中国新一代信息技术产业的综合得分始终处于第一位，国际化发展水平在六个产业中处于领先地位；其次是高端装备制造业、新能源产业和新材料产业，这三大产业的国际化发展水平处于中间位置；节能环保产业和生物产业的国际化发展水平相对较低。

表 1 - 15　　　　2011—2014 年战略性新兴产业国际化发展水平

产业领域	2011 年		2012 年		2013 年		2014 年	
	F	名次	F	名次	F	名次	F	名次
节能环保产业	- 1.18986	6	- 1.49404	6	- 1.12901	6	- 0.17502	4
新一代信息技术	1.610395	1	2.00337	1	2.336431	1	0.60142	1
生物产业	- 1.02998	5	- 0.85565	5	- 0.50925	5	- 0.31000	6
高端装备制造业	1.145759	2	0.891152	2	0.189831	2	- 0.02255	3
新能源产业	0.017044	3	- 0.11138	3	- 0.45077	4	0.17918	2
新材料产业	- 0.55336	4	- 0.43347	4	- 0.43723	3	- 0.27302	5

资料来源：利用 SPSS 20.0 计算而得。

第二节　中国战略性新兴产业国际化能力及其影响

一个产业是否开展国际化，或者开展多大程度的国际化，必定受到其所具备的基础能力因素影响。只有对这些能力因素进行分析，才能深度揭示中国战略性新兴产业国际化发展的驱动机理。本节通过构建实证模型，检验了战略性新兴产业以及七个细分行业国际化能力的影响因素，得到如下结论：一是企业研发占比以及企业规模对战略性新兴产业是否国际化有显著影响；二是战略性新兴产业企业国际化水平得益于上一期研发而产生的技术积累，但这种影响存在边际递减效应；三是企业当期研发会对企业国际化水平带来负面影响，且这种负面影响存在边际递增现象；四是国际化水平较低的企业受政府补贴影响较大，而国际化水平较高企业的企业规模会对企业国际化水平产生负影响。最后，基于上述结论，提出了战略性新兴产业国际化策略。

一　国际化能力影响的研究设计

产业国际化是由产业内的企业国际化推动的，因此，从微观上看，产业国际化能力因素就是企业国际化能力因素。从企业内部来看，企业国际化能力主要来自企业所具有的优势，即企业的技术创新水平、企业规模、企业成本等因素。从技术创新能力来看，当企业创新能力达到一定水平时，在国际竞争中，不仅具有技术优势，而且引进新技术再创新能力也会较强。从企业规模来看，企业规模越大，其在特定市场中所占份额就越大，当市场总量接近饱和时，规模大的企业相对有资源和有意愿去开拓其他国际市场。但是，随着企业规模的不断扩大，会产生企业规模不经济、企业惰性、企业财务风险增高等问题，可能出现规模过大的企业放缓国际化步伐，而规模较小的企业却力图通过加速国际化来扩大企业规模的现象。从企业成本来看，企业成本较低，利润空间就会相对较大，在竞争程度较高的市场上必然具有较强的优势。然而，这并不意味着企业的成本越低越好，企业的成本往往与产品质量、产品创新、企业战略是相结合的。过于低的成本有时反而会导致产品质量低下，产品创新不足导致产品毫无竞争优势，甚至偏离企业战略所设定的发展方向。当然，企业所在国的政府支持对其国际化能力也有重要影响。最有力的政府支持来自相关政策下的资金支持，如财政支持、税收优惠、融资支持等。在当今经济全球化的大环境下，各国为了加大自身竞争力都会制定一些优惠政策，如对各种新兴产业的补贴，以及对研发活动、出口活动等退免税的税收优惠等。这当中较为重要的是政府补贴，政府补贴的流向大致可以分为三类：一是流向由于短期资金周转问题但仍拥有实际盈利水平的公司；二是流向保证民生的公用事业；三是流向高成长性高科技含量的新兴产业。从企业角度来看，应该积极结合自身状况，合理充分地利用这些资金支持，降低自己的国际化成本。

　　为此，可以假定企业国际化能力因素包括企业规模、企业资本密度、企业人均成本、政府补贴、人均产值，并由此构造两个模型来检验中国战略性新兴企业国际化能力因素。在第一个模型中，构造了虚拟变量 Isint。Isint 表示企业是否在该年度进行了国际化活动，其中，Isint = 1 表示企业进行了国际化活动，Isint = 0 表示企业未进行国际化活动。企业参与国际化活动的形式有很多，但企业参加这些活动的最终目的都是获取国际市场份额。因此，为了更直观地判断企业是否参加国际化活动，我们将境外收入作为测度标准，即如果一个企业在本年度有境外收入额，则认为该企业（在本年度）参加了国际化活动；反之则认为其没有参与国际化活动。因此，各能力因素对企业是否参与国际化活动的影响模型如下：

$$Isint = a_1 re + a_2 re^2 + a_3 g + a_4 c + a_5 ct + a_6 S \qquad (1.2)$$

其中，re 代表企业当期研发占比，re^2 代表企业当期研发占比的二次方项，g 代表政府补助力度，c 代表资本密度，ct 代表人均成本，s 代表企业规模，a_1、a_2、a_3、a_4、a_5、a_6 代表系数，下同。能力因素对企业国际化水平是否具有影响呢？虽然企业参加国际化活动的形式有很多，但是，其目的都是为获取国际市场份额。企业国际化水平可以通过企业境外收入额与营业总收入之比来衡量，进而构建能力因素对企业国际化水平的影响模型如下：

$$ILevel = a_0 + a_1 re_{t-1} + a_2 re_{t-1}^2 + a_3 re + a_4 re^2 + a_5 g + a_6 c + a_7 ct + a_8 S + a_9 ppd \tag{1.3}$$

其中，$ILevel$ 为国际化水平，re_{t-1} 为企业上一期研发占比，re_{t-1}^2 为企业上一期研发占比的二次方项，ppd 为人均产出，a_7、a_8、a_9 代表系数。相关企业数据来自 2011 年、2012 年上市企业年报。其中，企业的营业总额为营业总收入科目对应金额；企业非营业收入总额为非营业科目对应的金额；企业净利润额为净利润科目对应金额；企业资本存量为资产总计科目对应金额；职工数量为对应年份在职职工数量；研发额为研发投入或研发消费科目对应金额；政府补贴额为计入当期损益的政府补助的对应金额。企业资本密度用企业资本总量与该企业对应年度的职工数之比衡量；企业人均成本用企业营业总成本与对应年度的职工数之比衡量；政府补助力度用政府补助与企业净利润额之比衡量；企业规模用企业资本总量的自然对数衡量；研发占比用企业研发投入与企业当期营业总收入之比衡量。这里，选择 2012 年中国上市公司企业数据作为研究样本。在遵循一般会计准则以及其他条件对上市公司企业进行筛选后，共获得七个产业共 676 家上市公司企业的数据。

二　国际化能力影响国际化发展的内在机制

（一）能力因素对企业是否国际化的影响估计结果

总体来看，在仅考虑企业本年度行为是否会对其国际化产生影响的情况下，企业研发占比、企业资本密度、人均成本以及企业规模都对企业是否国际化有显著影响。其中，企业研发占比对企业当年是否会国际化产生了较大的正向影响。但应注意到研发占比平方项显著为负，这说明在企业国际化进程中研发的影响是递减的，研发投入过大反而会削弱企业国际化能力。企业规模对企业国际化也有相对较大影响，说明企业规模越大企业的各项能力水平也就越高，参与国际化活动的能力越强。

企业资本密度和企业成本对企业是否国际化的影响显著，但影响系数相对较小。

为了分别观察中国七个战略性新兴产业的国际化能力因素，此部分还对七个产业进行了单独回归（见表1-16）。

表1-16　　　　　　能力因素对企业是否国际化的影响回归结果

	总体	高端装备制造业	新能源汽车产业	节能环保产业	新一代信息技术产业	新能源产业	生物产业	新材料产业
re	1.748**	-2.694	31.083**	15.117***	0.086	2.1226	9.752**	1.735
	(2.38)	(-1.58)	(2.49)	(3.09)	(0.07)	(0.76)	(2.14)	(0.47)
re²	-5.597***	1.515	-365.787***	-69.311**	-0.159	-2.0238	-61.149	-6.551
	(-2.99)	(0.47)	(-3.67)	(-2.18)	(-0.04)	(-0.29)	(-1.49)	(-0.32)
g	0.014	0.014	0.031	0.202***	0.033	-0.011	0.018	0.0001
	(0.89)	(0.76)	(0.50)	(3.37)	(0.42)	(-0.51)	(0.34)	(0.01)
c	-0.001***	-0.001	0.0001	-0.0004	-0.001	-0.001***	-0.002	-0.0002
	(-4.93)	(-0.68)	(0.31)	(-1.54)	(-1.75)	(-4.09)	(-0.48)	(-0.67)
ct	0.0004***	-0.001	0.0002	0.0002	0.0004	-0.0003	0.002	-0.001
	(3.16)	(-0.67)	(0.92)	(0.23)	(1.40)	(-0.49)	(1.80)	(-1.34)
s	0.093***	0.110***	0.023	0.065	0.114***	-1.918***	0.081	0.027
	(6.22)	(3.95)	(0.66)	(1.28)	(3.20)	(4.74)	(1.69)	(0.88)
常数项	-0.537***	-0.397	0.129	-0.620	-0.778	-1.665***	-0.822	0.684
	(-2.74)	(-1.04)	(0.03)	(-0.86)	(-1.71)	(-3.15)	(-1.41)	(1.59)

注：re为当期研发，re²为当期研发二次方项，g为政府补贴力度，c为资本密度，ct为人均成本，s为企业规模；***、**和*分别表示1%、5%和10%的显著性水平下显著，下同。

由表1-16可以看出，对于新能源汽车产业、节能环保产业以及生物产业来说，当期研发占比对企业本期是否产生境外收入都有较强影响，但研发占比平方项三者都是负数，说明三个产业均存在研发效应递减。从政府补助来看，只有节能环保产业受此因素影响较大。这可能与行业特性有关：节能环保产业通过对资源综合循环利用达到拉动国家经济增长目的，其带来的正外部性极大，因此，企业需要的资金支持也就越大。但在实际市场中，由于产权、多数企业理念不成熟等问题，节能环保行业发展受到了不小的阻力，有时甚至会入不敷出。因此，节能环保产业国际化亟须政府补贴来作为自身发展动力。资本密度和人均成本对七个产业当期是否国际化影响基本不显著。从企业规模来看，对高端装备制造业以及新一代信息技术产业是否国际化的影响相对较强，对新能源产业影响显著为负，且影响较大，说明新能源产业企业规模越大其国际化的可能性就越低。

（二）能力因素对企业国际化水平的影响估计结果

能力因素对中国战略性新兴产业国际化水平的影响回归结果见表1-17。

表1-17　　　　　　　能力因素对企业国际化水平的影响回归结果

	方程（1）	方程（2）	方程（3）	方程（4）	方程（5）
re_{t-1}	1.126**	1.117**	1.088**	1.088**	1.257***
	(2.51)	(2.50)	(2.34)	(2.34)	(2.74)
re_{t-1}^2	-0.829**	-0.822**	-0.798**	-0.799**	-0.942**
	(-2.21)	(-2.20)	(-2.06)	(-2.06)	(-2.47)
re_t	-1.914***	-1.957***	-1.929***	-1.973**	-2.099***
	(-3.25)	(-3.28)	(-3.18)	(-3.13)	(-3.40)
re_t^2	2.040*	2.145*	2.098*	2.207*	1.906
	(1.67)	(1.74)	(1.70)	(1.71)	(1.50)
s		-0.004	0.100	0.004	-0.006
		(-0.41)	(-0.44)	(-0.39)	(-0.62)
g		0.004	0.004	0.002	
		(0.31)	(0.31)	(0.13)	
c				3.87e-06	9.72e-05
				(0.03)	(0.64)
ct				3.53e-05	0.002**
				(-0.36)	(2.17)
ppd					-0.003**
					(-2.25)
常数项	0.229***	0.283**	0.285**	0.282**	0.312**
	(10.53)	(2.12)	(2.15)	(2.13)	(2.40)

注：ppd为人均产出。

其中，方程（1）是不加入任何控制变量的基准实验，由于多数战略性新兴产业是一个技术导向型产业，所以，方程（1）的目的在于单纯地研究在已经国际化的前提下企业国际化水平对企业自身研发占比的敏感程度。方程（2）至方程（5）在（1）的基础上逐步加入了企业特征作为控制变量。从表1-17可以看出，在单纯研究企业研发占比对国际化水平影响时，企业前一期的研发占比对本期企业的国际化水平影响较大，但影响存在递减效应。说明企业某期的研发成果会产生溢出作用，其成果对企业下一期生产经营可以看作一种技术积累，因而企业前一期的研发对本期企业国际化水平存在正向影响。但值得注意的是，企业本期的研发占比对国际化水平是显著负影响，在加入其他企业特征变量时这种负作用仍存在。企业人均成本对企业国际化水平也有正向影响但影响程度相对较小。人均产出对企业国际化水平具有一定的副作用。

三 战略性新兴产业国际化策略选择

战略性新兴产业从2011年以来成为中国重点扶持发展的产业群组，而在国际金融危机后如何抢占国际收入份额无疑成为决定一个国家在国际经济舞台上地位的重要因素。本部分通过实证分析能力因素对中国战略性新兴产业国际化的影响，得出如下结论：一是企业研发占比以及企业规模对战略性新兴产业是否国际化有显著影响；二是战略性新兴产业企业国际化水平得益于上一期研发而产生的技术积累，但这种影响存在边际递减效应；三是企业当期研发会对企业国际化水平带来负影响，且这种负面影响存在边际递增现象；四是国际化水平较低的企业受政府补贴影响较大，而国际化水平较高企业的企业规模会对企业国际化水平产生负影响。

基于以上分析，中国战略性新兴产业在跻身国际市场、进行国际化的过程中，除积极提升自身国际竞争力水平外，还应当注意其他很多问题。对于还没有国际化的企业而言，虽然企业国际化可以通过技术跃迁来跨阶段进行，但企业也不应当不计一切代价去大力开展研发活动，盲目地追求技术创新，加大自主创新的力度固然好，但企业也应当全面衡量企业自身的实力和规模。在进入国际化的过程中，研发占比的正向影响存在边际递减，所以，即使企业拥有实力也应当量力而行。对于已经国际化的企业而言，国际化水平较低的企业应尝试着多利用政府政策获取政府资金补贴来加大技术研发活动力度，而国际化水平较高的企业则应当选择适当的方式对企业的规模进行调整，避免过度扩张。作为技术驱动型产业，战略性新兴产业在很大程度上受益于企业的自主研发，因此，决定企业的研发占比就必然是国际化企业决策时需要重要考虑的目标。从当期来看，企业从事研发活动需要大量的资金同时，还要面临极大的不确定性和风险，但从滞后效应以及累计效应来看，本期的研发可以成为企业下一期知识技术的积累，为企业在下一期提高国际化水平起着至关重要的作用。因此，面对这样两难的处境，企业应当综合考虑企业自身的竞争能力，选择恰当的公司战略。如果企业运营情况良好且有充足的资本进行较长期的发展，那么企业就应该选择发展型的公司战略，进一步加大企业自主研发力度，同时还可以通过外包、并购、联盟等多种手段提高企业技术水平来提高企业国际化水平。对于经营状况较好、国际化水平较高的企业，如果企业在今后的一段时间内依然以现在的目标作为企业经营目标且没有扩展的意向，那么企业应当选择保持研发占比不变的稳定型战略来维持企业现状。如果企业处于国际化边缘且经营情况不够理想，那么加大企业自主研发力度无异于是在险中求进，这样的行为不仅会造成企业当期资金利用的低效率，而且还没有办法保证研发的相应产出，这时企业应当寻求稳健的收缩战略，从其他方面寻求国际化动力。企业还应当根据自身所处行业不同选择不同的国际化战略形式，同时，加强企业间的合作与交流，加大技术交流增进知识转移。

对于政府来说，积极扶持中国战略性新兴产业的发展无疑是至关重要的。从前文分析结果来看，政府补助对除节能环保产业外的战略性新兴产业国际化都没有显著的影响。对于国际化水平较低的企业，政府补助可以较好地起到正向的积极作用，因此，政府应该在国际化新企业的发展过程中发挥其积极作用。但对于国际化水平较高的企业，政府补助基本没有发挥出显著的作用。此外，有时过多的政府补助会使企业产生依赖，使企业丧失自主盈利的主动性和积极性，这样的补助不仅不会对企业国际化带来好处，反而造成政府资金流出的低效率。单纯地从资金上对战略性新兴产业进行补助收益甚微甚至是有害的，因此，政府除对国际化水平较低的企业进行一定资金支持外，更应该把鼓励战略性新兴产业国际化的支持放在提供信息服务、知识产权保护、国际投资贸易关系维护、海外经营风险及安全保障等支持上。

第二章　中国战略性新兴产业全球网络布局分析

在对中国战略性新兴产业对外直接投资区位分布的分析中,本章首先分析战略性新兴产业对外直接投资的区位分布特征;其次从理论和实证角度分别分析中国战略性新兴产业对外直接投资的区位选择影响因素;最后针对中国战略性新兴产业对外直接投资区位选择现状提出对外直接投资策略。在对中国战略性新兴产业群全球网络布局的分析中,主要通过构建贸易产品数据库,并基于社会网络分析方法(SNA),分析中国战略性新兴产业的全球贸易网络特征,并给出中国战略性新兴产业全球贸易网络布局优化策略。

第一节　中国战略性新兴产业对外直接投资区位分布

战略性新兴产业进行对外直接投资是实现产业全球网络布局、优化产业资源配置的重要方式。由于多数战略性新兴产业需要较高的技术支持和市场支撑,这使中国战略性新兴产业在对外直接投资方面也表现得较为活跃。2011—2014 年,中国战略性新兴产业上市公司已经在海外 80 个国家和地区设立了分支机构,企业对外直接投资地区已经覆盖了全球主要经济体。但由于中国战略性新兴产业对外直接投资还处于起步阶段,有关其区位分布状况以及区位选择的研究还较少。因此,对中国战略性新兴产业对外直接投资区位分布状况进行研究,能够为了解中国战略性新兴产业对外直接投资状况提供数据支持,同时也能够为制定产业发展策略提供参考。

一　对外直接投资区位分布特征

选取 2011—2014 年中国战略性新兴产业的 676 家上市公司作为研究

样本，并以其在海外设立分支机构的数量来衡量产业对外直接投资规模。发现样本公司在海外投资设厂或设立办事机构的企业有 218 家，占 32.25%，这些企业的海外分支机构遍布 80 个国家和地区，覆盖全球主要经济体。2011—2014 年，中国七个战略性新兴产业在亚洲国家累计设立分支机构的比重都超过了 40%；在非洲国家累计设立分支机构所占比重较低，节能环保产业、生物产业、新材料产业、新能源汽车产业以及新一代信息技术产业在非洲国家的直接投资比重都小于 5%；各产业在北美洲、欧洲、大洋洲等地区设立海外分支机构所占比重大致相似。

总体来看，中国战略性新兴产业对外直接投资的区位分布，具有以下三个特征：

（一）主要分布在可持续资源禀赋较高的地区

战略性新兴产业代表了科学技术以及产业发展的新趋势，但中国战略性新兴产业与发达国家相比，还具有较大差距，在技术创新应用以及产品市场认可度上还不成熟。战略性新兴产业代表了未来产业可持续发展的趋势，因此，在区位分布上，也受投资地区可持续资源状况的影响。

为了分析中国战略性新兴产业对外直接投资的地区分布结构特征，本部分选取投资地区可替代能源和核能占能源使用量的比重作为划分地区可持续资源水平的指标。在选取中国战略性新兴产业对外直接投资地区的基础上，本部分对 2011—2014 年中国战略性新兴产业对外直接投资地区可持续资源水平进行了排序，并按照均值将 40 个投资地区进行了分类。通过数据整理，得出了中国战略性新兴产业上市公司在可持续能源丰富地区、可持续能源中等丰富地区以及可持续能源不丰富地区的机构分布状况（见表 2－1）。① 从表 2－1 可以看出，中国战略性新兴产业中的七个产业在可持续能源丰富地区设立的海外机构数最多，在可持续能源不丰富地区除高端装备制造业有较多机构分布，其他六个产业都设置有较少的机构数，并且以能源资源为投入要素的新材料产业、新能源汽车产业

---

①　可替代能源和核能占比 > 7.73% 为能源丰富国家，包括西班牙、俄罗斯、法国、印度尼西亚、委内瑞拉、日本、塔吉克斯坦、新加坡、加拿大、澳大利亚、马来西亚、印度、巴西和德国；可替代能源和核能占比 < 7.73% 为中等能源丰富国家，包括赞比亚、巴基斯坦、卢森堡、加纳、英国、墨西哥、荷兰、厄瓜多尔、韩国、土耳其、阿联酋、越南、肯尼亚和沙特阿拉伯；可替代能源和核能占比 < 4.09% 为能源不丰富国家，包括波兰、尼日利亚、柬埔寨、蒙古、埃塞俄比亚、文莱、阿尔及利亚、巴布亚新几内亚、秘鲁、南非、丹麦和缅甸。

在可持续能源不丰富地区没有机构。总体上看，东道国的可持续资源是影响中国战略性新兴产业对外直接投资区位选择的一个重要因素，战略性新兴产业在区位分布结构上仍受战略性资源导向的影响。

表 2 - 1　中国战略性新兴产业在可持续能源禀赋地区对外直接投资机构数量

单位：个

战略性新兴产业	可持续能源丰富地区	可持续能源中等丰富地区	可持续能源不丰富地区
高端设备制造业	40	16	21
节能环保产业	5	4	3
生物产业	14	6	3
新材料产业	9	6	0
新能源产业	37	19	5
新能源汽车产业	12	3	0
新一代信息技术产业	31	5	3

资料来源：根据世界银行数据库数据整理。

（二）倾向于选择具有创新优势的经济体

创新性是战略性新兴产业的重要特征之一，投资地区技术创新水平是战略性新兴企业在进行企业定位和制定企业发展战略时首要考虑的因素。对外直接投资是中国战略性新兴产业获取国外优质资源的重要途径。战略性新兴产业由于其创新性的特点，其在对外直接投资中也将海外机构设立在创新型国家和地区。

创新投入指数（Innovation Input Sub - Index，IISI）是衡量国家和地区技术创新及产业创新的重要指标，是融合政策评估、创新驱动力、知识创造力和技术应用能力综合创新指数。由于一国的创新水平在短时间内具有稳定性，所以，为了研究中国战略性新兴产业对外直接投资的区位分布，本部分选取 2013 年中国战略性新兴产业对外直接投资地区的IISI 作为技术水平区位分布衡量指标。[①] 图 2 - 1 显示了中国战略性新兴产

---

① 定义 IISI 大于 50 为高水平创新经济体，包括新加坡、英国、丹麦、德国、荷兰、澳大利亚、日本、韩国、卢森堡、巴西、马来西亚、阿联酋、印度、加拿大和法国；IISI 小于 50 为中等水平创新经济体，包括俄罗斯、西班牙、波兰、沙特、蒙古、南非、文莱、墨西哥、秘鲁、土耳其和越南；IISI 小于 35 为低水平创新经济体，包括肯尼亚、缅甸、委内瑞拉、加纳、阿尔及利亚、塔吉克斯坦、印度尼西亚、巴布亚新几内亚、柬埔寨、埃塞俄比亚、赞比亚、厄瓜多尔、尼日利亚和巴基斯坦。

业在对外直接投资中不同创新水平经济体的分布状况。从图中可以发现，中国战略性新兴产业在进行对外直接投资时主要分布在高水平创新经济体，各产业在高水平创新经济体设立的分支机构数都占全部机构数的70%以上；低水平创新经济体对于中国战略性新兴产业的海外分布并不具有吸引力，这也表明技术优势仍是中国战略性新兴产业在对外直接投资时主要考虑的因素。

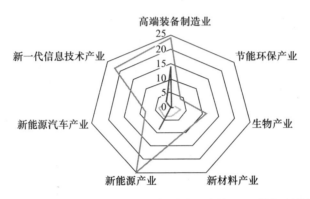

图2-1 2011—2014年中国战略性新兴产业对外直接投资创新型经济体区位分布

（三）集中分布于双边贸易往来密切的地区

双边贸易关系是影响地区间贸易往来重要的因素。在产业对外直接投资初期，与东道国的贸易关系是其在前期调研选取投资地区时参考的重要指标。双边贸易往来频繁的地区表明中国已经适应了该地区的外贸进出口政策，对于地区文化差异等限制贸易往来的因素已经有了较强的适应能力。

为了衡量中国战略性新兴产业对外直接投资在与中国有贸易往来国家的分布状况，本部分选择中国与其他国家2011—2014年双边货物贸易额均值作为衡量东道国与中国贸易状况及文化、进出口制度成熟度的指标。通过对中国战略性新兴产业在海外设置分支机构的40个经济体进行分类①，得到如图 2-2 所示的中国战略性新兴产业对外直接投资贸易相关度地区导向分布图。从图中可以看出，中国战略性新兴产业对外直接投资在地区上显著分布于与中国有密切贸易联系的国家，从分布比例看，高贸易关联地区占中国战略性新兴企业对外直接投资地区分布总量的70%以上，相比较来看，战略性新兴产业在中等和低贸易关联地区对外直接投资分布合计只有30%左右。这也表明中国战略性新兴产业在对外直接投资过程中更倾向于选择双边贸易联系紧密的地区，以规避投资风险等不确定因素。

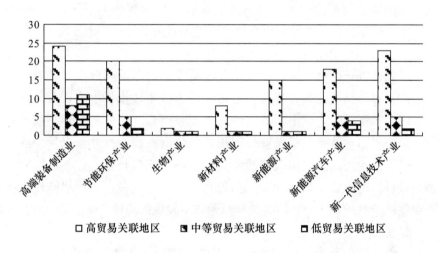

□ 高贸易关联地区　　■ 中等贸易关联地区　　▣ 低贸易关联地区

图 2-2　2011—2014 年战略性新兴企业对外直接投资贸易关联度区位分布

二　对外直接投资区位选择影响因素

对于战略性新兴产业对外直接投资区位选择问题，本小节首先分析了中国战略性新兴产业对外直接投资的影响因素；其次，通过构建指标，实证检验了影响因素的显著性，发现：中国战略性新兴产业海外投资时并不会选择经营成本高的地区进行投资，并且东道国技术水平是中国战

---

① 定义货物平均出口额大于 500 亿美元的地区为高贸易关联地区，包括日本、韩国、德国、澳大利亚、马来西亚、俄罗斯、巴西、新加坡、荷兰、沙特、印度、英国、印度尼西亚、越南、南非、法国和加拿大；货物平均进出口额小于 500 亿美元的地区为中等贸易关联地区，包括阿联酋、墨西哥、西班牙、土耳其、委内瑞拉、波兰、秘鲁、巴基斯坦、尼日利亚、缅甸和丹麦；货物平均进出口额小于 100 亿美元的地区为低贸易关联地区，包括阿尔及利亚、蒙古、加纳、厄瓜多尔、柬埔寨、赞比亚、埃塞俄比亚、卢森堡、文莱、塔吉克斯坦和巴布亚新几内亚。

略性新兴产业开展对外直接投资的决定因素，可持续资源禀赋是中国战略性新兴产业对外直接投资进行区位选择的重要参考因素，良好的双边贸易关系和具有双边投资协定保护，可以减少贸易纠纷，降低海外投资风险，可以使中国战略性新兴产业更加愿意开展对外直接投资。

（一）战略性新兴产业对外直接投资区位选择影响因素理论分析

战略性新兴产业进行对外直接投资的动因是多方面的。从企业角度看，中国战略性新兴产业受政策扶持和财政支持力度较大，企业在技术和政策条件上具有竞争优势。从宏观上看，东道国的技术水平、资源状况、双边贸易关系等都是影响对外直接投资的主要因素。本部分认为，影响中国战略性新兴产业对外直接投资的因素主要包括四个方面。

1. 东道国经营成本

区位优势是企业在选择投资地区时所考虑的东道国所具有的吸引投资者进行对外投资的区位因素，包括劳动力成本、市场潜力、对外贸易壁垒以及政策风险。就中国战略性新兴产业而言，促使其对外直接投资的一个重要因素就是寻求企业可利用的最佳资源优势，并且以最小成本获取最大营业利润。中国战略性新兴产业还处于成长期，这一阶段企业的经营目标仍以资本积累和市场拓展为主。理论上说，中国战略性新兴产业在进行对外直接投资时会选择经营成本较低的地区。

2. 东道国技术环境

与发达国家相比，中国在技术创新上还处于劣势，技术创新投入、高新技术产业环境以及高新技术配套基础设施还不健全。对于战略性新兴产业，寻求技术优势以及产业创新环境是企业进行对外直接投资的重要诱导因素，东道国良好的技术环境是其进行技术创新协作的重要诱因。

3. 可持续资源禀赋

东道国的资源禀赋优势是东道国所拥有的独特资源优势，自然资源的形成主要受地区环境的影响，企业进行对外直接投资是获取东道国资源优势的重要途径。战略性新兴产业中的新能源产业和新能源汽车产业都是资源导向型产业，中国自然资源虽较为丰富，但资源开发主要集中在一次性能源开发上，对于能够可持续使用的新能源开发还与其他拥有可持续能源禀赋的国家存在较大差距。为了实现中国可持续发展目标，实现国家能源安全，战略性新兴产业中新能源产业在对外直接投资中倾向于把可持续资源禀赋作为区位选择的主要因素，充分利用东道国优势来实现产业发展。

4. 双边贸易关系

双边贸易关系代表了不同经济体之间贸易流动程度。双边贸易与对外投资相互联系，双边贸易关系密切的地区在对外贸易交流、人员往来以及跨境资本流动等方面都有相关的协作协定，以减少在贸易往来过程中产生的贸易纠纷以及风险处置等问题。由于中国战略性新兴产业起步较晚，其在进行对外直接投资时通常会选择与中国已有密切联系的经济体进行海外布局，这样，既可以降低企业经营风险，也可以减少贸易摩擦与纠纷，降低在对外直接投资中的风险和成本。

（二）战略性新兴产业对外直接投资区位选择因素的实证分析

1. 变量选取

基于前文分析，本部分实证研究选取的变量（见表 2－2）如下：①被解释变量：中国战略性新兴产业对外直接投资海外机构国家分布数量（ASCN）。海外机构设立一般与企业的对外直接投资额呈正相关关系，企业海外经营机构数量越多，说明其在该地区投资业务越多。由于缺乏中国战略性新兴产业全部企业的对外经营与对外直接投资数据，因此，本部分选取具有代表性的 676 家属于战略性新兴产业的上市公司 2011—2014 年对外直接投资海外机构国家分布数量作为模型的被解释变量。②解释变量：中国战略性新兴产业由于属于战略性与创新性较强的产业，其在对外直接投资中主要考虑的因素是东道国生产经营成本、技术水平、可持续资源状况、投资风险以及对外投资政策。

（1）选取中国战略性新兴产业对外直接投资国家 2011—2014 年人均国内生产总值的年均值（AGDP）作为衡量企业在该国经营成本的指标，由于战略性新兴产业在成长初期以资本积累为主，因此，预期中国战略性新兴产业并会选择经营成本低的国家进行投资。

（2）选取中国与战略性新兴企业对外投资国家 2011—2014 年双边贸易额的年均值（BTN）作为衡量投资国家与中国的贸易联系以及贸易投资的风险程度，与中国贸易联系紧密的国家也是中国国有企业在对外直接投资中面临风险较低的国家。因此，中国战略性新兴产业在对外直接投资中也会较多地选择贸易关联度较高的国家。

（3）由于地区技术创新水平具有稳定性，本部分选取投资国家 2013 年创新投入指数（IISI）衡量投资地区的技术创新水平，由于创新投入指数较高的国家具有技术上的比较优势,因此,预期中国战略性新兴产业会选择 IISI 较高的地区进行投资。

（4）选取投资国家 2011—2014 年可替代能源和核能占能源使用总量百分比的年均值（SEN）衡量投资国家的可持续资源禀赋,战略性新兴产业是未来产业发展趋势的代表,因此,在可持续资源禀赋高的地区会吸引中国战略性新兴企业进行投资,进而使其资源得到开发与利用。

（5）中国战略性新兴产业对外直接投资具有较强的政策导向,为了衡量政策对中国战略性新兴产业对外直接投资的影响,本部分选取与中国签订有双边贸易协定的经济体（BIT）作为衡量政策导向的虚拟变量,由于 BIT 协定签署国之间会在投资壁垒以及企业经营等方面为投资方提供便利,因此,预期中国战略性新兴产业会选择与中国签订 BIT 协定的国家进行投资。

表 2 - 2 各变量预期方向、释义与数据来源

解释变量	预期相关性	变量单位与释义	数据来源
AGDP	–	单位:万美元;战略性新兴产业对外直接投资倾向于选择低经营成本地区	世界银行数据库
BTN	+	单位:千亿美元;战略性新兴产业对外直接投资倾向于选择双边贸易往来密切的地区	《中国统计年鉴》
IISI	+	单位:百分制;战略性新兴产业对外直接投资倾向于选择技术创新水平高的地区	《国际统计年鉴》
SEN	+	单位:百分比;战略性新兴产业对外直接投资倾向于选择可持续资源禀赋较高的地区	世界银行数据库
BIT	+	单位:个;战略性新兴产业对外直接投资倾向于选择已有双边投资协定的国家	商务部网站

2. 样本确定

从地区分布看,中国战略性新兴产业对外直接投资国家遍布五大洲,在 80 个国家或地区设有海外分支机构,但并不是每一个地区分布的机构数都能够作为模型回归的数据来源。如果使用战略性新兴产业上市公司设置海外机构分布数较少的国家和设置海外机构数较多的国家会导致回

归方差变大，回归结果不显著且不具有代表性。本部分在确定样本国家时剔除了中国香港、美国这两个海外机构数分布较多的经济体，同时剔除了海外机构数量为1的国家，最终所使用的样本经济体数为40个，包括德国、巴西、印度、澳大利亚、新加坡、马来西亚、日本、俄罗斯联邦、加拿大、印度尼西亚、南非、越南、韩国、荷兰、卢森堡、阿联酋、委内瑞拉、土耳其、巴基斯坦、阿尔及利亚、塔吉克斯坦、埃塞俄比亚、肯尼亚、西班牙、沙特阿拉伯、缅甸、加纳、厄瓜多尔、文莱、尼日利亚、秘鲁、墨西哥、巴布亚新几内亚、丹麦、英国、法国、波兰、柬埔寨、蒙古和赞比亚。

3. 模型构建

本部分选取多元回归模型对中国战略性新兴产业对外直接投资区位选择因素进行分析，为了消除模型中可能存在的异方差现象，对变量进行了对数处理。在选取不同解释变量进行回归后，最终得到的回归模型如下：

$$logASCN = \alpha_0 + \alpha_1 logAGDP + \alpha_2 logBTN + \alpha_3 logIISI + \alpha_4 logSEN +$$
$$\alpha_5 logBIT + \varepsilon \tag{2.1}$$

其中，$ASCN$ 为中国战略性新兴产业对外直接投资海外机构国家分布数量；$AGDP$、BTN、$IISI$、SEN、BIT 的变量意义见表 2 - 2，ε 为误差项。利用最小二乘法对模型进行回归分析，回归结果见表 2 - 3。回归分析中加入了两个控制变量：PAT 代表东道国 2011—2014 年专利申请量年均值，数据来源于联合国教科文组织数据库，衡量东道国技术水平；FEP 代表东道国 2011—2014 年燃料出口占出口商品比重的年均值，数据来源于世界银行数据库，用以衡量东道国自然资源状况。但经过四次估计发现，PAT 和 FEP 对于战略新兴产业对外直接投资的区位选择影响并不显著，因此，本部分选取的模型最终剔除了这两个变量。

4. 回归结果分析

从表 2 - 3 来看，各解释变量回归结果系数符号均符合预期，且各系数均显著。从东道国生产经营成本看，成本因素对中国战略性新兴产业对外直接投资区位选择的影响是负的，说明中国战略性新兴产业海外投资时并不会选择经营成本高的地区进行投资。技术创新因素、可持续资源禀赋、双边贸易关系和双边投资协定支持对于中国战略性新兴产业对外直接投资区位选择的影响都是显著的，说明东道国技术水平是中国战略性

表 2 - 3　战略性新兴产业对外直接投资区位选择影响因素回归分析结果

变量	I	II	III	IV
常数项	1.962（2.653）	-2.546（-1.310）	-3.760（-1.728）	-4.051（-2.336）
logAGDP	-0.087（-0.958）	-0.191**（-2.038）	-0.239**（-2.534）	-0.231**（-2.827）
logBTN	0.329**（2.896）	0.161**（2.177）	0.287**（3.819）	0.185**（2.862）
logPAT	0.037（0.557）			
logIISI		0.969（1.924）	1.463**（2.717）	1.344**（2.996）
logFEP	-0.089（-1.203）		-0.033（-0.542）	
logSEN		0.393**（3.434）		0.326**（3.231）
BIT			0.594**（3.549）	0.523**（3.564）
调整的 R^2	0.397	0.561	0.574	0.671
F 统计量	7.408	13.470	11.505	16.921
P 值	0.000197	0.000001	0.000001	0.00000
DW 统计量	0.592	0.997	1.036	1.423

注：括号内数据为相应估计值的 t 值，***、**、*分别表示1%、5%和10%的显著性水平下显著。

新兴产业开展对外直接投资的决定因素，可持续资源禀赋是中国战略性产业对外直接投资进行区位选择的重要参考因素，良好的双边贸易关系和具有双边投资协定保护，可以减少贸易纠纷，降低海外投资风险，可以使中国战略性新兴产业更加愿意开展对外直接投资。

5. 稳健性检验

在研究同一个问题的不同截面数据时，需要考察不同截面的回归系数是否具有显著变化，从而判断回归系数是否具有稳定性。在实证分析中，本部分选取了 40 个国家作为中国战略性新兴产业对外直接投资地区样本，为了分析这 40 个样本国家是否存在突变点，即模型回归结果是否具有稳健性，本部分将采用邹突变点检验（Chow Breakpoint Test）对模型进行检验。根据中国战略性新兴产业在海外设置的机构数量，可以将 40 个样本经济体分为高吸引力地区和低吸引力地区两类。海外机构设置数量大于 11 个以上的经济体为高吸引力投资地区；海外机构数小于 11 个的国家为低吸引力投资地区。高吸引力地区有 7 个，低吸引力地区有 33 个。① 当选择突变点为 7 时，经过 Eviews7.1 运算，得到邹突变点检验的 F 值为 F = 2.357，Prob. F（6，28）= 0.0573，查表知 F（6，28）= 2.450，且 2.357 < 2.450，因此，回归系数在高吸引力地区和低吸引力地区并无显著变化，模型回归系数具有稳健性。

三 战略性新兴产业对外直接投资策略

基于区位选择决定因素，中国战略新兴产业企业对外直接投资应该主要采取以下策略：加强利用东道国的有利区位优势因素，建立战略性新兴产业对外直接投资信息共享机制，打造战略性新兴产业对外投资谈判及贸易纠纷磋商机制。

（一）加强利用东道国的有利区位优势因素

从影响中国战略性新兴产业对外直接投资区位选择的影响因素看，东道国生产经营成本对战略性新兴产业企业海外布局区位选择的影响呈现负相关。中国战略性新兴产业企业在投资区位结构优化过程中要加强利用东道国的有利区位优势因素。

第一，要加强对东道国市场调研。企业在进行产品生产以及对外直接投资前应对目标投资地区的市场需求状况进行调研，了解目标投资地区的需求状况，做好前期市场分析工作。

第二，要根据不同东道国的市场需求及资源禀赋情况合理分配投资结构。良好的市场结构是推动企业可持续发展的重要因素，东道国的市场环境是推动企业走向国际化的重要条件。从产业成长角度看，这是产业发展初期进行海外布局的选择，但是，随着产业发展，成本因素在区位选择中的比重会降低。东道国人均 GDP 水平也可以反映人均消费水平和市场需求。随着中国战略性新兴产业的不断成长，满足不同市场需求状况、拓展对外直接投资网络会成为其进行海外布局区位选择时着重考虑的因素。

第三，要加大对企业产品研发的投入。战略性新兴产品的特征应是

---

① 高吸引力投资地区包括德国、巴西、印度、澳大利亚、新加坡、马来西亚和日本；低等吸引力投资地区包括俄罗斯、加拿大、印度尼西亚、南非、越南、韩国、荷兰、卢森堡、阿联酋、委内瑞拉、土耳其、巴基斯坦、阿尔及利亚、塔吉克斯坦、埃塞俄比亚、肯尼亚、西班牙、沙特、缅甸、加纳、厄瓜多尔、文莱、尼日利亚、秘鲁、墨西哥、巴布亚新几内亚、丹麦、英国、法国、波兰、柬埔寨、蒙古和赞比亚。

具有高技术附加值的产品，为了应对国际市场需求，企业应加大对产品的研发投入，开发适应时代要求与地区需求的产品。

第四，要注重用户对产品的体验反馈。企业在海外投资经营中应注重用户对企业产品的体验及反馈，及时收集用户意见，并且在生产中利用有价值的意见对产品进行改善，实现产品的国际化。

（二）建立战略性新兴产业对外直接投资信息共享机制

中国划分战略性新兴产业的目的是在国际竞争中取得优势，在提升国家竞争力上赢得先机。从回归结果看，与中国签订有 BIT 协定的国家是中国战略性新兴产业企业进行对外直接投资区位选择时考虑的因素之一。中国战略性新兴产业应继续扩大对 BIT 协定国的直接投资。在海外投资中，掌握充分的各国投资环境信息非常重要，如果对东道国的投资环境了解不充分，就会使投资区位选择范围缩小，选择受限。建立战略性新兴产业对外直接投资信息共享机制是大数据时代的要求，也是企业在发展过程中建立信息链、共享信息资源的要求。从政策实施的可行性看，该政策也具有实施的基础。首先，由于中国各地区都公布了战略性新兴产业企业样本，这也为商务部门建立企业间信息共享机制提供了数据资源。其次，现有的云计算技术为大数据处理提供了技术解决方案，商务部门所要做的就是建立企业数据库，针对企业所反馈的投资信息，及时更新东道国政治环境以及产业政策等信息。最后，企业的实际需要是推动信息共享机制建立的重要条件，这也会减少平台建设过程中的困难，保证信息共享机制的稳定运行。

中国商务部门在建立信息共享机制时应该着重关注以下三个方面：首先，在数据库确定需要公布的信息前，应主动到具有代表性的企业进行调研，了解企业需要，针对企业提出的在对外直接投资中存在的问题，设立信息平台，公布对企业经营有利的信息。其次，保证平台所公布的信息是真实有效的，并且对于企业海外投资是有利的，可供参考的信息包括东道国政治环境稳定性、东道国对于与战略性产业相关产品的技术进入要求及壁垒设置情况和东道国产业基础设施状况等。最后，应确保信息共享机制的开放性，在平台中可以增添互动交流版块，企业可以将自己所遇到的问题在线提问，这样，可以为企业提供实质性的解决平台，增强信息共享平台的实用性。

（三）打造战略性新兴产业对外投资谈判及贸易纠纷磋商机制

战略性新兴产业是关系中国战略安全的产业，这也导致其在海外经营过程中会遇到东道国的贸易壁垒限制，从而在区位选择过程中主要选择与中国贸易联系密切的地区进行投资。战略性新兴产业中的新一代信息技术产业、新能源产业以及节能环保产业在进行区位选择时常选择技术水平较高的国家和可持续资源禀赋较高的国家进行投资，这些国家往往从保护本国技术以及战略安全的角度考虑，会对威胁本国产业安全的外来产业进行限制。如光伏产业在海外布局的过程中多次遭到欧盟以及美国的贸易壁垒限制，阻碍了中国光伏产业的国际化布局。

为了促进中国战略性新兴对外直接投资，政府应在企业对外投资谈判以及贸易纠纷磋商机制的建立上发挥支持作用。

第一，应做好国家间贸易谈判机制的协商。商务部门在进行年度规划时应将有关企业本年度的投资计划考虑在内，在与东道国相关政府部门会面时，积极稳妥地解决关于中国战略性新兴企业在东道国投资的障碍。

第二，建立专门解决战略性新兴企业贸易纠纷的机构，由于战略性产业关系国家战略安全，为了维护国家利益，应设置专门解决贸易纠纷的人员，对于涉及国家利益的企业投资进行保护。

第三，健全解决战略性新兴产业贸易纠纷的法律法规。制度规范是进行贸易纠纷解决的参考性文件，是国家间处理谈判纠纷的纲领，中国在与其他国家设立外贸条款的过程中应对战略性产业的投资纠纷解决措施进行说明，从制度上保护中国战略性新兴产业企业海外投资的利益。

第二节　战略性新兴产业全球贸易网络布局分析

战略性新兴产业全球贸易网络布局的研究需要从产品着手，分析战略性新兴产业产品在各国之间的贸易情况，以确定产品的贸易网络，并进行网络结构分析，最后根据分析结果，提出相应的建议。

一　贸易品匹配与贸易品数据库构建

为了进行相关分析，需要对各国产品贸易数据进行匹配，并在此基础上构建样本数据库。

（一）贸易品匹配

进行战略性新兴产业的全球贸易网络研究，需要各国该类产品的贸易数据，但是，战略性新兴产业产品的全球贸易数据并没有单独的年鉴，需要将战略性新兴产业的产品与国际贸易产品匹配起来，确定贸易品篮子，进而获取产品贸易的数据。首先，选择 2013 年发布的《战略性新兴产业重点产品和服务指导目录》与 2006 年的《国际贸易分类标准修订 4》作为匹配依据。其次，利用两个目录进行对照。通过对照发现，《战略性新兴产业重点产品和服务指导目录》的产品分类与《国际贸易分类标准修订 4》产品分类的相关程度较弱，产品关联性也较低。最后，选择《战略性新兴产业 2012（试行）》与《国际贸易分类标准修订 4》进行对照。通过《战略性新兴产业 2012（试行）》中统计用的战略性新兴产业与国民经济行业分类对应的产品目录和《国际贸易分类标准修订 4》中的产品目录进行对应，得到替代战略性新兴产业产品的国际贸易品编码。

由于两个目录的分类并不完全一致，所以，产生了多种匹配模式。一是完全匹配，即一对一匹配。完全匹配是指产品在两个目录中的名称完全一致，例如，聚碳酸酯—聚碳酸酯（57431）。二是部分匹配，包括一对多、多对一和多对多匹配。部分匹配的情况占大多数，例如，光纤、光缆制造用光导纤维电缆（77318）与光纤、光纤束和光纤缆（88419）两项来共同替代即为一对多匹配；在国际贸易分类标准中，雷达设备、无线电导航设备及无线电遥控设备（76483）是一个宽泛的产品，包括战略性新兴产业中的气象雷达、空袭警报雷达等装置，这就是多对一匹配；航空装备产业与卫星及应用产业的细分产品无法找到一一对应的产品，但是，与 792［飞机和有关设备；航天飞机（包括卫星）和航天飞机发射装置及其零件］和 7131（飞机用活塞内燃机及其未另列明的零件）的产品性质和用途相同，所以进行了多对多替代。三是模糊（近似）替代。长寿命石墨材料与国际贸易分类中的不一致，但是，由于石墨的分子结构在常温下具有很好的化学稳定性，石墨材料通常都有很长的寿命，所以把石墨相关产品作为代替。

按照国际贸易分类标准，匹配的国际贸易品编码也分为三类：三位数编码、四位数编码和五位数编码。三位数编码是大类产品，包括 541、542、774、792，由于两者产品的分类方法不同，无法进行精细匹配，但是，两个大类又是高度相关的，所以，以大类来进行替代。四位数编码是小类产品，有 25 个。五位数为最细分的产品，有 32 个。为了得到相关性较高的战略性新兴产业的产品，在四位数编码无法准确匹配的情况下，选择五位数的编码。[①] 最后得到的三种编码的产品共 61 个，具体的产品匹配结果见表 2 - 4。

表 2 - 4　　　　　　　　战略性新兴产业贸易品匹配结果

(1) 节能环保产业产品	对应 SITC4 产品编码
核反应堆及其零件	7187
电工仪器仪表制造（电能表）、实验分析仪器制造（温度测量仪表，压力测量仪表，流量测量仪表，物位、液位测量仪表）	8731、8743 87455、87456
气体或烟雾分析、检测仪器	87441
核子及核辐射测量仪器制造	87471
再生橡胶制造	2322
气体、液体分离及纯净设备	7436
(2) 新一代信息技术产业产品	对应 SITC4 产品编码
雷达及配套设备制造	76483
语音输出设备、图形图像输出设备	7526
存储设备	7527
数字电视广播前端设备（摄像、录制、编辑、存储、播放等数字电视前端设备）	76484
数字广播电视发射设备、广播电视接收设备及器材制造	7616、7643
光纤、光缆制造	77318、88419
集成电路	7764
(3) 生物产业产品	对应 SITC4 产品编码
生物药品制造	541、542
商品有机肥料、有机—无机复混肥料	2721
生物医疗设备制造	774、8721、8722、8723、8996
(4) 高端装备制造业产品	对应 SITC4 产品编码
航空装备	792

────────────

① 新能源汽车产业由于分类不同，完全找不到对应产品，而且中国的汽车出口比例本来就不大，新能源汽车产业在汽车出口中所占的比例更是微乎其微，所以本部分的网络分析仅限于其他六个产业。

续表

卫星装备制造	7131
智能测控装备制造	7311、7312、7313、7314、7315、73733、73735
（5）新能源产业产品	对应 SITC4 产品编码
高性能燃料元件	52517
长寿命石墨材料	59861、66336
（6）新材料产业产品	对应 SITC4 产品编码
特种玻璃制造	66442、6647、66492、66521
功能陶瓷制造	6639、68999、77323、77326、77864、77865
其他信息存储介质材料	8984
发光二极管（LED 管）、照明用发光二极管（LED 管）、其他发光二极管（LED 管）、半导体激光器件、其他半导体光电器件、其他电子半导体材料	77635、77637、77639、87192
聚甲醛	5741
聚碳酸酯	57431
聚对苯二甲酸乙二酯	57433
聚甲基丙烯酸甲酯	57521
丁苯橡胶	23211
丁基橡胶	23213
氯丁橡胶	23214
丁腈橡胶	23215

资料来源：《战略性新兴产业 2012（试行）》与 SITC4。

（二）数据库构建

贸易品确定后，需要进一步确定样本经济体来构建数据库。首先，根据各国贸易活跃程度，确定包括中国内地和中国香港在内的 160 个经济体，并找到其在联合国商品贸易统计数据库（UN COMTRADE）中的编码。其次，根据贸易品编码和经济体编码，在 UN COMTRADE 中得到 2014 年 160 个经济体的 61 个产品的出口数据。最后，将得到的出口数据进行整理，并可分别形成 6 个产业的 160×160 矩阵表。其中，第一行和第一列为经济体名称，贸易额为行经济体对列经济体的出口额，表的基本形式如表 2 – 5 所示（以 2014 年节能环保产业为例）。

表 2 – 5　战略性新兴产业贸易数据库（以 2014 年节能环保产业为例）

国家	阿根廷	阿尔巴尼亚	阿尔及利亚	阿联酋	阿曼	阿塞拜疆	……
阿根廷	0	691	82256	38449	0	0	……
阿尔巴尼亚	0	0	0	0	0	0	……
阿尔及利亚	0	0	0	0	0	0	……
阿联酋	0	0	0	0	0	0	……
阿曼	0	0	0	3407	0	0	……
阿塞拜疆	0	0	0	1804	0	0	……
……							

资料来源：UN COMTRADE。

二　战略性新兴产业国际贸易网络分析方法

（一）国际贸易网络模型构建

本节基于社会网络分析方法（SNA）来分析中国战略性新兴产业的全球贸易网络特征。选取 160 个经济体作为网络节点，以出口贸易的流向和流量作为网络关系基础来构建网络模型。全球贸易中的产品出口情况包括出口产品的经济体和与之进行产品交易的经济体，以及出口产品的贸易额等信息。从社会网络分析的角度来看，出口经济体与进口经济体对应网络中的节点，两者之间的贸易关系形成节点间的弧，弧的方向指向进口经济体。由此，构建的中国战略性新兴产业全球贸易网络 W，可定义为：W = [P(A)，Q(A)]。其中，P(A) 表示国际贸易网络模型的节点集合，由参与国际贸易的所有样本经济体组成；Q(A) 是弧的集合，一个由节点 αx 到 αy[αx，αy ∈ P(A)] 的弧，记作 < αx，αy >，代表出口经济体 αx 对进口经济体 αy 之间的贸易关系。该贸易网络模型是没有权重的有向图，在此模型中，弧 < αx，αy > 与弧 < αy，αx > 是不同的，即对于一个社会关系矩阵 M 而言，有如下关系：

$$M = (m_{xy})_{N \times N}, \quad m_{xy} = \begin{cases} 1, & \text{存在一条由行节点 } a_x \text{ 到列节点 } a_y \text{ 的弧} \\ 0, & \text{不存在一条由行节点 } a_x \text{ 到列节点 } a_y \text{ 的弧} \end{cases}$$

$$(2.1)$$

其中，矩阵维度 N 为贸易网络中的节点总数，即样本经济体数，这里的 $N = 160$。M_{xy} 为虚拟变量，取 1 和 0。

（二）网络中心性

网络中心性考察的是样本经济体在其国际贸易网络中具有怎样的权利或者是居于怎样的地位，主要考察指标有程度中心性和中介中心性。在国际贸易网络中，如果一个经济体与很多其他经济体有直接关系，则其程度中心性就越高，说明该经济体居于网络的核心位置，比其他经济体有着更多的联系，反映的是在网络中经济体自身的贸易联络能力。中介中心性衡量的是网络中的一个经济体对其他两个经济体之间联系的影响能力，中介中心性越高表示该经济体对其他经济体之间联系的控制能力越强，其在网络中的地位就越重要。

程度中心性有绝对数值和相对数值之分，某点的程度中心性的绝对数值是指与该点直接相连的其他点的个数，相对数值就是绝对数值除以该网络最大可能关系数（如果网络节点数为 g，则网络最大可能关系数为 $g-1$）。本部分考察国际贸易的有向网络，有向网络的程度中心性还可以分为外向程度中心性和内向程度中心性，外向程度中心性 C_{DO} 是一个节点指向其他节点数量的总和，其公式计算为：

$$C_{DO}(n_i) = d_o(n_i) = \sum_{j=1} X_{ij} \tag{2.2}$$

相对外向程度中心性 C_{DO} 公式为：

$$C'_{DO} = \frac{d_0(n_i)}{g-1} \tag{2.3}$$

其中，$X_{ij} = \{0, 1\}$，g 为网络中心的节点数，这里，$g = 160$。

内向程度中心性 C_{DI} 是其他节点指向某一节点的数量总和，其计算公式为：

$$C_{DI}(n_i) = d_I(n_i) = \sum_{j=1} X_{ji} \tag{2.4}$$

相对内向程度中心性公式为：

$$C'_{DI} = \frac{d_I(n_i)}{g-1} \tag{2.5}$$

其中，$X_{ji} = \{0, 1\}$，g 为网络中心的节点数，这里，$g = 160$。

中介中心性也有绝对数值和相对数值两种。其基本计算方法是通过计算相互连接的其他节点有多少条路径是通过该节点完成的，有向图的计算公式为：

$$C_B(n_i) = \frac{\sum_{j<k} g_{jk}(n_i)}{g_{jk}} \qquad (2.6)$$

相对中介中心性公式：

$$C'_B(n_i) = \frac{\dfrac{\sum_{j<k} g_{jk}(n_i)}{g_{jk}}}{(g-1)(g-2)} \qquad (2.7)$$

其中，g 为网络中的节点数，g_{jk} 是节点 j 达到节点 k 的最短路径数，$g_{jk}(n_i)$ 是节点 j 到达节点 k 的路径上有节点 i 的路径数。中介中心性的取值在 0—1 之间，数值越大，控制能力越强。

（三）凝聚子群

当贸易网络中某些经济体的联系特别紧密时，在通常情况下，这些经济体就会集合成小群体，这样的小群体在社会网络中被称为凝聚子群。凝聚子群分析是研究经济体之间关系的紧密程度，通过凝聚子群分析，可以得到贸易关系较为密切的经济群体，并且得到中国参与派系的情况。本部分采用派系分析方法进行凝聚子群分析。派系分析方法的基础是互惠性，得到的子群体密度为 1，而且在一个包含 n 个经济体的子群体中，任何一个成员都与其他 n–1 个成员直接相连。在国际贸易的有向网络中，互惠性具体是指子群体中的任何两个经济体之间都存在双向贸易，而不是单向贸易；并且不能向其中加入任何一个成员，否则将改变这个性质。因此，有向网络中区分出来的派系就称为强派系，区别于无向网络中的弱派系。

（四）中间人

在社会网络中，往往存在一些中间人，他们在网络中扮演连接和传递的角色，使没有直接联系的不同群体之间或者同一群体中的不同经济体之间建立联系。在一个有向网络中，有 A、B、C 三个行动者，如果存在 A→B→C 的关系，但并不存在 A→C 的关系，则可称 B 是 A 和 C 的中间人。B 作为中间人有五种角色类型：协调人、守门人、代理人、顾问人和联络人。在国际贸易有向网络中，当 A1、A2、A3 三个国家属于同一个小组（即位于同一个大洲）时，若存在 A1→A2→A3 的关系，则称 A2 是 A1 和 A3 的协调人。当 A1、A2 属于同一个小组，B 属于另一个小组时，若存在 B→A1→A2 的关系，则称 A1 是 A2 的守门人。当 A1、A2 属于同一个小组，B 属于另一个小组时，若存在 A1→A2→B 的关系，则称 A2 是 A1 的代理人。当 A1、A2 属于同一个小组，B 属于另一个小组时，若存在 A1→B→A2 的关系，则称 B 是 A1 和 A2 的顾问人。当 A、B、C 分属不同的小组时，若存在 A→B→C 的关系，则称 B 是 A 和 C 的联络人。

三　基于 SNA 的网络结构分析

（一）样本矩阵构建

基于前文构建的数据库，以 160 个经济体作为样本，样本数据即为战略性新兴产业的产品在 2014 年各个经济体之间的出口额。根据经济体之间的贸易信息，可以构建国际贸易的网络矩阵，以出口方向为依据，如果存在国家 A 向国家 B 的出口，则 A 到 B 的贸易关系设定为 1，不存在则为 0（本部分假定 1000 美元以下的贸易额忽略不计）。利用 UCINET 软件将 1000 美元以下的值设定为 0，其余值为 1，构建有向 0—1 矩阵 M160×160。矩阵的基本形式如表 2 – 6 所示（以 2014 年节能环保产业为例）。

表2–6　战略性新兴产业全球贸易网络矩阵基本形式(以2014年节能环保产业为例)

国家	阿根廷	阿尔巴尼亚	阿尔及利亚	阿联酋	阿曼	阿塞拜疆	……
阿根廷	0	0	1	1	0	0	……
阿尔巴尼亚	0	0	0	0	0	0	……
阿尔及利亚	0	0	0	0	0	0	……
阿联酋	0	0	0	0	0	0	……
阿曼	0	0	0	1	0	0	……
阿塞拜疆	0	0	0	1	0	0	……
……	……	……	……	……	……	……	……

资料来源：UN COMTRADE。

（二）网络图形化描述

利用 NETDRAW 软件的图形化描述方法，对战略性新兴产业的国际贸易网络进行图形化展示。鉴于本部分选取的国际贸易网络中有 160 个经济体，形成的战略性新兴产业网络庞大且繁杂，所以，本部分选取贸易

网络较小的新能源产业为例。如图 2 – 3 所示，圆点表示选取的样本经济
体，未参与到该产业贸易的样本经济体列在左上方（包括冈比亚、几内
亚比绍、卢旺达、毛里塔尼亚、索马里、汤加和中非）。圆点之间的箭头
表示贸易方向，本部分所探讨的贸易网络为有向网络，箭头由出口经济
体指向进口经济体，双向箭头表示两个经济体之间互有出口。在网络图
中，越大且越靠近图中心部分的节点的程度中心性越高（即与其进行贸
易的经济体数量越多），程度中心性从里到外依次降低，节点大小也依次
降低。从图中可以看出，德国处于图的最中心位置，且节点最大；其次
是美国，中国处于一个较为中心的位置。还可以看到，新能源产业贸易
网络图中心位置的节点之间线段交错、复杂，这些节点大都是传统意义
上的经济强国。如果将位于图中心且节点较大的几个经济体看作新能源
产业的贸易核心，那么远离贸易中心的最外围经济体，如瓦努阿图、多
哥等，不仅进行的贸易少，而且仅有的贸易活动也不是与核心经济体进
行的。

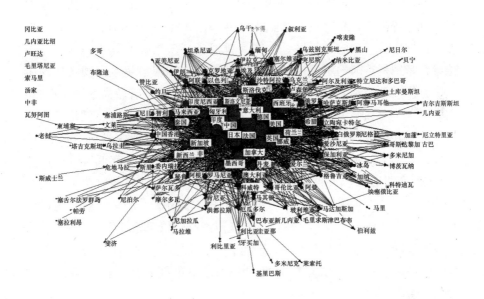

图 2 – 3　新能源产业贸易网络

资料来源：UN COMTRADE。

（三）网络中心性分析

利用 UCINET 软件对节能环保产业等六个分产业分别进行测算，得到外向程度中心性、内向程度中心性和中介中心性，可分别反映样本经济体战略性新兴产业贸易的出度、入度和中介性。出度是一个经济体与其他经济体的出口关系，入度是一个经济体与其他经济体的进口关系。出度或入度越高，说明与样本经济体发生贸易关系的经济体越多，在某产业的优势就越大。在 160 个经济体的国际贸易网络中，有许多经济体的出度为 0，比如，2014 年的节能环保产业有 46 个经济体出度为 0，都是经济落后的地区。中介性是衡量一个经济体在贸易传递过程中的影响和控制的指标，中介性越高，说明样本经济体在其他经济体间贸易传递中起着越重要的作用。

从 2014 年中国、美国、德国和日本四国的战略性新兴产业网络中心性来看（见表 2 – 7），在出度中心性上，中国各产业明显占优（除新能源产业外）；在入度中心性上，中国稍弱于美国和德国，强于日本；在中介中心性上，中国各产业全面落后于美国但明显强于日本，多数产业弱于德国（除新一代信息技术产业外）。从国家整体情况来看，中国在出度方面占据优势，美国和德国综合实力雄厚，三项指标都处于明显领先的位置，特别是美国的中介性的优势非常明显，体现了超级大国在贸易中的中介作用和控制能力。相比之下，日本虽然也保持着较高水平，但是，与中国、美国和德国三国仍有差距。在 160 个经济体的贸易网络中，中国、美国和德国三国始终位居前列，在战略性新兴产业中占据主导地位。此外，高端装备制造业的出度中心性和入度中心性整体都低于其他产业（新能源产业除外），一方面是由于航空装备、卫星、测控装备的运输对于国际贸易产生了限制；另一方面是由于许多国家无法承受航空等高科技装备的巨额费用，放弃了进口。新能源产业的情况比较特殊，该产业贸易并不活跃，出度和入度很小，但是，中介性方面，德国和美国均高于1000，说明该产业的贸易较为集中，并且很可能受控于许多贸易大国（比如德国和美国）。

就中国自身来说，中国的出度中心性明显大于入度中心性，多数产业几乎与整个网络所有经济体有直接贸易联系，相比之下，入度中心性明显不足，这也是中国贸易不平衡的一个写照。中国超高的出度中心性说明战略性新兴产业已经实现了走出去，战略性新兴产业产品具有一定的

表 2-7 2014 年中国、美国、德国和日本四国战略性新兴产业网络中心性

	中国			美国			德国			日本		
	出度	入度	中介性	出度	入度	中介性	出度	入度	中介性	出度	入度	中介性
节能环保产业	158	72	664.2	154	96	1390.0	155	91	1102.0	147	62	204.7
新一代信息技术产业	159	77	625.4	157	101	1863.5	154	83	523.4	126	66	257.2
生物产业	158	82	411.5	157	100	984.41	157	96	721.3	156	70	213.6
高端装备制造业	152	59	565.8	145	97	1836.1	141	82	931.39	99	42	81.2
新能源产业	87	41	390.6	106	47	1232.5	122	49	1511.5	82	34	360.8
新材料产业	157	75	777.6	153	91	1534.1	155	81	789.8	134	67	336.0

资料来源：UN COMTRADE，对原始数据计算所得。

出口优势，在国际贸易中占有一定的地位。对贸易传递的影响和控制是中国最薄弱的一环，体现在中介中心性指标方面，说明中国对战略性新兴产业国际贸易的影响和控制能力有待加强。从各个产业来看，中国节能环保产业、新一代信息技术产业、新材料产业的中介中心性相对比较高，在全球贸易网络中的影响和控制力较强，但与美国和德国相比仍较弱。值得一提的是，中国香港近年来发展势头良好，并逐渐在战略性新兴产业网络中占有较重要的位置，尤其是在新一代信息技术产业中，中国香港具有相当高的出度中心性，按照 2014 年出度排序，仅次于中国、美国、德国，位列第四。

（四）凝聚子群分析

利用派系分析法对战略性新兴产业网络的凝聚子群进行分析。由于贸易网络是有方向的，所以，利用 UCINET 软件将网络矩阵对称化，对称方法是取最小值，由此得到的派系是强联系，即当两国互相都有出口才算作有联系。设定派系的最小规模为 10，测算出贸易网络的派系情况。

从 2014 年战略性新兴产业网络派系数量来看（见表 2-8），整个网络中，节能环保产业有 186 个，新一代信息技术产业有 191 个，生物产业有 971 个，高端装备制造业有 249 个，新能源产业有 86 个，新材料产业有 198 个。很明显，生物产业派系最多，几乎是 4 倍于其他派系，新能源产生派系最少，其他四个产业情况大致相当。对应地，完全不在任何派系中的经济体，节能环保产业有 79 个，新一代信息技术产业有 73 个，生

物产业有 72 个，高端装备制造业有 88 个，新能源产业有 118 个，新材料产业有 87 个。总体来说，每个产业都有超过 40% 的经济体没有参与到派系中。节能环保产业前十位经济体参与了约 70% 的派系，新一代信息技术产业、高端装备制造业、新材料产业前十位的经济体参与了超过 75% 的派系，生物产业前十拉的经济体参与了超过 85% 的派系，新能源产业前十位的经济体参与了超过 45% 的派系。说明战略性新兴产业贸易网络非常集中，排名靠前的经济体参与了非常多的派系。另外，也说明样本经济体发展差距太大，没有出口任何产品的经济体都被排除在强派系之外。

表 2-8　2014 年中国、美国、德国和日本四国战略性新兴产业参与派系数量

	中国	美国	德国	日本	派系总数
节能环保产业	147	178	161	112	186
新一代信息技术产业	160	179	176	94	191
生物产业	915	965	967	455	971
高端装备制造业	183	248	245	70	249
新能源产业	76	83	86	46	86
新材料产业	178	196	184	167	198

资料来源：UN COMTRADE，对原始数据计算所得。

从中国、美国、德国和日本四国对比来看，美国和德国是全球贸易网络中的主导国家，参与派系数量都维持在较高水平，中国各产业参与派系数量少于美国和德国，多于日本。对中国自身而言，参与派系数量最多的是生物产业，达到 915 个，参与派系数最少的是新能源产业，为 76 个，多数产业参与派系数量排在所有样本经济体的前十位。总体而言，中国在战略性新兴产业贸易网络中参与派系数量是较多的，与美国和德国的差距并不大，说明中国已经是多数贸易子群中的一员，贸易参与度和灵活度较高。

（五）中间人分析

区别于凝聚子群的矩阵对称化处理，中间人分析是利用有向网络来反映样本经济体在贸易中扮演的角色。按照样本经济体所属地域分成六

个小组，包括亚洲经济体、非洲经济体、北美洲经济体、南美洲经济体、欧洲经济体和大洋洲经济体，分别赋值 1、2、3、4、5、6，构建分区向量。以国际贸易的有向网络数据和分区向量为样本，利用 UCINET 软件，测算出每个经济体在战略性新兴产业贸易网络中所扮演中间人角色的次数（见表 2-9）。

表 2-9　2014 年中国与美国在战略性新兴产业贸易网络中的中间人角色

国别	中间人角色	节能环保产业	新一代信息技术产业	生物产业	高端装备制造业	新能源产业	新材料产业	合计
中国	协调人	316	311	268	294	105	335	1629
	守门人	837	1101	832	813	384	996	4963
	代理人	1241	1176	1163	1147	389	1248	6364
	顾问人	354	522	330	355	202	390	2153
	联络人	2458	2922	2689	2051	692	2772	13584
美国	协调人	73	75	51	87	9	66	361
	守门人	737	925	730	958	498	706	4554
	代理人	1172	1153	1098	1142	101	1157	5823
	顾问人	1106	1298	979	1355	418	926	6082
	联络人	5195	5931	4830	5790	1922	4867	28535

资料来源：UN COMTRADE，对原始数据计算所得。

在国际贸易中，中间人可以看作所谓的贸易中转国，将两个原本并不存在贸易的国家联系起来。在一个有向网络中，中间人角色主要有协调人、守门人、代理人、顾问人和联络人五种类型。从 2014 年来看，中国和美国在战略性新兴产业贸易网络中所扮演的中间人角色比较相似，都是协调人最少，联络人最多，而且中间人角色在各个分产业的分布比例大致相同，说明两国各分产业的发展和贸易情况都很均衡。区别在于，两国的角色占比不同。如图 2-4 和图 2-5 所示，美国的联络人占比非常大，占总体的 60% 以上，中国的联络人约占 50%；美国的协调人数量非常少，仅占 1%，中国的协调人约占 6%。可见，中国扮演协调人角色总数明显比美国多，但扮演联络人角色总数明显比美国少。这固然有美国所属北美洲国家数量更少的原因，同时也说明中国在亚洲经济体之间发挥的贸易协调作用更大。美国的顾问人数量显著高于中国，说明美国对不同洲际的经济体间贸易的联络作用和干预能力更强。

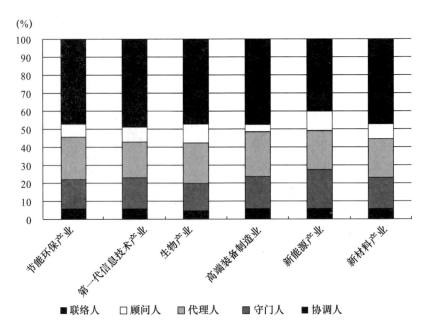

图 2-4 2014 年中国中间人角色分布

资料来源: UN COMTRADE, 对原始数据计算所得。

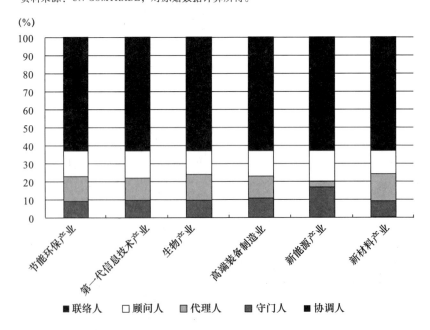

图 2-5 2014 年美国中间人角色分布

资料来源: UN COMTRADE, 对原始数据计算所得。

（六）网络价值分析

经济体在全球贸易网络中的价值由该经济体在贸易网络中的贸易强度、活跃度、中心性、派系串联能力等因素构成。经济体的贸易强度、贸易活跃度、中心性和派系串联能力越强，其在国际贸易网络中就越重要，越能占据主导地位。

吕毅和张成虎（2014）基于客户网络节点度数、节点强度和节点中间中心性建立了商业银行客户网络的客户重要性评估模型。本部分在借鉴吕毅和张成虎的研究基础上，对其客户重要性评估模型进行修正，建立经济体在战略性新兴产业贸易网络中的网络价值评估模型。

1. 贸易活跃度的衡量

基于战略性新兴产业国际贸易网络节点度数的标准化值来衡量经济体的贸易活跃度，具体来说，本部分选取外向程度中心性，即出度来衡量贸易活跃度，其计算公式为：

$$L_i^a = \frac{C_i^a - C_{\min}^a}{C_{\max}^a - C_{\min}^a} \tag{2.8}$$

其中，L_i^a 为第 i 个经济体在第 a 个战略性新兴产业贸易网络中的贸易活跃度；C_i^a 为第 i 个经济体在第 a 个战略性新兴产业贸易网络中的节点度数；$C_{\max}^a$ 和 $C_{\min}^a$ 分别为第 a 个战略性新兴产业贸易网络节点度数的最大值和最小值。

2. 贸易强度的衡量

经济体的贸易强度用某一经济体向其他经济体出口的贸易额平均值的标准化值来衡量，其计算公式为：

$$T_i^a = \frac{\sum_{j=1}^{C_i^a} V_{ij}}{C_i^a} \tag{2.9}$$

$$S_i^a = \frac{T_i^a - T_{\min}^a}{T_{\max}^a - T_{\min}^a} \tag{2.10}$$

其中，T_i^a 为第 i 个经济体在第 a 个战略性新兴产业贸易网络中的平均贸易额；V_{ij} 为第 i 个经济体向第 j 个经济体出口的贸易额；$T_{\max}^a$ 和 $T_{\min}^a$ 分别为第 a 个战略性新兴产业贸易网络中平均贸易额的最大值和最小值；S_i^a 为第 i 个经济体在第 a 个战略性新兴产业贸易网络中的贸易强度。

3. 中间中心性的衡量

经济体的中间中心性用战略性新兴产业国际贸易网络节点的中介中心性的标准化值来衡量，其计算公式为：

$$B_i^a = \frac{M_i^a - M_{\min}^a}{M_{\max}^a - M_{\min}^a} \tag{2.11}$$

其中，B_i^a 为第 i 个经济体在第 a 个战略性新兴产业贸易网络中的中间中心性；M_i^a 为第 i 个经济体在第 a 个战略性新兴产业贸易网络中的中介中心性；$M_{\max}^a$ 和 $M_{\min}^a$ 分别为第 a 个战略性新兴产业贸易网络节点中介中心性的最大值和最小值。

4. 派系串联能力的能量

经济体的派系串联能力用战略性新兴产业国际贸易网络节点参与派系数量的标准化值来衡量，其计算公式为：

$$U_i^a = \frac{Q_i^a - Q_{\min}^a}{Q_{\max}^a - Q_{\min}^a} \tag{2.12}$$

其中，U_i^a 为第 i 个经济体在第 a 个战略性新兴产业贸易网络中的派系串联能力；Q_i^a 为第 i 个经济体在第 a 个战略性新兴产业贸易网络中参与派系的数量；$Q_{\max}^a$ 和 $Q_{\min}^a$ 分别为第 a 个战略性新兴产业贸易网络节点参与派系数量的最大值和最小值。

5. 贸易网络价值评估模型

本部分假定评估经济体在贸易网络中的价值是以经济体的贸易强度、贸易活跃度、中间中心性以及派系串联能力的合并指数作为经济体贸易网络价值的衡量依据，进而建立经济体的贸易网络价值评估模型如下：

$$V_i^a = S_i^a \times \left(\alpha L_i^a + \beta B_i^a + \gamma U_i^a \right) \tag{2.13}$$

其中，V_i^a 为第 i 个经济体在第 a 个战略性新兴产业贸易网络中的网络价值，α、β、γ 为权重参数，i 取值为 1—160，a 取值为 1—6。此部分假定国家的贸易活跃度 L、中间中心性 B 和派系串联能力 U 在衡量经济体的网络价值时同等重要，因此，将参数 α、β、γ 取值设定为 1/3。贸易强度、节点度数、中介中心性、参与派系数量均采取标准化处理，最终取值均介于 0—1。

基于以上模型，并利用战略性新兴产业国际贸易网络相关数据，可测算出战略性新兴产业国际贸易网络中每个经济体的网络价值（见表 2 - 10）。从 2014 年的测算结果来看，中国多数战略性新兴产业在贸易网络中的网络价值排名处于前十位，其中，节能环保产业、新一代信息技术产业、新材料产业的网络价值排名几乎均在前三位，表明在全球贸易网络中的地位和重要性较高。从经济体之间比较来看，中国的网络价值整体上弱于美国和德国，但强于英国、法国、日本、韩国等国，优于东盟的代表国家（排名靠前的新加坡、马来西亚、泰国和印度尼西亚），更远胜于俄罗斯、印度、巴西和南非等"金砖国家"。从大洲来看，北美洲的代表美国与欧洲的代表德国、英国和法国的网络价值排名靠前，明显优于其他洲，这与前文分析的结果一致。

表2-10　2014年各国在战略性新兴产业贸易网络中的网络价值及排名

国家	节能环保产业		新一代信息技术产业		生物产业		高端装备制造业		新能源产业		新材料产业	
	网络价值	排名	网络价值	排名	网络价值	排名	网络价值	排名	网络价值	排名	网络价值	排名
中国	0.325	3	0.743	1	0.172	10	0.050	12	0.199	6	0.807	1
美国	0.795	2	0.456	4	0.846	2	0.228	4	0.887	1	0.436	2
德国	0.890	1	0.153	8	0.907	1	0.711	2	0.486	2	0.355	3
英国	0.216	4	0.037	15	0.321	7	0.241	3	0.274	5	0.072	12
法国	0.172	6	0.066	12	0.344	6	0.817	1	0.325	4	0.083	10
日本	0.099	9	0.173	6	0.051	17	0.110	6	0.389	3	0.249	4
韩国	0.057	16	0.343	5	0.027	24	0.032	15	0.052	9	0.183	5
新加坡	0.050	18	0.461	3	0.079	13	0.076	9	0.004	32	0.170	6
马来西亚	0.022	25	0.169	7	0.010	30	0.008	27	0.005	29	0.076	11
泰国	0.017	27	0.100	11	0.005	38	0.013	20	0.002	36	0.035	18
印度尼西亚	0.007	38	0.008	28	0.003	47	0.001	46	0.001	40	0.009	29
俄罗斯	0.071	12	0.010	26	0.004	41	0.012	22	0.006	28	0.026	20
印度	0.026	23	0.004	32	0.091	12	0.078	8	0.012	23	0.021	22
巴西	0.013	30	0.001	45	0.010	29	0.033	14	0.007	26	0.006	30
南非	0.075	11	0.002	39	0.004	42	0.004	31	0.012	22	0.003	36

资料来源：UN COMTRADE，对原始数据计算所得。

四　战略性新兴产业全球贸易网络布局的优化策略

目前，中国战略性新兴产业发展尚处于起步阶段，各类战略性新兴产业在全球网络布局的设计和构建上，仍缺乏成熟的发展思路和策略。如今，中国战略性新兴产业国际化有一定进展，比如，中国的外向程度中心性很高，说明出口范围非常广，几乎遍及整个网络中的所有国家，但仍存在着一些问题，比如，中介中心性与中间人等方面仍与发达国家有差距。具体战略性新兴产业全球贸易网络布局的优化策略可以分为以下几个方面：

（一）提升中国在战略新兴产业全球贸易网络中的贸易强度和贸易活跃度

根据中国战略性新兴产业贸易地位的测算，中国战略性新兴产业出口网络范围很广，但是，中国在战略性新兴产业国际贸易网络中的地位仍需要加强。面对美国强大的贸易掌控能力，相比之下，中国仍需加强对其他国家之间贸易的影响和控制能力，均衡贸易量。因此，中国应该不断完善对外贸易政策，提高与现有贸易伙伴的双边贸易便利化水平，开拓新国际市场，增加贸易伙伴数量。同时，完善战略性新兴产业的出口鼓励政策，着力扩大对外贸易额。

（二）提升中国在战略性新兴产业全球贸易网络中的中介中心性和派系串联能力

在贸易全球化的今天，贸易保护主义仍然存在，特别是全球经济并不处在最好状态，各国贸易保护主义都有抬头趋势。做好反倾销、反补贴等应对措施，指导企业积极利用世界贸易组织通报咨询机制等方式应对国外各种非关税壁垒。在矛盾和问题多的产业及地区加强磋商，减少不必要的贸易壁垒，保持中国出口优势。积极参与双多边、区域、次区域贸易协定制定与完善，加快推进国内的自由贸易试验区、对外贸易特殊功能区等建设，以金融、财税、公共服务等多领域改革与创新促进进口、出口及转口贸易发展，增强中国在贸易伙伴中的贸易联系作用。

（三）加强支持生物产业和高端装备制造业贸易发展，巩固其他产业贸易优势地位

中国的生物产业和高端装备制造业与其他分产业相比，在贸易网络中的地位更弱。如何提升其在国际贸易网络中的地位，进一步发展生物产业和高端装备制造业成为新的课题。总体上看，在这两个产业引进国际化人才，增强创新动力，提升产品的技术含量，并且努力开展全方位的国际合作，充分利用全球优秀资源，进行对外投资与合作，尽量与国

际接轨。具体而言，应该明确产业特点和发展方向，深化国际合作。生物产业重点发展生物制药和生物医疗、生物育种和绿色农用生物产品等。生物制药包括新型疫苗和诊断试剂，这对于传染病的控制和预防非常重要，对于传染疾病高发国家，该项贸易非常必要。绿色农用生物产品包括有机化肥等农用产品，定位就是健康、无污染，目标就是可持续发展。只要产品定位准确，产品在国内甚至国际上的推广就有了依据和方向，下一步依据医药研发的特性，可以鼓励企业通过在其他国家开设分公司来学习国际医药研发的先进技术和生产模式。生物育种与其他有所不同，海外推广方式也有所不同，应设立生产示范园区，组织大型企业互动参观，加强国内外宣传。高端装备制造业重点发展航空、卫星装备，中国在航空航天方面已经实现了很大的突破，但是，在国际贸易方面还有待提高。应支持中国国有企业与国外企业开展高水平的合作，鼓励建立中外合资企业，互相学习先进技术和管理方法以及生产模式，努力建立国外生产体系。

（四）制订有针对性的贸易发展计划，提高产品营销支持力度

对战略性新兴产业的各类产业进行分类，并根据不同的需求，制订贸易计划，开拓国际贸易渠道。比如，非洲等贫困落后且疾病多发的地区，可以针对该地区的情况，主要推动生物产业在非洲等市场的贸易发展。鼓励和扶持各类战略性新兴产业产品的宣传，各级政府、国内外组织和机构都应发挥作用，提供市场信息、展位信息，以会展的方式进行产品和技术的宣传。这不仅能够展示产品，还能够促进买方和卖方的交流。

第三章 中国战略性新兴产业产能利用与国际竞争地位分析

2008 年国际金融危机过后，发达国家或地区纷纷着手培育和发展新兴产业，中国政府也推出一系列政策措施，鼓励战略性新兴产业的发展。在政府的扶持下，以企业为主导，中国战略性新兴产业取得了重大成就。与此同时，中国战略性新兴产业也出现了产能过剩、产业重构、核心技术匮乏、产业发展低端化等问题。因此，有必要对中国战略性新兴产业的产能利用及其在国际产业链上的竞争地位加以分析，进而为其融入国际产业链并打造竞争优势提供依据。

第一节 中国战略性新兴产业产能利用分析

产能利用率指标通常用来分析产业或企业产能利用状况，用于分析一个企业或者行业产能利用程度，以及是否存在产能过剩的重要指标，因此，本部分通过测算战略性新兴产业的产能利用率来分析战略性新兴产业以及七个细分行业的产能利用状况。本部分主要分为三大部分，首先介绍国内外最常用的产能利用率的测算方法，其次介绍本部分所用的模型和数据，最后进行实证分析，发现中国战略性新兴产业以及七个细分产业产能利用率偏低，并对产能利用率的影响因素进行了具体分析。

一 产能利用率测算方法

产能利用率是企业或行业的实际产出与潜在产出的比值，用来衡量一个企业或者行业的产能过剩程度。关于产能利用率的研究方法有多种，主要测算方法有峰值法、函数法和数据包络分析法三种。

（一）峰值法

宾夕法尼亚大学沃顿商学院经济计量部开发沃顿指数采用的方法即

"峰值法"，该工作的主要开创者克莱因（Klein，1960）认为，生产能力即厂商达到竞争均衡时的产出水平，在完全竞争条件下，厂商的均衡产出即为平均成本函数最低点时的产出，但在非完全竞争条件下，均衡产出水平低于平均成本最低点时的产出，两者之差即"过剩的生产能力"。克莱因假设峰值产量即产能利用率为100%时的产量，非峰值产量均为产能利用率小于100%时的产量，且峰值点之间的产能以常数算术比例增长。

峰值法也存在一定的缺陷，因为现实中产能达到峰值时生产能力并非能够得到充分利用，因此，该方法可能会高估产能利用率。此外，峰值法把产能的变化归因于技术进步，而没有考虑资本、经济结构等的影响。

（二）函数法

函数法通过设定具体的函数形式，如生产函数、成本函数或者利润函数，计算厂商达到均衡状态时的产出水平即生产能力，进而用实际产出与生产能力的比值测算产能利用率。已有研究对均衡状态的界定主要分为三大类，分别是产出最大化标准、成本最小化标准和利润最大化标准。

产出最大化标准以生产函数为基础，企业或行业的生产能力是一定时间内在给定投入和技术水平条件下所能达到的最大产出，产出最大化标准下，产能利用率＝实际产出/最大产出。成本最小化标准主要以成本函数为基础，以短期成本最小化应用最为广泛，成本函数的形式主要有超越对数成本函数（Lazkano，2008）、标准化可变成本函数基础上的短期总成本函数（韩国高等，2011），在成本最小化标准下，产能利用率＝实际产出/短期成本最小化的产出。利润最大化标准由西格森和斯夸尔斯（Segerson and Squires，1993）提出，他们认为，企业追求利润最大化，因此，产能利用率可以用实际利润偏离长期均衡点的利润差距来表示，即产能利用率＝实际利润/利润的影子价格。

函数法的缺点在于，需要先验地设定函数形式，不同的函数形式可能对测算结果产生不同的影响，而且不仅计算推导过程复杂，还需要大量的数据和变量，测算结果更易产生偏差。

（三）数据包络分析法

数据包络分析法（DEA）是由库珀（Cooper）等提出的主要利用线

性规划技术测度给定投入条件下最大潜在产出的一种方法。法里等（Fare, 1989）认为，可变投入不受限制时生产设备的最大生产能力即为一个厂商的生产能力，据此，他构建了数据包络分析法，以测算生产能力和产能利用率。依据数据包络分析法，首先通过厂商的投入和产出数据构建生产前沿面，其次根据各个生产单元的固定资本测算生产能力。后来的学者基于目标函数对数据包络分析法进行了改进，法里等（2000）采用产值最大化的目标函数，科利等（Coelli, 2002）、帕斯科和廷利（Pascoe and Tingley, 2006）等采用利润最大化的目标函数来测算生产能力和产能利用率。

数据包络分析法的优点是：首先，不需要先验地设定生产函数或成本函数，因此，该方法不受函数形式的约束；其次，数据收集难度降低，不需要投入价格等数据，因此需要的数据相对较少。

二　模型、变量和数据说明

综合上述分析可见，数据包络分析法具有相对优势，本部分借鉴董敏杰等（2015）在测算工业产能利用率时所采用的数据包络分析法测算战略性新兴产业技术效率、设备利用率和产能利用率。

（一）测算模型

以 Y 表示有效产出，F 表示固定投入，则 Y(F) 表示生产能力，V 表示可变投入，TEC 表示技术水平，y 表示实际产出，实际产出为：

$$y = Y(TEC, F, V)$$

由于技术水平难以直接测度，因此，采用技术效率 TE（$0 \leqslant TE \leqslant 1$）代替，技术效率越低，产能越落后，实际产出可以表示为：

$$y = TE \cdot Y(F, V)$$

产能利用率 CU 为实际产出与生产能力的比值：

$$CU = y/Y(F) = TE \cdot Y(F, V)/Y(F) = TE \cdot EU \qquad (3.1)$$

其中，$EU = Y(F, V)/Y(F)$，即设备利用率，表示可变投入约束下设备生产能力的利用效率。有效产出 $Y(F, V)$ 和 $Y(F)$ 可以用规模报酬可变条件下的 DEA 方法测算得到。

（二）变量和数据

本部分选用 2011—2014 年中国战略性新兴产业 600 家上市公司的投入产出数据，采用一种产出两种投入的生产函数，测算战略性新兴产业在规模报酬可变的条件下各个年份的产能利用率。投入产出数据的来源如下：

（1）总产出为各年份各企业的营业总收入，以 GDP 指数平减得到实际营业总收入，以 2011 年为基期，单位为万元。

（2）资本投入借鉴韩国高等（2011）、余东华（2015）的方法，采用各企业固定资产净值表示固定资产存量，并以固定资本投资价格指数平减得到 2011 年为基期的实际固定资产净值，单位为万元。

（3）劳动投入以企业每年的员工总人数表示，单位为人。

以上数据来源于同花顺数据中心、样本企业公司年度报表和国家统计局。

三　产能利用测算结果

法里等（1989）将产能利用率界定为有偏产能利用率和无偏产能利用率，其中，有偏产能利用率即为本部分中的 CU，产能利用率为技术效率和设备利用率的乘积；无偏产能利用率为 EU，即本部分中的设备利用率。有偏产能利用率和无偏产能利用率的关系为：CU = TE · EU，即有偏产能利用率 = 技术效率 × 无偏产能利用率。从上式可见，有偏产能利用率是无偏产能利用率和技术效率的乘积，因此，有偏产能利用率和无偏产能利用率的区别在于，有偏产能利用率考虑了技术效率，而无偏产能利用率则没有考虑。

与其他研究者的测算结果相比，本部分采用设备利用率即无偏产能利用率，但为了更为详细地分析战略性新兴产业产能利用状况，本部分还给出了产能利用率即有偏产能利用率的测算结果。测算结果如表 3-1 所示。由于不同的方法测算出的产能利用率无法直接比较，因此，本部分仅对测算结果进行分析，并未进行比较分析。

本部分首先测算出各企业每年的产能利用率数据，再通过简单平均得到整个战略性新兴产业的行业产能利用率。战略性新兴产业可以具体划分为七个产业，即高端装备制造业、节能环保产业、生物产业、新材料产业、新能源产业、新能源汽车产业和新一代信息技术产业。由于战略性新兴产业以及七个细分产业面临不同的发展环境，有不同的产业特征，因此，产能利用程度也不同。为了更全面地分析战略性新兴产业的产能利用现状，本部分通过行业属性，分别测算了七个战略性新兴产业的产能利用率，分别从有偏产能利用率和无偏产能利用率两个角度对整个新兴产业和七个细分产业的产能利用现状进行详细的分析，这有助于我们对战略性新兴产业有更深入的了解。

表 3-1　中国各战略性新兴产业设备利用率、技术效率和产能利用率

变量	产业	2011 年	2012 年	2013 年	2014 年	最大值	最小值	平均值
设备利用率	战略性新兴产业	0.581	0.721	0.805	0.799	0.805	0.581	0.726
	高端装备制造业	0.611	0.715	0.792	0.786	0.792	0.611	0.726
	节能环保产业	0.491	0.649	0.719	0.715	0.719	0.491	0.644
	生物产业	0.521	0.688	0.792	0.782	0.792	0.521	0.696
	新材料产业	0.473	0.617	0.742	0.748	0.748	0.473	0.645
	新能源产业	0.529	0.652	0.767	0.762	0.767	0.529	0.677
	新能源汽车产业	0.631	0.709	0.792	0.768	0.792	0.631	0.725
	新一代信息技术产业	0.720	0.859	0.909	0.903	0.909	0.720	0.848
技术效率	战略性新兴产业	0.165	0.107	0.084	0.091	0.165	0.084	0.112
	高端装备制造业	0.191	0.136	0.115	0.108	0.191	0.108	0.138
	节能环保产业	0.196	0.126	0.095	0.096	0.196	0.095	0.128
	生物产业	0.128	0.075	0.065	0.066	0.128	0.065	0.083
	新材料产业	0.169	0.088	0.058	0.060	0.169	0.058	0.094
	新能源产业	0.169	0.106	0.079	0.095	0.169	0.079	0.112
	新能源汽车产业	0.231	0.156	0.123	0.134	0.231	0.123	0.161
	新一代信息技术产业	0.157	0.109	0.084	0.105	0.157	0.084	0.114
产能利用率	战略性新兴产业	0.094	0.073	0.058	0.063	0.094	0.058	0.072
	高端装备制造业	0.128	0.100	0.088	0.075	0.128	0.075	0.098
	节能环保产业	0.074	0.060	0.045	0.045	0.074	0.045	0.056
	生物产业	0.065	0.051	0.044	0.047	0.065	0.044	0.052
	新材料产业	0.072	0.048	0.034	0.035	0.072	0.034	0.047
	新能源产业	0.084	0.062	0.051	0.060	0.084	0.051	0.064
	新能源汽车产业	0.141	0.108	0.092	0.095	0.141	0.092	0.109
	新一代信息技术产业	0.120	0.095	0.071	0.087	0.120	0.071	0.093

资料来源：笔者整理。

（一）实证结果分析

从整个行业来看，战略性新兴产业的有偏产能利用率极低，在 6%—9% 之间，并且在 2011—2013 年呈现下降的趋势，在 2013 年达到最低，2014 年略有上升的趋势。2011—2014 年，战略性新兴产业的无偏产能利用率为 72.6%，且 2011—2013 年呈现上升的趋势，2013 年达到最大值

80.5%。有偏产能利用率和无偏产能利用率之所以有如此大的差别关键在于战略性新兴产业的技术效率极低，样本期间技术效率均值为11.2%，最大值为16.5%，最小值达到8.4%，技术效率低表明战略性新兴产业内落后产能问题比较严重，许多在"生死线"上垂死挣扎的企业通过政府补贴或者税收减免等各种优惠产业政策和扶持政策而得以幸存，但这些企业的存在拉低了整个行业的技术效率以及产能利用率。

从细分七个产业的角度来看，从有偏产能利用率的测算结果可以发现，2011—2014年，新能源汽车产业的产能利用率最高，产能利用率在9%—14.1%之间波动，平均产能利用率为10.9%。其次是高端装备制造业，产能利用率在7.5%—12.8%之间，平均值为9.8%。其后依次为新一代信息技术产业、新能源产业、节能环保产业、生物产业、新材料产业，2011—2014年，产能利用率年均值依次为9.3%、6.4%、5.6%、5.2%、4.7%。其中，新能源汽车产业、高端装备制造业和新一代信息技术产业平均产能利用率高于战略性新兴产业行业均值，新能源产业、节能环保产业、生物产业、新材料产业均低于行业产能利用率均值。从中国战略性新兴产业七个细分行业产能利用率的时间趋势来看（见图3-1），2011—2013年均呈现出下降趋势，2014年有所回升，产能利用率略有提高。

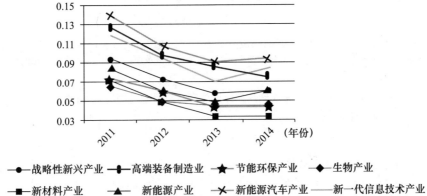

图3-1　各战略性新兴产业有偏产能利用率（CU）年均值

资料来源：笔者整理。

从细分七个产业的角度来看，无偏产能利用率测算结果表明，2011—2014年，新一代信息技术产业设备利用率最高，平均值达到84.8%，在2013年达到最大值，该年设备利用率年均值90.9%，其后依次为高端装备制造业、新能源汽车产业、生物产业、新能源产业、新材料产业和节能环保产业，样本期间设备利用率年均值分别为72.6%、72.5%、69.6%、67.7%、64.5%、64.4%。其中，新一代信息技术产业和高端装备制造业的设备利用率高于或等于行业均值，新能源汽车产业、生物产业、新能源产业、新材料产业和节能环保产业的设备利用率均值低于战略性新兴产业均值。战略性新兴产业七个细分行业的设备利用率时间趋势如图3-2所示，七个细分行业在2011—2013年期间，设备利用率呈现上升趋势，2014年同2013年相比，设备利用率并无太大变化，保持稳定趋势。

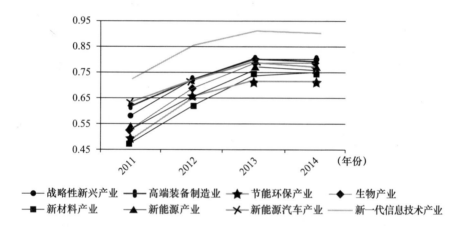

图3-2　各战略性新兴产业无偏产能利用率（EU）年均值

资料来源：笔者整理。

综合上述分析，有偏产能利用率和无偏产能利用率无论是在绝对值上还是在时间趋势上都表现出明显的差别。究其原因，这主要是战略性新兴产业的技术效率偏低，落后产能问题严重，在样本期间，战略性新兴产业的技术效率年均值为11.2%，且在2011—2013年呈下降趋势，2014年平均技术效率值有所回升。技术效率的经济学意义是，在生产过程中，由于技术水平落后而导致企业的实际产出不足，即企业的落后产能程度。正是因为战略性新兴产业技术效率低，因此，考虑技术效率的有偏产能利用率比未考虑技术效率的无偏产能利用率要低很多。这与当前中国战略性新兴产业技术水平低、在全球新兴产业中处于价值链低端的现象相吻合。

（二）低水平产能利用率的原因探析

国际金融危机过后，政府推出一系列政策措施，鼓励发展战略性新兴产业。中国战略性新兴产业的发展离不开政府的扶持和干预，因此，政府干预对战略性新兴产业在发展过程中出现的产能过剩、产业重构等问题有着重大的关联。

政府干预主要表现为中央政府干预和地方政府干预，中央政府主要通过制定政策措施，在宏观层面鼓励和扶持战略性新兴产业的发展，以推进产业提高自主创新能力，转变经济发展方式，实现产业升级和可持续发展。地方政府的干预主要表现在微观层面对中央政策的具体执行，随着财政分权体制的确立和实施，地方政府掌握了更多的自主权，在地方政府政绩考核体制下，地方政府往往更加注重短期经济发展，由于战略性新兴产业属于朝阳产业，在中央政府的产业政策引导下，纷纷制定上马新兴产业项目，通过制定超常规的优惠政策等措施，鼓励企业投资，这种盲目投资扩大产能的举动是造成战略性新兴产业重复建设、产能过剩的关键。在财政分权体制和中央政府对地方政府放权让利的环境下，地方政府掌握更多的自主权，这会鼓励企业将更多的资源用于"寻租"上，"寻租"所用的资源并没有转化为生产力，这进一步降低了企业的产能利用率。因此，地方政府的不当干预会引发企业盲目扩大投资，加剧产能过剩。地方政府对中央政府政策的执行实质是对中央政府政策意图的一种扭曲，中央政府和地方政府相互作用的结果导致战略性新兴产业产能利用率偏低。

以政府补贴为例，政府补贴是政府扶持和鼓励发展战略性新兴产业的主要措施，也是政府干预的主要手段，在战略性新兴产业发展的初期，中央政府的财政补贴、地方政府的税收减免等措施，在一定程度上能够鼓励和引导产业发展。然而，政府补贴可能引发企业对政府补贴资金的依赖性，进而不利于企业自身研发创新，阻碍企业提高技术效率，严重抑制产能利用率水平的提高。此外，政府补贴所引发的企业"寻租"行为，致使补贴资金并未流向生产领域，降低了资金的使用效率。地方政府和企业为了骗取中央政府的财政补贴，有激励将政府补贴资金用于技术水平低甚至亏损的新兴产业项目，从而导致政府补贴对研发创新的"低端锁定"，加快了战略性新兴产业低端盲目发展的步伐。政府补贴资金还降低了企业生产成本以及面临的风险，进而加剧了企业重复建设，不仅造成资源大量浪费，而且还降低了有效产出，这进一步降低了企业或行业的产能利用率。因此，政府补贴或税收减免等优惠政策是造成企业或行业产能利用水平低的主要原因。

此外，政府还通过融资担保、干预银行贷款方向等措施为战略性新兴产业的发展提供了各种形式金融支持，这种优惠政策助推企业在项目规模和数量上的扩张，是战略性新兴产业产业重构、产能过剩、产能利用率低下的重要影响因素。中国要素市场市场化改革滞后，政府通过对要素市场进行干预，争先恐后扶持战略性新兴产业发展，地方政府之间的竞争所导致的市场分割阻碍了要素资源的自由流动和企业自主创新能力的提高，这种地方保护主义虽有助于本地企业的发展，但阻碍了战略性新兴产业的长期可持续发展，各地方政府热衷于投资见效快、技术水平低的产业，这种竞争是战略性新兴产业产业重构、技术水平低和产能落后的重要原因。战略性新兴产业处于发展初期，资金需求量大，资本专用性强，且具有更大的发展前景，这会激励政府和企业将大量的资金投资于战略性新兴产业，带来所谓"潮涌现象"，这也是战略性新兴产业产能利用低的原因之一。

第二节　中国战略性新兴产业国际竞争地位分析

本节所讲的国际竞争地位是基于技术水平测度的，即测度某一产业或者某种产品的技术水平与出口额之间的关系，进而确定其在国际上的地位。通过构建技术水平与基于技术水平的出口竞争力指数两个指标，测算了 2011 年与 2014 年中国战略性新兴产业中各产品出口额及其技术水平之间的关系、中国与相关国家出口贸易品的技术等级对比关系、中国基于技术水平的出口竞争力指数、中国与相关国家各产业基于技术水平的出口竞争力指数，测算结果表明，2011 年，中国战略性新兴产业出口产品技术水平较低，但基于技术水平的出口竞争力指数还算靠前，且新一代信息技术产业和新能源产业在世界上有一定的竞争力，经过三年的发展，到 2014 年，中国出口产品的技术水平已经进一步提高，贸易结构得到改善，且基于技术水平的出口竞争力指数排名已经跃居世界第三。

一　竞争地位测算方法

贸易竞争力指数（TCI）最早由巴拉萨于 1965 年提出，用来判断一国或某一地区的某种产品在国际市场上是否具有竞争力。近些年来，有些研究学者将这一指数用于两种产品的互补性研究。豪斯曼和克林格（Hausman and Klinger，2005）以显示性比较优势（RCA）为基础测算出口产品密集度，能在一定程度上反映出口的整体布局和某种产品在国际上的竞争力水平。鲁晓东和李荣林（2007）分析了 RCA 指数在分析比较优势时的优劣，并在构建比较优势指标的基础上研究了中国对外贸易结构、比较优势及其稳定性。葛顺奇和谭人友（2015）指出了国内关于产业国际竞争力研究的不足，提出了以贸易附加值计算的显示性比较优势（RCAVA）指数。但这两个指标都适合于计算个别产品、行业的竞争力指标，关志雄（2002）认为，这些指标没有反映出口结构发展程度，因此，他采用产品的技术附加值来衡量产品的技术含量。樊纲等（2006）通过完善关志雄用技术分布分析贸易结构的方法，提出了显示技术附加值原理作为识别贸易品技术附加值高低的理论基础，并提出了四种贸易结构分析法。杜修立和王维国（2007）进一步修正了樊纲等的贸易品技术含量指标的权重赋值方法，提出了一种新的方法来分析出口贸易的技术结构。豪斯曼等（2005）提出，用产品对应的收入水平测度产品的劳动生产率水平，从而作为产品技术含量的测度指标。傅素英（2010）在描述中国高新技术产品出口现状及其特征的基础上，通过一个计量模型，利用 1995—2008 年的数据验证了企业规模、人力资本、外商直接投资、研发投入和技术创新等与中国高新技术产品出口额和出口竞争力之间的关系。沈亚军（2006）通过实际有效汇率对中国高新技术产品出口竞争力的实证分析，得出结论：人民币实际有效汇率上升，会引起中国高新技术产品出口的增长，同时能够提高高新技术产品的出口国际竞争力。另外，他与王宁分析了研发强度、专利申请数量和研发人员占行业从业人员比重等指标对中国高新技术产品出口竞争力的影响。张本照和杨爱年（2007）研究了外商直接投资（FDI）与中国高新技术产业出口竞争力之间的关系。周学仁（2012）分析了 FDI 技术水平与东道国出口贸易结构，指出中国 FDI 技术水平的提高有助于改善出口贸易结构，并给出了中国改善 FDI 技术水平和优化出口贸易结构的建议。

本部分所讲的国际竞争地位是基于技术含量水平测定的，主要借鉴周学仁（2012）测定出口贸易结构的贸易结构指数，构建了基于技术水平的贸易竞争力指数，其计算公式如下：

$$XTC = \sum_i \left(\frac{QX_i}{\sum_i QX_i} \times ptech_i \right) \frac{\sum_i QX_i}{\sum_1^n \sum_i QX_i} \tag{3.2}$$

其中，XTC 为一国基于技术含量的贸易竞争力指数；QX_i 为一国产品 i 的出口额；$\sum_i QX_i$ 为一国所有产品的出口总额；$\sum_1^n \sum_i QX_i$ 为世界上所有国家所有产品的出口总额；$\sum_i QX_i / \sum_1^n \sum_i QX_i$ 为一国所有产品出口总额占世界所有国家所有产品出口总额的比重，引入这个规模因素以后，贸易结构的成分被弱化了；$ptech_i$ 为产品 i 的技术水平，其计算公式为：

$$ptech_i = \sum_j^m \left(\frac{QX_{ij}}{\sum_j^m QX_{ij}} \times y_{ij} \right) \tag{3.3}$$

其中，y_{ij} 为出口产品 i 的第 j 个经济体的人均 GDP；QX_{ij} 为经济体 j 对产品 i 的出口额；m 为产品 i 的出口额排名靠前的经济体个数。在实际计算过程中，本部分选取出口额排在前 15 位经济体的人均 GDP 的加权平均值作为产品 i 的技术水平，因而 $m = 15$。

本部分计算过程中使用的数据均来自联合国贸易统计在线数据库（UN Comtrade），获取了国际贸易分类标准（SITC4）三位、四位、五位数分类下的 61 种产品在 160 个国家之间的出口额，并按照最高位数产品类别将所有产品归成 29 种产品。

二　竞争地位测算结果

首先，利用式（3.3），对 2011 年和 2014 年中国战略性新兴产业 29 种产品的技术水平进行了测算。以产品技术水平为横轴，以其相应的出口额为纵轴，画出中国这 29 种产品的技术水平与其相应出口额的散点图（见图 3 – 3 和图 3 – 4）。图 3 – 3 显示，中国 2011 年出口贸易品主要集中在低端技术产品上，且出口额相对较多，而中高端技术产品出口虽然较为密集，但是出口额较低。图 3 - 4 显示，与 2011 年相比，2014 年中国出口贸易品相对均衡，从中低端到中高端出口额相对都较高，同时，高端技术产品有增长的趋势。2011 年与 2014 年出口额较高的主要集中在新一代信息技术产业，包括雷达及配套设备制造、语音输出设备、图形图像输出设备、存储设备数字电视广播设备等，以及新材料产业的发光二极管、其他半导体光电器件、其他电子半导体材料等。

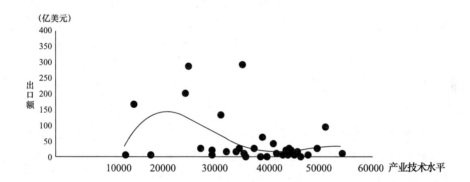

图 3 - 3　2011 年中国各产品的出口额与其相应技术水平关系的散点图

资料来源：UN Commodity Trade Statistics Database（http：//comtrade. un. org）。

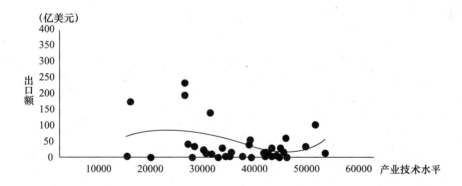

图 3 - 4　2014 年中国各产品的出口额与其相应技术水平关系的散点图

资料来源：UN Commodity Trade Statistics Database（http：//comtrade. un. org）。

其次，将 29 种战略性新兴产业产品的技术水平从高到低降序排列，划分为五等级（技术水平从高到低依次定义为高技术产品、中高技术产品、中等技术产品、中低技术产品和低技术产品），可分别求出各技术水平下出口贸易品所占比重。为了进行横向和纵向比较，本部分利用2011年和2014年中国与美国、德国、法国、英国、日本、韩国、巴西、俄罗斯、印度、南非、印度尼西亚与马来西亚的数据，计算并画出中国与相关国家出口贸易品的技术等级分布图（见图3－5和图3－6）。图3－5显示，2011年，中国的中低技术产品和中等技术产品所占比重较大，而高技术产品所占比重最小；美国、德国、法国、英国、"金砖国家"中的巴西和印度的高技术和中高技术产品出口比重较大，且明显高于中国；中国与韩国、南非、印度尼西亚、马来西亚在高技术和中高技术产品出口比重大致相同，说明中国与这些国家的出口贸易竞争性较强；而日本的高技术、中高技术产品和中等技术产品的比重都高于中国。图3－6显示，与2011年相比，2014年中国中等技术产品和高技术产品出口所占比重有所增加，中低技术产品和低技术产品出口所占比重有所减少；美国、德国、印度尼西亚和马来西亚的高技术产品出口所占比重增加；中国出口贸易结构的技术等级分布与日本、韩国、俄罗斯和印度尼西亚的相似度进一步提高，但中国在高技术产品和中高技术产品上出口比重低于日本和俄罗斯。总体而言，纵向看，中国出口贸易品的技术等级分布结构有所改善；横向看，中国出口贸易与发达经济体的互补性下降，竞争性增强，在"金砖国家"中，中国也面临较强的出口竞争压力。

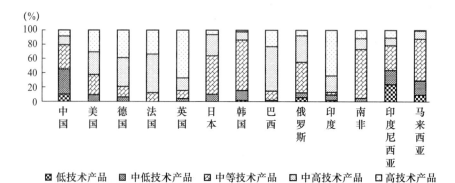

图3－5　2011年中国与相关国家出口贸易品的技术等级分布

资料来源：UN Commodity Trade Statistics Database（http：//comtrade. un. org）。

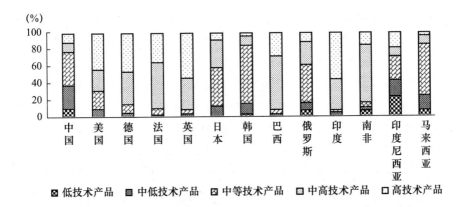

图 3 – 6 2014 年中国与相关国家出口贸易品的技术等级分布

资料来源：UN Commodity Trade Statistics Database（http：//comtrade. un. org）。

再次，利用式（3.1），对 2011 年和 2014 年中国基于技术水平的出口贸易竞争力指数进行计算并列出排在前十位的国家（见表 3 –2）。2011 年，中国战略性新兴产业出口竞争力指数为 2857，排名世界第四，仅次于德国、美国和法国；2014 年，中国的该指数已经提高到 3268，增长了 14%，同时，世界排名也提高一个名次，跃居世界第三位，仅次于德国和美国。因此，经过这三年的发展，基于技术含量的中国战略性新兴产业出口贸易竞争力指数已经明显提高，但与美国和德国相比，仍有较大差距。

表 3 –2 2011 年与 2014 年中国基于技术水平的出口贸易竞争力指数

国家和地区	2011 年	国家和地区	2014 年
德国	5049. 2	德国	5162. 3
美国	4172. 0	美国	4277. 1
法国	2933. 4	中国	3268. 2
中国	2857. 1	法国	2893. 9
瑞士	2204. 4	瑞士	2331. 8
新加坡	2139. 2	新加坡	2186. 6
比利时	1975. 6	比利时	2007. 4
日本	1854. 1	中国香港	1869. 3
中国香港	1769. 9	英国	1771. 0
英国	1548. 9	荷兰	1702. 1

资料来源：UN Commodity Trade Statistics Database（http：//comtrade. un. org）。

最后，计算出中国及相关国家（美国、德国、法国、英国、日本和韩国）六个战略性新兴产业的出口竞争力指数（见图3-7和图3-8）。图3-7显示，2011年，中国新一代信息技术产业出口竞争力指数最高，其次是新材料产业，这两大产业的指数均高于其他国家；中国生物产业仅次于新一代信息技术产业和新材料产业，但是，这一指数又远远低于美国、德国、法国和英国，略优于日本和韩国；中国以及世界各国的新能源产业和节能环保产业的指数都较低；中国高端装备制造业出口竞争力指数远低于德国和法国。图3-8显示，与2011年相比，2014年中国新一代信息技术产业出口竞争力指数进一步提高，与新材料产业一起处于世界第一位置；生物产业与美国、德国、法国和英国相比差距仍然较大；新能源产业和高端装备制造业出口竞争力仍然不强。

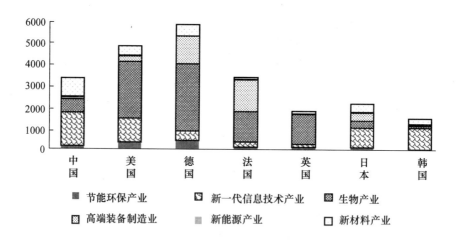

图3-7 2011年中国与相关国家战略性新兴产业出口竞争力指数

资料来源：UN Commodity Trade Statistics Database（http：//comtrade. un. org）。

通过以上分析发现，中国战略性新兴产业在中低端技术产品上出口额较高，随着时间的推移，这种情况有所改善，出口逐步向中高端水平迁移，但相比于美国、德国、法国等仍有较大差距；基于技术含量的中国战略性新兴产业出口竞争力指数排名比较靠前，且在国际上的地位不断提高，但中国各产业发展并不平衡，高端装备制造业和节能环保产业还有很大的进步空间。

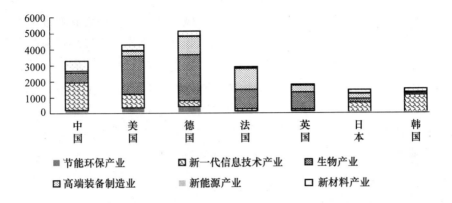

图 3 - 8　2014 年中国与相关国家战略性新兴产业出口竞争力指数

资料来源：UN Commodity Trade Statistics Database（http：//comtrade. un. org）。

第三节　中国战略性新兴产业综合地位分析

为了考察中国战略性新兴产业在国际产业链上的综合地位，本部分将前文的产能利用率测算结果与出口竞争力测算结果相结合，以分析处在不同产能利用与国际地位情况下各战略性新兴产业应采取怎样的国际产业链融入策略。

一　指标和数据说明

基于国际通行的划分产能利用率标准，本部分把无偏产能利用率划分为产能严重过剩（无偏产能利用率≤60%）、中度过剩（60% <无偏产能利用率≤75%）、轻度过剩（75% <无偏产能利用率≤80%）和正常水平（无偏产能利用率 >80%）四个等级。同时，将出口贸易竞争力指数划分为低等国际水平、中等国际水平和高等国际水平三个等级。进而以六个战略性新兴产业的产能利用率和出口贸易竞争力指数为坐标可绘制出散点图。图 3 - 9 中，圆点代表该战略性新兴产业在 2011 年所处的地位，方形点代表该战略性新兴产业在 2014 年所处的地位，虚线箭头表示各产业从 2011—2014 年的变化。

二　综合地位分析

从图 3 - 9 中可以看出，2011 年，节能环保产业、生物产业、新能源产业处于严重产能过剩—低等国际水平区域；高端装备制造业处于中度产能过剩—低等国际水平区域；新材料产业处于严重产能过剩—中等国际水平区域；新一代信息技术产业处于产能轻度过剩—高等国际水平区域。总体来讲，2011 年，中国战略性新兴产业综合地位的主要特征是严重产能过剩；2014 年，产能过剩情况得到显著改善，六个产业中仅有节能环保产业和新材料产业处于中度产能过剩状态，生物产业、高端装备制造业和新能源产业处于产能轻度过剩状态，新一代信息技术产业甚至已经达到了正常水平。六个产业中除新材料产业外，出口贸易竞争力指数均有一定程度的提高。

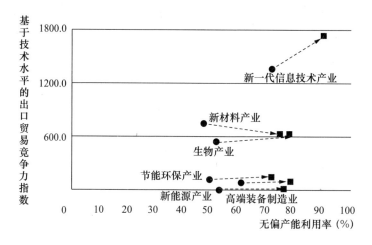

图 3-9　2011—2014 年中国六个战略性新兴产业产能利用与国际竞争力综合地位

第四节　中国战略性新兴产业国际产业链融入策略

通过对战略性新兴产业综合地位分析，本节分别从三个环节提出了战略性新兴产业国家产业链融入策略：一是基于综合地位的中国战略性新兴产业国际产业链融入策略；二是中国战略性新兴产业融入国际产业链的价值链环节选择策略；三是基于价值链环节的中国战略性新兴产业对外直接投资区位选择策略。

一　基于综合地位的中国战略性新兴产业国际产业链融入策略

新一代信息技术产业应继续巩固提升国际竞争优势。基于前文分析，中国新一代信息技术产业的产能利用率优于其他产业，并且仍在提高。同时，其出口贸易竞争力指数处于中国战略性新兴产业第一位，也处于全球领先地位。因此，该产业的国际产业链融入策略应以巩固提升竞争优势，并着力打造符合自身利益的国际产业链格局。当前，应重点抓住在云计算、大数据、物联网、互联网等方面发展的机会。应采取华为、中兴等企业"走出去"的发展模式，在国际成熟市场持续培育高端需求，不断提高技术创新能力。同时，注重突破仍较为薄弱的价值链环节，巩固和扩大竞争优势。

中国新材料产业和生物产业处于中等国际竞争力水平和产能轻度过剩区域，因此，应注重获取核心技术，同时向国外输出过剩产能。中国新材料产业的纳米材料、光电材料等领域已取得了一些突破，超硬材料、人工晶体、超大规模集成电路等生产技术已经达到或接近国际先进水平，但并没有掌握核心技术和装备，企业创新能力薄弱。中国生物产业拥有较好的产业科学技术基础，但中国绝大部分生物技术创新和专利来自国外，国际竞争力不足，医药出口产品附加值低等。中国节能环保产业、新能源产业和高端装备制造业的出口竞争力均不高，同时也存在化解过剩产能的压力，应该以提升贸易竞争力为主。节能环保产业技术装备落后，缺乏龙头骨干企业，创新能力不强，产能利用率较低，常规产品相对过剩。新能源产业仍不能有效解决储能、开发利用成本高、技术创新能力弱等问题。高端装备制造业不仅需要极高的技术水平，在其制造过程中也要满足极高的节能、环保标准，主要产品的附加值低，能源利用率低，产品能耗高，缺乏自主知识产权，部分存在产能过剩和低水平重复建设。因此，新材料产业、生物产业、节能环保产业、新能源产业、高端装备制造业等产业应通过开展对外直接投资输出产能，利用反向技术外溢效应获取国外先进技术或直接并购海外技术领先企业，以向国际产业链高端迈进，同时加快提升技术创新能力，发展对外贸易，优化贸易品结构。

二　中国战略性新兴产业融入国际产业链的价值链环节选择策略

中国新一代信息技术产业应开展价值链全环节海外投资，以加强对该产业全球价值链的治理与控制。同时，注重将企业资源向价值链两端倾斜，逐步推进生产制造环节向要素成本较低地区转移，以进一步巩固整条价值链的国际竞争优势。

中国生物产业应基于生物信息学、基因组学、蛋白质工程、生物芯片、干细胞等领域的国际前沿研发实力，向海外延伸生产制造环节，并加速推进生物医药、生物农业的国际市场开发和国内市场推广，形成一批具有核心技术和国际竞争力的跨国国有企业。

中国新能源产业的太阳能光伏行业应着重向海外延伸研发和营销环节，目标是获取国外先进技术、生产工艺和优秀人才。同时，加强在发达经济体的营销网络构建，巩固并提升出口优势。

中国节能环保产业、新材料产业、高端装备制造业和新能源产业中的风电、核电行业，应着重向海外延伸研发环节，获取国际优秀研发资源和先进技术。同时，充分利用国内的低人力成本优势，实现先进技术产品和急需关键设备的国内加工制造，积极开拓国内市场和国际市场。

三　基于价值链环节的中国战略性新兴产业对外直接投资区位选择策略

研发环节融入国际产业链应主要选择产业技术水平较高的国家或地区。目前来看，中国的新能源产业、节能环保产业、新材料产业、高端装备制造业等领域的核心技术和高端技术仍掌握在欧盟、美国、日本等发达经济体及其跨国公司手中。因此，急需弥补技术"短板"的中国战略性新兴产业，应主要向欧盟、美国、日本等发达经济体投资研发环节。

营销环节融入国际产业链应主要选择市场规模较大、市场环境较为完善的国家或地区。中国的生物产业、新能源产业、新能源汽车产业和新一代信息技术产业，均需要开拓国外市场。此类产业向海外投资营销环节，应主要选择发达经济体，同时，具有较强购买力和较大市场规模的新兴市场国家，如巴西、印度、俄罗斯、印度尼西亚等，也应作为重要的投资区位。

生产环节的海外延伸应主要选择自然资源、原材料和劳动力成本较低的国家或地区，同时也应选择具有较高贸易壁垒的目标市场国家。中国的新能源产业、新一代信息技术产业，不仅需要降低生产成本、输出过剩产能，也需要突破发达经济体的贸易壁垒。因此，这两类产业应向东南亚、中亚、非洲和拉丁美洲等地区的发展中经济体，以及欧盟、美国、日本等发达经济体，逐步转移生产制造环节。

参考文献

［1］ 陈华:《边际产业扩张理论对中国对外直接投资的启示》,《财贸研究》1999 年第 6 期。

［2］ 陈文锋、刘薇:《战略性新兴产业发展的国际经验与中国的对策》,《经济纵横》2010 年第 9 期。

［3］ 陈银飞:《2000—2009 年世界贸易格局的社会网络分析》,《国际贸易问题》2011 年第 11 期。

［4］ 董敏杰、梁泳梅、张其仔:《中国工业产能利用率:行业比较、地区差距及影响因素》,《经济研究》2015 年第 1 期。

［5］ 杜修立、王维国:《中国出口贸易的结构及其变迁:1908—2003》,《经济研究》2007 年第 7 期。

［6］ 樊纲、关志雄、姚枝仲:《国际贸易结构分析——贸易品的技术分布》,《经济研究》2006 年第 8 期。

［7］ 傅素英:《中国高新技术产品出口特征及竞争力影响因素分析》,《宁波大学学报》(人文科学版)2010 年第 7 期。

［8］ 葛顺奇、谭人友:《全球产业竞争格局与中国国际竞争地位——基于全球价值链的视角》,《国际经济合作》2015 年第 8 期。

［9］ 关志雄:《从美国市场看中国制造的实力——以信息技术产品为中心》,《国际经济评论》2002 年第 7 期。

［10］ 贺俊、吕铁:《战略性新兴产业:从政策概念到理论问题》,《财贸经济》2012 年第 5 期。

［11］ 洪明顺:《H—O 理论的发展脉络》,《当代经济》2013 年第 18 期。

［12］ 蒋冠宏、蒋殿春:《中国国有企业对外直接投资的"出口效应"》,《经济研究》2014 年第 5 期。

［13］ 靳茂勤:《中国战略性新兴产业国际合作模式初探》,《亚太经济》2011 年第 6 期。

[14] 黎峰：《全球生产网络下的国际分工地位与贸易收益——基于主要出口国家的行业数据分析》，《国际贸易问题》2015 年第 6 期。

[15] 李金华：《中国战略性新兴产业发展的若干思辨》，《财经问题研究》2011 年第 5 期。

[16] 梁咏梅、董敏杰、张其仔：《产能利用率测算方法：一个文献综述》，《经济管理》2014 年第 11 期。

[17] 林学军：《战略性新兴产业的发展与形成模式研究》，《中国软科学》2012 年第 2 期。

[18] 刘军：《整体网分析——UCINET 软件实用指南》（第二版），上海人民出版社 2014 年版。

[19] 刘艳华、俞鸿雁、易静华、张庆霞：《宁夏战略性新兴产业发展方向与布局选择研究》，《科技管理研究》2013 年第 14 期。

[20] 鲁晓东、李荣林：《中国对外贸易结构、比较优势及其稳定性检验》，《世界经济》2007 年第 10 期。

[21] 罗家德：《社会网分析讲义》（第二版），社会科学文献出版社 2010 年版。

[22] 骆祖春、范玮：《发展战略性新兴产业的国际比较与经验借鉴》，《科技管理研究》2011 年第 7 期。

[23] 吕毅、张成虎：《社会网络视角的商业银行客户重要性评估研究》，《陕西青年职业学院学报》2014 年第 3 期。

[24] 南楠：《后金融危机时代战略性新兴产业进入国际市场的有效模式研究》，《经济体制改革》2012 年第 6 期。

[25] 沈亚军、王宁：《技术创新对高新技术产品出口竞争力的影响》，《技术创新》2006 年第 5 期。

[26] 沈亚军：《实际有效汇率影响中国高新技术产品出口竞争力的实证研究》，《经济论坛》2006 年第 7 期。

[27] 宋泽楠：《中国对外直接投资的区位分布和响应机制——2002—2010 年》，《改革》2013 年第 1 期。

[28] 韦福雷、胡彩梅：《中国战略性新兴产业空间布局研究》，《经济问题探索》2012 年第 9 期。

[29] 肖建忠、彭莹、王小林：《天然气国际贸易网络演化及区域特征研究——基于社会网络分析方法》，《中国石油大学学报》（社会科学

版）2013 年第 3 期。

[30] 肖兴志、何文韬、郭晓丹:《能力积累、扩张行为与企业持续生存时间——基于中国战略性新兴产业的企业生存研究》,《管理世界》2014 年第 2 期。

[31] 阎建东:《邓宁国际生产折中理论述评》,《南开经济研究》1994 年第 1 期。

[32] 杨青龙、刘培:《2003—2012 年国际资源性商品贸易格局的社会网络分析——以煤炭、焦炭为例》,《国际经贸探索》2015 年第 4 期。

[33] 余东华、吕逸楠:《政府不当干预与战略性新兴产业产能过剩——以中国光伏产业为例》,《中国工业经济》2015 年第 10 期。

[34] 余江、陈凯华:《中国战略性新兴产业的技术创新现状挑战——基于专利文献计量的角度》,《科学学研究》2012 年第 5 期。

[35] 喻红阳:《战略性新兴产业全球开放式创新模式研究》,《区域经济评论》2015 年第 3 期。

[36] 张本照、杨爱年:《FDI 与中国高新技术产业出口竞争力——基于协整理论的实证分析》,《现代管理科学》2007 年第 1 期。

[37] 张成虎、吕毅:《基于社会网络分析的商业银行客户识别研究》,《金融论坛》2012 年第 8 期。

[38] 张春博、丁堃、刘则渊、马翔: 《国际航空航天产品贸易格局（2002—2012 年）实证研究——基于社会网络分析的视角》,《科技管理研究》2015 年第 13 期。

[39] 张慧、黄建忠:《中国对外直接投资区位分布的影响因素分析——基于新经济地理理论的探讨》,《国际商务》2014 年第 5 期。

[40] 张勤、李海勇:《 "入世" 以来中国在国际贸易中角色地位变化的实证研究——以社会网络分析为方法》, 《财经研究》2012 年第 10 期。

[41] 周学仁:《FDI 技术水平与东道国出口贸易结构——基于中国数据的指标衡量与关系检验》,《财经问题研究》2012 年第 2 期。

[42] Coad, Alex and R. Rao, "Innovation and Firm Growth in High – tech Sectors: A Quantile Regression Approach", *Research Policy*, Vol. 37, No. 4, pp. 633 – 648, 2008.

[43] Amighini, Alessia A. and C. Franco, "A Sector Perspective on Chinese

Outward FDI: The Automotive Case", *China Economic Review*, Vol. 27, No. 27, pp. 148 – 161, 2013.

[44] Blanc – Brude, Frédéric et al. , "The FDI Location Decision: Distance and the Effects of Spatial Dependence", *International Business Review*, Vol. 23, No. 4, pp. 797 – 810, 2014.

[45] Deng, Ping, "Why do Chinese Firms Tend to Acquire Strategic Assets in International Expansion?", *Journal of World Business*, Vol. 44, No. 1, pp. 74 – 84, 2009.

[46] Franco, Chiara, "Exports and FDI Motivations: Empirical Evidence From U. S. Foreign Subsidiaries", *International Business Review*, Vol. 22, No. 1, pp. 47 – 62, 2013.

[47] Hausmann, Ricardo, J. Hwang and D. Rodrik, "What You Export Matters", *Journal of Economic Growth*, Vol. 12, No. 1, pp. 1 – 25, 2007.

第五部分

中国战略性新兴产业
七大领域跟踪研究

　　本部分将基于七大战略性新兴产业发展现状，分析其空间分布、区域发展差异，并分别结合具体案例，跟踪分析具体产业发展中的有关问题，并对产业发展趋势进行预测分析。

第一章　节能环保产业

本章分成四个小节展开论述：第一节对节能环保产业政策环境、规模效益以及研发创新动态跟踪解析。第二节使用空间基尼系数对节能环保产业集聚程度进行定量测算和评价，并系统研究节能环保产业的区域分布，接着从产业发展的总量和质量两个维度探究不同区域节能环保产业发展水平的差异化特征，最后研究节能环保产业典型龙头企业的发展状况。第三节首先跟踪研究了中国节能环保产业发展过程中存在的焦点问题，接着总结概括美国、日本、韩国等国家在发展节能环保产业过程中积累的经验，最后基于国际经验启示，针对产业发展中存在的问题进行破解路径设计。第四节针对中国节能环保产业技术发展、市场供需与扶持政策进行跟踪预测，把握节能环保产业未来发展趋势。

第一节　节能环保产业政策环境、规模效益与研发创新动态跟踪分析

本节首先系统地梳理中国节能环保产业发展的政策环境变迁轨迹，接着从产业发展规模、发展效益和研发创新投入产出三个方面对节能环保产业发展情况进行动态跟踪解析。

一　节能环保产业发展政策环境变化轨迹

节能环保产业是指为节约能源资源、发展循环经济、保护生态环境提供物质基础与技术保障的战略性新兴产业[①]，该产业的形成和发展是国家为遏制工业化和城镇化进程中资源能源过度消耗、环境污染加剧的趋势，促进资源环境与国民经济协同发展所做出的战略选择。与传统产业有所不同，节能环保产业属于典型的政策驱动型产业，特别是在产业形

---

① 节能环保产业又细分为高效节能产业、先进环保产业和资源循环利用产业三个子产业。

成和发展初期，政策环境对于中国节能环保产业的健康发展具有至关重要的作用。

节能环保装备、产品、服务等市场需求主体主要是高能耗高排放企业。长期形成并固化的粗放型发展方式使高能耗高排放企业自身缺乏进行节能减排的内在激励，导致节能环保产品市场需求疲软。因此，政府在节能环保领域出台法律法规能够强化企业高能耗高排放行为的外在约束机制，倒逼企业加大节能减排力度，提高能源资源利用效率，从而激发企业对节能环保产品的需求，促进节能环保产业增长。近年来，《大气污染防治法》《水污染防治法》《节约能源法》《清洁生产促进法》《环境保护法》被重新修订完善，2008年8月出台的《循环经济促进法》是对节能环保领域的法律法规的重要补充。随着节能环保法制架构的不断完善，节能环保标准的全面提升①，企业高能耗高排放行为的违法违规成本增大，转变增长方式的内在需要将促使企业增加对节能环保装备设施、技术以及服务的需求。因此，节能环保法制环境的优化和完善为拉动节能环保产品内需创造了条件，有助于释放市场潜在需求，促进节能环保产业发展。

在节能环保法制环境不断完善的同时，政府推出了一系列具有针对性的产业发展政策与规划，为节能环保产业健康发展营造有利的政策环境。2010年出台的《国务院关于加快培育和发展战略性新兴产业的决定》明确提出，发展节能环保产业，将其打造成国民经济支柱性产业的战略安排，到2012年《"十二五"节能环保产业发展规划》对节能环保产业发展目标、重点领域、重大工程等细项内容进行战略规划部署，再到2013年《国务院关于加快发展节能环保产业的意见》针对节能环保产业发展中存在的薄弱环节与"瓶颈"制约，从六个方面进行政策设计，进一步助力节能环保产业发展。从中可以看出，政府不断加强对节能环保产业的政策引导，细化和完善政策措施，着力保障节能环保产业走向健康发展的轨道。同时，国务院各部委先后出台了《关于实行最严格水资源管理制度的意见》《工业节能"十二五"规划》《工业清洁生产推行"十二五"规划》《"十二五"建筑节能专项规划》《节能减排"十二五"规划》②《国家环境保护标准"十二五"发展规划》等指导意见和发展规

---

① 尤其是2014年新修订的《环境保护法》被社会各界冠以"史上最严厉的环保法"。
② 根据该规划，"十二五"时期，需要在节能减排重点工程方面投资约23660亿元。

划。这些政策进一步明确和细化了节能减排的约束性目标、主要任务、重点工程、标准设计等，有利于促进节能环保产业发展的倒逼机制形成。特别是近年来在国内经济增速逐渐放缓的背景下，国家一系列节能环保利好政策的推出，为节能环保产业发展注入了活力，减弱宏观经济下行对节能环保产业发展带来的不利影响。

在强化政策引导的同时，政府从财政、税收、金融、进出口、技术研发等方面为促进节能环保产业发展提供政策扶持和保障。一是财政税收激励强化。通过安排节能减排和循环经济发展专项财政资金，加大对节能环保产业的财政扶持力度，推进对节能环保产品的政府采购，不断完善节能、环保、资源综合利用、合同能源管理项目等方面的税收优惠政策。二是投融资渠道拓宽。支持和发展绿色信贷，建立完善绿色银行评级制度，设立节能环保产业投资基金，加大对节能环保产业的金融支持，鼓励各类资本参与节能环保项目。三是进出口政策完善。通过完善出口信贷政策，促进节能环保产品出口，健全有助于节能环保产业发展的进口管理体制机制。四是技术研发创新支持。鼓励企业承担节能环保科技计划项目，通过国家科技重大专项资金支持节能环保相关技术研发，并加强知识产权保护。依托人才工程和计划，为节能环保产业培养和输送高端技术人才。

综上所述，近年来，国家逐步完善节能环保法制架构，不断强化节能环保政策引导和扶持力度，为中国节能环保产业的健康发展营造了有利的法律与政策环境。

二　节能环保产业发展规模动态演变与市场扩张

作为一个政策依赖性较强的新兴产业，节能环保产业的培育和发展离不开政府财政投入的大力扶持，特别是在产业发展初期，国家财政资金投入对于引导和带动节能环保投资，促进节能环保产业发展具有重要作用。图1-1描绘了近年来政府在节能环保方面的财政支出情况，从图中可以看出，国家财政对节能环保领域的投入力度呈现出逐年持续上升的趋势。2008—2014年，节能环保中央和地方财政支出累计达到1.86万亿元，年均增长约17.5%。根据2015年10月发布的《中国统计月报》，2015年1—9月，国家在节能环保方面的财政预算支出已达到2721亿元，比2014年同期增长29.3%。国家财政资金的持续注入刺激了节能环保设备设施、服务、技术的需求，以直接投资、补贴、奖励等综合方式为节能环保技术改造、技术示范推广项目、重点节能减排工程建设等提供资金支持，扩大了节能减排财政政策综合示范范围，促进了节能环保产业发展。

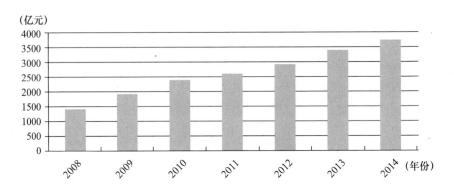

图 1-1　国家节能环保财政支出趋势

资料来源：根据《中国统计摘要（2015）》统计数据整理。

　　资本投入作为一项重要的生产要素，直接决定着节能环保产业的发展规模，资本量的增加是推动节能环保产业的原动力之一。国家对节能环保产业财政扶持力度的持续加大，向资本市场传递出积极信号，有助于引导和带动各类资本进入节能环保产业，促进节能环保产业投资规模不断增长。例如，国家统计局统计数据显示，2015 年 1—9 月，生态保护和环境治理业固定资产投资累计达 1518.4 亿元，较 2014 年同期增长19.2%；废弃资源综合利用业固定资产投资累计达到 969.8 亿元，比2014 年同期增长 13.5%。根据《2014—2018 年中国环保行业发展前景及投资风险预测报告》，"十二五"期间，中国节能环保总投资规模累计将达到 5 万亿元以上，其中，节能领域的投资规模达到 1.6 万亿元，投资主要集中在工业节能、建筑业节能和交通运输节能领域。环境保护方面的投资规模达到 3.4 万亿元，与"十一五"期间 1.54 万亿元的环保投资规模相比，增长了 1.2 倍，投资主要集中在大气污染防治、水污染治理和固体废弃物处理及综合利用等方面。"十三五"时期，节能环保领域的全社会投资规模更是有望达到 17 万亿元。[①]

政府财政资金投入力度不断增强，节能环保领域投资热情高涨，推动中国节能环保产业实现了较快增长，发展规模持续扩大。第三次全国经济普查主要数据公报显示，2013 年年末，中国节能环保产业总产值达 3.7 万亿元，其中，节能产业、环保产业和资源综合利用产业的总产值分别为 1.5 万亿元、0.9 万亿元和 1.3 万亿元，节能环保企业法人单位数为 7.1 万个，从业人员数为 1003.9 万人。根据《"十二五"节能环保产业发展规划》，"十二五"期间，节能环保产业总产值年均增长速度达到 15%，2015 年总产值达 4.5 万亿元，产业增加值约占 GDP 的 2%。节能产品的市场占有率超过 30%，环保产品和资源循环利用产品的市场份额也将进一步扩大。未来随着政府进一步强化节能减排、发展循环经济的政策推力，将为节能环保产业发展创造更大的市场需求，政府财政资金扶持力度的加大，带动各类资本进入节能环保领域投资，将进一步促进中国节能环保产业发展规模增长，并成为国民经济新的支柱产业。

三　节能环保产业发展效益分析与评价

根据产业生命周期理论，一个产业的生命周期通常包括形成期、成长期、成熟期和衰退（调整）期四个阶段。产业成长期的阶段性特征包括：产品市场需求上升，研发投入增加，技术创新速度加快，生产成本降低，利润空间扩大，企业数量增多，产业规模不断扩大等方面。一般来说，一个产业进入成长期的典型表现是该产业的产值增长速度高于整个国民经济中产业总体增长速度的均值（李珊，2014）。"十二五"期间，节能环保产业总产值年均增长速度维持在 15%，高于国民经济的平均增长速度。节能环保企业数量不断增加，仅环保企业数量而言，已由 2000 年的 18144 家增加至 2014 年的 25710 家，增长了近 41.7%。并且节能环保技术研发投入不断增加，技术装备升级加快，产品种类不断丰富，以上特征显示出中国节能环保产业已经进入了产业成长期。

处于成长期的节能环保产业的典型表现为：产品市场需求增加，利润空间扩大，销售量上升，盈利水平提高，进而吸引更多的企业进入该

---

① 商务部副部长高燕在 2015 年 11 月 29 日举办的第九届中日节能环保综合论坛上指出，"十三五"时期节能环保全社会投资规模有望达到 17 万亿元人民币。详见 http：//energy. people. com. cn/n/2015/1202/c71661 - 27879568. html。

产业。近年来，节能环保产业的营业收入规模逐年增长。由表1-1可以看出，节能环保产业的产品销售收入由2000年的1689.9亿元增长至2014年的39810亿元，收入水平增长了22.6倍。废弃资源综合利用业的产品销售收入也由2004年的79.5亿元增长至2014年的3668.6亿元，11年间增长了约45倍。

表1-1　节能环保产业与废弃资源综合利用业主要年份营业收入 单位：亿元

年份	2000	2004	2011	2013	2014
节能环保产业	1689.9	4572.1	30752.5	35000	39810
废弃资源综合利用业	—	79.5	2645.3	3340	3668.6

资料来源：根据环保部网站、中经网统计数据库整理。

再看节能环保产业的盈利情况，以废弃资源综合利用业为例，如图1-2所示，废弃资源综合利用业利润水平整体呈逐年上升趋势，利润总额由2003年的0.84亿元增长至2014年的198.71亿元，增长了近236倍。根据《中国经济统计快报》，2015年1~8月，废弃资源综合利用业累计利润已达到104.2亿元，比2014年同期上升了72.3%。废弃资源综合利用业的成本费用利润率也持续提高，由2003年的1.69%增长到2011年的6.51%。随后两年由于受原材料价格上涨、劳动力成本提高等因素影响，废弃资源综合利用业成本费用利润率有所下滑。2014年废弃资源综合利用业成本费用利润率再度上升至5.71%，表明该行业的盈利能力有望进一步提高。

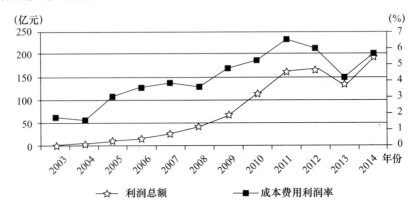

图1-2　废弃资源综合利用业利润水平变化情况

资料来源：根据中经网统计数据库数据整理绘制。

以上数据显示，处于成长期的节能环保产业发展效益逐年提升。随着政府节能减排、发展循环经济等政策红利的逐步释放，将进一步刺激节能环保产品市场需求，未来节能环保产业的利润空间有望继续扩大，从而会吸引企业持续进入节能环保产业，促进节能环保产业投资规模增长，而资金的不断注入将进一步推动节能环保产业进入快速增长阶段。

四 节能环保产业研发创新投入产出动态跟踪分析

研发创新投入是推动节能环保产业快速发展的重要驱动力。随着中国节能环保产业进入成长期，市场利润空间的持续扩大吸引了大量企业进入节能环保产业，产业内市场竞争激烈，日益加剧的竞争压力有助于对节能环保企业研发创新行为形成倒逼机制，促使企业为降低生产成本、增强市场竞争优势而加大研发创新经费、人员等方面的投入力度，提高生产技术水平，加快新产品开发速度，抢占市场份额。同时，政府也为节能环保产业技术研发创新提供政策引导和扶持。通过国家科技计划专项资金，促进节能环保关键核心技术攻关，支持节能环保企业研发创新能力建设、科技服务平台建设与人才队伍建设，扶持中小型节能环保企业进行技术创新，通过人才工程为节能环保产业培养输送科技创新、工程技术高级人才，打造节能环保产业示范基地，促进节能环保先进技术装备生产与应用，推动节能环保技术研发成果产业化转化。

节能环保产业投资规模的不断扩大，政府科技创新政策的积极引导，促进了节能环保产业科技研发创新投入增长。以上海市为例，根据《上海市环保产业研发投入的绩效分析及制度支持发展报告》，2010—2014年，上海市环保产业的研发创新投入逐年增长，占 GDP 比重也持续上升，2014年，节能环保产业研发支出达到831亿元，研发投入强度为3.6%，接近发达国家的环保研发投入强度。此外，全国环境保护科研机构数量（包括国家级、省级、地市级和县级科研机构）由2011年的244个增加至2013年的324个。全国环境保护科研机构人员数由2011年的6509人增长至2013年的7445人，三年增长了14.4%。[①]

随着研发投入增长，节能环保产业科技创新能力得到提升，技术进步速度加快。图1–3描绘了2008—2012年七大战略性新兴产业发明专利授权数量动态变化趋势。从图中可以看出，节能环保产业的发明专利授

---

① 数据来源于2012—2014年的《中国环境年鉴》。

权数量呈现出逐年上升的趋势，由 2008 年的 4826 件上升至 2012 年的
13138 件，增长 1.7 倍多，年均增长率达到 30.07%，高于同期战略性新
兴产业总体发明专利授权数量年均 26.04% 的增长率，表明节能环保产业
科技研发创新速度较快。从历年发明专利授权绝对数量来看，节能环保
产业发明专利授权的绝对数量仅次于新一代信息技术产业和生物产业。
以 2012 年为例，节能环保产业发明专利授权数量约占同期整个战略性新
兴产业发明专利授权总数的 20%，表明节能环保产业在七大战略性新兴
产业中的研发创新能力较强。根据《战略性新兴产业发明专利授权统计
分析报告》统计数据，从节能环保产业国内外在华发明专利授权数量
的分布情况来看，2011 年，节能环保产业国内发明专利授权数量为
7738 件，国外在华发明专利授权数量为 1998 件，前者约为后者的 3.9
倍。2012 年，国内发明专利授权数量增至 10508 件，占专利授权总数
的比重更是达到 80%。这些数字显示了节能环保产业国内发明专利数
占据主导地位，表明中国节能环保产业的自主创新能力有了较大幅度的
提升。

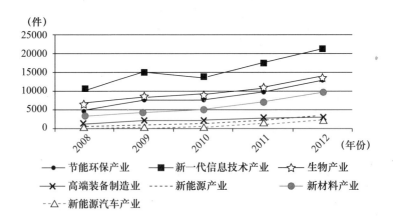

图 1 - 3　2008—2012 年七大战略性新兴产业发明专利授权数量动态变化趋势

　　资料来源：根据国家知识产权局发布的《战略性新兴产业发明专利授权统计分析报告》统
计数据整理绘制。

　　作为战略性新兴产业，节能环保产业是以先进技术为支撑的知识技
术密集型产业，具有科技含量高、技术装备升级快的特点，因此，加大
研发投入对于促进节能环保产业研发产出增长和技术进步具有基础性作

用。根据《"十二五"节能环保产业发展规划》，到 2015 年，节能环保产业技术装备自主创新能力显著提高，节能环保产品质量和性能大幅改善，国际竞争力增强，一部分重大关键技术达到国际先进水平。未来需要进一步加大研发投入力度，推动科技成果产业化，着力提升节能环保产业自主研发创新能力，提高节能环保技术装备水平，促进产业技术进步。

第二节　节能环保产业集聚、区域分布与典型龙头企业动态跟踪评价

本节首先对节能环保产业集聚程度进行定量测算和评价，其次对节能环保产业空间分布格局进行分析，接着从产业发展的总量和质量两个维度探究不同区域节能环保产业发展水平的差异化特征，最后聚焦节能环保产业典型龙头企业生存发展状况，选取对节能环保产业典型龙头企业生存状况进行动态跟踪评价。

一　节能环保产业集聚水平动态变化

《国务院关于加快培育和发展战略性新兴产业的决定》提出，要推进战略性新兴产业集聚发展，形成一批产业链完善、创新能力强的产业集聚区。《"十二五"节能环保产业发展规划》对节能环保领域的产业集聚区建设做了进一步明确和细化。产业集聚发展成为节能环保产业发展的重要内容之一，那么，近年来中国节能环保产业集聚水平动态变化情况如何？

测度产业集聚水平的方法包括产业空间基尼系数、区位熵、产业集中度、赫芬达尔—赫希曼指数等。限于数据的可得性，本节选取节能环保产业中的废弃资源综合利用业、水利管理业、生态保护和环境治理业三个细分子行业作为研究对象，使用克鲁格曼（1991）提出的空间基尼系数对产业集聚度进行测算。[①] 空间基尼系数的计算公式为：

$$G = \sum_{i=1}^{n} (S_i - X_i)^2$$

---

① 克鲁格曼（1991）基于洛伦兹曲线和基尼系数的思想，构建了空间基尼系数，对美国制造业产业集聚程度进行了测算。

　　其中，G 表示产业空间基尼系数，S_i 为 i 地区某产业就业人数占全国该产业就业人数的比重，X_i 为 i 地区就业人数占全国就业人数的比重。空间基尼系数 G 的取值范围介于 0—1 之间，当 $G=0$ 时，表明某产业在空间上呈现出均匀分布的趋势，G 越大表明该产业在空间上的集聚程度越高。

　　本节采集 2010—2013 年中国 31 个省份节能环保产业三个细分子行业的就业人数数据，使用空间基尼系数对历年各行业的空间集聚程度进行了测度，结果如表 1－2 所示。

表 1－2　　中国节能环保产业集聚的空间基尼系数（2010—2013 年）

年份	2010	2011	2012	2013	均值	变化率（%）
废弃资源综合利用业	0.0612	0.0723	0.0338	0.0200	0.0468	−67.25
水利管理业	0.0091	0.0109	0.0114	0.0106	0.0105	16.36
生态保护和环境治理业	0.0049	0.0056	0.0076	0.0070	0.0063	44.11

资料来源：根据 2011—2014 年《中国劳动统计年鉴》数据计算整理得到。

　　根据表 1－2 中的测算结果可知，节能环保产业各子行业的空间集聚水平变化表现出一定的差异性。2010—2013 年，废弃资源综合利用业的空间基尼系数呈现出一定的下降趋势，由 2010 年的 0.0612 下降到 2013 年的 0.0200，下降了 67.25%，表明废弃资源综合利用业空间集聚程度有所降低。而水利管理业、生态保护和环境治理业的空间基尼系整体均呈现出不同程度的上升趋势，分别由 2010 年的 0.0091 和 0.0049 上升至 2013 年的 0.0106 和 0.0070，上升幅度分别为 16.36% 和 44.11%。岩威和孙慧（2013）测算了 2003—2011 年中国战略性新兴产业的集聚程度，同样发现，在样本考察期间环保产业的空间集聚程度逐年提升，而资源循环利用产业的空间集聚程度有所下降。节能环保产业各细分子行业空间集聚水平呈现动态差异化现象的原因，可能是各行业在发展过程中集聚效应和扩散效应的相对影响不同，随着行业集聚程度提高，扩散效应也逐渐加强。当集聚效应大于扩散效应时，行业集聚程度上升；反之则下降。

　　从节能环保产业各子行业的空间集聚程度来看，废弃资源综合利用业、水利管理业、生态保护和环境治理业空间基尼系数的平均值分别为 0.0468、0.0105、0.0063，均处于较低水平，表明各子行业的空间集聚水平不高，这与岩威和孙慧（2013）、胡静和赵玉林（2015）等的研究结果相一致。胡静和赵玉林（2015）基于2010—2013年416家战略性新兴产业相关上市公司样本数据，使用空间基尼系数测度了七大战略性新兴产业的空间集聚程度，如表1-3所示。

表1-3　　　战略性新兴产业空间基尼系数均值（2010—2013年）

	节能环保产业	新一代信息技术产业	生物产业	高端装备制造业	新能源产业	新材料产业	新能源汽车产业	总体
均值	0.1087	0.2324	0.0940	0.3245	0.0895	0.2206	0.4145	0.2120

资料来源：胡静、赵玉林：《我国战略性新兴产业集聚度及其变动趋势研究》，《经济体制改革》2015年第6期。

从表1-3中可以看出，节能环保产业空间基尼系数的均值低于七大战略性新兴产业总体空间基尼系数的均值，表明节能环保产业空间集聚程度相对较低。可能的原因是，中国各个地区都面临着节约能源资源、治理环境污染、发展循环经济的约束，因此，均具有激励推动当地节能环保产业发展，从而使节能环保产业空间集聚程度不高，同时也反映了各地区节能环保产业进入门槛相对偏低，存在盲目跟风上项目、产业低水平重复扩张的现象。

二　节能环保产业空间布局特征分析

随着中央政府不断强化节能减排约束性指标，并推出一系列产业政策和规划促进节能环保产业发展，在此背景下，各地方政府也纷纷制定本区域的节能环保产业相关发展规划，推动节能环保产业园区和基地建设，节能环保产业空间分布格局已初现雏形。

通过梳理各地节能环保产业相关发展规划可以发现，目前，中国节能环保产业已初步形成了"沿海发展带"和"沿江发展轴"的空间分布格局。"沿海发展带"是指长三角地区、珠三角地区和环渤海地区，这三大区域节能环保产业基础较为雄厚，一批节能环保技术装备和产品处于国内领先水平，引领和带动全国节能环保产业发展。具体来看，长三角区域是中国节能环保产业最为集聚的地区。其中，江苏省是名副其实的节能环保产业大省，产值规模居全国首位，产品门类齐全，已形成一批节能环保产业集聚区，拥有宜兴环保科技园、苏州环保高新技术产业园和常州环保产业园三大国家级环保产业园区。浙江省节能环保产业规模位居全国第二，在半导体照明技术、节能与综合利用设备等领域实力雄厚，一批节能技术装备达到国际先进水平。上海市具备人才和科研综合优势，节能环保研发能力较强，依托国际节能环保园、环保科技工业园等园区打造节能环保产业链。珠三角区域的节能环保产业主要集中在广州、深圳、东莞和佛山4个城市，其中，广州和深圳是珠三角区域节能环保产业自主创新的主要城市，建立了多家环保专项技术研发中心，在LED节能照明、智能电网等节能技术装备领域达到国内领先水准。环渤海区域的节能环保产业主要集中在北京市、天津市、山东省、辽宁省等地区。其中，北京市在技术、人才、资本方面具有综合优势，集聚了一批节能环保骨干企业，拥有43家国家级节能环保科研机构和42家重点实验室，是北方节能环保科技研发转化中心。天津市着力建设北方环保科技产业基地，拥有最大的再生资源专业化园区，是重要的循环经济城市。山东省节能环保产业规模较大，在污水处理、大气污染防治方面具备先进装备技术优势。辽宁省以沈阳和大连为节能环保产业集聚地，拥有国家级的大连国家环保产业园，重点发展节能节水、循环经济技术装备以及环保材料与药剂。

"沿江发展轴"主要包括安徽、湖北、湖南、陕西、重庆等地区，节能环保产业的重点发展领域为节能环保装备制造。其中，安徽省在余热利用设备、环境监测仪器等节能环保装备领域较为突出。湖北省拥有武汉青山国家节能环保科技产业园，重点发展脱硫脱硝、固体废弃物处理、污水处理设备制造业。湖南省具备较为雄厚的机械制造业基础，在环卫环保装备、烟气脱硝设备制造领域具有一批国内龙头企业，并形成了极具特色的资源循环利用产业。陕西省环保装备制造业发展较快，节能装备制造业也逐渐壮大，着力打造环保装备及材料、环保服务两大产业链。重庆市是中国三大国家环保产业发展基地之一，在节能环保成套装备研发制造领域优势突出。

综上所述，在国家节能减排、发展循环经济等政策目标的驱动下，各地结合自身经济发展水平、产业基础、资源禀赋结构纷纷培育和发展节能环保产业，中国节能环保产业空间分布格局呈现出一带一轴的区域特征。

三　节能环保产业发展的区域差异化特征分析

上一小节主要分析了中国节能环保产业空间布局特征，本小节探究各地区节能环保产业发展水平的差异化特征。从区域布局来看,中国节能环保产业初步形成了"沿海发展带"和"沿江发展轴"的空间分布格局。那么,"沿海发展带"与"沿江发展轴"的节能环保产业发展水平是否相当?各地区节能环保产业发展水平呈现何种差异化特征?本小节从发展总量和发展质量两个维度对此进行跟踪研究。

各地区节能环保产业规划目标值反映了产业发展的总量水平。图1-4描绘了中国23个地区节能环保产业相关规划中提出的2015年节能环保产业发展规模目标值。从中可以看出,江苏、浙江、广东、山东和北京所规划的节能环保产业发展规模目标值位居全国前五,总计高达3.15万亿元,如果按照《"十二五"节能环保产业发展规划》提出的4.5万亿元总体规划目标值,那么上述五个省市节能环保产业发展规模目标值占总体目标值的比重高达70%。进一步地,节能环保产业"沿海发展带"的发展规模目标值远远高于"沿江发展轴"的发展规模目标值。这主要是因为,处于"沿海发展带"的各省市发展节能环保产业的经济基础较好,具有人才、资本、技术等资源综合优势,逐步形成了门类较为齐全的节能环保产业体系,节能环保产品生产面向全国市场需求,从而使节能环保产业发展速度较快,总量较大。与之相比,处于"沿江发展轴"的各省份经济发展水平较低,发展节能环保产业的人力、物力、资金有限,目前主要集中于发展节能环保装备制造领域,使节能环保产业发展总量水平较低。

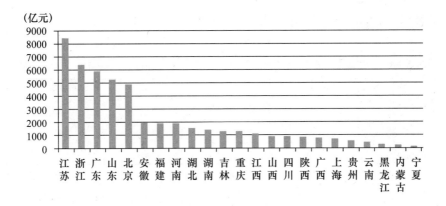

图1-4 2015年各地区节能环保产业发展规模目标值

资料来源:根据各地区节能环保产业相关规划整理绘制。

接下来，分析各地区节能环保产业发展的质量水平。节能环保产业是科技含量高的技术密集型产业。如果节能环保产业发展只是低水平的规模扩张，技术附加值较低，那么，就未达到战略性新兴产业的发展要求，也无法满足有效地促进节能减排的现实需要。通过节能环保产业创新研发产出可以间接地考察产业的发展质量，研发创新投入产出越大，技术附加值越高，表明节能环保产业的发展质量越高。表1-4给出了各地区节能环保产业发明专利授权数量的分布情况。从表中可以发现，2011—2012年，除贵州和青海两地外，绝大部分地区节能环保产业发明专利授权数量均出现了不同程度的增长，表明各地区对节能环保产业发展质量的重视度有所提高，加大了研发投入力度。从发明专利授权数量的区域分布来看，东部、中部、西部、东北地区的节能环保产业专利授权数量依次递减，两年总计分别为11194件、3017件、2391件、1352件。进一步地，2011年和2012年，北京、江苏、广东、浙江、上海、山东节能环保产业发明专利授权数均排名前六，专利授权数总计分别达4239件和5853件，占国内专利授权总数的比重分别为55.85%和56.47%，表明节能环保产业专利授权数集中度较高，主要集中在"沿海发展带"区域，且呈现出强化的趋势。这主要是因为，该区域节能环保科研院所和科技人才相对集中，拥有一批技术水平国内领先的节能环保骨干企业和重点产业园区，节能环保产业研发创新产出较高。相比而言，"沿江发展轴"区域节能环保产业专利授权数较少，表明该区域各省份节能环保产业研发创新能力相对薄弱，科技成果较少。上述数据显示，节能环保产业的发展质量存在较为明显的区域差异性。

表1-4　　各省市节能环保产业发明专利授权情况（2011—2012年）　　单位：件

省份	2011年	2012年	总计	变化率（%）
北京	1130	1516	2646	34.16
广东	679	989	1668	45.66
江苏	820	1241	2061	51.34
上海	524	672	1196	28.24
浙江	569	761	1330	33.74
山东	517	674	1191	30.37
四川	239	349	588	46.03

续表

省份	2011 年	2012 年	总计	变化率（％）
陕西	201	286	487	42.29
湖北	266	401	667	50.75
辽宁	338	437	775	29.29
天津	191	232	423	21.47
湖南	377	410	787	8.75
河南	257	406	663	57.98
黑龙江	200	215	415	7.50
福建	154	206	360	33.77
安徽	169	238	407	40.83
重庆	185	223	408	20.54
河北	132	161	293	21.97
吉林	63	99	162	57.14
山西	124	183	307	47.58
云南	129	161	290	24.81
江西	61	125	186	104.92
贵州	64	59	123	-7.81
广西	67	97	164	44.78
甘肃	49	79	128	61.22
海南	7	19	26	171.43
内蒙古	32	52	84	62.50
新疆	26	44	70	69.23
宁夏	9	19	28	111.11
青海	10	9	19	-10.00
西藏	1	1	2	0.00

资料来源：根据《战略性新兴产业发明专利授权统计分析报告》统计数据计算整理得到。

综上所述，中国节能环保产业发展水平具有较为明显的区域异质性。虽然空间上形成了"沿海发展带"和"沿江发展轴"的分布格局，但两大区域发展水平并不均衡。"沿海发展带"区域具有较为雄厚的经济基础，技术人才、科研机构集中，节能环保产品门类较为齐全，且重视产业升级和高技术附加值，研发投入大，科技创新能力较强，节能环保产业得到了快速发展，一批节能环保技术装备处于国内领先水平，产业发展总量和质量较高。相比而言，"沿江发展轴"区域人才、资金、科技等资源优势不强，产业基础较为薄弱，产品主要集中在节能环保装备制造领域，节能环保产业发展规模和研发创新产出水平均不及"沿海发展带"区域。

四　节能环保产业典型龙头企业生存状况动态分析

通常来讲，节能环保龙头企业资金规模雄厚、研发实力强、管理水平高、生产技术先进、产品市场竞争力强，是节能环保产业发展的重要支撑。通过培育和发展一批拥有先进核心技术、品牌知名度高的节能环保龙头企业，并充分发挥其技术引领和示范作用，有助于带动广大中小节能环保产业发展，进而促进整个节能环保产业健康发展和国际市场竞争力提升。那么近年来节能环保产业典型龙头企业生存发展状况如何？本节将对此进行实证研究。

本节根据 2010—2014 年上市公司年报披露的主营业务范围和主营产品类型与国家统计局发布的《战略性新兴产业分类（2012）》中关于节能环保产业的分类标准进行对比，选取了 22 家主营业务涉及节能环保的上市公司作为研究对象。将固定资产净值作为资本投入指标，员工人数作为劳动投入指标，主营业务收入作为产出指标，使用基于 DEA 方法的Malmquist 生产率指数，对上述节能环保上市公司的全要素生产率（TFP）变化程度进行了测算，并将 TFP 变化指数进一步分解为技术效率变化指数和技术进步变化指数，以考察推动节能环保上市公司 TFP 变化的源泉。其中，技术效率变化反映了相邻两时期节能环保上市公司实际主营业务收入与生产前沿面所代表的最大潜在主营业务收入之间迫近程度的变化，即体现了对生产前沿技术吸收的追赶效应。技术进步体现了生产前沿面的移动情况。为了避免在计算过程中出现线性规划无解和"技术倒退"现象的出现，本节使用 Global – Malmquist 生产率指数进行测算，结果如表 1 – 5 和表 1 – 6 所示。

根据表 1 – 5 的测算结果可知，节能环保上市公司总体的 TFP 变化指数平均值为 1.0237，表明 2010—2014 年节能环保上市公司整体全要素生产率的年均增长率为 2.37%。从 TFP 变化指数的分解情况来看，技术进步指数平均值为 1.0217，表明节能环保上市公司整体的技术进步年均增长率为 2.17%。作为典型代表企业，节能环保上市公司资金雄厚，高新技术引进和研发投入力度逐年增加，推动了技术进步。技术效率变化指

数的平均值为 1.002。即节能环保上市公司技术效率的年均增长率仅有
0.2%，增长速度几乎可以忽略不计，其中，2011—2012 年技术效率甚至
出现下降，降低了约 0.13%。其中的原因可能是节能环保上市公司规模
逐渐扩大的同时并没有及时充分挖掘和利用已有生产要素和技术的潜力，
导致技术效率增长不明显甚至出现下降。综合上述结果可以发现，节能
环保上市公司总体全要素生产率增长主要来源于技术进步，技术效率对
全要素生产率增长的贡献不明显，因此，未来通过改善技术效率来提高
节能环保上市公司的全要素生产率还存在较大的空间。

表1-5 节能环保上市公司总体的 Malmquist 生产率指数及其分解(2010—2014 年)

	技术效率变化指数	技术进步指数	TFP 变化指数
2010—2011 年	1.0064	1.0158	1.0224
2011—2012 年	0.9987	1.0212	1.0199
2012—2013 年	1.0015	1.0231	1.0247
2013—2014 年	1.0012	1.0266	1.0279
平均值	1.0020	1.0217	1.0237

注：各变量数值为历年各节能环保上市公司变量的几何平均值。
资料来源：笔者使用 MaxDEA5.2 软件计算整理。

表1-6 各上市公司的 Malmquist 生产率指数及其分解 (2010—2014 年)

上市公司	TFP 变化	效率变化	技术进步	上市公司	TFP 变化	效率变化	技术进步
洪城水业	1.0541	1.0221	1.0313	华光股份	1.0306	1.0000	1.0306
烟台冰轮	1.0532	1.0000	1.0532	桑德环境	1.0263	1.0122	1.0139
科达节能	1.0463	1.0137	1.0322	首创股份	1.0259	1.0094	1.0163
瀚蓝环境	1.0436	1.0191	1.0240	汉钟精机	1.0254	1.0085	1.0168
盾安环境	1.0419	1.0178	1.0237	中原环保	1.0174	1.0078	1.0095
双良节能	1.0405	1.0117	1.0285	大冷股份	1.0034	0.9865	1.0171
凯迪电力	1.0387	1.0164	1.0219	龙净环保	1.0023	0.9757	1.0273
北新建材	1.0357	1.0157	1.0197	泰豪科技	1.0012	0.9813	1.0203
菲达环保	1.0357	1.0128	1.0226	创业环保	0.9945	0.9852	1.0094
创元科技	1.0342	1.0154	1.0185	海陆重工	0.9867	0.9758	1.0112
鲁阳股份	1.0317	1.0132	1.0183	中电远达	0.9581	0.9467	1.0120

注：以上数据均为各变量在整个考察期间的几何平均值。
资料来源：笔者使用 MaxDEA5.2 软件计算整理。

从纵向角度进行观察，节能环保上市公司全要素生产率总体呈现出上升趋势。具体来看，在 2010 年 10 月国家发布《国务院关于加快培育和发展战略性新兴产业的决定》之后，2011 年，节能环保上市公司全要素生产率增长了 2.24%，随后增速下降至 1.99%。2012 年和 2013 年，国家先后出台了《"十二五"节能环保产业发展规划》和《国务院关于加快发展节能环保产业的意见》，着力推动节能环保产业发展。在此背景下，2013 年和 2014 年节能环保上市公司全要素生产率分别增长了 2.47%和 2.79%，表明在国家发展节能环保产业的政策引导和鼓励下，节能环保上市公司加大了研发投入力度，引入高新生产技术和先进生产设备，科技创新能力增强，技术进步加快，推动了全要素生产率不断增长。

从各上市公司的具体情况来看，表 1-6 显示，2010—2014 年，各节能环保上市公司全要素生产率增长情况表现出较大的差异性。其中，全要素生产率增长最快的是洪城水业，其年均增速达到 5.41%。其次是烟台冰轮，全要素生产率年均增长 5.32%，并且在样本考察期始终处在生产前沿面上，技术效率值为 1，即不存在技术效率耗损情况，从而技术效率变化指数为 1。与之相比，大冷股份、龙净环保、泰豪科技三家节能环保上市公司虽表现出技术进步，但全要素生产率基本未出现明显增长，主要原因在于技术效率下降，表明这些公司虽注重生产技术引进与创新，但并未对引进技术和设备进行充分消化吸收，没有挖掘已有技术和资源的潜力。创业环保、海陆重工、中电远达等节能环保上市公司的全要素生产率甚至表现出负增长，主要原因在于技术进步缓慢并且技术效率出现恶化，因此，促进技术进步和技术效率提升应当成为这些节能环保上市公司未来发展的着力点。

综上所述，样本考察期间，大部分节能环保上市公司全要素生产率均有所增长，且表现出较为明显的差异性。推动全要素生产率增长的主要动力是技术进步，而技术效率提升并不明显，表明通过技术效率改善来促进全要素生产率增长还存在较大的空间。因此，节能环保上市公司，一方面，需要继续加大研发投入力度，增强科技创新能力，推动技术进步；另一方面，要加强对引进生产技术和设备的消化吸收，充分挖掘已有资源和技术的潜力，着力提升技术效率，推动全要素生产率进一步增长。

第三节　节能环保产业发展问题分析、国际经验启示与破解路径设计

本节首先跟踪研究中国节能环保产业发展过程中存在的焦点问题，接着总结概括美国、日本、韩国等国家在发展节能环保产业过程中积累的经验，最后基于国际经验启示，针对产业发展中存在的问题进行破解路径设计，以更好地推动中国节能环保产业发展。

一　节能环保产业发展存在的焦点问题分析

（一）科技创新能力不强，对产业发展支撑不足

节能环保产业属于科技含量高的技术密集型产业，科技创新是支撑节能环保产业发展的重要基础。目前，中国节能环保产业整体科技创新能力不强，与节能环保技术先进国家相比仍存在较大差距，主要体现在：以企业为主体、市场为导向的节能环保科技创新体系不够健全，产学研协同创新机制有待进一步完善，节能环保技术装备研发创新投入力度不大，前沿性和共性技术研究不足。节能环保装备和产品制造业自主研发创新能力不强，缺乏原始性创新，对先进节能环保技术的消化、吸收、再创新能力弱，部分关键核心技术仍未完全掌握，一些重大关键设备和零部件仍依赖大量进口。以 LED 产业为例，全球 85%—90% 的原创性技术发明专利被美国、欧盟、日本等发达国家和地区的 LED 企业所占有。此外，中国一些自主研发生产的节能环保装备和产品缺乏核心竞争力，在性能、效率等方面均不及国外同类装备和产品。

（二）产业集聚程度低，结构不合理

产业集聚不仅是企业在地理区域内的集中，更是人才、资本、技术、信息的高度汇聚，推进产业集聚使产业内各企业能够共享基础设施、市场信息和科技创新成果，有助于实现规模经济效益，提高产业的劳动生产率、科技创新水平和竞争能力。节能环保产业由于具有科技含量高、产业链条长等特点，因此，产业集聚发展对于处在成长期的节能环保产业而言尤为重要。根据前文分析，中国节能环保产业集聚程度与其他战略性新兴产业相比明显偏低，表明产业进入门槛不高，各地普遍存在盲目跟风上项目、产业低水平扩张现象。导致节能环保产业集中度

较低，企业规模偏小，缺乏大型龙头企业，产品附加值和技术含量不高，品牌认可度较低，核心竞争力不强。此外，大部分地区的节能环保产业主要集中在节能环保装备和产品制造领域，节能环保服务业发展相对缓慢。

（三）市场不规范，产业发展质量不高

由于地方保护主义严重，节能环保企业研发创新能力不强，关键核心技术缺乏，产品附加值和技术含量不高，导致节能环保产业出现低水平运营和无序竞争现象，一些通用的低端节能环保装备生产已开始出现产能相对过剩的趋势。例如，LED 产业链中下游行业集中度较低，企业数量众多且规模普遍不大，产品缺乏技术含量，同质化现象严重，企业靠打价格战进行恶性竞争，严重影响了 LED 产业的健康发展。地方政府市场监管力度不足，使一部分国家法律法规明确要求淘汰的高能耗、高污染设备仍在市场中存在。节能环保产业市场化进程较为缓慢，促进节能环保产业市场化发展的排污权交易制度、资源性产品价格机制有待建立完善。

（四）政策机制不完善，制约产业健康发展

节能环保法规和标准体系不完善，一些节能环保产品缺乏被业界广泛认可的国家标准，产品质量检测体系也不健全，导致部分节能环保产品质量参差不齐，合格率不高。扶持节能环保产业发展的财税和金融政策不健全，虽然国家财政逐年加大对节能环保产业的财政资金投入力度，但资金投放结构较不合理，存在"重项目建设、轻科技创新能力建设"问题，与发达国家相比，用于支持节能环保技术研发创新的财政投入比重偏低。节能环保产业投融资渠道有限，对节能环保企业的金融支持力度不足。一些节能环保子行业如节能服务业，由于企业普遍具有规模小、风险高、抵押少等特点，导致其融资受限。一些子行业则尚未实现完全市场化，市场开发程度较低，民间资本和外资利用有限，从而导致一些中小节能环保企业融资困难，受资金约束难以扩大规模，进行研发创新，增强竞争力。

二 节能环保产业发展的国际经验

发达国家在促进节能环保产业发展过程中积累的丰富经验能够为中国节能环保产业发展实践提供重要启示和借鉴作用。本节重点概括总结了美国、日本、韩国等国家发展节能环保产业的典型经验和做法，以探寻促进中国节能环保产业又好又快发展的优化路径和政策设计。

（一）高度重视节能环保技术装备创新能力建设，科技研发投入力度大

节能环保产业是以先进科技为支撑的技术密集型产业，为抢占节能环保技术国际领先地位，发达国家不断加大研发投入力度，提高节能环保产业科技创新能力。例如，美国每年投入约 30 亿美元用于支持节能环保和资源循环利用先进技术及产品的研发。其中，在节能环保新技术和新产品的可行性探索阶段，政府提供 100% 的科技资金支持；在技术与产品基础研究和试验阶段，政府提供 50%—80% 的资金支持；即使在技术和产品最终定型阶段，政府财政资金投入的比重也维持在 50% 以上。同样，日本和韩国也推出多项节能环保技术创新项目，并配套相应财政资金，鼓励企业进行节能环保技术研发。其中，韩国仅为其环境创新项目便计划在 2011—2020 年投入高达 2 万亿韩元的资金。此外，政府还专设创新基金用以扶持中小节能环保企业进行技术研发。

（二）充分利用节能减排标准的约束和引导作用，培育节能环保产品市场

由于属于典型的政策驱动型产业，节能环保产业增长规模取决于政府所要求的节能减排目标。美国、日本、韩国均通过立法具体规定了企业在生产过程中所必须遵从的各类节能减排最低标准，并加强对企业节能减排绩效的审计和评估，促进企业对节能环保技术装备的需求。例如，日本在设计节能环保最低标准的同时，还要求一部分产品必须达到甚至优于市场同类产品的最高能源利用效率水平。规定高能耗高排放企业必须建立节能减排定期报告制度，向社会公开节能减排信息，产品应附有节能环保标识。美国依据技术进步情况每三年至五年对节能减排标准进行更新，以保持节能环保标准的先进性。同时要求企业使用高效节能、先进环保技术设备。例如，明确规定电网企业无条件使用节能效果好、能源综合利用率高的热电联产项目所产生的电力，推动热电联产项目发展。

（三）综合运用税收减免、财政补贴、政府采购等手段拉动节能环保产业增长

美国根据能源效率、污染减排等指标，给予节能环保型产品 10% 或者 20% 的税收优惠。对太阳能、风能等可再生能源项目投资给予永久抵税优惠。通过设立财政专项资金和节能环保公益基金，对高效节能项目、先

进环保技术研发推广项目等进行资助。通过政府节能环保计划，强化对节能环保产品的政府采购力度，并且规定由政府主导投资建设的节能环保项目必须使用本国生产的节能环保设备设施，从而促进节能环保产品的市场需求。日本也通过推出《绿色采购法》，强化政府采购对本国节能环保产品需求的带动作用，并通过税收减免和财政补贴，扶持节能环保企业发展。

（四）实施自愿性节能环保计划项目，鼓励企业超标准降低能源消耗，减少污染排放，提高资源循环利用率

美国在建立企业自愿性节能机制方面做出了积极尝试，并积累了丰富经验。例如，"工业能源之星"计划所设置的节能标准比联邦政府规定的最低节能标准高出20%—30%，对于"工业能源之星"认证的企业节能产品，美国政府给予了大量财政补贴，引导和鼓励消费者购买节能产品。同时金融机构也为参与该计划的企业提供贷款优惠政策，以吸引更多的企业加入。

（五）推动本国节能环保技术、装备和服务输出，抢占国际市场

降低能耗、减少污染排放、发展循环经济已成为当今世界各国经济增长中亟待解决的课题和共同追求的目标，尤其是发展中国家节能减排约束不断强化，对节能环保技术、装备和服务的潜在需求逐渐增加。美国、日本、韩国等国发达国家投入巨额资金用于支持节能环保产业先进技术研发，大力推动节能环保产业发展，不仅仅为了满足国内节能环保产品的市场需求，更是为了抢占节能环保国际市场份额，向节能环保产业发展落后国家输出先进的节能环保技术装备和服务，并掌握在节能环保领域的话语权。例如，日本在其"21世纪环境立国战略"中明确提出，要通过国际竞争与协调对外输出其环境技术。

三　中国节能环保产业发展问题的破解路径

基于节能环保产业发展的国际经验启示，针对中国节能环保产业发展中存在的突出问题，并结合产业所处的政策和市场环境，本节提出以下破解路径，以更好地推动中国节能环保产业发展。

（一）强化科技创新支撑，提升节能环保产业核心竞争力

1. 加强节能环保科技创新能力建设

通过设立若干节能环保国家级工程研究中心和实验室，加大国家科技重大专项、科技计划专项资金支持力度，加快推动节能环保关键核心技术、前沿性技术的研发。重点加强节能环保骨干企业的技术研发能力

建设。发挥财税政策的引导作用，带动企业加大节能环保技术装备研发创新投入力度。组建一批由节能环保龙头企业主导、产学研相结合的节能环保科技创新平台，鼓励企业利用高等院校和研发机构的技术积累和人才资源。引入节能环保技术发明专利质量评价指标，促使企业更加关注研发创新产出质量，建立起节能环保科技创新能力监测评估机制。

2. 推动节能环保科技创新成果产业化

进一步完善节能环保技术装备研发创新成果产业化机制，加快实施一批科技创新成果产业化示范工程，打造若干个优势突出、示范带动作用明显的节能环保产业科技创新示范园区和基地。健全节能环保研发创新成果发布制度和技术转移推广机制，促进研发创新成果推广应用，重点支持关键共性技术和先进成套装备制造技术推广。同时，应进一步强化科技创新成果的知识产权保护力度。

(二) 强化节能环保法律法规和标准的引导约束作用，倒逼节能环保产业发展

(1) 以《环境保护法》《节约能源法》《循环经济促进法》等法律为核心、配套法规为补充，进一步完善节能环保法律法规体系。及时更新修订节能环保标准，加快推进标准体系建设，扩大标准的覆盖范围。提升高耗能行业强制性能耗限额标准和终端用能产品能效标准，根据污染物排放控制目标，完善环境质量标准，严格控制高能耗高排放企业进入。同时，借鉴美国"工业能源之星"的成功经验，推行自愿性节能减排标识制度，鼓励企业超国家标准进行节能减排。

(2) 强化企业节能减排主体责任和地方政府的监管责任，建立节能环保法规标准实施的后评估机制，确保政策的执行效果。建立并严格执行高能耗高排放项目节能环保评估和审查制度，企业内部建立节能减排定期报告制度，根据企业能源消耗和污染排放情况进行分类监管，对未达到节能环保标准的企业加大惩罚力度。将节能环保工作绩效纳入政府官员政绩考核评价体系，并提高考核权重，同时强化执法责任终身追究制，从而激励地方政府加大节能减排监督检查力度。通过严格节能减排法规标准并强化执行力度，从而对节能环保产业发展形成倒逼机制。

(三) 提高节能环保产业集中度，促进各地区产业集聚协调发展

东部地区由于具备人才、资本、技术等综合优势，节能环保产业发展起步较早，产业基础雄厚，节能环保产品门类较为齐全，产业集聚程

度较高。中西部地区经济发展水平较低，人才、资金、技术短缺，节能环保产业发展相对滞后，且主要集中在节能环保装备制造领域。因此，国家应推动搭建区域间节能环保人才、技术交流平台，并配套一系列扶持政策，引导人才、资本、技术跨区域流动。由于中西部地区具有土地资源、劳动力成本等方面的比较优势，未来节能环保产业集聚区将由东向西延伸。同时，依托优势明显的节能环保产业集聚区，建立一批科技研发能力强、集聚发展的节能环保产业示范基地，辐射带动周边地区节能环保产业发展。针对节能环保产业集中度偏低、企业平均规模较小、产业低水平盲目扩张现象突出等问题，应加快建立节能环保技术装备和产品标准体系，提高节能环保产业准入标准，打破地方保护主义，着力培育大型节能环保骨干企业，提高产业集中度。构建节能环保产业发展统计监测制度，及时把握产业发展动态，加强与节能环保产业有关规划、政策的衔接。

（四）加大财政金融扶持力度，完善节能环保产业投入机制

（1）建立完善财政资金投入机制，中央政府应进一步安排节能环保专项财政资金，为节能环保技术装备研发和重大工程建设提供支持。地方政府应积极配套相关财政资金，加大对节能环保产业的投入力度。通过补贴、奖励等多种形式，促进节能环保产品市场推广应用。同时加强对节能环保专项财政资金使用情况的监管和考核。完善鼓励节能环保企业创新、引导资本投入和促进节能环保产品消费的税收优惠政策。充分发挥政府采购的引导和带动作用，推进政府强制采购和优先采购国内节能环保产品，并逐步扩大政府采购范围。

（2）鼓励金融机构建立适应节能环保产业特征的信贷管理制度，通过金融产品和服务创新、绿色信贷等，加大对节能环保产业的信贷支持。构建多层次的融资性担保体系，为资质良好的节能环保企业提供融资担保。同时发挥多层次资本市场的融资功能，支持符合条件的节能环保企业上市融资，发行公司债券、短期融资券、中期票据等，拓宽节能环保企业的融资渠道。设立节能环保产业创业投资和股权投资基金，利用市场机制引导和带动社会资金进入节能环保产业。

（五）加强国际交流与合作，提高节能环保产业国际化发展水平

多层次、多渠道地深入推进节能环保技术装备国际交流与合作。支持国外技术先进的节能环保企业和研发能力强的科研机构在中国设立节

能环保技术研发机构，鼓励引入国外先进的节能环保关键核心技术装备，对于必要进口的关键零部件和原材料给予进口关税和增值税减免优惠。引导国外资本进入节能环保产业并拓展其投资渠道。同时，政府应为节能环保产业实施"走出去"战略提供必要的政策支持和指导。鼓励有条件的大型节能环保企业进行境外投资，开展跨国经营，实施海外并购。通过完善出口信贷、保险政策，推进中国节能环保技术装备和产品参与国际市场竞争，在海外推广中国自主知识产权的节能环保技术标准，打造国际知名的节能环保产品品牌。通过实施节能环保产业"引进来"和"走出去"战略，加强国际交流与合作，引入节能环保关键核心技术的同时加快吸收、转化和再创新，提升中国节能环保技术装备自主研发水平，增强国际市场的竞争力。

第四节　中国节能环保产业技术发展、市场供需与扶持政策跟踪预测

本节主要针对中国节能环保产业未来技术发展、市场供需和扶持政策情况进行跟踪预测，有助于更好地把握节能环保产业未来发展趋势。

一　节能环保产业技术发展预测

随着节能环保目标的不断推进，未来节能环保科技创新的主要途径之一将是系统集成优化。无论是工业设备设施的更新升级和节能环保改造，还是工业流程节能环保技术创新，均适合推行系统集成优化。对节能环保装备设施进行系统集成优化，有助于污染物排放的防控和治理，同时能够大幅度减少节能环保装备设施的运行成本，进而促进节能环保产业技术水平提高。随着信息通信技术和智能化技术的不断发展，并逐步渗透到节能环保领域，将推动节能环保产业技术朝着智能化、信息化方向发展。

考虑到煤炭在中国能源消费结构中所占据较大比例，燃煤是造成空气中 PM2.5 的主要污染源之一。近年来，部分省份 PM2.5 浓度值持续居高不下，全国范围内严重雾霾现象接连发生，备受社会各界广泛关注。因此，在短期以煤炭为主体的能源消费结构难以出现根本改变的情况下，大力发展传统能源清洁利用技术装备，如燃煤清洁利用技术装备，以及

烟气脱硫、脱销和除尘等污染控制技术和装备是实现大气污染防控的有效途径。从长期来看，进一步调整优化中国能源消费结构，大力发展清洁能源技术，提高清洁能源在能源消费结构中所占比重，降低煤炭等传统化石能源使用比重是控制大气污染的根本途径，未来太阳能技术、生物质能技术、风力水力发电技术等清洁能源技术会快速发展。

二　节能环保产业市场供需预测

随着世界经济逐步复苏，全球绿色经济加快发展，节能环保产业的国际市场规模将不断扩大。国内随着降低能源消耗、减少污染排放、发展资源循环利用经济等约束性目标不断强化，国家一系列有利于节能环保产业发展的相关政策和规划不断出台，节能环保产业的政策环境不断优化，投入机制不断完善，科技创新能力不断增强，技术进步速度提升。在此背景下，中国节能环保产业的产值规模将继续保持在15%—20%的年均增长率，到2020年，节能环保产业产值规模有望突破8万亿元。其中，节能环保服务业的市场需求将进一步释放，产业增长速度将高于整个节能环保产业的平均增长速度。节能环保装备设施的产能利用率有望进一步提高，供需关系趋于平衡。

三　节能环保产业扶持政策预测

节能环保产业属于典型的政策驱动型产业，产业发展既受到国家节能环保、循环经济方面法律法规的驱动作用，也受到政府有关节能环保产业发展专项规划、产业政策的引导和扶持作用。为了进一步推动节能环保产业又好又快发展，未来国家将进一步加宽加严目前的节能环保法律法规，对节能减排、资源循环利用等标准提出更加严格的要求，倒逼节能环保产业发展。同时国家将进一步细化促进节能环保行业发展的专项规划和指导意见，并不断完善土地、价格、财政、税收、金融、进出口等方面的配套政策，地方政府也因地制宜地陆续推出针对本区域节能环保产业各细分子行业发展的有关配套政策，加大对节能环保产业的政策扶持力度，进而推动中国节能环保产业健康快速发展。

第二章 新一代信息技术产业

自 2010 年 10 月 10 日国务院发布的《关于加快培育和发展战略性新兴产业的决定》将新一代信息技术产业明确为七大战略性新兴产业之一以来，国务院发布了《"十二五"国家战略性新兴产业发展规划》，工信部联合国家发改委发布了《信息产业发展规划》，国务院实施了"宽带中国"工程、"互联网＋"行动，并在"中国制造 2025"中进一步提出推进信息化与工业化深度融合，重点推动新一代信息技术领域的集成电路及专用装备、信息通信设备、操作系统及工业软件突破发展。国家的高度重视和政策支持，推动了新一代信息技术产业快速发展，产业规模持续放大，在芯片、超级计算机、物联网、云计算、人工智能等技术领域均取得了巨大突破，但也存在着垄断制约、信息安全薄弱、商业模式不成熟等问题。本章首先从新一代信息技术产业政策环境、产业规模和效益三个方面跟踪产业的动态演进，然后分析产业布局的变化、主要聚焦的领域以及龙头企业的发展情况，进而分析当前产业发展存在的问题，梳理总结美国信息产业发展经验并在此基础上提出破解对策，最后对产业的技术发展趋势、市场发展情况与政策取向进行预测性分析。

第一节 新一代信息技术产业政策环境、规模效益与研发创新动态跟踪分析

2010 年以来，国家密集出台了一系列规划和政策措施，同时着眼于长远和当前，从国家战略层面布局新一代信息技术产业发展。一方面，信息基础设施不断完善，信息技术产品日趋丰富，产业规模持续扩大。另一方面，随着自然资源、人力资源和资金等要素成本的快速上升，新一代信息技术产业的经济效益呈现出逐步降低的态势。

一 新一代信息技术产业发展政策环境变化轨迹

中国电子信息产业发展起源于 1978 年的改革开放。改革开放 30 多年

来，中国电子信息产业的行业管理部门经历了 5 次机构改革，由单纯的电子工业主管部门逐步发展成为电子工业与信息服务行业的主管部门。随之产业政策也由单纯的支持电子工业转向推进信息化与工业化融合发展演进。以 2010 年《国务院关于加快培育和发展战略性新兴产业的决定》发布为标志，新一代信息技术产业发展的政策环境可划分为两个时期，呈现出由重点支持科技创新和成果向重点支持大规模产业化的发展变化趋势。

（一）构筑新一代信息技术产业基础阶段的相关政策

20 世纪 80 年代以来，中国分别从科技创新和科技创新成果产业化两个方面推进新一代信息技术产业发展。在科技创新方面，先后实施了《高技术研究发展计划》（"863 计划"）、《国家重点基础研究发展计划》（"973 计划"），2008 年又实施了"核高基""极大规模集成电路制造装备及成套工艺"和"新一代宽带无线移动通信网"国家科技重大专项工程，推动信息领域关键重大技术突破。在产业化方面，2000 年以来，国务院及国家相关部委先后出台了从税收、投融资、自主创新、人才培育、知识产权保护、骨干企业发展等方面鼓励和促进以软件、集成电路为核心的电子信息产业发展的政策措施，设立了电子信息产业发展基金和集成电路产业研究与开发专项资金，实施了《信息专业技术人才知识更新工程》（"653 工程"）和《节能产品惠民工程》，通过国家开发银行贷款支持电子信息产业发展，并通过建设国家电子信息产业基地和产业园，鼓励和支持地方财政向发展电子信息产业倾斜，在一系列政策支持下，中国信息技术水平得到较大幅度提升，信息产业得到了大规模发展，构筑了新一代信息技术发展的产业基础。详见表 2－1。

表 2－1　　　　构筑新一代信息技术产业基础阶段（2010 年以前）
政府部门出台的主要政策法规

发布时间	发布机构及政策法规	主要内容
1986 年 3 月	科技部：《高技术研究发展计划》（"863 计划"）	支持信息技术领域的智能计算机系统、光电子器件和光电子、微电子系统集成技术、信息获取与处理技术、通信技术，以及自动化技术领域的计算机集成制造系统、智能机器人等方面取得重大突破

续表

发布时间	发布机构及政策法规	主要内容
1997 年 3 月	科技部：《国家重点基础研究发展计划》（"973 计划"）	信息技术领域，重点部署面向未来竞争的数学机械化、高性能科学计算理论及软件设计新概念，微纳电子、光电子器件与芯片的新原理、新结构与新方法，下一代互联网体系结构、存储模式及网络环境下海量信息处理的新方法等方面的基础研究。对数字信息理解与融合、和谐人机交互环境、信息与网络安全等难点问题进行了针对性部署。围绕信息科学发展中的前沿热点问题前瞻性地部署了量子信息、量子通信和量子器件方面的研究
2000 年 6 月 24 日	国务院：《鼓励软件产业和集成电路产业发展的若干政策》	制定投融资、税收、产业技术、出口、收入分配、人才吸引与培养、政府采购、企业认定、知识产权保护、行业组织和行业管理以及集成电路专项政策，推动软件产业和集成电路产业的发展
2001 年 7 月 17 日	财政部、信产部：《电子信息产业发展基金管理暂行办法》	中央财政预算安排的专项资金，支持以软件产业和集成电路产业为核心的电子信息产业发展
2001 年 8 月 29 日	国家版权局、国家计委、财政部、信产部：《关于政府部门应带头使用正版软件的通知》	政府部门使用正版软件
2003 年 5 月 27 日	信产部：《关于建设国家电子信息产业基地和产业园的意见》	鼓励地方政府安排资金支持电子信息产业发展，国家在固定资产投资、产业化示范工程、电子信息产业发展基金及相关专项安排上给予重点支持
2003 年 11 月 21 日	教育部、国家发改委、科技部、人事部、劳动和社会保障部、信产部、海关总署、国家税务总局、国家外专局：《关于加快软件人才培养和队伍建设的若干意见》	促进软件人才培养和队伍建设

续表

发布时间	发布机构及政策法规	主要内容
2004 年 10 月 10 日	财政部、海关总署、国家税务总局、信产部：《关于线宽小于 0.8 微米（含）集成电路企业进口自用生产性原材料、消耗品享受税收优惠政策的通知》	对在中国境内设立的集成电路线宽小于 0.8 微米的集成电路生产企业进口国内无法生产的自用生产性原材料、消耗品，免征进口关税和进口环节增值税
2005 年 1 月 28 日	信产部：《关于加快推进电子信息产业大公司战略的指导意见》	促进电子信息产业大公司发展，培育具有国际竞争力的大公司和企业集团
2005 年 3 月 23 日	财政部、信产部、国家发改委：《集成电路产业研究与开发专项资金管理暂行办法》	中央财政预算安排设立集成电路产业研究与开发专项资金，鼓励集成电路企业加强研究与开发活动
2005 年 8 月 15 日	国务院：《关于加快电子商务发展的若干意见》	发展电子商务相关技术装备和软件，推动相关产业发展
2006 年 2 月 9 日	国务院：《国家中长期科学和技术发展规划纲要（2006—2020 年)》	决定实施"核高基"、"极大规模集成电路制造装备及成套工艺"和"新一代宽带无线移动通信网"等 16 项国家科技重大专项工程，推动信息领域关键重大技术突破
2006 年 5 月 9 日	国开行、信产部：《电子信息产业发展与信息技术应用国家开发银行贷款暂行办法》	产业金融支持政策
2006 年 8 月 25 日	信产部：《关于加快推进信息产业自主创新的指导意见》	建立信息产业技术创新体系；加强集成电路、软件和电子元器件等核心基础领域的技术创新；以拥有自主知识产权为重点，以提高产业竞争力为核心，初步形成自主创新型的产业发展模式，提升产业持续发展能力
2007 年 12 月 10 日	财政部、信产部：《电子信息产业发展基金管理办法》	中央财政预算安排的专项资金，支持以软件产业和集成电路产业为核心的电子信息产业发展
2008 年 11 月 10 日	科技部：启动"核心电子器件、高端通用芯片及基础软件产品"国家科技重大专项	促进核心电子器件、高端通用芯片及基础软件产品开发
2008 年 12 月 8 日	人社部、信产部：《信息专业技术人才知识更新工程》（"653 工程"）	加强信息专业技术人才队伍建设，推进信息专业技术人才继续教育工作，提高队伍的整体素质和创新能力

续表

发布时间	发布机构及政策法规	主要内容
2008 年 12 月 12 日	工信部：启动"新一代宽带无线移动通信网"国家科技重大专项	研制具有海量通信能力的新一代宽带蜂窝移动通信系统、低成本广泛覆盖的宽带无线通信接入系统、近短距离无线互联系统与传感器网络，掌握关键技术，显著提高中国在国际主流技术标准所涉及的知识产权占有比例，加大科技成果的商业应用
2009 年 5 月 18 日	财政部、国家发改委：《关于开展〈节能产品惠民工程〉的通知》	中央财政预算安排资金补贴推广高效节能通风机、清水离水泵、单元式空气调节机和冷水机组、台式微型计算机、家用电冰箱、电动洗衣机、家用热水器、空气调节器、平板电视、空调、电机以及照明等电子产品

资料来源：根据国务院及国家部委网站的相关资料整理得到。

（二）产业化发展阶段（2010 年以来）的相关政策

这一阶段，新一代信息技术产业政策更加注重产业化，着眼于消费市场培育和促进供给侧改革两个方向，着力推进产业化以及产业化过程中的技术创新。一方面，通过家电下乡、家电以旧换新、宽带中国等工程和普及数字机顶盒、促进信息消费、促进大数据应用等办法，着力加强消费市场培育、扩大内需，并通过实施"一带一路"倡议推进战略性新兴产业国际化发展，从而促进信息产品和服务更新换代。另一方面，加快高速宽带网络建设，科学布局数据中心建设，促进电子商务、物联网、云计算、大数据创新发展培育信息产业新业态，实施"中国制造 2025""互联网 +"等行动计划，实施工业强基、新型显示、国家宽带网和"中国云"工程，大力推进信息产品和服务供给侧改革，着力提升信息产品和服务质量，加强核心竞争力，促进产业健康、有序发展。详见表 2 - 2。

表 2 - 2　产业化发展阶段（2010 年以后）政府部门出台的主要政策法规

发布时间	发布机构及政策法规	主要内容
2010 年 1 月 9 日	财政部、商务部、工信部：《关于进一步加大家电下乡政策实施力度的通知》	推进家电下乡

续表

发布时间	发布机构及政策法规	主要内容
2010 年 6 月 21 日	商务部、财政部、国家发改委、工信部、环保部、工商总局、质检总局：《家电以旧换新实施办法（修订稿）》	促进家用电子产品更新换代
2010 年 10 月 18 日	国务院：《关于加快培育和发展战略性新兴产业的决定》	将新一代信息技术列入战略性新兴产业范围
2011 年 1 月 11 日	工信部：《关于加快我国家用电器行业自主品牌建设的指导意见》	促进家电行业提高核心技术研发和工业设计水平，提升品牌国际化的经营能力，提高在全球产业链中的地位和国际市场影响力
2011 年 2 月 9 日	国务院：《关于印发进一步鼓励软件产业和集成电路产业发展若干政策的通知》	通过投融资、税收、产业技术、出口、收入分配、人才吸引与培养、政府采购、企业认定、知识产权保护、行业组织和行业管理以及集成电路专项政策，推动软件产业和集成电路产业的发展
2011 年 4 月 20 日	工信部、科技部、财政部、商务部、国资委：《关于加快推进信息化与工业化深度融合的若干意见》	推进信息化与工业化深度融合发展
2011 年 7 月 4 日	科技部：《国家"十二五"科学和技术发展规划》	加快实施"核高基"、"极大规模集成电路制造装备及成套工艺"和"新一代宽带无线移动通信网"等国家科技重大专项，大力培育和发展新一代信息技术等战略性新兴产业，实施新型显示、国家宽带网和"中国云"工程
2011 年 9 月 8 日	商务部、国家发改委、科技部、工信部、财政部、环保部、海关总署、税务总局、质检总局、知识产权局：《关于促进战略性新兴产业国际化发展的指导意见》	开展下一代信息网络、物联网等领域的国际科技合作与交流，推动与具有核心技术的国外高端研究机构合作；鼓励新一代信息技术领域参与国际标准制定；鼓励物联网、高端软件等领域的海外留学人员回国创业；加大对重要设备进口的支持力度，支持外商投资企业建立三网融合研发机构；鼓励外商投资设立高性能集成电路企业；充分利用国内资源优势发展高端软件服务外包，促进高端软件及相关信息服务开拓国际市场

续表

发布时间	发布机构及政策法规	主要内容
2012 年 3 月 27 日	工信部：《电子商务"十二五"发展规划》	规划布局电子商务产业发展
2012 年 3 月 27 日	国家发改委、工信部、教育部、科技部、中科院、中国工程院、国家自然科学基金会办公室：《关于印发下一代互联网"十二五"发展建设的意见的通知》	提出发展下一代互联网的指导思想、基本原则、发展目标、产业发展路线图和时间表
2012 年 4 月 9 日	财政部、海关总署、国家税务总局：《关于进一步扶持新型显示器件产业发展有关税收优惠政策的通知》	对新型显示器件生产、净化室建设以及新型显示器件上游的关键原材料、零部件生产，国内无法提供的配套系统、关键零部件、原材料免征进口关税和进口环节增值税
2012 年 7 月 9 日	国务院：《"十二五"国家战略性新兴产业发展规划》	实施"宽带中国工程""高性能集成电路工程""新型平板显示工程""物联网和云计算工程"和"信息惠民工程"等 20 项重点工程，推进新一代信息技术产业等战略性新兴产业发展
2013 年 1 月 11 日	工信部、国家发改委、国土部、电监会、能源局：《关于数据中心建设布局的指导意见》	引导市场主体合理选址、长远规划、按需设计、按标建设，逐渐形成技术先进、结构合理、协调发展的数据中心新格局
2013 年 1 月 21 日	工信部、国家发改委、财政部、工商总局、质检总局、广电总局：《关于普及地面数字电视接收机的实施意见》	普及地面数字电视接收机，推进数字电视整体转换，完善国家广播电视应急体系，加快产业转型升级
2013 年 2 月 17 日	国务院：《关于推进物联网有序健康发展的指导意见》	明确了推进物联网有序健康发展的指导思想、基本原则、发展目标、主要任务和保障措施
2013 年 4 月 2 日	工信部、国家发改委、教育部、科技部、财政部、环保部、住建部、国家税务总局：《关于实施宽带中国 2013 专项行动的意见》	优化宽带发展环境，加强科技创新，加快网络升级演进，统筹有线无线发展，推动应用普及深化，强化产业链协同并进，改善用户上网体验，不断增强宽带支撑经济社会发展的关键作用

续表

发布时间	发布机构及政策法规	主要内容
2013 年 8 月 14 日	国务院:《关于促进信息消费扩大内需的若干意见》	增强信息产品供给能力、培育信息消费需求
2013 年 9 月 5 日	国家发改委、工信部、教育部、科技部、公安部、财政部、国土部、商务部、国家税务总局、国家统计局、国家知识产权局、中科院、中国工程院、国家标准委:《物联网发展专项行动计划》	明确了十个物联网建设的指导思想、总体目标、重点任务、分工与进度、保障措施
2014 年 2 月 28 日	工信部:《关于加快推进工业强基的指导意见》	提升核心基础零部件(元器件)等工业"四基"发展水平,夯实工业发展基础
2015 年 1 月 30 日	国务院:《关于促进云计算创新发展培育信息产业新业态的意见》	促进云计算创新发展,积极培育电子政务云、大数据、信息安全保障等信息产业新业态
2015 年 5 月 8 日	国务院:《中国制造 2025》	推进信息化与工业化深度融合,促进加快推动新一代信息技术与制造技术融合发展,研究制定智能制造发展战略,加快发展智能制造装备和产品,推进制造过程智能化,深化互联网在制造领域的应用,加强互联网基础设施建设,实施"智能制造工程"。大力推动集成电路及专用装备、信息通信设备、操作系统及工业软件等新一代信息技术产业重点领域突破发展
2015 年 5 月 20 日	国务院:《关于加快高速宽带网络建设推进网络提速降费的指导意见》	加快推进宽带网络基础设施建设,大幅提高网络速率,有效降低网络资费,持续提升服务水平
2015 年 7 月 1 日	国务院:《关于运用大数据加强对市场主体服务和监管的若干意见》	促进大数据在政府治理经济方面的应用
2015 年 7 月 4 日	国务院:《关于积极推进"互联网+"行动的指导意见》	促进"互联网+"实体经济融合发展,提出了"互联网+"创新创业、协同制造、现代农业、智慧能源、普惠金融、益民服务、高效物流、电子商务、便捷交通、绿色生态和人工智能 11 项重点行动

续表

发布时间	发布机构及政策法规	主要内容
2015 年 8 月 25 日	国务院:《三网融合推广方案》	推广三网融合
2015 年 9 月 5 日	国务院:《促进大数据发展行动纲要》	明确了促进大数据发展行动的指导思想、总体目标、主要任务和政策机制,确定了十个应用领域的大数据重点工程
2015 年 11 月 19 日	国务院:《关于积极发挥新消费引领作用加快培育形成新供给新动力的指导意见》	发挥新消费引领作用,加快培育形成经济发展新供给新动力

资料来源:根据国务院及国家部委网站的相关资料整理得到。

二 新一代信息技术产业发展规模动态演变

新一代信息技术产业是国民经济门类中创新最活跃、带动性最强、渗透性最广的门类之一,在中国经济可持续发展过程中占据举足轻重的地位,近年来,产业发展呈现由高增长向健康稳步发展演变的趋势。

(一)产业规模发展变化

2015 年,中国电子信息产业整体保持了平稳增长。规模以上电子信息企业达到 6.08 万家,其中,制造类企业 1.99 万家,软件和信息服务类企业 4.09 万家。2015 年实现主营业务收入 15.4 万亿元,同比增长 10.4%;其中,制造业主营业务收入 11.1 万亿元,同比增长 7.6%;软件业务收入 4.3 万亿元,同比增长 16.6%(见表 2-3)。

表 2-3 2005—2015 年中国电子信息产业主营业务收入及其增长情况

年份	2005	2006	2007	2008	2009	2010	2011	2012	2013	2014	2015
电子信息产业主营收入(万亿元)	3.84	4.75	5.12	5.89	6.13	7.75	9.37	10.94	12.38		
制造业	3.45	4.27	4.54	5.125	5.131	6.39	7.49	8.46	9.32	10.3	11.1
软件业	0.39	0.48	0.58	0.76	0.997	1.36	1.88	2.48	3.06	3.7	4.3
电子信息产业主营收入同比增长(%)	24.8	23.7	7.8	14.9	4.1	26.5	20.9	16.8	13.2	13.1	10.4
制造业	23.2	23.8	6.3	12.8	0.1	24.6	17.1	13	10.1	10.5	7.6
软件业	40.3	22.9	21.5	30.1	31.7	36.4	38.7	31.5	23.4	21.1	16.6

注:根据工信部经济运行局、电子信息司、信息化和软件服务业司数据整理,其中,2015 年软件业务收入数据为快报数。

2005 年以来，中国电子信息产业主营业务收入增长了 3 倍，年均增长率达到 13.5%。除因 2008 年 9 月国际金融危机以及中国政府不断完善和充实应对国际金融危机的政策措施，到 2010 年年底逐步实施了"一揽子"计划等因素影响外，中国电子信息产业规模总体呈现由高增长向健康快速增长演变的态势，这一趋势在 2012 年以后尤为明显，如图 2-1 所示。国务院《关于进一步鼓励软件产业和集成电路产业发展若干政策》在税收、出口、人才吸引与培养、政府采购等方面促进软件产业的政策措施，以及软件产业的轻资产、低门槛、技术更新快、新兴业态层出不穷、商业模式日新月异等方面的特点，使软件产业持续保持了快速增长的发展态势。

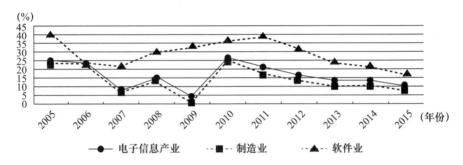

图 2-1 2005—2015 年中国电子信息产业主营业务收入增长率变动趋势

（二）主要产品产量的发展变化

电子信息产品产量总体呈现出逐年增长的态势。国家统计数据的显示，房间空气调节器、家用电风扇、家用吸排油烟机、彩色电视机等绝大多数家用电子产品、移动通信手持机、显示器等消费类电子产品以及集成电路、复印和胶版印制设备产品产量增长较快，程控交换机、电话单机、传真机产量在 2012 年以后呈现出相对稳定态势，仅有照相机、数码照相机、组合音响等奢侈消费电子产品在 2012 年以后出现比较大的下滑，如表 2-4 所示。

表 2-4 　　　　　2005—2014 年中国电子信息制造业主要产品产量

年份	单位	2005	2006	2007	2008	2009	2010	2011	2012	2013	2014
家用电冰箱	万台	2987	3531	4397	4800	5930	7296	8699	8427	9256	8796
房间空气调节器	万台	6765	6849	8014	8147	8078	10887	13913	12399	13069	14463
家用电风扇	万台	12022	14466	15440	13891	15955	18068	18846	16594	15876	16551
家用吸排油烟机	万台	730	1118	1217	1633	1714	2028	2032	2235	2784	3082
家用洗衣机	万台	3036	3561	4005	4447	4974	6248	6716	6791	7301	7114

续表

年份	单位	2005	2006	2007	2008	2009	2010	2011	2012	2013	2014
家用吸尘器	万台	4679	5319	6514	6368	6535	7669	8400	8145	8981	8800
程控交换机	万线	7721	7405	5387	4584	4153	3138	3034	2829	2699	3123
电话单机	万台	18862	18648	16516	16688	14538	16770	14018	12774	12520	12287
传真机	万部	1068	1189	889	749	684	181	268	264	172	175
移动通信手持机	万台	30354	48014	54858	55945	68193	99827	113258	118155	152344	162720
微型计算机设备	万台	8085	9336	12073	15854	18215	24584	32037	31807	35348	35080
笔记本计算机	万台	4565	6249	8671	10859	15009	18584	23897	25289	24042	22729
显示器	万台	10520	13360	14438	13365	13123	13927	12681	12713	13631	16396
集成电路	亿块	270	336	412	439	414	653	720	780	903	1016
彩色电视机	万台	8283	8375	8478	9187	9899	11830	12231	12824	12745	14129
组合音响	万台	7093	5538	5929	7297	9879	11614	15492	13146	12528	11590
照相机	万台	8199	8552	8690	8900	8458	9328	8241	8802	4691	3123
数码照相机	万台	5523	6695	7493	8188	8026	9129	8051	7007	3620	2468
复印和胶版印制设备	万台	404	468	452	584	421	535	655	610	698	713

注：数据来源于国家统计局。

工信部2015年《电子信息产业统计公报》显示，2015年，智能手机和智能电视产量分别达到13.99亿台和8383.5万台，分别增长7.8%和2.5%，分别占全部手机和电视机产量的77.2%和57.9%，表明在"家电下乡""家电以旧换新"、促进信息消费等政策引导和支持下，智能电子产品的市场需求仍比较旺盛。

三　新一代信息技术产业发展效益分析与评价

2015年，规模以上电子信息制造业实现利润总额5602亿元，同比增长7.2%。产业平均销售利润率5%，比上年提高0.1个百分点（见表2－5）。

表2－5　2009—2015年中国电子信息制造业利润、税金及其增长情况

年份	2009	2010	2011	2012	2013	2014	2015
利润总额（亿元）	1791	2825	3300	3506	4152	5052	5602
利润总额同比增长（%）	5.2	57.7	16.8	6.2	21.1	20.9	7.2
产业平均销售利润率（%）	3.5	4.4	4.4	4.1	4.5	4.9	5
税金总额（亿元）	664	950	1245	1513	1845	2021	2470
税金总额同比增长（%）	13.3	43.1	31	21.6	19.1	9.2	18.8

注：根据工信部2009—2015年度《电子信息产业统计公报》数据整理。

　　总的来看，自 2009 年以来，除 2010 年实施的应对国际金融危机的政策措施、2013 年实施的推广数字机顶盒以及促进信息消费的政策措施导致电子信息制造业利润总额大幅度增长外，中国电子信息制造业利润总额呈现出稳步增长、增长率逐渐下降、销售利润率稳步提高的态势（见图 2-2）。人力资源、资金等要素成本的不断上涨、激烈的市场竞争使电子信息制造业产品的利润空间不断收窄，而技术创新、规模经济发展则促使销售利润率稳步提升。随着供给侧改革战略及相关政策措施的实施，电子产品智能化程度日趋提高，电子信息制造业利润总额增长率稳中趋降、销售利润率稳步提高的态势将成为电子信息制造业经济效益的常态。从税收贡献看，电子信息制造业税金总额也呈现出稳步增长、保持较高增速的态势，随着技术创新水平的提高，电子产品增加值率将不断提升，税金总额高速增长的态势仍将持续。

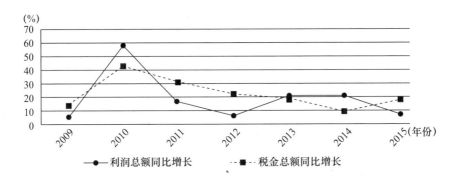

图 2-2　2009—2015 年中国电子信息产业利润总额和税金总额增长率变动趋势

第二节　新一代信息技术产业区域分布、产业聚焦与典型龙头企业动态跟踪分析

　　作为与国民经济密切相关的基础性支撑产业，中央与地方政府实施了一系列规划和政策措施推动新一代信息技术产业快速发展。总体上看，由于产业发展对资金、人才的需求，东南沿海经济发达地区仍是新一代信息技术产业发展相对集中的区域。但是，随着各地区生产要素成本的

差异不断加大，对土地空间需求较大、高端人才需求相对较低的新一代信息技术产业的制造部门呈现出向中西部地区转移的趋势。本节在分析新一代信息技术产业的区域空间布局演变的基础上，聚焦产业热点，以典型龙头企业为代表分析新一代信息技术企业发展的典型路径。

一　新一代信息技术产业区域分布动态变化

中国新一代信息技术产业的空间布局，总体上呈现出"东进西移""一轴一带"的发展趋势，软件业集聚于东北地区和东部沿海地区，快速向集成电路设计、工控软件、云计算、物联网、大数据等高端和新兴软件和信息服务发展，同时向中西部中心城市辐射；而电子信息制造业则加速向中西部转移。

中国新一代信息技术产业在空间布局上"东进西移"是产业转型升级的必然结果。东部沿海地区（包括东北地区和东部地区）经济比较发达，工业基础雄厚，信息化程度较高，环境优势、人才优势明显，是电子信息产业发展的主要地区，尽管制造业在快速向中西部地区转移，2014 年，东部沿海地区电子信息制造业销售产值占全国电子信息制造业销售产值的比重仍然达到 80.68%；软件业务收入占全国软件业务收入的比重则达到 86.9%（见表 2-6）。一方面，由于土地空间、人力资源等成本持续快速攀升，东部沿海地区尤其是东部地区，电子信息制造业加速向中西部转移，销售产值占全国电子信息制造业销售产值的比重由 2008 年的 93.52% 大幅下降至 2014 年的 80.68%，六年间下降了 12.84 个百分点。另一方面，作为智力密集型产业，软件产业的发展主要依靠专业技术人才，东部沿海地区依托人才优势，集中了全国大部分的软件产业，2008 年软件业务收入占全国软件业务收入的比重就达到了 86.26%，2008—2014 年，这一比例始终保持在 86%—88% 之间。与东部沿海地区相比，中西部地区空间优势和成本优势比较突出，尤其是武汉、西安、成都、重庆、合肥等中心城市，成本较低，配套完善，交通便利，人才也比较集中，具有较大的发展潜力。依托成本优势，承接产业战略转移，中西部电子信息制造业销售产值占全国电子信息制造业销售产值的比重由 2008 年的 6.48% 快速上升至 2014 年的 19.32%；同时，中西部地区依托于武汉、西安、成都高等学府众多、具备一定的人才培育能力的优势，大力发展软件产业，软件产业规模占全国软件产业规模的比重并未出现大幅下降，2014 年比 2008 年仅下降了 0.64 个百分点。

表 2 - 6 　　　　　 2008—2014 年中国电子信息产业区域规模占
全国总规模比重情况 　　　　单位:%

地区	电子信息制造业				软件业			
	2008 年	2010 年	2012 年	2014 年	2008 年	2010 年	2012 年	2014 年
东北地区	1.71	1.95	1.69	1.58	7.14	8.54	10.10	9.98
辽宁省	1.55	1.76	1.51	1.38	4.92	6.74	8.61	9.22
吉林省	0.11	0.14	0.12	0.15	1.43	1.21	1.06	0.55
黑龙江省	0.05	0.05	0.05	0.05	0.80	0.59	0.43	0.21
东部地区	91.81	88.91	82.53	79.10	79.12	78.54	76.13	76.92
广东省	31.44	32.16	27.35	27.57	18.68	18.09	16.75	16.28
江苏省	25.55	23.49	27.06	24.87	15.87	17.15	16.81	18.45
山东省	6.83	7.28	5.93	6.83	5.00	6.77	6.99	7.40
上海市	10.72	9.98	7.58	6.01	7.53	6.74	8.41	8.07
浙江省	4.96	4.88	3.97	3.82	5.58	5.06	5.47	6.66
天津市	3.39	2.88	3.22	3.50	1.78	2.09	2.24	3.09
福建省	3.60	3.88	3.55	3.48	3.44	4.31	4.06	4.56
北京市	4.81	3.67	3.13	2.36	20.77	17.36	14.83	12.06
河北省	0.50	0.66	0.66	0.63	0.45	0.94	0.51	0.31
海南省	0.02	0.04	0.08	0.03	0.02	0.03	0.07	0.03
中部地区	3.44	5.18	9.04	11.12	4.46	4.06	3.72	4.16
河南省	0.69	0.78	2.37	2.83	1.02	0.82	0.63	0.16
江西省	0.46	0.92	1.99	2.38	0.42	0.34	0.22	0.14
安徽省	0.68	1.25	1.20	1.90	0.48	0.30	0.30	0.21
湖北省	1.02	1.34	1.45	1.87	1.21	1.23	1.48	3.01
湖南省	0.39	0.69	1.49	1.73	1.26	1.29	0.95	0.59
山西省	0.20	0.19	0.54	0.40	0.07	0.07	0.12	0.05
西部地区	3.04	3.96	6.73	8.20	9.28	8.87	10.05	8.94
四川省	1.69	2.27	3.20	3.69	4.94	4.28	5.31	5.06
重庆市	0.19	0.49	1.83	2.69	0.94	1.16	1.70	0.46
广西壮族自治区	0.25	0.38	0.72	1.00	0.34	0.39	0.24	0.27
陕西省	0.47	0.48	0.56	0.44	2.06	2.01	1.98	2.58

续表

地区	电子信息制造业				软件业			
	2008 年	2010 年	2012 年	2014 年	2008 年	2010 年	2012 年	2014 年
内蒙古自治区	0.23	0.11	0.19	0.14	0.23	0.16	0.10	0.11
贵州省	0.12	0.14	0.07	0.10	0.23	0.27	0.25	0.22
甘肃省	0.04	0.04	0.04	0.05	0.13	0.13	0.08	0.05
青海省	0.00	0.00	0.02	0.04	0.00	0.00	0.00	0.00
云南省	0.03	0.02	0.03	0.03	0.23	0.30	0.22	0.08
宁夏回族自治区	0.01	0.00	0.03	0.02	0.02	0.03	0.03	0.01
新疆维吾尔自治区	0.02	0.03	0.03	0.00	0.17	0.14	0.14	0.09

注：根据工信部经济运行局、电子信息司、信息化和软件服务业司数据整理。其中，电子信息制造业依据销售产值指标计算，软件业依据软件业务收入指标计算；2014 年数据根据 2014 年 1—4 月主要指标计算。

　　"东进西移"将促使新一代信息技术产业制造部门区域重心发生重大转移，从而推动新一代信息技术产业的空间布局逐步由东部沿海地区带向长江沿岸及东部沿海"一轴一带"的发展格局演进。一方面，物联网、云计算、集成电路设计、软件等新兴产业的空间分布呈现同经济发达程度高度匹配的特点，随着北京、上海、广州、深圳等一线城市的成本快速走高，新一代信息技术产业的技术服务部门正在逐步向大连、无锡、苏州等东部沿海地区二线城市转移，并逐步向武汉、西安、成都等中西部地区专业技术人才较为丰富的中心城市辐射。另一方面，电子信息制造业战略转移也呈现出向中西部交通便利的武汉、西安、成都、重庆、合肥等中心城市及其周边集聚的趋势。

二　新一代信息技术产业发展聚焦

　　自 2009 年 8 月温家宝首次提出"感知中国"的概念，国家相关部委、地方各级政府纷纷出台政策措施，着力推进物联网产业发展。尽管中国物联网产业从无到有得到了快速发展，但物联网应用仍面临一系列问题，大规模部署推广仍存在一系列障碍。本节将在分析制约物联网发展的主要因素的基础上，提出推动物联网产业发展的意见和建议。

（一）物联网主要应用障碍分析

中国物联网应用障碍主要包括基础网络改造进展较慢、标准规范体系不完善、成本效益不明显、商业模式不成熟等方面。

1. IPv4 地址耗尽、IPv6 部署缓慢，延缓了物联网的发展

IP 地址是用于识别和定位连接到互联网的电脑的隐匿互联网协议地址。2011 年 2 月 3 日，IPv4 系统地址耗尽，但新的 IPv6 系统却远未完成部署。中国互联网络信息中心数据，截至 2015 年 7 月 31 日，中国大陆 IPv4 地址总数为 3.3 亿个，IPv6 地址总数达到 19349 块/32。尽管中国大陆 IPv4 和 IPv6 地址总数均排名全球第二，但中国大陆 IPv6 普及率偏低，尚不足 2%，而全球已有 25 个国家的 IPv6 用户普及率超过 2%，其中，美国、瑞士、德国、比利时的 IPv6 用户普及率更是达到 20%—40%。此外，中国大陆 IPv6 应用率也较低，目前国际排前十位的 ICP 中，有 5 个（Google、Facebook、YouTube、Yahoo、Wikipedia）已全面支持 IPv6，Alexa 排前 1000 位的网站中超过 10% 的网站也已支持 IPv6，而中国的 IPv6 网站支持率为 5%。IPv6 部署进展缓慢必然制约物联网的大规模应用。

2. 标准规范缺失，物联网技术的发展及其产品的产业化缺乏依据

物联网技术的多样性和高度集成，使物联网横跨下一代互联网、传感器、集成电路、微电机系统等多个行业。不同的技术标准和行业规范制约了物联网的大规模应用，标准体系的建立已成为物联网发展的首要先决条件。虽然中国在标准化方面已取得了一定的突破，但距离建立系统的标准体系仍然存在巨大差距。

3. 成本居高不下，物联网产品应用市场受到局限

虽然中国物联网产业下游的通信运营商和中游的系统设备商都已达到世界水平，但是，其他环节相对薄弱或缺失，尚未形成较为完善的产业链，物联网部署初期成本较高，成本效益不明显，从而导致物联网产业发展主要依赖于政府重点领域示范工程的推动，难以被市场接受，制约了物联网的广泛应用。

4. 商业模式不成熟、服务需求不充分，物联网难以大规模触及终端消费者

一方面，目前，物联网商业模式尚处于探索阶段。2011 年，工信部电子情报所定义的物联网商业模式包括政府 BOT、通道兼合作、广告以及自营四种模式。目前，政府 BOT 模式多用于公用事业，应用行业受到

局限，且成本管理和收入分配机制有待完善。通道兼合作模式因对系统集成商的专业化程度要求较高以及内部竞争性较强缺乏竞争优势。广告模式受目标客户及应用定位影响较大，对行业应用成熟度要求较高。自营模式要求的资金投入较大，进入障碍较高。另一方面，目前，中国信息化水平仍然较低，物联网服务对社会公众来说仍然属于奢侈品，因此，社会公众对公共事业以外的直接物联网服务缺乏热情。

（二）加速物联网应用的政策建议

以应用促发展已成为各级政府及业内对物联网产业发展的共识。针对物联网应用的主要障碍，建议从以下四个方面积极应对，加速物联网应用，推进物联网产业发展。

1. 制定 IPv6 演进时间表，加速 IPv6 部署

积极推进 IPv6 商用网络部署，明确向 IPv6 演进的时间表。对此，国家有关部门应加强统筹协调，组织相关单位制定 IPv6 演进时间表，明确互联网升级改造的具体工作和进度安排，并建立协调推进机制，加快推动 IPv6 部署。

2. 推动重点行业标准制定，加速示范应用

在构建标准体系框架、研制共性和关键技术标准的同时，应把重点示范行业物联网应用的标准化工作摆在重要位置，针对《物联网"十二五"发展规划》确定的智能工业、智能农业、智能物流、智能交通、智能电网、智能环保、智能安防、智能医疗和智能家居 9 大重点领域，结合国家发改委确定的 19 个国家物联网重大应用示范工程，尽快出台行业应用标准，加速重点行业示范应用，并协调推进标准制定与示范应用的良性互动，形成一批具有推广意义的行业标准。

3. 支持技术创新，完善物联网产业链，加速基础网络构建

大力支持微型无线传感、超高频和微波 RFID、无线传感器网络、异构网络融合等物联网核心技术的创新，促进关键材料的替代研发，推动物联网产品向超小型、高性能、低成本方向发展。重点引进、大力培育产业链缺失环节的企业，大力支持产业链薄弱环节的企业发展，鼓励和支持骨干物联网企业纵向兼并，加速构建较为完善的产业体系，加速培育物联网应用领军企业群。把物联网基础网络构建摆在国家战略基础设施建设的重要地位，加速推进物联网基础网络构建，并对平台建设给予适当的资金补贴，降低物联网部署初期的资金投入，降低终端市场承担

的转移成本。

4. 促进商业模式和服务创新，加速培育终端市场

（1）促进商业模式创新，探索 BOT、PPP 等模式，加速公用设施物联网运营模式的完善，根据应用定位与市场发育程度，采取前期适度让利的方式促进示范项目健康发展，大力推动重点领域应用示范项目健康快速发展；对于物联网产业基础较好的地区，由政府主导，建立紧密合作型产业联盟，整合产业链各环节优势企业，鼓励和支持企业开展合作，协调促进企业以通道兼合作模式，共同推动物联网应用；对应用定位清晰、市场发育较好的行业，可考虑引入广告模式，鼓励公平竞争，促进产业良性发展；对于寡头垄断以及进入障碍较高的行业，协调推进寡头垄断企业及龙头企业采用自营模式，开展物联网应用。

（2）通过商业模式创新促进服务创新，一方面，从公共事业、社区及居民服务等基础社会化服务着手，加大政府采购社会化物联网服务的力度，推动物联网应用直接面向终端用户；另一方面，对非公共和非基础社会化的物联网服务，采取政府补贴的形式，鼓励服务创新，促进相关物联网应用向终端消费者延伸。

（3）加速培育终端市场，大力推进公共事业、金融、交通、医疗等直接关系百姓生活的行业的物联网应用，大力推广智能家居和智能安防应用，培养消费者习惯，促进终端市场良性发育。

三　新一代信息技术产业典型龙头企业动态分析

大唐电信科技产业集团（以下简称大唐电信）作为一家专门研制电子信息系统装备的大型央企，拥有新一代移动通信无线网络与芯片技术国家工程实验室、无线移动通信国家重点实验室、数据通信科学技术研究所、电信科学技术半导体研究所等众多国家级研发机构，在无线移动通信、集成电路设计与制造和特种通信三大领域研发实力雄厚，开发了第三代移动通信 TD－SCDMA 核心技术，并使之成为移动通信的国际标准之一，累计获得国家科技进步奖、国家发明专利金奖等自主创新奖励 200余项，是首批国家"创新型企业"之一。

（一）大唐电信的 TD 技术标准自主创新历程

大唐电信 TD 技术研究和发展，从技术研发立项、提出国际标准到正式商用经历了四个阶段，其间，开发了样机，通过了验收、试商用，主要指标达到国际先进水平，最终成功被国际电信联盟确定成为 4G 国际标

准，中国首次在移动通信标准这一行业的最高领域实现了从"追赶"到"引领"的重大跨越。

1. 技术研发和国际标准的提出（1998—2001 年）

为解决中国移动通信依靠国外技术的问题，当 1997 年 4 月国际电信联盟（ITU）征集 IMT‑2000 无线传输候选技术（RTT）时，在 1998 年 1 月邮电部组织的论证研究国内 3G 技术发展情况的会议上，大唐电信的前身电信科学技术研究院提出了一套系统的 TD‑SCDMA 技术，得到了邮电部的支持，将第三代移动通信标准 TD‑SCDMA 代表中国上报，并于 2000 年 5 月在土耳其召开的 TTJ2000 年世界无线大会上，被 ITU 批准为正式标准。自此，TD‑SCDMA 成为全球三大移动通信标准之一，中国真正拥有了第一个国际电信标准。在 2001 年 3 月 3GPP TSG RAN 第 11 次全会上，由中国提出的 TD‑SCDMA 第三代移动通信标准全部技术方案被 3GPP 正式接纳，TD‑SCDMA 成为全球 3G 移动通信网络建设的选择方案之一。

2. 样机研发和系统完善阶段（2001—2005 年）

2001 年，大唐电信移动通信用 SIM 卡、UIM 卡芯片通过部级鉴定，开始推广使用。2001 年 4 月，TD‑SCDMA 基站与模拟终端实现了系统间通话。2002 年 3 月，大唐移动通信设备有限公司正式挂牌成立，启动了 TD‑SCDMA 产业化的加速阶段。2003 年，TD‑SCDMA 产品样机开发和标准制定项目通过信息产业部的验收。2004 年 7 月，TD‑SCDMA 终端芯片与基站实现物理层环回电话。2005 年 9 月，TD 具备大规模同频组网能力，标志着 TD‑SCDMA 系统已经初步完备，通过测试即可商用。

3. 测试及预商用阶段（2006—2008 年）

随着信息产业部在 2006 年 1 月 20 日将 TD—SCDMA 确定为中国通信行业国家标准，TD‑SCDMA 规模网络应用试验。2007 年 3 月，TD‑SCDMA 启动扩大规模网络试验；2008 年 1 月，中国移动、中国电信、原中国网通（现中国联通）在北京、上海、保定、青岛等城市建成了 TD‑SCDMA 试验网；2008 年 4 月，中国移动在北京、上海、天津等 10 个城市启动了 TD‑SCDMA 试商用；2008 年 8 月，北京奥运会期间，TD‑SCDMA 接通率达到 100%，掉话率仅为 0.27%，均达到国际先进水平。

4. TD – SCDMA 正式商用到 TD – LTE – Advanced 技术成为国际 4G 标准（2009 年至今）

2009 年 1 月，工信部向重组后的三大运营商发放了 3G 牌照，其中，中国移动获得了 TD – SCDMA 牌照；2009 年 10 月 14—21 日，中国在国际电信联盟 ITU – R WP5D 工作组第 6 次会议上提交了大唐电信主导的具有自主知识产权的 TD – LTE – Advanced 技术方案；2010 年 10 月 13—20 日，大唐电信主导的 TD – LTE – Advanced 技术成功入选 IMT – Advanced 技术；2012 年 1 月 18 日，大唐电信主导的 TD – LTE – Advanced 技术被国际电信联盟确定成为 4G 国际标准，成为两大 4G 国际标准之一。

（二）大唐电信 TD 技术标准自主创新成功的经验分析

大唐电信成功实施了 TD 技术标准的自主创新，其长期坚持正向创新、努力占据产业链高端环节、"开放创新"以及与"中国制造"有机结合的创新发展模式，对新一代信息技术产业发展具有重要的借鉴意义。

1. 长期坚持正向创新

标准竞争是通信行业的高层次竞争，也是最重要的竞争。从标准角度切入"正向创新"是通信企业取得可持续竞争力的关键。创立之初，大唐电信集团即坚持正向创新，通过系统性创新活动，掌握了 TD – SCD-MA 和 TD – LTE – Advanced 领域核心知识产权，并使之成为国际标准。新一代信息技术产业的发展正需要这样的"正向创新"，从标准、从核心技术切入，形成核心知识产权体系，构建国际公认的标准，从而实现新一代信息技术产业的蓬勃发展。

2. 努力占据产业链高端环节

集成电路设计是电子信息产业链的高端环节。集成电路设计与制造产业是大唐电信三大核心产业之一，芯片设计工艺水平已达到了 65nm 深亚微米，设计规模达到 1000 万门级，拥有国际一流的设计与测试环境，并实现了芯片产业化，推出了 SoC 系列芯片、电信智能卡、电子证卡等一系列产品，其中，无线接入终端 SoC 芯片是中国第一个量产超过百万片的 SoC 芯片。

3. 秉持"开放创新"理念

TD 产业覆盖了与 TD 相关的系统设备、检验检测设备、终端设备以及增值服务内容的研发、生产制造与应用实施，产业链很长。推进 TD 产业化，大唐电信不搞"大而全"，而是在 2002 年同华为、联想、中兴通讯、中国电子信息产业集团、普天信息、中国移动等中国若干大型电子信息企业及运营商联合成立了 TD - SCDMA 产业联盟，共同推动TD - SC-DMA 产业的发展。2012 年，大唐电信又同七所高校及华为、中兴通讯等企业发起成立了"2011 无线通信技术协同创新中心"，合力解决无线通信的重大基础性技术问题。

4. 与"中国制造"有机结合

纵观大唐电信的组织架构，大唐电信由两家上市公司和一系列研究院所、实验室与投资公司组成，实施了轻型工业化的发展战略，专注于系统设备开发、集成电路设计以及通信技术开发和应用等领域，通过将重复性、批量化的工业制造交由长三角、珠三角的众多制造业企业完成，实现了与"中国制造"的有机结合，从而在降低制造成本的同时，使企业更加专注于技术创新。

第三节　新一代信息技术产业发展问题分析、国际经验启示与破解路径设计

30 多年来，中国新一代信息技术产业发展过程中始终面临着"缺核少芯"[①] 的核心问题，同时，政策未能发挥差异化导向导致同质化发展与低水平重复建设问题突出，IPv6、物联网、云计算大规模普及障碍尚未消除。本节将分析当前新一代信息技术产业发展过程中存在的问题，探讨美国发展信息技术产业的经验，进而提出推进新一代信息技术产业发展的措施。

一　新一代信息技术产业发展存在的焦点问题分析

当前，中国新一代信息技术产业发展主要存在缺乏核心关键技术、同质化发展与低水平重复建设突出、新兴技术普及难度较大、政策措施亟待创新、信息安全问题日益凸显等问题。

（一）缺乏核心关键技术

中国信息技术经过多年的发展，积累了一定的研发能力，涌现出了

---

① 贺俊程、谭君崇、王伟兵、李晓霞：《推动新一代信息技术产业发展的几点建议》，《经济研究参考》2015 年第 72 期。

一批高新技术和高附加值的产品，但是，仍有相当一部分信息产品的关键技术、零部件、原材料及设备受制于人。部分重点技术和设备完全依赖进口，许多信息产品还停留在组装和来料加工层次。以手机芯片为代表的高性能集成电路芯片、基础操作系统、液晶、玻璃基板、彩色滤光片、偏光片等新型平板显示核心原材料及刻蚀机、曝光机等关键设备、OLED 发光材料、玻璃基板等原材料及蒸镀、旋涂等关键设备大多掌握在欧盟、美国、日本、韩国企业手中，国内企业不掌握核心技术，只能从事简单的加工组装。特别是高性能集成电路芯片、基础操作系统等关乎国家信息安全的核心技术尚未实现"自主可控、安全可靠"，"缺核少芯"使新一代信息技术产业尚不能发挥战略性的核心作用。

（二）同质化发展与低水平重复建设突出

目前，全国除西部个别省份，绝大部分省份都提出了发展新一代信息技术产业的计划，发展重点大致相同。这种不考虑自身条件和市场环境，一哄而上、盲目投资发展的做法，导致了恶性竞争、资源的极大浪费和一系列的低水平重复建设，最终带来了巨大的投资风险。数据中心建设、云计算、物联网等新兴产业发展均出现了上述问题，各地云计算数据中心、云计算产业园、云计算应用工程、物联网示范工程等纷纷上马。目前，斥巨资建成的数据中心除了承担政府档案电子化的任务，再无其他应用；有些所谓的"云计算"平台，建成后就变成了一个大机房，甚至沦为仅供参观的"展示中心"。

（三）新兴技术普及难度较大

新一代信息技术及产品的应用普及水平有待提高。目前，云计算、物联网、移动互联网、大数据等新兴领域的应用服务水平较低，产品、网络、服务的垂直整合与融合发展能力不强，信息技术改造提升传统产业的巨大潜力尚待挖掘。以物联网为例，中国物联网技术在交通、电力、治安、卫生医疗等领域开始了试点应用，但总体上看应用层次还较低，基本上停留在个别项目的试点阶段。缺乏互联互通标准，使各个领域的应用呈现"信息孤岛"态势，不同行业的应用也自成体系，行业间、业务间、用户间的信息互通不足，还没有形成有效的资源共享。

（四）政策措施亟待创新

虽然中央政府出台了一系列促进技术创新和产业化的政策措施，但是，目前新一代信息技术产业的政策环境还很不完善，体制机制、支持方式仍需创新。一是科技创新支持的重点一味地强调高、精、尖，大幅超前，远远脱离当前经济发展的实际，即使研发成功，也无法产业化。二是产业化的支持重点仍停留在大规模基础设施建设的基础上，忽视了对商业模式创新以及大规模普及应用的支持。三是科技成果转化渠道尚未打通，《中华人民共和国促进科技成果转化法》已经实施，但相关领域的管理制度、实施办法、操作流程等仍有待细化。四是政策支持缺乏对差异化发展的引导，地方政府发展产业往往考虑产业链越完善、相关产业部门越全越好，中央政府制定政策时应注重发挥地方特色，杜绝重复性建设，避免同质化发展。

（五）信息安全问题日益凸显

随着下一代移动网络、物联网和云计算等新一代信息技术的快速发展，中国网络和信息安全问题也日益突出。网络与信息安全事关国家安全，关系国计民生，是国家重大战略需求。在新一代信息技术应用过程中，信息系统会集聚大量数据，这些数据关系到个人隐私、商业秘密、运行指标，甚至国家机密，如何确保新一代信息技术在运行、管理、服务等方面的网络安全、数据安全和可信计算是一个重大课题。以物联网为例，未来物联网将覆盖交通、电力、供水、供气等民生部门，甚至涵盖军事领域的信息收集、处理和控制。这样，物联网在为经济和社会发展带来巨大便利和效益的同时也使国家安全和民众的隐私面临严峻挑战。而且，中国物联网产业领域采用很多国外的信息技术及设备，许多产品和关键技术为国外公司掌控。物联网传递处理的信息面临被国外组织及个人窃取和干扰的潜在威胁，若有恶意攻击，则可能带来经济社会的重大损失。

二　美国电子信息产业发展的经验启示

美国是世界上最早大规模发展电子信息产业的国家。为推动产业发展，美国制定了国家信息产业战略，颁布了相关产业政策，在发展电子信息产业方面特点鲜明，为中国发展新一代信息产业提供了经验。

（一）美国电子信息产业的发展历程和特点

美国电子信息产业的基础研究发展起源于两次世界大战。IBM 研究实验室、贝尔实验室、劳伦斯辐射实验室先后于 1911 年、1925 年和 1931 年成立。两次世界大战期间，处于战争之外的安全地域优势，美国吸引了一大批一流的科研人员；参战各方对先进技术装备的巨大需求，催生了诸如电子计算机集成电路、电子计算机等电子信息领域的技术创新成果。战后，美国成立了国家科学基金会，推动包括电子信息在内的各个技术领域的基础研究。此后，美国通过 1991 年的《高性能计算法案》、1992—1996 年的《高性能计算与通信计划》、1993 年的《国家信息基础设施的行动纲领》、1996 年的《电信法案》、2004 年被称为"美国创新的基础"的重大研究发展计划，进一步扩大了高性能计算与通信等电子信息技术的领先优势。通过半个多世纪的努力，美国成为世界上信息产业最发达的国家，掌握了当前电子信息领域主要的知识产权和技术标准，涌现出 IBM、微软、英特尔、通用、惠普、思科等众多世界领先的电子信息企业。

（二）美国电子信息产业的发展特点

美国电子信息技术产业发展呈现出注重基础研究、注重风险投资、注重商业模式创新、注重政府和企业联手引领技术应用等特点。第一，注重耗资大、费时长、风险高的基础研究。2000 年，美国在高技术领域的研发投入达到 2653 亿美元，占当年世界研发投入总额的 41.7%。第二，注重风险投资对产业发展的支撑。[①] 这种支撑包括推动电子信息产业技术突破和对促进新兴产业发展两个方面，前者的典型代表包括英特尔公司的芯片以及微软公司的 MS - DOS 操作系统，后者主要表现在云计算、物联网等新兴产业领域。第三，注重商业模式创新。[②] 经典案例主要包括高通以专利授权模式构筑全球移动通信技术生态圈、微软操作系统凭借广泛的兼容性和捆绑战略得以长期垄断。第四，注重政府与企业联手引领新技术应用。[③] IBM 是云计算技术的主要倡导者，谷歌是大数据技术的主要推动者和创新力量，而美国政府也先后发布了《联邦云计算战略》《大数据研究和发展倡议》，实施国家战略，推进云计算、大数据等电子信息产业关键技术发展。

（三）美国电子信息产业的发展经验

美国电子信息产业快速发展的规律主要表现为五个方面：一是协同创新。美国通过一系列政策措施，引导和支持全社会对电子信息技术创

---

① 杨文字、李德甫：《美国信息产业发展经验及启示》，《产业观察》2010 年第 7 期。

② 赵刚：《新一代信息技术产业发展的国际经验分享》，《中国科技财富》2011 年第 9 期。

③ 惠志斌：《美国网络信息产业发展经验及对我国网络强国建设的启示》，《信息安全与通信保密》2015 年第 2 期。

新的深入、持久的支持，逐步形成了政、产、学、研、金、介、媒、用及各种社会力量相互合作、支撑的协同创新体系。二是知识产权保护和开源创新双轨制发展。知识产权保护保障了知识产权权益，促进了知识产权的创造和发展；开源运动则释放了创新活力。三是庞大的技术市场容量。战后经济复苏带来了庞大的市场和技术需求。四是创新人才的集聚。美国通过舆论制造的政治制度和人才发展优势，通过战争积累的财富，实施人才拔尖战略，吸引各国电子信息领域高精尖人才。五是成熟的风险投资机制，促进了轻资产的科技创业公司发展。此外，美国政府还立足国家安全，对电子信息关键技术和核心产业的发展进行干预，一是指定专门承包商为美国政府及其相关机构服务；二是限制和阻挠境外企业对境内具有核心和敏感技术企业的并购；三是限制核心技术转移；四是支持境内电子信息核心技术领域企业对外并购，加强技术垄断。

三　中国新一代信息技术产业发展问题的破解对策

针对中国新一代信息技术产业发展过程中存在的主要问题，借鉴发达国家发展经验，推进中国新一代信息产业发展的策略主要有以下六个方面：

第一，实施"自主可控、安全可靠、高效可用"工程，把高性能集成电路和基础操作系统作为创新的核心重点，集中力量推进重大关键技术创新，彻底解决中国新一代信息技术产业"缺核少芯"的局面。

第二，实施"双创"工程和知识产权保护战略，进一步激发创新创业活力，引导和支持知识产权创造和发展。同时，进一步加强知识产权保护，着力保护知识产权权益，营造公平竞争的市场环境。

第三，实施科技金融工程，创新科技金融手段。通过设立引导资金，实施比例参股、原值回购、风险补偿等机制，完善风险投资机制，撬动和支持天使投资、风险投资、多层次资本市场等社会资本助力产业发展。

第四，实施人才战略工程，制定和落实政策措施，加大国际化高精尖技术人才的引进力度。同时，深入推进科技体制改革，明确科技成果处置收益分配机制，激发科技人员创新创业热情，盘活科技人才。

第五，实施技术市场培育工程，加快IPv6部署和商用，促进物联网应用推广。推进"自主可控、安全可靠、高效可用"产品在政府、军队以及军工、金融、电力、通信、交通等关乎国家安全的经济部门的应用，以市场需求促进技术创新，逐步实现国产化产品替代战略。

第六，建立健全产业政策法规体系，将政策支持的重点转向产业化以及完善产业发展环境。同时，鼓励和引导地方差异化发展新一代信息技术产业，优化新一代信息技术产业的空间布局，防止同质化竞争，杜绝盲目投资和重复建设。

第四节　中国新一代信息技术产业技术发展、市场供需与扶持政策跟踪预测

"十三五"时期，随着 IPv6 的大规模商用、物联网应用大规模推广以及"自主可控、安全可靠、高效可用"战略的实施，中国新一代信息技术产业发展面临着前所未有的良好局面。本节将结合上述形势，展望新时期中国新一代信息技术产业技术发展、市场供需和扶持政策的发展趋势。

一　新一代信息技术产业技术发展预测

"中国制造 2025"明确将集成电路及专用装备、信息通信设备、操作系统及工业软件作为中国新一代信息技术产业发展的技术重点。随着资源要素集聚，集成电路及专用装备重大关键技术、信息通信技术、操作系统及工业软件技术将实现快速发展。

（一）集成电路领域将实现重大关键技术突破

2014 年 2 月 27 日，由习近平担任组长的中央网络安全和信息化领导小组正式成立，"自主可控、安全可靠、高效可用"上升为国家意志，显示出中国最高层在保障网络安全、维护国家利益方面的坚强决心，为安全可靠软硬件发展提供了难得的历史机遇。围绕"自主可控、安全可靠、高效可用"战略，在集成电路及以集成电路为核心的专用装备与信息通信设备方面，2014 年 6 月 24 日，国务院发布了《国家集成电路产业发展推进纲要》，设立了国家集成电路产业投资基金，明确提出了突破一批集成电路关键技术，打造强壮"中国芯"的目标。"中国制造 2025"明确提出，要突破关系国家信息与网络安全及电子整机产业发展的核心通用芯片技术；掌握高密度封装、三维（3D）微组装技术，形成关键制造装备供货能力。目前，工信部深入推进"中国芯"工程，加快国家 IP 核库

建设，持续提升 IP 核、集成电路芯片、北斗 OEM 模块、整机等测试能力。

（二）信息通信领域将由4G向5G迈进

"中国制造2025"明确要求，掌握新型计算、高速互联、先进存储、体系化安全保障等核心技术，全面突破第五代移动通信（5G）技术、核心路由交换技术、超高速大容量智能光传输技术、"未来网络"核心技术和体系架构，积极推动量子计算、神经网络等发展。研发高端服务器、大容量存储、新型路由交换、新型智能终端、新一代基站、网络安全等设备，推动核心信息通信设备体系化发展与规模化应用。目前，IPv6 的大规模商用、物联网应用正在全面推进。

（三）操作系统及工业软件创新全面开展

"中国制造2025"提出，要开发安全领域操作系统等工业基础软件，突破智能设计与仿真及其工具、制造物联与服务、工业大数据处理等高端工业软件核心技术，开发自主可控的高端工业平台软件和重点领域应用软件，建立完善工业软件集成标准与安全测评体系，推进体系化发展和产业化应用。目前，工信部已启动了以国产操作系统替代计划，推动国产操作系统在政府部门以及金融、电力等关系国家安全的行业的应用，大力推进国产操作系统兼容软件和硬件外设的研发，打造国产操作系统和软硬件支撑体系，并推动国产操作系统向商用和民用领域推广。

二　新一代信息技术产业市场发展预测

"中国芯"与国产操作系统将首先在政府、军队以及军工、金融、电力、通信、交通等关乎国家安全的经济部门应用，并逐步推广商用。在芯片及以芯片为核心的专用装备与信息通信设备方面，由于涉及整个信息网络基础设施、智慧城市、金融 IC 卡、电力和交通控制等设施更新，硬件市场容量难以估计。操作系统及配套软硬件的市场容量也难以估量。2014 年5月16日，中央国家机关政府采购中心已下发通知，要求国家机关进行信息类协议供货强制节能产品采购时，计算机类产品不允许安装Windows8 操作系统。据工信部软件与集成电路促进中心数据，目前，在中国的 PC 中 Windows XP 的市场份额占73.5%，其中84.2%用户没有升级到 Win8 的计划。因此，"自主可控、安全可靠、高效可用"战略的实施，将在未来一段时期，为新一代信息技术产业创造数以万亿计的市场容量。

三　新一代信息技术产业扶持政策预测

围绕"中国制造 2025"、"'互联网 + '行动计划"等国家战略所确定的新一代信息技术产业的发展重点，中国将从核心关键技术的研发、产业化和市场化应用三个方面，引导、鼓励和支持新一代信息技术产业发展。针对核心关键技术的研发，国家将加快实施"核高基""极大规模集成电路制造装备及成套工艺"和"新一代宽带无线移动通信网"国家科技重大专项工程，支持集成电路、通信、操作系统、工业软件等领域的关键技术突破。针对新一代信息技术的产业化，国家将实施供给侧改革战略，大力提升信息产品质量和信息服务水平，同时加快推动科技成果转化，继续通过投融资、税收、产业技术、出口、收入分配、人才吸引与培养、政府采购、企业认定、知识产权保护、行业组织和行业管理等政策措施，着力推进信息技术的产业化进程。针对新一代信息技术的市场化应用，自 2013 年以来，中国已陆续出台了推广数字机顶盒、促进信息消费的政策措施，着力培育市场。下一步，市场化应用将逐步成为产业政策扶持的重点，一方面，将采取政策措施，强力推进自主芯片和操作系统在政府、军队以及军工、金融、电力、通信、交通等关乎国家安全的经济部门以及信息网络、智慧城市等基础设施建设领域的应用；另一方面，将制定政策措施，采取标准化、以旧换新、降低资费、支持商业模式创新等方式，推进自主芯片和操作系统的商用。

第三章　生物产业

中国生物产业自 20 世纪 80 年代初发展起来后，广泛应用于各项领域，在改善人口健康、增加就业、促进绿色增长和改善社会环境方面发挥了较为明显的作用，为国民经济的发展创造巨大的推动力。作为中国重点发展的七个战略性新兴产业之一，其未来的发展方向是成为国民经济的支柱产业。本章将对生物产业相关政策、总体发展情况、存在问题与解决办法，以及未来发展趋势进行总结与分析。

第一节　生物产业扶持政策、产业发展与研发创新动态跟踪分析

产业良好的发展状态离不开外部环境的支持与培养，相关的扶持政策对产业结构、规模、研发等有重要的影响和促进作用。本节将首先对生物产业的政策支持进行分析，接着总结产业结构的发展特点，最后对研发创新进行动态跟踪与分析。

一　生物产业扶持政策发展动态分析

在生物产业蓬勃发展的形势下，为了创造更好的发展环境，调整其发展方向与策略，相关的产业政策支持一直在继续。除指导性的纲领外，各种关系到子行业的具体政策也得到了密集出台。综合来看，生物产业政策具有以政府主导型模式为主，专业产业政策为辅、产业集聚政策居多和计划较为详细的特点。

（一）政府主导型产业政策模式

与以市场为主体，政府仅适当进行调节、补充的间接推动型政策模式不同，政府主导型产业政策模式使政府能够积极参与到产业发展中去，并能组织大规模的科研和创新计划，如此能快速推动技术进步和国际竞

争力的提高。对于尚处在发展期特别是不具备大规模投资和创新条件的中小型生物企业来说，政府主导型产业政策模式能够改善其生产与发展环境，缩短与国际水平的差距。

国内对生物产业制定较多的是主导型政策。自20世纪80年代起，国家层面就发布了一系列针对生物产业的利好政策。比较有影响的是国家高技术研究发展计划（"863计划"）、国家科技攻关计划、国家重点基础研究发展计划（"973计划"）及"火炬计划"等，旨在提高中国的自主创新能力、坚持战略性、前沿性和前瞻性，统筹部署高技术的集成应用和产业规划，这些计划均将生物技术作为重点发展领域和对象。2007年，为进一步推进生物产业的产业化，《生物产业发展"十一五"规划》提出了产业结构优化升级和产业规模快速增长的目标，对各类生物行业的发展方向给出了明确说明，希望生物产业在2020年成为高技术领域的支柱产业和国民经济的主导产业。2012年，为了使中国生物产业达到国际先进水平，《"十二五"生物技术发展规划》和《生物产业发展规划》提出，生物产业规模年均增速应达到20%以上。其他部门也相应编制了配套规划，如科技部的《"十二五"生物制造科技发展专项规划》和《"十二五"生物技术发展规划》，为促进生物产业各个类别的快速发展创造了机遇。除以上提到的重点发展行动计划外，政府还提供了具体的相关配套政策措施和保障措施，各地也陆续发布了《"十二五"生物产业发展规划》。另外，为了强化团队建设，重视人才培养，科技部还出台了《2010—2020年国家中长期生物技术人才发展规划的通知》。

（二）专项产业政策为辅

除出台覆盖范围较广、战略性较强的总体方针政策外，在生物产业内部，由于包含行业众多，针对各个技术和行业的专业产业政策也相继密集出台，从而辅助国家总体方针政策的实施。这种专业政策能够更好地把握行业发展和特点，相关措施和目标更有针对性。

以生物农业和生物医药产业政策为例。在生物农业领域，农业部颁布了《农业转基因生物安全管理条例》（2001）、《农业转基因生物安全评价管理办法》（2002），2013年印发了生物农业发展规划，之后又针对一些细分领域颁发了相关政策条例，如《关于组织申报转基因生物新品种培育科技》。2015年，把农业转基因生物技术写进"中央一号文件"，首次提出加强农业转基因技术的安全管理与科学普及，在保证农业领域生物安全的同时，使大众更为理性地看待转基因技术和产品。在生物医药领域，2011 年出台了《生物医药行业"十二五"发展规划》；2013 年，《国家基本药物目录》重新修正改版，使新版的基本目录结构得到进一步优化，对于药物的生产流通、招标采购、全程监管具有重要的意义；同年，卫生部发布了《关于印发血站设置规划指导原则的通知》，目的是加强血站合理设置、完善血站服务体系、保证用血的需求与安全，通过合理的配置资源，打破血液制品生产中的血浆"瓶颈"；卫生部还出台了《全面推进血站核酸检测工作实施方案（2013—2015）》，目标是完善无偿献血服务体系，提高血液安全保障能力，积极推进血站核酸检测工作，使 2015 年血站核酸检测工作基本覆盖全国。另外，国务院办公厅发布了《关于巩固完善基本药物制度和基层运行新机制的意见》，巩固药物制度，健全长效机制，对人事分配、药品供应进行综合改革，加强基层医疗卫生体系建设。

作为主导型政策的补充和延续，专项产业政策的制定保证了主导型政策快速、高效地执行，使一些突出的、主导政策中未详细涉及的问题有了解决和执行的依据，两者相辅相成，共同推进生物产业的发展。

（三）促进产业集聚的政策居多

由于国内的生物产业较国外相对落后，为了加快产业发展，提高其集群化程度，培养其增长极，生物产业政策倾向于非均衡性，重在提高产业的集聚效应，着力打造大型生物园区和生物企业。在《生物产业发展"十一五"规划》中，重点强调了要建立一批综合性和专业性生物产业基地，重点聚集在京津冀、长三角、珠三角地区，极力促成产值超 500 亿元的 8 个生物产业基地。在《生物产业发展"十二五"规划》中，继续强调重点领域的全面发展，同时重视专业化，分工合作，构建具有竞争优势的产业链和产业集群，以保证生物产业在规模与质量上的大幅提升。

在政策方针指导下，中国现有的生物产业已经形成"东部集聚，中西部特色发展"的新格局，国内较大型的生物产业基地主要分布在北京、石家庄、长春、长沙、上海、广州和深圳七个地区，已经形成了以环渤海、珠三角、长三角三个重点区域为主要发展对象的格局。产业集聚政策为生物产业规模化发展提供了坚实的基础，同时也培养了其特色鲜明的产业发展能力，有利于国内生物产业在全球竞争格局中占据有利地位。

（四）政策计划较为详细

中国的生物产业政策不仅从宏观层面给出了总体的方针政策，在具体到各行业各领域时，还制订了详细的行动计划和行动目标，使其指导性更强，方向性更明确。不仅为生物产业中各个行业的发展指明了方向，使其能够迅速集中人力、物力和财力建设亟须发展、较为薄弱的领域或环节，做到分工明确，还能避免重复投资建设，促进了产业专业化发展。

以生物育种为例，《生物产业发展"十二五"规划》在其中的《生物育种创新发展行动计划》中指出，要重视对现代生物技术与常规育种技术的集成应用，同时还应培育推广适应能力强、易储存等优质的新品种。推进生物育种高端产业群以及优良品种规模化生产，并积极配套相应的装备与技术。推进一系列的国家生物种业品种研发、繁育与示范、生产、加工、销售与服务的平台建设，完善一体化现代生物种业技术体系。

总体来看，生物产业政策不仅较多且较为密集，既有对产业结构和布局进行规划的政策，又有涉及具体行业目标和技术的细则条例，从总体与部分上相互补充，促进产业良好发展。

二 生物产业发展态势分析

在中国经济进入"新常态"的背景下，生物产业一直保持良好发展态势，供需规模总体也稳步提升。本节将针对生物产业的结构发展和供需状态进行整体分析。

（一）产业结构发展特点

在国家和地方政府的大力支持下，研发、人力、土地、资源等要素汇聚到生物产业领域，使其迅速成长的同时也构建了总体的产业结构与发展模式，不同地区分工明确，同时又各有专长和特色。总体来看，生物产业已形成了东部集聚，中西部特色发展，区域间协同发展，新的热点地区与增长极不断涌现的特点。

1. 东部集聚，中西部特色发展

中国的生物产业总体分布在中东部地区，西部地区大型的生物产业基地较少。中东部地区较大型的生物产业地区主要集中在北京、上海等一些经济发达省份，不过，各省份依托自身的产业特色与优势，目前已初步形成"东部集聚、中西部特色发展"的总体分布格局。国内较大型的生物产业基地主要有北京国家生物产业基地、石家庄国家生物产业基地、长春国家生物产业基地、长沙生物产业基地、上海张江高科技园区、广州科学城和深圳 7 个地区，彼此都有各自的重点发展领域及目标。

再以生物医药产业为例，中国国内知名的生物医药产业基地有北京中关村生物医药园、天津滨海生物医药创新园、大连生物医药产业园、西安高新区生物医药基地、上海张江生物医药基地、长沙生物产业基地、广州国际生物岛和深圳国家生物医药产业基地，其中，6 个分布在东部地区，中西部地区仅各有 1 个。且东部地区的企业数最多，集中度相对好一些，而中西部地区集中度很低，无法形成更深入的集中化、产业化发展，集聚效应不明显。由此看来，生物医药产业的分布更是集中于东部发达地区，中西部地区稀少。

2. 以重点区域为主要发展对象

中国的生物产业已经形成了以环渤海、珠三角和长三角三个重点区域为主要发展对象的格局，这三个区域在各自有重点发展的同时，也注重整体产业链的完善与布局，不仅促进了自身的发展，同时也带动了区域经济。

以北京和天津为中心的环渤海区域是研发的重点区域。由于北京集中了人才优势、科研优势，逐步形成了生物产业的主要研发基地。天津滨海新区在医药领域拥有一批国家级、市级工程研究中心（重点实验室）和产业化基地，其中，生物医药类国家级研发中心 4 家、企业技术中心 5 家、企业工程中心 12 家，拥有全球最大的胰岛素制剂与灌装工厂，并将建设亚太地区最大的酶制剂生产基地。[1]

以深圳和广州为中心的珠三角地区，在产业结构逐步完善的基础上，以产业生产制造见长的同时，研发与孵化比重也在增加。深圳国家生物医药产业基地是第一批国家生物医药产业基地，其总投资超过 72 亿元，生物医药产业规模在全国处于领先位置，对大型生物产业项目的布局与服务提供十分到位，建设了从总部到研发、到生产、再到相关配套设施于一体的国家生物产业基地核心聚集区，同时推进生物产业专业聚集区建设，通过各聚集区优势互补、错位发展，形成各具特色的产业布局。广州作为国家生物产业基地城市和国家医药出口基地城市，生物产业取得了突飞猛进的发展，产业特色日益凸显，形成了"三大优势，两大特

---

① 资料来源于战略性新兴产业数据库。

色"发展格局，即生物医药、生物制造和生物农业三大优势产业集群，以及干细胞与再生医学和生物技术服务两个特色产业领域。

长三角地区生物产业链相对较长，成为集研发、生产和孵化基地为一身的核心发展地带。上海作为核心地区，重点打造六大生物医药产业园区建设，织就产业园区网，激发"集群效应"。其在有所集聚的同时也有所分工：浦东、闵行、徐汇园区较注重研发与产出相结合的路子；另三个更注重产业的建设但侧重点不同：青浦更加重视中药的现代化生产，金山偏重现代医学中的化学制药，而奉贤更注重于生物制药。六大园区特色鲜明，各有所优，聚成合力，就能形成超强的综合实力。

3. 新的增长极与热点城市不断产生

在"十二五"规划的作用和激励下，除以上传统生物产业发展基地外，新兴地区也努力发展生物产业。具体来看，在北京和上海两大传统基地的带领下，未来生物产业将出现新的增长极和新的热点区域。

具体来看，深圳和武汉将后来居上，成为另两大生物产业的增长极与发展中心。虽然目前深圳市生物医药研发水平与北京和上海两大研发中心有差距，尤其高端人才比较缺乏。但随着 2011 年中国首个国家基因库在深圳建立，与云计算、物联网等新一代信息技术的结合，深圳将成为中国在基因技术、生命信息学专项领域的研究中心。2015 年年末，深圳在基因治疗、药物研发、疫苗生产以及药物生产产业化方面独占鳌头，疫苗生产与药物研发在全国都处于领先地位，成为中国药品生产与出口基地。武汉生物医药产业规模与长沙等地的生物医药产业基地差距较大，但是，基地重点打造集生物产业研发、孵化、生产、物流、行政、文化、居住为一体的生物产业新城，重点引进世界 500 强及国内前 5 强、国内生物产业转移等重大项目。预计到"十三五"期末，武汉将成为聚集生物企业的重要城市，成为以生物医药外包、生物制药为主的新兴产业核心区。[1]

将来除产生新的增长极之外，还将新增许多区域热点城市。以山西为例，山西独特的气候为生物产品的发酵提供了优越的条件。山西打造了以太原为核心，包括大同、晋州、运城等在内的产业集群，并构建了相关的配送体系；福建建立了以厦门海沧生物医药集中区为核心，并发

---

[1]　资料来源于《中国生物医药产业地图白皮书（2012）》。

挥了福州生物医药专业孵化器的功能，利用自身的生态环境和资源优势，建设了以基因工程药物为重点的生物医药产业基地；西部地区的甘肃，在极力促进骨干企业不断发展的同时，还积极发挥了企业的地区带动能力，并且一些技术已居全国领先地位，部分已达到国际先进水平，具有一定的产业与地区带动能力。

（二）生物产业供需情况

截至 2014 年年底，中国生物产业的发展稳中有升，总体规模预计仍将继续增长，同时，生物医药、生物制造、生物农业等子产业的发展都有大幅度上升。本部分将介绍其整体供需情况和经济效益。

1. 整体产业规模不断扩大

在经过了大规模的区域规划与产业集聚阶段后，生物产业开始进入快速发展阶段，其整体规模逐年呈上升态势。2010 年之前，其产值规模一直在 5000 亿元；2011 年之后，产值得到大幅度增长，是 2010 年的 5 倍左右，到 2012 年，生物总产值达到 2.5 万亿元左右，增长率为 25%，预计 2015 年的增加值会比 2010 年翻一番。这与国家大力发展生物产业、出台相关产业刺激政策是分不开的。

作为国家首批的 3 个生物产业基地之一，2011—2014 年，深圳生物产业以年均 16% 的增速快速发展，囊括了 300 家各类创新载体，其中国家级 21 家。生物产业创新能力在得到显著提升的同时，还形成了一批各具特色和优势的细分领域，涌现出了一批创新型企业。截至 2015 年 6 月底，深圳拥有各类生物企业超过 7000 家，注册资金超过 400 亿元，从业人数超过 30 万人，产业规模达到 1448 亿元，已形成了产业集聚发展的良好态势。其中，2012 年，中国生物产业中的生物医药产业产值规模已达到 1.2 万亿元，同比增长 15% 以上，远高于其他制造业。到 2013 年，生物医药产值猛增 18%，跃升至 2 万亿元，而医疗设备与医疗器械总产值高达 1900 万元。深圳生物医药创新产业园，预计在 2015 年总产值将达 200 亿元。

2. 需求也呈不断增长趋势

随着人民生活水平的不断提高、人口规模的不断增加以及老龄化问题越来越严重，生物产业的市场需求越来越旺盛，特别是在生物医药、生物农业和生物环保方面，其技术的发展和应用将使千千万万的人受益。

在生物医药产业，居民的人均医疗消费性支出将相应地不断攀升。

2014年，中国已经超越日本，成为仅次于美国的生物医学材料第二大消费国。全球医疗器械市场销售总额已从2006年的2900亿美元上升至2014年的5591亿美元，市场增长率超过GDP增幅。而中国医疗器械的市场销售规模2001—2014年增长了14倍，年均复合增速为22.7%。未来将形成多家产值超过50亿元的大型医疗器械产业集团。

由于化学农药的过分使用引发了一系列环境污染和农药残留问题，为有效地维护农田的生态平衡，保护生态环境，确保食品安全，构建"绿色、有机、无公害"的三位一体的食品安全体系十分迫切。另外，在无公害食品市场中，对农药的使用和残留检测标准较高，这就为高效环保的生物农药提供了广阔的市场。因此，生物农业大有可为。

生物环保产业在环保方面将起到越来越大的作用。对水污染、大气污染、有机废弃物治理和受损生态系统的治理与修复也将越来越多。另外，由于对环境污染治理的呼声与需求越来越高，相关高性能生物环保材料和生物制剂的开发及推广，也将得到大规模的实施和应用。

3. 获得良好经济社会效益

根据世界经济论坛预测，到2020年，生物相关产业效益将超过2300亿美元。中国的生物产业也会在获得良好经济社会效益的同时，逐步迅速增长。其中，生物医药产业的销售收入在2011—2014年间保持了年均增长20%的速度，远高于全球水平的4%—7%。另外，从产业发展空间看，中国的生物医药产业相比于其他发达国家，占GDP比重还较小，其可挖掘的潜力仍然较大，预计未来有望形成6000亿—8000亿元的市场。

在社会贡献方面，生物产业的发展也发挥着越来越大的作用。以植物生物技术为例，免耕种植技术的实施有望在灌溉土地上使玉米产量提高67%，耐热小麦品种能够在灌溉土地上使产量提高23%，氮高效技术能够在旱地土地上使水稻产量提高22%，在2050年，其极有可能帮助农民适应气候变化并缓解其带来的影响。且中国的小户自耕农因一直面临着食品安全问题和生产力的挑战，将受益于植物生物技术。另外，以转基因为代表的植物生物技术，可以提高作物单位面积产量，缓解粮食危机，降低生产成本，彻底改变了农业现代化的进程，在品种培育方面，发挥着越来越重要的作用。不仅在中国，国外的转基因种植面积也开始逐步增加。以西班牙为首的五个欧盟国家转基因玉米种植面积占全球总数的 18% ，创下了欧洲转基因作物的种植纪录。

三　生物产业研发创新的动态跟踪分析

在政策大力推动和科技人员的不断努力下，生物产业的技术难题正被一个个攻克，使国内的生物技术缩短了与世界水平的差距，并且一些领域的创新还走在了最前沿，在推动了产业发展的同时引领了技术走向。

（一）缩短了与世界先进水平的差距

在生物能源方面，中国科学院大连化物所在质子交换膜燃料电池用非贵金属催化剂——氮掺杂纳米炭非贵金属催化剂研究中取得重要突破，对于推进炭材料作为新型能源催化材料的基础和应用研究具有重要价值。

在生物医药方面，中国科学院广州生物医药与健康研究院为疱疹病毒的治疗和预防提供了新思路；中国科学院纳米生物效应与安全性重点实验室的研究员首次提出的新型纳米药物的设计，有望为纳米颗粒药物的生产提供不同于传统理论的思路。

在生物农业方面，中国科学院国家重点实验室小麦研究团队对小麦 A 基因组的测序和绘制，将有望进一步推动理论意义和实用价值。

（二）获得多项创新成果

除积极缩短与世界先进水平的差距外，国内的一些研究也获得了多项创新成果，弥补了一些领域的研究空白。

在生物农业方面，中国玉米核心种子改良取得重大突破，发现了罕见的 150 种玉米新品种和新材料，为中国玉米育种的开发打下了雄厚的基础，其中，还发现有 5 个玉米雄性不育系，这一发现填补了世界上玉米种植史的空白。

在生物医学方面，据统计，2008—2013 年，中国新药研发的十大治疗领域包括肿瘤、心脑血管疾病、神经退行性疾病、糖尿病等，取得了积极进展，共获批了 18 个自主研发一类新药，其中有 7 个是生物药，占比有所提高，其中包括百泰生物的尼妥珠单抗、恒瑞药业的艾瑞普布片、浙江贝达的盐酸埃克替尼片、康弘药业的康柏西普眼用注射液等。[①] 截至 2014 年，共 83 个品种获得新药证书，其中 41 个品种拥有自主知识产权。

---

① 《桑国卫院士：2015—2030 有望取得重大突破的 12 大生物技术》，生物探索网，2015 年 10 月 2 日。

　　在生物环保方面，山东华群新材料科技公司造出树脂基复合材料环保纸，不仅不使用任何植物纤维，同时也不使用一点水，使造纸业真正实现"零污染""零排放""零废物"。

　　（三）引领了生物技术的发展

　　生物产业的蓬勃发展除缩短了中国与世界水平的差距、填补了国内一些技术领域的空白外，并在新型疫苗、分子育种、生物芯片等一些领域的积极创新引领了世界生物技术水平的发展。

　　2012年，世界上第一批戊型肝炎病毒疫苗在中国推出，被誉为是一种不同寻常的公共和私营合作成功的典范，为中国新兴的生物技术部门创造了一个先例；2012年，血清素获重大突破，中国科学院与美国的研究组攻克了五羟色胺受体1B及2B两个亚型的激动剂复合物的晶体结构，这项研究被称为"五羟色胺研究领域里的里程碑"；2012年，中国科学研人员完成了世界首例双峰驼全基因组序列图谱绘制和破译工作，为骆驼的保护与品种改良起到重要指导作用。

　　在生物农业方面，中国研究人员在国际上率先完成了小麦D基因组供体种——粗山羊草基因组草图的绘制，结束了小麦没有组装基因组序列的历史。以美国主导的、在中国等其他国家科学家的努力下最完善的大麦基因组测序图谱被公布出来，为提高大麦产量、增强大麦抗虫抗病能力、增加大麦营养价值提供了一个有力的工具。

　　在生物制造方面，中国科学院开发的基于DNA纳米结构修饰界面的电化学生物传感器，具有良好的单碱基区分能力，用于MicroRNA肿瘤靶标的超灵敏检测且能与前体RNA很好地区分。罗氏NimbleGen最新推出针对细胞遗传学的NimbleGen CGH ISCA Plus细胞遗传学芯片，能够快速、高分辨率地检测全基因组水平的染色体异常情况，比传统方法更有效。以普通玉米为原料，通过一系列技术提取、加工，最终提炼出医用聚乳酸，将其制成"可吸收骨钉"来替代金属骨钉、骨板，可避免二次手术的痛苦。

　　国内生物技术经过20多年的发展，在理论基础和研发创新上不断取得重大突破与进展，为经济建设和社会发展做出了重要贡献，总体上处于发展中国家先进水平，缩短了与世界水平的差距。

第二节　生物产业发展问题跟踪、国际经验启示与破解路径探析

在内外部环境的支持下，生物产业总体发展较为快速的同时也存在一些需要改进之处。本节首先对生物产业在发展中遇到的问题进行总结，并对比了国际做法，给出国内相关问题的破解路径和针对性建议。

一　生物产业存在的问题跟踪

虽然国内的生物产业在快速发展，但与生物技术强国仍有较大的差距，同时，在基础研究和产业化上也暴露出一些问题，主要有四个方面。

（一）区域发展不平衡进一步凸显

生物产业高投入、高风险、高回报、研发周期长的特点使产业必须突破成长过程中的阻碍与风险，具有向园区集聚、向发达地区集聚、向专业智力密集区集聚的特点，这使中国生物产业多集中在各科研机构密集、经济高度发达的地区。以生物药品制造业为例，2013 年年底，有研发活动的企业个数为 2586 个，其中，东部地区 1459 个，中部地区 580 个，西部地区 376 个，仅占全部的 25.8%。分城市看，医药制造业中有研发活动的企业，江苏 327 个，浙江 283 个，广东 199 个，山东 220 个，上海 102 个，北京 97 个，安徽 108 个，黑龙江、吉林和辽宁三省一共才 171 个，陕西 50 个，甘肃 24 个，四川 82 个，贵州 18 个。[①] 预计到 2020 年，资源与资本的追逐将使中国生物产业更进一步集聚于东部沿海地区与省份，以及少数中西部地区中心城市，区域间的不协调有进一步强化的趋势，中东部的竞争优势也会更加明显，这将进一步加大区域之间的不平衡。

（二）新兴行业缺乏监管标准

对于生物产业这种技术和创新层出不穷的领域，现有的监管标准往往跟不上其发展进度，以旧的标准体系与监管程序对新生事物进行管理，阻碍了新技术的应用和新产业的发展。另外，由于先例太少，规则不清，人们认识有限，不能照搬外国标准，同时，相关细节也争论不休，使新

---

① 数据来源于《中国高技术产业统计年鉴（2014）》。

兴行业的立法也比较难。中国现有的生物产业发展程度和生物技术水平与生物资源的拥有情况并不相匹配，其主要原因是法律制度未能对应产业需求，监管机构权责不清、监管边界模糊、缺少立法使行政管理效果不佳，阻碍了产业健康有序发展。

（三）企业创新主体地位还待提高

研发不足已成为制约中国科技创新的一个重要因素。一个完整的创新体系包括科技创新的吸收和供给两个方面，其中企业创新的动力和需求是最为关键的。2012 年虽然出台了《深化科技体制改革加快国家创新体系建设的意见》，但企业创新主体地位没有真正确立，产学研结合不够紧密，科技与经济问题并未从根本上得到解决，关键环节和技术的自给率较低。特别对于生物产业来说，企业创新的制度成本和风险太高，无法激发企业创新的动力。特别是对于一些国有企业和中央企业，在获得巨大利润的同时本应发挥创新主力军的作用，但创新的主动性太低。

（四）现行体制与产业发展存在诸多不适应

由于生物产业具有高投入、高风险、高收入等的特点，企业在进入、融资、专利保护等方面经常出现不适应现行体制的状况，使产业发展受阻。

生物制药业相对于其他产业来说融资较难。生物制药行业是一个高风险行业，高风险主要在药物安全性方面，疗效的不确定性加上各种因素的作用使药物从实验室到真正的应用及上市必将经历一个非常长的时期，这个过程中有可能退出或夭折，这使相关投资者面临相当大的压力，对相关企业或产品的投资慎之又慎，使一些产品缺乏大量的投入资金。

生物医药的进入存在相当大的进入壁垒。生物医药制造业的生产要受到相关部门的严格控制，其内部企业均需要进行审核及获取许可证，因此，生物医药的进入存在相当大的进入壁垒，特别是对于新药的生产，存在行政保护，易形成垄断势力。这种行政壁垒极易使在位企业获得垄断优势，从而通过订立高价格而获取垄断利润，损害消费者福利。

此外，中国的专利保护制度还未普遍实行。知识产权保护制度的不健全，也是致使创新缺乏动力的一个原因。在全球生物技术专利中，美国、欧洲和日本分别占 59%、19%、7%，而包括中国在内的发展中国家仅占 15%。以生物制药业为例，在已批准上市的 13 类 25 种 382 个不同规格的基因工程药物和基因工程疫苗产品中，只有 6 类 9 种 21 个不同规格的产品属于原创，其余多为仿制品，全国生物科技成果转化率普遍不足15%，西部地区不足5%。① 特别是高端产品领域，以国外产品和国际大型垄断企业为主的格局难以根本改变，新技术与大型设备大都被国外所拥有，引进或购买难度较大，成本太高。

生物技术不同于一些其他无生物活性的产品，生物产品的应用将会对整个人类社会的发展与应用产生影响，很多生物产品经过繁殖、变异，会对社会及生态系统造成不可避免的损失与破坏，许多国家对生物产品的发展持谨慎的态度，这也在一定程度上抑制了对生物制造的开发热情。

二　国外生物产业发展的经验启示

国际金融危机之后，全球经济出现了明显放缓的趋势。为了促进本国产业发展，各国纷纷出台政策措施，重点发展高附加值、高技术产业。在此契机下，生物技术产业化过程明显加快，全球生物产业呈现新的格局，内涵日益丰富，布局也更加集聚。本节将总结国外生物产业发展的经验，以对中国提供相关借鉴。

（一）政府主导构建适合本国发展的模式

在全球生物产业市场来看，欧美的发展势头仍然强劲，日本紧随其后。各国根据自身优势和特点培育了适合自己的发展模式。美国从联邦政府到州政府都设立了专门的产业组织机构和相关技术委员会，跟踪分析技术发展趋势和国际形势，并构建了世界上最为完善的生物产业法规体系，创造了较为稳定的外部发展环境。日本采取的也是政府推动模式，在经济基础、风险投资和产业资本雄厚的背景下，政府高度重视并采取了一系列推动生物产业发展的措施。而新加坡主要致力于生物医药发展，通过研发模式来实现产业集聚，在高端人才优势明显、孵化体系健全、产业资本雄厚的背景下，生物产业成为新加坡的四大支柱产业之一。

（二）培育了多渠道的投资体系

由于高科技产业存在的高风险特性，为了解决产业发展之初的投融资问题和多样化发展模式，除政府持续资助外，各国多渠道的投融资体系逐步得到建立和规范。以英国为例，其本身较为成熟的风险投资机构为生物产业的快速发展提供了重要支撑。而政府拨款、建立投资基金、银行贷款等方式也层出不穷。在生物产业较为发达的美国、日本、新加

---

① 数据来源于《2013 生物医药产业现状分析》。

坡等都制定相关政策以刺激多方资金投入生物产业，构建全方位、多渠道的投资体系。

（三）形成规模化、可持续化发展

规模化产业的发展能够降低成本，缩短周期。美国存在五大生物产业的集聚区，科研机构、高校、企业在其中的密集分布不仅是生物技术转化、生物产业规模化的基础，也带动了相关行业及产业链的发展。而重视规划，形成可持续发展的思路，是使产业在国际上立于不败之地的长久之计。如英国设立了独立于政府部门的生物技术创新和发展工作组，专门针对产业发展进行规划并实施相关战略。日本和韩国也是制定并实施了一系列产业发展报告和规划，并辅以更细的专项规划来实现对产业的持续、稳定、精准的投入。

（四）注重科技成果转化

科技成果转化是技术服务于社会的重要途径，而其快速转化的核心是产学研的高度融合。美国的科技成果转化率和收益率都居世界前列，大学研究技术向产业界的转移被认为是美国高新技术产业快速增长的关键。在生物产业领域，美国已形成了科研机构、政府、企业相互依赖的联合发展机制，并在知识产权、转化收益分配等方面做出了严格、详细的规定。在英国等欧洲一些国家，高新技术公司的成立把科研机构、科研人员、相关创业者和投资基金紧密地结合在一起，方便了科技成果的转化升级。而日本更是鼓励大学的独立性，提高其商业化运作能力。

三　相关问题的破解路径

未来几年，中国的生物产业将进入发展的关键时期，应快速制定实施涉及人才培养、投融资、财税、知识产权保护等促进产业发展的专项政策，促进领域的跨越式发展，扫除发展中的障碍。

（一）提高核心技术竞争力

提高核心技术竞争力主要在于高水平人才的引进及构建创新体系。国家已有相关的各种人才引进措施并已初见成效。此外，还应加强生物技术人员的国际培训与国际学术交流。同时，要注意避免人才的盲目引进和资源的浪费，摆脱传统的观念，拓宽引进渠道，克服唯学历论、名校论的陈旧观念。由于人才引进工作涉及面广、时间跨度大，要做好人才引进的后续工作，及时解决后期出现的问题，并对引进的人才进行系统、科学的管理。

在构建创新体系方面，通过组建产学研战略联盟和大学—企业联合研发中心等合作方式，建立科研院所、企业、院校组成的共同参与的创新体系；政府要引导企业的研发投入，在照顾大型企业及研究机构的同时，更要照顾到中小型企业，它们是创新的主力军；鼓励企业与科研院所、高校联合开展生物技术成果转化，提高科研成果转化能力与系统集成能力；改造或新建若干企业国家工程实验室或技术研究中心，同时也鼓励国外的研究机构在华设立研发中心或实验室，推进国际技术交流与合作；同时，还要完善知识产权保护制度，促进全社会知识产权意识的形成，尽快完善中国生物资源和生物技术知识产权中介机构，落实对知识产权所有者的奖励政策。只有这样，才能充分调动劳动者的创造性。

（二）构建生物产业法律体系

为了促进生物产业的发展，防范相关风险和损害的发生，未来有必要建议一套生物产业的综合性法律文件和体系，以规制、协调产业发展。首先，应构建起产业发展的法律制度，包括知识产权保护制度、竞争制度、财税制度、投融资制度、技术转移、交易制度等，虽然已有一些相关条例，但并未成系统，相互之间并不匹配。其次，应构建生物产业发展中的风险预防和应对制度，包括生物安全、环境保护、危险品处置等，不同领域还可专门制定具体的制度。另外，由于监管标准陈旧，需要结合国外的经验与国内的实际情况，出台一批针对新兴技术和领域的条例与标准，同时明确监管主体与监管责任，使制度建设跟上产业发展的脚步。

（三）出台各项金融支持措施

单一的市场难以满足多元化企业需求，可以借鉴国外发达的资本市场，构建多层次的资本市场体系。多层次的资本市场体系既要有统一的、集中的全国性的市场，又要有区域的、小型的地方交易市场，并将其分为一级、二级、三级市场。一级市场主要为大规模的成熟的企业提供融资服务，二级市场的上市标准比一级市场低，同时还可以设计不同的标准，由不同的企业自己选择适合的市场上市，三级市场主要是为新兴市场做融资，把市场监管的重点从企业上市控制转移到以企业的信息披露为中心，以会员制为主要形式、以券商自律为基础的监管模式。并且，在主板市场、中小企业板市场、创业板市场、场外市场等为生物产业提供金融支持。

　　另外，对于一些技术已相对成熟、成果转化率高的新产品，可以举办相应的产品推介会，邀请相应的银行等金融或投资机构参加，在获取更多金融机构支持的同时，还可以吸引高技术人才，使生物技术的创新产生凝聚力。对于小型企业或刚刚起步的新进入企业，政府应在经营场所及固定资产上给予金融支持。可以为其建设生物园区，使相关的生物产业都可以进驻，在一定范围内就可以形成相应的集聚效应，同时，对厂房、仓库的租赁给予较长时间的优惠价格。这样，就可以给企业一个稳定的发展空间与时间。在形成集聚效应后，政府可以进一步对企业的固定资产进行补贴，同时可以将大型的或价格较高的设备由各企业共同利用，以防止设备的重复购买。对于已形成规模的企业，对资金的需求大幅度上升。此时，金融机构可根据其房产、厂房、固定资产等实行低息或免息抵押，为企业提供所需资金；或者是根据企业的专利、新产品，邀请相关机构对其进行价值进行评价，将具有潜在市场价值的产品或专利推荐给金融机构进行抵押贷款；对运行状况良好、信用度较高的企业，可以进行授信贷款或以参股、投资的方式为企业进行融资。

第三节　生物产业扶持政策、产业结构与技术发展的跟踪预测

　　随着城镇化和工业化的大幅度推进，生物产业在未来的发展仍将有巨大的潜力，并将产生良好的经济和社会效益。本节将对未来生物产业相关的扶持政策、产业结构发展方向和技术发展趋势进行分析和预测。

一　生物产业未来扶持政策趋势预测

　　中国在"十二五"规划中把生物技术作为科技发展的五个战略重点之一，提出要把生物等战略性新兴产业培育发展成为先导性、支柱性产业。这意味着生物产业的总体发展方向已确定，接下来应制定具体的行业法规、条例及地方政策，同时外围产业链相关的配套扶持政策也需要特别重视。

（一）深化并简化相关的审批、融资程序

　　由于一些生物产品特别是药品，在审批方面存在审批时间过长的现象，以创新型生物药为例，从首次通过国际新药申请审批到中国监管审

批上市需要约 5 年的延迟，但是，如果开展全球临床试验，这种延迟仅需要一年半时间，这将大大缩短患者等候药物进行医疗的时间。[①] 同时，对一些有创新性的药品来说，审批过程要求提供的烦琐、严格的资料等条件较苛刻了些。因此，取消和下放行政审批，简政放权的同时简化审批程序，以激发企业和市场的活力，是产业快速、良好发展的助推力量。

在企业融资方面，由于生物产业的研发周期长，研发风险大，因此决定了生物产业前期的高投入，同时也导致了企业的融资渠道单一。政府下一步将制定相关的企业融资政策，深化生物产业投融资审批制度，取消或简化前置性审批，为其提供信用担保或优惠贷款，同时还可以借鉴国外发达的资本市场，构建多层次的资本市场体系，建立起既有统一的、集中的全国性的市场，又要有区域的、小型的地方交易市场，并在主板市场、中小企业板市场、创业板市场、场外市场等为生物产业提供金融支持，为生物产业的投融资提供便捷通道。

（二）继续出台引进、培养人才的战略计划

在全球新一轮的产业革命到来之际，知识型生产要素的竞争日趋激烈，因此，如何吸引和留住人才，是每个产业面临的共同问题。这就需要出台详细的人才培养计划，为产业发展提供核心竞争力。与美国雇用了全球 75%[②]的生物学博士相比，中国现有的生物人才数占有的比例很小，同时，国内较大程度上忽视了对生物产业后续人才的培养，有些毕业生难以适应产业化的要求或缺乏相适应的能力，而使基础人才大范围流失。特别是由于信息技术的发展，生物医学正进入大数据时代，海量数据需要在不同系统和机构间共享与分析，信息技术与生物医学的结合正越来越紧密，两者兼通的复合型人才明显缺乏。因此，下一步需要出台相关的生物人才培育计划，并提供相关的减免税政策，为产业的发展提供高素质的应用型人才。

（三）重点出台鼓励创新政策

在任何领域，创新都是其长久发展的重要保障。特别是在战略性新兴产业中，唯有不断创新，才能紧跟世界发展的脚步。因此，出台相关鼓励创新的政策，推进研发或技术领域的进步，是政府最应做好的工作。

---

① 张旭：《中国生物技术药物发展亟待提速》，《中国医药报》2012 年 2 月 18 日。

② 张鑫：《生物产业贸易发展的主要问题与应对策略》，《中国经贸导刊》2013 年第 14 期。

政府将会制定更为详细的由科研院所、企业、院校组成并共同参与的创新体系，同时会引导企业的研发投入，在照顾大型企业及研究机构的同时，更要照顾到中小型企业。并出台鼓励企业与科研院所、高校联合开展生物技术成果转化的政策，尽快完善中国生物资源和生物技术知识产权中介机构的发展，落实对知识产权所有者的奖励政策。

随着生命科学和生物技术的持续创新与突破，生物产业迅猛发展，到2020年，其将成为中国的支柱产业，对社会经济的发展、人民健康的生活都会起到重要的推动作用。因此，保障产业快速高效发展，引领企业发展方向，激发生产和创造的活力，是政府未来主要的职责和任务，是在新一轮技术和产业革命中抢占先机的先决条件。

二　生物产业结构未来发展预测

现阶段，虽然一些地区已经开始冲击以创新集群为标志的一流生物园区，但大部分仍然处于"有产业无集群、有产业无特色"的产业发展初级状态，产业结构仍然较分散，中小型、竞争力较弱的企业居多，具有国际竞争力的大型企业较少。因此，未来产业结构会进行进一步的优化与设计。

（一）产业结构将进一步统筹

生物产业的产业结构将进一步进行整体统筹与设计，全力打造各地区战略性的特色产业，注重区域内各企业之间的沟通合作及信息共享，发展国家级生物产业基地。加速培育新兴技术带动的产业，坚持新技术与新服务互动并进，通过提高、促进、培育、发展来实现产业结构常高常新，构筑更具竞争力、集聚力、支撑力的产业格局。

未来将会有一批重点依托的龙头企业和大企业集团，能够在产品结构调整和技术结构调整上承担主要职责与作用，注重产业的优化与升级。并通过龙头企业各方面的创新，以带动整体产业在素质和竞争力方面的提升。同时，还不应忘记发展一批"专、优、特、精"的中小企业，以构建和完善共同合作、协调发展的产业组织体系，并形成一批具有自身特色与国际影响力的产业集群和优势产业链，使产业结构将进一步向专业化、规模化、集成化方向转变。

（二）地域分工将更加明确

未来各地都将根据自己的特色和优势来有选择地发展，逐步在国内建立起自己的生物领域竞争优势，同时全国各地区的生物产业将实现互相合作，增进产品的互补性及全局上管理的合理性。

研发要素将进一步向上海、北京集聚。以上海生物医药产业为例，其产业规模稳步攀升，2013 年，生物医药产业经济总量达到 2300 亿元，同比增长 10%，其中，制造业实现产值 837 亿元，同比增长 14.9%，连续五年增速超过 10%。[①] 同时产业布局更加合理，龙头和骨干企业快速成长，创新能力显著提高，生物医药产业推进工作取得了积极进展。北京地区国内科研院所较多，是北方地区生物医药技术研究开发、信息和技术服务中心。北京国家级生物产业基地的集群模式和产业集聚度在全国处于领先地位，同时也是中国生物医药成果的主要诞生地，每年产生了近 40% 的生物医药成果。此外，北京计划依靠自身的科技创新优势产生 10—15 个拥有自主知识产权、市场占有率高、国际上有影响的大品种，并形成以 3—5 个年销售额超过百亿元的企业和 60—80 个年销售额过亿元的企业组成的持续健康发展的企业梯队。

生物制造环节将进一步实现产业集聚。仍以中国生物医药企业为例，生物医药普遍存在产业配套能力较弱、产业链条尚未形成、生产装备和支撑技术比较落后的问题，因此，实现产业集聚、促进产业升级是未来产业发展的方向。在这一方面，江苏和山东走在前列。江苏生物医药骨干企业实力较强，将构建以泰州"中国医药城"为中心，南京、苏州、连云港等各地各具特色，差异发展的产业发展格局。山东将依托鲁南制药、齐鲁制药、新华制药、东阿阿胶、福瑞达等全国知名的一批大型企业，打造产业链完善的生物医药制造、流通环节。

（三）产品的质量结构会有进一步的突破

现有的生物产品普遍具有附加值较低、原创数量较少、竞争力不强的特点，没有优势产品和特色产品，与国外还有相当大的差距。未来各大公司都将开始着手产品结构的调整。以生物制药为例，目前国内的血制品仍处于供不应求的状态，公司调整产品结构，提升小制品的生产率，将增加产品附加值。长期来看，受国外进口产品冲击影响下，小企业的盈利将逐渐受到影响，公司的核心竞争力有望进一步体现。龙头企业华兰科技未来将进一步调整产品结构，增加小制品比例，使公司的核心竞争力逐渐显现。因此，将来要快速建设创新体系，实施名牌战略，形成

---

① 《上海 2013 年生物医药产业经济总量大涨》，中国行业研究网，2014 年 7 月 18 日。

一批在国内外具有竞争能力和影响力的生物名牌产品，使产品的质量结构得到进一步的提升。①

三　生物产业未来技术发展趋势

当前，生物技术已经成为国际研究开发的热点和产业发展的重点，主要国家和新兴经济体都纷纷加强部署以抢占先机。未来要想使中国的生物经济健康快速发展，就必须以全球视角加快开放和共享，在某些领域占据一席之地，抢占国际生物界的制高点。中国未来的生物技术将重点强调创新性与实用性，在缩短与国际差距的同时更加注重转化率和实用性。

（一）强调"政产学研用"的联盟

未来的生物技术在保障不断创新的基础上，将重点推进技术的应用与推广。以生物医药为例，在2015年举办的"中国制药行业大会"上，业界人士指出了2015—2030年生物医学领域有望取得重大突破的十二大前沿重大技术，涉及基因工程、脑科学、细胞治疗、中药现代化等。"十三五"期间的工作设想，就是强调"政产学研用"的联盟，强调创新药物与治疗手法的开发，强调在把握国际创新药物发展趋势的同时，从实际出发，提出顶层设计。②

（二）解决实际急需问题

未来生物技术的发展会重点、集中解决实践中急需突破和应用的领域，以此来改善人民的生活，推动社会的生产和进步。

在生物医疗领域，要开展研究严重威胁人类健康的重大疾病，集中突破一批前瞻性、实用性的生物治疗关键技术，以加快攻破尚未解决的医学难题；同时，也要在分子层面开展疾病早期诊断技术和重大疾病的全基因组关联分析技术，注重个体化的临床诊疗方案。

在生物能源领域，将建立合成生物学技术在生物能源、生物基化学品中的应用，同时加快以人工合成细胞与生物催化剂为核心的生物制造技术和以生物质为原料的生物燃料技术的应用与推广。

在生物农业领域，加强生物育种方面的基因育种技术、诱导技术、

---

① 《华兰生物：血制品产品结构调整渐显优势，疫苗新产品值得期待》，华创证券，2011年3月29日。

② 《桑国卫院士：2015—2030年有望取得重大突破的12大生物技术》，生物探索网，2015年10月2日。

杂交技术的进一步发展，提高种子的产量与适应性。

在生物工程领域，开展工业用的生物催化技术，抓紧工业酶的开发与应用，建立具有自主知识产权、成本低、可工业化生产的生物催化工程技术。

在生物安全领域，要建立生物威胁相关病原体溯源技术，并开展生物入侵防护关键技术研究，研究病原体跨种传播机制并针对外来生物物种入侵的现象寻求技术支持及解决方法。

（三）将引发多领域的系列变革

由于生物技术已在干细胞、功能基因组、转基因育种、生物芯片等领域取得重大突破，未来将会广泛存在并应用于农业、能源、环境、医疗等领域，加之如今快速发展的信息化和产业化，未来的生物技术将会在多个领域引发突破性变革，特别是在有可能出现新一轮的产业革命中，生物技术将扮演重要角色，其不仅将是产业革命的助推器，同时还是多产业融合中的润滑剂，是打破国外技术壁垒，提升综合国力，赶超发达国家并获取未来科技竞争优势的重要手段。

总之，人类在衣、食、住、行等最基本的生活需求得到满足后，更进一步的追求应当是健康、环境和精神上的享受，而生物产业和生物技术正是顺应了这一需求，在医疗保健、农业、化工、食品等领域对改善人类健康和生存环境，提高社会生产和效益发挥了越来越重要的作用。在全球格局重塑的大背景下，相信生物产业和生物技术将对中国"创新、协调、绿色、开放、共享"发展理念的实现起着关键作用。

第四章　高端装备制造业

本章首先以政策环境、规模效益与研发创新动态跟踪为研究起点，立体化展示高端装备制造业成长路径与绩效；其次在测算产业集聚水平的基础上，具体到行业、产品与典型企业层面，对区域布局变迁进行了跟踪评价；接着在梳理历年发展共性与个性问题的基础上，结合主要发达国家的经验，逐条给出破解制约中国高端装备制造业发展"瓶颈"的针对性建议；最后分别从技术发展、市场供需与扶持政策维度对高端装备制造业发展进行了跟踪预测。本章的跟踪研究表明，中国高端装备制造业在关键技术攻关、规模效益成长、区域布局优化等方面取得了突破性进展，但是，与发达国家相比仍有较大差距，进一步吸收借鉴国际经验以提高扶持政策有效性，对于破解高端装备制造业发展深层次根源问题仍具有重要现实意义。

第一节　高端装备制造业政策环境、规模效益与研发创新动态跟踪分析

伴随着重大技术突破为显著标志的高端装备制造业发展通常对扶持政策构成较强的依赖性，本节首先从政策环境梳理出发，跟踪把脉政策激励下的高端装备制造业成长路径与规模效益，随后重点分析研发创新的投入产出动态特征，并与主要发达国家进行跟踪对比，从而对中国高端装备制造业的历年总体发展动态提供清晰的认知与跟踪定位。

一　高端装备制造业发展政策环境变化轨迹

高端装备制造业涉及制造业的尖端领域或环节，其技术发展水平通常代表着一国工业的核心竞争力，成为世界各国占领技术制高点的首要目标。自 2010 年国务院《关于加快培育和发展战略性新兴产业的决定》

发布实施以来，中央及各地方政府的相关扶持政策层出不穷，为推动高端装备制造业的快速发展提供了强有力的政策激励和措施保障。国家各部委发布实施的支持高端装备制造业发展的相关政策法规见表4-1。

表4-1　国家各部委发布实施的支持高端装备制造业发展的相关政策法规

发布部门	发布时间	政策法规
国家发改委、科技部、工信部、国家能源局	2011年8月5日	《关于印发海洋工程装备产业创新发展战略（2011—2020）的通知》
工信部	2012年3月12日	《船舶工业"十二五"发展规划》
工信部	2012年2月6日	《智能制造装备产业"十二五"发展路线图》
工信部、科技部、财政部、国资委	2012年1月12日	《重大技术装备自主创新指导目录》
工信部	2012年3月22日	《海洋工程装备制造业中长期发展规划》
科技部	2012年4月1日	《关于印发高速列车科技发展"十二五"专项规划的通知》
科技部	2012年3月27日	《关于印发智能制造科技发展"十二五"专项规划的通知》
科技部	2012年4月1日	《关于印发绿色制造科技发展"十二五"专项规划的通知》
科技部	2012年4月1日	《关于印发服务机器人科技发展"十二五"专项规划的通知》
国家发改委、财政部、工信部	2012年4月16日	《关于组织实施2012年智能制造装备发展专项的通知》
工信部	2012年5月7日	《高端装备制造业"十二五"发展规划》
工信部、中国工程院	2012年6月5日	《"数控一代"装备创新工程行动计划》
中国民用航空局、财政部	2012年12月11日	《关于印发〈通用航空发展专项资金管理暂行办法〉的通知》
工信部	2013年2月25日	《"高档数控机床与基础制造装备"科技重大专项知识产权管理实施细则》
国务院办公厅	2013年9月26日	《关于印发国家卫星导航产业中长期发展规划的通知》
国家测绘地理信息局	2014年3月6日	《关于北斗卫星导航系统推广应用的若干意见》

续表

发布部门	发布时间	政策法规
国家发改委、财政部、工信部	2014 年 4 月 24 日	《关于印发海洋工程装备工程实施方案的通知》
国务院	2015 年 5 月 8 日	《中国制造 2025》

注：本表根据《国研网战略性新兴产业数据库》的相关资料整理得到。

　　2012 年 5 月 7 日，工信部印发的《高端装备制造业"十二五"发展规划》，统领着 2011—2015 年中国高端装备制造业发展的各个方面，《规划》立足于高端装备制造业发展现状与形势，在坚持发展指导思想与目标设定的基础上，提出发展包括航空装备、卫星及应用、轨道交通装备、海洋工程装备、智能制造装备在内的五大重点领域或方向，并确立了支线飞机与通用航空产业化、空间基础设施建设、先进轨道交通装备及关键部件创新发展、深海工程装备发展和智能制造装备创新发展五个重大工程，并提出坚持区域相对集中发展理念，强化示范基地与特色产业链建设，在金融财税政策、技术改造与创新、产业组织结构、质量品牌建设、市场培育与人才队伍、对外合作水平等层面给予了充分的政策扶持，并细化分解了《轨道交通装备产业"十二五"发展规划》和《智能制造装备产业"十二五"发展规划》两个子规划。

　　从表 4 - 1 的政策法规梳理来看，自 2011 年 8 月至 2015 年 5 月，国家各部委发布关于高端装备制造业的相关政策法规 18 条，2012 年是出台最为密集的一年，共发布 12 项政策法规，占全部法规总数的 67%，表明"十二五"规划初期，国家对高端装备制造业给予了高度重视，规划范围也逐步细化和具体，涉及各子行业的发展规划、技术路线、专项资金管理等方面，为推动高端装备制造业快速发展起到了重要的支撑作用。2015 年 5 月 8 日，国务院再次提升高端装备制造业的战略地位，将其长远发展纳入"中国制造 2025"的规划框架中，高端装备制造业的发展必将持续成为推动中国工业转型升级的重要支点。

二　高端装备制造业发展规模动态演变与市场扩张

　　在各项扶持政策法规的大力支持与推动下，高端装备制造业的发展状况究竟如何？这需要首先对其发展规模与扩张态势进行细致的解析，本部分将从产业规模动态演变与市场扩张视角跟踪解读高端装备制造业各子行业的国内规模扩张与打入国际市场情况。

　　从近年来中国高端装备制造业典型子行业或代表性产品的市场规模扩张来看，主要包括海工装备、高铁、国产 C919 大型客机等。2015 年 1—6 月，中国智能制造、高速轨道交通和海洋工程等高端装备制造业产值在装备制造业中所占比重超过 10%，国产智能手机在国内的市场上占 70% 以上的份额。2015 年，中国海工装备的国际市场份额由 2010 年的不到 20%，增长到 35%，跃居为世界第一位。中国高铁是高端装备制造产业发展较为成功的典型代表，从中国开往全球的高铁，堪称中国制造的新名片。2015 年 9 月，中国高铁开进美国；2015 年 10 月，中国高铁获得从基建、设备制造、运营与融资服务全链条出海的第一单——总投资额为 60 亿美元的印度尼西亚雅加达至万隆高速铁路项目的建设与运营；2015 年 11 月，首列动车组出口到欧洲，德国计划采购中国高铁装备、泰国已与中国开展高铁项目建设方面的合作；中国高铁还连续在俄罗斯、新加坡等国取得新订单。2015 年年底，中国高铁总运营里程达到约 1.9 万公里，占全球高铁里程的 60%，然而，占据国际市场的份额仅 5%，主要以新造产品为主，产品性价比高，但对于后期运营维护、改造等产业链的介入甚少，国际份额尚小。①

　　2015 年 11 月 2 日，建设创新型国家的标志性工程——C919 大型客机首架飞机正式下线，由此，国产大飞机 C919 被誉为是继高铁之后中国高端装备制造业的一个"新名片"，市场规模迅速延伸到国际市场，截至 2015 年 10 月，C919 国产大型客机的国内外用户总计 21 家，订单总数高达 517 架次。

　　从中国装备制造业的地位来看，2014 年，中国装备制造业主营业务收入占 GDP 的 48.24%，达到 30.7 万亿元，已经持续五年位居世界第一位。"十二五"期间，高端装备占装备行业的 20%。表 4-2 显示的是 2015 年 2—9 月中国装备制造业七大细分行业累计主营业务收入情况。

---

　　① 《从中国开往全球的高铁：产品性价比高、国际份额尚小》，http://news. xinhua-net. com/fortune/2015 - 11/26/c_ 128470840. htm。

表4-2 2015年2—9月中国装备制造业七大细分行业累计主营业务收入

单位：亿元

时间	金属冶炼及压延加工业（有色和黑色合计）	通用设备制造业	专用设备制造业	交通运输设备制造业	电气机械及器材制造业	通信设备、计算机及其他电子设备制造业	仪器仪表及文化、办公用机械制造业
2015年2月	16429.1	6045.5	4535.2	12160.6	8794.7	12326.4	1074.7
2015年3月	26475.6	9956.0	7495.6	19588.3	14539.7	19548.4	1769.4
2015年4月	36215.4	13708.7	10309.6	26496.3	19832.6	26423.4	2445.7
2015年5月	45858.7	17597.3	13237.4	33378.3	25562.1	33435.3	3152.6
2015年6月	56661.6	22009.0	16587.3	40734.1	32012.4	41369.8	3978.1
2015年7月	66222.0	25995.0	19428.4	47097.6	37627.1	48207.0	4691.4
2015年8月	75848.5	29952.7	22331.2	53407.5	43396.6	55447.9	5394.8
2015年9月	85576.5	34128.5	25432.0	60736.3	49696.7	64177.6	6162.7

资料来源：根据中经专网行业频道行业统计数据计算整理得到。

从表4-2中可以看出，2015年9月，金属冶炼及压延加工业、通用设备制造业、专用设备制造业、交通运输设备制造业，电气机械及器材制造业，通信设备、计算机及其他电子设备制造业，仪器仪表及文化、办公用机械制造业七个细分行业主营业务收入总计为325910.3亿元，占同期GDP的比重高达66.82%，装备制造业各子行业占装备制造业主营业务收入比重分别为26.26%、10.47%、7.80%、18.64%、15.25%、19.69%和1.89%，表明金属冶炼及压延加工业是装备制造业的主要组成部分，交通运输设备制造业、电气机械及器材制造业和通信设备、计算机及其他电子设备制造业的份额大致相当，通用设备制造业、专用设备制造业的市场规模略小，仪器仪表及文化、办公用机械制造业的市场规模最小。

三　高端装备制造业发展效益分析与评价

在继政策环境梳理和对高端装备制造业规模扩张进行直观判断之后，重点须对产业发展效益进行跟踪评价，本部分的效益分析指标采用工业成本费用利润率（利润总额占成本费用总额的百分比），用以衡量工业生产成本与费用投入的经济效益，也可表示降低成本的经济效益。工业成本费用利润率越高，表明经济效益越好；反之则表明经济效益越差。

表4-3显示的是规模以上国有及国有控股装备制造企业与全部规模以上装备制造企业成本费用利润率对比情况。

表4-3　　　　　规模以上国有及国有控股装备制造企业与全部
规模以上装备制造企业成本费用利润率对比　　　单位:%

行业	2012 年		2013 年		2014 年	
	规模以上国有及国有控股装备制造企业	规模以上装备制造企业	规模以上国有及国有控股装备制造企业	规模以上装备制造企业	规模以上国有及国有控股装备制造企业	规模以上装备制造企业
金属制品业	4.14	6.75	3.66	6.13	3.52	6.27
通用设备制造业	5.98	7.60	6.17	7.25	3.97	7.05
专用设备制造业	5.02	8.01	3.39	7.22	1.28	6.90
汽车制造业	9.84	8.93	10.83	9.26	11.28	9.76
铁路、船舶、航空航天和其他运输设备制造业	4.42	6.15	4.29	5.94	4.65	6.23
电器机械和器材制造业	2.81	6.62	3.47	6.02	4.44	6.51
计算机、通信和其他电子设备制造业	4.53	4.71	6.04	4.48	5.13	5.21
仪器仪表制造业	8.55	9.39	8.09	9.19	8.25	9.35

资料来源：根据《中经网统计数据库》的相关数据整理得到。

从表4-3可以看出，金属制品业，通用设备制造业，专用设备制造业，铁路、船舶、航空航天和其他运输设备制造业，电器机械和器材制造业，仪器仪表制造业六大行业的规模以上国有及国有控股装备制造企业的成本费用利润率均低于全部规模以上装备制造业的平均水平，规模以上国有及国有控股汽车制造业的成本费用利润率高于全部规模以上装备制造业的平均水平，仅在2013年，规模以上国有及国有控股计算机、通信和其他电子设备制造业成本费用利润率高于全部规模以上计算机、通信和其他电子设备制造业。从各行业成本费用利润率的绝对水平来看，汽车制造业和仪器仪表制造业的成本费用利润率相对较高，均在8%以上。从规模以上国有及国有控股装备制造企业成本费用利润率的年度变化来看，金属制品业、专用设备制造业呈现出逐年下降的态势，而电器机械和器材制造业呈现出逐年上升态势；从全部规模以上装备制造企业成本费用利润率的平均水平来看，通用设备制造业、专用设备制造业呈现出逐年下降的态势，除汽车制造业以外，其余行业均呈现出先降后升的特征；汽车制造业的成本费用利润率始终处于高位运行，且呈现出逐年上升的趋势。这表明，汽车制造业的发展势头与经济效益最好。

四　高端装备制造业研发创新投入产出动态跟踪分析

由于高端装备制造业的产业领域与高技术产业部分产业相重合，加上高端装备制造业的统计数据可得性限制，因此，本部分将以高技术产业或装备制造业的相关数据为基础近似代替高端装备制造业研发创新投入产出的动态跟踪分析，表 4 - 4 显示的是 2010—2013 年中国高技术产业五大子行业新产品研发经费支出与新产品销售收入情况。

表 4 - 4　　　高技术产业五大子行业新产品研发经费支出与
新产品销售收入情况　　　　　　单位：亿元

行业	2010 年		2011 年		2012 年		2013 年	
	新产品研发经费支出	新产品销售收入	新产品研发经费支出	新产品销售收入	新产品研发经费支出	新产品销售收入	新产品研发经费支出	新产品销售收入
医药制造业	131.40	1675.53	233.07	2317.04	308.23	2928.60	364.50	3606.17
航空、航天器及设备制造业	103.34	472.16	148.19	527.01	167.44	639.13	185.63	756.61
电子及通信设备制造业	539.27	9071.49	1025.32	11518.13	1206.18	13695.44	1441.46	19390.72
计算机及办公设备制造业	147.97	4421.47	220.38	6808.54	240.55	6717.33	204.18	5737.42
医疗仪器设备及仪器仪表制造业	84.96	724.12	163.98	1302.62	205.79	1590.53	232.19	1738.69

资料来源：根据 2011—2014 年《中国高技术产业统计年鉴》的相关数据整理得到。

从表 4 - 4 可以看出，随着 2010 年 10 月国务院《关于加快培育和发展战略性新兴产业的决定》发布实施以来，连续四年绝大部分高技术产业的新产品开发经费支出逐年递增，新产品销售收入大幅提高，仅计算机及办公设备制造业新产品研发经费支出与销售收入在2013年有所回落。从新产品研发经费支出指标来看，五大行业年平均增速依次为40.51%、21.56%、38.78%、11.33% 和 39.81%；从新产品销售收入指标来看，五大行业年平均增速依次为 29.11%、17.02%、28.82%、9.07% 和 33.91%。表明高技术产业的发展受益于政策扶持，创新投入与产出均呈现出良好的发展态势，创新绩效较高。

从表4–5中可以看出，从技术创新环境指标来看，装备制造业七大细分行业的企业资金在研发费用中所占比重均在85%以上，政府资金占研发费用的比重普遍较低，其中，交通运输设备制造业研发费用中的政府资金比重较高（9.79%）；从技术创新资源指标来看，电子及通信设备

表 4–5　　　　2013 年中国规模以上装备制造企业技术创新能力指标

行业	技术创新环境指标		技术创新资源指标		技术创新活动指标		技术创新产出能力指标	
	政府资金在研发费用中的比重（%）	企业资金在研发费用中的比重（%）	研发人员数（万人）	主营业务收入（万亿元）	研发经费内部支出占主营业务收入的比重(%)	有研发活动的企业数占全部规模以上企业数的比重(%)	新产品销售收入占主营业务收入的比重（%）	新产品出口占销售收入的比重（%）
金属制品业	4.53	93.98	11.28	3.32	0.69	12.87	8.21	16.43
通用设备制造业	5.10	92.81	26.70	4.35	1.26	22.81	16.71	12.20
专用设备制造业	4.97	93.61	23.98	3.27	1.57	26.94	18.03	14.05
交通运输设备制造业	9.79	87.93	39.07	7.50	1.40	21.52	26.46	8.23
电器机械及器材制造业	2.97	95.58	34.00	6.16	1.32	26.84	22.51	16.24
电子及通信设备制造业	4.54	93.58	47.66	7.88	1.59	31.63	30.65	46.95
仪器仪表制造业	6.89	90.85	9.10	0.75	1.99	40.01	19.83	13.49

资料来源：根据《中国科技统计年鉴（2014）》相关数据计算整理得到。

制造业研发人员数最多，仪器仪表制造业研发人员数最少，电子及通信设备制造业和交通运输设备制造业主营业务收入较高；从技术创新活动指标来看，研发经费内部支出占主营业务收入的比重多数行业不高，均在2%以下，其中，仪器仪表设备制造业研发经费内部支出占主营业务收入的比重最高（1.99%），同时，有研发活动的企业数占全部规模以上企业数的比重也最高（40.01%）；从技术创新产出能力指标来看，新产品销售收入占主营业务收入的比重多数行业在20%—30%，其中，金属制品业新产品销售收入占主营业务收入的比重最低（8.21%），电子及通信设备制造业新产品出口占销售收入的比重最高（46.95%）。总体来看，中国装备制造业研发强度和技术创新能力有待进一步提高。表4-6显示的是2010—2013年中国规模以上装备制造业专利申请数与拥有发明专利数。

表4-6　　　　2010—2013年中国规模以上装备制造业专利申请数与
拥有发明专利数情况　　　　　单位：件

行业	2010 年		2011 年		2012 年		2013 年	
	专利申请数	拥有发明专利数	专利申请数	拥有发明专利数	专利申请数	拥有发明专利数	专利申请数	拥有发明专利数
金属制品业	5355	2420	12699	4780	16722	8093	18318	9656
通用设备制造业	13922	5668	33060	13464	42136	22984	49305	23994
专用设备制造业	13467	6303	32022	16358	43050	21785	53037	28145
交通运输设备制造业	23700	6983	38829	12071	47433	18287	57377	23567
电器机械及器材制造业	28978	12492	57713	24052	74811	31346	78154	38601
电子及通信设备制造业	46209	41130	71890	62159	82406	83589	88960	97994
仪器仪表制造业	5131	2749	14059	6759	15404	7763	19507	9236

注：2010 年为大中型装备制造业数据；2011—2013 年为规模以上装备制造业数据。
资料来源：根据 2011—2014 年《中国科技统计年鉴》整理得到。

从表4-6中可以看出，中国装备制造业七大细分行业专利申请数和拥有发明专利数呈现出逐年增长态势。其中，电子及通信设备制造业拥有的发明专利数最多，2013年达到97994件，表明电子及通信设备制造业的技术创新活动相对活跃，创新产出较为突出，电器机械及器材制造业拥有发明专利数位居第二；金属制品业和仪器仪表制造业拥有发明专利数最少，2013 年分别为 9656 件和 9236 件；其余行业拥有发明专利数均在 2 万—3 万件，表明创新产出具有明显的行业差异性。

第二节　高端装备制造业集聚、上市公司与重点城市企业布局动态跟踪评价

在对高端装备制造业政策环境、规模效益与研发创新动态跟踪解析之后，本节主要从空间基尼系数和产业集中度两个维度对中国高端装备制造业业集聚水平的动态变化进行定量评价，并对重点行业、产品的区域分布以及典型龙头企业进行跟踪，以刻画中国高端装备制造业发展的格局与成长状况。评价结果认为，无论是以空间基尼系数还是产业集中度指标来测算，中国装备制造业七大细分行业的产业集聚程度均大致呈现出逐年下降的态势；38 家高端装备制造业上市公司分布于 19 个省份，成长能力差异性较大；高端装备制造业重点企业主要分布在北京、上海、沈阳、西安、唐山、大连和青岛 7 个城市，企业的空间布局日趋合理。

一　高端装备制造业集聚水平动态变化

产业集中度指标是衡量产业集聚程度的最直观的指标，通常采用规模排在前五位的装备制造业工业总产值占全国同行业工业总产值的累计份额表示，它不仅可以反映出装备制造业的地理集中程度，而且可以找出主要集聚的区域。由于 2013 年以后《中国工业经济统计年鉴》尚未报告工业总产值数据，因此，根据该计算方法，仅计算出 2007—2011 年中国装备制造业的产业集中度结果（见表 4-7）。从表 4-7 中可以看出，中国装备制造业七大细分行业产业集中度大部分呈现出微弱的下降趋势，而交通运输设备制造业的产业集中度略有提高，2011 年达到 45.59%。

表 4-7　　2007—2011 年中国装备制造业规模前五位的产业集中度

	2007 年	2008 年	2009 年	2010 年	2011 年	2011 年规模最大的五省区市
金属制品业	70.95	66.64	65.52	63.74	59.84	广东、江苏、山东、浙江、辽宁
通用设备制造业	66.01	64.68	63.99	62.26	59.11	山东、江苏、辽宁、浙江、上海

续表

专用设备制造业	54.37	51.41	52.70	51.57	53.58	江苏、山东、湖南、河南、辽宁
交通运输设备制造业	45.58	45.57	46.50	46.24	45.59	江苏、山东、广东、上海、吉林
电器机械及器材制造业	72.85	70.70	68.30	67.06	67.01	江苏、广东、浙江、山东、安徽
电子及通信设备制造业	79.55	80.78	80.56	79.30	76.39	广东、江苏、上海、山东、福建
仪器仪表制造业	75.07	72.64	71.31	71.26	72.25	江苏、广东、浙江、山东、上海

资料来源：根据 2008—2012 年《中国工业经济统计年鉴》相关数据计算得到。

二　高端装备制造业上市公司区域分布与成长跟踪分析

本节主要依据"Wind 资讯金融终端 2015"沪深股票概念类"高端装备制造业"38 家上市公司的数据为样本，从表 4 - 8 中可以看出，从高端装备制造业上市公司的数量分布来看，集中在 19 个省份，其中，北京、山东的数量最多，均为 5 家；其次，陕西为 4 家，湖北和上海均为 3 家；其余省份均为 2 家以下。从公司属性来看，中央企业数量为 18 家，占 47.37%，地方企业数量为 8 家，占 21.05%，中央和地方企业合计占 68.42%，表明在高端装备制造业领域，国有企业占有明显的主导地位，成为高端装备制造业发展的核心力量；民营企业数量为 8 家，占 21.05%；公众企业数量为 3 家，占 7.89%；其他企业数量为 1 家，占 2.63%。从净利润增长率指标来看，各上市公司净利润增长率表现出了较大程度的波动，而且相当一部分企业净利润增长率近年来出现负数，这表明中国高端装备制造业的成长能力受到政策影响较大，成长能力有待进一步提升。

表 4 - 8　　　中国高端装备制造业 38 家上市公司区域分布特征

（近三年净利润平增增长率）

单位：%

证券简称	省份	公司属性	2010 年	2011 年	2012 年	2013 年	2014 年
神剑股份	安徽	民营企业	37.05	58.44	56.19	95.46	81.61
三一重工		民营企业	223.44	534.94	153.62	-49.79	-91.92
北斗星通		民营企业	8.92	-16.21	10.16	57.76	32.52
中国卫星	北京	中央企业	157.43	42.34	50.69	60.30	59.42
中国中车		中央企业	204.01	181.40	129.29	56.13	39.81
中国重工		中央企业	84.45	285.11	136.76	70.92	-56.85
中集集团	广东	公众企业	-14.28	117.12	78.63	-7.59	-17.08
中船防务		中央企业	-26.18	-37.80	-96.42	-97.81	-71.22

续表

证券简称	省份	公司属性	2010 年	2011 年	2012 年	2013 年	2014 年
中航重机	贵州	中央企业	124.78	-15.73	-7.10	-45.46	-8.61
风帆股份	河北	中央企业	-57.90	123.61	68.36	131.46	104.60
林州重机	河南	民营企业	345.57	279.83	315.72	118.64	-68.79
中直股份	黑龙江	中央企业	22.86	11.38	43.67	105.98	202.22
中国一重		中央企业	-3.62	-56.73	-97.76	-98.27	-95.54
华中数控		其他企业	56.52	-25.81	-66.75	-71.04	-44.21
航天电子	湖北	中央企业	-45.43	-30.76	4.30	58.23	52.43
石化机械		中央企业	11.72	2.68	13.88	-10.91	-44.20
中联重科	湖南	公众企业	244.68	412.84	211.27	-13.86	-92.32
利源精制	吉林	民营企业	241.10	239.94	277.03	210.51	180.75
中航动控	江苏	中央企业	5745.78	448.63	38.53	21.55	0.75
徐工机械		地方企业	11760.15	3217.30	44.01	-46.96	-87.96
洪都航空	江西	中央企业	26.30	-17.74	-55.50	-36.12	21.00
沈阳机床	辽宁	地方企业	81.10	160.13	-35.67	-75.39	-79.94
机器人		中央企业	166.77	263.28	200.52	121.90	98.03
潍柴动力		地方企业	185.88	162.04	-18.07	-52.27	-8.47
华东数控		公众企业	120.93	-60.75	-204.21	-324.54	-222.90
杰瑞股份	山东	民营企业	516.10	374.04	252.88	247.72	184.98
威海广泰		民营企业	22.96	17.55	87.22	43.22	45.69
潍柴重机		地方企业	302.11	174.28	-58.73	-81.98	-75.43
太原重工	山西	地方企业	130.02	-13.70	-159.86	-95.93	-91.49
中航飞机		中央企业	302.06	-66.78	-16.72	-2.72	181.62
天和防务	陕西	民营企业	—	—	2054.38	23.29	-43.75
陕鼓动力		地方企业	83.06	82.31	121.73	38.14	-36.18
中航动力		中央企业	358.89	94.44	73.17	49.95	296.25
上海电气		地方企业	-11.86	18.34	33.89	13.61	5.17
振华重工	上海	中央企业	-135.42	-98.85	-241.06	118.82	399.24
中国船舶		中央企业	-24.30	-45.29	-99.28	-100.08	-101.73
成发科技	四川	中央企业	-31.94	-34.03	-12.59	-12.11	-17.90
昆明机床	云南	地方企业	-31.02	-81.43	-138.61	-94.62	-501.15

资料来源：根据"Wind 资讯金融终端2015"相关数据整理得到。

三　高端装备制造业企业重点城市布局跟踪分析

本节着重从各城市的资源优势、产业特色、区域布局与政府措施角度对代表性国家高端装备制造业产业基地和代表性重点企业布局进行简要分析（见表4-9）。从表4-9中可以看出，7个重点城市涵盖了航空装备、卫星及应用、轨道交通装备、海洋工程装备和智能制造装备五大高端装备制造业细分行业，基本分布在国内科研院校众多的总部基地和工业基础雄厚的沿海城市，具备丰富的资源优势，突出的产业特色，布局均体现出各地区的比较优势，相当一部分高端装备制造产业基地是新型工业化示范基地。

表4-9　中国7个重点城市国家高端装备制造产业基地与企业区域布局

城市	资源优势	产业特色	区域布局
北京	人力、科研和教育资源丰富，科研体系强大	航空航天、轨道交通和卫星研发中心与总部基地	顺义区：林河工业开发区北京数控机床生产基地、北京第一机床厂、北一数控（合资）等 海淀区：中关村科学城航天科技创新园、航空科技园等 昌平区：三一重工等 大兴区：南航北京航空产业城、安川首钢、华德液压等 朝阳区：北京阿奇夏米尔等 丰台区：轨道交通新型工业化示范基地、北京国家轨道交通高新技术产业化基地、中铁股份有限公司、中国北车集团、北京地铁车辆装备有限公司等
上海	拥有众多的科研院所和天然港口、岸线资源	重点发展航空产业、海洋工程装备和智能制造装备产业	长兴岛船舶与海洋工程装备基地（新型工业化示范基地）：中船长兴基地中海长兴修造船基地、振华重工长兴基地 闵行区紫竹科学园区：大飞机项目部分研发和客服中心 张江高新区：大飞机项目设计研发中心 临港新城产业区：中船三井大功率柴油机项目、上海船用曲轴有限公司、上海电气集团高级数控机床成批总装基地 上海民用航空产业配套基地：中航商用飞机总装中心

续表

城市	资源优势	产业特色	区域布局
沈阳	东北重要的老工业基地、国家级装备制造业聚集区——沈阳铁西装备制造业聚集区	以数控机床为代表的智能制造装备、航空产业集聚程度持续加强	沈阳（法库）通用航空产业基地：中航工业沈飞 L162 通用飞机产业园、沈阳航天新光集团有限公司 沈北新区：沈阳西子航空产业有限公司、沈阳国泰航空零部件制造有限公司、沈阳沈飞航宇机械有限公司 沈阳国际特种机床装备城（高新技术产业化基地） 沈阳经济技术开发区（新型工业化产业示范基地）：沈阳机床股份有限公司、日本株式会社北川铁工所、日本安川、日本 NSK 轴承、日本油研工业株式会社等 沈阳国家航空高技术产业基地：中航工业沈阳飞机工业（集团）有限公司 C 系列飞机转包项目、黎明航发工业园、南航沈阳维修基地
西安	军工科技推动航空和卫星产业发展，关中—天水地区上升为国家战略	航空和卫星产业是两大特色优势产业，北斗导航将打破 GPS 的垄断地位	西安经济技术开发区：西航莱特、西罗涡轮、中航重机等 国家航空高技术产业基地、新型工业化示范基地：中航工业西安飞机工业（集团）有限责任公司、西安西捷飞机有限公司、海飞特（西安）直升机有限公司 国家民用航天产业基地：中国空间电子信息研究院（北斗导航有效载荷设备）
唐山	地处环渤海中心地带，工业基础雄厚	轨道交通装备制造产业体系完善，已形成机器人产业集群	丰润中国动车城：唐山轨道客车有限责任公司、北京北车轨道运输设备有限公司等 唐山高新区：唐山松下产业机器有限公司等 迁安西部工业区：首安达重型机械 开平现代装备制造园：住友建机道路工程机械等 曹妃甸装备制造园：唐山重型机械等
大连	中国北方重要的对外贸易港和东北地区最大的货物转运枢纽，重化工业为主的老工业基地城市	船舶工业体系完善，智能制造装备和关键零部件的技术研发位居国内前列，机车制造在国内地位显著	瓦房店祝华工业区：大连机床集团瓦房店机电园、瓦轴集团北部工业园 大连重工·起重集团瓦房店工业园区制造基地 大连长兴岛临港工业区：大连船舶重工集团等 大连开发区双 D 港：大连重工双 D 港基地、大连机床集团数字化工业园等 大连湾临海装备制造业聚集区（新型工业化示范基地）：中国一重等 大潮口船舶配套园大正港海洋工程基地：大连大正船舶重工有限公司

续表

城市	资源优势	产业特色	区域布局
青岛	得天独厚的优良港口、山东半岛蓝色经济区上升为国家战略	初步形成海洋装备制造产业集群,船舶海工产业项目达国内先进水平	高速列车产业化基地:青岛南车四方股份有限公司等 青岛高新技术产业开发区胶州湾北部园区:华东机械(重型装备和工业机器人项目) 青岛经济技术开发区(国家船舶与海洋工程装备产业示范基地):青岛北海船舶重工有限公司等

资料来源:http://toutiao.com/a4104510589/。

第三节 高端装备制造业发展问题跟踪、国际经验启示与破解路径设计

中国高端装备制造业自纳入国家重点支持的七大战略性新兴产业之一以来,取得了令人瞩目的成就,但其发展中也存在一些"瓶颈"与问题,本节着重跟踪高端装备制造业近年来发展中存在的共性问题,并提供了诸如德国、美国和日本等主要发达国家在发展高端装备制造业方面的经验做法,以期为中国在破解高端装备制造业发展"瓶颈"过程中提供一些启示和建议。

一 高端装备制造业发展存在的焦点问题跟踪分析

从高端装备制造业的行业特征来看,重大技术突破是关键点,原创性技术开发缺乏、核心技术的国际差距明显、人才储备不足和国际市场不确定性风险较大等因素是当前制约中国高端装备制造业发展的主要问题,以下将对这几个方面做简要分析,为国际经验的借鉴提供现实基础与依据。

（一） 缺乏基础原创技术的开发

作为衡量一国制造业国际竞争力的核心指标,高端装备制造业基础原创技术的开发往往决定了一国拥有的核心技术水平,高端装备制造业的核心技术通常很难通过分拆方式进行研究,加之集成复杂的高技术知识同样不能通过"引进—消化—吸收"模式进行逆向研发获得。因此,虽然近年来国外高端装备制造的外资持续进入中国,对中国装备制造业

产生了积极的技术溢出效应，但这种逆向研发模式对中国原创基础知识的积累不利，难以从装备制造业强国学习到核心技术，从高端装备制造技术发展来看，为了打破中国高端装备制造业的核心技术"瓶颈"，就必须要开展能够积累技术的"顺向研发"。

（二）核心技术与装备制造强国差距较为明显

高技术装备在中国贸易逆差中表现较为突出。2014 年，中国与日本之间关于智能机器人设备的贸易逆差高达 8 亿美元，高端芯片技术缺乏，美国成为中国进口高端芯片的主要来源地，95% 的高档数控系统均需进口，智能装备对国外存在高达 70% 的依存度，国外基本垄断了精密测量仪器与工厂自动控制系统等高端装备制造技术。中国与主要发达国家之间在基础零部件、核心技术的差距，构成了装备制造业高端化水平不高的基础性原因，其本质属性在于从产品本身难以获得高端装备制造业发展所需的关键性默示知识，由此造就了国内在引进技术方面出现的"重购买、轻研发"的短期逐利行为。

（三）产业链的规模结构不合理、基础配件供应不配套

中国高端装备制造业以产能扩张为导向的固定资产投资强度持续增大，使企业规模扩大的同时面临产能过剩的危机，从而恶化了市场环境，加之大量的要素投入，使区域产品的同质化加剧，妨碍了高端装备制造业产业集群的形成，由此，高端装备制造业存在供需不平衡的突出问题。此外，中国高端装备制造业配套的结构材料中，有 1/4 的品种缺失，接近一半的材料质量不稳定，1/3 左右的成熟材料中有部分存在能耗高、污染严重等问题。① 而且由于国产化满足不了主机配套的要求，进口价格昂贵，迫使相关企业削减主机生产，因此，生产配套问题是制约中国高端装备制造业发展的"瓶颈"之一。

（四）高端装备制造人才储备极为缺乏

人才稀缺是制约中国高端装备制造业的重要因素之一，虽然中国通过高等教育，使得高端装备制造领域的研发人员显著增长，但蓝领技术工人的缺口是最大的，加之教育资金投入更多地倾向于本科及以上教育，高职高专的应用性人才培养观念尚未得到根本性改观，因此，亟待提升中国高

---

① 赵红、王玲：《高端装备制造业产业链升级的路径选择》，《沈阳工业大学学报》（社会科学版）2013 年第 2 期。

端装备制造领域多层次、多维度的人才培养体系，优化教育资源的分配，使研发、生产和应用等全产业链环节均配备充足的创新型高端装备制造人才。当前，中国购买国外技术花 1 元钱，消化吸收环节仅花 0.26—0.36 元，而德国则是 3.3 倍，日本是 3—7 倍。中国应当引进更多国外的高端装备制造企业人才，改变单纯引进技术的思路，构建创新型人才团队，加大技术的持续积累能力和消化吸收能力，进而逐步突破核心技术的开发和利用。因此，专业人才培育和技术创新构成了中国高端装备制造业发展的两翼。

（五）国际市场不确定性风险增加

虽然中国在高技术产品出口占制造业的比重方面位居世界前列，但诸如 2015 年墨西哥所宣布的"无限期暂停高铁项目"再次显示了中国高铁等高端装备制造产品"走出去"步履维艰。中国高端装备制造业参与国际竞争的时代，同时面临着波及面广，不仅在于高端装备的价值高、向海外延伸产业链的投入要更大，而且考验的是企业自身的抗风险能力，比较代表着一国高端产品在国际市场上的形象和实力。

二　高端装备制造业发展的国际经验

面对原创核心技术不足、人才缺乏、国际市场不确定性，中国高端装备制造业发展究竟需要走什么样的路？本节着重从国际视角出发，分别对德国、美国、日本、欧盟高端装备制造业在国家战略、科技政策、具体措施等方面的做法进行总结与解读，以期为加快推动中国高端装备制造业的发展提供一些有益启示和参考。

（一）德国实施"工业 4.0"

德国当前推行的"工业 4.0"，成为全球新工业革命的风向标，综合反映出德国关于国际形势的准确研判和对本国国家战略、产业政策的深刻反思。从全球制造业发展趋势来看，以物联网和务联网为典型代表的新一代技术，正加速渗透到制造业领域，包括美国、欧盟、印度和中国在内的主要发达国家和发展中国家均对互联网技术与制造业融合给予了高度重视，尤其是美国实施的"先进制造业伙伴"计划，在一定程度上威胁到了德国制造业的国际竞争优势；从德国国内来看，德国"渐进性创新模式"既推动了研发投入的快速增长，又在制造业追求精益求精，将装备制造业打造成领先全球的高端水平。实际上，德国所推行的"工业 4.0"，就是要将制造技术与 ICT 技术进行深度融合，为长期维持德国的装备制造业高端化水平奠定坚实的基础，并有效避免"高工资就业"

对德国制造业的国际竞争力产生负面作用，以此达到在国际竞争中拥有"话语权"。

德国实施"工业4.0"的条件主要包括顶层设计、产业基础、研究机构和行业协会在内的完善的体系。一是参与对象包括国家工程院与联邦教育研究部，代表着国家战略；二是工业和ICT产业为"工业4.0"提供了资源；三是以弗劳恩霍夫研究所为代表的重点机构和应用技术型大学能够给予方案上的相应支持和帮助；四是行业协会也在协调和交流中发挥着重要的桥梁纽带作用。

以"制造业智能化"引领"智能社会"是德国"工业4.0"的基本理念和内容，包括工业的智能化水平提升、全社会的智能化和"双领先"战略。第一，"智能工厂"和"社交网络"的融合，可以达到"自然的"人机交互，通过远程控制系统实现对生产系统的管控，进而提高人类工作与生活的协调度。第二，全社会的智能化能够通过嵌入式制造系统得以实现，"大数据"作为新型的生产要素，可以通过实时的分析与汇总，形成智能数据，进而可以进行可视化与交互处理，能够实时反馈产品或工艺的优化方案，形成"工厂—产品—数据"的智能系统。第三，"双领先战略"之一是对外实施"领先供应商战略"，通过优化互联网技术，推动商业模式创新和价值网络升级；"双领先战略"之二是对内实施"领先市场战略"，通过完善技术转化机制，使中小企业对于物理—信息系统具有较低的进入门槛。[1]

（二）美国研发资金投入强度大

美国装备制造业发展，在20世纪90年代之前，基本上是以传统装备制造业为主，之后便重点发展信息技术为主要特征的新兴装备制造业，既涉及通信、计算机、软件等高端装备制造业，又涵盖了软件服务业等高级生产性服务业。在国民经济总产值中，新兴装备制造业高达75%以上，而且提供了大量的专业技术人员就业机会，带动了教育培训业发展，成为美国产业结构升级的核心力量。[2]

自2012年以来，美国在先进制造领域的投入持续增长。奥巴马政府

---

[1]　黄阳华：《德国"工业4.0"计划及其对我国产业创新的启示》，《经济社会体制比较》2015年第2期。

[2]　王福君、沈颂东：《美、日、韩三国装备制造业的比较及其启示》，《华中师范大学学报》（人文社会科学版）2012年第3期。

认为，美国经济长期竞争力的关键在于先进制造的投入力度，美国制造业出口占全部出口的 60% 左右，制造业生产成本低，加之能源价格持续下跌，共同增强了美国制造业的国际竞争力。美国在发展先进制造业方面，主要有以下几点有益的经验①：一是由于制造业不仅拥有最大的几何效应，在支持经济增长的同时，还能够鼓励研发创新，美国将先进制造业纳入国家战略，并着重在创新、人才和商业环境等领域注入新的动力。二是根据不同的需求特征，成立区域性的非营利性制造业创新研究所，行业代表可出任独立董事，合作伙伴可涉及行业、培训组织和政府机构等，在联邦基金 5—7 年的政策扶持之后自负盈亏，制造业创新研究所初期主要是开展研发等任务，目标是降低先进制造业的成本与风险，并对教育培训、供应链完善和规模扩大等进行提升，并将实验演示项目进行商业化。三是为振兴制造业的国际竞争力。美国在 2014 年预算中将制造业投入增加到 86 亿美元，目的是加大出口力度，以创新促进美国制造业元气的恢复。2013 年，美国为国家制造业创新网络、制造技术加速中心、先进制造技术财团分别提供了 10 亿美元、2500 万美元和 2140 万美元的投资预算。此外，在加大研发投入方面，增加国家科学基金会、国家科学技术研究所等部门的支出，用以促进技术创新，其中，国家科学基金会的预算细分为针对国家机器人计划资金、材料基因计划及网络材料制造和智能系统研发计划。

（三）日本注重"产品 + 服务"理念与"多能工"培养

由于是自然资源极度贫乏的国家，日本将高端装备制造业的发展重心放在产品附加值和员工培养上，倡导在产品创新过程中融入服务的理念，由于市场上的产品逐步趋向同质化，单纯的制造业转变为服务制造业成为大势所趋，"产品 + 服务"能够带来更多的差异化，从而提升企业和产品的竞争力。日本在不断创新生产模式和管理模式的前提下，重点关注建立以员工为中心的包括反应、研究开发和服务在内的高水平的创新架构。

日本发展高端装备制造业的有益经验可简要地概括为四点：一是努力提升高端装备的附加价值，通过提供产品的衍生服务，延长了价值链，

---

① 赵秋艳：《加大投入力度，美国先进制造业快速扩张》，《企业管理实践与思考》2013 年第 11 期。

体现高端装备制造产品的客户导向，从根本上变革了商业模式，因此，装备制造业服务化成为日本制造业升级的重要驱动力。二是日本非常注重"多能工"人员的培养，充分调动员工现场主义工作的热情，实现跨部门的团队合作和自我管理，充分发挥员工在现场解决问题的能力，进而有效推动高端装备制造业的技术革新与改进。① 三是利用产业结构发展规律，实施超常规的产业政策，选择潜在优势产业而不是比较优势产业，立足于全球市场，根据国内产业发展阶段，不断变更发展战略，由 20 世纪 60 年代中期的进口替代战略转变为出口导向战略。四是将产业组织政策与产业结构政策协调运作，重视发挥大型企业的规模经济利用，并加强对衰退产业的转型扶持。②

三　中国高端装备制造业发展问题跟踪破解路径

由于中国高端装备制造业存在缺乏基础原创技术的开发、核心技术受制于人、产业链规模结构不合理、高端人才缺乏和国际市场不确定风险等亟待破解的问题，本节在观照德国、美国和日本等发达国家先进经验的基础上，从推动"顺向研发"、以"国内联合 + 国际兼并"打破国际垄断、"产业链纵横一体化与集群发展""创新人才培养模式""深化国际合作与加强风险管控"等维度有针对性地提出相应的跟踪破解路径。

（一）推动"顺向研发"成为中国高端装备制造业发展的新常态

从德国、美国和日本关于装备制造业发展的经验来看，真正核心的技术必须是来自自主创新，使"顺向研发"成为核心技术的根本来源，虽然消化吸收能够引进一些技术，但关乎关键零部件的技术国外通常采用封锁手段。新常态下，中国高端装备制造业应当采用主动出击，加大研发强度，通过吸收主要发达国家的高技术知识进行原创性技术试验，并尽快实现技术转化和应用，逐渐积累技术知识，最终实现核心技术的突破。重视基础原创技术的开发，才能够不断缩小与发达国家在高端装备制造业发展中的差距。

在推动"顺向研发"过程中，德国、美国和日本等国的经验均可为中国提供一定的参考和启示。其中，德国通过"工业 4.0"，使制造业与

① 宋谦、杜伊凡、王静：《辽宁省装备制造业国际竞争能力分析——日本经验的借鉴》，《沈阳工业大学学报》（社会科学版）2015 年第 1 期。
② 安同信、范跃进、张环：《山东省制造业转型升级的路径研究——日本经验的借鉴》，《东岳论丛》2012 年第 6 期。

网络技术深度融合，催生了一系列的原始创新，中国应当借鉴这种发展思路，通过"大数据"的新型生产要素介入，实现商业模式变革，进而推动高端装备制造业技术进步。美国为先进制造业发展提供高额的研发资金投入，以确保"顺向研发"的持续性与成功率，根据高端装备制造业的不同领域特征，制订差异化资金支持计划，并有效评估资金的使用效益和创新产出的绩效分析，真正做到研发资金用在"刀刃"上，进而实现高端装备制造业掌握行业尖端技术的目标，中国应当学习美国的研发资金投入和管理模式，最大化研发资金使用效率，实现提升高端装备制造业创新绩效的宗旨。日本所推行的"产品＋服务"的理念，也可为中国高端装备制造业顺向研发提供新的思路和参考，通过将产品服务融入高端装备中，实现附加值的提升，是增强中国高端装备制造业创新发展和提升经济贡献率的有效途径之一。

（二）以国内高端装备制造企业的联合、跨国兼并等形式打破国际垄断

李金华（2013）认为，中国高端装备制造业发展应当加强顶层设计，形成顶级技术合作联盟，推动大型装备制造企业设立研发设计平台，将自主制造提高到国家战略。① 规模与实力在一定程度上决定了企业在国际竞争中的地位，中国高端装备制造业想要参与国际竞争，必须在规模与市场份额上进行国内联合，鼓励跨企业、跨区域技术共享与联合研发创新，构建重大技术攻关平台，坚持原始创新、集成创新与引进消化吸收再创新相结合的创新模式，具有典型代表的例子是2010年以后的中国南车和中国北车的合并，但在这一过程中，应当避免合并后降低整体竞争力的重组行为。一方面，采用跨国兼并的形式以利于企业积累技术，是实现中国高端装备制造业后发赶超的路径之一；另一方面，在"一带一路"倡议指引下，以高铁为代表的中国高端装备制造业典型产品走出国门，将加速中国从"制造大国"迈向"制造强国"的进程。

（三）推动高端装备制造业产业链纵向、横向一体化和集群化发展

产业链纵向一体化是优化劳动、资本、技术等资源配置，对主导企业业务延伸并控制其关键的环节，改善上下游企业之间的关系，使合作

---

① 李金华：《在国家战略层面设计和推进高端装备制造业的发展》，《中国经贸导刊》2013年第15期。

更加顺利高效；产业链横向一体化是优化资源在部门或企业内部的配置，目的是为了扩大规模并降低单位成本；由于产业集聚具有强化分工、降低创新成本的作用，中国应当借鉴美国关于成立非营利性区域制造业创新研究所的经验做法，充分发挥区域间的比较优势，推动高端装备制造业相对集中发展。此外，强化示范基地建设，通过培育龙头企业，完善产业链协作体系，以便更好地提升专业化分工合作水平，促进区域高端装备制造业协同发展。

（四）创新高端装备制造业的人才培养路径

人才培养和积累是实现高端装备制造业快速发展的关键因素之一，德国和日本制造业人才储备的经验值得中国借鉴和学习。德国非常重视一线技术工人的成长与发展，主要是通过两种路径来实现：一是通过大规模系统化的职业教育，培养大批量的产业工人；二是由于德国拥有完善的高福利保障体系，技术工人成为社会的中坚力量，能够为制造业的持久高水平发展提供源源不断的人才支持。中国应当重视对产业技术工人的培养和扶持，提高技术工人社会地位的认同感，这样，才能够为高端装备制造业的发展提供高水平的人才储备。

日本对制造企业"多能工"人员的培养经验，值得中国高端装备制造企业借鉴。原创性的技术突破往往是在工作现场不断解决问题的过程中积累而来，高端装备制造业发展进程中存在的问题如果能够在工作现场得以不断解决和克服，就能够不断积累技术知识，催生原始创新，是实现自主创新的有效路径之一。中国高端装备制造企业员工应当培养在工作中解决实际问题的能力，有效推动产品创新和工艺创新。因此，中国高端装备制造业发展应当避免单纯数量上的扩张，要着重发挥"多能工"在自主创新中的基础性作用。

（五）高端装备制造企业须深化国际合作和加强风险管控

早在1990年日本就倡导"智能制造系统IMS"国际合作研究计划，美国、加拿大和澳大利亚等国均参与了这项计划，共投资10亿美元，实施100个项目的研究计划。由于与主要发达国家的差距明显，中国高端装备制造业发展要积极推进与发达国家的交流与合作，在引进先进经验的基础上，加大消化吸收的投入力度，着力培育具有国际竞争力的核心技术，以此达到在国际市场上占有一席之地的目的。在国际合作方面，2015年12月23日，国务院批复《中德（沈阳）高端装备制造产业园建设方案》，使中国高端装备制造业与国际合作迈出了重要的一步，中德（沈阳）高端装备制造产业园成为"中国制造 2025"和德国"工业 4.0"合作的重要载体，将对中国高端装备制造业的发展带来国际合作的新模式，为中国制造迈向高端化提供了新的路径。[①]

2014 年，中国大型成套设备出口额达到 1100 亿美元，签订 247 亿美元的海外轨道交通项目合同，高铁等具有标志性意义的中国高端装备制造业走向世界，能够带动国内过剩产能的消化，并在国际市场上展示出中国高端装备的实力，为更好地开展其他领域的国际合作提供了强有力的支撑。此外，开展高端装备制造领域的国际合作，由于投入成本高、周期长，一些合作项目也可能面临着国际政治和经济风险，所以，要重视海外投资的风险防范，使中国高端装备制造业"走出去"战略得以持续顺利实施。

第四节　高端装备制造业技术发展、市场供需与扶持政策跟踪预测

在对高端装备制造业发展问题、国际经验与破解对策进行分析的基础上，中国高端装备制造业未来走向如何呢？本节简要地从技术发展、出口方面和政策保障等维度对中国高端装备制造业未来发展进行分析或预测。研究认为，中国高端装备制造业技术发展将主要面向"绿色化＋智能化"；出口范围和强度将进一步扩大；研发投入与政府补贴仍将是扶持政策的主要方向，在高端装备"走出去"方面，政府高层对话与行业组织协助将为中国高端装备制造业海外投资与抢占国际竞争制高点提供充分的政策保障。

一　高端装备制造业技术发展预测

高端装备制造业的发展在实现重大技术突破的同时，日益表现出对环境污染治理和资源效率提升等方面的现实关切，世界各国高端装备制造业均试图在产品设计、包装、运输、使用和报废等整个流程中做到

---

① 国务院：《国务院关于中德（沈阳）高端装备制造产业园建设方案的批复》（国函〔2015〕218 号），http://www.gov.cn/zhengce/content/2015－12/23/content_ 10500. htm。

"少污染 + 高效率"，"绿色制造"，通过改进传统制造技术，使制造理念和生产方式发生重大变革，使高端装备制造业的发展能够有效协调资源与环境的双重约束，为建设资源节约和环境友好的社会提供基础性保障。中国智能制造未来的发展重点方向将是智能仪器仪表和控制系统、高档数控机床、重大智能成套设备和关键零部件四类高端装备制造产品。①

德国推行的"工业 4.0"，将为中国高端装备制造业的未来发展提供一定的指导，智能制造技术综合了传感技术、网络技术、自动化技术和拟人化智能技术的优势，能够实现信息和智能的高度融合，中国智能制造设备应当坚持"创新优先、技术融合、多元投入"的基本原则，针对制造过程的感知、分析与决策等环节，将先进制造、信息与智能技术结合起来，从而实现高端装备制造业技术发展符合"绿色化 + 智能化"的全球趋势。

二　高端装备制造业产品出口趋势预测

中国高端装备制造业市场向海外延伸的步伐不断加快，其中，核电企业"走出去"是高端技术走向世界的缩影。2014 年 1—6 月，中国投资者对 3224 家境外企业进行了直接投资，涉及 146 个国家和地区，累计投资额折合人民币 2660.5 亿元。中国高端装备制造业产品在满足国内需求的同时，将稳步走向世界。未来五年，中国将进口超过 10 万亿美元的商品，对外直接投资超过 5000 亿美元。在这一形势下，中国南车和北车所生产的"中国制造"地铁与电动车组，已经向 20 多个国家进行轨道交通装备的出口，在"一带一路"倡议指引下，中国未来更多的高端装备产品的出口范围和出口强度会进一步扩大，为抢占高端装备制造业的国际市场份额做好更充分的准备。

三　高端装备制造业扶持政策预测

当前，中国高端装备制造业自上而下的政策支持呈现出"遍地开花"的态势，"中国制造 2025"将为国内高端装备制造业的发展带来新的机遇与政策倾斜，其中，主要的政策支持仍然是包括直接的研发投入与间接的政府补贴，比如，中国的大飞机制造，已经成为中国高端装备制造业扶持的重中之重。在间接的补贴方面，尤其是带有首台首套性质的高端产品补贴幅度最大。另外，全球化合作趋势也将助推各级政府为高端装

---

① 孙柏林：《未来智能装备制造业发展趋势述评》，《自动化仪表》2013 年第 1 期。

备制造企业参与国际合作提供必要的政策扶持，比如，中国高端装备产品"走出去"并不是一帆风顺的，一方面可能面临歧视性贸易壁垒等客观原因，另一方面也可能存在盲目投资等问题。因此，既需要政府高层的对话，为企业创造良好的发展环境，还需要行业组织协助，增强出口企业的"内功"。

第五章 新能源产业

日益紧缺的传统石化能源与不断加剧的环境污染迫使各国加快了开发和利用新能源的步伐。《"十二五"国家战略性新兴产业发展规划》（以下简称《规划》）指出，新能源产业既包括发展核电、风电、太阳能光伏和热利用、页岩气、生物质发电、地热和地温能、沼气等新能源，又包括推进技术基本成熟、开发潜力大的新型太阳能光伏和热发电、生物质气化、生物燃料、海洋能等可再生能源技术产业化的一系列活动。本章首先从新能源产业政策环境、规模效益和研发创新动态三个方面进行总体评价；其次对典型行业、产品的区域布局变迁进行了跟踪评价；再次在梳理光伏产业发展问题的基础上，结合主要发达国家的经验启示，提出新能源产业发展的针对性建议；最后分别从技术发展、市场供需与扶持政策维度对新能源产业未来发展做出预测。

第一节 新能源产业政策环境、规模效益与研发创新动态跟踪分析

新能源是各国政府应对环境危机、能源安全问题的重要战略选择，能否有效地开发和利用新能源、抢占新能源领域的优势地位将成为未来经济体之间竞争的决定性因素。近年来，全球高速发展的新能源产业均得益于各国政府的全方位扶持。本节将从产业发展的政策环境、发展状况和研发创新三个方面对新能源产业进行总体评价。

一 新能源产业政策环境变化轨迹

新能源产业前期大规模的基础投资以及技术的不成熟和需求市场的不确定性，需要政府及相关机构的政策支持和引导。并且，新能源属于环境友好型，其收益不具备独占性，属于公共品，需要补贴激励各企业提供持续的技术创新供给。基于以上逻辑，各项新能源扶持政策相继出

台。下面主要对政府补贴、产业引导基金和融资担保、税收优惠等主要扶持政策进行梳理分析。

（一）政府补贴政策变迁

政府产业政策在新能源产业发展中发挥着至关重要的作用，2010 年以来，政府颁布了多项政策法规，促进了新能源产业的健康快速发展。新能源产业的政府补贴政策主要包括：获批的太阳能热利用项目可以享受中央预算内投资的补贴扶持；2013 年 7 月出台的光伏电价补贴政策，对光伏电站按三类资源区分别执行 0.9 元/千瓦时、0.95 元/千瓦时、1 元/千瓦时的电价，对分布式发电实行按照全电量补贴 0.42 元/千瓦时的标准实行补贴；2009 年出台的风电补贴政策对风力发电站，按照四类资源区分别执行 0.51 元/千瓦时、0.54 元/千瓦时、0.58 元/千瓦时和 0.61 元/千瓦时的电价，并对接入电网系统而发生的工程投资和运行维护费用，按上网电量给予补贴（50 公以内，每千瓦时补贴人民币 0.01 元；50—100 千米，每千瓦时补贴人民币 0.02 元；100 千米及以上，每千瓦时补贴 0.03 元）；对符合条件的企业生产的首 50 台兆瓦级的风电机组按照 600 元/千瓦的标准予以补助，分摊给整机和关键零部件制造企业，但是，2011 年以后，因为美国反倾销案等原因停止；太阳能光点建筑应用财政补助、金太阳示范工程投资补助等；生物质能方面，除对生产企业的补贴之外，对生物质的原料基地实行补助制度。但是，随着新能源产业发展、技术进步以及装机规模增加及发电成本下降，2012 年以后，政府取消了对新能源新增发电项目的补贴，取而代之的是以新能源电价附加补助的形式来鼓励产业发展。然而，在 2014 年，政府对光伏发电、风力发电、生物质发电的补贴金额分别达到 52 亿元、275 亿元和 74.07 亿元。近年来，受制于水电投产增速降低及核电建设规模，中国只能依靠风电、太阳能引领清洁能源发展，国家能源局新能源和可再生能源司称，光伏补贴未来 8—10 年不会停，但补贴会有所倾斜，重点发展分布式光伏，补贴额度也会降低。

（二）产业引导基金和融资担保

受资金总额限制，新能源产业补贴政策无法同时对产业链整体给予资金支持，主要关注产业链的两端。政府除制定补贴政策外，还通过设立中小企业基金、创投基金、先进制造业产业基金等发展基金引导新能源产业的发展。十八大以来，各级政府利用财政专项资金设立了各种类型的投融资担保公司，为光伏发电、生物质能源、健康产业等新兴中小企业提供担保，为其投融资提供帮助、扶持。2010 年以来，国有银行对新能源发电系统和相关产品制造业提供优惠信贷配额，对新能源发电实行全额保障性收购制度。

（三）税收优惠政策

除了上述两项政策，税收政策也是影响新能源产业发展的重要因素。政府对制造光伏、风力发电机组的部分关键零部件、原材料的企业，实行进口关税和进口环节增值税的减免政策，并给予出口退税优惠；对利用风力、太阳能发电的企业，实行增值税即征即退 50% 的政策，相关企业还可以享受所得税三免三减半的优惠。

二　新能源产业发展规模动态演变与市场扩张

自《规划》颁布以来，国家及各级地方政府纷纷出台相应的政策以支持新能源产业发展，在补助、税收优惠政策及其他促进措施的带动下，新能源产业无论在规模产量还是企业数量上都有了较大的提高。近年来，中国太阳能、风能产业等凭借自身优势快速发展，已经成为全球最重要的新能源产品及装备制造国和应用市场，光伏、风电等新能源产业规模发电装机量已经处于世界领先水平。2015 年上半年，全国多晶硅产量 7.4 万吨，同比增长 15.6%，进口量约 6 万吨；硅片产量 45 亿片，同比略有增长；电池组件产量 19.6GW，同比增长 26.4%；硅片、电池、组件等主要光伏产品出口额 77 亿美元，中国多晶硅生产厂商的市场份额超过 50%，光伏制造业总产值超过 2000 亿元，持续排名全球第一。与此同时，中国已成为 2014 年全球风电新增装机容量最大地区和 2014 年年末风电累计装机容量最大地区。中国企业风电叶片的生产技术已接近国际水平，部分产品已出口到国外，中国正逐步成为全球风电叶片生产基地，中国在全球风电建设进程中的重要作用正在逐步凸显。

表 5-1 显示的是 2010—2014 年中国新能源产业上市公司主要经济指数增长情况。从表 5-1 中可以看出，新能源产业上市公司数量不断增加，尤其在 2010 年发布战略性新兴产业后，2011 年，上市公司数量、营业收入和利润总额都有所增加。2012 年以来，虽然中国新能源产业的总体规模在不断扩张，并且已跃居全球前列，但是，由于全球经济不振以及欧美等国实施的"双反"调查等事件，使新能源产业中上市公司营业收入的增长率出现下滑，亏损企业数量也随之增多。但企业利润总额的增长幅度快于营业收入的增长幅度，因而企业营业利润率逐年上升。

表 5 – 1 2010—2014 年中国新能源产业上市公司主要经济指标增长情况

年份	上市公司		营业收入		营业利润		营业利润率（%）
	数量	亏损	总额（亿元）	增长率（%）	总额（亿元）	增长率（%）	
2010	97	6	5918.46	——	526.94	——	8.90
2011	110	10	8438.78	42.58	532.90	1.13	6.31
2012	114	19	8749.43	3.68	649.40	21.86	7.42
2013	114	15	9532.47	8.95	912.90	40.58	9.58
2014	115	11	10341.66	8.49	1254.59	37.43	12.13

资料来源：根据 iFind 和国泰安数据库整理计算得到。

表 5 – 2 显示的是 2010—2014 年中国新能源产业四个主要细分行业上市公司经济指标增长情况。从表 5 – 2 中可以看出，太阳能光伏行业企业个数最多，但营业收入偏低，2012 年，受欧美等国实施的"双反"调查等事件的影响，亏损企业数量显著增加，其营业利润同比下降了 78.73%，五年平均营业利润率低于其他三个细分行业；核能核电行业营业收入最高，2013 年后增速放缓；风电行业营业收入相对较高，五年平均营业利润率高于其他三个细分行业；生物质能行业处于起步阶段，无论是企业个数还是营业收入和市场份额均较低，并且，其营业利润在 2012 年和 2013 年均呈现出大幅减少。另外，2014 年，除太阳能光伏行业外，其他行业营业收入较 2013 年均出现了不同程度的下滑。

表 5 – 2   2010—2014 年中国新能源产业四个主要细分
行业上市公司经济指标增长情况

年份	细分行业	上市公司		营业收入		营业利润		营业利润率（%）
		数量	亏损	总额（亿元）	增长率（%）	总额（亿元）	增长率（%）	
2010	太阳能光伏	54	3	2312.53	——	147.82	——	6.39
	风电	37	3	4325.06	——	333.50	——	7.71
	核能核电	51	4	5426.87	——	328.77	——	6.06
	生物质能	10	1	246.76	——	15.42	——	6.25

续表

年份	细分行业	上市公司		营业收入		营业利润		营业利润率（%）
		数量	亏损	总额（亿元）	增长率（%）	总额（亿元）	增长率（%）	
2011	太阳能光伏	62	4	3192.95	38.07	160.54	8.60	5.03
	风电	40	3	5047.95	16.71	255.86	-23.28	5.07
	核能核电	52	8	6280.47	15.73	328.21	-0.17	5.23
	生物质能	13	2	293.14	18.80	22.35	44.93	7.62
2012	太阳能光伏	65	20	3227.27	1.07	34.15	-78.73	1.06
	风电	40	7	5288.16	4.76	415.58	62.42	7.86
	核能核电	58	9	7426.02	15.48	375.60	11.60	5.06
	生物质能	14	2	314.33	7.23	11.19	-49.91	3.56
2013	太阳能光伏	66	9	3590.00	11.24	83.05	143.19	2.31
	风电	40	6	5581.36	5.54	644.15	55.00	11.54
	核能核电	56	8	6430.39	2.39	336.56	2.54	5.23
	生物质能	14	3	350.57	11.53	7.33	-34.55	2.09
2014	太阳能光伏	68	9	3949.33	10.01	135.93	63.68	3.44
	风电	42	9	5549.59	-0.57	670.59	4.10	12.08
	核能核电	62	10	7052.75	-5.03	450.05	19.82	6.38
	生物质能	14	2	331.42	-5.46	14.29	95.03	4.31

资料来源：根据 iFind 和国泰安数据库整理计算得到。

三　新能源产业发展研发创新情况

战略性新兴产业技术创新主要是根本性创新，完全来自新理论发展和新技术运用，没有"先例"可以参考，因此不确定性和风险更大。但同时根本性创新具有巨大的未来发展潜力，可以创造经济效益，因而成为政府部门研究项目的核心。目前，政府对新能源产业的补贴属于供给侧补贴，这可以激励处于发展初期的企业扩大产能，获取利润。但从长期来看，缺乏研发专用型的补贴政策可能会降低企业进行创新的动力，造成企业低水平重复建设，不利于企业长期发展。本部分将选取新能源行业上市公司的研发支出作为企业研发创新的替代指标，研究企业创新投入情况。从表 5 - 3 中可以看出，2010 年以来，企业研发支出不断增加，太阳能光伏企业的研发投入最多，核能核电产业研发支出偏低。

表 5 – 3　　　　　　2010—2014 年中国新能源产业上市公司
主要细分行业研发支出情况

年份	总体		太阳能光伏		风电		核能核电	
	研发支出（亿元）	企业数量	研发支出（亿元）	企业数量	研发支出（亿元）	企业数量	研发支出（亿元）	企业数量
2010	8.42	24	3.97	11	7.23	8	4.14	15
2011	41.28	30	33.53	11	6.81	12	8.73	16
2012	55.11	34	34.10	16	19.81	12	22.72	17
2013	58.35	36	36.33	15	6.47	13	8.51	16
2014	76.95	34	48.09	16	18.18	16	11.37	18

资料来源：根据 iFind 和国泰安数据库整理计算得到。

表 5 – 4 显示的是 2010—2014 年中国新能源产业上市公司发明专利申请量情况。近五年来，中国新能源产业企业的发明专利申请数量呈现增长趋势，年均增长率依次为 19.40%，但 2013 年以来，申请量增速放慢。

表 5 – 4　2010—2014 年中国新能源产业上市公司发明专利申请量

单位：件、%

	2010 年	2011 年	2012 年	2013 年	2014 年
申请量	9542	12504	16781	19156	19395
增速	—	31.04	34.21	14.15	1.2

资料来源：根据《战略性新兴产业发明专利统计分析总报告（2015）》整理计算得到。

第二节　新能源产业集聚、区域布局与典型行业动态跟踪评价

受产业政策和资源禀赋两个主要因素的影响，从整体上看，中国新能源产业呈现出东部、中部、西部协调发展的态势，初步形成了以环渤海区和长三角地区等为核心的东部沿海产业集聚区以及中西部以一些省份（诸如江西、河南、四川、内蒙古、新疆等）为核心的产业集聚区。

本节主要介绍太阳能光伏产业、风电产业、核电产业和生物质能产业的区域分布特征。

一 新能源产业集聚及区域水平动态变化

新能源产业在中国处于起步阶段，其发展依托于区域政府政策及当地资源禀赋，因而产业整体上呈现出向政策和资源优势地区集聚的特点。首先，新能源产业属于典型的政策导向型产业，国家及地方层面配套的产业政策是吸引企业的重要原因。其次，新能源产业发展需要依靠自然资源及人力资源等要素，企业会根据区域资源丰富程度及细分产业的特征，投资新能源项目。此外，营利是新能源企业投资和发展的重要驱动力，为了降低成本，企业在投资时将考虑产业半径、原材料等因素。

（一）太阳能光伏产业

在产业政策及地区资源优势引导下，太阳能光伏产业形成了以长三角地区为制造基地、中西部为原材料供应基地以及以青海为核心的西北区域和以北京、河北为核心的华北区域为主的太阳能光伏发电基地的分布格局。长三角地区是中国最早的光伏产业基地，随着产业链延伸，江西新余、河南洛阳和四川乐山等中部省份也成为国内硅片制造和原料多晶硅基地。北京在政府的大力支持与推动下，青海和河北依托其资源禀赋以及政策推动，成为太阳能光伏发电的主要基地。

（二）风电产业

从风电产业集聚过程看，政府扶持政策在初期市场培育及需求创造方面的作用至关重要，区域的自然资源禀赋及产业基础也是风电产业空间集聚的决定因素。在上述要素交互影响下，华北地区和西北地区成为风电装备制造企业主要聚集区。表 5 - 5 显示的是 2010—2014 年全国各省份风电累计装机容量排名情况。从表中可以看出，排在前 10 位的省份风电累计容量约占全国风电累计总量的 80%。

表 5 - 5　　　2010—2014 年全国各省份风电累计装机容量排名　单位：万千瓦

区域	2010 年	2011 年	2012 年	2013 年	2014 年
东北	8667	12260	14380	16025	17291
黑龙江	1660	3446	4264	4887	5527
吉林	2941	3564	3997	4380	4652
辽宁	4067	5249	6118	6758	7111

续表

华北	19880	26611	29665	32630	37727
北京	153	155	155	157	193
区域	2010 年	2011 年	2012 年	2013 年	2014 年
河北	4922	7070	7979	8500	9872
内蒙古	13858	17504	18624	19691	21772
山西	948	1881	2907	4255	5845
天津	0	0	0	27	45
华东	3101	4109	5278	6369	8449
安徽	149	297	494	592	992
福建	834	1026	1291	1556	1653
江苏	1468	1968	2372	2916	3676
江西	84	134	288	326	642
山东	2638	4562	5691	6981	8263
上海	269	318	352	370	517
浙江	298	367	482	610	970
西北	7678	11165	14242	19677	28800
甘肃	4944	5409	6479	7096	10726
宁夏	1183	2876	3566	4450	6144
青海	11	67	182	386	596
陕西	177	498	710	1293	1666
新疆	1364	2316	3306	6452	9668
西南	519	1190	2655	3863	6115
贵州	42	195	507	1090	1901
四川	0	16	80	157	442
西藏	0	0	0	8	8
云南	431	932	1964	2484	3641
重庆	47	47	104	124	124
中南	1436	2224	3135	4956	7045
广东	889	1302	1691	2219	2758
广西	3	79	204	361	477
海南	257	257	305	311	311
河南	121	300	493	647	963

续表

湖北	70	100	194	648	1275
湖南	97	185	249	771	1261
合计	41282	57558	69355	83520	105427

资料来源：《2010—2014 年风电建设情况统计评价》。

（三）核电产业

中国核电站主要分布在沿海地区，主要的核电常规岛、核岛供应商及其制造基地分布在四川和黑龙江。2012 年年底，中国建成投产的 8 座核电站以及在建的 12 座核电站均分布在沿海地区，并且 2012 年 10 月颁布的《核电中长期发展规划（2011—2020）》提出，"十二五"时期，只在沿海安排少数经过充分论证的核电项目厂址，不安排内陆核电项目。

表 5 - 6 显示的是 2010—2014 年中国核电装机量变化趋势及增速情况，由表可知，2010 年以来，中国核电装机主要集中于江苏、浙江省和广东，其中，广东的核电装机量接近全国总量的 50%。

表 5 - 6　　　　2010—2014 年中国核电装机量变化趋势及增速 单位：亿千瓦时

省份	2010 年	2011 年	2012 年	2013 年	2014 年
江苏	212	212	212	212	212
浙江	367	433	433	433	549
广东	503	612	612	612	721

资料来源：中经网产业数据库。

（四）生物质能产业

中国生物质能产业集聚主要呈现出资源偏向型。由于中国现拥有的生物质能资源主要为生物质废弃物，包括农作物（甘薯、玉米、番薯、甘蔗、甜菜、果实和废液等）、林木采伐及森林工业废物、水生藻类、未利用资源（包括农作物废弃物、城市垃圾、工业有机废弃物及畜禽养殖剩余物等）等。中国 1/3 以上的生物质资源集中分布在以四川、云南和西藏三省份为核心的西部地区，之后是东北地区的吉林和黑龙江，中部地区的河南、河北、山东、湖南以及东部的江苏、浙江等地。《中国生物质发电建设统计报告（2013）》指出，受资源所在地的影响，截至 2013 年年底，生物质能发电装机集中在华东地区，装机容量约占全国总装机容量的 45%，居全国首位；之后是华中地区和华南地区。

二 新能源产业典型行业发展状况跟踪

中国新能源产业细分行业众多，但最具代表性的两个行业是太阳能光伏产业和生物质能产业。本部分主要跟踪两个细分行业发展状况，分析太阳能光伏产业变化的原因以及生物质能产业发展存在的问题。

（一）太阳能光伏产业发展状况

新能源是应对气候变化、建立可持续能源体系的最好方式之一，而就各种新能源的潜力而言，太阳能又是替代现有石化燃料能源体系最具潜力的能源之一。据估算，在整个生命周期中，光伏发电量是耗电量的15—25 倍，能源的投资回报期为 1.1—1.6 年。太阳能光伏产生 1 千瓦时电力的能源消耗量和二氧化碳排放量是火力发电的 5%。太阳能在能源供应、环境保护、经济增长等方面展现出无可比拟的显著优势。

在 2002 年之前，中国光伏产业仍处在技术研发和产品创新阶段。以生产离网光伏产品为主，并且多数不用于民用。随着光伏技术的成熟，世界光伏产业迎来发展高潮，特别是一些国家在 2004 年开始实施上网电价补贴政策，这极大地促进了光伏市场发展，大量新企业涌入光伏产业。中国光伏企业把握住此次机会，通过过程创新来扩大产能，降低生产成本，争夺市场份额。随后，全球光伏产业震荡爆发，又迫使大量企业停产甚至倒闭，产业陷入深度调整期。

首先，进入 2000 年之后，硅太阳能电池技术已趋于成熟，主导设计逐渐建立起来，多数工艺技术包含在生产设备当中，产业技术创新重点已由产品创新转向过程创新。这为中国光伏企业通过引进光伏生产设备来进行技术学习提供了可行的渠道。与此同时，光伏产业作为新兴产业的重要组成部分，各级政府也采取研发补贴、人才引进、土地优惠等多项措施积极推动，从而在中国创造了海归科学家、地方政府与海外资本合作的独特发展模式，保障了引进的生产设备能快速本土化，从而降低生产成本，实现产能的连年扩张。在这一过程中，因为没有突破性技术创新的出现，所以，在产业急剧扩张之后出现的震荡现象并非由技术创新所引起。

其次，光伏产业有很长的成长阶段，需求拉动政策是形成光伏市场的关键。然而，由于中国产业政策作用有偏，没有能够有效地刺激国内光伏布局，形成充足光伏市场，从而使中国光伏产业严重依赖国际市场。企业所生产的 90%—95% 的光伏产品都要出口到欧洲和北美洲。这样的需求格局使中国光伏产业在面对外部市场环境变化时，显得十分脆弱。

特别是在 2009 年之后，欧洲国家相继削减光伏补贴，而美国又加大"双反"调查力度，中国光伏产业遭受严重打击，面临产业发展的转折点。

最后，从产业政策特征来看，不同于德国、意大利、日本、西班牙等国家采取上网电价补贴、"屋顶计划"等需求拉动政策来促进光伏产品的应用和普及，中国光伏产业政策以供给侧政策为主。这些政策的着力点在于优先激励产业扩张，增加光伏电池产量，而非鼓励提高太阳能发电量以替代传统电力来源。受此影响，中国光伏产业尽管发展极快，但也出现产能过剩、盲目上马新项目、并网发电困难等问题，这直接为中国光伏产业震荡埋下了隐患。

通过上述分析可见，中国光伏产业以引进先进生产设备作为技术来源，以海外光伏人才作为技术创新保障，从而实现了产能快速增长和生产成本优势。然而，由于产业政策重点在于从供给侧扶持光伏企业快速成长，实现产业规模扩张，因此，尽管把握住了世界光伏市场发展高潮，但是却失去了国内需求市场。这就使中国光伏产业在短期内迅速膨胀，但当外部需求发生变化，就变得不堪一击。

虽然自 2011 年以来受到外部需求下降和"双反"调查的影响，但中国太阳能组件产量在 2012 年仍达到 23 兆瓦，约占全球总产量的 63%，2014 年之后，随着政策的激励，光伏产业有所回升，2015 年太阳能装机组件达到 43 兆瓦。具体数值如图 5-1 和图 5-2 所示。

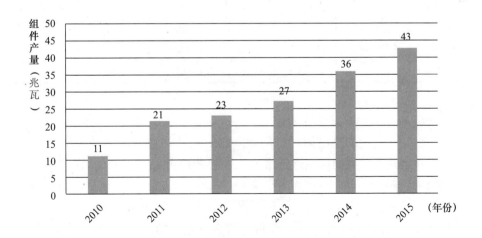

图 5-1 2010—2015 年太阳能组件产量

资料来源：笔者根据光伏产业相关研究报告汇总、整理获得。

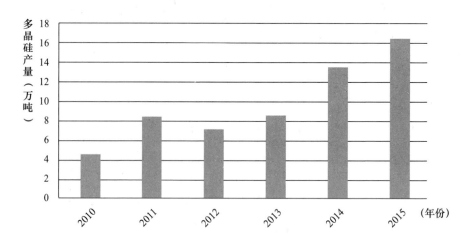

图 5 - 2 2010—2015 年中国多晶硅产量

2010 年以来，中国先后投建了"金太阳示范工程""光电建筑"等多个项目，带动了光伏市场的迅速扩张。截至 2014 年年底，中国并网太阳能发电量为 87 亿千瓦时，同比增长 143%，当年新增装机容量 10890百万瓦，累计增长 63.5%（见表 5 -7）。

表 5 -7 2010—2014 年中国光伏装机量

年份	2010	2011	2012	2013	2014
累计装机容量（百万瓦）	820	3520	8020	17160	28050
累计装机年增长率（%）	173	329	128	114	63.5
新增安装量（百万瓦）	520	2700	4500	10660	10890
新增装机年增长率（%）	225	419	67	137	2.2

（二）风电产业发展状况

表 5 -8 显示的是中国风电历年新增、累计并网容量及增长率情况。从 2010 年开始，并网风电逐年增加。截至 2013 年，中国并网风电规模持续扩大，新增并网 14490 兆瓦，年底累计并网 77160 兆瓦，同比增加23.13%。随着并网风电规模的扩大及风电消纳率有所提高，我国风电产量保持高速增长。国家能源局发布的信息显示，2014 年，全国风电发电量为 1246.17 亿千瓦时。

表 5 - 8　　　　　中国风电历年新增、累计并网容量及增长率

年份	当年新增并网（MW）	年底累计并网（MW）	年增长率（%）
2010	13640.0	31310.0	77.19
2011	16530.0	47840.0	52.79
2012	14824.5	62664.5	30.99
2013	14490.0	77160.0	23.13

资料来源：国家风电信息管理中心：《中国风电发展报告（2014）》。

（三）核电产业发展状况

核电技术是一种技术成熟、可大规模生产的清洁能源，中国政府一直大力支持其发展，但是，2011 年，受到日本福岛事件影响，中国核电发展受到重挫。2012 年 5 月底，国务院常务会议通过的《核安全与放射性污染防治"十二五"规划及 2020 年远景目标》迈出了核电重启的第一步；2012 年 7 月以布的《"十二五"国家战略性新兴产业发展规划》在发展新能源产业中列出核电技术产业的发展路径以及发展目标，为核电重启做好准备；2012 年 10 月，国务院通过了《核电安全规划（2011—2020 年）》和《核电中长期发展规划（2011—2020 年）》，正式重启尘封一年多的核电项目建设，国内核电项目建设逐步提速。2014 年，核电重启信号不断释放，"华龙一号"诞生，"走出去"步伐加快。2015 年，中国核电发展节奏步入正常轨道。在核准方面，共 8 台机组获批；新建方面，除防城港核电 4 号机组和田湾核电 6 号机组外，其余核准的新机组均开工建设，共 6 台，至此，中国在建核电机组变为 26 台；在投产方面，方家山 2 号、阳江 2 号、宁德 3 号、红沿河核电 3 号、福清 2 号、昌江核电 1 号 6 台机组投入商运，在运机组总数为 28 台。

图 5 - 9 显示的是 2010—2013 年中国核电年度发电量变化趋势及增长情况，由表 5 - 9 可知，中国核电发电量逐年稳步提升，截至 2013 年年底，中国核电发电量为 1103.34 亿千瓦时，突破千亿大关。

表 5 - 9　　　2010—2013 年中国核电年度发电量变化趋势及增长情况

单位：亿千瓦时、%

	2010 年	2011 年	2012 年	2013 年
发电量	738.88	863.52	973.95	1103.34
增速	—	16.87	12.79	13.29

资料来源：中经网产业数据库。

（四）生物质能源产业发展状况

生物质能源以其原料丰富、再生性强、变废为宝的特点成为中国解决生态问题、缓解能源危机、促进农民增收的重点新兴能源发展领域。中国发展生物质能源存在两方面的优势：一是技术优势。中国在生物质能源开发利用方面拥有多项国际领先技术和自主知识产权。二是能源储量优势。中国工程院《可再生能源发展战略咨询报告》显示，中国生物质能源的资源量是水能的两倍、风能的 3.5 倍。每年可开发的生物质能源约合 12 亿吨标准煤，超过全国每年能源总消耗量的 1/3。可见，生物质能源符合新兴技术推动社会可持续发展要求，有着广阔的发展空间。

生物质能源以其巨大的经济效益和社会效益潜力，得到了政府相关部门的高度重视，出台了一系列措施对其进行"保护性"的培育和发展。早在 2004 年国家发改委等八部委就联合发布了《车用乙醇汽油扩大试点方案》和《车用乙醇汽油扩大试点工作实施细则》，在中国部分地区开展车用乙醇汽油扩大试点工作。2006 年中国颁布了第一部《可再生能源法》，该法律对于中国生物质能源技术研究、产业化发展、资金扶持措施等做出了明确规定。在"十二五"规划中，对于生物质能源的开发利用、可再生能源示范区建设、生物质能源设备制造专业化和产业化等方面进行了详尽安排和规划。由此可见，在国家层面，已经从政策措施、法律法规、资金扶持、长远规划等多方面建立起了生物质能源产业发展保障体系，支持产业技术研发、项目试点和产业化进程。

政府出台的各项政策最终要落实到科研单位和相关企业的技术研究、产品开发、市场推广上。在企业层面，中国已经确定在吉林燃料乙醇有限责任公司、河南天冠燃料乙醇有限公司、黑龙江华润金玉实业有限公司和安徽丰原生物化学股份有限公司进行生物质能源试点，推动燃料乙醇的生产、销售、运行。并且确定在无锡、大连、银川等地试点新燃料汽车和其他生物质能源项目。在研发机构层面，成都生物质气体研究中心、武汉能源研究所、上海工业微生物所、中科院广州能源研究所等科研院所进行生物质能源的技术研究，深入发掘生物质能源可行技术路径，开发新型能源原材料如海藻类生物燃料、生活垃圾资源化处理技术等。在用户层面，组织从各个试点项目如农村沼气利用项目、城市混合动力新能源公交项目等方面收集生物质能源技术市场化信息，及时反馈生物质能源在市场运用和需求等方面存在的问题，以适时做出调整。总的来看，在政府政策大力扶持、研究院所积极参与、试点项目顺利推进以及用户反馈的多层次组织下，已经形成了生物质能源产业发展空间。但是，仍然存在以下三个方面的问题：

首先，政府补贴和政策扶持对象过于单一，除一些大型试点企业每年能从政府拿到固定数额的技术研发补贴资金以外，广大中小企业却得不到足够的资金从事技术研发或扩大生产活动。甚至生物燃料乙醇产品的生产销售还处在以产定销、计划供应阶段，除几家大型企业外，中小企业的生物质能产品进入市场销售时遭到壁垒，无法实现产品交易。这样的政府保护性政策不但不利于产业健康发展，而且还会严重挫败中小企业进入该产业的积极性。如此一来，一个开放性的、由各方参与的生物质能源产业支持性网络难以形成，从而不能发挥技术孵化和产品市场化的功能。

其次，在目前已有的生物质能源产业中，来自各方的保护性措施大多数仅仅指向生物质能源，缺乏与其他产业的联系。生物质能源作为可再生能源体系的一部分，要实现能源利用"1+1＞2"的效果，就必须加强与其他可再生能源或者与化石能源的相互结合，综合利用。虽然目前生物质能源产业的互补性技术有一定发展，如生物能与光伏太阳能在蓄能蓄电方面的结合，但是，这种各能源配套体系的互动还远未达到要求。另外，在利用生物质产生能源过程中，还会产生大量的衍生产品，这些产品能开发出多种新型高性能材料。但是，过于死板的利基保护使生物质能源利基拓展性不足，没有形成一个综合利用的产业链条。

最后，产业发展规划不足，各地在建立生物质能源产业"保护性空间"时没有充分考虑当地的资源环境状况。生物质能源产业利基的出现严重依赖于各地资源禀赋情况。有些地区自然气候条件适宜种植生物质能源原材料，如番薯、甜高粱等，这就为发掘生物质能源利用奠定了良好的物质基础；而有些地区资源匮乏，只能满足粮食作物生长，不具备发展该产业的条件。然而现实中，政府无序上马生物质能源项目，一大批不具备技术、设备、资金的企业盲目涌入该产业，造成不必要的资源竞争和浪费。

第三节 新能源产业发展问题跟踪、国际经验启示与破解路径设计

中国新能源产业的发展虽然取得了长足的进步,但产业仍然处于发展的初级阶段,面临诸多问题和挑战,需要借鉴发达国家发展新能源产业的一些经验教训,实现自己的突破与发展。

一 新能源产业发展存在的焦点问题:结构性失衡

(一) 能源自足率较高、净进口在增加,能源问题依然严峻

相对美国、日本等国家,中国具有较高的能源自给水平,但能源供需比在下降,对外依存度在提升,能源压力依然不容小视,新能源发展应当也必须成为未来中国能源战略的重要组成部分。

(二) 新能源产业发展重制造轻应用,结构性失衡问题严重

近年来,在风电设备、光伏组件制造等领域,中国进步非常迅速,组件市场份额遥遥领先。但由于中国产业政策作用有偏,中国在新能源应用方面并没有处于世界前列。中国没有未能形成国内有效的新能源产业布局,创造充足的国内市场,从而使中国新能源产业严重依赖国际市场。例如,光伏企业所生产的90%—95%的光伏产品都出口到欧洲和北美洲。这样的需求格局使中国光伏产业在面对外部市场环境变化时,显得十分脆弱。《RGSR2015》显示,无论是风电装机容量还是光伏发电装机容量,中国均位于世界前列。但是,装机容量能力是潜在的能力,不能等同于实际生产规模。

(三) 自主创新乏力、市场开发落后,处于全球产业链低端

新能源产业发展动力并不是来自产业自身演变,而是来自世界对能源清洁、可持续发展的需求。新能源产业发展最先发生在发达国家,发展之初并没有采用孕育、研发、制造、成熟、出口、产业外移、进口的雁阵模式,而是较早就将发展中国家纳入体系,核心技术由发达国家掌握(杨丹辉,2012)。观察中国新能源产业发展,可以发现以下问题:

第一,新能源产业发展的应用市场开发不足。现阶段,中国的新能源产业竞争力主要体现在低成本及规模优势,主要集中在组件制造,而其核心技术及部件大部分仍需国外进口,其终端产品的大部分需求也在

海外，造成了产业发展"两头在外"的极度不平衡状态。地方政府过于追求项目上马以求最快地实现经济效益。企业则充分沿袭其在传统制造业中的从业经验，竞相进入组件生产等低门槛领域，追逐来自各级政府的补贴，政府较少关注新能源产业的环境收益及其市场开发，没有做好微观主体参与市场开发的激励问题。

第二，新能源产业发展集中在制造环节。以光伏产业为例，产业链包括高纯硅提炼、薄片制造、元件生产、模块组装、设备转换、安装及发电等环节。与其他环节相比，元件生产、模块组装属于竞争性环节，具有较小市场集中度，其利润率比上游环节要低很多。元件生产技术可以通过交钥匙（Turnkey）方式购买生产线获得，对生产经验等要求不高，组件安装是典型的劳动密集型产业，因而中国获得了相对优势。低成本高纯度硅提炼则需要高科技及熟练工艺，中国难以获得优势地位。

第三，可操作性的自主创新及应用仍十分乏力。2010年，中国新能源有关第三方专利占世界比重仅为4.26%，排在第7位，美国与德国分别以22.13%和11.87%列第2位、第3位，第三方专利虽不能完全等同于自主创新，仍然可以较好地体现创新活动，并方便进行国际对比。从专利数量看，中国的世界排名还不尽如人意，但在创新应用方面，中国与世界的差距巨大。还是以光伏为例，2007年，中国占据世界硅有关专利的37%，薄片专利占17%，元件占16%，组件占15%（Arnaud et al.，2011）。专利与生产的非对称性反映了中国专利的应用价值低、可操作性差的现实，这也是导致国内新能源产业在研发方面投资较少的原因之一：国际光伏企业如Schott Solar研发支出占支出的5%，Q-cells占2%，而中国的无锡尚德仅占0.8%，中电光伏为0.5%（Arnaud et al.，2011）。

二　新能源产业发展的国际经验

伴随着国际金融危机、新一轮产业革命、能源安全及气候问题的凸显，各国均把发展新能源产业作为占据世界制高点和主导权的重要战略。近年来，德国、美国以及日本出台了一系列鼓励新能源产业技术创新和产业发展的政策并且效果显著。新能源产业同样是中国重点发展的战略新兴产业之一，梳理并分析发达国家新能源政策及其配套措施，对中国新能源产业的发展及国内政策制定与实施具有示范效应。

（一）德国细致的激励机制及灵活的市场化手段

德国新能源产业在世界上占有重要地位，尤其是太阳能光伏产业。

最近数十年来，德国新能源产业的迅速增长得益于完善的激励机制以及明确的发展目标。首先，在政策法规上，德国制定并实施了一系列鼓励生产和使用新型能源的法规及计划。2000 年颁布的《可再生能源法》制定了明确的上网电价，可再生能源投资者获得了稳定预期。其次，德国使用了灵活的市场化措施。任何符合条件并获得政府部门经营许可的企业均能经营供电业务，但是，电力公司必须将发电、电力传输和配电业务分开。再次，德国将可再生能源的相关政策推广至建筑业和交通业等领域。最后，德国大力开展"能源研究计划"，重点资助创新能源技术研发。在这些政策的共同作用下，德国形成了最大的太阳能市场，拥有最先进的生产技术，并且随着光伏产业的高速发展，成本已经大幅下降，自 2012 年 1 月 1 日起，德国政府制定了新建光伏项目上网电价补贴标准。

（二）日本"自上而下"的新能源发展路径

由于自身能源资源十分匮乏，日本成为最早发展新能源产业的国家之一。日本新能源产业发展呈现出"自上而下"的特点。政府首先意识到发展新能源产业的必要性，并制定相应的法律法规和激励政策引导产业发展，并由企业和社会团体共同发展新能源产业。值得注意的是，日本新能源产业在促进自身产业发展的同时，带动了诸如装备制造业、技术服务业和交通运输业等产业的规模扩张，延长了产业链条。在研发创新方面，日本是最早进行新能源技术研发的国家之一，并且政府持续为新能源产业研发部门提供大量资金，支持各类新能源研发项目，从而使日本在太阳能光伏、生物质能、风能等领域拥有大量自主创新专利。在财政补贴方面，日本政府实行的补贴措施因补贴对象而异。比如，对大企业，政府主要对太阳能发电设备、风力发电设备及生物质能建设等项目进行补贴；对小企业，政府的补贴项目主要包括促进能源有效利用、待定高效能源设备的引进等；为了扩大用户，在面对消费者、能源管理企业和出租企业时，政府直接给予大量补贴，因而在国内形成了较为完善的市场。

（三）美国较强的技术创新优势

中国和美国在新能源产业发展模式上具有相似之处，例如，火电仍是两国单一的碳排放源，两国都在加快发展太阳能和风能等新能源产业。相较于中国，美国在新能源规模及成本价格上处于劣势地位，但强大的技术创新能力为美国带来了无可比拟的优势。并且，为了鼓励风险投资企业支持新能源技术及产业的发展，美国政府通过共同出资筹集用于新能源技术和产业的风险资本分散风险投资者的风险。在各项鼓励政策的引导下，新能源技术已经成为美国风险投资的重点领域。2009 年，新能源技术已成为美国风险投资的第一大领域，首次超过了软件行业，解决了新能源企业研发创新资金不足的后顾之忧。美国新能源产业创新政策激励企业不断地进行新技术和新设备的研发，持续扩大其新能源产业的技术优势。与此同时，美国还通过能效标准提高新能源企业参与竞争的技术门槛，不达标的企业无法进入市场。

三 中国新能源产业发展问题破解路径

基于新能源产业发展的国际经验，针对新能源产业发展中存在的突出性结构问题，本节提出以下破解路径，以期为我国新能源产业的发展指明方向。

（一）政府补贴应向产业的技术研发环节倾斜，提高自主研发水平

政府可以通过为新能源产业提供行业证券交易优先权、引入风险投资企业等，为企业研发环节投入资金，提高新能源产业的技术含量，占领产业链的高端环节，促进新能源产业结构升级。同时，应提高新能源企业的技术准入门槛，避免企业低水平重复建设及恶意价格竞争。

（二）细分政府补贴对象，调整产业促进政策

借鉴日本的经验，将新能源产业的补贴对象进行细分，针对不同类型的企业及消费对象制定不同的补贴政策，引导小企业及家庭对新能源的使用，扩大国内市场。同时，注重产业间的协同发展，延长产业链条。政府应从鼓励新能源产业投资和生产转向鼓励研发和消费。这样，不仅可以减少贸易摩擦，又可以开拓更为广阔的国内市场，有助于节能减排目标的实现。

第四节 中国新能源产业技术发展、市场供需与扶持政策跟踪预测

新能源产业依然是产业转型升级的重要推动力，也是世界各国战略争夺的焦点。本部分将在前文的基础上，对新能源产业未来技术发展方向、市场供需情况以及政府扶持政策的改进方向进行跟踪预测。

一 新能源产业技术发展预测

（一）发挥政府、企业和用户"三位一体"的结构与职能

为了促进新能源产业技术进步，必须发挥政府、企业和用户三个方面的共同作用，构建"三位一体"的多重治理结构，实现其网络效用。由政府通过研发补贴、税收减免等发起建立，研发企业通过产品试制、市场实验积极配合，最后再加上最终用户的支持，这就使新兴技术在培育、发展过程中免受来自市场的苛刻选择。

在政府层面，在战略性新兴产业中，政府是技术创新保护性空间的发起人和主导者。政府根据国内外经济和科技发展形势，划定重点发展技术领域，采取措施如技术创新补贴、税收减免、建立创新平台等扶持产业发展。政府的这些政策，一方面建立起了技术孵化的第一道保护性屏障，避免这些技术因为资金短缺、风险巨大、现有技术排斥而夭折；另一方面吸引社会各方关注重点扶持产业技术，以形成合力，促进产业发展。

在企业层面，企业是在保护性空间里进行技术实验的主要行为者。政府多项扶持性政策都直接作用于企业。企业在政府资金和优惠政策鼓励下，积极从事技术研发活动，加大研发支出，并进行产品试制、市场实验和最终的市场推广。企业是产业的基本组成单位，其技术创新强度直接决定着产业技术水平的高低。因此，企业各项技术创新活动构成创建保护性空间的主要内容。

在用户层面，利基管理孵化技术从一开始就关注用户的期望。因此，鼓励用户积极参与技术实验，保持用户对技术较高的期望水平是创建保护性空间的重要措施。只有满足最终用户需求，新兴技术才能有市场。在技术孵化过程中，不断进行的技术实验和市场实验需要及时收集用户对技术评价的信息，以便于对技术、产品做出及时调整，满足用户需求。

（二）技术市场建设方面的管理机构重置

在技术市场建设方面，做好硬件建设和政策法规创新，实现技术市场优化配置科技资源的作用。进一步健全各级技术市场管理机构，推进技术市场交易模式和机制创新，同时加强国际技术转移中心建设。在互补性和共性技术的供给与扩散方面，以公共技术平台、产业技术研发联盟、产学研合作联盟为依托，推动互补技术和相关技术的发展，实现新技术的扩散。同时，注意不同产业部门、不同区域共性技术的适用性与多条发展路径，给予差异性的发展扶持政策。加强工程数据库、技术标

准等基础技术或技术工具的创新和供给，通过完善技术创新基础设施，解决前端技术研发过于分散的难题。

（三）建立新能源产业"保护性空间"

新能源产业"保护性空间"构建的重点在于，以技术和产业关联度、技术机会、战略性、示范性等维度为标准，对当前创新体系的重点产业和领域、重点区域做出判断，找出制约新能源产业突破性技术创新、技术转化和产业化发展中的"瓶颈性"因素，明确构建"保护性空间"所需具备的重要环境条件。从而进一步完善创新体系发展的环境条件，以激励创新性的资源向长期性、高风险的科技领域配置，并提高这些资源的使用效率。以光伏产业为例，硅太阳能电池技术已经成熟并得到普及，光伏产业技术创新应以提高光电转化率和产品性能为主。

二　新能源产业市场供需预测

在部分新能源产业出现产能过剩以后，新能源产业今后发展不能再过度依靠出口带动增长，应当转变产业政策着力点，扩大国内市场需求，开拓新兴市场。产业政策着力点应当从供给侧转为需求侧，以补贴新能源产业终端市场作为起点，引入长期的、灵活的、差异化的补贴政策，来推动国内终端匹配设施的建设。另外，需要调整当前补贴政策仅有利于基于企业建设，而没有充分利用居民的弊端。在扩大国内新能源市场的同时，也仍应当支持具有实力的中国新能源企业"走出去"，通过合资、合作、援助等多种方式开拓东盟、南美、南亚等新兴国家市场，消化过剩产能。

三　新能源产业扶持政策预测

事实上，德国、美国、西班牙等众多国家都对新能源产业实施了补贴政策，"双反"的实质是欧美利用世界贸易组织规则推行贸易保护主义，以保护本国产业和就业。中国新能源扶持政策既明确了电站补贴、发电补贴、实施强制上网电价与税收优惠政策，又在新能源"十二五"规划中强调建立强制性市场配额、保障性收购等规制政策，前面介绍的扶持政策都有体现，但现实说明政策红利并未显现，有关政策有必要进行优化调整。

（一）理顺体制，扫除障碍，完善与新能源产业发展相适应的新型能源体系与管理体制

自新能源产业纳入战略性新兴产业以来，各级地方政府大力推进新能源产业的发展，但采取的盲目上马、急功近利的发展方式，背离了政

策扶持的初衷。在体制层面，虽然有规划明确进行体制调整，理顺体制，扫除障碍，但新能源发电依然面临并网困难，弃"风"弃"光"等现象日趋普遍。众多书面完善的政策由于缺乏细则且执行力度不够，在地方层面被人为扭曲。能源发电体制基础仍然是传统能源的发电体系，没有建立与新能源产业发展相适应的新型能源体系与管理体制。在体制障碍没有扫除、新的体制没有形成的前提下，现有新能源政策更像是"大画饼"，根本无法实现大跨越发展。

（二）新能源产业扶持政策应向上游研发与下游终端应用倾斜

新能源产业政府支持的一个基本逻辑即产业发展的正外部性，因而需要在体现环境收益及推动外部经济的环节加大扶持力度。目前，中国新能源产业发展的典型特征是"两头在外"，科技含量较高的上游链条控制在发达国家手中，新能源产业发展的环境收益（发电应用环节）也在发达国家手中。从终端链条考虑，当前的扶持政策是在利用国内资源补贴国外新能源消费者。国内目前新能源产业仍然是低科技含量类的加工制造业，与传统制造业没有任何分别。未来扶持政策应更加向上游链条中的研发及下游的新能源发电上倾斜，关注环境收益与真正的技术创新。从目前的有关创新数据，如专利，中国大多数所谓的创新应用性较差，市场推广价值微小。政策支持的创新的过程，不仅重视立项的评审书，还应该加大对项目结题的审查。只有加强研发及市场拓展，新能源产业才能走上自主创新集约化发展之路，真正实现产业转型。

（三）应当深刻认识发展新能源产业的本质，找准政策实施着力点，建立政策效果跟踪评价机制

发展新能源产业的本质是为了转变能源利用方式，建立可持续的清洁能源系统，实现节能减排的目的。然而，中国部分国有企业和地方政府将发展能源产业理解为生产各产业相关组件，而非利用新能源进行发电。新能源产业发展的最终落脚点应当是通过推动各项新能源规模化应用，实现用清洁能源替代传统能源的目标。相应的产业政策要以此为出发点，科学制定规划，合理使用各项补贴，并通过建立完善的监督机制来约束政府行为，严防政府过度干预，导致产业无序发展。

（四）扶持政策应该在世界贸易组织规则范围内，调整补贴内容与方式，取消禁止性补贴，减小可诉性补贴

世界贸易组织《补贴与反补贴措施协定》明确规定了补贴的类型：

禁止性补贴、可诉性补贴、不可诉补贴。禁止性补贴是指禁止给予以出口或进口替代为条件的补贴。可诉性补贴是指专项性补贴造成成员国利益损失，则其他成员国可以采取反补贴措施或诉诸世界贸易组织争端解决机制。在新能源产业发展过程中，许多地方政府将新能源产业作为形象工程，在发展战略性新兴产业的大旗下，出台种种补贴扶持政策，其中部分补贴政策在世界贸易组织规则中属于禁止性补贴。此类补贴直接投向生产制造领域，无关创新推动，应当加强监督并充分利用世界贸易组织对于基础性研发等补贴的规定较为宽松的特点，引导政策资金流向上游和下游环节。

（五）梳理和整合现行新能源产业扶持政策，提高政策针对性与有效性

目前，新能源产业政策名目繁多，既有多项法律法规，也有专项示范工程，还有各项资金补贴办法等。这些政策目录涉及科技部、建设部、财政部、发改委、能源局、工信部等诸多部门，政策文件内容交叉，管理部门不清，指向不明，难以保证扶持政策的有效作用。

第六章　新材料产业

本章首先以政策环境、规模效益与研发创新动态跟踪为研究起点，立体化展示新材料产业成长路径与绩效；其次在测算产业集聚水平的基础上，具体到行业、产品与典型企业层面，对区域布局变迁进行跟踪评价；再次在梳理历年发展共性与个性问题的基础上，结合主要发达国家的经验，逐条给出破解制约中国新材料产业发展"瓶颈"的针对性建议；最后分别从技术发展、市场供需与扶持政策维度对新材料产业发展进行了跟踪预测。本章的跟踪研究表明，中国新材料产业发展政策日趋完善，总体发展规模增长较快，但普遍存在单个企业规模小且分散、新材料产业园区"有形无芯"、产业化程度低、资金支持不明确和商业模式培育风险较大等突出问题，在借鉴美国和德国经验的基础上，从加强研发投入强度、完善知识产权体系、构建风险补偿机制、发挥龙头企业与产业园区的示范集群效应、以新型科研投入和评价机制促进产业化水平提升、促进产学研一体化与商业模式创新的分类实施等方面给出破解中国新材料产业发展瓶颈的可行路径。未来新材料产业将向着绿色化、智能化、学科交叉的方向发展，石墨烯行业将成为发展重点领域。

第一节　新材料产业政策环境、规模效益与研发创新动态跟踪分析

本节着重从新材料产业发展所处的政策环境分析入手，总结梳理2011年以来国家各部委发布实施的关于支持新材料产业发展的政策法规，并对新材料产业的典型子行业规模增长和创新产出的专利情况进行跟踪解析，力图呈现近年来中国新材料产业发展的总体特征。跟踪研究表明，近年来，政策法规涉及最多的行业包括稀土、碳纤维、石墨烯等行业，

新材料产业在相关扶持政策的支撑下，发展规模与创新产出正逐步增长和提升，政策强力助推、产业发展机遇与深层次突出问题并存，构成了当前中国新材料产业发展的总体特征。

一 新材料产业发展政策环境变化轨迹

由于新材料产业涉及诸多的制造业领域，在科技发展与工业转型升级中起着关键的基础性作用，历来被世界各国作为抢占国际竞争制高点的核心产业加以重点政策支持。中国新材料产业的发展也不例外，各级政府部门陆续出台了一系列新材料产业发展规划、人才和创新、行业管理规范等政策法规。

从表6-1国家各部委发布实施的支持新材料产业发展的政策法规数量可以看出，自2011年以来，国家各部委共发布实施支持新材料产业发展的相关政策法规26件。其中，涉及稀土产业的政策法规数量高达13件，占全部支持新材料产业发展的政策法规数量的50%，表6-1表明，稀土在新材料产业中占有绝对的主导地位；从政策法规的内容来看，体现出了对新材料产业人才发展、市场秩序、技术升级的全面介入。"石墨烯"作为目前世界发现的最薄、最坚硬和导电导热性能最强的新型纳米材料，由此被称为"黑金"，日益成为新材料产业未来的"新宠"，甚至将"彻底改变21世纪"。2015年11月20日，工信部、国家发改委和科技部出台了《关于加快石墨烯产业创新发展的若干意见》，将"石墨烯"的相关研发和应用提升到前所未有的高度。

表6-1 国家各部委发布实施的支持新材料产业发展的相关政策法规

发布部门	发布时间	政策法规
科技部、人力资源和社会保障部、教育部、中国科学院、中国工程院、国家自然科学基金委员会、中国科协	2011年12月15日	《国家中长期新材料人才发展规划（2010—2020年）》
工信部	2012年1月4日	《新材料产业"十二五"发展规划》
工信部	2012年3月10日	《岩棉行业准入条件》
国务院新闻办公室	2012年6月21日	《中国的稀土状况与政策》
科技部	2012年5月14日	《关于印发纳米研究等6个国家重大科学研究计划"十二五"专项规划的通知》

续表

发布部门	发布时间	政策法规
工信部	2012 年 6 月 13 日	《关于印发稀土指令性生产计划管理暂行办法的通知》
工信部	2012 年 7 月 26 日	《稀土行业准入条件》
工信部	2012 年 7 月 26 日	《稀土企业准入公告管理暂行办法》
科技部	2012 年 8 月 6 日	《关于印发〈高品质特殊钢科技发展"十二五"专项规划〉的通知》
科技部	2012 年 8 月 21 日	《关于印发〈高性能膜材料科技发展"十二五"专项规划〉的通知》
财政部、工信部	2012 年 11 月 9 日	《关于印发〈稀土产业调整升级专项资金管理办法〉的通知》
工信部	2013 年 2 月 21 日	《关于促进耐火材料产业健康可持续发展的若干意见》
工信部	2013 年 6 月 10 日	《新材料产业标准化工作三年行动计划》
工信部、公安部、国土资源部、环境保护部、海关总署、国家税务总局、国家工商行政管理总局、国家安全生产监督管理总局	2013 年 8 月 5 日	《打击稀土开采、生产、流通环节违法违规行为专项行动方案》
工信部	2013 年 10 月 22 日	《加快推进碳纤维行业发展行动计划》
工信部	2014 年 2 月 10 日	《稀土行业清洁生产技术推行方案》
国土资源部	2014 年 6 月 5 日	《关于下达 2014 年度稀土矿钨矿开采总量控制指标的通知》
财政部、工信部	2014 年 5 月 30 日	《国家物联网发展及稀土产业补助资金管理办法》
工信部、公安部、国土资源部、环境保护部、海关总署、国家税务总局、国家工商行政管理总局、国家安全生产监督管理总局	2014 年 9 月 30 日	《关于组织开展打击稀土违法违规行为专项行动的函》
国家发改委、财政部、工信部	2014 年 10 月 23 日	《关于印发〈关键材料升级换代工程实施方案〉的通知》
工信部、国家发改委、财政部	2015 年 2 月 11 日	《国家增材制造产业发展推进计划(2015—2016 年)》

续表

发布部门	发布时间	政策法规
财政部、国家发改委	2015 年 4 月 30 日	《关于清理涉及稀土、钨、钼收费基金有关问题的通知》
财政部、国家税务总局	2015 年 4 月 30 日	《关于实施稀土、钨、钼资源税从价计征改革的通知》
国土资源部	2015 年 5 月 8 日	《关于下达 2015 年度稀土矿钨矿开采总量控制指标的通知》
工信部、国家发改委、科技部	2015 年 11 月 20 日	《关于加快石墨烯产业创新发展的若干意见》
工信部	2015 年 12 月 9 日	《锂离子电池行业规范公告管理暂行办法》

注：笔者根据国研网战略性新兴产业数据库的相关资料整理得到。

二 新材料产业发展规模动态演变与市场扩张

自 2010 年入选为中国七大战略性新兴产业之一以后，新材料产业发展规模始终保持较快的增长速度，从 2010 年的 6500 亿元增长到 2014 年的约 16000 亿元，年平均增长速度维持在 25% 的水平。本节主要从稀土、原钨、碳纤维、石墨烯等典型子行业着手，分析中国新材料产业发展规模的动态演变与市场扩张情况。

（一）稀土和原钨业

以稀土产业和原钨业为例，2015 年 10 月，工信部发布了稀土行业准入的条件，将淘汰全国 20% 的稀土产能，以氧化物计算，混合型稀土矿山企业规模应当不低于两万吨/年；氟碳铈矿山企业规模不低于 5000 吨/年；离子型稀土矿山规模不低于 500 吨/年，并规定禁止开采单一独居石矿。[①] 对于国内外的钨材料企业来讲，厦门钨业在全球原钨消耗量中占25%，由于实施了深加工和提升产业链的价值，2010—2013 年，厦门钨业累计投资额高达 30 亿元；2014 年，厦门钨业的硬质合金总体的规模与出口量都达到了国内第一位，厦门市形成了钨材料、铝箔、稀土材料、磁性材料等十余个品类的新材料聚集区，2008—2012 年，厦门市新材料高技术企业产值由 143.67 亿元迅速增加到 446.68 亿元，被誉为高科技产

---

① 万静：《我国稀土产业首设规模门槛》，http://legal.people.com.cn/n/2015/1030/c188502-27756031.html。

业"助推器"。①

(二)碳纤维产业

截至 2014 年年底,中国已经拥有 40 家碳纤维企业,理论总产能为 1.96 万吨,建成 6 条千吨产能和 7 条 500 吨产能的生产线,4 家企业拥有千吨级生产线,5 家企业有 500 吨级生产线。而全球具有竞争力的 9 家制造商中,日本和美国分别为 3 家和 2 家,由此可以看出,中国碳纤维企业数量过多,呈现分散化的局面;从产量方面来看,中国碳纤维年产量由 2007 年的 200 吨迅速增长到 2014 年的 2600 吨,年均增长率高达 44.26%,但实际产量达不到设计产能的 20%,其原因主要有两个方面:一是多数企业成本高、设备闲置;二是中国碳纤维企业受到国际巨头的压制,价格甚至低至成本以下,亏损较为严重,最终导致减产甚至停产。②

(三)石墨烯产业③

被誉为"新材料的宠儿"的"石墨烯"具有极强的力学、电学、热学和光学等多种性能,应用领域非常广泛,据申银万国证券研究所的测算,2014 年和 2015 年石墨烯的市场规模大致为 89 亿元和 99 亿元。石墨烯可用于锂电负极、超级电容、电子芯片、透明导电膜和散热材料,2015 年,这些领域所使用的石墨烯规模大致分别为 1.05 亿元、8.46 亿元、1.91 亿元、2.48 亿元和 85.2 亿元。

国外针对石墨烯的研究自 1999 年开始,IBM 公司于 2008 年开发出第一个石墨烯晶体管,2011 年研发出首款石墨烯圆片制造的集成电路,2012 年制作出单层石墨烯作为透明电极的 OLE 元件。与此同时,韩国、日本也开展了石墨烯的相关合作研究,利用石墨烯制造出 30 英寸的柔性透明电极薄膜,不断研发出新型合成技术,并逐步实现更大的石墨烯晶体的大规模生产。中国在石墨烯方面的研究起步较晚,但发展非常迅速,制备出高质量石墨烯,并发展了一种全新剥离技术路线,能够低成本规模化制备石墨烯,将每克 5000 元的制造成本降低至每克 3 元,具备完全

① 林露虹:《厦门新材料产业创造多个"全国第一"》,《厦门日报》2014 年 6 月 9 日第 A02 版。

② 张定金、陈虹、张婧:《国内外碳纤维及其复合材料产业现状及发展趋势》,《新材料产业》2015 年第 5 期。

③ 孟烨勇:《新材料的宠儿:转型成长强国梦专题系列报告之三——石墨烯行业》,上海申银万国证券研究所有限公司,2014 年 9 月 11 日。

的自主知识产权，且导电性优异，具有强大的市场竞争力。但与美国等
国相比，中国国内石墨烯及器件技术仍然有较大的差距。

全球已经探明的天然石墨储量大致有 1.31 亿吨，中国占 42%，大约
有 5500 万吨，居世界第一位，因此，中国在石墨烯的研究与制备上具备
天然的优势，中国石墨烯的申请专利项目数量占全球的一半以上，中国
石墨烯的研发与应用在全球将具有很强的国际竞争力。

三　新材料产业创新产出质量和效益动态跟踪分析

由于数据可获得性的限制，本节以新材料行业 72 家新三板挂牌公司
的知识产权情况分析创新产出的质量和效益。[①] 截至 2015 年 10 月 9 日，
72 家新三板挂牌公司的专利申请总量是 2992 件，国内专利申请有 2954
件，国外专利申请有 38 件，由此可以看出，中国新材料产业新三板挂牌
公司的专利分布仍然集中在国内，海外专利布局意识有待提高。此外，
72 家挂牌公司的商标总量达到 822 件。

按照新材料产业的行业分类与专利数量结构来看，专利数量排名前
三的子行业分别是：新型无机非金属材料、高性能复合材料、先进高分
子材料。其中，其他特种无机非金属材料专利申请数量为 739 件，占
25%；树脂基复合材料为 548 件，占 18%；工程塑料为 258 件，占
8.6%，这三个子行业的专利数量占新材料行业专利数量的 51.6%。表
6 - 2 显示的是 72 家挂牌公司排名前十位的公司专利情况。从表 6 - 2 中可
以看出，前十位的公司中，新型无机非金属材料公司为 5 家；前沿新材
料公司为 2 家；高性能复合材料、特种金属功能材料和先进高分子材料
各有 1 家，各公司专利数量的差异也比较明显。

表 6 - 2　新材料行业新三板挂牌公司专利数量前十位的公司专利构成情况

排序	公司简称	子行业分类	专利数量	国内申请	海外申请	发明	实用新型	外观
1	圣泉集团	高性能复合材料	507	495	12	434	61	0
2	富耐克	新型无机非金属材料	242	242	0	43	197	2
3	维艾普	新型无机非金属材料	172	172	0	130	39	3
4	西部超导	前沿新材料	119	119	0	86	33	0
5	恒神股份	新型无机非金属材料	103	103	0	71	32	0

---

① 刘柳、夏立鹏、李昉等：《新材料行业新三板挂牌公司专利态势分析》，http://www.
cnipr. com/yysw/zscqycx/201510/t20151020_ 192633. htm。

续表

排序	公司简称	子行业分类	专利数量	国内申请	海外申请	发明	实用新型	外观
6	中北通磁	特种金属功能材料	86	70	16	50	20	0
7	宏商科技	前沿新材料	73	72	1	45	26	1
8	海龙核科	新型无机非金属材料	72	72	0	44	26	2
9	三星新材	新型无机非金属材料	69	69	0	18	26	25
10	兆鋈新材	先进高分子材料	67	67	0	60	3	4

资料来源：刘柳、夏立鹏、李昉等：《新材料行业新三板挂牌公司专利态势分析》，http://www.cnipr.com/yysw/zscqycx/201510/t20151020_ 192633. htm。

第二节　新材料产业上市公司与重点城市区域布局动态跟踪评价

在对中国新材料产业近年政策法规、规模增长、经济效益与创新投入产出进行分析之后，本节主要从上市公司区域分布、重点城市新材料企业布局和新材料产业园布局进行跟踪研究。研究结果表明，中国新材料企业的分布较为分散，多数属于民营企业，并形成了一些特色明显的新材料产业园区，主要分布在科研机构、人才和资源较为丰富的地区。

一　新材料产业上市公司区域分布特征

本节首先以"Wind 资讯金融终端 2015"沪深股票的概念类板块中提取新材料上市公司的相关数据和信息为例分析中国新材料产业上市公司的区域分布与特征。从新材料产业上市公司所在省份来看（见表 6 - 3），中国新材料产业 37 家上市公司分布在安徽、北京、福建、广东、河北、河南、湖北、湖南、江苏、山东、上海、四川、云南和浙江 14 个省份。中国新材料产业上市公司主要集中在江苏和广东两个省份，这两个省份占全部上市公司数量的比重高达 45.95%，其中，江苏有 10 家，占全部上市公司数量的 27.03%，广东有 7 家，占全部上市公司数量的 18.92%。

从公司属性来看，新材料产业上市公司大部分属于民营企业，民营企业有 24 家，占全部上市公司数量的 64.86%，中央企业有 6 家，占全部上市公司数量的 16.22%，地方企业有 3 家，占全部上市公司数量的 8.11%，表明新材料产业上市公司可能具有较高的市场化程度；从

2012—2014 年净利润增长情况来看，多数上市公司净利润呈现出负增长，表明中国新材料产业上市公司运营状况较差，成长能力有待提升。

表 6 - 3　　　　　　中国新材料产业 37 家上市公司区域分布特征

证券简称	省份	公司属性	2012 年净利润（%）	2013 年净利润（%）	2014 年净利润（%）
鼎泰新材	安徽	民营企业	14.66	69.55	-41.76
钢研高纳		中央企业	81.62	89.16	70.19
高盟新材	北京	民营企业	99.51	26.47	11.44
安泰科技		中央企业	-48.47	-75.66	-149.71
三维丝	福建	民营企业	-68.23	134.05	121.57
银禧科技		民营企业	-13.58	-78.48	-60.64
东方锆业		中央企业	-77.47	-321.04	-93.30
彩虹精化		民营企业	-124.70	175.00	353.78
科恒股份	广东	民营企业	57.27	-88.99	-126.16
宜安科技		外资企业	3.15	1.77	-11.83
王子新材		民营企业	—	—	-28.32
深圳惠程		民营企业	-13.58	-51.41	-270.75
四通新材	河北	民营企业			62.57
乐凯新材		中央企业	—	—	142.91
易成新能	河南	地方企业	-163.85	-54.81	-77.27
鼎龙股份	湖北	民营企业	81.40	104.76	199.61
博云新材	湖南	其他企业	-22.66	-222.47	-78.23
南通科技		中央企业	-63.21	-96.30	-282.13
九鼎新材		民营企业	68.43	-93.10	-42.48
中材科技		中央企业	-29.07	-60.81	28.09
红宝丽		民营企业	-21.75	-54.02	21.11
德威新材	江苏	民营企业	42.82	31.47	8.75
宏达新材		民营企业	-88.70	-1068.78	176.13
扬子新材		民营企业	10.30	-37.29	-38.06
天晟新材		民营企业	-61.88	-260.92	-55.00
永鼎股份		民营企业	-82.62	-41.39	169.59
禾盛新材		民营企业	-68.21	-68.41	-298.11

续表

证券简称	省份	公司属性	2012 年 净利润（%）	2013 年 净利润（%）	2014 年 净利润（%）
国瓷材料	山东	公众企业	353.90	151.39	64.26
泰和新材	山东	地方企业	-62.49	-65.45	17.57
飞凯材料	上海	外资企业	—	—	112.19
普利特	上海	民营企业	65.11	96.20	122.68
康达新材	上海	民营企业	-27.61	-35.23	17.76
东材科技	四川	民营企业	54.23	-62.89	-24.72
贵研铂业	云南	地方企业	199.93	51.19	110.18
先锋新材	浙江	民营企业	36.50	-24.16	-15.34
龙生股份	浙江	民营企业	2.51	-24.77	-8.44
博威合金	浙江	民营企业	15.30	-29.80	-48.44

注：根据 "Wind 资讯金融终端 2015" 的相关数据整理得到。

二 新材料产业重点城市区域布局动态跟踪分析

在分析了上市公司的区域分布之后，本节从国内 6 个重点城市的新材料种类分布和典型企业入手，进一步分析新材料产业的区域布局，并跟踪新材料产业园的基本情况。表 6 - 4 显示的是北京、上海、重庆、深圳、宝鸡和包头 6 个重点城市新材料产业的区域特征和布局情况，表 6 - 5 显示的是新材料产业园分类、特点及布局情况。从新材料产业区域布局的动态跟踪来看，新材料产业主要分布在科研机构众多、人才聚集和资源丰富的地区，并遵循地区比较优势的原则。

表 6 - 4 　　　中国 6 个重点城市新材料产业的区域特征和布局情况

城市	特征	布局
北京	门类齐全的创新中心	中关村永丰国家级新材料产业化基地 北京房山石化新材料科技产业基地 大兴新能源材料聚集区 顺义高端金属结构材料和新型建材聚集区 怀柔特种金属功能材料和纳米材料聚集区 昌平生物医用材料和高端金属材料聚集区
上海	外资活跃的产研基地	宝山金属材料基地嘉定稀土功能材料基地 青浦新材料产业基地 金山石油化工及精细化工基地 奉贤新材料产业基地上海半导体照明产业化基地

续表

城市	特征	布局
重庆	轻质合金的价值高地	重庆国家化工新材料高新技术产业化基地 重庆国家功能材料高技术产业化基地 重庆西彭工业园区/重庆国家铝加工高新技术产业化基地 重庆国家科技攻关镁合金应用及产业化基地
深圳	电子能源的配套先锋	深圳半导体照明产业化基地/光明电子信息材料聚集区坪山动力电池材料聚集区
宝鸡	新型钛材的制造龙头	宝鸡国家钛材料高新技术产业化基地
包头	轻型稀土的资源重地	包头金属深加工园 包头稀土新材料成果转化及产业化基地包头九原工业园 包头铝业产业园 土右新型工业园 石拐工业园

资料来源：赛迪管理顾问，2011 年 12 月。

表6-5　　　　　　中国新材料产业园分类、特点及布局情况

分类	特点	布局
产业特色	综合型、特色型	以多种新材料产业为基地重点领域（通常为 4—5 种）的为综合型基地，分布在宁波、江阴、金昌、武汉、丹阳、海门、锡山、陕西、淄博、海门、湖南、柳州 12 个基地，50% 分布在东部地区；而特色型基地多以 1—2 种新材料产业为主，主要是根据本地比较优势资源发展而来，主要在中西部地区分布
依托要素	资源依托或非资源依托型	依托要素可分为资源（矿产）、产业基础、人才、技术、区位与市场，37 个国家级基地中约有 1/3 是依托资源，集中在中西部地区；东部地区主要是非资源依托型基地，靠人才、技术和市场等非资源要素
区域发展特点	区域新材料产业园	可分为长三角、珠三角、京津冀鲁地区、中部六省、东北三省和西部地区六大区域，区域空间布局均具有各自的优势和特色

资料来源：《2013—2017 年中国新材料产业园区发展模式与投资战略规划分析报告》，前瞻产业研究院。

第三节 新材料产业发展问题跟踪、国际经验启示与破解路径设计

中国新材料产业发展规模、质量与效益逐年提升的同时，也应当注意到其发展过程仍面临着诸如布局不合理、产业化程度低、核心技术缺失、资金支持和商业模式"瓶颈"亟待突破等一系列问题，本节在跟踪中国新材料产业发展问题的基础上，以美国等国发展新材料产业的经验为借鉴，试图为中国提供相关政策启示与破解路径参考。跟踪研究表明，核心技术缺失、官产学研用脱节、配套产业落后、规模布局不合理、产业化程度低、相关政策扶持不明确和商业模式存在风险等是中国新材料产业发展过程中存在的主要问题，基于美国和德国新材料产业发展经验，中国新材料产业应当在研发投入强度、知识产权保护、风险补偿机制、龙头企业培育、科研投入与评价机制、产业园区集群发展、资金支持方式和商业模式创新等方面着手，系统性地破解当前存在的"瓶颈"，为新材料产业的发展提供良好的市场环境。

一 新材料产业发展存在的焦点问题跟踪分析

破解新材料产业发展存在的关键问题，是进行新材料产业跟踪研究的根本目标。本部分着重从技术创新、研究成果转化、规模布局调整、产业化水平提升、资金支持方式和商业模式创新等方面挖掘中国新材料产业发展存在的问题，为提供破解路径提供现实基础和素材。

（一）核心技术缺失、官产学研用脱节与配套产业落后

中国新材料产业自主创新能力薄弱，多数企业尚未掌握核心技术，新材料产品占材料工业的比重不足 4%，例如，光伏硅材料提炼技术的工艺被日本、美国、德国等国家的 7 家厂商掌控，8 英寸和 12 英寸的硅片主要供应商来自日本、美国和德国的 4 家公司，占据全球 80% 以上的份额；LED 核心技术也被美国、日本、欧盟的公司垄断，它们的专利总量占全世界的 85%—90%，而中国则不足 10%；碳纤维技术掌握在日本、美国等企业手中，由于缺乏核心的技术，中国新材料企业通常进入到劳动密集型环节，赚取微薄的利润。在官产学研用方面，中国新材料研发力量比较分散，高等院校、科研机构和下游企业的合作积极性不高，导

致新产品无法快速实现市场化应用，研发模式亟待完善。在配套产业方面，中国光伏生产线设备基本来源于德国和瑞士，碳纤维设备技术几乎依赖于进口，因此，关键设备受制于国外，运营成本较高，如果要实现大规模生产，需要付出较大的代价。[①]

（二）分布格局呈现"撒芝麻盐"式的"小而散"状态

在很多的新材料强国发展中，跨国大企业地位和作用表现非常突出，比如波音、空客、杜邦等公司，由于资金、技术、产业结构和产品性价比非常高，形成了国际市场垄断。而中国新材料产业发展普遍面临的问题是规模小、过于分散化、实验室规模小、研究资金和人才都呈现出分散和缺失的状况，全国新材料企业超过12000家，例如，中国是世界上最大的平板显示超薄玻璃盖板加工国，但不能够生产高端玻璃源片，仅依赖于进口，年均花费外资近百亿美元。规模分散化与政策激励的相互交织，使中国新材料产业陷入"一哄而上—产能过剩—淘汰落后"的发展怪圈，未能形成一批大型的新材料企业，最终导致自主创新能力低下，各自为政，同质化现象严重，产能过剩甚至部分中小型新材料企业面临遭遇淘汰的风险。

（三）产业化程度低

以石墨烯产业为例，自2004年石墨烯被发现以来，迅速引发全球性的研究热潮，中国在石墨烯研发应用的研究也在不断加强，陆续出台了"石墨烯宏量可控制备""石墨烯基电路制造设备""工艺和材料创新"等一系列的"973计划"，中国发表的关于石墨烯研究方面的论文数量跃居世界第二位，一些学者的成果被引用上百次之多，专利数量也仅次于美国。然而，石墨烯的产业化仍然处于探索阶段，还没有形成大规模的产业化生产，在制备能力方面，大部分企业和科研院所仍然处于中试阶段；在应用方面，当前石墨烯的应用仅仅在实验室，还尚未形成下游的需求和应用，大规模的产业化应用阶段尚未到来。[②]

（四）新材料产业园大部分"有形无芯"

早在1995年中国就开始了筹建新材料产业基地，截至2015年，大致

---

① 张海亮、曾昆：《破解新材料产业"魔咒"》，《装备制造》2015年第9期。
② 陈祎淼：《重点突破，新材料产业需走出"徘徊"》，《中国工业报》2014年2月24日第A03版。

建成 129 个国家级新材料产业基地，虽然在产值方面取得了较快增长的成绩，新材料园产业园区也逐步呈现出较大规模，但"十三五"期间，"有形无芯"将成为中国新材料产业及园区面临的"瓶颈"。"有形"主要体现在产业结构与空间的布局上，各地在稀土、光伏材料等领域表现出一哄而上的态势，最终导致了产能过剩的局面；"无芯"主要表现为：虽然从事研发和生产的国家级基地众多，但是真正开展自主开发和拥有高端技术的基地寥寥无几，大企业缺乏创新驱动力，产学研等环节脱节，产业链条短，导致推广应用存在很大的困难，商业模式不完善。"无芯"的结果将是依托新材料产业发展的高端装备、新能源等其他战略性新兴产业所必需的关键材料有大约 1/3 需要依赖于进口，仅有 1/5 能够实现国内自给自足。另外的一半以上新材料，虽然国内能够生产，但质量和性能不高，导致部分材料仍然需要进口材料来替代。[1]

（五）新材料产业发展的资金支持不明确[2]

中国政府针对新材料企业进行资金支持的特点主要体现在以下三个方面：

第一，资金支持均为导向性政策和配套资金管理办法。资金管理办法中不设具体金额，项目补助资金由项目申请企业自行申请，财政部门批复。政府财政拨款的配套资金管理办法会对资金的有效使用有所帮助，但资金管理办法中对资金使用的方向没有针对性，弹性较大，这可能会使本来就有限的资金使用效果不理想。如稀土企业调整升级专项资金管理办法中，规定专项资金用于支持稀土资源开采监管、稀土采选冶炼环保技术改造、稀土共性关键技术与标准研发、稀土高端应用技术研发和产业化、公共技术服务平台建设五大项内容，这与美国政府财政资助的方式出入较大。

第二，政策中没有追踪资金使用效果的详细规划。大部分资金拨付给企业之后如何监督其使用，中没有做出明确的规定，仅仅规定财政部、工信部负责对专项资金申报、项目评审、资金使用和项目实施等工作进行定期检查或不定期抽查，并对专项资金使用和项目实施情况进行年度

---

① 祝辉：《新材料产业园多数有形无"芯"》，《中国国有企业报》2015 年 11 月 3 日第 007 版。

② 李思源：《新材料企业金融支持政策的中美比较与启示》，《产业经济评论》2015 年第 1 期。

绩效评价，以及项目承担单位的定期主动汇报。

第三，政府、高校和企业的联合并不紧密。政府资助新材料的主要方向是企业，但中国的主要科研力量集中在大学和研究机构。财政拨款补助的企业大部分是有实力在 A 股上市的新材料企业，财政部在 2012 年 7 月发布了《2012 年稀土稀有金属材料研发和产业化拟补助名单》，名单中有 42 家企业，其中多家上市公司（A 股）榜上有名，这对新材料企业来讲是利好政策，但对促进科技成果的产业化效果一般。

（六）商业模式培育存在风险①

重构或改变新材料商业模式会带来一定的风险，风险根据不同层次可以划分为政府层面风险、产业层面风险和企业层面风险。

第一，政府层面风险。新材料产业发展会引起全国各地区资源的重新配置，但政府决策者往往局限在现有产业、商业模式中，对新技术、新商业模式的价值缺乏关注，从而致使新材料产业政策缺乏针对性和引导性。由政府产业政策引起的风险具体表现为：不必要的产业管制，例如，新能源材料、生物新材料产业审批、进入规定限制了企业的发展；以协调市场失灵为目的的公共政策不完善，导致新材料产业基础设施、配套服务体系缺乏；新材料扶持政策缺乏针对性，导致地方产业盲目发展，缺乏长远发展规划。

第二，产业层面风险。新材料产业依托产业聚合效应形成完整产业链条，借助全新商业模式，构建可持续发展商业生态圈。但在特定情况下，商业模式创新也会引起整个产业重组、洗牌，从而带来一定的风险。

其具体风险为：一是产业需求制约，新材料产业商业模式创新需要解决产业链下游环节启动问题。以新型建筑材料为例，工业化住宅是其应用的方式之一，2008 年，住宅建筑能耗占全国的 30%，木材用量占全国的 40%。工业化住宅能极大地降低其建筑能耗及碳排放量，但由于成本、行业标准等原因，社会认可度不高，这就限制了新型建筑材料产业规模发展。二是相关子产业技术限制，导致其商业模式独木难支。以高性能膜材料为例，中国太阳能产业高性能膜加工工艺落后，核心技术受制于国外企业，致使其难以真正打入国外市场。三是生产网络不足。以生物医用材料为例，尽管产业前景备受瞩目，但现阶段生产网络还未真

---

① 涂宗华：《两岸新材料产业商业模式的比较与启示》，《产业经济评论》2015 年第 3 期。

正成型，从而限制了商业模式的步伐。

第三，企业层面风险。商业模式的执行具体要落实到相应企业运营上，新材料企业能力的差异会导致商业模式效果各异。因此，企业在创新商业模式时面临的风险主要有：一是企业决策和执行能力不足，导致商业模式效果产生时滞性；二是企业科层设计和协调能力不足，引起商业模式瓦解；三是企业创新文化欠缺，使商业模式缺乏培育土壤。

二　新材料产业发展的国际经验

鉴于中国新材料产业在技术创新、产业结构、融资不足和商业模式等方面存在较多的现实发展问题，本节将在此基础上，综合借鉴美国、德国和日本等国发展新材料产业的成功经验，以期为中国新材料产业发展提供启示和参考。

（一）美国新材料产业科技发展战略与资金支持非常明确

新材料成为发达国家实施"再工业化战略"的首要基础，在支持新材料产业发展的国家顶层设计方面，美国于 2014 年 10 月成立的 6 家制造创新研究中心就有 4 家是新材料创新研究中心，占 66.67%，可见，美国对新材料产业发展的高度重视。

2011 年以来，美国奥巴马政府先后发布实施了 4 个计划或政策。2011 年发布的以材料基因组计划为典型标志的先进制造伙伴关系计划，投入高达 5 亿美元以上的资金，并将该计划细分成了 4 个子计划：一是强化国家安全的制造业水平、缩短新材料开发应用周期、研究下一代机器人技术和开发先进的制造工艺；二是 2012 年发布的先进制造业国家战略计划，涉及的领域是先进材料，主要是使联邦政府针对先进制造的研发投入方向和重点进行优化，提高公共和私营部门的研发资金投入力度，联络涉及先进制造机构之间的关系；三是 2012 年发布的国家纳米计划，涉及的领域是纳米材料，微调了战略部署，明确了重点发展的 8 个领域；四是 2013 年发布的以碳纤维复合材料为典型标志的国家制造业创新网络，完善 3D 印刷技术，创造智能制造的架构与方法，允许生产运营者掌握来自全数字化工厂的"大数据流"。总之，美国政府将新材料发展提升为国家战略高度，并重视新材料的基础与前沿技术研究，以专项计划指引新材料创新，并倡导以企业为主的创新主体，政府较少干预，美国还非常注重创新、知识产权保护和标准体系的建设，科技管理体制完善，决策透明度高。①

资金支持政策方面，美国政府对新材料企业进行资金支持具有以下三个特点②：

第一，政府资助的数额较大，大部分是长期规划，且贯彻执行的效果较好。先进技术计划持续进行了 17 年，国家半导体照明研究计划将至少持续 23 年。国家纳米计划在执行第十年后也根据实际情况进行了相应调整，NNI 机构聚焦基础设施的建立和维护，资助研究设施和仪器采购以开展纳米技术研究，并进行战略投资以改进纳米尺度的材料和含有纳米材料的产品的制造能力。

第二，资金使用的目的非常明确，目标细分且规划细致。财政拨款的使用集中在新材料企业的科技研发阶段，很多条款中包括跟踪受资助的单位是否很好地实施项目建议中提出的商业化目标，并跟踪项目的短期或中期成果，评估项目对经济的长期影响。这样，就能最大限度地确保政府的财政支出得到预期的效果，提高资金的利用效率。

第三，科研项目由政府、企业和高校合作进行。如先进技术计划，大学、政府机构、非营利性的独立研究机构是不允许单独申请项目的，但它们可以与企业联合申请项目，参与项目实施。美国政府的资金支持主要投放在技术设备上，但承担项目的公司也要按照要求配套一半以上的投入。

（二）德国新材料产业研发活动活跃且政策支持针对性强③

德国在发展新材料产业方面具有广阔的前景，从科研能力来看，大约 60% 的科研活动属于新材料领域的研发活动，非常重视科研人才后备力量的培养，科研机构包括马普学会、莱布尼茨科学联合会和弗劳恩霍夫协会等众多单位；"政策"推动在新材料领域的研发中十分有效，在充分考虑了每项研究实际进展和企业实际需求的基础上，在"科研推动"与"市场拉动"两个维度充分发力，避免了支持政策的主观性与随意性；

---

① 蔡柏奇、曾昆：《美国新材料产业科技政策演变及启示》，《新材料产业》2014 年第 3 期。

② 李思源：《新材料企业金融支持政策的中美比较与启示》，《产业经济评论》2015 年第 1 期。

③ 驻德国经商处：《德政府鼓励新材料创新的规划和政策措施》，http：//www.mofcom.gov.cn/aarticle/i/dxfw/jlyd/201005/20100506922278.html。

德国在资金支持新材料发展方面，通过有限的资金扶持科研机构与企业间的联合项目，从而尽快完成新材料产品的研发与成果转化，而且能够确保资金额度不因经济形势的变化而受到影响。

在鼓励新材料产业创新方面，德国能够处理好政府与市场的关系，由于新材料前期的研发投入成本较高，而一旦创造出价值后回报却比较少，积极性容易受到压制。德国政府通过减轻研发机构的成本，或者是通过增加获取收益后的利益分配来调动新材料成果转化的瓶颈；在发挥市场机制作用方面，德国政府注重发挥中小企业的作用，通过扶持政策的鼓励，中小企业与研发机构联合进行跨行业跨领域的合作项目，虽然投入的资金不多，但能够很好地发挥"杠杆"作用，实现"少出钱，多办事"的目标。在开展国际合作方面，德国与他国开展新材料国际合作的成功模式是"2 +2 模式"，亦即德国和对方国家均派出一个科研机构和企业参与。

（三）日本的政策导向明确且政策系统性、集成性和风险支撑体系完善

日本在新材料产业支持政策上通常向基础新材料产业倾斜，主要包括新能源和低碳技术领域。《产业结构展望2010》仅重点对机器人、航空航天、生物医药等领域做了部署，然而，与这些产业发展直接相关的高温超导、纳米、功能化学、碳纤维和 IT 等新材料尖端产业却突出了全面整体发展的战略，可见，日本对基础新材料产业发展的高度重视。如果不能在新材料领域实现超越，那么智能电网和新一代汽车等其他新兴产业将受到严重的限制，需从长远战略给予基础新材料产业高度的关注和支持，是日本支持新材料产业发展的重要政策思路。

此外，日本在新材料产业支持政策上体现出了系统性和综合性的特点，好处在于可以打破条块分割，强化各部门间的协作机制，而且有利于引导民营资本参与进来。针对新材料产业研发创新可能存在的风险，除提供风险基金外，还能够普遍使用官民结合的形式，加强部门间的协作与企业间的协作来应对风险，以达到加快新材料的研发与产业化进程。由于日本 IT 尖端技术逐步丧失国际竞争力，日本为此大力转变经营模式，不断强化海外市场拉动。尽管中国国内市场潜力较大，但在需求方面和发达国家间仍然存在一定的结构性差异，中国应当借鉴日本的经营模式和发展观念，集国内人力、物力在部分新材料尖端领域快速突破，加速

抢占国际市场，进而达到强化新材料产业竞争力的目标。[①]

三　中国新材料产业发展问题破解路径

在跟踪中国新材料产业发展中存在的问题，并在观照美国、德国和日本等国成功经验的基础上，本节将有针对性地提出推动中国新材料走出发展困境的破解路径，涉及研发投入、知识产权保护、风险补偿机制构建、融资模式和商业模式创新等方面。

（一）加大研发投入力度，完善知识产权体系，建立风险补偿机制

在研发投入方面，在新材料重点领域应当加大研发投入力度，集中力量解决关键问题，避免大面积的"处处撒钱"，并跟踪评价投入与回报的关联性，为基础研究提供宽松的科研氛围，杜绝"急功近利"的现状。此外，要大力培养和引进新材料高科技人才，落实相关人才支持政策。在知识产权保护方面，对国外新材料相关专利的申请严格把关，谨慎对企业进行专利权的授予，尤其是要预防和避免外资企业基于专利实施技术垄断；激励企业进行研发创新活动，并鼓励专利申报，从下游市场的需求端切入申请专利，使企业成为创新主体，并积极申报国外的专利。在风险补偿机制构建方面，一是设立专项资金；二是对相关保险模式和险种进行尝试创新；三是吸引社会资本参与风险补偿机制，推动国产新材料的推广应用。

（二）注重发挥新材料企业龙头示范效应

由于具有较大的产业规模和较为完善的国际分工体系，通常来讲，跨国公司在研发创新和产业链衔接等层面具有较强的示范效应，并在技术的应用转化等方面居于领先地位，集资、融资和人才吸引机制较为完善，国际竞争力强，中国应当借鉴美国、德国等国的经验，着力通过兼并重组与资源整合等途径，打造一批具有较强国际竞争力的新材料龙头企业，形成一批大型跨国新材料企业集团。在新材料产业园区与产业结构调整方面，鼓励上下游企业与科研院所形成各种形式的创新联盟，注重发挥产业园区的示范效应；积极引导风险资本对接成长型新材料企业，向高端应用研究深化，大力吸收国外高层次新材料人才，构建完善的新材料创新体系。

---

① 崔成、牛建国：《日本新材料产业发展政策及启示》，《中国科技投资》2010 年第 9 期。

（三）以新型科研投入与评价机制促进新材料产业化水平提升

以石墨烯为代表的新材料产业化和多领域应用一直以来是一个世界性的难题。2015 年，中国从植物秸秆玉米芯中生产出生物质石墨烯和玉米芯纤维，进而生产出暖纤维，这一技术实现了工业化大生产。从新材料产业发展实践来看，新材料研发成果的产业化程度偏低是制约中国新材料产业的一大"瓶颈"，为促进新技术的成果转化，必须建立新型的科研投入与立项机制，构建鼓励转化的科技成果评价体系，并以企业为主体，在新材料产业科技成果转化方面加大经费投入，设立新材料科技成果转化奖，按照经济与社会效益给予不同程度的重奖，有效推动新材料新技术的应用转化。此外，建立新材料科技成果的信息平台，保持科技信息拥有者与需求者的信息对称，尽可能避免信息不完全所引起的新材料产品供需不匹配等问题。

（四）推动新材料产业园的集群发展与带动作用

新材料产业园应当成为新材料产业集群的典型代表，着力通过招商引资，以新材料产业专项项目为依托，营造利于自主创新的产业发展环境，加强园区内部与外部的配套协作，围绕大型龙头企业延伸现有产业链，整合创新资源，借鉴美国和德国等国的经验，尤其是要处理好政府与市场的关系，通过政府在研发风险分担与成果转化后利益分享机制的构建，使新材料产业园区内的企业能够拥有敢于和善于自主创新的积极性，并在发挥市场机制方面促进中小新材料企业与科研机构进行联合项目的开发和应用，最大化资金投入的产出效益，使新材料产业园区成为带动新材料企业集群发展的示范基地，并有效推动整个新材料产业的快速发展。

（五）提高政府资金支持的利用效率，促进产学研一体化[①]

第一，提升政府对新材料研发等科技项目的财政拨款数额，而且应当对新材料企业的财政拨款进行专项资金的整合，明确资金用途，并将其用途限制在技术研发的基础设施和科技成果产业化这种迫切需要改进的问题上，避免出现资金的分散使用。在资金管理办法中明确资金使用效果的追踪办法，跟踪受资助单位是否明确地实施项目建议中提出的科

---

① 李思源：《新材料企业金融支持政策的中美比较与启示》，《产业经济评论》2015 年第 1 期。

技目标或者商业化目标，跟踪项目的中期成果和对经济增长的长期影响，最终提高资金的使用效率。

第二，政府资金扶持主要针对新材料企业，长期缺乏科研成果与企业对接的机制，研发不以市场为主导，导致科技创新技术与技术成果的产业化相脱离，可以借鉴美国的经验，推动政府机构、企业和高校联合申请新材料项目，由政府和企业各自承担一定比例的投资，就可以分散政府和新材料企业的资金压力，引导高校和科研机构的研究成果向市场和产业化对接。

此外，中国对新材料中小企业的金融支持政策多数只停留在试点阶段，例如，知识产权质押贷款。鉴于知识产权融资存在较大的风险，大部分商业银行采取了谨慎的贷款态度，若政府能够出面提供一定比例的资金担保，那么知识产权质押贷款可以成为中小型新材料企业申请银行贷款的重要方式。

（六）新材料产业创新商业模式的可行路径①

第一条路径：针对新材料企业发展的阶段不同，采取不同的商业模式。新材料企业按照企业生命周期理论分为初创型企业、成长型企业和成熟型企业，根据这三种类型，具体商业模式为：

第一，初创型企业处于密集资本投入阶段，其特点是：关键技术有所突破，但有待后续完善；产品种类单一，质量缺乏稳定性；市场规模狭小，增长缓慢；存在较大的技术和市场风险。初创期的新材料企业发展的重心在于技术，资本密集向技术开发投入，但企业除利用自身资本积累和政府补助之外，还要懂得获取风险投资的注资。只有这样，初创型企业才能发展壮大，才能缩短自身技术走向市场的时间，才能抓住市场的关键时期，拓展市场规模。

第二，成长型企业处于高速发展时期，上市融资是其最优策略。成长型企业的特点为：关键技术基本突破，制程工艺趋于完善；产业链逐步拓宽、延伸，产品品种多元化发展，质量标准化、稳定化；市场规模持续增长，市场需求迅速扩大；市场和管理风险成为中心。虽然成长型企业的主要动力是市场需求和技术支撑，但市场需求的拉动效应更加明显。所以，在这一阶段，企业的资本投入主要用于对市场需求的开发，

---

① 涂宗华：《两岸新材料产业商业模式的比较与启示》，《产业经济评论》2015年第3期。

比如，增加生产线与构建营销网络，以便保持企业的快速发展。总之，成长型企业应当抓准时机，选择适合的上市地点，为企业的成长募集资金。

第三，成熟型企业应当运用自身盈利积累，逐步走向扩张，实现跨越发展，实现企业的多元化发展。在这一阶段，企业的特点为：关键技术完全突破，开始其他核心技术的开发；产品种类丰富，质量稳定；市场需求增长速度开始下降；产业链趋于完善，产业内部已形成一定的企业布局，竞争由价格竞争趋向非价格竞争；企业风险在于管理风险。成熟型企业开始审视企业的核心业务与非核心业务，开始区分价值链的相对高增加值部分。因此，成熟型企业开始剥离非核心业务、低增加值业务，专注自己的核心优势业务，同时拓展其他新兴业务。

第二条路径：针对新材料企业的专业优势不同，可采取以下三种商业模式：

第一，独立技术经营。对于拥有技术优势的新材料企业，应立足于技术优势，向专业化、精细化发展。而且，产业内技术专营公司的出现是新材料产业走向成熟的重要标志。作为独立技术经营的新材料企业，要学会技术确权、技术授权、技术经营以及法律维权，充分利用企业的技术专利，在满足其他新材料企业需求的同时，创造最大化的价值。这类企业由于专注于技术经营，所以，要求企业必须掌握一定的关键技术，并且能保障后续的技术研发能力。这种商业模式适用于珠三角和京津冀鲁地区的新材料企业，因为这两个区域科技创新迅速，高校和科研机构密集度最高。

第二，提供集成解决方案。选择这种商业模式的新材料企业，立足核心新材料，向服务模式发展，为客户提供解决方案。具体而言，企业通过掌握关键新材料，再整合其他零部件新材料、设备、系统，形成解决方案，最后提供给客户。因此，这类商业模式适用于西部地区和中部六省的新材料企业，因为这两地矿产和能源储量丰富，能为企业提供大量的关键新材料。

第三，向新材料的深加工发展。选择这类商业模式的企业应当立足加工技术，充分发掘新材料的附加值，与制造业相契合。同时，企业还可以细分新材料规格、种类，使新材料向精细化、标准化发展，为顾客制造定制化材料产品，提高材料产品附加值。这类商业模式适用于长三角地区和东北三省的新材料企业，因为这两个地区制造业基础雄厚、基础设施齐全，可以充分发挥材料深加工潜力。

第四节 中国新材料产业技术发展、市场特征与扶持政策跟踪预测

在对新材料产业发展问题、国际经验和破解路径进行深入分析之后，本节简要地从技术发展、市场特征和扶持政策等维度对中国新材料产业未来的发展方向进行跟踪预测，新材料产业将向绿色化和智能化方向发展，在未来的节能减排方面将起到重要的作用；在研发与市场应用方面，新材料产业将呈现多学科交叉与上下游融合的局面；在扶持政策方面，石墨烯行业将成为未来新材料产业重大变革的标志性领域。

一 新材料产业技术发展预测

由于新材料是高新技术的基础和先导，未来新材料技术的突破将最大限度地实现多功能化和智能化，进而达到降低生产成本，提高附加值和市场竞争力，例如，新型结构材料的关键技术在于通过强韧性的提升、温度适应性提高、寿命的延长与复合化设计来降低成本，面向微型化、集成化和智能化的方向来促进新材料性能的提升。在资源环境和人口压力日益增大的压力下，新材料未来的技术发展方向将是短流程、低污染、低能耗和绿色化制造，并实现循环利用，以便达到节约资源和保护环境的目标。[1]

当今社会已进入信息爆炸的时代，大数据正加速新材料企业的模式变革，实现新材料大国向新材料强国的转变，都需要及时分析在大数据环境下的传统业务模式创新与重塑，预计未来新材料企业大数据的微观应用分为三个阶段：一是实现业务全过程的数据采集和监测；二是实现大数据分析基础上的业务优化；三是数据应用的高级阶段，亦即数据增值和业务重塑。此外，大数据在宏观方面将对新材料产业决策产生重要影响，具体影响路径分为三个阶段：一是数据清洗与数据管理；二是数据挖掘和模块分析；三是结果呈现和数据可视化。大数据还可以用来激

---

[1] 刘佳欣：《新材料产业发展现状与趋势分析》，《中国粉体工业》2015 年第 4 期。

发新材料产业的新产品开发和产生新服务模式，带来新的创业方向、商业模式和投资机会。总之，大数据技术在解决中国新材料产业技术创新、产业升级等问题上将起到越来越重要的作用，对于实现新材料产业"中国制造"到"中国创造"的转变具有重大的现实意义。①

二 新材料产业市场特征预测

由于新材料产业的发展涉及与其直接相关的诸多制造业领域，未来新材料产业将呈现出多学科交叉和上下游融合的新局面。具体而言，信息、能源、医疗卫生、建筑和交通等产业均与新材料产业联系紧密，且有进一步加强的态势。交叉学科的研究将对一个国家新材料产业未来的超前发展起到至关重要的作用。新材料产业结构也将表现出"横向扩散"的特征，基础性材料产业向新材料产业转化将成为新材料产业发展的又一个重要途径，新材料产业与上下游产业的合作将进一步加强产业间的一体化趋势，将有利于减少产业化的中间环节，大大压缩研究成果转化的时间，有效规避研发和市场应用风险，进而达到提高新材料企业竞争力的目标。

从新材料产业的产品市场需求来看，由于新材料产业能够为其他大部分战略性新兴产业提供基础性支撑，例如，可以为信息产业、新能源产业、新能源汽车产业、航空产业、节能环保产业和生物医用产业等提供主要的零部件，这些产业的未来发展将带动新材料产品需求的快速增长，那么预计未来新材料产业的产品供给将受到强大的激励，中国新材料产业将迎来重大的发展机遇期。

三 新材料产业扶持政策预测

由于新材料产业涉及的子行业众多，相关扶持政策也日益呈现出细化和具体的特征，多数重点行业预计将出现更多的差异化和具有针对性的行业政策法规，将大幅提升新材料产业扶持政策的效率和效果。

针对中国新材料产业"多、小、散"的现象，相关政策应当鼓励小微新材料企业的兼并重组，淘汰落后产能，并引导组建跨国大型新材料企业集团，为此，需要出台有针对性的扶持政策，规范行业发展秩序，并有效防止垄断行为的发生。在节能减排、环境保护等方面，新材料都具有极强的应用价值，然而，中国新材料市场缺口巨大，总体的自给率

---

① 薛景照：《大数据时代新材料产业创新模式分析》，《新材料产业》2015 年第 5 期。

仅为56%，市场缺口的弥补、"中国制造2025"等扶持政策和规划的颁布实施，将对新材料产业形成极大的带动效应，尤其是石墨烯行业将被列为重点领域加以扶持，世界石墨烯产业综合发展实力前三位分别是美国、日本和中国，中国已申请2200多项石墨烯专利技术，占世界的1/3，在宁波、常州、无锡、青岛和重庆相继成立一系列的石墨烯产业化基地，整个行业也即将面临政策发布实施的重要窗口期，《关于加快石墨烯产业创新发展的若干意见》《成立产业发展联盟》和《创建产业联合创新中心》等一系列政策，将极大地推动石墨烯行业的规模化与产业化发展进程。

第七章　新能源汽车产业

目前，对新能源汽车的概念，社会上缺乏统一的界定，众多学者说法不一。按照国务院发布的《节能与新能源汽车产业发展规划（2012—2020年）》中的定义，新能源汽车是指采用新型动力系统，完全或主要依靠新型能源驱动的汽车。该规划所指的新能源汽车主要包括纯电动汽车（BEV）、插电式混合动力汽车（PHEV）和燃料电池汽车（FCEV）。因此，中国所称新能源汽车基本相当于国际上通称的电动汽车（EV），但不包括电动汽车中不能插电仅以燃油为动力的混合动力电动汽车（HEV），如福特Fusion Hybrid、丰田普锐斯。

本章首先从新能源汽车产业政策环境、产业规模和效益三个方面来动态跟综新能源汽车产业的动态演进；其次分析新能源汽车产业布局的变化、主要聚焦的领域以及龙头企业的发展情况；再次探析目前新能源汽车产业发展中存在的问题和梳理总结国外新能源汽车强国的发展经验，并在此基础提出破解对策；最后对新能源汽车产业的技术发展趋势、市场发展情况与政策取向进行预测性分析。

第一节　新能源汽车产业政策环境、产业规模及其效益动态跟踪分析

一　新能源汽车产业发展政策环境变化轨迹

新能源汽车产业是汽车产业的发展方向，同时也是新兴产业，需要政府的政策倾斜与扶持。发达国家早在20世纪70年代（甚至更早）就开始推行促进新能源汽车产业发展的政策与措施，如作为最早发展新能源汽车的国家之一，日本政府自1971年开始仅在燃料电池方面的研发投

入就超过了 200 亿元①，并相继出台了"新阳光计划""世界能源网络计划"等政策，在这些政策文件中，都将新能源汽车作为重点扶持的对象。而我国的新能源汽车发展政策最早始于 2001 年启动的"863 计划"电动汽车重大专项及其三纵三横战略。此后，政府相继出台了"国家'863 计划'节能与新能源汽车重大项目""新消费税政策""'十城千辆'工程"《关于开展节能与新能源汽车示范推广试点工作的通知》等政策，形成了由发展规划、税收优惠政策、财政补贴、研发投入、试点与推广等全面促进新能源汽车发展的政策体系。

纵观国家各部委出台的关于新能源汽车的一系列政策法规，新能源汽车的发展政策环境与新能源汽车的发展阶段密切相关。在新能源汽车产业的不同发展阶段，政府出台政策的频率及其政策的预期目标与支持力度都不一样。回顾我国新能源汽车产业的发展历程，其发展主要可分为两个阶段：2008—2011 年是产业化前期；2012—2015 年（"十二五"）开始进入产业化阶段。② 由于 2001 年的"863 计划"正式启动电动汽车重大专项，拉开新能源汽车发展的序幕，故本章认为，新能源汽车的产业化前期可以追溯到 2001 年。而关于产业化阶段的认定，科技部在 2011 年的"十二五"规划中提出实施新能源汽车科技产业化工程，而 2012 年 6 月国务院印发《节能与新能源汽车产业发展规划（2012—2020 年）》提及"我国新能源汽车经过近十年的研究开发和示范运行也已基本具备产业化发展基础"，故本章认为，自 2012 年以后我国新能源汽车产业开始进入产业化阶段。因此，下面分产业化前期（2001—2011 年）和产业化阶段（2012—2015 年）两个阶段来探讨新能源汽车产业政策环境的变迁。

（一）新能源汽车产业化前期的相关政策

在产业化前期，政府出台的相关政策的主要目标是为新能源汽车产业化发展奠定基础。2001—2007 年，政府启动了"863 计划"中的电动车重大专项和"863 计划"节能与新能源汽车重大项目，制定了《新能源汽车生产准入管理规则》，为新能源汽车的发展提供了政策、资金、技

---

① 邓立治、刘建锋：《美日新能源汽车产业扶持政策比较及启示》，《技术经济与管理研究》2014 年第 6 期。

② 吴慧棠：《"十二五"新能源汽车发展框架》，《汽车与配件》2009 年第 37 期。

术等方面的支持。2008—2010 年，政府出台相关政策在大城市公共服务领域开展新能源汽车示范运行，并自 2009 年起对购置推广新能源汽车采取财政补贴政策。在产业规划方面，国务院在 2010 年发布的《关于加快和发展战略性新兴产业的决定》中将新能源汽车产业列为七大战略性新兴产业之一（见表 7 - 1）。

表 7 - 1　　产业化前期阶段（2001—2011 年）政府部门出台与
新能源汽车相关的主要政策法规

发布时间	政府法规与发布部门	主要内容
2001 年	"863 计划"电动汽车重大专项（科技部）	正式启动电动汽车专项和确定三纵三横战略
2006 年	国家"863 计划"节能与新能源汽车重大项目（科技部）	启动"十一五""863 计划"节能与新能源汽车重大项目
2006 年	新消费税政策（财政部、国家税务总局）	规定对节能、环保的新能源汽车实行税收优惠
2007 年	《新能源汽车生产准入管理规则》（国家发改委）	对新能源汽车进行了定义，对新能源汽车的生产企业资质、生产准入条件等内容做了具体规定
2009 年	"十城千辆"工程（科技部和财政部）	通过财政补贴计划在 3 年内，每年发展 10 个城市，每个城市推广 1000 辆新能源汽车
2009 年	《关于开展节能与新能源汽车示范推广试点工作的通知》（财政部和科技部）	在北京、上海、重庆、长春、大连、杭州等 13 个城市开展新能源汽车示范推广试点工作
2009 年	《节能与新能源汽车示范推广财政补助资金管理暂行办法》（财政部和科技部）	中央财政对试点城市购置节能与新能源汽车给予一次性定额补助，地方财政也给予配套的补助
2010 年	《关于扩大公共服务领域节能与新能源汽车示范推广有关工作的通知》	在原有 13 个试点城市的基础上，增加天津、海口、郑州、厦门、苏州等，试点城市扩大到 20 个城市
2010 年	《关于开展私人购买新能源汽车补贴试点的通知》（四部委）	确定在上海等 5 个城市启动私人购买新能源汽车补贴试点工作
2010 年	《关于加快培育和发展战略性新兴产业的决定》（国务院）	将新能源汽车列入战略性新兴产业范围

续表

发布时间	政府法规与发布部门	主要内容
2011 年	《中华人民共和国车船税法》	对节约能源、使用新能源的车船可以减征或者免征车船税
2011 年	《国家"十二五"科学和技术发展规划》（科技部）	实施新能源汽车科技产业化工程；继续实施"十城千辆"工程；发展与电动汽车关系密切的智能电网
2011 年	《关于调整节能汽车推广补贴政策的通知》（财政部、国家发改委、工信部）	纳入补贴范围的节能汽车门槛提高，百公里平均油耗从 6.9 升降低到 6.3 升；补贴标准不变
2011 年	《关于促进战略性新兴产业国际化发展的指导意见》（商务部、四部委）	培育本土龙头企业和新能源汽车跨国公司；鼓励境外申请专利新能源汽车企业"走出去"，跨国经营
2011 年	《关于进一步做好节能与新能源汽车示范推广试点工作的通知》（四部委）	为新能源汽车创造消费环境，并在购买、使用等环节提出了全方位要求，为新能源汽车推广创造有利环境

注：1. 根据国家各部委网站和国研网战略性新兴产业数据库的相关资料整理得到。

2. 四部委是指财政部、科技部、工信部和国家发改委。

（二）新能源汽车产业化阶段的相关政策

2012 年，新能源汽车产业开始进入产业化阶段。此后，中国新能源汽车产业发展政策体系不断深化与细化，并呈现出以下特征：

第一，自 2012 年起，上海等地方政府开始出台促进新能源汽车推广的政策（见表 7 - 2）。中央各部委以及省市各级地方政府开始在推广新能源汽车方面进行通力合作，多管齐下，纷纷出台加快新能源汽车推广的政策。

表 7 - 2　　　产业化阶段（2012—2013 年）政府部门出台与
新能源汽车相关的主要政策法规

发布时间	政府法规与发布部门	主要内容
2012 年	《节能与新能源汽车产业发展规划（2012—2020 年）》（国务院）	该规划明确了新能源汽车产业发展的技术路线和主要目标

续表

发布时间	政府法规与发布部门	主要内容
2012 年	《关于扩大混合动力城市公交客车示范推广范围有关工作的通知》（国家发改委）	该《通知》提出，将混合动力公交客车（包括插电式混合动力客车）推广范围从原有的 25 个节能与新能源汽车示范推广城市扩大到全国所有城市
2012 年	《上海市鼓励私人购买和使用新能源汽车试点实施暂行办法》（上海市政府）	除上海市财政对新能源汽车进行额外补助外，私人购买的新能源汽车享用免费发放的专用牌照
2013 年	《关于继续开展新能源汽车推广应用工作的通知》（四部委）	2013—2015 年继续开展新能源汽车推广应用工作；对消费者购买新能源汽车给予补贴：纯电动乘用车最高可获 6 万元补贴，纯电动客车最高可获 50 万元补贴

注：根据国家各部委网站和国研网战略性新兴产业数据库的相关资料整理得到。

第二，自 2013 年起，政府开始出台加强充电基础设施建设的政策，如 2014 年国家发展改革委、科技部、工信部和财政部四部委联合发布的《关于新能源汽车充电设施建设奖励的通知》提出，中央财政安排资金对新能源汽车推广城市或城市群给予充电设施建设奖励。

第三，2014 年和 2015 年是政府出台新能源汽车政策最多，支持力度最大的两年（见表 7-3）。据不完全统计，仅 2014 年政府就出台了近 30 项大大小小的新能源汽车产业政策。

表 7-3 产业化阶段（2014—2015 年）政府部门出台与新能源汽车相关的主要政策法规

发布时间	政府法规与发布部门	主要内容
2014 年	《国务院办公厅关于加快新能源汽车推广应用的指导意见》（国务院）	对加快新能源汽车推广应用提出 6 个方面 25 条具体政策措施
2014 年	《关于进一步做好新能源汽车推广应用工作的通知》（四部委）	调整了 2014 年与 2015 年的新能源汽车的补贴标准，并加大了补贴力度

续表

发布时间	政府法规与发布部门	主要内容
2014 年	《关于免征新能源汽车车辆购置税的公告》（财政部、国家税务总局、工信部）	对购置的新能源汽车免征车辆购置税
2014 年	《关于新能源汽车充电设施建设奖励的通知》（财政部、科技部、工信部、国家发改委）	中央财政安排资金对新能源汽车推广城市或城市群给予充电设施建设奖励
2014 年	《政府机关及公共机构购买新能源汽车实施方案》（国管局与四部委）	明确了政府机关和公共机构公务用车"新能源化"的时间表和路线图，政府机关及公共机构对新能源汽车购买规模须逐年扩大
2015 年	《电动汽车充电基础设施发展指南（2015—2020 年)》（国家发改委）	明确提出到 2020 年，全国将新增集中式充换电站 1.2 万座，分散式充电桩 480 万个，以满足全国 500 万辆电动汽车充电需求
2015 年	《新能源公交车推广应用考核办法》（交通运输部、财政部、工信部）	明确提出，2016—2020 年，新能源公交车推广应用考核工作每年按程序进行一次
2015 年	"中国制造 2025"（国务院）	提出的"节能与新能源汽车"作为重点发展领域
2015 年	《锂离子电池行业规范条件》（工信部）	对锂离子产品的质量进行了规定，加强锂离子电池行业管理，推动锂离子电池产业健康发展
2015 年	《关于加快推进新能源汽车在交通运输行业推广应用的实施意见》（交通运输部）	城市公交车、出租汽车运营权优先授予新能源汽车，鼓励地方政府对新能源汽车不限行、不限购等

注：根据国家各部委网站和国研网战略性新兴产业数据库的相关资料整理得到。

二　新能源汽车产业规模动态演变

2008 年以前，中国的新能源汽车产业规模较小，产销量很低，到 2008 年年底，中国的新能源汽车产销量仅 2400 辆。为了推动新能源汽车产业的发展，国家于 2009 年开始对示范与推广新能源汽车给予财政补贴，并在北京、上海等城市开展节能与新能源汽车示范推广试点工作，陆续出台免征车购税、充电设施建设奖励、推广情况公示、党政机关采购等一系列利好政策措施，完善了新能源汽车扶持政策体系。在此背景下，新能源汽车产业获得快速发展，工信部发布的《2014 年汽车工业经济运行情况》指出，中国新能源汽车产业于 2014 年从发展导入期进入成长初期。此后在全国形成了珠三角、长三角和京津冀等产业聚集区域。新能源汽车产业规模的扩大主要体现在新能源汽车的产销量增长、新能源汽车车型的数量和企业数量暴增。

（一）新能源汽车产销量的增长

中国汽车工业协会提供的数据显示，2014 年，新能源汽车产销 7.85 万辆和 7.48 万辆，同比分别增长 3.5 倍和 3.2 倍；2015 年，新能源汽车的产量达 37.9 万辆，同比增长 4 倍以上，呈现爆发式增长趋势（见图 7 –1）。

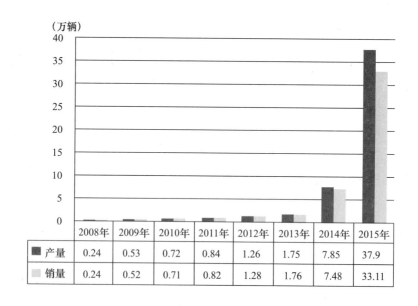

（万辆）

	2008年	2009年	2010年	2011年	2012年	2013年	2014年	2015年
产量	0.24	0.53	0.72	0.84	1.26	1.75	7.85	37.9
销量	0.24	0.52	0.71	0.82	1.28	1.76	7.48	33.11

图 7 – 1　2008—2015 年中国新能源汽车的产销量

资料来源：根据中国汽车工业协会及工信部网站公布的数据整理得到。

（二）新能源汽车车型数量和申报新能源汽车企业数量的暴增

作为"节能与新能源汽车示范推广应用工程"的配套措施，2009 年 8 月，工信部公布了第一批《节能与新能源汽车示范推广应用工程推荐车型目录》，进入该目录的企业及对应产品则拥有享受推广政策优惠的资质。据工信部网站发布的数据，截至 2009 年年底，工信部共发布了 5 个批次节能与新能源汽车目录，进入目录的车型数量有 46 个。2015 年，工信部发布了 12 个批次的节能与新能源汽车目录（《节能与新能源汽车示范推广应用工程推荐车型目录》第 65 批开始至 76 批），新增新能源车型数量为 1857 个（见表 7 - 4），较 2009 年增长了近 40 倍。从 2009 年的第 1 批次开始到 2015 年第 76 批次，进入目录车型的数量共 3409 个。2015 年列入目录的新能源汽车企业数量达 207 家。

表 7 - 4　　　　新能源汽车车型数量和申报新能源汽车企业的数量

	2011 年	2012 年	2013 年	2014 年	2015 年
新增的新能源汽车车型数量（个）	174	272	302	613	1857
列入目录的新能源汽车企业数量（家）	54	66	89	103	207

资料来源：根据工信部网站公布的数据整理得到。

三　新能源汽车产业发展效益分析与评价

新能源汽车产业的发展不仅带来了经济效益，而且也能带来能源效益和环境效益。在全国范围内推广新能源汽车，不仅能缓解我国石油等传统能源的供需矛盾，而且能降低碳化物的排放量，减轻环境污染问题。但是，新能源的能源效益和环境效益难以进行量化分析与评价，因此，本章重点分析和评价新能源汽车产业发展带来的经济效益。经济效益分析的使用成本费用利润率等。为了便于操作和细化分析，本节选取了 10 家具有代表性的新能源汽车上市公司进行分析，其中，比亚迪是新能源汽车产业的龙头企业，北汽福田、吉利汽车和上汽集团的新能源销量排名靠前[①]，江淮汽车是较早进入新能源工程车领域的企业、奇瑞汽车是较早进入新能源轿车领域的企业之一，金龙汽车、宇通客车和安凯客车是较早进入新能源客车领域的企业。

由于在 2014 年之前中国新能源汽车产销量较低，2014 年中国新能源汽车呈现爆发式增长，因此，对新能源企业来说，2014 年是其发展新能源汽车业务的关键一年。基于上述原因，本节选取 2014 年度的 10 家代表

---

① 中国电动车网：《盘点 2014 年国内销量最好的新能源汽车品牌》，http://www.zhev.com.cn/news/show - 1423568063.html。

性的新能源汽车上市公司的年报数据，对其主要的经济效益指标进行分析（见表7-5）。

表7-5　2014年度10家新能源汽车上市公司的主要效益经济指标

单位：百万元、%

上市公司名称	利润总额	业务收入	利润率	成本费用利润率
比亚迪	873	58196	1.5	1.58
北汽福田	459	33691	1.36	2.29
上汽集团	42688	626712	6.81	7.76
江淮汽车	571	34195	1.66	1.67
广汽集团	3053	22375	13.64	12.78
长城汽车	9640	62599	15.39	18.05
金龙汽车	586	21431	2.73	3.17
安凯客车	66	4835	1.36	1.37
宇通客车	3050	25728	11.85	13.3
江铃汽车	2429	25537	9.51	12.72

资料来源：根据表中上市公司年报的数据整理所得。

　　2014年，中国汽车市场受宏观经济下行、汽车市场竞争加剧、石油价格的上涨、环境压力以及汽车限购政策等不利因素的影响较大，2014年累计的汽车销量为2349万辆，增长6.9%，增幅较2013年下跌7个百分点。在此背景下，表中的十大新能源汽车上市公司的传统汽车业务也受影响。另外，表中的新能源汽车上市公司在新能源汽车研发、技术等方面的前期投入较大而造成营业业务成本上升，导致该年度的净利润率和成本费用率偏低。

　　但是，2014年表中公司的新能源汽车业务都获得较快发展。例如，比亚迪新能源汽车业务收入约人民币58196百万元，同比增长约6倍，占集团汽车业务收入的27.05%。基于新能源汽车业务的贡献，表中公司的利润率和成本费用利润率都还可以，其中，广汽集团、长城汽车和宇通客车的利润率和成本费用利润率都高达10%以上，表明新能源汽车业务带来的经济效益较好。比亚迪2014年的利润率和成本费用利润率偏低，是因为比亚迪于本年度在新能源汽车等方面的研发、技术、人员的投入较大，其中，研发总投入就有 3679 百万元，占营业收入的 6.32%。从长远看，包括比亚迪在内的新能源汽车企业的利润率和成本费用利润率将增长，这是因为，新能源汽车的研发技术投入的回报周期相对较长，需要几年后才能获得回报。

2015 年，比亚迪、北汽等企业新能源汽车销量居全球前 10 位，中国成为全球最大的新能源汽车市场。在利好的政策环境和市场环境下，随着各公司新能源汽车的销量与业务收入的增加，预计以后新能源汽车业务给各公司带来的经济效益还会增加。

第二节　新能源汽车产业区域分布、产业聚焦与典型龙头企业动态跟踪分析

一　新能源汽车产业区域分布动态变化

2009 年，国家开始在北京、上海、大连、杭州、深圳、合肥等 13 个城市开展节能与新能源汽车示范推广试点工作，从此，新能源汽车的城市示范推广拉开序幕。此后，国家陆续扩大试点城市范围，目前在国家公布的新能源汽车推广应用城市（群）名单中，共 39 个城市（群）和 88 个城市列入新能源汽车推广应用城市（群）（见表 7-6）。在全国范围内形成了以珠三角、长三角、京津冀、中原地区、东北地区、西南地区为代表的六大新能源汽车产业集群，并形成了珠三角、长三角、中原地区和京津冀 4 大动力电池产业聚集区域。

表 7-6　　2009—2015 年中国新能源汽车示范推广城市数量的变化

时间	相关文件	新能源汽车示范推广城市数量
2009 年	《关于开展节能与新能源汽车示范推广试点工作的通知》	在北京、上海、大连、杭州、深圳、合肥、长沙等 13 个城市开展节能与新能源汽车示范推广试点工作
2010 年	《关于扩大公共服务领域节能与新能源汽车示范推广有关工作的通知》	在原有 13 个试点城市的基础上，增加天津、海口、郑州、厦门等，试点城市增加到 20 个城市

续表

时间	相关文件	新能源汽车示范推广城市数量
2013 年	《关于支持北京天津等城市或区域开展新能源汽车推广应用工作的通知》（四部委）	同意北京、天津等 28 个城市或区域开展新能源汽车推广应用工作。此次公布的新能源汽车试点城市（包含区域）共计 61 个城市，覆盖 21 个省份
2014 年	《关于支持沈阳长春等城市或区域开展新能源汽车推广应用工作的通知》（四部委）	支持沈阳、长春等 12 个城市或区域开展新能源汽车推广应用工作，新能源汽车推广应用城市数量增加至 88 个城市，覆盖 39 个城市（群）

注：根据国家各部委网站和《国研网战略性新兴产业数据库》的相关资料整理得到。

为了分析新能源汽车供给区域分布情况，本节对列入《节能与新能源汽车示范推广应用工程推荐车型目录》（从 2009 年的第 1 批到 2015 年的第 76 批）的新能源汽车企业的名单进行统计与分析。从表 7-7 可以看出，2012—2015 年，新能源汽车的六大产业集聚区的企业数量都增长了 1 倍多。截至 2015 年年底，长三角地区新能源汽车产业集群区的数量达 49 家，占全国的 24%，居六大产业集聚区之首。

表 7-7　　　　　　　　新能源汽车企业在全国的区域分布情况

分布地域	2012 年		2015 年		
	省份	企业数量	省份	企业数量	城市分布
京津冀	北京	6	北京	10	北京（10）
	天津	3	天津	10	天津（10）
	河北	1	河北	5	保定、定州、邢台、清河、唐山
	合计	10	合计	25	
中部地区	河南	3	河南	6	郑州（2）荥阳（2）、许昌、新乡
	江西	6	江西	10	南昌（5）、景德镇、萍乡、上饶、赣州、宜春
	湖北	3	湖北	13	武汉（8）、十堰（2）、随州（2）、枣阳
	湖南	5	湖南	9	长沙（6）、湘潭（2）、株洲
	安徽	4	安徽	8	合肥（6）、芜湖（2）
	山西	0	山西	2	太原（2）
	合计	21	合计	48	

续表

| 分布地域 | 2012 年 | | 2015 年 | | |
	省份	企业数量	省份	企业数量	城市分布
长三角	上海	6	上海	12	
	江苏	10	江苏	22	南京（5）、盐城（4）、扬州（2）、苏州（4）、南通（2）、镇江、无锡（3）、宿迁
	浙江	7	浙江	15	金华（3）、台州、宁波（4）、杭州（6）、绍兴
	合计	23	合计	49	
珠三角	广东	7	广东	17	广州（7）、深圳（7）、佛山（2）、珠海
西南	重庆	5	重庆	12	
	四川	4	四川	8	成都（7）、雅安
	云南	1	云南	3	昆明（3）
	贵州	1	贵州	4	贵阳（3）、遵义
	合计	11	合计	27	
东北	黑龙江	1	黑龙江	4	哈尔滨（3）、齐齐哈尔
	吉林	4	吉林	6	长春（6）
	辽宁	4	辽宁	8	沈阳（5）、丹东、大连（2）
	合计	9	合计	18	
其他	福建	4	福建	6	厦门（2）、福州（2）、龙岩、泉州
	山东	7	山东	13	烟台（2）青岛（2）聊城（2）潍坊、淄博、临沂、莱芜、济南（2）、东营
	广西	3	广西	3	南宁、桂林、柳州
	海南	1	海南	1	海口
	合计	15	合计	23	

注：城市后面括号中的数字为该城市中新能源生产企业数量，省略数字为只有一家企业。

资料来源：根据工信部公布的第 1 批到第 76 批《节能与新能源汽车示范推广应用工程推荐车型目录》整理。

为了分析新能源汽车需求区域分布情况，本节对列入国家新能源汽车推广应用城市（群）名单中的 39 个城市（群）自 2013 年起新能源汽车推广情况进行了统计。从表7-8可以看出，长三角地区的上海、浙江和江苏，珠三角地区的广东，京津冀地区的北京的新能源汽车推广情况较好，其余城市的新能源汽车推广情况都不太理想，存在地区需求与推广情况不均衡的现象。

表7-8　　　　　示范城市（群）新能源汽车推广情况　　　　单位：辆

序号	城市	2013—2015年推广计划	2013—2014年9月底累计推广量	2013—2015年9月底累计推广量
1	上海	10000	4022	34821
2	北京	35020	4762	19445
3	浙江	10100	5203	18257
4	江苏	18085	3118	14173
5	广东	10000	1369	12377
6	深圳	35000	4189	7973
7	合肥	5720	4145	7466
8	广州	10000	1241	7104
9	长株潭	6100	492	6478
10	河北	13141	803	5754
11	天津	12000	1726	4758
12	西安	11000	710	4073
13	武汉	10500	389	4041
14	临沂	5690	173	3656
15	大连	5000	225	3039
16	青岛	5200	510	2995
17	福建	10000	153	2993
18	郑州	5500	1423	2705
19	成都	5000	298	2469
20	重庆	10000	995	2306
21	芜湖	5110	252	2303
22	江西	5300	118	1814
23	新乡	5000	153	1179
24	襄阳	5000	561	1119
25	太原	5000	489	1096

续表

序号	城市	2013—2015 年推广计划	2013—2014 年 9 月底累计推广量	2013—2015 年 9 月底累计推广量
26	云南	5000	223	954
27	贵州	6000	166	891
28	宁波	5000	119	813
29	长春	10000	33	649
30	潍坊	5500	174	607
31	海口	5000	0	604
32	聊城	5010	3	516
33	淄博	5000	63	445
34	泸州	5000	48	410
35	沈阳	5000	232	277
36	哈尔滨	5000	5	215
37	晋城	6000	3	85
38	兰州	5000	3	50
39	内蒙古	5000	25	35

资料来源：根据工信部、中国汽车工业协会等网站资料整理。

综上所述，从新能源汽车的供给区域和需求区域分布可以看出，在新能源汽车产业的六大产业聚集区中，长三角地区的新能源汽车产业集群最具规模，其次是京津冀地区、珠三角地区和中部地区。

二 新能源汽车产业发展聚焦

在中国的新能源汽车细分领域中，电动汽车是发展最快、推广速度最快的，因此，本节选取电动汽车领域进行详细分析。中国电动汽车线路强势突出，主要体现在以下两个方面：

（一）电动汽车技术日趋成熟，纯电动车型的新能源车推出较多

电动汽车产业链包含能量系统（各类动力电池、超级电容器等）、驱动系统（驱动电机、驱动系统）、控制系统（电池管理系统、电控制系统）和基础设施（充电站、充电设备）等环节。电动汽车产业链结构见图 7 - 2。

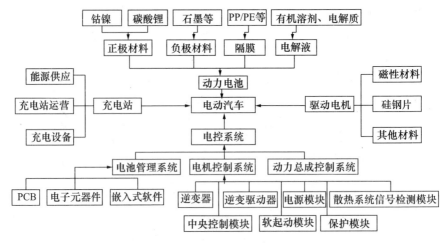

图7-2　电动汽车产业链结构

资料来源：中国汽车工业协会，赛迪经智。

电动汽车的技术水平体现在产业链主要环节当中，主要包括电池及电池控制技术、电机及电机控制技术和整车控制系统等多个技术模块。"十二五"时期，国家"863计划"支持下的"高能量锂离子电池系统和电池组技术开发"项目取得了重大突破，其研发的单体电池能量密度达到了138.6瓦/千克，功率密度达到915.6瓦/千克，循环1200次后的容量保持率为94.1%，而且成果已经应用于批量生产的50安时能量型动力电池上。其中，针对电动汽车使用的38.4伏/50安时的电池模块能量密度达到了121瓦/千克，功率密度达到了800瓦/千克，可以满足电动汽车应用高的要求。此外，纯电动汽车电机及控制系统领域也有突破，纯电动汽车电机及控制系统领域专利申请量逐年上升。

在此背景下，国家发布的《节能与新能源汽车示范推广应用工程推荐车型目录》（以下简称目录）中，纯电动车型的新能源车推出较多。对列入目录（从2009年的第1批到2015年的第76批）的新能源汽车类型进行统计与分析，发现列入目录示范推广的纯电动车型远远高于其他车型（见表7-9）。

表7-9　2009—2015年中国各种类型新能源汽车推广的车型数量统计

年份	纯电动汽车	混合动力汽车	燃料电池汽车	合计
2009	29	17	—	46
2010	53	83	9	145

续表

年份	纯电动汽车	混合动力汽车	燃料电池汽车	合计
2011	50	124	—	174
2012	113	159	—	272
2013	131	171	—	302
2014	123	489	1	613
2015	247	1610	—	1857

资料来源：根据工信部公布的第1—76批《节能与新能源汽车示范推广应用工程推荐车型目录》整理。

（二）电动汽车的产销量主导新能源汽车市场

在中国新能源汽车市场，产销的新能源汽车类型主要是纯电动汽车和插电式混合动力汽车，其中纯电动汽车是发展最快的新能源汽车。从表7－10可以看出，在2013年后，伴随着电池、电机、电子控制和系统集成等关键技术的成熟和受利好的政策影响，纯电动汽车和插电式混合动力汽车的产销量均获得较快增长，其中纯电动汽车增长更快。2015年，纯电动汽车的产量和销量分别为29.08万辆和24.74万辆，其产销量较2011年分别增长了约50倍和43倍。

表7－10　　　**2011—2015年中国不同新能源汽车产销量情况表**　　　单位：万辆

	2011年		2012年		2013年		2014年		2015年	
	产量	销量	产量	销量	产量	销量	产量	销量	产量	销量
纯电动汽车	0.57	0.56	1.13	1.14	1.42	1.46	4.86	4.51	29.08	24.74
混合动力	0.27	0.26	—	—	—	—	—	—	—	—
插电式混合动力汽车	—	—	0.13	0.14	0.33	0.30	2.99	2.97	8.82	8.36
合计	0.84	0.82	1.26	1.28	1.75	1.76	7.85	7.48	37.90	33.10

资料来源：根据中国汽车工业协会及工信部网站公布的数据整理。

三　新能源汽车产业典型龙头企业动态跟踪分析

比亚迪是新能源汽车产业的技术研发和商业推广的先行者，早在2003年就开始研发电动汽车，并将新能源汽车作为公司的未来发展重点。缘于机遇的准确把握和其自身在技术、商业推广等方面的创新能力，比亚迪已成为新能源汽车产业的龙头企业。根据中国汽车工业协会公布的数据，比亚迪2014年在新能源汽车领域的市场份额达27.9%，在插电式混合动力领域的市场份额更高达49.6%，是新能源汽车行业的市场领导者。另根据中汽协统计的数据，比亚迪2015年新能源汽车累计销量近6.2万台，占全国新能源汽车销量的18.72%，并远超日产、特斯拉等国际品牌，成为全球新能源汽车销量第一。[①]

比亚迪缘何能处于行业领先地位，本节将对其新能源汽车的技术和产品创新、新能源汽车的市场推广情况两方面进行动态跟踪，以剖析其成功的关键所在。

（一）比亚迪在新能源汽车领域的技术和产品创新

比亚迪是国内较早开始新能源汽车研发的企业之一。比亚迪于2003年在西安和上海建立了电动汽车研发中心，主攻电池技术，将磷酸铁锂作为突破点。比亚迪在电池方面的研发开始时间几乎与国外同步。[②] 此后，比亚迪设立了新能源汽车研发实验室，包括整车碰撞实验室、模拟碰撞实验室、行人保护实验室、NVH实验室以及EMC实验室，拥有可以从事新能源汽车及锂电池研发的专业队伍，逐步形成了有自身特色并具有国际先进技术的开发平台。此外，比亚迪在新能源汽车领域加大资金投入，在深圳、天津、南京、长沙等地投资建立新能源汽车生产基地，并于2013年在美国加利福尼亚州洛杉矶县兰开斯特市建立了电动巴士工厂。比亚迪于2014年宣布将在巴西投资兴建南美最大的铁电池工厂，并宣称考虑在欧洲的保加利亚等地兴建工厂，共同投产电动巴士。

比亚迪在新能源汽车领域的研发、技术和资金的投入也取得丰硕的回报。比亚迪横跨汽车和电池两大领域，已经全面掌握了新能源汽车的电池、电机、电控及充电配套、整车制造等核心技术。例如，在锂电池领域，比亚迪的铁电池（磷酸铁锰锂电池）技术已经是世界领先，在铁电池的能量密度和成本方面取得了重大突破。比亚迪研发的磷酸铁锰锂电池能量密度升级到117瓦时/千克，基本与特斯拉三元材料水平相当。

---

① 《无敌！比亚迪狂秒特斯拉：新能源车销量全球第一》，http：//www.pcpop.com/doc/1/1778/1778460.shtml。

② 《比亚迪加码投资锂电为新能源汽车》，http：//www.eet－china.com/ART_ 880066 1512_ 640279_ NT_ 88432ddf.HTM。

而且，同三元材料相比，比亚迪的铁电池技术还具有高循环寿命、高安全性以及低成本等优势。比亚迪铁电池技术的突破使其电动车的续航能力得到了大幅度提升①，如比亚迪的纯电动 e6 出租车以单车 70 万千米、累计 3.13 亿千米，K9 公交车以单车 26 万千米、累计 7525 万千米双双保持世界纪录。在插电式混动汽车领域，比亚迪研发推出了应用全球领先的双模二代技术、双向逆变技术的"秦"。"秦"具有 5.9 秒百千米加速的动力性能、百千米油耗 1.6 升的高效能耗、先进的智能操作系统以及时尚的外观设计，并获得了消费者追捧。比亚迪又于 2015 年推出了全球首款三擎四驱的全新双模混动 SUV "唐"。据比亚迪官方数据，比亚迪插电式混动汽车"秦"和"唐"的累计销量约为 5.3 万台，占全国插电式混动汽车销量的 63%。

基于比亚迪在新能源汽车技术和产品上的创新，比亚迪获得多项奖项，例如，比亚迪于 2014 年获得汽车杂志颁发的"自主品牌新能源车奖（秦）"，并于 2015 年在第十七届中国专利奖颁奖大会上凭借"混合动力专利技术"获得新能源汽车领域首个中国专利金奖。②

（二）比亚迪的新能源汽车市场推广情况

在强有力的技术和产品支持以及利好的新能源汽车政策，比亚迪的新能源汽车销量也呈爆发式增长。2012 年比亚迪新能源汽车销量为 3000 台，到 2015 年销量约为 6.2 万台，较 2012 年翻了近 20 倍。比亚迪的新能源汽车不仅在国内市场推广较好，而且也推广到国际市场。2013 年比亚迪新能源车 e6 进入了英国市场。此后，比亚迪纯电动大巴进入了日本、美国、英国等国的市场。截至 2015 年年底，比亚迪新能源车已销售到英国、美国、日本等 36 个国家和地区，打入 160 个国外城市的新能源汽车市场。基于比亚迪新能源汽车的性能及市场表现，比亚迪 2015 年获得联合国颁发的"联合国能源特别奖"，成为第一家获此殊荣的中国汽车企业。③

---

① 《比亚迪这是要逆天！电池技术又有新突破》，http：//www. autohome. com. cn/dealer/201408/16153724. html。

② 易车网：《比亚迪获得新能源车领域首个中国专利奖》。

③ 《比亚迪获得联合国颁发的"联合国能源特别奖"，成为第一家获此殊荣的中国汽车企业》，http：//www. spv360. com/index. php？m = content&c = index&a = show&catid = 488&id = 4958。

第三节 新能源汽车产业发展问题跟踪、国际经验启示与破解对策

一 新能源汽车产业发展存在的焦点问题跟踪分析

虽然新能源汽车产业呈现爆发式增长，但在火爆背后也存在了一些亟待解决的问题。为了新能源汽车产业的可持续发展，必须正视以下五个方面的问题。

（一）新能源汽车的关键技术还存在缺失

自 2014 年以来，新能源汽车的产销量呈爆发式增长，这可以从一个侧面说明中国新能源汽车的基础技术得到了市场的认可。但是，中国产销量之所以可以快速增长，也有政策驱动效应的结果，并不完全是新能源汽车产品和技术本身得到市场的完全认可。如果政府的新能源补贴政策、大城市对新能源汽车不限行不限购等利好政策马上撤销，中国目前生产的新能源汽车及其技术恐怕还难以与燃油车的技术相媲美竞争。因此，中国新能源汽车产销量的快速增长并不能掩盖其关键技术的缺失。

陈全世（2015）提出，中国新能源汽车在整车集成、轻量化、电池、电机、电控领域存在的问题并没有解决。[1] 例如，中国目前生产的电动汽车大多是传统车型的改良，即加了电池等改造，缺乏核心技术突破。[2] 从 2010 年起，列入《节能与新能源汽车示范推广应用工程推荐车型目录》新推出的新能源汽车车型数量几乎每年都在翻倍增长。而在如此短的时间推出如此多的新车型，其技术创新程度是否值得推敲？此外，自新能源汽车推出以来，已发生过多起新能源汽车起火事故，如 2015 年 4 月 26 日深圳电动大巴起火事件，新能源汽车电池的安全性技术也有待提升。

（二）消费者对新能源汽车的偏好度较低

据中国汽车工业协会的统计，2015 年，中国汽车总销量 2459.8 万

---

[1] 陈全世：《当前我国新能源汽车的发展和面临的挑战》，《重庆理工大学学报》（自然科学）2015 年第 11 期。

[2] 《新能源汽车繁荣的背后》，http://auto.sohu.com/20160118/n434923060.shtml。

辆，其中新能源汽车的销量为 33.11 万辆，仅占全国新车总销量的 1.3%，也说明了汽车市场上消费者对新能源汽车的偏好程度较低。究其原因，主要有：一是大多数的新能源汽车价格偏高，尽管能够享受汽车补贴，但部分车型扣减补贴之后价格仍然比传统汽车高。二是新能源汽车的安全性、充电、续航历程等问题仍是消费者所担心的，也影响着新能源汽车的推广与销售。三是目前国内还没有一个可以在全国范围内允许销售的新能源汽车型。[①] 例如，根据北京公布的新能源汽车目录车型，比亚迪插电式混合动力汽车秦没能进入北京的新能源汽车目录，尽管北京的新政中规定了外地品牌新能源汽车要不少于本地新能源总销量的30%。尽管插电式混合动力汽车秦在国家的新能源汽车目录中且因其卓越的性能和较好的保修服务政策多次获得销售冠军，其仍未能在全国范围内销售与推广。由此可见，国内至今还没有一个可以在全国范围内允许销售的新能源汽车型。

（三）新能源汽车的配套设施建设相对缓慢

新能源汽车的配套设施建设相对缓慢是制约新能源汽车产业发展的关键因素。新能源汽车配套基础设施主要是充电设施，即充电站和充电桩。然而，相对汽车产销量的增长速度，中国充电设施的建设速度相对缓慢（见图7-3和图7-4）。例如，2014年，全年中国新能源汽车销量为7.48万辆，同比增长3.2倍；而新增充电桩数量为5472个，同比增长仅为12%，2014年度新增的充电站数量分别为205个，同比都没有增长。另据工信部统计，截至2014年年底，我国新能源乘用车保有量已经接近12万辆，而建成的充电站累计数量仅为728个，充电桩的累计数量为2.8万个，充电设施还难以支撑新能源汽车的现有量以及未来增量。由此可见，新能源汽车的配套设施是新能源汽车推广过程中最大的"瓶颈"之一，制约着新能源汽车产业的发展。

（四）新能源汽车的评估检测不完善

在传统汽车领域，一辆汽车上市之前，包括零部件一定会经过大量的耐久性测试。从2010年起，列入目录新推出的新能源汽车车型数量几乎每年都在翻倍增长，由此可见，新能源汽车的新车大多在短时间

① 搜狐汽车：《2015年新能源汽车累计销量50万辆：差点儿完成了任务！》，http://auto.sohu.com/20160112/n434339751.shtml。

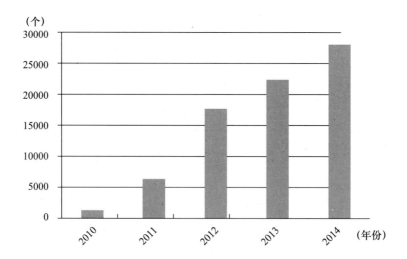

图 7 - 3　2010—2014 年中国建成的充电桩累计数量

资料来源：根据工信部和中国产业信息网整理。

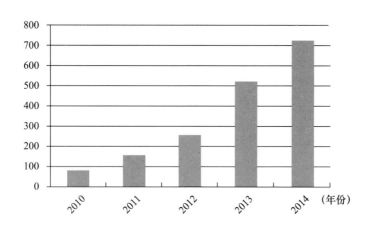

图 7 - 4　2010—2014 年中国建成的充电站累计数量

资料来源：根据工信部和中国产业信息网整理。

内纷纷推出。而在如此短的时间推出如此多的新车型，其耐久性与安全性等相关评估检测是否完善值得质疑。

　　另外，根据中国质量协会用户委员会发布的 2015 年全国汽车行业用户满意度测评（CACSI）报告，新能源汽车用户满意度测评分数仅为 65分，比汽车行业的平均水平低了 14 分。导致新能源汽车分数偏低的主要原因是其车身装配质量差、内饰做工粗糙、有异响等。基于产品周期，未来2—3年很可能会集中出现一批质量问题。

（五）新能源汽车产业发展出现区域不平衡

目前，新能源汽车推广应用城市仅有88个城市，还未推广到全国。而且，在这88个推广应用的城市中，新能源汽车产业的发展也不平衡。从政策层面看，截至2014年年底，在列入新能源汽车推广应用城市（群）的39个城市（群）88个城市中，有33个城市（群）70个城市出台了新能源汽车推广应用配套政策措施，还有6个城市（群）18个城市尚未出台相应的推广应用配套政策措施。

从新能源汽车供给层面来看，新能源汽车的企业集中在长三角和珠三角以及湖北、山东等省份。从新能源汽车需求层面看，北京、上海、江苏、浙江等地区的新能源汽车的销售推广情况较好，其余城市的新能源汽车销售推广情况不理想，都未完成推广计划，存在新能源汽车产业地区发展不平衡的问题。

二　国外新能源汽车产业发展的经验启示

传统汽车强国的美国、日本、德国早在20世纪70年代就开始研发新能源汽车，21世纪以后又陆续将发展新能源汽车提升到国家战略层面，通过多种方式推动本国新能源汽车产业的发展。它们的新能源汽车发展模式各不相同，各有千秋，但都有值得中国学习借鉴之处。

（一）日本的技术领先型发展模式及其启示

日本早在20世纪70年代初就开始研发新能源汽车。日本政府十分重视新能源汽车的技术创新，并在技术创新方面投入大量的资金以及培养引进大量专业人才。自1971年起日本政府仅在燃料电池方面的研发投入就超过了200亿元。[1]此外，自20世纪90年代起，日本政府就开始引领组建新能源汽车产业技术联盟，对联盟的研发给予资助，如日本的氢能与燃料电池实证规划（JHFC）、革新型蓄电池尖端科学基础研究专项等。[2]在日本政府的大力扶持下，日本的混合动力汽车研发技术水平领先于欧美。为了进一步促进新能源汽车核心技术的研发，日本政府还鼓励

---

[1]　邓立治、刘建锋：《美日新能源汽车产业扶持政策比较及启示》，《技术经济与管理研究》2014年第6期。

[2]　张洁、冷民：《美日新能源汽车产业技术联盟的组织管理及对我国的启示》，《政策与管理研究》2011年第26卷第5期。

汽车厂商、电池生产商等产业链上下游企业与研究机构一起组建产业联盟，共同进行技术攻关。

由此可见，日本的新能源汽车发展模式是技术领先模式。日本对新能源汽车技术创新的重视程度、研发投入的力度以及其产业技术联盟的运作模式都值得我国借鉴。

（二）美国的市场带动型发展模式及其启示

美国是市场经济高度发达的国家，为了实施新能源汽车发展战略，政府实行市场导向政策，重点培育新能源汽车发展所需的市场因素，通过市场的培育与成熟来带动新能源汽车产业的发展，因而其新能源汽车产业的发展模式是市场带动型。为了促进新能源汽车产业的发展，美国通过政府制定了大量相关法律法规以及一系列差异化的税收补贴政策来培育完善市场，从而刺激企业对新能源汽车的研发生产和消费者对新能源汽车的消费。在法律法规层面，美国政府 2005 年重新修订的《美国国家能源政策法案》明确鼓励汽车企业使用可再生能源和清洁能源，以法律形式确立了对新能源汽车的减税等奖励性措施。在具体的政策措施方面，美国出台了一系列相关政策，如美国奥巴马政府于 2009 年推出的汽车补贴制度（CARS），这一计划投入 24 亿美元，鼓励电动车和电池的研发与生产，同时通过发放现金券等方式，鼓励消费者购买低耗能的新能源汽车。

美国通过这些政策措施，逐渐培育与完善了新能源汽车市场，使市场规模得以扩大。2014 年，美国新能源汽车销量增至 57.05 万辆，占整个汽车销量的 3.74%[1]，是中国 2014 年度新能源汽车销量的 7.62 倍。由此可见，培育新能源汽车市场对新能源汽车产业发展的推动作用，中国可以借鉴其新能源市场的培育政策与模式。

（三）德国的创新主导型发展模式及其启示

德国作为公认的汽车强国，凭借其强大的技术积累与创新能力，通过技术和商业模式等各种创新，推动其新能源汽车产业发展和汽车产业的转型升级。在新能源汽车的技术领域，德国凭借其在可再生能源领域的领先技术，先是重点发展清洁燃料汽车和燃料电池汽车，后来受美国、

---

[1] 《2015 年美国新能源汽车总体发展概况分析及市场展望》，http://www.chyxx.com/industry/201510/351707.html。

日本和中国等国对电动汽车的日益高涨的热情的影响，特别是这些国家电动汽车技术的日趋成熟，德国开始战略转移，重点发展电动汽车，同时并不放弃氢燃料电池汽车。① 德国2007年发布的《综合能源与气候计划》中将发展电动交通工具作为主要内容，重点对电池和相关电驱动进行技术创新。同年，德国政府将锂离子电池作为攻坚项目加以扶持，并于2008年政府拨付了6000万欧元成立锂离子电池联盟（LIB）。在德国加大电动汽车研发投入和技术创新的背景下，随着宝马、大众等德系车不断推出新款电动汽车，德国的电动汽车后劲十足。

在电动汽车充电设施领域，德国创造性地兴建了风力充电系统和路灯充电桩项目。在商业推广方面，德国也进行了各种创新，如在火车站建立智能交通车站，并兴建"电动车加强效率屋"等独具特色的展示中心。由此可见，德国在新能源汽车的创新使其能够稳居汽车强国前列，其在新能源汽车领域的创新举措以及其创新意识与能力都会给中国新能源汽车产业的发展带来启发。

三 中国新能源汽车产业发展问题的破解对策

解决目前新能源汽车产业存在的问题的关键在于要从新能源汽车的消费市场（消费者）、产品（技术）和配套服务三方面着手，破解对策主要有以下四个方面：

（一）夯实新能源汽车技术基础

夯实新能源汽车技术基础是新能源汽车产业可持续发展的关键。而中国新能源汽车在整车集成、轻量化、电池、电机、电控领域还存在问题，其关键技术有待创新突破。中国政府和企业都须加大新能源汽车的研发投入，在新能源汽车的电池、电机、电控系统研发以及新能源汽车的智能化、安全性与系统性、多模式充电技术等重点领域开展技术攻关。在新能源技术创新方面，可以借鉴日本的新能源汽车产业技术联盟的运作模式，构建国家、企业和高校联盟的技术研发平台，充分调动与发挥产学研各合作方在新能源汽车产业技术创新的活力。同时，构建由新能源汽车产业链上下游企业组成的技术联盟和研发平台，乃至构建与国外技术合作平台，从而达到整合优质资源与提升新能源汽车的技术研发能

---

① 陈翌、孔德洋：《德国新能源汽车产业政策及其启示》，《德国研究》2014年第29卷第1期。

力的效果。

此外，美国和德国都注重并较早进行了清洁燃料汽车和燃料电池汽车的研发。而中国的新能源汽车仍以纯电动汽车和插电式混合动力汽车为主，中国燃料电池汽车研发相对空白。而中国纯电动汽车和插电式混合动力汽车的快速发展，对电力资源的需求不断加大，最终受到国内电力资源紧缺的限制。因此，从新能源汽车的长远发展来看，中国也必须扩大新能源汽车的研发范围，政府必须长远布局，出台政策，加大燃料电池汽车和清洁燃料汽车研发投入，鼓励企业燃料电池汽车和清洁燃料汽车领域的技术创新，推动燃料电池汽车和清洁燃料汽车的市场推广。

（二）加快新能源汽车推广的力度

为了加快新能源汽车推广，政府与新能源汽车企业必须共同发力。作为新能源汽车推广的倡导者，中国政府进一步改善新能源汽车的推广环境和使用环境，可以从以下四个方面着手：一是在原有的新能源汽车购车补贴、对新能源汽车实行不限行限购等利好政策基础上，借鉴德国的新能源汽车免费停车的政策，进一步搭建新能源汽车在上牌、出行、停车等方面的"绿色通道"。二是加大政府机关及公共机构对新能源汽车的采购力度，同时倡导大型国有企业、上市公司采购新能源汽车，以扩大新能源汽车的宣传力度与示范作用，增强公众对新能源汽车的信心。三是完善新能源汽车的补贴政策，避免新能源企业造假骗取补贴的行为或通过价格转移等方式致使消费者无法获得补贴的现象，探索实行"消费者以新能源汽车出厂价购买然后申请补贴"的补贴政策。在补贴政策取消方面，适当放缓补贴退出步伐，适时有序地减弱补贴力度。四是加大破除新能源汽车的地方保护力度，地方政府不得变相地出台地方奖励政策来保护本地新能源汽车企业而设置隐形障碍影响外地新能源汽车车型进入本地市场。

从企业层面看，新能源汽车企业应积极探索创新新能源汽车的商业运营推广模式。在公交、出租车、公车等领域，抓住政府示范推广新能源汽车的契机，加强与政府的合作。在私车市场，借鉴德国新能源汽车的商业化运作模式，选好区域，建立新颖、有特色的新能源汽车展示区，起到更好的宣传作用，吸引消费者的注意。此外，可以借鉴美国特斯拉汽车公司推广新能源汽车的模式，探索寻求与银行、移动公司等企业合作，借助它们的网点平台或网络平台提供充电等增值服务，为新能源汽车的推广与使用的便捷性创造条件。

（三）加快新能源汽车的配套设施建设

新能源汽车的配套设施尤其是充电设施直接影响新能源汽车使用的便利性，是消费者购买新能源汽车主要考虑的因素之一，也直接影响新能源汽车的推广进度。中国新能源配套设施建设相对缓慢，尚未普及也是目前消费者的最大顾虑之一。要加快新能源汽车配套设施的建设，必须从以下三个方面着手：

第一，降低新能源汽车配套设施的准入门槛，在充电设施建设中引入竞争，鼓励民营资本进入。由于充电桩的建设涉及多方利益协调，不仅需要国家电网和各级地方政府的推进还需要有专业的机构来建设。目前，中国新能源充电设施建设商主要由国家电网、南方电网和中海油组成，力量还相对单薄。中国政府可以尝试将新能源汽车企业、电网公司、充电设备供应商组织起来，搭建合作平台，促进充电设施的建设。

第二，政府加大对充电配套建设的奖励。由于充电配套建设领域还没有成熟的盈利模式，民营资本仍谨慎进入。政府加大对充电配套设施的奖励力度，调动企业的积极性，发挥社会力量来推动新能源汽车配套设施的建设。

第三，利用百度、腾讯等互联网企业加入新能源汽车领域的契机，倡导电动车的充电桩与手机、互联网等链接，提升充电桩的网络价值，同时吸引互联网企业投资充电设施的建设。

（四）完善新能源汽车的评估检测

为了提高客户的满意度，针对目前新能源汽车存在的质量问题以及基于产品周期可能出现的产品质量问题，新能源汽车企业必须完善新能源汽车的评估检测体系。新能源汽车企业，既要配备人员对出现问题的新能源汽车进行检修以及对投入使用的新能源汽车进行年检，也要加强对新车的耐久性与安全性的评估检测，即使是在短时间内推出的新车型，整车以及零部件的质量也必须有保障。最好建立新能源汽车新车型的跟踪服务以及定期检测服务体系。

此外，基于新能源汽车的产品周期，为了保证车辆运营安全，要对投入营运两年以上的新能源汽车进行重点评估检测，检测其车况，尤其是电池系统的安全性、充电设施的安全性与匹配性、驱动电机及其控制器的安全性与效能等。①

第四节 中国新能源汽车产业技术发展、市场
供需与扶持政策跟踪预测

一 新能源汽车产业技术发展预测

一般来说，可以从新能源汽车产业的技术路线与重点研发领域来预测新能源汽车产业技术的发展趋势。

（一）新能源汽车产业的技术路线

世界各国的新能源汽车产业在短短的几十年里经历了从无到有，在新能源汽车技术领域摸索前行。早先引领新能源汽车产业技术潮流的是燃料电池，美国和德国都曾下大力气，重点研究燃料电池技术。现阶段却是电动车开始引领潮流，但这并不代表今后新能源汽车的技术潮流不会变。其实，当今的新能源汽车技术领域还是一个未知数，没人知道未来哪种技术最终会成为主流。因此，美国和德国在加大对电动汽车技术的研发力度的同时都不曾放弃对燃料电池汽车的研发，并将其作为长远发展目标。而中国的新能源汽车产业技术路线也尚未明确，基本上是多管齐下。一种相对可行的做法是：政府在新能源汽车产业技术路线上保持中立，把技术路线的选择交给市场，并给企业的创新提供便利。

（二）新能源汽车重点研发的技术领域

中国新能源汽车在整车集成、轻量化、电池、电机、电控领域还存在问题，因此，下一阶段新能源汽车产业的重点研发技术领域将会是新能源汽车的电池、电机、电控系统研发以及新能源汽车的智能化、安全性与系统性、多模式充电技术等。通过这些领域关键技术的突破，提升新能源汽车性能，降低新能源汽车的生产成本。此外，在电动汽车的电池方面，锂离子技术明显占优，目前主导电动汽车的电池市场。由于未来大多数电动汽车电池仍将以锂为基本材料，锂需求将十分紧缺。科学家预计，今后锂的成本会上涨，并会增加环境负担，因此，锂电池回收

---

① 陈全世：《当前我国新能源汽车的发展和面临的挑战》，《重庆理工大学学报》（自然科学）2015 年第 11 期。

与其他替代电池技术和能源载体的研发将会是电动汽车方面新的技术研究领域。

二　新能源汽车产业市场发展预测

随着雾霾问题的日益严重与政府治理雾霾问题的决心日益加大，政府推广节能环保的新能源汽车力度也日益加大。在此背景下，随着新能源汽车技术的日益成熟，中国新能源汽车市场的规模将进一步扩大。在新能源汽车供给市场层面，在传统汽车市场景气指数下滑的背景下，新能源汽车企业纷纷将新能源汽车提升到重要位置，加大新能源汽车的研发投入，并扩大新能源汽车的生产规模。由此可见，新能源汽车的市场供给量将会继续增加。

在新能源汽车需求市场层面，随着消费者节能环保意识的增强，以及新能源汽车示范宣传的范围扩大与深入，再加上政府推行的新能源汽车上牌、出行等利好的政策，新能源汽车的市场需求量也将会继续增加。但是，在新能源汽车市场化过程中也面临新能源配套设施难以支撑新能源汽车的现有量以及未来增量等"瓶颈"问题。如果这些"瓶颈"问题得以解决，新能源汽车的市场规模将发展得更快。

三　新能源汽车产业扶持政策预测

为了进一步促进新能源汽车产业的发展和实现到2020年新能源汽车保有量达到500万辆的目标，政府将继续出台了一系列政策。根据业内人士预测，政府将出台五大政策。

（一）电动汽车动力蓄电池回收利用技术政策

为了建立全国统一的动力蓄电池产品编码制度，国家将会出台电动汽车动力蓄电池的相关政策，要求动力蓄电池生产企业对所生产和进口的所有动力蓄电池产品进行编码，并建立追溯系统追踪动力蓄电池的流向，加强对动力蓄电池的回收，也为相关部门监督动力电池的回收情况提供便利。

（二）乘用车企业平均燃料消耗量管理办法

为了推动汽车行业实现节能减排，政府可能会出台乘用车企业平均燃料消耗量的管理办法，建立企业平均燃料消耗量积分及交易制度，并对积分不达标的企业采取罚款等惩罚措施。企业的罚款将会作为汽车行业节能管理专项资金，该专项资金的40%计划用于汽车节能管理，60%计划用于支持企业改善燃料经济性的研发。该政策将会促进企业发展节能的新能源汽车。

（三）低速电动汽车管理办法

由于低速电动汽车贴近城镇和农村的市场需求，方便普通民众的出行，因而近些年呈爆发式发展。但是，在其快速的发展过程中也存在无法上牌、无证驾驶、没有车辆保险等问题，政府必须出台相关管理办法加以规范与引导。虽然也有地方政府出台低速电动车的管理办法，但国家层面的低速电动车管理办法还未出台，需要及时出台。

（四）私人用户居住地充电基础设施建设管理办法

为了解决电动汽车私人用户在居住地充电不便的问题，预计政府将会出台私人用户居住地充电基础设施建设管理办法，对具备固定车位和不具备固定车位的私家用户建设充电桩所需预备的材料及建造流程做出具体规定，并在对配电容量缺乏的状况、消防检验方面将也会有所规定。

（五）关于充电设施建设的奖励政策与加强新能源汽车推广应用的管理办法

为了进一步加强新能源汽车的推广应用，政府将会出台办法，对大气污染治理重点区域和北京、上海、浙江、江苏等重点省份下达2016—2020年的新能源汽车推广任务。同时，为了解决充电设施难以支撑新能源汽车的现有量以及未来增量的问题，政府将会出台充电设施建设的奖励政策，调动社会各方力量，加快充电设施的建设。

参考文献

［1］ Krugman，Paul，"Increasing Returns and Economic Geography"，*Journal of Political Economy*，1999，Vol. 99，No. 3，pp. 483 – 499.

［2］ Liu，Yingqi and A. Kokko，"Who does What in China's New Energy Vehicle Industry?"，*Energy Policy*，2013，No. 57，pp. 21 – 29.

［3］ 安同信、范跃进、张环:《山东省制造业转型升级的路径研究——日本经验的借鉴》,《东岳论丛》2012 年第 6 期。

［4］ 卞雅莉:《中国风电设备制造业区域集聚特征分析》,《科技管理研究》2012 年第 24 期。

［5］ 蔡柏奇、曾昆:《美国新材料产业科技政策演变及启示》,《新材料产业》2014 年第 3 期。

［6］ 陈枫楠、沈镭:《中国太阳能光伏产业的区域差异及其原因分析》,《应用基础与工程科学学报》2012 年第 9 期。

［7］ 陈全世:《当前我国新能源汽车的发展和面临的挑战》,《重庆理工大学学报》(自然科学版) 2015 年第 11 期。

［8］ 陈瑞青、白辰:《中国新能源汽车产业发展现状、问题及对策》,《汽车工业研究》2015 年第 1 期。

［9］ 陈祎淼:《重点突破,新材料产业需走出"徘徊"》,《中国工业报》2014 年 2 月 24 日。

［10］ 陈翌、孔德洋:《德国新能源汽车产业政策及其启示》,《德国研究》2014 年第 29 卷第 1 期。

［11］ 程俊峰、徐志宏、林雄、黄洁荣:《国外生物产业发展成功经验浅析》,《科技管理研究》2013 年第 9 期。

［12］ 崔成、牛建国:《日本新材料产业发展政策及启示》,《中国科技投资》2010 年第 9 期。

［13］ 邓立治、刘建锋:《美日新能源汽车产业扶持政策比较及启示》,

《技术经济与管理研究》2014 年第 6 期。

[14] 豆丁网：《2013 年光伏产业链分析报告》，http：//www. docin. com/p - 659595765. html。

[15] 方晓霞、杨丹辉、李晓华：《日本应对工业 4.0：竞争优势重构与产业政策的角色》，《经济管理》2015 年第 11 期。

[16] 傅志寰、宋忠奎、陈小寰等：《我国节能环保产业发展的思考》，《中国工程科学》2015 年第 8 期。

[17] 高明：《我国新型生物医学材料及产业发展创新研究》，《经营管理者》2016 年第 2 期。

[18] 工信部软件与集成电路促进中心：《2014 年我国安全可靠关键软硬件创新发展回顾与展望》，《中国电子报》2015 年 2 月 10 日。

[19] 郭晓丹、何文韬：《战略性新兴产业规模、竞争力提升与"保护性空间"设定》，《改革》2012 年第 2 期。

[20] 郭晓丹等：《中国可再生能源政策的区域解构、有效性与改进》，《经济社会体制比较》2014 年第 6 期。

[21] 郭永奇：《国外生物能源产业的发展模式对中原经济区建设的借鉴》，《世界农业》2013 年第 5 期。

[22] 韩超：《新能源产业发展态势、政府扶持逻辑与政策调整方向——基于国际比较的视角》，《国际贸易》2013 年第 9 期。

[23] 贺俊程、谭君崇、王伟兵、李晓霞：《推动新一代信息技术产业发展的几点建议》，《经济研究参考》2015 年第 72 期。

[24] 贺正楚、潘红玉：《德国"工业 4.0"与"中国制造 2025"》，《长沙理工大学学报》（社会科学版）2015 年第 3 期。

[25] 胡静、赵玉林：《我国战略性新兴产业集聚度及其变动趋势研究》，《经济体制改革》2015 年第 6 期。

[26] 胡磊鑫：《新能源汽车产业链分析》，《新经济》2014 年第 9 期。

[27] 黄阳华：《德国"工业 4.0"计划及其对我国产业创新的启示》，《经济社会体制比较》2015 年第 2 期。

[28] 惠志斌：《美国网络信息产业发展经验及对我国网络强国建设的启示》，《信息安全与通信保密》2015 年第 2 期。

[29] 冀志宏：《2014 年中国新材料产业发展回顾与展望》，《新材料产业》2015 年第 2 期。

［30］贾宁、丁士能：《日本、韩国环保产业发展经验对中国的借鉴》，《中国环境管理》2014 年第 6 期。

［31］建伟：《发展新能源汽车产业的思考》，《上海汽车》2014 年第 10 期。

［32］李金华：《在国家战略层面设计和推进高端装备制造业的发展》，《中国经贸导刊》2013 年第 15 期。

［33］李珊：《我国节能环保产业发展评价研究》，硕士学士论文，山东财经大学，2014 年。

［34］李思源：《新材料企业金融支持政策的中美比较与启示》，《产业经济评论》2015 年第 1 期。

［35］李燕、李应博：《战略性新兴产业的空间分布特征及集聚动力机制研究》，《统计与决策》2015 年第 20 期。

［36］梁帅、李海波、陈娜：《世界新能源汽车专利主体的竞争态势研究》，《科技管理研究》2015 年第 4 期。

［37］刘长秋：《法律视野下的中国生物产业政策研究》，《上海财经大学学报》2013 年第 6 期。

［38］刘佳欣：《新材料产业发展现状与趋势分析》，《中国粉体工业》2015 年第 4 期。

［39］刘艳：《中国战略性新兴产业集聚度变动的实证研究》，《上海经济研究》2013 年第 2 期。

［40］刘颖琦、王萌、王静宇：《中国新能源汽车市场预测研究》，《经济与管理研究》2016 年第 4 期。

［41］吕岩威、孙慧：《中国战略性新兴产业集聚度演变与空间布局构想》，《地域研究与开发》2013 年第 4 期。

［42］栾春玉：《日本节能环保法律、政策的经验与启示》，《税务与经济》2012 年第 6 期。

［43］牛桂敏：《我国节能环保产业发展探析》，《理论导刊》2014 年第 5 期。

［44］裴长洪、于燕：《德国"工业 4.0"与中德制造业合作新发展》，《财经问题研究》2014 年第 10 期。

［45］裴莹莹、杨占红、罗宏等：《我国发展节能环保产业的战略思考》，《中国环保产业》2016 年第 1 期。

［46］赛迪顾问：《中国新能源产业地图白皮书（2011）》，http：//www. doc88. com/p－780378882235. html。

［47］赛迪世纪：《2012 年新能源产业发展回顾与展望》，http：// finance. eastmoney. com/news/1355，20130228275858624. html。

［48］水电水利规划设计总院国家风电信息管理中心：《2012 年度中国风电建设统计评价报告》，http：//wenku. baidu. com/view/55 c8ebd26f1aff00bed51ee6. html。

［49］宋谦、杜伊凡、王静：《辽宁省装备制造业国际竞争能力分析——日本经验的借鉴》，《沈阳工业大学学报》（社会科学版）2015 年第 1 期。

［50］孙柏林：《未来智能装备制造业发展趋势述评》，《自动化仪表》2013 年第 1 期。

［51］唐葆君、刘江鹏：《中国新能源汽车产业发展展望》，《北京理工大学学报》（社会科学版）2015 年第 2 期。

［52］涂宗华：《两岸新材料产业商业模式的比较与启示》，《产业经济评论》2015 年第 3 期。

［53］王斌、朱司宇、张青：《我国生物医药产业政策环境研究》，《经济研究导刊》2013 年第 11 期。

［54］王福君、沈颂东：《美、日、韩三国装备制造业的比较及其启示》，《华中师范大学学报》（人文社会科学版）2012 年第 3 期。

［55］王唯、侯剑华：《区域战略性新兴产业发展的政策保障体系构建研究》，《第九届中国科技政策与管理学术年会论文集》，2013 年 10 月。

［56］魏曙光：《循环经济理念下的我国新型能源发展战略的若干问题研究》，经济科学出版社 2012 年版。

［57］吴慧棠：《"十二五"新能源汽车发展框架》，《汽车与配件》2009 年第 37 期。

［58］吴琼、潘光杰：《浅析我国新能源产业的现状及发展对策》，《黑龙江科技信息》2013 年第 3 期。

［59］肖兴志、李少林：《环境规制对产业升级路径的动态影响研究》，《经济理论与经济管理》2013 年第 6 期。

［60］肖兴志、李少林：《光伏发电产业的激励方式、他国关照和机制重

构》，《改革》2014 年第 7 期。

［61］肖兴志：《中国战略性新兴产业发展报告》（2014），科学出版社2014 年版。

［62］肖兴志：《中国战略性新兴产业发展研究》（2011），科学出版社2011 年版。

［63］谢志明、张媛、贺正楚、张蜜：《新能源汽车产业专利趋势分析》，《中国软科学》2015 年第 9 期。

［64］熊勇清、黄健柏：《光伏产业困境摆脱与市场的协同培育》，《改革》2013 年第 12 期。

［65］徐成彬：《美国节能环保产业发展经验及其对我国启示》，《中国能源》2015 年第 1 期。

［66］薛景照：《大数据时代新材料产业创新模式分析》，《新材料产业》2015 年第 5 期。

［67］薛澜、林泽梁、梁正、陈玲、周源、王玺：《世界战略性新兴产业的发展趋势对我国的启示》，《中国软科学》2013 年第 5 期。

［68］杨宝盈：《全球生物产业的发展模式及对加快我国生物产业集聚的启示》，《经济师》2013 年第 4 期。

［69］杨茚、薛建强：《中国新一代信息技术产业发展背景与趋势分析》，《辽宁行政学院学报》2013 年第 3 期。

［70］杨华：《促进生物医药产业发展的财税政策研究》，《中国财政》2015 年第 15 期。

［71］杨文宇、李德甫：《美国信息产业发展经验及启示》，《产业观察》2010 年第 7 期。

［72］殷方磊、孔媛媛：《浅析我国生物制药产业的发展现状与未来发展趋势》，《生物技术世界》2016 年第 2 期。

［73］于俊凤、朱世伟、王蕾、魏墨济：《新一代信息技术发展国际经验与思考》，《科技信息》2012 年第 22 期。

［74］曾昭宁、魏珍：《日本、芬兰、美国发展战略性新兴产业的经验及启示》，《产业观察》2011 年第 11 期。

［75］张定金、陈虹、张婧：《国内外碳纤维及其复合材料产业现状及发展趋势》，《新材料产业》2015 年第 5 期。

［76］张芳、汪张林、邹俊：《我国新能源汽车推广策略研究——基于特

斯拉推广模式的借鉴》，《价格理论与实践》2015 年第 9 期。

[77] 张海亮、曾昆：《破解新材料产业"魔咒"》，《装备制造》2015 年第 9 期。

[78] 张厚明、曾建平、刘世磊：《新一代信息技术产业发展的思路与对策》，《高科技与产业化》2014 年第 11 期。

[79] 张厚明、曾建平：《区域新一代信息技术产业协调发展思路与建议》，《中国经济时报》2014 年 12 月 4 日。

[80] 张洁、冷民：《美日新能源汽车产业技术联盟的组织管理及对我国的启示》，《政策与管理研究》2011 年第 26 卷第 5 期。

[81] 张晓东、蔡书凯、朱钰：《我国高端装备制造业国际竞争的瓶颈突破分析》，《福建农林大学学报》（哲学社会科学版）2015 年第 5 期。

[82] 张鑫：《生物产业贸易发展的主要问题与应对策略》，《中国经贸导刊》2013 年第 14 期。

[83] 张旭：《中国生物技术药物发展亟待提速》，《中国医药报》2012 年 2 月 18 日。

[84] 章如峰：《新一代信息技术产业发展的机遇及反思》，《中国建设信息》2014 年第 7 期。

[85] 赵刚：《新一代信息技术产业发展的国际经验分享》，《中国科技财富》2011 年第 9 期。

[86] 赵红、王玲：《高端装备制造业产业链升级的路径选择》，沈阳工业大学学报》（社会科学版）2013 年第 2 期。

[87] 赵秋艳：《加大投入力度，美国先进制造业快速扩张》，《企业管理实践与思考》2013 年第 11 期。

[88] 中国光伏产业联盟：《中国光伏产业年度报告》，http：//www.chinapv.org.cn/html/news/2013/0528/2247.html。

[89] 中国能源中长期发展战略研究项目组：《中国能源中长期（2030、2050）发展战略研究》（可再生能源卷），科学出版社 2011 年版。

[90] 中国石油新闻中心：《2012 年我国生物质产业发展状况》，http：//news.cnpc.com.cn/system/2013/06/14/001432308.shtml。

[91] 祝辉：《新材料产业园多数有形无"芯"》，《中国国有企业报》2015 年 11 月 3 日。

第六部分

基于跟踪研究的中国战略性新兴产业政策评价与优化

本部分立足于中国各级政府部门发展战略性新兴产业构建跟踪优化的政策支持体系，首先对中国现有战略性新兴产业扶持政策进行跟踪评价，在此基础上，分析政策作用机制以及其对产业发展的影响，最后提出完善调整相关政策的思路与建议。

第一章 战略性新兴产业政策扶持逻辑与基本描述

战略性产业不同于传统产业，其发展动力不是来自产业本身演变以及成熟，而是来自世界对能源清洁、可持续发展等战略部署的客观需求。产业的投资来源不能像传统行业那样，通过产业的原始积累促使其发展壮大，需要依靠产业外资本的投资支持是战略性新兴产业发展初期的重要特征。中国确定的七大战略性新兴产业现阶段尚处于产业发展初期，不仅规模小、产值低，而且产业内部结构严重失衡，与发达国家相比存在较大差距，其健康发展需要政府的积极引导和支持。为此，国家和地方制定、出台了相关的产业政策来对战略性新兴产业加以引导和支持。然而，在政策实施后，关于产业政策的思考与总结就显得尤为重要。产业政策的选择和设计必须与战略性新兴产业的发展动机、发展目标相适应。如何理解发展动机与发展目标，这些对产业政策产生什么样的约束则是当前亟须厘清的问题，这样，才能进一步完善政策，推进战略性新兴产业健康向前发展。

第一节 产业扶持政策内在逻辑

一 产业扶持政策梳理与解读

（一）战略性新兴产业的特征

战略性新兴产业大多具有技术先进、风险较高等特征。为了更细致地分析产业扶持的基本逻辑。本小节以新能源产业作为分析的基本立足点，详细阐述战略性新兴产业政策扶持的内在逻辑，而分析结论对于战略性新兴产业的重要领域也具有较强的适用性。

1. 产业资本的不可逆转性与高度资产专用性

以新能源产业为例，产业发展主要应用方向是替代传统化石能源进行发电，因此，新能源产业与传统发电行业在许多方面具有类似性，但新能源产业也具有自身的产业特性。作为发电行业的主要特征之一，新能源产业投资具有不可逆转性，其资产具有高度的资产专用性，其成本属于沉没成本。发电设备同一般制造行业不同，其具有特定的用途，只能用以发电，不能从事其他生产工作。当一个发电企业遭受突发不利环境的冲击时，如果企业可以将其资产以合适收益转让售出，那么该企业的资产专用性并不是特别显著。反过来，当一个产业遭受不利冲击时，那么发电企业将很难售出其资产，则具有更大的资产专用性。值得注意的是，新能源产业的初级阶段对地理条件及资源高度依赖，使其比传统能源发电行业具有更强的资产专用性，这些因素加大了传统发电企业转型进入新能源产业的成本。按照威廉姆森的观点，资产专用性程度可以分为非专用性、中度专用性及高度专用性。当一项投资的资产具有高度专用性时，企业沉没成本就高，因此，投资方将会更多地采取股权融资的方式。由于新能源产业面临的不确定性使其无法匹配当期股权融资规模与未来项目资金需求，使依靠股权融资的渠道进行融资在可操作性上仍然是困难重重。

2. 产业发展初期具有高投资、低回报特征

以新能源产业为例，尽管欧洲早在 20 世纪 90 年代就着手发展新能源产业，但直到 2008 年国际金融危机后，新能源产业在发达国家及主要新兴国家范围内才逐渐发展，新能源产业仍然被定位为新兴产业，处于产业发展初期。在新能源发展的中后期，随着技术进步与规模经济的发展，新能源发电的运营成本应当会比传统化石能源更低。但在产业发展初期，新能源产业仍然是高额投入、低发电产量的产业。尤其是与传统发电行业进行对比时，新能源产业具有初期高投资、低回报及未来不确定性特征，投资者将设定比传统发电行业更高的回报收益率（Kalamova, Kaminker and Johnstone，2011）。

3. 与传统产业相比，大部分战略性新兴产业有关项目规模较小

不少研究已经证明，当一个项目具有高沉没成本时，投资活动与项目的规模之间将呈现正相关关系，因为项目规模越大，其规模与范围经济越易产生创新活动（Symeonidis，1996；Kalamova, Kaminker and Johnstone，2011）。市场投资者因此对规模较小的项目一般并不会表现出足够的兴趣。无论项目大小，项目发展均会经历相似的程序与阶段，因此，小项目的单位交易成本将远远高于大项目。在整个项目发展过程中，投资者将付出更多不成比例的交易成本，获得更小的资本回报率，更难获得投资者青睐。产业发展不成熟、技术进步不确定等也是战略性新兴产业现阶段发展的主要特征。战略性新兴产业大多由技术创新推动，富含很多新兴技术。新技术在未来可能产生可观收益的同时，其本身由于具有不成熟特征，给投资者带来较大的风险。即使相关技术已经日趋成熟，在投资者对其不熟、缺乏评估经验的前提下，依然会高估产业未来风险，相对传统产业，交易成本上升。而且，新生事物缺乏资料记录难以进行参考，也为投资者及金融机构评估带来了困难，这些问题也会降低投资者的投资激励。

（二）政府扶持政策

尽管与传统产业对比，战略性新兴产业面临更多的投资风险，难以吸引投资者关注。但是，这却并不能成为政府干预的充分理由。正如经济学界关于政府与市场争论一样，政府在对战略性新兴产业潜在风险与远景收益的信息了解方面不会比市场更方便。政府扶持一方面受产业发展阶段与投资渠道稀缺的影响，另一方面则是产业本身发展的正外部性性质。以新能源产业为例，区别于传统能源，新能源产业具有明显的环境友好型，而这一收益不具有独占性，属于公共产品，在市场提供方面，难以达到最优的均衡结果，则促进环境友好型新能源技术创新供给严重不足，而这一特征在其他战略性新兴产业的重要领域也同样具有。因而，所谓战略性新兴产业的国家战略，更多地关注创新及其应用。通过表1-1可以发现，以新能源产业为例，世界上大多数国家均实施扶持政策，从国际经验来看，对新能源进行政策扶持是有必要的。

表1-1　按具体类别划分的扶持政策采用情况（以新能源产业为例）单位：个

国家类别	强制上网电价	电力配额	电力回馈	资本补贴	投资税收减免	消费税收减免	公共投资
高收入	24（36）	8（36）	8（36）	31（36）	17（36）	26（36）	24（36）
中等收入	16（24）	4（24）	5（24）	7（24）	10（24）	18（24）	9（24）
低收入	3（13）	1（13）	0（13）	5（13）	1（13）	11（13）	7（13）

资料来源：根据 *Renewable Global Status Report* 2012 整理，括号内为该报告所报告对应类别国家总数。

具体到政府扶持类型，则可以根据产业发展的阶段与环节进行设计，下面就主要扶持类型进行分析。

1. 政府补贴

政府补贴是动用财政能力给予战略性新兴产业提供发展助推力，补贴作为公共资源的使用，应当注重基础性与谨慎性。政府补助应当对技术研发初期进行重点资助，以降低研发风险与资本成本。而资助水平则取决于项目技术类型、项目位置以及项目的资本现状。而补贴环节则应当向研发初期及终端应用进行倾斜。然而，政府补贴也会产生一些不利于产业整体发展的现象，并有可能降低补贴效率。政府补贴在补贴资金紧缺的好项目的同时也使具有充足资金规模的企业从事过度投资行为，而挤出私人投资，并且可能抑制未受补贴的企业进入市场。

2. 低息贷款与信用担保

受资金总额限制，财政补贴政策主要关注产业链两端，不可能对产业链整体进行资金支持。战略性新兴产业由于面临产业风险带来的融资困难，只能通过社会资本与金融机构等来支持，政府则可以在这个过程中通过国有金融机构提供中长期低息贷款，或者拨付贴息资金给从事战略性新兴产业贷款的商业银行，以此来提高战略性新兴产业的商业运行。低息贷款和政府担保可以有效地降低项目失败所造成的经济损失，但并没有降低项目失败的概率，因而越是优秀的项目，越能从该项政策中获益，从而可以吸引优秀的新能源项目，因而应该成为政府支持产业发展的重点支持方式。

3. 税收优惠政策

除了财政与贴息，税收政策也是影响战略性新兴产业发展的重要因素。税收政策可以分为加速折旧政策和投资税收减免政策。加速折旧政策是在有限时间内加速战略性新兴产业有关基础设备折旧率，以此降低投资的前期有效税率，提高投资的现值，可以鼓励投资者从事战略性新兴产业相关设备的生产与供给。投资税收减免政策是对从事战略性新兴产业相关产品研发实行固定份额的税前扣除，而扣除的大小与装机产能有密切关系。从政策的最终效果看，加速折旧与投资税收减免政策具有一定相似性，都可以在项目初期减小企业的成本风险。与加速折旧不同的是，投资税收减免政策往往发生在项目建成运行之后。

除以上几项政策类型外，还存在政府风险投资基金、抵税流转股票①、政府规制等多种形式。无论哪一种政策扶持方式，其根本性质均是在动用公共资源扶持新能源产业发展。因而，正如本部分开头所强调的，政策扶持的着力点在于产业发展的基础研发以及产业终端的普及应用上，解决产业发展风险导致的融资困境和发展"瓶颈"。

二　中央层面发展战略性新兴产业的有关政策

2010 年 10 月，中国发布了《国务院关于加快培育和发展战略性新兴产业的决定》，拉开了战略性新兴产业政策密集出台的帷幕。该决定提出了将战略性新兴产业作为国家战略的重要意义和发展目标，明确了战略性新兴产业发展的重点方向和主要任务，并指出了国家培育发展战略性新兴产业的扶持政策重点。随后，国家出台了诸多扶持战略性新兴产业的政策措施，涵盖了综合政策、财税政策、金融政策、科技政策等多种政策。国家培养发展战略性新兴产业正值"十二五"开局，为了进一步明确"十二五"战略性新兴产业发展的具体目标、重点领域和主要任务，国家发改委会同科技部、工信部、财政部等多个部门，研究编制了《"十二五"国家战略性新兴产业发展规划》。该规划指出了战略性新兴产业的发展方向，绘制了产业发展路线图，明细了重点发展的七大产业和 24 个领域，并提出进一步促进产业发展的建议与政策。该决定和规划提出了多项政策工具以培育发展战略性新兴产业。

（一）财税政策

作为国家推动经济发展的有力杠杆，在培育发展战略性新兴产业的过程中，财税政策发挥着重要作用。《国务院关于加快培育和发展战略性新兴产业的决定》《"十二五"国家战略性新兴产业发展规划》均提出加大对战略性新兴产业的财税政策扶持力度的政策措施。该规划提出，需要在整合现有政策资源、发挥利用现有资金支持基础上，探索构建稳定保障资金增长机制，通过设立战略性新兴产业发展专项资金，着力支持重大关键技术研发、重大产业创新发展工程、重大创新成果产业化、重大应用示范工程及创新能力建设等。2011 年 7 月，财政部修订并出台了新的《基本建设贷款中央财政贴息资金管理办法》，这项新的政策明确要

---

①　这一政府支持行为是加拿大特有的政策方式，是将特定经济行为（如矿产勘查）的财税鼓励政策（如抵减所得税）"流转"给投资者（股东）的一种政策。

求对相关产业集聚和自主创新能力强的国家高新区将给予进一步贴息支持。

2011 年，国家发改委联合财政部设立了国家层面的战略性新兴产业专项资金，除支持列入国家新兴产业创投计划的创投基金外，还将重点支持涉及战略性新兴产业的骨干企业的重大项目建设。专项资金的实施既支持研发投入及研发新产品的产业化，还支持应用试点示范、首台设备采购、应用开发和服务模式的创新等，以突出财政扶持与市场培育相结合的特点。具体的专项资金支持范围包括：支持区域集聚发展，选择产业发展方向明确、相关配套不完整或需求不足的产业，支持地方政府加强资源统筹配置，引导上、中、下游产业自主跟进，推动创新要素向区域特色产业集聚；支持新兴产业创业投资计划，采取中央财政资金与地方财政资金、社会资金参股，共同发起设立或增资现有创业投资基金等方式，支持处于初创期、早中期的创新型企业发展；支持产学研协同创新，选择受关键技术严重制约，关联性、基础性、公益性强的产业或技术，加强产学研联合攻关、新一代技术储备、专利池集聚等，推动企业与科研院所等构建技术创新联盟；建立涵盖全产业链的开放性技术创新平台，加强重大共性关键技术研发及产业化。作为地方配套，全国至少 24 个省份已经出台地方性的战略性新兴产业专项资金。

《基本建设贷款中央财政贴息资金管理办法》和《国家级经济技术开发区、国家级边境经济合作区基础设施项目贷款中央财政贴息资金管理办法》均明确提出了对于战略性新兴产业集聚和自主创新能力强的国家高新区将给予重点贴息支持。财政贴息是政府为支持特定领域或区域的发展，对企业的银行贷款利息给予的补贴，是政府为促进企业创新所提供的一种较为隐蔽的补贴形式。在财政政策系列出台的同时，税收激励的相关政策也陆续涌现。税收激励鼓励企业增加研究开发投入的税收优惠和鼓励企业采用先进技术设备的税收政策等。由于税收优惠是对国家本应收取的税收收入的一种让渡，根据公共财政的相关定义，这部分豁免的税收也常被称作税式支出。通过税收激励，政府将一部分应收的税款让渡给企业，从而使企业有更多的资金用于科技开发，这实质上是政府增加科技投资的另一渠道。与其他政策工具相比，税收政策具有影响面更广、针对性强、作用效果持续时间长的特点，因此，成为各国普遍采用的促进科技进步与创新的政策措施。《"十二五"国家战略性新兴产业发展规划》提出了结合税制改革方向和税种特征，针对战略性新兴产业特点，国家已经开始加快研究、出台并完善和落实鼓励创新、引导投资和消费的税收支持政策。2011 年 11 月发布的《资源综合利用产品的增值税优惠政策的调整方案》大幅扩大了增值税优惠行业的范围，增加了十余类增值税减免行业，其中也涉及战略性新兴产业的相关行业。

（二）金融政策

金融市场向来都是支持生产力发展和技术创新的不可或缺的力量。20 世纪兴起的产业如资本密集的电力产业和汽车制造业都是靠在金融市场上集资才发展起来的。对于战略性新兴产业来说，完善的金融政策对其发展同样至关重要。

《"十二五"国家战略性新兴产业发展规划》在战略性新兴产业的金融政策方面提出了多种促进企业创新的政策措施。如加强金融政策和财政政策的结合，运用风险补偿等措施，鼓励金融机构加大对战略性新兴产业的信贷支持。发展多层次资本市场，拓宽多元化直接融资渠道。大力发展债券市场，扩大公司债、企业债、短期融资券、中期票据、中小企业集合票据等发行规模。进一步完善创业板市场制度，支持符合条件的企业上市融资。推进场外证券交易市场建设，满足处于不同发展阶段创业企业的需求。完善不同层次市场之间的转板机制，逐步实现各层次市场有机衔接。扶持发展创业投资企业，发挥政府新兴产业创业投资资金的引导作用，扩大资金规模，推动设立战略性新兴产业创业投资引导基金，充分运用市场机制，带动社会资金投向处于创业早中期战略性新兴产业创新型企业。健全投融资担保体系，引导民营企业和民间资本投资战略性新兴产业。2011 年 8 月，财政部、国家发改委发布了《新兴产业创投计划参股创业投资基金管理暂行办法》。其中明确指出，中央财政资金可通过直接投资创业企业、参股创业投资基金等方式，培育和促进新兴产业发展。同时指出，参股基金管理遵循"政府引导、规范管理、市场运作、鼓励创新"的原则，其发起设立或增资、投资管理、业绩奖励等按照市场化方式独立运作，自主经营，自负盈亏。

政府创业投资引导基金，国际上称为母基金，2008 年由国家发改委、财政部和商务部正式提出，是指由政府出资，并吸引有关地方政府、金融、投资机构和社会资本，不以营利为目的，以股权或债权等方式投资于创业风险投资机构或新设创业风险投资基金，以支持创业企业发展的专项资金。创业投资引导基金的主要运作方式是政府财政拿出少量资金，引导社会各种资金共同组建创业投资基金，在运营过程中，引导基金本身不直接从事创业投资业务，而是由专业管理团队管理。

（三）政府采购政策：需求侧激励

政府对企业创新的推动可以通过"需求侧"激励，政府采购正是"需求侧"激励的重要政策工具。战略性新兴产业的政府采购实质是培育战略性新兴产业的市场需求，通过将需要支持的战略性新兴产业的产品列入政府优先采购商品，形成了对该战略性新兴产品的市场需求。由于战略性新兴产业运用的新技术、生产出的新产品在推出市场时往往面临巨大的市场风险。这是因为，一方面供给方不可能完全了解和掌握需求方的各种需求信息，另一方面需求方接受供给方推出的新技术产品需要一个适应的过程。通过政府采购，政府机构的需求信息给了供给方一定的市场调研参考，并用政府信用增加了供给方的信用，使需求方增加对供给方产品的信心。政府采购保证了一定的市场需求，从而大大降低了企业的市场风险，这一特点对于培育和扶持中小型高科技企业具有重要意义。从目前发布的国家层面政策来看，战略性新兴产业的政府采购政策还较为缺乏。从《国务院关于加快培育和发展战略性新兴产业的决定》和《"十二五"国家战略性新兴产业发展规划》的政策内容来看，政府采购政策只是在个别产业的政策措施中散落显现，并没有单独的系统描述。国家层面的政府采购政策也没有出台专项的政策文件。此外，在中欧关于光伏产业反倾销反补贴协商完成后，关于光伏配额政策随即出台，对于产业的发展是及时地补充能量。

（四）科技政策

科技政策是一国的创新政策的重要组成部分，是国家确定的科技事业发展方向、指导整个科技事业的战略和策略原则。在扶持战略性新兴产业发展的科技政策方面，《国务院关于加快培育和发展战略性新兴产业的决定》和《"十二五"国家战略性新兴产业发展规划》在实施重大创新工程、加强产学研的合作研发、建立产学研用紧密联系的创新联盟、建立国际化的创新平台、加强知识产权体系和技术标准的建设等方面做了政策部署。2012年4月发布的《关于加强战略性新兴产业知识产权工作若干意见的通知》对战略性新兴产业的知识产权工作提出了诸多目标和措施。《战略性新兴产业关键共性技术推进重点（第一批）》和《战略性新兴产业（产品）推进重点（第一批）》为战略性新兴企业指出了技术发展和产品生产的重点方向，这些重点方向也将会是国家下一步重点扶持的方向和领域。2013年1月6日，国务院下发《生物产业发展规划》，明确到2020年，把生物产业发展成为国民经济支柱产业等目标。2013年3月7日，国家发改委网站公布了《战略性新兴产业重点产品和服务指导目录》，涉及七个战略性新兴产业、24个重点发展方向下的125个子方向，共3100余项细分的产品和服务。这对于更好地指导各部门、各地区开展培育发展战略性新兴产业工作具有重要意义。2013年2月《"十二五"国家自主创新能力建设规划》已经国务院批准印发，这是中国第一部关于自主创新能力建设方面的规划，对贯彻落实国家创新驱动发展战略具有重要意义。

（五）其他政策

战略性新兴产业的其他扶持政策还包括人才政策、国际化政策和准入政策等。这些政策在《国务院关于加快培育和发展战略性新兴产业的决定》和《"十二五"国家战略性新兴产业发展规划》的内容中均有体现。可以说人才政策、国际化政策和准入政策对于促进战略性新兴产业的创新同样具有非常重要的作用。如《关于印发〈鼓励和引导民营企业发展战略性新兴产业的实施意见〉的通知》提出了国家战略性新兴产业的专项资金将会平等对待国有资本和民营资本，并且鼓励民营资本进入战略性新兴产业各个领域，鼓励民营资本设立创业投资基金。《关于促进战略性新兴产业国际化发展的指导意见》提出了战略性新兴产业的国际化政策，其中，提高战略性新兴产业研发、制造、营销等各环节的国际化发展水平是战略性新兴产业国际化发展的重要目标。

（六）战略性新兴产业七大领域的政策差异

在出台整体规划、政策的同时，相关具体的专业规划也随着相关产业的发展而系列推出。表1-2梳理了七大战略性新兴产业出台的各项具体政策。从各个产业的总体规划中可以看出，每个产业的创新政策都遵循了《"十二五"国家战略性新兴产业发展规划》中提出的各项政策要点，如鼓励创新的财政投入政策、税收优惠政策、投融资政策、采购政策、知识产权保护政策以及保障创新的环境政策。可以看出，七大战略性新兴产业的创新政策制定、出台的进度和政策的侧重点是不同的。

表1-2　七大战略性新兴产业政策梳理

政策类型	节能环保产业	新一代信息技术产业	生物产业	高端装备制造业	新能源产业	新材料产业	新能源汽车产业
总体规划	《"十二五"节能环保产业发展规划》	—	《生物产业发展规划》	《高端装备制造业"十二五"发展规划》	—	《新材料产业"十二五"发展规划》	《节能与新能源汽车产业发展规划（2012—2020年）》
子产业规划	《环保装备"十二五"发展规划》	《物联网"十二五"发展规划》	—	《海洋工程装备制造业中长期发展规划》	《太阳能发电发展"十二五"规划》	—	—
	《大宗工业固体废物综合利用"十二五"规划》	《软件和信息技术服务业"十二五"发展规划》	—	《"十二五"国家战略性智能制造装备新兴产业发展规划》	《太阳能光伏产业"十二五"发展规划》	—	—
	—	《集成电路产业"十二五"发展规划》	—	《轨道交通装备业"十二五"发展规划》	—	—	—
	—	《电子认证服务业"十二五"发展规划》	—	—	—	—	—
	—	《电子信息制造业"十二五"发展规划》	—	—	—	—	—

续表

政策类型		节能环保产业	新一代信息技术产业	生物产业	高端装备制造业	新能源产业	新材料产业	新能源汽车产业
专项规划		《半导体照明科技发展"十二五"专项规划》	《导航与位置服务科技发展"十二五"专项规划》	《发育与生殖研究国家重大科学研究计划"十二五"专项规划》	《智能制造科技发展"十二五"专项规划》	《智能电网重大科技产业化工程"十二五"专项规划》	《高性能膜材料科技发展"十二五"专项规划》	《电动汽车科技发展"十二五"专项规划》
		《蓝天科技工程"十二五"专项规划》	《中国云科技发展"十二五"专项规划》	《蛋白质研究国家重大科学研究计划"十二五"专项规划》	《高速列车科技发展"十二五"专项规划》	《太阳能发电科技发展"十二五"专项规划》	《高品质特殊钢科技发展"十二五"专项规划》	—
		《海水淡化科技发展"十二五"专项规划》	《国家宽带网络科技发展"十二五"专项规划》	《干细胞研究国家重大科学研究计划"十二五"专项规划》	《服务机器人科技发展"十二五"专项规划》	《风力发电科技发展"十二五"专项规划》	《纳米研究国家重大科学研究计划"十二五"专项规划》	—
		《废物资源化科技工程十二五专项规划》	《新型显示科技发展"十二五"专项规划》	《"十二五"现代生物制造科技发展专项规划》	《绿色制造科技发展"十二五"专项规划》	—	《量子调控研究国家重大科学研究计划"十二五"专项规划》	—
		《洁净煤技术科技发展"十二五"专项规划》	—					
		《"十二五"绿色建筑科技发展专项规划》						

续表

政策类型		节能环保产业	新一代信息技术产业	生物产业	高端装备制造业	新能源产业	新材料产业	新能源汽车产业
综合政策		—	《关于进一步鼓励软件产业和集成电路产业发展若干政策的通知》	《促进生物产业加快发展的若干政策》	—	《可再生能源法》	—	—
财税政策		《废弃电器电子产品处理基金征收使用管理办法》	《关于集成电路产业研究与开发专项资金申报事项的通知》	—	《关于通用航空发展专项资金管理暂行办法的通知》	《可再生能源电价附加补助资金管理暂行办法》	《稀土产业调整升级专项资金管理办法》	《关于调整节能汽车推广补贴政策的通知》
		《交通运输节能减排专项资金申请指南（2012年度）》	《物联网发展专项资金管理暂行办法》	—	—	《可再生能源发展基金征收使用管理暂行办法》	—	《节能与新能源汽车示范推广财政补助资金管理暂行办法》
		《"十二五"中央农村环境保护专项资金》	《进一步鼓励软件产业和集成电路产业发展企业所得税政策的通知》	—	—	《风力发电设备产业化专项资金管理暂行办法》	—	《节约能源使用新能源汽车船税减免车船税车型目录》
		—	《关于软件产品增值税政策的通知》	—	—	《太阳能光电建筑应用财政补助资金管理暂行办法》	—	《私人购买新能源汽车试点财政补助资金管理暂行办法》
		—	—	—	—	《关于做好2012年金太阳示范工作的通知》	—	《"节能产品惠民工程"节能汽车推广目录》

续表

政策类型		节能环保产业	新一代信息技术产业	生物产业	高端装备制造业	新能源产业	新材料产业	新能源汽车产业
科技政策		《铬盐等5个行业清洁生产技术推行方案的通知》	《"新一代宽带无线移动通信网"国家科技重大专项》	《2012年度国家高技术研究发展计划（863计划）生物和医药技术领域备选项目》	《智能制造装备发展专项》	《关于加快推进太阳能光电建筑应用的实施意见》	《国家高技术研究发展计划（"863"计划）新材料技术领域"先进激光材料及全固态激光技术"主题项目申请指南》	《关于组织开展新能源汽车产业技术创新工程的通知》
		《工业领域节能减排电子信息应用技术导向目录》	《2012年下一代互联网技术研发、产业化和规模商用专项》	《生物育种能力建设与产业化专项》	《卫星及应用产业发展专项》	《关于印发可再生能源建筑应用城市示范实施方案的通知》	—	《汽车产业技术进步和技术改造投资方向（2010年）》
		《2012年中欧中小企业节能减排科研合作资金项目申报》	—	—	《重大技术装备自主创新指导目录》	—	—	《纯电动乘用车技术条件》
		—	—	—	《高技术船舶科研计划2012年度指南》	—	—	《甲醇汽车试点技术数据采集管理办法》
		—	—	—	《海洋工程装备科研项目指南（2012年）》	—	—	—

续表

政策类型	节能环保产业	新一代信息技术产业	生物产业	高端装备制造业	新能源产业	新材料产业	新能源汽车产业
准入政策	《废钢铁加工行业准入公告管理暂行办法》	—	—	—	—	《多晶硅行业准入条件》	《新能源汽车生产企业及产品准入管理规则》
准入政策	《轮胎翻新和废胎综合利用行业准入条件》	—	—	—	—	《岩棉行业准入条件》	《铅蓄电池行业公告管理暂行办法》
人才政策	—	—	《国家中长期生物技术人才发展规划（2010—2020年）》	—	—	《国家中长期新材料人才发展规划（2010—2020年）》	—

资料来源：姜晓婧：《战略性新兴产业创新政策的差异化研究：基于企业类型的视角》，博士学位论文，东北财经大学，2013年。

三　地方层面发展战略性新兴产业的有关政策

(一) 组织制度保障政策

战略性新兴产业处于起步阶段，除需要规划、资金等政策外，组织与制度保障也是产业发展的重要保证。为此，各地通过各种形式建立了战略性新兴产业组织机构，通过协会、联盟等各种形式推动战略性新兴产业发展。

其一，产业发展领导小组或联席工作会议制度。省级如辽宁、江苏、甘肃、新疆、湖北、浙江、内蒙古等地区，市级如太原、济南、西安、杭州、南京、苏州、无锡等地都建立了战略性新兴产业发展领导小组或联席工作会议制度，总揽地区战略性新兴产业发展大局，协调产业发展过程中出现的机构冲突、利益矛盾等问题。

其二，设立专家咨询委员会制度。在深圳、济南、苏州等地区通过设立战略性新兴产业专家委员会制度，包括财经学者、技术专家等产业相关人员的咨询机构，来协助解决产业发展中面临的突出的共性问题。

其三，成立战略性新兴产业联盟。浙江、新疆、湖北、黑龙江、深圳、南京、青岛、厦门、杭州、南京等省市通过建立产业联盟制度，通过联合体的综合力量积极参与产业发展的政策研究、法规制定、规划编写、标准制定、技术和产品推广等。

其四，建立战略性新兴产业招商平台。战略性新兴产业虽然产业领域有所不同，但其技术先进性、高风险特征使其具有很多相似的特性，在招商引资方面具有一定的共性，在长春、杭州、重庆等地这一类招商平台已经建立，整合各项资源，资源共享，可以最大限度地促进产业整体发展。

(二) 财政、金融等融资激励政策

战略性新兴产业的产业属性决定其在发展初期面临资金困难问题较为突出，需要大规模资金注入，为此，中国大部分地区通过专项资金、引导基金等多种方式引导战略性新兴产业发展。

其一，设立战略性新兴产业发展专项资金与企业创投引导基金政策。在国家层面推行专项资金政策，包括江苏、辽宁、甘肃、四川、湖南、湖北、江西、贵州等在内的24个省份出台了战略性新兴产业专项资金政策。同时，太原、深圳、济南、南京、苏州等城市也出台了战略性新兴产业专项资金政策。

其二，健全对战略性新兴产业针对性信贷体系。战略性新兴产业发展具有较大的未知性，也具有较高的风险，但其同时具有其他产业所不具备的发展前途及潜在的深远影响。为此，有关地区通过搭建产业和金融机构顺利沟通的桥梁，降低产业发展的信息不对称性。如今，包括黑龙江、辽宁、甘肃、湖南、湖北、浙江、江西、江苏、长春、西安、深圳、成都、宁波在内的多地区已经针对战略性新兴产业建立了针对性信贷体系。

其三，完善企业信用评价、担保、科技保险等体系，进一步解决战略性新兴产业融资困难问题。辽宁、甘肃、天津、湖南、湖北、江西、安徽、江苏、浙江、太原、西安、深圳、济南、苏州等省市均已出台健全相关信用担保、保险等体系的有关政策。

其四，完善知识产权、股权质押等贷款政策，推出风险投资补偿机制。这一政策以黑龙江、湖南、湖北、贵州、江西、安徽、太原、深圳、无锡等省市为典型代表。

（三）科技创新政策

科技创新是战略性新兴产业赖以生存的最根本特征，为了支持战略性新兴产业的科技创新，多数省市通过设立科技创新平台、实施重大新兴产业科技专项、构建科技中介服务体系等来保障战略性新兴产业发展的科技创新。

其一，实施战略性新兴产业重大科技专项政策。这一政策主要在甘肃、湖南、安徽、云南、浙江、武汉、济南、广州、深圳等省市。

其二，推出科技创新平台（公共技术服务平台、公共测试服务平台、综合信息服务平台、产品认证中心等）政策。公共科技创新平台是协调区域甚至国内外产业内相关企业共享信息、共同攻关重大科技问题，以求推动战略性新兴产业联合体的共同发展壮大。迄今为止，江苏、浙江、湖南、江西、安徽、济南、南京、厦门、甘肃、成都、石家庄、杭州、宁波、苏州等多省市已经出台促进科技创新平台建设的相关政策。

（四）人才政策

战略性新兴产业的核心是科技创新，但其最终依靠力量是人才。人才政策不仅存在于战略性新兴产业中，在传统产业中，人才政策也普遍存在。这些人才政策包括引进高端人才、行业技术人员培养、管理者培训、人才激励等方面。为了确保人才供给充足，大多数省份或城市均设立"三站一中心"，支持院校、科研机构设立战略性新兴产业学科及专业，制订人才引进计划，开展校企合作，加强人才管理。

表1-3　　　　　　　　各地人才保障的政策措施

政策措施	实施地区
对战略性新兴产业创新人才予以资助	深圳、四川、江苏、宁波
建立专业人才库和专家库	深圳、济南、湖南、太原
"三站一中心"（企业研究生工作站、企业博士工作站、企业院士工作站和企业技术中心）	黑龙江、太原、济南、青岛、西安、内蒙古、新疆、湖北、湖南、安徽、浙江、江苏、广州、深圳、南京、宁波、上海、贵州
支持院校、科研机构设立战略性新兴产业学科、专业	北京、天津、上海、重庆、黑龙江、吉林、辽宁、陕西、甘肃、太原、山东、江苏、南京、江西、浙江、宁波、安徽、石家庄、四川、湖北、湖南、厦门、广州、深圳、云南、新疆
高端人才、海外学子、高端智力柔性引进等计划	北京、天津、黑龙江、辽宁、济南、西安、内蒙古、四川、湖北、浙江、深圳、江西、杭州、宁波、南京、江苏、苏州、云南
校企合作培养专业人员（产学研）	北京、上海、黑龙江、太原、济南、西安、内蒙古、湖南、安徽、江苏、深圳、上海、厦门、甘肃、新疆、贵州、浙江、杭州、宁波、苏州、南京
人才培养（实训）基地	黑龙江、浙江、江苏
科技创新人才与现代经营管理专家高端嫁接	湖南
企业家培训	甘肃、江西、江苏
技术参股、知识产权入股	贵州、浙江、湖南

　　资料来源：大连市经济和信息化委员会、大连新兴产业规划研究院：《大连市战略性新兴产业"十二五"发展研究报告》。

第二节　产业扶持政策实施的主要问题

　　2010 年，中国发布了《国务院关于加快培育和发展战略性新兴产业的决定》（国发〔2010〕32 号），标志着中国正式实施战略性新兴产业这一重大部署。意图从根本上转变中国现阶段技术落后的局面，把握住新兴市场这一机遇，实现"弯道超越"的目标。战略性新兴产业是知识技术密集、物质资源消耗少、成长潜力大、综合效益好的产业。目前，中国战略性新兴产业正处于发展的初期阶段，产业快速发展所需要的外部环境尚不完善，完全依靠市场机制和企业自身的力量难以实现快速成长。为此，国家和地方制定和出台了相关的产业政策来对战略性新兴产业加以引导和支持。在扶持政策方面，各省加大财税金融等政策扶持力度，引导和鼓励社会资金投入；设立战略性新兴产业发展专项资金，建立稳定的财政投入增长机制；制定完善促进战略性新兴产业发展的税收支持政策；鼓励金融机构加大信贷支持，发挥多层次资本市场的融资功能；大力发展创业投资和股权投资基金。① 同时，完善创新政策体系，深化科技体制改革，提升科技创新能力，支持研发型企业快速成长，加快重大源头创新成果产业化，加速培育创新型产业集群。②

　　总体而言，当前的战略性新兴产业政策较为明显地延续了传统的产业政策工具。有些产业，如光伏和风电，面临着产能过剩的问题，原因在于中国还是采用发展传统产业的模式来发展新兴产业。目前，已出台的培育发展战略性新兴产业的政策，也只是主要集中在财税金融政策、技术创新和人力资源政策以及营造市场环境等方面。从这些产业政策的实践来看，实际发挥功效的政策仍然是以财税金融政策为主，而针对战略性新兴产业发展中面临着的突出问题则应对不足。

　　一　企业创新力不足，鼓励创新的相关政策仍然缺乏

　　部分产业的产能过剩很大程度上说明企业创新与政府推动之间存在偏差，政策针对性较差。要解决这一问题，一是要从根本上加强企业自主创新能力，鼓励企业进行研发创新，走出企业"不创新等死，一创新就死"的死角（钟清流，2010）。④ 二是促进创新的政策环境以及体制机制问题。中国战略性新兴产业发展目前面临着如何强化创新力，拓展市场应用，做稳、做强、做大的问题。政府要为企业营造更宽松的自主创新发展环境和文化氛围，进一步强化鼓励创新的政策力度、配套性和针对

---

① 　http：//money. 16（三）com/10/0908/17/6G2VVH3900252G50. html.

② 　http：//www. sznews. com/news/content/2013 - 09/18/content_ 8538576_ 3. htm.

性（王东升，2013）。① 在政策层面，尽管国家出台了大量扶持政策、进行财政支持以推进企业自主创新，但却无法有效激活企业创新积极性。由于新兴产业研发活动本身所具有的高投入、高风险，所以，多数企业的投资取向更热衷于扩大生产规模（钟清流，2010），对创新研发投入却非常吝啬，企业缺乏有利于其创新动力的利益导向环境。

二　产业发展同质建设，产业层次低，差异化政策还不完善

中国各地重点发展的战略性新兴产业相似度高，产业布局雷同，部分战略性新兴产业存在产业过度投资和重复建设的问题。大量的资源被用于技术门槛相对低下的产能扩张环节，而没有被用于本该发挥作用的产业链环节（吕铁，2013）。战略性新兴产业发展的实质仍沿用了传统产业政府主导、规模扩张的模式，企业盲目扩大规模，新兴产业产能过剩，创新成效并不理想（贺石昊，2013）。各级政府扶持新兴产业所投入的大量资源和资金往往流入后端制造环节，甚至直接购买国外的生产线，很多产业名为战略性新兴产业，实则处于高新技术产业的低附加值端。总体来说，各地政府虽然重视战略性新兴产业发展，但存在着比较严重的重复建设现象（朱瑞博，2011）。因此，中国战略性新兴产业若要健康发展，唯有坚持研发优先，高举创新驱动而非投资驱动的大旗。应该把是否"掌握核心技术和自主知识产权"作为能否成为本地新兴产业的政策标准（王昌林，2010）。如何在政绩层面把这一指标量化值得进一步思考。

三　政策过度干预，政策依赖渐渐浮现

从中国公共政策实践看，很多政策边界模糊，政府与市场的作用没有理清，很多地方错将扶持引导当作主导发展，忽视了市场资源配置的决定性作用。中央政府往往采用结构性政策鼓励企业发展，导致企业盲目扩充，低水平制造，对创新并没有实质性的贡献。另外，政府不断突破底线，为企业兜底，市场机制应有的"优胜劣汰"受到严重阻碍（贺石昊，2013）。王斌（2011）认为，政策扶持应该"尊重"市场，政府的政策体系只能是作用于弥补"市场失灵"的领域和环节，与市场机制相比，居于次要地位。财政资金只有借助于市场机制，才能发挥种子资金的作用，实现事半功倍的成效，也才能从根本上解决一些社会现象的存

---

① http://www.cet.com.cn/ycpd/sdyd/942466.shtml.

在。由于高科技发展的不确定性，由政府主导产业科技发展方向的做法并不可取，我们应当坚持政府引导和市场推动相结合的发展模式（万军，2010）。同时，地区之间发展战略性新兴产业缺乏协调机制，地区间缺乏协助，缺乏整体布局计划。政府与企业之间缺乏沟通，政策供给与企业需求之间对接不够紧密，产生政策实施有偏差现象，甚至带来政策依赖问题。在政策实施方面，由于政策缺乏后期绩效评价，很多政策缺乏明确的责任主体和实施主体，难以推动政策的落实。再者，由于政府部门条块分割，有效协调与决策机制不足，既难以满足政策及时调整的需要，更难以对政策进行调整优化（吕铁，2013）。[1] 在政策层面，我们应该排除多头管理、交叉管理和无人管理现象。加快制定战略性新兴产业规划，避免产能过剩、恶性竞争，完善新兴产业政策机制，引导产业技术创新和升级（陈文锋，2010）。过度的政策支持，已经偏离产业发展的正常轨迹，扭曲市场机制，产业发展对政策的依赖更加明显。

四 产业政策存在结构性缺陷

对于产业发展而言，不同阶段对应的政策需求并不一致，对于发展初期的战略性新兴产业而言，政府欲通过扩大供给创造需求，支持政策集中在研发和投资等供给，而市场的启动、优惠价格等需求政策还未跟上，但这些政策又可能导致产能积压的风险。同时，政策供给还需关注宏观经济周期的影响，如"国内光伏市场并未开启，企业通过海外市场消化产能，但经济萎靡导致海外需求收缩以及国际贸易保护主义抬头，上百家光伏企业将走上倒闭或被收购的道路"（贺石昊，2013）。[2] 吕铁（2013）认为，"产业政策的重构，必须摆脱传统产业的政策思维，针对战略性新兴产业的产业政策必须有利于持续的技术学习和持久的资金投入，通过优化投资结构和提高投资效率以提高创新的可能性，着力推动实现有利于战略性新兴产业健康发展制度环境的生成"。对于创新环节，国家应加大对前沿性、关键性、基础性和共性基础研究的支持力度，把政府创新政策的着力点聚焦到研发前端和推广应用上来，充分利用好财政税收金融、政府采购政策，强化对产业发展的引导，进一步创新体制

---

① http：//www.gkong.com/item/news/2013/09/75699.html。

② http：//www.cet.com.cn/ycpd/sdyd/926298.shtml。

机制，创造良好的投融资环境。①

　　为了进一步促进战略性新兴产业发展，应当继续加大资金投入，促进创新发展。更多针对战略性新兴产业的税收优惠政策，涵盖流转税、所得税、消费税、营业税等各个税种和环节应当进一步完善，使在研发环节给予相关企业配套税收优惠政策成为可能。同时，对产业发展的政策支持应当更加向研发与需求侧倾斜。对于政府来说，政府调控的当务之急是构建公平竞争、优胜劣汰、规范有序的市场经济秩序和健全的法制环境，打破垄断，打击投机，惩治腐败，完善知识产权保护，尊重知识。以相应的政策改变利益导向的预期，只有这样，才能从根本上扫除产业发展环境障碍（钟清流，2010）。② 同时，我们应当构建一批具有世界先进水平的创新平台。推动内资企业提高自主创新能力，强化产学研结合，加快推动研发技术产业化，为中国战略性新兴产业发展做出贡献。

---

① 　http://finance. qq. com/a/20100309/000313. htm.
② 　钟清流：《战略性新兴产业发展思路探讨》，《中国科技论坛》2010 年第 11 期。

第二章　战略性新兴产业扶持政策与政策依赖[*]

战略性新兴产业发展受到各级政府的扶持，扶持过程中处处存在政府的影响。本章以战略性新兴产业为研究对象，以赫克曼两步选择模型为基础，分析地方政府补贴选择以及补贴实施机制，并考察其区域效应、省际效应及具体地区经济特征的影响。本章研究表明，地方政府行为具有多样性，其具有显著的扶持弱者行为取向，这是政策依赖的重要因素，这一影响机制受地区经济发展因素的影响，存在显著的区域差异。研究表明，地方政府补贴行为具有较强的所有制类型偏好，中央企业受到补贴的概率、补贴数量及补贴程度显著低于其他所有制，其中蕴含着地方政府与中央企业之间的诸多问题。

第一节　战略性新兴产业发展与政策扶持依赖

自战略性新兴产业发展战略提出之后，各级地方政府积极行动，筹划资金投入，完善扶持机制与政策。2010 年年末，战略性新兴产业增加值已占 GDP 的 4%，根据国务院《"十二五"国家战略性新兴产业发展规划》，这一比重在 2020 年将达到 15%。然而，在推进战略性新兴产业发展过程中却出现了发展质量不高、产能过剩严重、低水平重复建设、市场化程度弱化等一系列问题。如光伏产业，2011 年，中国光伏组件的产能占到全球实际生产量的 70% 以上，而其中 60% 是输往欧洲市场，出口的金额超过 200 亿美元。2012 年，中国光伏行业遭遇滑铁卢，此时无论是尚德还是赛维 LDK，传统巨头纷纷面临绝境，地方政府（无锡和新余

---

[*]　本章部分内容摘自课题组成员韩超《战略性新兴产业政策依赖性探析——来自地方政府补贴视角的实证检验》，《经济理论与经济管理》2014 年第 11 期。

等市）再次施以援手，但产业发展仍没有见底。从某种意义上讲，以光伏产业为代表的战略性新兴产业的发展困境，既有行业大环境的原因，主因是国际金融危机之后，欧洲地方政府削减了财政补贴，导致其需求增长下降，市场萎缩；也是体制性约束下政策扶持与企业行为共同作用下的均衡结果。在假定其他条件不变时，政策扶持将激励市场主体立足实际，调研市场供求，从事创新活动，进而推动产业的技术升级与结构调整，政策扶持应当是对企业自主经营的有力补充。然而，中国战略性新兴产业发展轨迹的现实倒逼我们深思扶持政策在产业发展中的作用机制及其背后的体制性约束。本章则是对战略性新兴产业发展所暴露问题进行回答，以利于政策扶持优化，推动产业发展。

战略性新兴产业是在国家战略统一规划下推进的，其发展过程离不开政府，具有独特的政策扶持背景。发展战略性新兴产业是由政府推动的国家战略，政府将实施扶持政策视为其"当然"权力，而当产业出现问题时，政府则认为，扶持政策不力，其结果是进一步加大政策扶持力度；而战略性新兴产业及相应企业则乐见政府扶持政策的推出，将扶持政策视为政府对企业应尽的"天然"义务，而当出现问题时则会继续求助于扶持政策，产生了扶持政策制造扶持政策的循环过程，而这是政府与产业双向选择的结果，也是政策扶持依赖的基本逻辑。虽然这一基本逻辑并不完全，它忽视了扶持政策推动产业继续繁荣的可能，简化了政策传递过程。但却可以从一个侧面观察到，扶持政策的良好作用并不是天然的，不仅与政策工具类型的选择有关，还与其传导机制有着不能割裂的关系，因而需要摒弃"扶持—发展—繁荣"的对称、线性的产业政策扶持思维模式，探究政策扶持的作用机制。

战略性新兴产业，由于提出的时间较短，大部分学者的研究目前主要集中在产业选择、形态、特征以及发展的政策建议上（周红英等，2011；李晓华、吕铁，2010；贺正楚、吴艳，2011）。有学者认为，战略性新兴产业甄选应具有全局性、先导性、前瞻性、长远性、辐射性和适应性（王新新，2011）。还有学者认为，"具备很强的带动效应和渗透力、增长潜力大、综合效益好、符合现代生产标准、增长速度较快且具有一定的可持续性"应当是战略性新兴产业必然承载的任务（李金华，2011）。对于战略新兴产业的成长模式，喻登科等（2012）分析了战略性新兴产业集群以价值链、知识链和物联网为媒介的三种协同发展路径，进而提出了产业集群协同发展的单核、多核和星形模式。肖兴志等（2010）归纳了战略性新兴产业三种可能的成长模式：一是完全依靠市场机制；二是完全依据国家政策；三是在遵循市场规律的同时，由政府进行干预来弥补市场失灵。在此基础上，笔者认为，第三种模式最符合我国战略性新兴产业发展的实际。在产业发展实践中，战略性新兴产业却离不开包括资源禀赋、技术支撑、市场需求、产业链延伸、空间布局、要素分配、体制机制和政策支持等条件的支持（陈清泰，2010；乔晓楠等，2011），其中，政策支持是战略性新兴产业发展初期尤为重要的部分。肖兴志（2011）对政策支持中遇到的问题，从传统产业发展、要素分配等方面进行了思考，认为支持战略性新兴产业可能使传统产业受到忽视，并带来知识、资本、劳动力等要素的结构失衡。不过，可惜的是，以上关于战略性新兴产业的研究仍然没有对政策运行中的影响因素进行系统分析，也没有就政策执行过程中出现的问题进行思考。

　　国外虽然实行完全市场经济体制，但是，对仅有少量文献就产能过剩与过度投资等进行分析（Anderson，2005；Gullapalli and Anand，2006；Harmelinka，Voogta and Cremerb，2006），没有发现将制度特征纳入政策扶持分析的文献。国内直接进行战略性新兴产业政策扶持的研究比较鲜见，但仍有一些文献间接地依托传统产业探究政策的实施效果及运行机制（如有关传统产业产能过剩的分析）。在这些文献中，大部分将产能过剩归咎于行业投资过度、有效产品供给不足和当期消费乏力、进入退出间结构性壁垒巨大差异等非制度因素（梁金修，2006；周其仁，2006；王立国、王晓姝，2012）。何彬（2008）认为，微观行为主体的窖藏行为是导致产能过剩的重要原因，所以，窖藏行为所导致的产能过剩会呈现一定波动特征。王小鲁（2009）将过剩归咎于中国的经济增长问题。他认为，从整体供求关系看，目前中国经济虽然回升了，但相对于正常时期的增长仍然偏低，需求增长还没有坚实的基础，在这种情况下，产能扩张较快就会形成过剩产能。曹建海（2009）认为，政府人为制造的特殊需求不可能持久，可能带来极大的产能过剩。同时，国内已有部分文献将传统产业产能过剩与政府、体制等因素联系到一起（谢国忠，2005；江飞涛等，2007；江飞涛等，2012），这些文献大多指出，造成产能过剩的重要因素是资本的行政配置，与制度安排、体制运行机制存在密不可分的关系，但仍缺乏就"政策扶持悖论"进行集中、系统的分析，难以形成可行性的指导建议。

第二节　基于政府补贴政策的依赖影响探析

一　政府补贴影响模型设定思考

传统进行政府政策决策的模型主要基于普通 OLS 回归模型，但这一实证策略会把尚未获得政策支持的样本排除在外，使研究的样本成为自我选择样本，而非随机样本，由此会产生样本选择性偏误问题，带来有偏的估计结果（Coe and Hoffmaister，1999；盛丹，2013）。赫克曼选择模型可以为这一问题提供良好的解决方案。本章应用赫克曼选择模型将战略性新兴产业政策补贴决策分成两个阶段研究，其中，第一阶段是政府补贴选择决定模型，第二阶段是补贴实施模型。具体可以概括为以下模型：

$$sudy_i = ZB_1 + \varepsilon_{it}, \ i = 1, \ 2, \ \cdots, \ n_2, \ \text{如果补贴} \ sudy_i \geqslant 0 \qquad (\text{I})$$
$$sudy_i^* = XB_2 + \varepsilon_{2i}, \ i = 1, \ 2, \ \cdots, \ n_2 \qquad\qquad (\text{II})$$

方程（I）表示对受到补贴企业样本进行的补贴实施模型，方程（II）表示对所有样本企业进行补贴决定模型检验。Z、X 分别代表影响因素集。方程（I）是一个基于 OLS 的线性回归模型，方程（II）是一个 Probit 概率模型。只有当 $sudy_i \geqslant 0$ 时，方程（I）才能出现。因此有：

$$E(\varepsilon_{1i} \mid sudy_i \geqslant 0) = E(\varepsilon_{1i} \mid \varepsilon_{2i} \geqslant -X_i B_2)$$
$$E(sudy_i \mid X_i, \ sudy_i \geqslant 0) = X_i B_1 + E(\varepsilon_{1i} \mid \varepsilon_{2i} \geqslant X_i B_2)$$

根据赫克曼假设，ε_{1i} 和 ε_{2i} 的标准差分别为 σ_1、σ_2，且两者相关系数为 ρ，引入逆米尔斯比 λ_i，且定义其为：$\lambda_i = \dfrac{\varphi(XB_2/\sigma_2)}{\Phi(XB_2/\sigma_2)}$，其中，$\varphi(\cdot)$ 表示标准正态分布概率密度函数，Φ 表示分布函数。代入以上期望方程有：$E(sudy_i \mid X, \ sudy_i \geqslant 0) = XB_1 + \rho\sigma_1\lambda_i$，改写可以得到：

$$sudy_i = XB_1 + \rho\sigma_1\lambda_i + \mu_i。\qquad\qquad (\text{III})$$

方程（III）才是估计系数 B_1 的无偏有效估计。如果只对方程（I）进行估计，只要 λ_i 不等于 0，那么补贴收入 $sudy_i$ 与 ε_{2i} 存在相关关系，估计结果就是有偏的。由此可以发现，若要获得方程（I）的有效估计结果，需要将方程（II）与方程（I）进行联合估计。根据赫克曼选择模型可以对全部样本使用方程（Ⅱ）进行 Probit 模型估计，利用估计的结果获得逆米尔斯比 λ_i。然后代入方程（Ⅲ）估计系数 B_1。实际分析时，除分析补贴绝对量的影响因素外，本章还将尝试分析政府补贴率决策及实施机制，因此，方程（Ⅰ）和方程（Ⅲ）的被解释变量还将被补贴率 sudylv$_i$ 代替。此外，根据赫克曼选择模型，方程（Ⅱ）中影响因素集 X 至少要比方程（Ⅰ）影响因素集 Z 多一个变量，后文具体分析中将给出详细的说明。通过以上论述可以发现，如果逆米尔斯比 λ_i 不为零，并在统计上呈现显著性，那么就可以说明研究的样本存在自选择性，采取赫克曼选择模型则是有效的。

二 衡量指标选取

企业补贴收入一般构成利润总额的一部分，根据前面的论述，政府补贴企业可能有两个途径：一是鼓励创新；二是扶持企业。弥补企业的亏损，使其可以经营下去。本章将补贴收入和补贴率作为进行实证检验的被解释变量。其中，补贴收入来源于巨潮资讯网（中国证监会指定信息披露网站）中公司年报非经常性损益表的"计入当期损益的政府补助"（与公司正常经营业务密切相关、符合国家政策规定、按照一定标准定额或定量持续享受的政府补助除外）一项，部分数据由于年报中未在非经常性损益表中出现，使用营业外收入中的政府补助条目相应补充。补贴率是补贴收入与主营业务收入（Sales）之比。除被解释变量外，控制变量含义如下：研发投入（Rd），该指标并不是上市公司强制披露的信息，但在本章样本中，部分数据可以直接通过 Wind 数据获得，对于一些未在 Wind 数据库中披露研发数据的企业，本章通过巨潮资讯网中的公司年报获得：在"管理费用"科目下明确列示费用化的研发费用，或者在"无形资产"科目下的"开发支出"中明确列示资本化的研发费用。净利润水平（Netpro）由 Wind 数据库中相应的利润总额指标扣除补贴收入得到。企业亏损（Lossdum），如果净利润水平为负值，那么企业亏损将被赋值为 1；反之，则赋值为 0；中央企业（Cs），值为 1 代表企业属性是中央企业，否则为 0，代表非中央企业。地方企业（Ls），值为 1 代表企业属性是地方企业，否则为 0，代表非地方企业。国有企业（Soe），代表企业属性属于国有所有制类型。无论企业属于中央企业（Cs = 1），还是属于地方企业（Ls = 1），都将在这一指标被赋值为 1，否则赋值为 0。营业税税负（Taxsalclv），是营业税及其附加与主营业务收入之比，代表企业给地方的税收贡献。员工人数（Emp），代表企业带来的就业人口。地方政府的一个主要任务是创造就业，那么企业就业人口可能会成为政府补贴决策中的一个重要因素。本章通过构建该指标分析政府补贴决策过程中就业人口的影响。

此外，本章还引入地区竞争（Fdishare），通过地方政府对 FDI 的竞争来体现。具体来说，地区竞争由地区实际利用外商直接投资额除以当年全国实际利用外资额得到。数据来源由两个方面组成：一是通过中经网统计数据库获得；二是对于部分年份，本章通过搜数网中国统计数据库搜索获得。本章还引入地区开放度，是地区进出口总额占地区 GDP 的比重。一个以外贸为主的地区与一个以内贸为主的地区在进行政府补贴决策时，其决策机制应该有所差异。本指标可以考察地区开放度对政府补贴决策的影响。从中经网统计数据库得到地区开放度（Kfd）。引入地区人均 GDP（Pgdp）指标作为衡量地区差异对政府补贴决策影响的重要因素进行考察。此外，本章还引入省级虚拟变量以及东部（East）、中部（Middle）虚拟变量以此来分析区域间是否存在政府补贴决策差异，为地区竞争、地区开放度等地区指标的引入奠定基础。本章研究的数据基础是平安证券的战略性新兴产业分类，大多数据来自 Wind 资讯金融终端数据库，样本区间为 2007—2012 年，原始样本有 3018 个。对于研发投入、净利润水平、营业税税负等核心变量，部分样本有所缺失，本章将缺失数据的样本删除，最终得到 2241 个分析样本（其中有 120 个样本没有受到补贴）。主要变量的描述性统计如表 2 - 1 所示。①

表 2 - 1 可以观察到，本章样本中东部所占比重最高，达到 72.3%，中部和西部样本所占比重差不多。国有企业占 31.4%，其中，中央企业占 16.9%，地方企业占 14.5%。由于篇幅限制，表 2 - 1 没有报告各省级地区的虚拟变量描述性统计结果。省级虚拟变量结果显示，广东、北京、江苏、浙江、上海、四川、山东、湖北、河南在本样本中所占比例居前十位，可见，战略性新兴产业大部分还是在发达的东中部地区。以上描述性统计，只能概略地表明战略性新兴产业的区域分布，但并不能由此说明"东中部地区获得的补贴比西部多"，只有在控制相关变量后，才能

---

① 如果采取面板数据，将使本章的研究样本减少很多，因此本章没有构造面板模型进行分析，而是把每一年每一个企业作为一个样本，将所有样本作为一个大的 Pool 数据来对待。

得到稳健的分析结果。

表 2-1　　　　　　　　　　　变量的描述性统计

变量	均值	标准误	最小值	最大值
sudy	2.29e+07	6.77e+07	1200	9.73e+08
sudylv	0.014	0.025	4.21e-07	0.461
netpro	2.69e+08	1.46e+09	-2.96e+09	4.19e+10
lossdum	0.056	0.231	0	1
rd	1.02e+08	4.72e+08	1000	8.83e+09
soe	0.314	0.464	0	1
cs	0.169	0.375	0	1
ls	0.145	0.352	0	1
taxsalelv	0.008	0.009	-0.011	0.103
emp	4181.231	17337.3	21	294761
kfd	0.111	0.081	0.006	0.259
pgdp	24523.59	14994.36	961.52	57067.92
fdishare	0.122	0.104	0.001	0.884
east	0.723	0.447	0	1
middle	0.155	0.362	0	1

资料来源：利用 Stata11 测算得到。

第三节　政府补贴选择与实施偏向

一　补贴对象选择中的政策依赖

无论是模型 1 还是模型 2，净利润水平、企业亏损虚拟变量、研发投入、营业税税负都具有统计上的显著性。模型 1 中整体国有企业与员工人数不显著，但模型 2 中中央企业和地方企业与员工人数均通过显著性检验。模型 1 与模型 2 关于国有企业虚拟变量显著性的差异说明，政府补贴选择时，并没有对所有国有企业一视同仁，中央企业与地方企业在政府补贴决策函数中的比重并不相同。

由于补贴选择模型是概率模型，其系数虽不代表变量的边际影响，但其与边际影响存在正相关关系，因而从系数上仍然可以观察其对因变量的影响。从系数来看，模型 1 和模型 2 的企业亏损虚拟变量的系数都为正，说明在模型其他变量给定的条件下，企业亏损的样本企业更容易获得政府的补贴，这说明地方政府扶持弱者，进行政府救助的行为偏好。同时，净利润水平的系数都为正，说明在其他变量给定时，净利润越高，政府越可能将补贴投向该企业。初看起来，净利润水平、企业亏损虚拟变量的两个系数都为正，有矛盾，但背后仍有其合理性。政府补贴的初衷首先是向亏损企业补贴，然而由于亏损企业数量有限（约占本研究样本的 6%），在非亏损企业中，政府的补贴方向还是偏向经营有优势的企业，这两个系数的方向体现了政府的亏损救助与引导共存的行为偏好特点，这也是政策依赖的一个重要基础。

研发投入、营业税税负的系数方向在模型 1 和模型 2 的对比中保持一致，其中研发投入系数均为正，营业税税负系数均为负。研发投入系数为正，表明研发投入越多，受到补贴的概率越高。营业税税负系数为负，表明营业税税负越低，则补贴的概率越高，这一结果与预测的影响方向相反。但是，仔细思考，营业税税负反映了企业缴纳的营业税及其附件占主营业务收入比例，地方政府通过补贴低营业税税负的企业促进其发展，可以进一步提高企业的主营业务收入，从而可以促进企业增加营业税，且已有研究已经指出营业税税负从时间上看是累进的（刘怡、聂海峰，2009），由此看来，政府进行补贴选择时仍然会有长期利益的考虑。

中央企业的系数为负，地方企业的系数为正，结果非常显著。这表明地方政府在补贴扶持过程中更加青睐地方企业及民营企业，中央企业在地方政府补贴选择中处于劣势地位。在中国战略性新兴产业扶持政策体系中，除财政部、科技部的专项资金外，中央出台的更多的是方针性文件，具体扶持与补贴责任由地方政府承担。同中央政府相比，地方政府承担了战略性新兴产业补贴金额的大部分，这也与本章在第二部分陈述的财政分权后地方政府在经济决策上巨大执行权契合。在包含细分国有企业类型的模型 2 中，员工人数的系数显著为正，这也与预测一致，地方政府在保就业的责任方面是一贯的，也是中央对地方政府考核的重要方面。

二　补贴实施过程中的政策依赖

观察模型 1 与模型 2 的补贴方程，补贴率实施机制方程的逆米尔斯比

λ_i 都不显著，说明补贴率影响因素中并不存在显著的自选择问题。关于补贴数量的赫克曼模型的逆米尔斯比 λ_i 都是显著的，说明在补贴数量实施机制中，本章样本存在样本自选择问题。补贴数量模型中，只有研发投入与员工人数的系数呈现统计上显著性。研发投入系数为正，说明在其他条件一定时，研发投入越多，则地方政府补贴的数量也越多。同理，员工人数系数为正，说明员工人数越多，地方政府补贴也将更多地投向该企业。而其他变量，净利润水平、营业税税负、国有企业、中央企业和地方企业等都不显著。由此可以发现，当决定给予一个企业补贴后，企业的所有制差异并不会进入政府补贴函数中来。同理，净利润水平、营业税税负也未成为影响政府补贴数量的显著统计证据。

再来观察补贴率实施机制模型，只有模型 1 中国有企业虚拟变量、模型 2 中的中央企业、营业税税负通过显著性检验，且国有企业虚拟变量、中央企业的系数为负，说明国有企业，尤其是中央企业的补贴率将显著低于其他所有制类型的企业。再次说明，地方政府补贴行为偏好在不同所有制企业间存在差异，倾向于向非中央企业进行补贴。在补贴选择时，中央企业得到补贴的概率相对较低，在决定补贴后，非中央企业受到的补贴数量也相对其他企业较少。营业税税负为正，表明营业税税负越高，补贴率越高，说明在获得补贴的企业中，政府将根据目前企业为政府的贡献进行补贴率决策。这与政府在选择补贴与否进行决策时采取了不完全一致的策略，在选择补贴对象时，政府的倾向是向低营业税税负的企业补贴，以此来做长期计划，而一旦确定补贴对象后，政府的决策方向就呈现短期调整。其他变量如净利润水平、研发投入、员工人数均未通过显著性检验，说明在补贴率决策函数中这些因素并不明显。

为进一步厘清地方政府补贴影响机制，本章单独提取非国有企业样本，看其主要结论如何发生变化。其结果在表 2-2 中右侧的模型 3 显示，补贴选择模型除员工人数外，其他变量都未通过显著性检验，表明政府在进行补贴选择时，保就业的思路非常明显，但对研发投入的关心不够。全部非国有企业样本中，无论是补贴数量还是补贴率的补贴实施模型，λ_i 都是显著的，表示存在样本自选择性。补贴数量模型中研发投入、员工人数通过显著性检验，且系数为正。这一结果表明，在其他条件给定时，研发投入与员工人数是地方政府给企业提高补贴的显著影响因素。在补贴率模型中，本章关注的变量都未呈现显著性。从显著性的结果来看，非国

表2-2 初步回归结果

	模型1（全部样本：区分国有企业、民营企业）			模型2（全部样本：国有企业细化为中央企业与地方国有企业）			模型3（民营企业样本）		
	选择方程（1）	补贴方程（数量）	补贴方程（补贴率）	选择方程（2）	补贴方程（数量）	补贴方程（补贴率）	选择方程（3）	补贴方程（数量）	补贴方程（补贴率）
netpro	$7.31e-10^*$ (1.92)	-0.003 (-1.08)	$-5.90e-13$ (-1.46)	$6.64e-10^*$ (1.68)	-0.003 (-1.12)	$-6.11e-13$ (-1.52)	$1.21e-09$ (1.06)	0.002 (0.32)	$-2.27e-12$ (-0.88)
lossdum	0.667^* (1.91)	—	—	0.643^* (1.76)	—	—	5.394 (—)	—	—
rd	$8.33e-09^{***}$ (3.75)	0.085^{***} (8.24)	$1.86e-13$ (0.13)	$8.77e-09^{***}$ (3.83)	0.086^{***} (9.16)	$2.05e-13$ (0.14)	$4.01e-09$ (0.97)	0.069^{***} (16.92)	$-2.08e-14$ (-0.01)
soe	0.018 (0.14)	3448731 (0.40)	-0.004^{***} (-3.48)	—	—	—	—	—	—
cs	—	—	—	-0.303^{**} (-2.07)	$1.07e+07$ (1.15)	-0.005^* (-3.81)	—	—	—

续表

	模型 1（全部样本：区分国有企业、民营企业）			模型 2（全部样本：国有企业细化为中央企业与地方国有企业）			模型 3（民营企业样本）		
	选择方程（1）	补贴方程（数量）	补贴方程（补贴率）	选择方程（2）	补贴方程（数量）	补贴方程（补贴率）	选择方程（3）	补贴方程（数量）	补贴方程（补贴率）
ls	—	—	—	0.589** (2.46)	−428 (−0.40)	−0.002 (−1.48)	—	—	—
taxsalelv	−10.587** (−2.22)	3.58e+08 (0.81)	0.119 (1.91)	−11.331** (−2.31)	3.17e+08 (0.79)	0.111* (1.80)	−2.519 (−0.38)	1.34e+08 (0.87)	0.054 (0.67)
emp	4.06 e−05 (1.24)	597.903** (2.29)	−5.77e−08 (−1.62)	5.63 e−05* (1.65)	570.496** (2.38)	−4.88e−08 (−1.34)	8.36 e−04*** (5.03)	1596.711*** (8.52)	−5.81e−09 (−0.06)
cons	1.379*** (16.39)	2.49e+07*** (2.81)	0.014*** (11.42)	1.37*** (16.06)	2.34e+07*** (3.05)	0.0138*** (11.73)	0.846*** (6.56)	1.11e+07*** (4.43)	0.012*** (9.35)
iambda	—	−1.75e+08 (−2.46)	0.004 (0.38)	—	−1.59e+08 (−2.69)	0.006 (0.69)	—	−5.24e+07*** (−3.49)	0.028*** (3.49)
样本量	2241	2241	2241	2241	2241	2241	1510	1510	1510

注：表中数据为变量的回归系数，括号内数值为 t 值，*、**、***分别代表显著性水平为 1%、5%、10%。

有企业样本中，净利润水平、营业税税负、亏损虚拟变量都不是影响地方政府补贴选择以及实施的因素。尽管研发投入与员工人数通过显著性检验，但从如此大面积的变量不显著可以说明，采取非国有企业样本进行分析地方政府补贴行为将具有明显偏误，因此，本章下面的分析将以全部样本企业为基准，相关结论也建立在全部样本的分析结果基础上。

三　补贴选择与实施的区域差异

通过前面初步的估计结果，我们可以获得一些基本结论。然而，由于中国区域发展不平衡，这一结论是否稳健，即是否存在区域性差异，将是我们需要进一步探讨的内容。本部分将进一步探析政府补贴决策与实施机制的区域性差异。由前面的分析可以看到，表2-2中模型2考虑的因素最为细致，各项指标最为显著。因此，我们将在模型2的基础上引入东部、中部虚拟变量，更进一步地，我们还引入了省级虚拟变量，以此观察各省级地区的补贴决策差异。我们通过分别构造模型4与模型5来分别分析东中部和省级的区域性差异。限于篇幅，本章没有报告模型5的省级虚拟变量估计值。

对比模型4、模型5与模型2中补贴选择模型的实证结果，净利润水平、亏损虚拟变量、研发投入、中央企业、地方企业与员工人数以及营业税税负都是显著的，且每个变量系数的方向都是一致的。净利润水平、亏损虚拟变量、研发投入、地方企业与员工人数的系数为正，中央企业营业税税负系数为负。通过几个模型的对比增强了模型2结论的稳健性，也在一定程度上说明这些变量的分析及解释是有意义的。

模型5中，本章构造30个相对于北京的省级虚拟变量，其代表2—30个省份获补贴企业的补贴程度比北京同等条件下获补贴企业的补贴程度高或低多少，回归结果中没有通过显著性检验的省份，本章将其设为0（邵敏、包群，2011），将补贴选择模型中省级相应系数按降序排列绘制了图2-1。图2-2则相应地绘出了补贴数量决策模型的省级差异图。从图2-1可以发现，浙江、湖北、福建、上海、安徽、四川、广东、江苏的补贴概率高于北京，吉林的补贴概率低于北京，同时天津、贵州、重庆、辽宁、湖南、江西、黑龙江、陕西等地与北京并无显著差异，剩余的省份地区标准误缺失，无法进行排序。总体上看，由于大部分西部地区标准误缺失，从省级地区的回归结果很难得出西部地区获得补贴的概率较高的结论。同时，省级的回归结果也没有推翻西部有更高概率获得补贴的结论。模型 4 的补贴选择模型中中部通过显著性检验,其系数为负,东部未通过显著性检验,其系数为负。由此可以确定的是,虽然东中部样本企业较多,但西部地区获得政府补贴的概率更高。图 2-2 表明,补贴数量决策机制中,新疆和黑龙江显著高于北京,而上海、浙江、广东、福建、江苏、四川、河南的补贴数量明显较低。由此可以发现,补贴数量决策方程中,发达地区反而补贴数量较低,因此有必要引入地区发展有关特征变量来分析其对补贴决策与实施的影响。

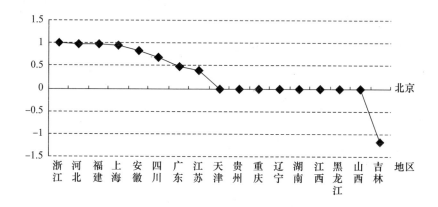

图 2-1 补贴选择省级差异

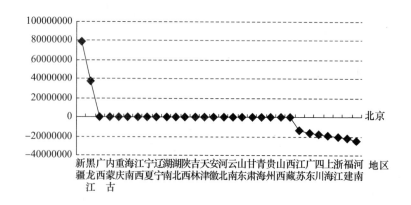

图 2-2 补贴实施区域差异

表 2 - 3　　　　　　　　　　地方政府补贴决策的区域差异

	模型 4（东中西部区域差异）			模型 5（省市区域差异）		
	选择方程 （4）	补贴方程 （数量）	补贴方程 （补贴率）	选择方程 （5）	补贴方程 （数量）	补贴方程 （补贴率）
netpro	6.91e-10 * (1.69)	-0.003 (-1.15)	-5.93e-13 (-1.47)	8.98e-10 * (1.81)	-0.002 * (-1.72)	-6.55e-13 * (-1.68)
lossdum	0.68 * (1.81)	—	—	0.834 ** (2.00)	—	—
rd	8.87e-09 *** (3.81)	0.086 *** (9.72)	2.57e-13 (0.18)	9.78e-09 *** (3.78)	0.087 *** (15.21)	1.77e-14 (0.01)
cs	-0.277 * (-1.86)	8972588 (1.00)	-0.006 *** (-4.06)	-0.197 (-1.17)	6280996 (1.02)	-0.007 *** (-4.39)
ls	0.589 ** (2.45)	-4934826 (-0.47)	-0.003 * (-1.84)	0.677 ** (2.30)	598807 (0.09)	-0.004 * (-2.38)
taxsalelv	-12.109 ** (-2.45)	3.00e+08 (0.80)	0.116 * (1.89)	-7.885 (-1.32)	9.69e+07 (0.38)	0.129 ** (2.06)
emp	5.84e-05 * (1.66)	585.421 *** (2.59)	-4.71e-08 (-1.30)	8.13e-05 ** (2.00)	606.283 *** (4.14)	-5.12e-08 (-1.42)
region	区域	区域	区域	省级	省级	省级
east	-0.134 (-0.75)	-4495446 (-0.45)	-0.003 * (-1.63)	—	—	—
middle	-0.355 * (-1.75)	2425640 (0.19)	-0.001 (-0.45)	—	—	—
cons	1.525 *** (8.26)	2.58e+07 ** (2.34)	0.016 *** (8.95)	0.863 *** (6.23)	2.99e+07 *** (3.57)	0.015 *** (7.20)
lambda	—	-1.50e+08 *** (-2.74)	0.006 (0.65)	—	-9.68e+07 *** (-3.37)	-0.001 (-0.10)
样本量	2241	2241	2241	2241	2241	2241

注：表中数据为变量的回归系数，括号内数值为 t 值，* 、** 、*** 分别代表显著性水平为 1% 、5% 、10% 。

　　在分析不同地区补贴选择模型的基础上，可以继续关注不同地区的补贴实施机制模型。通过对比模型 4、模型 5、模型 2 的补贴实施机制，发现区域虚拟变量外的其他大部分变量的显著性与系数符号都是一致的（见表2-2和表2-3）。仅有的几处差别在于：一是模型4与模型5中的补贴率实施机制模型中，地方企业系数符号虽然都没有变化，但都由不显著到开始呈现出显著性；二是模型5补贴数量实施机制模型与补贴率实施机制模型中的净利润水平系数符号虽然都没有变化，但显著性状态发生了变化，由不显著转变为显著，在上文所有的补贴实施机制中其系数虽然也大多呈现为负，但这是第一次呈现显著性，从侧面说明，补贴实施机制确实存在区域间差异。综合来说，在控制区域差异条件下，获得补贴的企业中，相对非国有企业，不仅中央企业，地方企业也会获得较少的补贴率。如果控制省级区域差异，在获得补贴的企业中，净利润水平越高的企业，补贴数量与补贴率均会较低，这是本章首次在补贴实施阶段发现，地方政府扶持弱者的经验证据。

为了更进一步区分地区间差异对政府补贴决策的影响，可以将地区差异细化为具体的地区特征。通过引入地区竞争、地区开放度、人均GDP变量以体现地区发展状态来构造模型6回归结果见表2-4。除新引入的三个区域发展因素变量外，表2-4与表2-3和表2-2的结果基本一致。尤其是补贴实施机制中，净利润水平为负值，通过显著性检验，这一结论继续支持"地方政府扶持弱者"结论。除此之外，关于其他相关变量的结论仍然与上文一致，以此再次增强了相关结论的稳健性。关于地区特征变量，模型6的结果显示，地区竞争、地区开放度、人均GDP在政府补贴选择模型中均通过显著性检验。其中，地区竞争系数为负，表明地区竞争强的地区获得补贴的概率较低；地区开放度系数为负，表明地区开放度越高的企业获得补贴的概率越低；人均GDP为正，表明地区经济实力越强的企业获得补贴的概率越高。综合来讲，市场开放度高、地区竞争强的地区由于更为发达，市场经济更加活跃，将更多采取市场手段发展经济，补贴手段利用较少；而在地区开放度、地区竞争以及其他条件一定时，人均GDP越高，则越有经济实力进行补贴，则补贴的概率越高。

再来观察补贴实施机制，在补贴数量模型中地区竞争、地区开放度未通过显著性检验，人均GDP通过显著性检验，系数为负，这个结果与常识有些背离。结合补贴选择模型，人均GDP越高，获得补贴的概率越高，但当企业已经决定被政府补贴时，地区经济发展水平越高的地区对企业补贴的数量反而越少。对于该疑问的回答，还需要未来进一步挖掘。然而，一个可能的解释是，地区经济发展水平较高的地区，其有实力进行补贴，且其补贴概率较大，但由于该地区市场化程度较高，企业发展较好，政府动用行政力量干预经济的力度较小，即使进行补贴也是引导性而非救助性补贴。[①]

表 2 - 4　　　　　　　　　　地方政府补贴决策的地区影响因素

	模型 6		
	选择方程（6）	补贴方程（数量）	补贴方程（补贴率）
netpro	0.642 *	- 0.003 *	- 6.10e - 13 *
	(1.67)	(- 1.65)	(- 1.59)
lossdum	6.92e - 10 *	—	—
	(1.73)		
rd	8.28e - 09 ***	0.087 ***	2.76e - 14
	(3.53)	(12.31)	(0.02)
cs	- 0.101	6924166	- 0.006 ***
	(- 0.64)	(0.94)	(- 3.78)
ls	0.6942325 ***	- 2708361	- 0.003 *
	(2.75)	(- 0.32)	(- 1.78)
taxsalelv	- 6.864	1.35e + 08	0.12 **
	(- 1.31)	(0.46)	(2.01)
emp	2.32 e - 05	602.844 ***	- 5.41e - 08
	(0.68)	(3.31)	(- 1.50)
kfd	- 2.269 ***	3.03e + 07	0.001
	(- 3.63)	(0.79)	(0.13)
pgdp	3.72 e - 05 ***	- 536.063 *	5.88e - 08
	(5.88)	(- 1.71)	(0.93)
fdishare	- 1.965 ***	1.12e + 07	- 0.014 **
	(- 3.34)	(0.32)	(- 1.97)
cons	1.068 ***	2.97e + 07	0.015 ***
	(7.00)	(3.23)	(7.86)

[①]　然而，这也仅仅是由结果反推的逻辑，可能还有其他解释，未来笔者将进一步挖掘。

续表

	模型6		
	选择方程（6）	补贴方程（数量）	补贴方程（补贴率）
lambda	—	$-1.21\text{e}+08^{***}$ （-2.88）	$4.86\text{e}-05$ （0.01）
样本量	2240	2240	2240

注：表中数据为变量的回归系数，括号内数值为t值，*、**、***分别代表显著性水平为10%、5%、1%。

　　战略性新兴产业在"十二五"时期受到政府的大力支持，地方政府对其补贴的行为与方式是本章研究的重点。具体来讲，本章将焦点集中于地方政府补贴的影响因素，同时探析影响政府补贴选择的内在机制。本章以战略性新兴产业作为研究对象，其研究结论揭示了战略性新兴产业政府补贴内在机制，为调整与完善相关产业政策，推动产业发展提供经验依据。本章研究表明，地方政府补贴虽然也鼓励创新、创造就业，但其显著地存在向亏损企业进行补贴的偏好，体现了"救助型"地方政府偏好，是战略性新兴产业政策依赖的基础；控制区域差异后，在获得补贴的企业中，净利润水平越高的企业，获得的补贴数量以及整体补贴率均较低，为地方政府扶持弱者的倾向提供了新的经验证据；在战略性新兴产业的政府补贴选择以及实施过程中，地方政府补贴偏好具有显著的企业所有制差异。具体来讲，地方政府补贴偏好对所有国有企业并非一视同仁，中央企业与地方企业在政府补贴决策函数中所占权重并不相同，政府补贴更加青睐地方企业和民营企业，中央企业在政府补贴选择中处于劣势地位；整体上看，虽然东中部从事战略性新兴产业的企业较多，但从补贴概率看，西部地区较高；控制省级地区特征后，地区开放度越大，地区竞争能力越强，企业获得补贴的概率越低，获得补贴后，地区经济实力越强的地区，补贴数量越大。

第三章 战略性新兴产业政策投资决策影响

尽管对新兴产业进行政策扶持已经成为全球主要经济体的重要选择，但目标与结果之间的政策实施偏差表明，仍有必要对产业政策进行综合分析。以中国的战略性新兴产业系列政策文本为基础，本章构建了基于供给、需求与环境分类的相关政策指数，分析了不同类型政策以及不同政策组合对企业综合绩效与企业投资决策的影响。研究发现，供给型政策稳健地促进了政府补贴的获取，但其同时抑制了企业私人投资，综合结果降低了以全要素生产率为代表的企业综合绩效。进一步分析还发现，当政策实施先出台供给型政策后出台需求型政策时，这一政策组合将显著抑制企业全要素生产率提升，而且这一组合下需求型政策可以吸引企业进行私人投资。

第一节 政策扶持中不同政策影响差异

2008 年国际金融危机以来，全球主要经济体对未来产业发展进行了新一轮规划与布局。美国出台了《重振美国制造业框架》与《美国创新战略：促进可持续增长和提供优良的工作机会》，日本发布了《面向光辉日本的新成长战略》，韩国颁布了《新增长动力规划及发展战略》，英国发布了《建设英国的未来》计划，印度出台了《生物技术产业伙伴计划》，其他主要国家也制定了新的发展战略。与此同时，中国 2010 年 10 月出台了《国务院关于加快培育和发展战略性新兴产业的决定》，计划战略性新兴产业占 GDP 比重在 2020 年达到 15%，以应对新一轮技术革命与国际竞争，为实现这一目标战略性新兴产业需要保持 20% 以上的增长率。为此，自该决定发布（尤其是 2011 年）以来，中国在部委层面已累计发布重点领域各类规划 30 多项，发布财税、金融和相关管理政策措施 70 余项，其他相关政策 200 余项，同时省级层面也出台了众多扶持政策（李胜会、刘金英，2015），扶持政策是战略性新兴产业发展过程中不容忽视的重要力量，也是审视战略性新兴产业发展的重要观察视角。另外，代表未来产业发展方向的战略性新兴产业，其仍未明显摆脱传统产业发展过程中存在的"产能过剩""重复投资"等问题（余东华、吕逸楠，2015；王辉、张月友，2015），背后隐藏的问题有待分析。

在产业发展过程中，尤其是在转型经济体中政府角色可以总结为无为、帮助或掠夺（Frye and Shlerfer，1997）。自第二次世界大战以来，发展中国家为了保护幼小产业或者为了保护本土产业提高其对发达国家的竞争力，产业政策开始兴起，并在第二次世界大战后的前 30 年无可争议地促进产业发展（P. Aghion et al.，2015）。2008 年金国际融危机以来，学术界对政府放任的经济政策也产生了质疑（P. Aghion et al.，2015）。具体到当前的产业政策而言，从新一轮全球竞争趋势以及各国政府采取的策略看，政府引导产业发展已经成为国家主要工具选项，其实施影响的初衷无疑是帮助产业发展。对于中国而言，由于市场发展相对滞后，创新基础不足，政府通过扶持基金、补贴、市场规范以及需求引导等能够引导企业进行技术创新（Motohashi and Yun，2007）。同时，政府还可以通过推动基础设施建设，促进产业发展。具体到战略性新兴产业，降低企业创新风险，提高创新收益是扶持政策首要的政策导向目标（韩超，2013），也应当是政策制定以及实施的基本出发点（黄永春、祝吕静和沈春苗，2015）。但是，从战略性新兴产业发展实际来看，政策目标与实施间可能存在一定的结构性偏离，旨在鼓励创新的扶持政策可能在企业层面产生扭曲的作用机制，存在"技术导向"向"投资导向"偏移的可能（黄永春、祝吕静和沈春苗，2015）。从这个意义上讲，即使政府干预行为不存在 Frye 和 Shlerfer（1997）所指的"无为"与"掠夺"角色定位，政府在"帮助"角色定位下的行为也可能产生非预期的政策实施效果，即政策实施偏差。

从现有研究看，对于政策扶持与战略性新兴产业发展的认识，韩超（2013）以新能源产业特征为基础，结合全球产业竞争态势给出了战略性新兴产业政策扶持逻辑。从政策的分类看，扶持政策有多种，包含补贴、信用担保、税收优惠政策、需求引导等，从现实实践看补贴在产业发展中应用的范围最广（耿强、胡睿昕，2013），同时也受到学术界的更多关注（孔东民等，2013；肖兴志等，2013；肖兴志、王伊攀，2014；余东华、吕逸楠，2015；熊勇清、李晓云、黄健柏，2015），研究者大多认为，现行补贴政策有较大倾向导致产业非理性发展并可能引致产能过剩。相对而言，补贴政策可以直接触及扶持政策的核心要素，但对于其他类型扶持政策的研究仍然很有必要，如此才能更综合地认识当前中国战略性新兴产业扶持政策。从现有研究来看，对于其他非补贴性政策的分析，既有学者给出了综合性的扶持政策框架（贺俊、吕铁，2012），也有学者从演化经济学的视角研究技术变革、创新、政策协同与产业动态的匹配（张国胜，2012），还有学者结合技术赶超背景综合研究认为，扶持政策与战略性新兴产业发展可能存在匹配偏差现象（Liu et al.，2011），但整体而言，仍然缺乏将产业发展实际与政策实施联系到一起的经验分析。

以上研究对于揭示中国战略性新兴产业扶持政策内在作用机制，完善调整相关政策给出了丰富的经验依据，但仍有不少细节有待完善。其一，现有研究往往以扶持政策的实施结果，尤其是以补贴金额作为政策影响其内在含义是在政策与产业扶持结果间建立直接线性关系，即跳过政策对新兴产业发展结果影响的内在机理（洪勇、张红虹，2015），同时，以政策实施的结果作为政策进行分析，可能会面临较为严重的内生性问题，带来估计偏误，影响估计的无偏性。这是因为，实施结果可能与企业特征存在显著的关系，而这一关系将会影响政策内在机理的揭示。其二，现有大多研究仅将扶持政策聚焦到补贴政策，这一处理虽然对于深刻揭示补贴政策影响具有重要意义，但这一处理忽视了其他政策影响，无法反映扶持政策之间的关系。而且，在分析补贴政策时，如果未能有效地控制其他扶持政策影响，则会在补贴政策分析时带来遗漏变量问题，进而也会影响估计结果的稳健性。其三，现有研究忽视了扶持政策的系统性特征，即忽视了不同政策间的影响差异以及不同政策间的组合关系（如政策协同关系等）对产业发展的影响。为此，本章将研究视角由补贴政策上升一个层次，直接到政策层面，同时为了综合考察政策体系的影响，本章将扶持政策分为供给型政策、环境型政策和需求型政策，并分析其政策组合对战略性新兴产业发展的影响。

第二节 战略性新兴产业政策协同现状与作用机制

一 政策扶持在产业发展中的作用

发展战略性新兴产业是一项长期事业，不是通过"短跑式"的冲刺就能取得显著成就，其需要政府与市场的综合作用。对新兴产业的发展而言，政府适宜的政策在技术创新与产业发展中将发挥关键作用（P. Aghion et al. , 2015）。目前，我国战略性新兴产业仍处于发展的初期，其所需的外部环境尚不完善，完全依靠市场机制和企业自身调节难以实现快速发展。由于技术和知识具有公共产品的溢出特性，研发活动不可避免地会遇到市场失灵和投资不足的问题（Tassey，2004）。同时，战略性新兴产业具有准公共性、外部性、高风险性等特征，这就决定了其发展的路径必须以市场力量为基础，以政府的政策扶持为引导，逐步实现战略性新兴产业健康发展（肖兴志、韩超等，2010）。

促进战略性新兴产业发展的"产业政策"的实质是政府对产业活动的一种干预，即政府通过对战略性新兴产业推行一系列政策、措施来干预资源在产业间和产业内的配置，扶持和加快战略性新兴产业的发展。适宜的政策扶持将有利于产业的健康发展，其主要通过以下几个方面影响产业发展。其一，政策扶持发挥作用的立足点应当是弥补"市场失灵"，但同时其政策作用机制应当是"促进竞争偏向"而非"鼓励垄断导向"。阿吉翁等（P. Aghion et al. , 2015）通过构建一个两时期两产品模型说明，如果产业政策手段能够增进企业间竞争，则能够促进企业增长，且能够显著提高企业全要素生产率，即综合地促进产业健康发展。其二，政策扶持应当通过扶持基金、补贴、市场规范以及需求引导等方式显著地推动创新，以此促进产业的发展的可持续性，提高产业的综合竞争力。现有研究中已有不少研究指出，适宜政策扶持可以有效地提升企业的技术创新效率（白俊红，2011；M. Peters et al. , 2012），同时也有研究表明，适宜的政策可以降低企业创新风险，引导技术创新（Stefano, Gambardella and Verona, 2012）。其三，政策扶持应该有效地推动资源优化配置，提高产业内部企业之间资源重置效率（宋凌云、王贤彬，2013）。现有研究表明，适宜的政策扶持应当在引导企业扩大投资规模实现规模经济的同时，提高企业的生产率水平（邵敏、包群，2012）。

然而，仍然有大量文献表明，政策扶持并未产生有效的积极作用。有研究表明，政府的不当干预会抑制全要素生产率（De Long and Summers，1991）。以现有研究比较集中的政府补贴为例，政府补贴往往缺乏效率，在各种因素作用下不能带来企业竞争力的提高（余东华、吕逸楠，2015），同时在补贴收入很高的情况下，企业更有兴趣进行"寻补贴"投资，而不是将资源用于提高全要素生产率（Gwartney et al.，1998），企业缺乏改善经营和提高生产率、寻求低成本的动力（Leibenstein，1966），这样，使扶持政策对促进科研投入是无效的（周黎安，2007），也没有带来企业投资效率的提升（肖兴志、王伊攀，2014）。政策扶持对产业发展的影响并不是简单的呈现线性特征，其作用机制与政策实施的制度背景，产业发展阶段以及政策本身是否得以科学制定等均具有紧密联系。也正因如此，本章认为，政策扶持与中国战略性新兴产业发展之间的关系是典型的实证问题，其具体作用机制仍有待进一步揭示。

二　不同政策的影响机制

政府扶持政策对产业发展至关重要，同时又可以细分成各种不同类型的政策，这些细分政策各自的作用机制、作用方向对产业发展可能带来不同的影响。早在1950—1960年学术界就对不同政策的影响进行一定分析，那个时期主要围绕技术创新领域的需求拉动政策和技术推动政策影响差异进行激烈讨论（Bush，1945；Schmookler，1966；Dosi，1982）。从现有研究看，政府的需求拉动政策可能会引导市场需求，减少市场不确定性，增加了预期总收入（Rosenberg，1969；Vernon，1966），但是，鉴于未来需求不确定性等因素，需求劳动可能会带来市场锁定，阻碍企业的创造性，抑制创新（Dosi，1982）。供给层面的技术推动政策可以减少企业创新成本，但是，它忽视了价格等市场因素对技术创新的影响，甚至可能对私人投资产生挤出效应（Goolsbee，1998；David et al.，2000）。内梅特（Nemet，2009）对1975—1991年美国加州风能的案例研究发现，需求拉动对非在位技术进步影响不显著，仅对在位技术具有积极影响，同时从供给层面的技术推动政策中发现，有推动非在位技术创新的证据。彼得斯等（M. Peters et al.，2012）对15个OECD国家光伏产业数据分析发现，没有证据表明供给层面的国内技术推动能够导致国外

　　的创新产出，而国内外的需求拉动政策均显著地刺激了创新产出，且存在创新外溢效应。通过现有关于技术创新领域不同政策分析可以发现，需求拉动性政策和技术推动性政策对技术创新都有显著的影响，它们都必不可少，但在不同的实践活动中，不同的外界环境下，针对不同的产业，又会产生不同的政策效果。

　　创新领域不同政策影响机制表明：在不同政策影响机制研究中，不同类型政策的作用机制、作用方向可能带来影响也都不一样，政策制定、实施以及评估均不能忽视不同政策间的影响差异对产业发展的影响。具体到战略性新兴产业，那么不同政策类型也可能产生不同作用机制。理论上讲，供给型和需求型政策对新兴产业发展起直接的推动或拉动作用，而环境型政策力图提供有利的政策环境，起间接的影响作用（赵筱媛、苏竣，2007）。政府扶持政策是一个体系，单一地、过度地强调使用任何一种政策都可能对推动产业发展不利（张国兴等，2014）。因此，需要基于不同类型政策，探析政策实施对战略性新兴产业发展的影响，分析组合对产业发展的影响。按照不同产业、不同政策类型，本章绘制了战略性新兴产业扶持政策变动趋势示意图（2011 年 6 月至 2014 年 6 月，共 6 个周期）（见图 3 - 1）。

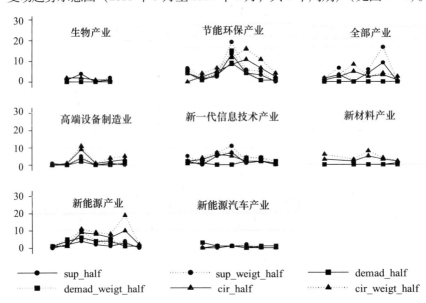

图 3 - 1　战略性新兴产业政策变动趋势示意

注：横轴衡量的时间是 2011 年 6 月至 2014 年 6 月，以半年为一个周期，共 6 个周期。

资料来源：笔者绘制。

通过图 3 – 1 可以发现，除生物产业和新能源汽车产业，其他产业无论是否考虑政策权重、无论是供给型政策还是需求型政策，其变动趋势均近似呈现倒 "U" 形特征，大多在 2012 年达到政策出台的高峰期。从产业分类看，新能源产业和节能环保产业的扶持政策最多，体现了政府向节能减排方向转变的政策制定趋势。

三　政策扶持实施、政策文本与实施结果

从以往的研究看，对产业政策进行的分析基本采用政策的作用结果作为政策的代理变量，这一处理可能存在一些问题。如孙早、肖利平（2015）以中国 2010—2012 年战略性新兴产业 A 股上市公司为样本，在考察企业治理结构与企业研发投入之间的关系时，选择以企业获得的研发补贴金额的自然对数作为国家政策扶持变量的替代指标。这种以补贴金额作为政策影响代理变量的做法，意味着跳过政策对新兴产业发展结果影响的内在机制，直接在政策出台与产业扶持结果之间建立线性关系（洪勇、张红虹，2015）。这一处理显然忽略了政策出台与政策实施直接结果之间的差异，而这一结果将显著影响政策估计的稳健性。耿强、胡睿昕（2013）基于 2003—2007 年工业企业数据库，在研究影响企业获得政府补贴概率和程度的各种因素时发现，企业获得补贴的多寡与其自身禀赋和性质密切相关。此外，还有大量文献表明，以政府补贴为代表的政策实施结果是内生于政策选择的（陈冬华，2003；余明桂、回雅甫等，2010；邵敏、包群，2011）。从本章研究样本期内政府补贴与企业 TFP 的散点图可以发现（见图 3 – 2），本章的政府补贴与企业全要素生产率也存在较为明显的线性关系，有很大可能存在内生关系。

政策实施结果内生于政策选择的客观现实表明，用政策实施结果作为政策指标来衡量政策本身是不科学的，因为这类指标往往与一些未能观察的因素相关，如果那些未能观察的因素也与模型的被解释变量相关，那么这些政策结果指标就可能存在内生性问题（彭纪生、仲为国，2008a）。例如，一项政策出台后，企业获得的补贴不仅取决于政策影响的强弱，更有可能会受到企业本身具有的某种特征的影响。因此，用企业获得的政府补贴等作为政策的代理变量进行分析，很可能存在严重的内生性问题，带来估计偏误，影响估计的无偏性，进而影响研究结论的可信度。为此，可以寻找与企业无关变量作为政策的代理变量，政策文本则是其中一个可行路径。政策文本的制定层次与具体企业而言相关性

较弱，虽然存在具体企业影响政策制定的可能，但其作为一个大样本选择却不具备普遍性，其内生选择的可能性较低，因而也就可以较大程度地提高估计结果稳健性。

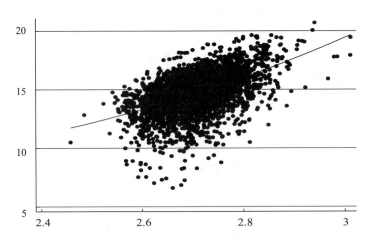

图3-2 政府补贴与企业全要素生产率的内生趋势示意

注：横轴衡量的是全要素生产率对数，纵轴衡量的是企业获得补贴的对数。
资料来源：笔者绘制。

基于以上分析，本章认为，政策扶持对于战略性新兴产业必不可少，但其对战略性新兴产业发展的作用效果仍然与特征制度背景有关，是一个典型的实证问题。同时，已有研究指出，产业政策的不同类型在产业发展中呈现相异的作用特征，应该在政策实施影响中进行区别。为了避免可能的内生影响，本章将在下文从政策文本的视角分析战略性新兴产业发展中不同政策影响的作用机制。

第三节 变量选择与数据说明

一 战略性新兴产业政策识别与测度

从现有研究看，已有许多文献对产业扶持政策对产业发展的影响进行分析。克鲁格和滕瑟（Krueger and Tuncer，1982）以土耳其20世纪60年代贸易保护政策为例，分析了产业政策的影响，其研究表明，未受关税政策保护的企业或产业具有更高的全要素生产率。然而，比森和温斯坦（Beason and Weinstein, 1996）以日本为样本进行的分析表明，产业政策对产业发展并没有促进作用。阿吉翁等（2015）基于 1998—2007 年中国工业企业数据的分析表明，如果产业政策促进竞争，则其将促进产业发展，带来全要素生产率提升。Bronzini 和 Iachini（2014）使用断点设计估计发现，政府研发补贴对印度企业具有显著正向影响。Criscuolo 等（2012）以欧洲区域选择性援助项目为例进行的分析发现，产业政策将显著影响就业、投资与新企业进入，但其对产业的全要素生产率没有显著影响。宋凌云、王贤彬（2013）以各省五年规划重点产业政策为例进行分析表明，产业政策总体提升了产业全要素生产率。从已有研究可以发现，产业政策与产业发展之间的关系并不具有稳健的一致性，其中有地区差异性的问题，即不同地区表现出不同结果。同时，不同的产业政策识别，比如采用关税政策、补贴政策、优惠政策、重点产业规划等不同的政策测度对产业发展的影响结论不一，也凸显产业政策变量识别的重要性。

　　关于产业政策的识别测度，现有研究很多采取政策实施结果作为政策代理变量（孙早、肖利平，2015），其可能产生估计偏误以及内生问题，进而影响研究结论可信度。为了考虑不同类型政策之间的关系，同时避免可能的内生问题，本章摒弃以政策作用结果作为政策识别的研究策略，转而借助公共政策领域的政策文本工具进行政策识别与度量。在技术创新领域，已经有不少文献分析了不同政策的影响，大多将产业政策对技术创新的影响分为供给侧的科学技术以及需求侧的需求拉动两类政策（Dosi, 1982），分析其对技术创新的影响（M. Peters et al. , 2012; Stefano, Gambardella and Verona, 2012）。从更为一般性的政策工具视角看，产业政策可以分为供给、需求与环境三类政策类型（Rothwell and Zegveld, 1985）。其中，供给型政策是指政府通过对人才、技术、资金、公共服务等支持直接扩大要素供给的政策；需求型政策是指通过政府采购、贸易政策、用户补贴、应用示范、价格指导等措施减少市场的不确定性，积极开拓并稳定战略性新兴产业市场；环境型政策是指政府通过目标规划、金融支持、税收优惠、法规管制、产权保护等政策来影响发展的环境因素，从而间接影响并促进新兴产业发展。

　　为了刻画战略性新兴产业政策，本章通过国务院及各部委的官方网站、各战略性新兴产业技术协会网站、清华大学公共管理学院政府文献信息系统以及战略性新兴产业研究内刊等途径，采用网络数据采集、全文关键字检索等方法，收集整理了战略性新兴产业概念提出后的相关政策，即 2011 年 1 月 1 日至 2014 年 6 月 30 日国家部委颁布的战略性新兴产业相关政策，进行梳理和分析。本章共得到 416 项政策文本，涉及国务院、财政部、国家税务总局、科技部等多部门。由于得到的政策较为混乱，本章对其进行了初步整理：对于同一部门发布，发文时间间隔在 6 个月（含 6 个月）内，且政策文件只是细微的行业变化，比如工信部发布的《氟化氢行业准入条件》与《镁行业准入条件》是两个政策，由于其分别针对不同的行业且作用方向一致，如果其发布时间间隔在 6 个月内，则将其整合为一个政策文本[①]，经过以上处理，本章删除 118 项政策文本，得到 298 项政策文本，在此基础上通过言辞和语意对政策文本按照三种政策类型进行细分分类，共得到供给型政策 78 项，环境型政策 172 项，需求型政策 68 项。[②] 此外，由于不同政策的颁布主体不同，其政策效力也不同；政策的法律效力不同，其政策效力也不同，将两者结合起来构造政策权重系数则可以较好地反映政策实施效力。政策权重系数的设计不当将会显著影响本章的政策识别与研究结论，为了尽量使用客观的政策权重系数，彭纪生等（2008a）在对政策文本深入解读的基础上，结合专家学者、行政人员意见综合多次检验得到政策权重系数。从现有研究看，目前已有彭纪生等（2008b）、仲为国等（2009）以及张国兴等（2014）文献直接使用彭纪生等（2008a）定义的政策权重系数。为了方便对研究结论进行比较分析，本章也采用彭纪生等（2008a）制定的政策力度系数作为本章的政策权重系数[③]，即：全国人民代表大会及其常务委员会颁布的法律，记为 5 分；国务院颁布的条例、各个部委的部令等记为 4 分；国务院颁布的暂行条例、各个部委的条例、规定记为 3 分；各个部委的意见、办法、暂行规定记为 2 分；通知、公告与规划记为 1 分。

政策量化只是将政策文本定量化，但其仍不能直接用于模型分析。从现有文献看，将政策量化并以此构建分析模型，始于 Libecap（1978）

---

① 同理，科技部发布的《关于印发高品质特殊钢科技发展"十二五"专项规划的通知》和《关于印发高性能膜材料科技发展"十二五"专项规划的通知》，本章也将其认定为一个政策。

② 需要注意的是，并不是每一项政策文本只包含一个类型政策，因而可能产生三种政策类型加总大于政策文本。

③ 笔者曾经将该政策权重同有关法律学者、行政机关人员等沟通，他们也认同彭纪生、仲为国和孙文祥（2008）制定的权重系数。

对法律变革指数构建的开创性贡献，近年来，国内开始有零星的文献出现（殷华方、鲁明泓，2004；殷华方，2006；彭纪生等，2008b；程华、钱芬芬，2013），但是以上文献或者只是关注某一个具体政策（殷华方、鲁明泓，2004；殷华方等，2006），或者是对罗列的细分政策措施进行研究（彭纪生等，2008b），仅有的对政策进行分类的研究仅限于程华和钱芬芬（2013），但其仅考察了政策实施与产业绩效之间的关系，并没有解释微观层面机制问题，本章在以上研究基础上对政策量化进一步指数化，依托企业样本以求在分析政策影响方向的同时得到内在机制。从战略性新兴产业发展看，产业政策密集出台于2011—2014年，这也是本章研究的样本期。从政策的实施过程看，产业政策实施与发挥作用呈现一个时滞性，因而本章需要将政策量化在某个阶段统一进行指数化整理。同时，政策指数化跨度时间又不能太长，以避免政策指数化过度损害政策信息。为此，本章将政策按照半年一个周期进行指数化，以尽可能减小政策信息损失，同时也可以方便地依托上市公司数据进行分析。具体来说，本章按照战略性新兴产业分类构造不考虑政策效力的供给型政策变量 sup_half、需求型政策 demad_half、环境型政策 cir_half，分别采用每半年内响应政策算术加总得到。同时定义考虑政策效力的供给型政策 sup_weigt_half、需求型政策 demad_weigt_half、环境型政策 cir_weigt_half，分别采用半年内考虑政策效力的算术加总。同时，本章将分析政策的不同组合对产业发展的影响，定义考虑政策效力的需求—供给型政策 d_s_wegt、供给—需求型政策 s_d_wegt。需求—供给型政策 d_s_wegt 指在半年周期内需求型政策先出台，同时需求型政策的比重大于供给型政策比重，且在该周期内供给型政策不为0。同理，供给—需求型政策 s_d_wegt 表示半年周期内供给型政策先出台，同时供给型政策的比重大于需求型政策比重，且在该周期内需求型政策不为0。同时，本章还将定义更加广义的政策组合变量，将以上定义相应的"比重大于"的条件去掉，仅考虑周期内政策先后顺序，变量分别记为 $s\_d\_wegt^2$、$d\_s\_wegt^2$。

需要说明的是，不同于彭纪生等（2008b）与程华和钱芬芬（2013）主要研究政策累积对产业发展带来的影响，本章研究的是每个周期内新增加的政策对产业发展的影响，即本章研究的政策影响是彭纪生等（2008b）与程华和钱芬芬（2013）中政策指标（采取政策累积）的一阶差分，对于政策累积的作用影响，本章将通过引入年度效应等加以控制。

二　政策实施综合绩效指标选择

从战略性新兴产业政策的出发点看，产业政策目标无疑是为了促进产业的增长，对战略新兴产业而言，其核心是创新效率。从指标构建看，全要素生产率是衡量产业发展的综合指标，可以使用该指标测算企业的过程创新，即通过提高现有产品的生产效率而降低成本消耗（P. Aghion et al.，2015），这也是本章用以测算政策绩效的指标。如何识别稳健可靠的全要素生产率是目前进行全要素生产率测算时不能忽略的问题，这是因为，企业进行要素投入决策往往跟全要素生产率有关，因而要素投入是内生的（Griliches and Mairesse，1995）。OLS 估计则要求要素投入是外生变量，即使控制个体的固定效应也不能解决要素投入内生问题，这是因为，时间可变的生产率冲击依然会影响要素投入决策（P. Aghion et al.，2015），因而使用 OLS 进行要素投入系数估计是有偏的，以此为基础测算全要素生产率是不恰当的。为此，本章基于奥利和帕克斯（Olley and Pakes，1996）提出的半参数估计法（以下简称 OP 法）进行全要素生产率测算。由于 OP 法使用投资作为全要素生产率冲击的代理变量，但投资与全要素生产率之间可能不具有单调性，因而受到部分学者批评（Levinsohn and Petrin，2003）。为了尽量减弱这一影响，本章删除了投资为非正值的样本。

根据 OP 法估计对变量要求同时结合所要研究样本的数据集，本章选择企业的营业收入代表产出（sale）、固定资产净额代表资本存量（asst_fix_net）、员工总数代表劳动投入（labor），投资额（invest）则以永续盘存法为基础进行计算，即：投资额 = 当期的固定资产净额 + 当期固定资产折旧 − 上期的固定资产净额。OP 法测算全要素生产率，不仅解决了要素投入的内生问题，也可以解决样本选择问题，即其也考虑企业的进入退出问题。由于本章选择的数据集中不存在进入退出问题，也就不存在样本选择问题，即只考虑 OP 法的要素投入内生问题。但是，Stata 官方提供的命令默认需要存在进入退出问题，为此，需要对原始命令进行调整。本章对 Yasar、Raciborski 和 Poi（2008）提供的程序进行修改以剔除样本选择的估计过程，在此基础上仅考虑要素投入内生问题进行全要素生产率测算。[①] 图 3 − 3 绘制了不同行业全要素生产率变动趋势图，从中可以

---

① Yasar，Raciborski and Poi，2008，Rafal Raciborski 在 Stata 官方咨询平台对此做出了答复，http：//statalist. 1588530. n2. nabble. com/st − Olley − Pakes − using − td1659658. html。

发现，整体上看，样本期内企业全要素生产率处于上升状态，且有显著变动，为下文进行经验分析提供了可能。

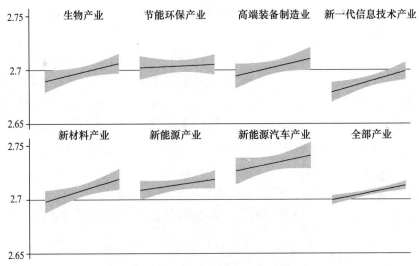

图3-3 不同行业全要素生产率变动趋势

注：横轴衡量的时间是2011年6月至2014年6月，以半年为一周期；实线为全要素生产率拟合趋势；阴影区域为95%的置信区间。

资料来源：笔者绘制。

三 政策实施影响企业决策指标选择

改革开放以来的中国经济高速增长，投资的重要贡献是无法回避的。此外，产业政策作为政府作用的体现，其作用还体现在通过产业政策进行公共投资来撬动社会资本更多的投资，即发挥政府资金的杠杆作用。从理论上讲，政府资金是公共投资，应该投向非生产性领域，但是，基于战略性新兴产业的技术外溢性等特征，对其进行扶持已经成为全球主要经济体的重要选择。而且，阿吉翁等（2015）的研究已经表明，如果补贴、税收优惠等公共投入能够激励产业内竞争，那么政策可以促进效率。因此，本章除考察政策对综合绩效TFP的影响外，还将分析产业政策对投资的影响。鉴于本章以政策文本为基础进行战略性新兴产业政策识别，本章不仅关注政策对私人投资的影响，还将分析产业政策对政府补贴的影响。通过对比产业政策对政府补贴和私人投资的影响方向，获得战略性新兴产业不同类型政策影响的作用机制（私人投资由本章上文构造的投资额来体现）。政府补贴来源于公司年报非经常性损益表的"计入当期损益的政府补助（与公司正常经营业务密切相关符合国家政策规定、按照一定标准定额或定量持续享受的政府补助除外）"一项，部分数据由于年报中未在非经常性损益表中出现，使用营业外收入中的政府补助条目相应补充。

　　本章依托平安证券进行的战略性新兴产业分类的上市公司数据进行政策影响分析，除政策变量外，其他数据均来自 Wind 资讯金融终端数据库。对于上文提到以元为单位的变量，本章均采用固定资产价格指数进行了价格平减以消除价格因素影响。主要变量的描述性统计如表 3-1 所示，可以发现，sub 和 invest 符合均为负，本章将其作为异常值处理，因此，将其取对数时自然删除非正值的样本。供给型政策、需求型政策以及环境型政策等政策指数变量的标准差与平均值均存在显著差异，这一样本基础为分析产业政策对战略性新兴产业发展的影响奠定基础。

表 3-1　　　　　　　　　　　主要变量描述性统计

变量	定义	样本量	均值	标准差	最小值	最大值
sales	营业收入（元）	3976	1.75E+09	1.04E+10	0	2.27E+11
lnsales	营业收入的对数	3974	19.68	1.45	15.21	26.15
sub	政府补助（元）	3976	2.33E+07	7.86E+07	-4.96E+05	2.67E+09
lnsub	政府补助的对数	3832	14.63	1.73	6.58	20.69
asst_fix_net	资本存量(元)	3860	8.07E+08	5.78E+09	4.67E+05	1.34E+11
lnkop	资本存量对数	3860	18.79	1.67	13.05	25.62
invest	投资额（元）	3684	7.26E+08	8.56E+09	-2.79E+07	2.05E+11
lninv	投资额的对数	3656	18.23	1.69	12.27	26.05
lnl	员工人数（人)对数	3970	7.48	1.26	3.37	12.59
discount_accle	累计折旧(元)	3860	6.57E+08	8.28E+09	3.90E+05	2.11E+11
lnTFP	全要素生产率对数	3684	2.71	0.062	2.46	3.01
sup_half	供给型政策指数	3976	1.37	2.39	0	16
sup_weigt_half	供给型政策指数（考虑权重）	3976	2.02	3.50	0	23

续表

变量	定义	样本量	均值	标准差	最小值	最大值
demad_half	需求型政策指数	3976	1.15	1.89	0	11
demad_weigt_half	需求型政策指数（考虑权重）	3976	1.59	2.84	0	18
cir_half	环境型政策指数	3976	2.56	3.12	0	13
cir_weigt_half	环境型政策指数（考虑权重）	3976	3.62	4.61	0	19
d_s_weigt	需求—供给型政策（狭义）	3031	0.09	0.29	0	1
s_d_weigt	供给—需求型政策（狭义）	3031	0.05	0.21	0	1
d_s_weigt^2	需求—供给型政策（广义）	3031	0.30	0.46	0	1
s_d_weigt^2	供给—需求型政策（广义）	3031	0.11	0.31	0	1

注：经过测算政策次序组合指标考虑政策权重与不考虑政策权重两者比较后指数没有任何变化，因而此处不标注是否考虑政策权重，只区分广义和狭义。

第四节 政策影响与企业行为选择：基本模型分析

一 不同类型政策与企业综合绩效

为了探析产业政策对战略性新兴产业发展综合绩效影响，本章首先从基本模型出发，通过控制时间与企业个体的双固定模型进行基本分析：

$$\ln TFP_{it} = \mu_i + \beta X_{it} + \theta Z_{it} + \varepsilon_{it} \qquad （Ⅰ）$$

其中，$\ln TFP_{it}$ 为企业 i 在时期 t 时的全要素生产率 TFP 的对数；X_{it} 为战略性新兴产业政策指数变量；Z_{it} 为其他变量可能影响企业 TFP 的变量，此处控制企业和时间效应，并在部分模型控制时间和省级地区的联合效应。根据研究设计，本章将首先分析不同政策类型的影响，即分别为供给型政策、需求型政策以及环境型政策的影响。同时，本章还将从政策出台先后次序识别需求—供给型政策和供给—需求型政策，并分析其对产业发展的影响。表 3 - 2 给出了不同政策影响 TFP 的估计结果。第 (1) — (4) 列是按照前文设计采用政策变量的滞后一期进行分析，同时表 3 - 2 第 (5) — (8) 列还报告了同期政策的影响以供比较，其中，第 (1) — (2) 和第 (5) — (6) 列未考虑政策权重系数，其他列考虑了政策权重系数。此外，表 3 - 2 奇数列本章仅考虑企业个体和时间的双向固定效应，偶数列则是在奇数列基础上进一步引入时间和省级地区的联合效应。之所以进行这样处理，是因为本章仅仅包含国家层面战略性新兴产业政策，没有考虑地方层面相关政策影响，而地方层面政策又主要由省级政府制定与发布。为此，通过控制省级地区和时间的联合效应，可以有效控制每年省级地区的影响，而这一影响自然包括省级政府出台的相关政策。通过表 3 - 2 可以发现，三种不同类型政策中仅供给型政策稳健地通过显著性检验，需求类和环境型政策大多未通过显著性检验。供给型政策系数符号为负，表明供给型政策显著降低了企业的全要素生产率水平。需求型政策系数一直显示为正且在考虑政策权重后通过显著性检验，显示有提升全要素生产率的可能，但其结论不稳健，仍待未来更多经验支撑。环境型政策系数一直为负，但其并未通过显著性检验，本章不作重点分析。

表 3 - 2　　　　　　　　　　　政策实施与企业全要素生产率

	数量		权重		数量		权重	
	(1)	(2)	(3)	(4)	(5)	(6)	(7)	(8)
供给型	−0.00033**	−0.00029*	−0.00022*	−0.00026*	−0.00059***	−0.00055***	−0.00030***	−0.00026**
	(0.00017)	(0.00017)	(0.00010)	(0.00010)	(0.00017)	(0.00017)	(0.00011)	(0.00011)
需求型	0.00034	0.00028	0.00017	0.00021*	0.00048*	0.00039	0.00023	0.00020
	(0.00025)	(0.00025)	(0.00015)	(0.00015)	(0.00025)	(0.00026)	(0.00015)	(0.00016)
环境型	−0.00013	−0.00010	−0.00016	−0.00015	0.00003	−0.00001	−0.00002	−0.00006
	(0.00020)	(0.00020)	(0.00014)	(0.00014)	(0.00021)	(0.00022)	(0.00015)	(0.00015)
个体效应	是	是	是	是	是	是	是	是
时间效应	是	是	是	是	是	是	是	是

续表

	数量		权重		数量		权重	
	(1)	(2)	(3)	(4)	(5)	(6)	(7)	(8)
时间和地区联合效应	否	是	否	是	否	是	否	是
样本量	3319	3319	3319	3319	3684	3684	3684	3684
R^2	0.93975	0.94285	0.93973	0.94283	0.93283	0.93629	0.93274	0.93621

注：＊＊＊、＊＊、＊分别表示在 1%、5% 和 10% 的显著性水平下显著；括号内为标准误。

资料来源：笔者通过 Stata13.1 计算整理。（以上说明适用于本章以下所有数据表格）

二　政策组合约束、不同政策影响与企业全要素生产率

近年来，随着我国政策制定体系的优化，政策间的组合实施已经成为政策制定者不可忽视的目标，目前的研究主要集中于政策间协同，即政策正逐步摆脱单纯依靠行政措施或其他单一政策措施来实现政策目标的做法，而转向综合利用各种政策措施（彭纪生等，2008a；张国兴等，2014）。本章将政策协同具体化为政策的组合次序，得到政策指标 s_d_wegt、d_s_wegt 和 s_d_wegt^2、d_s_wegt^2，详细定义见变量描述部分。将式（Ⅰ）中 X_{it} 替换为政策组合变量重新估计，估计结果汇总在表 3 – 3。第（1）至第（2）列给出的是基于狭义的政策次序组合 s_d_wegt、d_s_wegt 的估计结果，第（3）至第（4）列为广义的政策次序组合 s_d_wegt^2、d_s_weg^2 的估计结果，同表 3 – 2 相同奇数列不控制省级地区与时间的联合效应，偶数列控制这一联合效应。估计结果表明，无论是否考虑省级地区与时间的联合效应，狭义的供给—需求型政策次序组合均通过 1% 的显著性检验，且其系数符号为负表明供给—需求型政策次序组合显著降低了企业全要素生产率。反观需求—供给型政策次序组合并没有通过显著性检验，表明尚未有经验证据支持需求—供给型政策次序组合降低企业全要素生产率的论证。再者，如果不考虑供给型政策与需求型政策在周期内的比重的话，广义的供给—需求型政策组合的影响同样不显著。以上综合比较可以从侧面表明相对需求型政策而言，供给型政策更倾向于降低企业全要素生产率，从侧面也佐证了表 3 – 2 结果的稳健性。

表 3 – 3　　　　　　　　　政策次序组合与企业全要素生产率

	（1）	（2）	（3）	（4）
需求—供给型	– 0. 00105 （0. 00124）	– 0. 00125 （0. 00129）	– 0. 00028 （0. 00087）	– 0. 00032 （0. 00089）
供给—需求型	– 0. 00513 ** （0. 00211）	– 0. 00594 *** （0. 00227）	0. 00056 （0. 00162）	– 0. 00024 （0. 00167）
个体效应	是	是	是	是
时间效应	是	是	是	是
时间和地区 联合效应	否	是	否	是
样本量	2891	2891	2891	2891
R^2	0. 94145	0. 94485	0. 94129	0. 94467

注：政策变量均采取滞后一期形式，以下同。

　　表 3 – 2 表明，政策次序组合具有显著影响，那么很自然的一个疑问是：在政策次序组合约束下，不同类型政策的作用影响如何？为此，本章构造政策次序组合与不同类型政策的交叉项：d_s_s、d_s_d 与 d_s_c 代表需求—供给政策次序组合下供给型政策指数、需求型政策指数与环境型政策指数；s_d_s、s_d_d 与 s_d_c 代表供给—需求政策次序组合下供给型政策指数、需求型政策指数与环境型政策指数。表 3 – 4 给出了考虑政策次序组合约束下不同政策影响的估计结果。表 3 – 4 显示，除 d_s_s 外，其他变量均通过 5% 的显著性检验，其中：需求—供给政策次序组合约束下需求政策为正表明其可以提升企业全要素生产率，环境型政策则降低企业全要素生产率；供给—需求政策次序组合下供给型政策与需求型政策作用方向正好相反，供给型政策显著降低企业全要素生产率，需求型政策显著提升企业全要素生产率。以上结论表明，在提升企业综合绩效方面，需求—供给型政策次序组合显著优于供给—需求型政策次序组合。同时，无论是在何种政策次序组合下，需求型政策均显著优于供给型政策。

表 3 – 4　　　政策组合约束下政策影响与企业全要素生产率

d_s_s	0. 00225 （0. 00165）
d_s_d	0. 00270 ** （0. 00106）

续表

s_d_s	−0.00312** (0.00101)
s_d_d	0.00367** (0.00136)
d_s_c	−0.00263** (0.00100)
个体效应	是
时间效应	是
时间和地区联合效应	是
样本量	2777
R²	0.94345

注：s_d_c 由于共线性未显示。

三　政策影响下的企业投资行为

通过企业综合绩效分析仅能得到政策影响两边的作用方向，但是，仍然无法得到政策对微观层面企业行为的影响机制，本部分以投资决策行为着眼点，分析政策影响的微观作用机制。构造控制时间与企业个体的双固定模型作为基本分析。作为投资的一部分，本部分将分别观察产业政策对政府补贴以及对私人投资的影响：

$$\ln sub_{it}或\ delta\_\ln sub_{it} = \mu_i + \beta X_{it} + \theta Z_{it} + \varepsilon_{it}^{①} \qquad (Ⅱ)$$

$$\ln inv_{it}或\ delta\_\ln inv_{it} = \mu_i + \beta X_{it} + \theta Z_{it} + \varepsilon_{it} \qquad (Ⅲ)$$

其中，$\ln sub_{it}$ 为企业 i 在时期 t 时获得政府补贴的对数，$delta\_\ln sub_{it}$ 为 $\ln sub_{it}$ 的一阶差分；$\ln inv_{it}$ 为企业 i 在时期 t 时投资额的对数，$delta\_\ln inv_{it}$ 为 $\ln inv_{it}$ 的一阶差分；X_{it} 与上文定义相同，依然为战略性新兴产业政策指数变量；Z_{it} 则为其他变量可能影响企业全要素生产率的变量，此处控制企业和时间效应，并在部分模型中控制时间和省级地区的联合效应。依然延续上文的研究步骤，首先分析不同政策类型的影响，即供给型政策、需求型政策以及环境型政策的影响，然后分析政策次序组合约束及其影响。模型（Ⅱ）和模型（Ⅲ）的估计结果见表 3−5。第

---

① 估计系数 β、θ 以及 ε 残差项只是为了表达方便，仅具有示意性作用。本章并没有在不同模型采用不同字母来表示估计系数。

（1）—（4）列是对政府补贴影响分析模型（Ⅱ）的估计结果，第（5）—（8）列是对私人投资影响的模型（Ⅲ）的估计结果。为了比较不同指标的估计结果来提高稳健性，本部分进行以下检验：其一，除分析私人投资与政府补贴的绝对变量外，本章还分析其差分变量；其二，仍然只考虑政策数量，将包含政策权重的相应政策指数进行对比分析。

表3-5　　　　　　　　　　　不同政策影响与企业投资决策

	delta_lnsub		lnsub		delta_lninv		lninv	
	数量	权重	数量	权重	数量	权重	数量	权重
	（1）	（2）	（3）	（4）	（5）	（6）	（7）	（8）
供给型	0.04311 ***	0.03428 ***	0.01537 *	0.01329	-0.00684	-0.00171	-0.01510 ***	-0.00818 **
	(0.01565)	(0.01079)	(0.01098)	(0.00758)	(0.00849)	(0.00584)	(0.00557)	(0.00384)
需求型	0.00043	-0.00539	0.01602	0.00620	0.00025	-0.00320	0.00646	0.00114
	(0.01915)	(0.01145)	(0.01336)	(0.00801)	(0.01038)	(0.00620)	(0.00679)	(0.00405)
环境型	-0.01621	-0.01188	-0.01216	-0.00876	0.00240	0.00121	-0.00047	0.00042
	(0.01279)	(0.00797)	(0.00876)	(0.00550)	(0.00709)	(0.00440)	(0.00459)	(0.00286)
个体效应	是	是	是	是	是	是	是	是
时间效应	是	是	是	是	是	是	是	是
时间和地区联合效应	是	是	是	是	是	是	是	是
样本量	3300	3300	3407	3407	3141	3141	3293	3293
R^2	0.55095	0.55131	0.77616	0.77624	0.10449	0.10445	0.94378	0.94371

表3-5显示，无论是否考虑政策权重，供给型政策对 delta_lnsub 的影响均通过1%的显著性检验，不考虑政策权重时，其对 lnsub 的影响系数通过10%的显著性检验。尽管考虑政策权重时，供给型政策对 lnsub 的影响系数未通过显著性检验，但其系数也为正且P值仅为0.2。基于以上估计结果，本章认为，供给型政策对企业得到政府补贴具有显著的积极作用。供给型政策对私人投资的影响的估计结果显示：供给型政策对 delta_lnsub 的影响没有通过显著性检验，但其对 lninv 的影响因素均通过5%

的显著性检验，而且供给型政策的影响系数稳健为正，表明供给型政策显著抑制企业的私人投资。对于需求型政策和环境型政策，由于其均未通过显著性检验，本章在此不做过多论述，有关作用机制留待未来进一步探析。

此外，本章还将分析政策次序组合影响下的不同政策对企业投资决策行为的影响，为此，可以将模型（Ⅱ）和模型（Ⅲ）中的 X_{it} 替换为政策次序组合与不同类型政策的交叉项：d_s_s、d_s_d、d_s_c；s_d_s、s_d_d 与 s_d_c，估计结果见表3-6。通过表3-6可以发现，d_s_s 对 delta_lninv 的影响为负且通过5%的显著性检验，其对 lninv 的影响虽未通过显著性检验，但其影响系数为负。同时，d_s_d 对 delta_lninv 和 lninv 的影响均通过显著性检验（前者通过10%的显著性检验，后者通过5%的显著性检验），其影响系数稳健为正。以上结果进一步验证了上文关于"供给型政策抑制企业私人投资"的结论，同时也表明在需求—供给型政策次序作用下，需求型政策具有促进企业私人投资的作用。

表3-6　　　　　　　　政策次序组合与企业投资决策①

	lninv	delta_lninv
d_s_s	-0.05203	-0.14907**
	(0.04612)	(0.06827)
d_s_d	0.07146**	0.07593*
	(0.02956)	(0.04367)
s_d_s	0.03060	-0.01502
	(0.02823)	(0.04078)
s_d_d	-0.04062	0.02855
	(0.03805)	(0.05494)
d_s_c	-0.02425	0.01622
	(0.02799)	(0.04105)
个体效应	是	是
时间效应	是	是

---

① 本章发现政策次序组合约束下，政策对政府补贴的影响并没有通过显著性检验，这说明企业获得政府补贴与政策次序组合并没有显著关系，因此，本章并未报告该估计结果。

续表

	lninv	delta_ lninv
时间和地区 联合效应	是	是
样本量	2758	2614
R^2	0. 94285	0. 12453

第五节　基于企业、地区与部门异质性的进一步分析

以上研究对于认识产业政策影响的一般规律具有显著作用，但其预先假设不同部门、不同企业以及不同地区不存在异质性，掩盖了产业政策影响下在不同主体间实施的差异，即政策影响的结构性问题。在上文的研究基础上，本章结合有关异质性来分析产业政策在不同情形下的作用结果。

一　政策影响与企业异质性

尽管本章对政策文本进行了一定程度的挖掘，但是政策文本与政策传导于企业的过程仍然处于"黑箱"过程中。一个很自然的疑问就是，政策实施对于不同的企业是否存在显著差异，从实施效果差异可以倒推政策实施中可能存在的问题。根据每年样本企业的全要素生产率水平，本章将样本分成高生产率企业与低生产率企业两类，在此基础上分析产业政策对企业影响的结构性差异。构造各类政策指数（本部分仅分析考虑政策权重的政策指数）与高生产率企业的交叉项即 sup_h、dema_h 与 cir_h，并将其放入模型（Ⅱ）和模型（Ⅲ）中政策指数变量序列中进行分析，估计结果汇总在表 3 – 7。观察政策对不同企业的结构性影响，表 3 – 7 显示，sup_h对 delta_ln sub 的影响通过 10% 的显著性检验，且其符号为负，表明相对低生产率企业而言，高生产率企业获得政府补贴的增长趋势更弱，即供给类政策主要作用于低生产率企业，这一结论反映了中国战略性新兴产业政策存在的"扶弱"倾向，与韩超（2014）的结论基本趋于一致。

表 3 - 7 还显示，sup_half 对 delta_ln sub 的影响通过 1% 的显著性检验，对 lnsub 和 lninv 通过 5% 的显著性检验，对前两个变量影响系数符号为正，对后者的影响系数符号为负，表明从一般意义上说战略性新兴产业政策提高了政府补贴，但同时也抑制了企业私人投资，这一结论与表 3 - 5 的结论保持一致，再次验证了这一结论的稳健性。与表 3 - 5 不同的是，表 3 - 7 中 cir_half 的作用方向与 sup_half 完全相反（对 delta_ln sub 的影响通过 1% 的显著性检验，对 lnsub 和 lninv 通过 10% 的显著性检验），表明从一般意义上说环境型政策有助于提升企业私人投资，发挥政策的引导作用。现有研究对企业私人投资与政府干预经济关系的研究主要集中于财政政策视角研究公共投资与企业私人投资的关系（唐东波，2015；张勇、古明明，2011；黄亭亭、杨伟，2010），但是，对于公共投资到底"挤出"还是"吸引"企业私人投资仍存在较大争议，并未得到一致结论。与现有研究不同的是，本章将政策影响的源头上溯至政策文本层面，打通政策结果（如财政政策分配的结果）与政策发布之间的联系，因而本章的结论更能贴近政策本身，更能反映政策实施的客观影响。

表 3 - 7　　　　　　　　　　　企业生产率差异与政策影响

	（1） delta_lnsub	（2） lnsub	（3） delta_lninv	（4） lninv
sup_h	- 0. 03449 * (0. 01901)	- 0. 01471 (0. 01328)	0. 01118 (0. 01037)	0. 00824 (0. 00673)
dema_h	0. 01064 (0. 02148)	0. 00953 (0. 01504)	0. 00337 (0. 01176)	0. 00757 (0. 00759)
cir_h	0. 002676 (0. 01284)	0. 00823 (0. 00891)	- 0. 00147 (0. 00706)	- 0. 00242 (0. 00454)
sup_half	0. 05253 *** (0. 01472)	0. 02102 ** (0. 01034)	- 0. 00722 (0. 00782)	- 0. 01238 ** (0. 00519)
demand_half	- 0. 01105 (0. 01599)	0. 00136 (0. 01119)	- 0. 00483 (0. 00851)	- 0. 00255 (0. 00564)
cir_half	- 0. 02718 *** (0. 01046)	- 0. 01308 * (0. 00725)	0. 00856 (0. 00566)	0. 00686 * (0. 00370)

续表

	(1)	(2)	(3)	(4)
	delta_ln sub	lnsub	delta_lninv	lninv
high_tfp	0.02248	0.06628	0.02826	0.00403
	(0.09278)	(0.06427)	(0.06036)	(0.03479)
个体效应	是	是	是	是
时间效应	是	是	是	是
时间和地区联合效应	是	是	是	是
样本量	3300	3407	3141	3293
R^2	0.55246	0.77655	0.10608	0.94390

二　政策影响与区域异质性

本章进一步考察政策影响的区域间差异。本章按照国家统计局的区域分类，依据企业所在地划分为东部、中部和西部地区，并构建区域的虚拟变量使之与相应的政策指数变量交互，并依托模型（Ⅱ）和模型（Ⅲ）进行分析，估计结果汇总在表 3 - 8。表 3 - 8 显示，从补贴和企业私人投资的地区虚拟变量看，相对中部而言，东部得到的政府补贴和企业的私人投资均较多，西部则呈现相反的趋势。sup_half 对企业私人投资的影响通过显著性检验，其系数符号为负，与上文的结论保持一致。cir_half 的结论与表 3 - 5 存在差异（表 3 - 5 环境型政策未通过显著性检验），但与表 3 - 7 的估计结果保持一致（对 lnsub 影响显著为负，且通过 5% 的显著性检验；对 delta_lninv、lninv 影响为正，分别通过 1% 和 5% 的显著性检验）。政策与地区虚拟的交互项表明，相对中部而言，供给型政策对东部和西部的企业私人投资均具有一定引导作用（系数符号均为负且通过 1% 的显著性检验）。需要注意的是，交互项代表的是相对变量，真实的供给型政策在东部（或者西部）的影响需要将供给型政策的绝对系数与交互项相加，计算可知供给型政策对东部和西部的企业私人投资均具有 "挤出" 效应。

表 3 - 8　　　　　　　　　　　企业生产率差异与政策影响

	（1） delta_sub	（2） lnsub	（3） delta_lninv	（4） lninv
sup_east	0.01522	0.01392	0.0384 ***	0.0235 ***
	(0.03266)	(0.02289)	(0.01792)	(0.01183)
dema_east	0.00951	− 0.00396	0.02593	0.01284
	(0.03724)	(0.02579)	(0.02008)	(0.01312)
cir_east	0.00145	0.02239	− 0.0035	− 0.017
	(0.02069)	(0.01422)	(0.01134)	(0.00733)
sup_west	0.01643	0.01201	0.0452 ***	0.0217 ***
	(0.04542)	(0.03175)	(0.02429)	(0.01610)
dema_west	0.00385	0.02667	0.01720	0.00507
	(0.04925)	(0.03416)	(0.02647)	(0.01726)
cir_west	0.01903	0.02995	− 0.0079	− 0.0016
	(0.02680)	(0.01860)	(0.01468)	(0.00955)
sup_half	0.02083	0.00136	− 0.05335 ***	− 0.03982 ***
	(0.03079)	(0.02157)	(0.01690)	(0.01117)
demand_half	− 0.01286	0.00706	− 0.02514	− 0.00927
	(0.03497)	(0.02417)	(0.01886)	(0.01231)
cir_half	− 0.01555	− 0.02928 **	0.02999 ***	0.01590 **
	(0.01954)	(0.01340)	(0.01071)	(0.00690)
east	0.05456	3.86175 ***	0.12734	0.93673 **
	(1.53930)	(0.75563)	(0.64756)	(0.42020)
west	1.08597	− 6.30450 ***	0.29368	− 2.23186 ***
	(1.36768)	(1.59957)	(0.65058)	(0.39884)
个体效应	是	是	是	是
时间效应	是	是	是	是
时间和地区 联合效应	是	是	是	是
样本量	3288	3394	3127	3279
R^2	0.55116	0.77685	0.11292	0.94394

三 部门异质性特征及其影响①

本章构建的产业政策存在"政出多头"现象，那么很自然的一个疑问就是这些不同部门出台的类似政策作用效果是否一致？如果一项政策文本有许多部门参与，本章假设牵头部门具有主导作用，并将其归为牵头部门的有关政策，各项政策指数测算办法同上文一致，唯一需要做的是对每项政策文本进行部门归类。为此，对应模型（Ⅰ）、模型（Ⅱ）和模型（Ⅲ），将相应政策变量进行替换，本章估计了财政部、科技部、工信部及发改委牵头的产业政策影响，估计结果汇总在表3－9。表3－9显示，区别不同部门后政策作用方向并不一致，表明不同部门的政策确实存在显著的作用差异。从供给型政策对企业私人投资的影响看，财政部和工信部均通过显著性检验，且其系数符合均为负，表明以上两个部门的供给型政策显著抑制企业私人投资。lnsub 的影响表明财政部和国家发改委的供给型政策显著带来政府补贴的提高（均通过显著性检验，系数符号为正）。同时，对于需求型政策而言，表3－9显示，财政部需求型政策具有提高政府补贴的统计证据（通过10%的显著性检验，且系数符号均为正），科技部和工信部的需求型政策提高企业私人投资（前者通过1%的显著性检验，后者通过10%的显著性检验，系数符号均为正），而工信部的需求型政策、环境类政策的影响分析表明，财政部、科技部的环境政策均有助于提升政府补贴（前者通过10%的显著性检验，后者通过5%的显著性检验，其系数符号均为正），同时，财政部的环境型政策还提升了企业私人投资（通过1%的显著性检验，其系数符号为正），而工信部的环境型政策抑制企业私人投资（通过10%的显著性检验，其系数符号为负）。本章认为，不同部门产业政策实施表现出的作用差异可能与部门政策特征存在一定关系。财政部与工信部的供给政策大多采取典型的资金投入方式，因而其对私人投资的挤出效应也最为显著；是财政部的需求政策以支持推广等方式进行补贴，由于其补贴主要是面向消费

---

① 基于战略性新兴产业的特征，财政部、发改委、工信部与科技部是产业政策发布的主要部门。当然，还有国家税务总局、环保部等机构也发布了相关政策，但是，由于政策文本样本量小，本章未做分析。将政策细分到各部门后，导致各部门分类的政策样本量大幅度减小，因此，表3－9的结果可能不够稳健，研究结论值得进一步商榷，甚至可能有错误，有待未来单独依托各部门的政策，进一步拓展研究对象以提高政策样本量，得到更加稳健的结论。但是，鉴于"政出多头"在中国产业政策制定与实施中的典型问题，本章认为，表3－9中数据结果仍然具有一定说明性（仅是提示性而非决定性）。

者，因而可以吸引企业增加私人投资额。国家发改委、工信部的供给型政策与财政部的供给型政策具有类似特征，但是，工信部的大部分需求型政策与财政部截然不同，其大多采用具体产品推广示范等政策，因而其对企业私人投资的引导作用较为显著。对于环境类政策的解释，本章还无法给出科学的解释，有待进行稳健性分析。

表 3 - 9　　　　　　　　　　　不同部门政策影响

		lnsub	lninv
财政部牵头	供给型	0.02080 * (0.02203)	-0.03227 * (0.01759)
	需求型	0.04669 * (0.02722)	0.01098 (0.01404)
	环境型	0.06029 * (0.03390)	0.04706 *** (0.01743)
科技部牵头	供给型	-0.02734 (0.09214)	-0.09486 (0.04719)
	需求型	-0.16042 (0.10787)	0.15108 *** (0.05540)
	环境型	0.09364 ** (0.04585)	-0.00445 (0.02400)
工信部牵头	供给型	0.00894 (0.03593)	-0.04222 ** (0.01834)
	需求型	0.00021 (0.01767)	0.06121 * (0.03493)
	环境型	-0.02542 (0.02933)	-0.02977 * (0.01530)
国家发改委牵头	供给型	0.07688 *** (0.02471)	0.00635 (0.01267)
	需求型	0.03761 (0.03304)	-0.00212 (0.01725)

续表

		lnsub	lninv
	环境型	- 0.05239	0.01949
		(0.03458)	(0.01790)
个体效应	是	是	是
时间效应	是	是	是
时间和地区联合效应	是	是	是
样本量	2964	2869	
R^2	0.78504	0.94707	

　　对战略性新兴产业进行政策扶持已经成为国际社会重要共识[①]，但发生在中国战略性新兴产业发展中的政策目标与产业发展现状之间的政策实施偏差仍然值得关注。虽然现有研究对此进行了一定分析，但整体而言仍然没有触及政策制定层面。在对近年来战略性新兴产业扶持政策的梳理的基础上，本章将相关政策按照供给型、需求型和环境型政策进行系统分类，进而得到政策指数，以此为基础分析了不同类型政策以及不同政策组合对企业综合绩效与企业投资决策的影响。研究表明，供给型政策在提高企业获得政府补贴的同时稳健抑制了企业私人投资，综合效果降低了企业全要素生产率。此外，本章还发现，不同的政策组合具有不同的效果，当一个周期内先出台供给型政策后出台需求型政策（且供给型占主导）时，这一政策组合将显著抑制全要素生产率提升。值得注意的是，考虑企业异质性约束下政策影响时，本章发现，供给型政策抑制了高生产率企业获得政府补贴的趋势。考虑区域差异时，分析发现，供给型政策对企业私人投资的抑制作用在中部更为明显。同时，本章还发现，不同部门实施的产业政策具有显著差异，其背后隐含的政策内涵值得思考。

---

① 尽管各国定义不同，但其扶持产业的内涵基本一致。

第四章 战略性新兴产业政策协同效应：
对技术创新的影响

政策协同对技术创新的影响是进行战略性新兴产业政策影响评价的重要内容。本章基于2011—2013年战略性新兴产业相关政策文本，从政策措施内协同、部门协同和措施间协同三个角度，结合上市公司数据来分析政策协同的作用。研究发现，政策出台数量、效力都未对企业创新产生正向激励；与供给型和环境型政策相比，需求型政策出台抑制了企业创新；政策协同作用具有差异性，措施内协同不利于创新发展，部门协同作用不明显，而在措施间协同上，供给型和需求型协同以及环境型和需求型协同在整体政策和分行业政策下都对技术创新有一定的抑制作用，与之相比，整体政策的供给型和环境型协同有利于企业创新进步，但在分行业政策下这一作用并不显著。

第一节 政策协同在政策实施中的作用

后国际金融危机时代，为了占领新一轮的经济制高点，世界各国对战略性新兴产业发展都较为注重，并据此出台了一系列培育措施。虽然在发展目标、路径选择上有所差异，但大多还是集中于知识技术密集、物质资源消耗少、成长潜力大、综合效益好的产业。从我国实践来看，战略性新兴产业的培育主要还是依靠政府资金来缓解产业发展自身投入高、风险大以及企业动力不足的缺陷。有学者研究认为，我国战略性新兴产业的发展正由企业的自组织行为向政府引导与推动的社会化行为转变（张国胜，2012），政策对战略性新兴产业发展的影响日益凸显（肖兴志和王海，2015）。从实践意义来说，围绕战略性新兴产业发展进行政策层面的思考很有必要。其中，创新作为战略性新兴产业发展的灵魂所在，对其进行研究具有较高的实践价值。

从基本的政策脉络来看，我国创新政策呈现出多部门、多领域的态势，政策内容、范围都较为全面。这也在客观上需要部门之间加强沟通协调，实现政策协同，但这一目标的实现依旧存在很多难点。一是统筹难度过大。由于中国幅员辽阔，很难有一项通用的准则适用于全国。为此，在一般性的经济事务处理中，大多采取因地制宜的方案。地方官员也因此具有较大的自由裁量权，存在委托—代理危机。二是制度设计落后。虽然在政策发布上呈现出多部门的格局，但政策运行机制依旧采用"确定目标—分工负责—各自评价"这一单一政策效率衡量的传统模式，政策出台自身诱导了效率和效能的双向作用（刘华、周莹，2012），从政策向量的角度来看，难以达到理想的协同效果（见图4-1）。

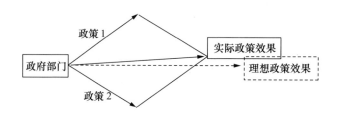

图4-1　政策向量式影响效果

从图4-1可以看出，如果我们假设政策都是围绕着同一目标来努力，综合效果却可能出现"1+1＜2"的效应，因为会存在更深层次的矛盾：政策难以毫无偏离。每一项政策实施的结果，背后都是多项作用力的综合。① 现实的复杂性迫使经济学家以一个更为宏观的角度去分析解释宏观经济现象。哈肯（1989）提出的协同理论为这种研究思路提供了理论土壤，即通过分析系统各要素之间、要素与系统之间、系统与环境之间协调、同步、合作和互补的关系来为政府决策提供建议（哈肯，1989；张国兴等，2014）。战略性新兴产业的发展历程也不例外。从2011年1月到2014年6月的战略性新兴产业政策数据来看，合计出台

---

① 当然，在此我们也无法确定地认为所有政策都是戮力同心地促进某一行业的发展，从现实的角度来看，也并不可能，很多经济问题自身就存在一定的相悖性，如在当前经济条件下，我们无法轻易地获得外资溢出和自主研发的"双赢"。

439 项政策，涉及国务院、国家税务总局、科技部等多家部门，但却依旧出现产能过剩、低水平重复建设等困境，现实压力迫使寻求政策间的协同效应。

大量研究表明，企业创新离不开其外部制度制约，其中，政策协同所带来的影响不容忽视。弗里曼（Freeman，1988，1992）、伦德瓦尔（Lundvall，1992，2002）曾从国家创新系统（NSI）这一概念出发来思考技术发展与组织制度嵌入性之间的关系。早在 2000 年欧盟在里斯本峰会上就提出要构建基于创新政策的 OMC（Open Method of Coordination），目的在于用软治理工具替代原有的条约规定以促进政策协同（Kaiser and Prange，2005）。李伟红等（2014）通过我国地区层面数据验证发现，创新政策工具间的协同有利于经济增长，其中，金融支持的作用最为可观。而从国家层面来看，2014 年，习近平在省部级主要领导干部学习"贯彻党的十八届三中全会精神全面深化改革"专题研讨班讲话中提出并论述了关于全面深化改革政策的五个关系。他说，"要弄清楚整体政策安排与某一具体政策的关系、系统政策链条与某一政策环节的关系、政策顶层设计与政策分层对接的关系、政策统一性与政策差异性的关系、长期性政策与阶段性政策的关系"。[①] 可以说，国家已经开始重视政策间的协同效应，但具体协同路径还有待于考察。

基于以上理解，本章试图从政策文本提取信息来分析政策协同对战略性新兴产业发展所造成的影响。具体研究主要通过收集整理 2011 年 1 月到 2013 年 12 月间国家各部委所出台的涉及战略性新兴产业的政策数据，结合万德数据库和平安证券行业分类中的"平安战略性新兴产业"上市公司企业样本，来进行细化分析政策协同层面的影响。

第二节 战略性新兴产业政策协同现状与作用机制

一 战略性新兴产业政策的基本现状

企业创新具有明显的持续周期长、成本高、风险大的特点（肖兴志、

---

① 新华网，http://news.xinhuanet.com/politics/2014-02/21/c_119448815.htm。

王海，2015），创新失败的案例比比皆是，作为一项风险决策，管理者进行创新决策时较为谨慎。同时，由于技术和知识具有公共产品的"溢出"特性，创新型企业的私人收益率往往会低于社会收益率（解维敏等，2009），研发活动自身的市场失灵和投资不足难以回避（Tassey，2004），进一步引致企业创新投入动力不足。对于这样的现象，普遍的做法是：一方面给企业提供融资支持，另一方面出台相应政策来缓解企业投入产出的不对等，如提供补贴支持、加强专利保护等。大多数学者也正是基于这个视角进行研究的。尤其对于战略性新兴产业而言，由于其技术上的复杂性、不确定性、外溢性以及市场需求的拉动不足，企业研发积极性不高，各级政府对战略性新兴产业采取了一系列的激励措施，但也导致更深层次的政策危机：企业可能单纯地依靠政策来粉饰业绩、持续经营，造成资源配置效率的降低（肖兴志、王伊攀，2014）。

现实危机引导我们进行更深一步的思考，究竟应当出台什么样的政策？如何来实现政策效用的最大化？从相关报道可以看出，有学者已经开始意识到已有的"运动式"治理、"修马路"式治理的不合理性，呼吁由"运动治理范式"向"常态治理范式"的转变[1]，强调打出中国治理的政策组合拳。[2] 政府也已意识到政策协同的重要性，但实施成果仍有待于进一步的检验。为此，本章以战略性新兴产业为例，对中国式政策协同来进行梳理。基本的现象描述将从政策数量、政策效力的演变、措施协同的基本现象以及部门协同的基本现状来一一展开。

（一）政策数量、政策效力的演变

从时间维度来看，2010 年 10 月，国务院出台的《国务院关于加快培育和发展战略性新兴产业的决定》（国发〔2010〕32 号）着重提出，为了抢占新一轮经济和科技发展制高点，现阶段重点培育七大战略性新兴产业。各级政府随之出台相应发展规划和配套政策，为战略性新兴产业的发展提供政策支持。而正是由于 2011 年是"十二五"开局之年和培育战略性新兴产业的起步之年，本章对新兴产业政策文本的搜寻从 2011 年开始，并据此给出政策的演变趋势，在政策效力的衡量上，本章采用与

---

① 源于祁凡骅的观点，http://www.ftchinese.com/story/001061846? page=2。
② 源于人民网对习近平讲话的报道，http://bj.people.com.cn/n/2015/0602/c360761 - 25098839.html。

张国兴等（2014）类似的衡量方式，通过"政策"一词来定义其效力。

由图4-2和图4-3可以看出，除生物产业外，其他产业在政策数目、效力上大致呈现倒"U"形变化。2012年，相应政策文本出台数量最多、政策效力最高，这可能与中央政府换届，中共十八大的召开有关。同时，在政策侧重点上，节能环保产业政策数量最高，这也充分体现了中央的发展倾向，通过节能环保来缓解我国的资源约束，拉动内需，提升产业竞争力。[①] 在这一基本描述下，我们参考金（Kim，1997）等的做法，通过言辞和语意将政策基本划分为旨在加强需求的政策（需求型政策：政府采购、贸易政策、用户补贴、应用示范和价格指导）、旨在加强供给的政策（供给型政策：人才培养、资金支持、技术支持和公共服务）和旨在构建发展环境的政策（环境型政策：目标规划、金融支持、法规规范、产权保护和税收优惠）。基本的分布脉络如图4-4至图4-6所示。

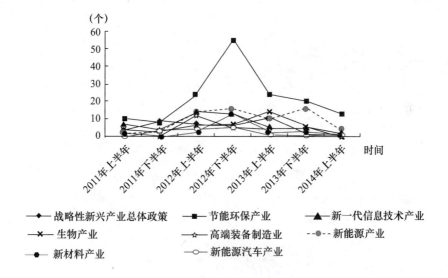

图4-2 政策出台数量基本描述

---

① 新华网，http://news.xinhuanet.com/fortune/2013-08/11/c_116897014.htm。

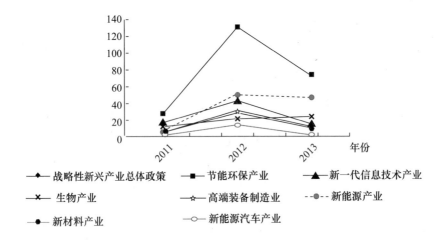

图 4 - 3　政策效力基本描述

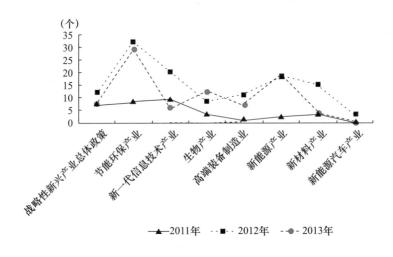

图 4 - 4　环境型政策基本状况

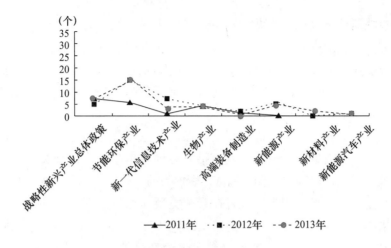

图 4-5　供给型政策基本状况

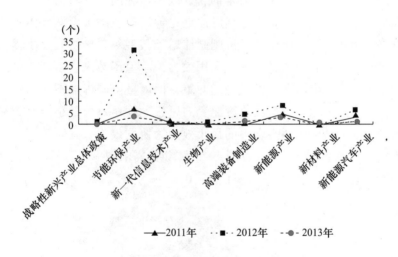

图 4-6　需求型政策基本状况

从图 4-4 至图 4-6 可以看出，在政策工具的选用上，政府较为倾向于环境型政策，而供给型政策和需求型政策采用相对较少。从现实来说，一个良好的生存环境，关系到企业的平稳持续发展，这符合《国务院关于加快培育和发展战略性新兴产业的决定》着重提出的"营造良好的市场环境，调动企业主体的积极性"，同时也与当前政策制定中的"普惠"倾向较为一致。在具体产业上，节能环保产业在三种类型政策上都具有较高的关注度。这与国家的高度重视是分不开的（《国务院关于加快培育和发展战略性新兴产业的决定》中将节能环保产业列为七大战略性新兴产业之首，从图中可以看出，相对政策关注力度也的确是按照决定中所列产业顺序大致递减），从规划来看，我国政府希望到2020年，把节能环保产业打造为中国国民经济的支柱产业，政策分布存在一定的产业差异。

（二）措施协同的基本现象

对于政府的政策措施协同，我们在前文三类政策划分的基础上进行思考，从样本政策文本来看，政策措施协同基本呈现出两种类型：一是单一政策措施内协同（见图4-7），表现为同一政策既涉及需求型也兼顾到供给型（或者环境型类）或者在某一类型（如供给型）内部涉及两种具体措施（人才培养和资金支持）；二是政策措施间协同，指的是在同一年，政府既出台需求型政策也出台了供给型政策，政策基本目标一致，但却是从不同的手段出发。通常而言，政策措施间协同较为常见。从宏观经济调控来看，新一届政府越发注重完善宏观经济政策框架体系和调控思路，而并不简单依靠"经济刺激计划"。[1] 政策措施协同逐步提上议程，对于这种协同的衡量，本章采用效力最小值函数来表示。这是由于几乎每个产业都会出台三种类型的政策，但衡量协同程度不能简单地从总量上考虑。为此，本章从政策配套的思想上构建效力最小值函数来进行衡量，定义措施两两组合中的最小效力为协同效力。具体政策间协同分为供给环境型措施协同（见图4-8）、供给需求型措施协同（见图4-9）和环境需求型措施协同（见图4-10）。

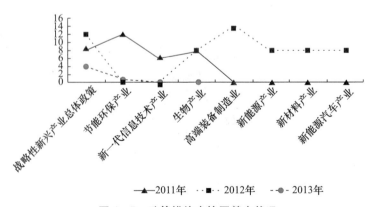

图4-7 政策措施内协同基本状况

---

① 新华网，http://news.xinhuanet.com/fortune/2013-08/26/c_125244816.htm。

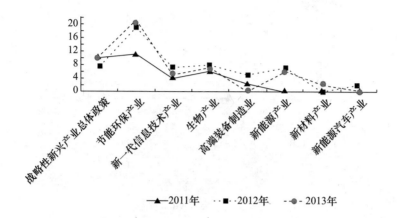

图 4 – 8　供给环境型措施协同基本状况

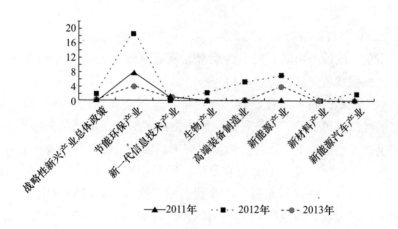

图 4 – 9　供给需求型措施协同基本状况

　　从图中可以看出，在政策内协同问题上，2011 年和 2012 年呈现出较多的政策内协同，但两者的侧重产业存在一定的差异。而对于措施间的协同，供给环境型协同在三年间一直保持较高态势，相对年度差异并非十分明显。而供给需求型和环境需求型措施协同在 2012 年表现尤为突出，其中，节能环保产业依旧保持很高的政策关注力度，相对协同水平较高。

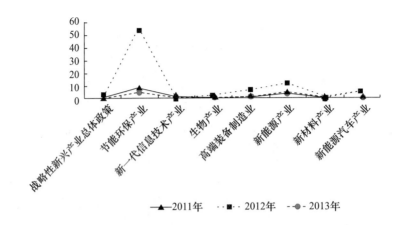

图4-10 环境需求型措施协同基本状况

(三)部门协同的基本现状

当前,政策的协同倾向尤为明显,有官员强调,"为了确保政策落实,要加强政策间的普惠、实用、协同以及督导,要加强部门的协调"。①尤其对于战略性新兴产业而言,产业自身发展尚未达到成熟状态,需要较多的经济资源支持,而这种资源需求主要掣肘在于部门间的协同共进。从当前政策趋势来看,虽然开始重视协同,但政策碎片化现象不容小视,政策间的矛盾、重叠、多变时有发生。但部门间政策协同也存在不协同的风险,对于某些部门而言,产业利益相关度较低,难以有很大的激励去加大关注力度,造成不同部门间的协同失灵,反而造成负面效果。为此,本章构建政策部门协同这一变量,具体通过政策发文部门数量乘以政策效力,具体包括国务院、国家税务总局、科技部办公厅、商务部、工信部、工商总局、质检总局等多家部门。从基本的部门协同状况(见图4-11)来看,除节能环保产业外,政策部门间的协同趋势较为一致,2012年的政策部门协同力度相对高一些。而节能环保产业在2012年、2013年都保持较高态势,国家对该产业的重视程度可见一斑。

---

① 林念修: http://www.chinanews.com/cj/2015/06-05/7325090.shtml。

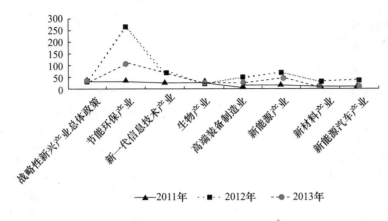

──▲──2011年　··■··2012年　-·●·-2013年

图4－11　政策部门协同基本情况

二　政策协同作用机制

近年来，随着我国政策制定体系的优化，政策协同已经成为政策制定者不可忽视的重要目标之一。有研究表明，政策协同关系到政策实施效果，中国经济政策正逐步摆脱单纯依靠行政措施或其他单一政策措施实现政策目标的做法，而转向综合利用各种政策措施（彭纪生等，2008；张国兴等，2014）。值得说明的是，虽然存在财政分权现象，但与其他国家（如美国）相比，我国经济刺激政策中央和地方间的抵触相对较低，地方官员很难有勇气与国家发展方向背道而驰①，为此，本章从国家层面着手分析政策影响是一个较为可取的方案。一般来说，对战略性新兴产业而言，相应政策出台有助于企业成长。但从新兴产业发展来看，却依旧出现了许多不和谐的现象，如产能过剩、套取补贴等。一个可能的原因是政策制定自身出现了问题，造成"政出多门""无部门负责"等怪现象。对此，发达国家更多地依靠政策协同来解决政策碎片化带来的一系列问题，如英国、美国、澳大利亚、加拿大等西方国家的协同政府改革。

大致来看，政策协同在逻辑上可以分为横向部门协同、纵向部门协同和两者皆备三类（Meijers and Stead，2004），而OECD主要从横向、纵

---

①　这里的说法可能并不存在普遍性，如房地产市场调控中的中央地方间的不一致性，但从战略性新兴产业的发展来看，这点可能还是合适的，对于地方官员而言，培育措施对其政治晋升有利无害，即失败了也会有政府来"救市"或者"托市"，相对机会成本较低。在此，背道而驰的可能性较低。

向和时间维度来进行解读。出于不同的研究视角，存在多样的分类标准①
（张国兴等，2014）。但是，综合来说，政策协同都是为了达到同一目的
所进行的努力，最大限度地降低交叉、重复和冲突，以确保降低政策碎
片化所带来的政策效率低下（朱光喜，2015；Hilker，2004；Bakvis and
Browny，2010）。在具体影响路径上，也是会从内部决策和外部决策上分
别有所作用（Meijers and Stead，2004）。通过分析战略性新兴产业政策文
本，本章研究着力点将在于政策措施内协同、政策措施间协同和政策部
门协同三种协同行为以及其可能会造成的影响（见图4-12）。

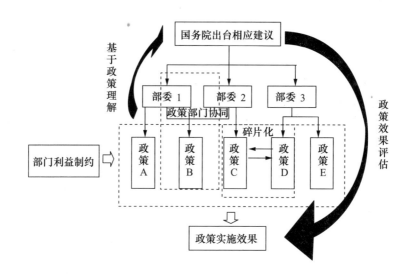

图 4-12　产业政策实施流程

对于政策措施协同的影响作用，本章将从两种不同的路径进行思考。
其中，措施内协同，在前文我们已经指出，本章指的是一项政策涉及多
项手段。从表面来看，这一协同方式最为可取。但"面面俱到"带来的
可能是相应监管、执行不力，政策沦为"一纸空文"。相对来说，本着
"不'十全大补'、不面面俱到"的要求，这种类型的政策文本在当前并
不多见。而政策间协同正是政策协同的未来趋势，相应"政策组合拳"

———————
① 对此，张国兴等（2014）已经做了较为详细的政策综述，在此本章不再列举。

出台较为常见。① 具体的协调影响，我们也难以从理论上给出答案。为此，在后文中，本章将针对此进行一系列的实证检验，以判断不同方式带来的差异影响。

部门协同虽然在理论上会因为分工在专业性以及效率上有所提升，但也会因为存在部门利益分化，出现虚假的、扭曲的甚至错误的政策协同的制约。这是由于随着功能主义与专业分工的强化，政府治理精细化使各个部门在治理过程中逐步形成了相对稳定的部门利益，部门之间的"各自为政"使政府治理缺乏统一规划，协作机制自然有所不足，难以实现有效的统筹规划。② 在政策实践效果上，究竟这一协同是卓有成效，还是只是徒有其表，更是有待于实证检验。

第三节　政策协同技术创新效应经验分析

一　企业创新与政策状态衡量

在前文中，我们已经重点提及政策协同的若干内涵，并对其可能造成的影响进行了分析，但是，这种影响是否显著以及影响方向仍有待于实证数据的检验。为此，本章在战略性新兴产业政策文本收集的基础上，结合企业层面的数据，进行相应的实证分析。

对于企业创新数据的选取。本章采用无形资产差额来指代企业创新投入。这是因为，在创新模式上，企业往往采取研发创新与非研发创新并举的形式来促进自身创新进步（Huang et al. ，2010；Hansena and Ran，1997）。但现有研究普遍将视角着力于研发式的创新活动，对非研发创新发展模式重视度不足。在文献层面，国内外学者对于非研发创新模式的发展也是普遍从中小型企业入手（Huang 等，2010；Rammer，2009；Santamaría，2009；郑刚等，2014）。拉默（Rammer，2009）认为，正是因为研发本身的高成本和高风险性，中小型企业在进行研发时显得有心无力，非研发行为更为明显。考虑到我国基本国情，自 1977 年恢复金融

---

① 在此，我们并不能主观判断这种政策间的协同是制度设计的结果，还是部门分工后的偶然。但是，这种协同趋势带来的影响值得研究。

② 光明网，http://epaper.gmw.cn/gmrb/html/2013 - 04/11/nw. D110000gmrb _20130411 _ 3 - 14. htm。

秩序以来，我国的金融市场在这 30 多年的建设过程中取得了很大的进步，但是，相对于国外来说，金融市场发展相对落后，企业融资依旧面临着较强的约束。从而企业在进行创新时，更应当注重非研发式创新的同步发展。为了综合衡量研发创新与非研发创新这两种创新模式，本章在构建实证模型时，试图包括非研发式的创新发展，以期得到更加契合国情的分析结果。这也意味着在构建创新指标时，不能再局限于研发投入或者专利数据等形式，而需要采取更具概括性的定义模式。

此外，有研究指出，当前中国上市公司公布的数据存在严重缺陷，资产负债表中研发支出指标值持续为零，而无形资产却有所增加。这种不合理的现象也会降低基于研发支出数据研究结论的精确度（鞠晓生，2013）。为此，本章引入无形资产增量这一指标来综合考虑企业研发创新与非研发创新，在变量定义上，无形资产主要包括专利权、非专利技术、商标权、著作权、土地使用权等。鞠晓生等（2013）以及肖兴志和王海（2014）认为，无形资产是企业综合创新投入的成果，能够很好地衡量企业的综合创新活动。

对于政策层面的数据，依照前文的分析，具体的协同变量分为政策内协同、政策间协同和部门间协同，同时，本章也对政策出台数量以及政策出台效力造成的影响进行分析。具体协同指标大小都用政策效力来测算。首先，对于政策内协同，本章从单一政策内协同和政策措施间协同两个方面来进行衡量，意图分析涉及多项措施政策带来的影响。而政策间协同的衡量，出于研究目的，本章分别从年度和季度两个时间段进行测算。值得说明的是，本章采用最小值函数形式来衡量协同效力，不可避免地存在一定的局限性，但相对而言，也能说明一些问题。而部门间协同主要想要分析多部门共同出台政策所带来的影响。

此外，为了控制地区以及企业自身层面的问题，本章引入了一些控制变量。肖兴志和王海（2015）的研究表明，企业内部资金流会对企业的创新发展产生影响，因此，为了控制企业资金层面的影响，本章分别引入企业负债情况和企业现金流两个指标来加以测算，企业年龄也是一个不可回避的影响因素。埃文斯（Evans，1987）以及邓恩和休斯（Dunne and Hughes，1994）的研究表明，在企业规模相同的情况下，年轻的企业相对成长速度更快；也存在大量研究表明，企业规模关系到企业的创新进程，如周黎安和罗凯（2005）、高良谋和李宇（2009），聂辉华等（2008）的研究；在企业创新决策上，企业的董事长与总经理是否为同一人所产生的影响也值得关注。为了控制地区层面的影响，本章还引入省级财政支出情况以及地区人均 GDP 来控制地区差异的影响。具体变量的描述性统计分析见表 4 - 1。①

表 4 - 1　　　　　　　　研究变量的描述性分析

变量名	变量构建方法	样本量	均值	方差	最小值	最大值
Innovation	企业无形资产差分项的对数	2072	16.5881	2.1333	5.3043	23.4134
debt	（企业长期借款 + 短期借款）/营业总收入	1847	0.4869	0.5860	0	7.5241
cash	企业现金及现金等价物净现值/营业总收入	3892	0.0864	0.4809	-4.0718	6.3002
existyear	企业成立年份	3976	12.7425	5.0018	0	34
guimo	企业固定资产的对数值	3893	19.4857	1.8478	9.2399	26.6575
zongdongmatch	虚拟变量，总经理董事长为一人则为 1，否则为 0	3336	0.3094	0.4623	0	1
fde	企业所在省财政支出/GDP	3479	0.1671	0.0738	0.0874	1.2914
pgdp	企业所在省人均 GDP	3976	4.9730	2.2577	0.7941	10.3642
npolicy	政策出台数量	2700	8.0241	13.6726	0	79
powerpolicy	政策出台效力	2700	13.1941	22.5719	0	130
supply	供给型政策出台数量	1350	3.2541	3.8135	0	15
environment	环境型政策出台数量	1350	9.8141	8.3633	0	32
need	需求型政策出台数量	1350	3.0289	5.9563	0	32
allbumenxietong	整体政策下的部门协同	1491	33	8.0443	25	44
allcuoshixietong	整体政策下的措施内协同	1491	8	3.2671	4	12

———————————

① 由于 2010 年，国务院开始强调战略性新兴产业的建设，配套政策主要在 2011 年之后出台。为了避免政策文本衡量上的错误，本章并未给出 2010 年政策文本相应指标。此外，由于某些企业涉及两个行业（如既是新能源行业又是新能源汽车），我们无法主观地判断这一企业侧重于哪一行业，单纯的政策加总也不符合本章的研究意图，为了保证研究的精确性，对于这一类企业，本章并未进行衡量。

续表

变量名	变量构建方法	样本量	均值	方差	最小值	最大值
fenbumenxietong	分行业政策下的部门协同	1350	44.42	48.6201	6	264
fencuoshixietong	分行业政策下的措施内协同	1350	3.3919	4.5770	0	14
allgonghuanxietong	整体政策下的供给型环境型协同	1491	9.3333	1.7	7	11
allgongxuxietong	整体政策下的供给型需求型协同	1491	0.6667	0.9431	0	2
allhuanxuxietong	整体政策下的环境型需求型协同	1491	0.6667	0.9431	0	2
fengonghuanxietong	分行业政策下的供给型环境型协同	1350	4.9578	5.1228	0	21
fengongxuxietong	分行业政策下的供给型需求型协同	1350	2.2089	3.9513	0	19
fenhuanxuxietong	分行业政策下的环境型需求型协同	1350	4.0593	9.9879	0	54

二　政策分类创新效应

我国企业创新并不是简单地依靠研发投入以及研发人员，更多的是一种政府和企业合力的结果，而政府干预最有效的手段便是出台相应政策。理论上说，政府关注力度越大，企业在创新进程中越有可能得到政府的帮助，从而在创新上有良好绩效。但在实践中，由于存在外在干扰，难以得到肯定的答案。因此，为了分析战略性新兴产业创新发展，本章从政策层面来剖析新兴产业内企业创新进步的源泉。为了大致了解政府扶持给新兴产业发展带来的影响，本章通过定义虚拟变量 gappolicy 来分析《国务院关于加快培育和发展战略性新兴产业的决定》出台前后企业创新表现的差异。为了控制因企业自身和时间因素造成的影响，我们对地区效应以及时间效应进行了控制。具体回归结果如表 4－2 所示。

表 4 - 2   《国务院关于加快培育和发展战略性新兴产业的决定》
出台对新兴产业内企业创新的影响

被解释变量	企业创新
解释变量	
gappolicy	0. 707 ***
	(0. 149)
常数项	17. 48 ***
	(0. 653)
企业	是
时间	是
样本	2, 072
R^2	0. 580

注：*** 表示在 1% 的显著性水平下显著；括号内为标准误。

从基本的回归结果可以看出，自《国务院关于加快培育和发展战略性新兴产业的决定》出台后，战略性新兴产业内企业的创新有所进展。从创新层面来看，战略性新兴产业相应政策最终要极为有效的①，我国政府为新兴产业发展做出的相应努力值得肯定。但是，这种影响是源于政府的总体关注还是配套政策的具体完善存在悬念。为此，本章在此基础上从配套政策数量以及政策效力两个角度来进行进一步分析，具体结果如表 4 - 3 所示出。

表 4 - 3   政策数量、政策效力的影响

被解释变量	企业创新	
解释变量		
npolicy	- 0. 0061	
	(0. 0060)	

---

① 在此，我们所指的有效性只是基于企业创新层面的解读，虽然在具体的政策实践中，也出现了产能过剩等发展弊端，但我们不能因噎废食，在政策层面应当继续给予战略性新兴产业政策上的扶持。

续表

被解释变量	企业创新	
解释变量		
powerpolicy		- 0.00404
		(0.00367)
企业	是	是
时间	是	是
常数项	17.95 ***	17.97 ***
	(0.7047)	(0.705)
样本量	1311	1311
R^2	0.648	0.648

注：*** 表示在1%的显著性水平下显著；括号内为标准误。

　　从表4-3的结果来看，战略性新兴产业相应的政策数量、政策效力对企业创新并未产生积极的作用效果；相反，存在一定的抑制作用。这也引发了我们对现有政策的反思。为何在较高的政府扶持力度下，企业创新反而裹足不前。这一方面可能是由于政策的"一纸空文"现象，在现有财政分权体制下，国家政策的具体执行最终还是要落实到地方政府层面，而地区层面的政策执行以及政策效果受制于官员执政手段以及执政理念等。由于诸多因素的制约，很难有一套适合的产业政策适用于全国，政策的适合性和执行难以得到保障；另一方面现有政策的碎片化也有可能造成抑制影响，由于政策之间的矛盾、重叠、片面以及缺乏系统性等现象，使部门利益分割，造成决策部门的本位主义，政府治理缺乏长期性。同时，政策执行的协同和配合也难以得到有效保障。如果将政策割裂来看，不同类型的政策造成的影响有所差异（见表4-4）。

表4-4　　　　　　　不同类型的政策出台数量对企业创新的影响

被解释变量	企业创新					
解释变量	供给型		环境型		需求型	
政策出台数量	0.0112	0.0165	- 0.00611	- 0.0105	- 0.0310 **	- 0.0294 *
	(0.0280)	(0.0433)	(0.00988)	(0.0152)	(0.0140)	(0.0175)

续表

被解释变量	企业创新					
解释变量	供给型		环境型		需求型	
debt		−0.831		−0.828		−0.772
		(0.507)		(0.506)		(0.504)
cash		0.0366		9.91e−05		0.0942
		(0.330)		(0.333)		(0.330)
existyear		−0.212		−0.110		−0.158
		(0.377)		(0.387)		(0.369)
guimo		1.050***		1.039***		1.020***
		(0.388)		(0.387)		(0.385)
fde		2.130		6.505		6.052
		(21.43)		(21.50)		(20.99)
pgdp		0.436		0.294		0.300
		(0.738)		(0.754)		(0.733)
zongdongmatch		0.105		0.106		0.214
		(0.665)		(0.664)		(0.663)
常数项	16.62***	−3.859	16.72***	−5.009	16.75***	−3.913
	(0.105)	(7.311)	(0.109)	(7.338)	(0.0681)	(7.201)
样本量	855	424	855	424	855	424
编号	404	238	404	238	404	238
R^2	0.000	0.072	0.001	0.074	0.011	0.086

注：***、**、*分别表示在1%、5%和10%的显著性水平下显著；括号内为标准误。

从表4-4中可以看出，如果不考虑变量统计上的显著性。在影响方向上，供给型政策对战略性新兴产业内企业的创新有一定的激励作用，而环境型和需求型存在抑制影响。除企业规模会给创新带来正向激励外，其余控制变量皆不显著。所幸的是，从现实政策文本来看，政府并不会出台单一类型的激励政策，而是更多地采用政策组合的形式来促进企业创新，割裂视角下的结论只是一种指示性的结果。出于这一考虑，本章将在此结论的基础上进一步对政策措施协同以及部门协同带来的影响进行分析。

三　政策协同创新效应

由图4-7可以看出，政策措施内协同的情形并不多见。这与近年来中央政策提出的"不'十全大补'、不面面俱到"的政策思路较为一致。从模型回归结果来看，这一思想是正确无疑的。政策措施内的协同并不利于企业创新。就战略性新兴产业发展而言，"面面俱到"的政策可能引致有关部门精力分散，政策协同重视度不足，相应监管、执行不力，政策沦为"一纸空文"，这一现象反而抑制了企业的创新发展进程（见表4-5）。为此，中央对单一产业政策出台的全面性应当持慎重态度，不能想依靠单一政策解决所有问题，应该更多地去思考政策协同作用的可能。

表4-5　　　　　　　　　政策措施内协同对企业创新的影响

被解释变量 解释变量	企业创新			
	整体政策下措施内协同		分行业政策下措施内协同	
allcuoshixietong	-0.0526*** (0.0178)	-0.0389** (0.0189)		
fencuoshixietong			-0.0228* (0.0138)	-0.0162 (0.0141)
fde		2.122 (14.03)		7.584 (14.49)
guimo		0.444** (0.222)		0.563** (0.226)
zongdongmatch		-0.225 (0.418)		-0.0449
常数项	17.13*** (0.153)	7.875** (3.951)	16.74*** (0.0719)	4.132 (3.883)
样本量	943	931	855	845
编号	446	442	404	400
R^2	0.017	0.030	0.006	0.030

注：***、**、*分别表示在1%、5%和10%的显著性水平下显著；括号内为标准误。

（一）政策部门间协同

前文业已提及，政策部门协调对企业创新的影响存在很强的不确定性，从本章的回归结果来看（见表4-6），部门间的协同并不利于企业创新进步，统计上也并不显著。这可能预示着，我国战略性新兴产业政策部门间的协同还只是纸面上的协同，并未起到实际效果。无论根源在哪，这都将成为我国政策改善的一个重点，我国应当切实地把政策相关部门的力量组合起来，发挥政策组织间的合力，确保措施落地，实现协同监管，为提高企业创新能力做出应有贡献。

表 4 - 6　　　　　　　政策部门协同对企业创新的影响

被解释变量 解释变量	企业创新			
	整体政策下部门协同		分行业政策下部门协同	
allbumenxietong	- 0.0161 ** (0.00724)	- 0.00353 (0.0126)		
fenbumenxietong			- 0.00163 (0.00178)	- 0.00297 (0.00188)
fde		2.033 (18.92)		13.85 (14.82)
guimo		0.513 ** (0.236)		0.585 *** (0.225)
zongdongmatch		- 0.265 (0.421)		- 0.142 (0.453)
常数项	17.24 *** (0.246)	6.327 (5.870)	16.73 *** (0.0956)	2.648 (3.868)
样本量	943	931	855	845
编号	446	442	404	400
R^2	0.010	0.022	0.002	0.032

注：*** 、** 分别表示在 1% 和 5% 的显著性水平下显著；括号内为标准误。

（二）政策措施间协同

政策执行效果不仅需要各级政府和部门、不同地区以及全社会的协同，更多地需要政策间的体系化设计，达到"多项政策支持、多个部门协力"促进产业转质升级的目的。为了确保样本量，本章在研究设计上依据政策内容将政策划分为供给型、环境型和需求型三类。并通过最小值函数给三者之间的协同程度赋值，在此基础上进行分析。表 4 - 7 的研究结果表明，在整体政策上，与供需型和环需型相比，供给型与环境型政策的协同有利于企业创新，具备显著为正的刺激作用。从现实意义上看，我国政府应当注重供环型政策协同的构建。而供需和环需的负向系数可能与需求型政策的抑制作用是分不开的。从需求型政策的内涵来看，主要包括政府采购、贸易政策、用户补贴、应用示范以及价格指导等方式。这种直接政策干预方式会引致官员"寻租"以及企业粉饰业绩等现象。相对来说，反而不利于企业创新发展。

此外，在具体的细分产业政策上，在添加控制变量后，供环协同的回归系数依旧不显著，并发生符号上的转变。而供需型和环需型政策组合会抑制企业的创新发展。与整体政策相比，产业分类视角下的供环型政策组合作用并不显著（见表4-8）。这可能是由于战略性新兴产业发展迅猛性，相对来说，针对性过强的政策反而容易淘汰过时。由此，国家在强调政策间协同的同时，应当对政策的宏观性加以把握，具体产业的管理也不宜过细。

表4-7　　　　整体政策下的措施间协同对企业创新的影响

被解释变量 解释变量	企业创新					
	整体政策下供环协同		整体政策下供需协同		整体政策下环需协同	
allgonghuanxietong	0.0811**	0.0677**				
	(0.0340)	(0.0344)				
allgongxuxietong			-0.107*	-0.115*		
			(0.0611)	(0.0618)		
allhuanxuxietong					-0.107*	-0.115*
					(0.0611)	(0.0618)
fde		6.512		9.700		9.700
		(13.94)		(14.11)		(14.11)
guimo		0.479**		0.508**		0.508**
		(0.219)		(0.218)		(0.218)
zongdongmatch		-0.239		-0.251		-0.251
		(0.418)		(0.418)		(0.418)
常数项	15.95***	5.421	16.77***	4.975	16.77***	4.975
	(0.321)	(3.712)	(0.0664)	(3.709)	(0.0664)	(3.709)
样本量	943	931	943	931	943	931
编号	446	442	446	442	446	442
R²	0.011	0.029	0.006	0.029	0.006	0.029

注：***、**分别表示在1%和5%的显著性水平下显著；括号内为标准误。

表4－8　　　　　　　　分行业政策下的措施间协同对企业创新的影响

被解释变量 解释变量	企业创新					
	分行业政策下供环协同		分行业政策下供需协同		分行业政策下环需协同	
fengonghuanxietong	0.0210 (0.0277)	－0.0105 (0.0307)				
fengongxuxietong			－0.0522** (0.0236)	－0.0563** (0.0236)		
fenhuanxuxietong					－0.0182** (0.00808)	－0.0179** (0.00811)
fde		10.25 (15.27)		11.09 (14.43)		10.23 (14.43)
guimo		0.591*** (0.226)		0.580*** (0.224)		0.560** (0.225)
zongdongmatch		－0.0992 (0.454)		－0.0859 (0.450)		－0.116 (0.450)
常数项	16.55*** (0.146)	3.101 (3.983)	16.77*** (0.0742)	3.221 (3.821)	16.73*** (0.0625)	3.736 (3.826)
样本量	855	845	855	845	855	845
编号	404	400	404	400	404	400
R^2	0.001	0.027	0.011	0.039	0.011	0.037

注：***、**分别表示在1%和5%的显著性水平下显著；括号内为标准误。

四　政策协同影响动态分析

在前文分析中，我们认为，总体政策下的供环协同有利于企业的创新发展。为了对这种影响作用进行进一步的解读。本章构建PVAR模型来对这一协同与企业创新间的作用进行刻画。值得提出的是，PVAR模型继霍尔茨－埃金（Holtz－Eakin，1988）提出后，经过诸多学者的发展，成为兼具时序分析与面板数据分析优势的成熟模型。它的优点在于无须区别哪些变量内生，哪些变量外生。将所有的变量看成一个内生系统来处理，能够真实地反映变量之间的互动关系。不仅可以解决模型的内生性问题，还能够有效地刻画系统变量间的冲击反应。

为此，本章从季度层面的数据着手，重新计算政策间的协同程度以及企业创新发展情况。研究发现，由于PVAR模型的结构使自变量和固定效应存在相关性，因此，在消除样本中的固定效应时，采取通常的均

值差分法会导致谬误的产生。为了解决这一问题，我们采取 Arellano 和
Bover（1995）提出的向前均值差分即"Helmert"过程。它通过消除每一
时期未来观测值的均值提供了一种转换变量和滞后回归系数之间的正交
变换。从而我们根据工具变量滞后回归系数建立 GMM 估计模型。为了直
观地看到内生变量受到某种冲击后，对其他变量产生影响的动态路径，
本章报告了基于蒙特卡罗模拟的脉冲响应图①（见图 4 – 13）。图 4 – 13
中，中间曲线为脉冲响应函数点估计值序列，上、下两条曲线分别为置
信区间的上、下分界线，最下方的横线为 0 值线。

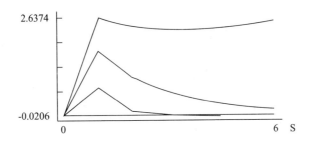

图 4 – 13　基于季度数据的整体政策下供环协同对企业创新的冲击反应

　　由基本的脉冲响应图可以看出，供环协同对企业创新存在正向影响，
但随之逐步趋于失效。在年度内还是对企业存在正向作用，下一年度影
响并不明显。由此可以明确，整体政策的供环协同对企业创新的刺激作
用存在时效性。若想产生持续的刺激作用，政策出台的适当频度值得
关注。
　　总体来说，从我国政治体系来看，具体政策执行还是要落实到地区
层面，这一执行会由于地区经济发展现状、官员执政水平等发生改变。
为此，本章进一步对企业所在省份加以控制。此外，本章也对企业所在
行业层面可能造成的影响加以控制。从基本的回归结果来看，与前文结
论较为一致（见表 4 – 9）。由此可以明确，本章的研究结论是稳健可
信的。

---

　　① 这里出于服务文章的目的，本章并未对 GMM 回归结果以及方差分解的结果加以报告，
若有需要可以跟笔者索取。

表4-9　　　　　　　　基于地域、行业层面的政策协同影响再检验

被解释变量	企业创新			
解释变量	（1）	（2）	（3）	（4）
allgonghuanxietong	0.0844**	0.0844**	0.0870**	0.0870**
	(0.0416)	(0.0416)	(0.0429)	(0.0429)
fde	-2.663	-2.663	2.925	2.925
	(18.99)	(18.99)	(19.29)	(19.29)
guimo	0.409*	0.409*	0.458*	0.458*
	(0.240)	(0.240)	(0.249)	(0.249)
zongdongmatch	-0.212	-0.212	-0.0247	-0.0247
	(0.420)	(0.420)	(0.453)	(0.453)
企业	控制	控制	控制	控制
时间	控制	控制	控制	控制
省份		控制		控制
行业			控制	控制
常数项	8.987*	10.16	8.618	0.694
	(5.410)	(23.76)	(6.136)	(24.15)
样本量	931	931	845	845
R^2	0.696	0.696	0.706	0.706

注：**、*分别表示在5%和10%的显著性水平下显著；括号内为标准误。

　　为了避免实证结果受变量构建原因的影响，本章基于研发支出期末数合计数据进行进一步的检验，这一行为也能间接地验证本章创新指标构建的可取性。具体数据来源于国泰安上市公司统计数据库，实际运用时将两者数据按企业名和时间进行匹配。回归结果如表4-10所示。

表4-10　　　　　　　　　　　　回归结果

被解释变量	研发支出		研发支出对数	
解释变量	（1）	（2）	（3）	（4）
allgonghuanxietiao	6.191e+06**	6.726e+06**	0.0526**	0.0372
	(2.833e+06)	(3.224e+06)	(0.0208)	(0.0233)
fde		3.755e+08		-0.266
		(1.343e+09)		(9.689)

续表

被解释变量	研发支出		研发支出对数	
解释变量	（1）	（2）	（3）	（4）
guimo		− 9. 422e + 06		0. 252 *
		(1. 853e + 07)		(0. 134)
zongdongmatch		2. 764e + 07		0. 159
		(3. 362e + 07)		(0. 243)
常数项	− 3. 644e + 07	7. 995e + 07	14. 99 ***	9. 694 ***
	(6. 122e + 07)	(4. 228e + 08)	(0. 449)	(3. 051)
企业	控制	控制	控制	控制
时间	控制	控制	控制	控制
样本量	465	461	465	461
R^2	0. 932	0. 932	0. 927	0. 929

注：***、**、*分别表示在1%、5%和10%的显著性水平下显著；括号内为标准误。

战略性新兴产业发展日益引起政府和公众的高度关注。其中，政策是政府培育战略性新兴产业发展至关重要的一环，但国内基于这个层面的研究尚不多见。为此，本章通过梳理2011—2013年涉及战略性新兴产业政策文本，结合新兴产业企业层面的数据来研究政策出台、政策协同对新兴产业内企业创新发展所造成的影响。研究发现，《国务院关于加快培育和发展战略性新兴产业的决定》的出台显著刺激了产业内企业的创新发展，而随之配套的政策文本出台数量和效力都未产生正向激励。进一步研究发现，与供给型和环境型政策相比，需求型政策的出台并不利于企业创新。政策协同作用存在差异性，其中，政策内措施协同抑制了企业创新，部门协同作用并不明显。而在措施间协同方面，供给型和需求型协同以及环境型和需求型协同在整体政策及分行业政策下都存在一定的抑制作用，与之相比，整体政策的供给型和环境型协同有利于企业创新发展，但在分行业政策下影响并不显著。这一影响在季度层面数据的脉冲检验上得到了验证，控制企业、时间、行业以及地区后作用依旧显著，由此可以明确，这一结论是稳健可靠的。

第五章　战略性新兴产业扶持政策
约束与反思、调整和优化

　　虽然从中央到地方，战略性新兴产业已经给出具体的划分，并且出台了各种扶持政策。然而，扶持政策必须以产业发展规律及产业立论基础为前提（陈玲等，2010）。实际上，定义"战略性新兴产业"是因为这一产业是一个相对的新鲜事物，必须把其放在特定的历史与地理范畴才可以全面理解。相关政策的出台更需把握战略性新兴产业发展的相对特性，而不是习惯性的"新瓶装旧酒""概念套用"，按照传统产业的政策方式进行政策扶持。产业扶持政策，中国目前采取的中央—地方双层体系，对于这一体系应该怎么认识，出现什么问题，未来如何调整都是政策制定与实施前要深刻思考的问题。战略性新兴产业发展首先是国际金融危机后国家采取的一项重要战略，其中一个重要目标就是推进经济转型升级，因此，战略性新兴产业发展必须置于这个目标约束下才行。发展战略性新兴产业是经济结构调整的重要依托点，是国家迎接全球挑战及占领制高点的重要选择。在战略性新兴产业发展的方面是政府转型、政府间及政企间关系的调整与重构。对此，在宏观政策构建上，究竟该如何去设计政策组合，出台什么类型的政策来促进战略性新兴产业平稳持续发展值得更深一步的关注。

第一节　产业政策约束与反思

一　央地双层政策体系：政策协调与冲突

（一）央地双层政策体系

　　目前，中央政府制定的大多政策初衷是好的，但是，政策到达地方政府后往往会变味儿，也就是所说的"上有政策，下有对策"。在2015

年的政策规划中，中央政府力争通过推动战略性新兴产业发展，使其增加值占 GDP 的 8% 左右。在地方政策实施环节，为实现其政治晋升，地方政府制定目标过高。如湖南争取同年总量占 GDP 的 20% 以上，陕西争取达 15%，安徽则提出力争 2015 年战略性新兴产业产值突破 1 万亿元。表面上看，这些政策较为宏伟，代表了地方政府发展战略性新兴产业的决心；但实际上，这些偏离中央目标的政策规划都为现有新兴产业发展过程中所呈现的重复建设、产能过剩等现象埋下了伏笔。

在一些国家和地区，产业政策并不必然是由两层政策体系构成。然而，基于地区间资源禀赋、发展水平、技术水平等方面存在的不均衡，使中央和地方在政策制定、执行等环节并不能表现完全的一致性。事实上，在很多产业政策出台前，从省、市到县乡等多层次的地方规划与政策已经相继出台并付诸实施。在战略性新兴产业政策体系中，大部分地区仍然是在原有的规划框架内发展战略性新兴产业，而其政策的出发点仍然是以招商引资、提高 GDP、税收收入等为主要目标，名义上的战略性新兴产业一派繁荣，但其实质仍然是传统产业的套用概念，并没有转变经济发展方式。

双层政策体系的要求是坚持根本要求，兼顾地方特点，但现实中，地方间发展战略性新兴产业的同质性、低端性，甚至是重复过剩现象的出现，表明如何完善、思考及调整现有双层政策体系，避免地区发展战略性新兴产业的投资冲动政策激励，是未来需要着手解决的问题。双层政策体系的根本还是地方与中央关系，其本质仍然是中央与地方在利益和目标上的差异与矛盾。在政策实施过程中存在较为严重的委托—代理问题。战略性新兴产业的发展进程也不例外，其发展源头就已具备很鲜明的政府色彩，在培育过程中，我们很难忽略政府的力量去单独思考新兴产业的发展动因以及预测其未来的发展趋势。

（二）政策传递与执行效果

在政策设计之初，中央政府制定的产业政策主要集中于节能环保产业、新一代信息技术产业、生物产业、高端装备制造业、新能源产业、新材料产业以及新能源汽车产业。但在政策执行过程中，地方政府对于某些战略性新兴产业的认识仍然存在明显的不足与偏差。较之国家的选择标准，地方政府在扩大战略性新兴产业范围方面有所偏好，甚至将传统的高新技术产业界定为该产业。如此的"宽口径"决策动机在于尽可能地扩大优惠政策的惠及范围，推动产业规模发展目标的实现。但其明显与国家发展战略性新兴产业的初衷相违背。基于国家 2010 年 10 月 21 日对于战略性新兴产业的解读，可以明确，诸如石化深加工、绿色产品、林产业、海洋产业、文化创意、现代物流等，由于其技术成熟、不具备高成长的特性，因此不应归类于战略性新兴产业。这一解读的出现，进一步明确了对于战略性新兴产业内涵的把握，一定程度上减弱了该产业发展进程中的"挂羊头、卖狗肉"现象，有利于遏制产业发展中的偏离现象。

自主创新能力的增强必定是战略性新兴产业有效发展的中流砥柱。该产业所涉及的核心技术，势必要足够新颖，并能够代表未来技术发展的大体方向。因此，在考虑长期发展路线的同时，各方应根据该路线做出趋势性的预测，选择不落俗套且不落伍的核心技术，以此来为高新技术产业发展提供新的发展引擎。地方政府在选择和发展战略性新兴产业时，有些项目是新瓶装旧酒，并且没有根据本地的资源禀赋特点和优势选择战略性新兴产业重点发展领域，造成各省市间的新兴产业过度雷同。此外，企业创新发展进程中，应该对创新资金进行更为精确的把握。避免创新资金的投入结构失衡乃至资金链断裂造成的创新波动损失。当前，各省份所普遍存在战略性新兴产业内企业虽然具备一流的装备，但关键技术依旧缺失的现象，政府对此应当加以重视，切实地培育自身创新实力，才能在新一轮的技术潮流中占据先机。

鉴于以上原因，战略性新兴产业发展中要求我们必须充分认识其特殊性，清醒地明白发展战略性新兴产业是一项长期任务，而不能鼠目寸光，满足于短期的眼前发展。对于战略性新兴产业的选择，长远可持续发展应该是该产业安家立命之本，其既要对本地区经济社会发展起到重要的支撑作用，同时也要引领该地区未来向更好的方向发展。面对未来的区域竞争与发展，战略性新兴产业作为一把利器，应该要为本区域参与经济竞争提供动力，以便为本地区在未来区域发展格局中占据一席之地。自 2009 年 9 月国务院召开第三次战略性新兴产业发展座谈会起，战略性新兴产业就迅速进入了相关部委、地方政府的视野，许多地方政府加速推出发展规划，密集出台各项扶持政策。对此，应当避免一些未经充分论证，仅凭一腔热情就快速设立项目，造成重复建设和产能过剩等问题。

以财政补贴政策为例。产业政策中财政补贴政策在很多国家的发展中举足轻重,诸如日本,其战后实体经济的迅速腾飞,财政补贴就功不可没。政府补贴理应用于促进技改扩能、研发创新、转型升级、市场开拓、品牌建设等关键活动上。然而,在关于政府补贴的诸多讨论中,政府补贴的动机却饱受质疑。诸多媒体报道,政府补贴已经成为粉饰上市公司业绩的重要手段。①② 一些企业陷入了越补越亏、越亏越补的怪圈,加上部分上市公司确实是地方龙头企业,具有技术、产业创新和发展的领先优势,因此,各地地方政府为了保护这种地方经济发展的资源,都愿意提供更多的政策倾斜予以保护。地方政绩思维促使政府协助上市公司"保壳"与扮靓业绩。③ 来自地方财政的补贴,年年润色上市公司财报,对那些连年亏损的公司,政府补贴往往能起到扭转乾坤的作用。④ 这些现象反映出作为产业政策的重要手段,政府补贴在执行中出现了一些问题。由于政府在选择补贴对象和补贴程度方面具有自由支配权,媒体有意无意地暗示,政府在有意识地利用补贴协助企业扭亏或阻止业绩下滑,政府补贴存在"粉饰业绩"的危险。

二 经济转型:目标约束下的产业政策选择

(一) 经济转型的目标约束

应对全球竞争是发展战略性新兴产业的直接约束条件,但发展战略性新兴产业的最终目标却是推进经济结构战略性调整。从这一意义上讲,战略性新兴产业是一种工具和依托,是对经济体制和经济制度进行重新安排的中间介质,通过产业的发展调整各经济主体的行为,引导其产生变化,通过微观变化累积实现战略转型。经济转型的核心是经济增长方式转变,而经济增长在微观世界中则是资源配置问题,资源配置的直接结果则又产生要素结构、产品结构及产业结构,因此,经济转型应当围绕资源配置优化做足功课(傅耀,2007)。资源配置是经济转型的核心环节,从传统观点来看,资源配置方式有两种:一是基于市场依靠价格机制的资源配置方式;二是由政府发挥其行政强制性,通过行政命令实现

---

① 李扬帆:《230 公司中报业绩掺水,靠 4 招粉饰警惕浮夸个股》,《重庆商报》2013 年 8 月 6 日。

② 张敏:《上市公司贴膘忙,66 家公司收到 15 亿政府补助》,《证券日报》2013 年 8 月 2 日。

③ 黄锐:《两市公司年底获政府百亿补贴》,《新京报》2012 年 12 月 25 日。

④ 齐雁冰:《百亿政府补贴润色上市公司业绩,十巨头年亏 500 亿》,《北京青年报》2013 年 4 月 28 日。

资源配置。虽然关于政府与市场的争论已无意义，大部分学者和有关机构都相信完全的政府和完全的市场均不能有效地实现资源优化配置。但理解资源配置方式仍然是实现经济转型的最重要的理论基础。

我国的经济发展深受历史传统、发展环境等路径依赖的影响。政府执政思维及行政权力中还保留着不少支配市场、主动进行资源配置的想法和现实，往往一项政策出台后，各级政府考虑的不是如何依靠市场，而首先想到的是如何将现有的产业进行包装然后打包到战略性新兴产业中去。当前发展过程中，各级政府往往把结构调整、产业升级作为一项政绩去完成，然后对这一政绩进行分解，最终的落脚点是回到政府的政绩而不是回到产业的发展及经济转型的目标。对于政府而言，不能完全放任市场作用，这一作用就可以通过产业政策进行体现。鉴于战略性新兴产业的特性，其推动经济转转型往往需要产业政策的支持。而经济转型实现的直接途径是达到适宜的产业结构。关于适宜的产业结构，并不能简单地归于第一、第二、第三产业的分类，而是需要依照创新、产品结构、市场地位、竞争结构来重新诠释产业结构，而合理的产业结构必须以资源的合理配置、生产率最大限度提高等为基本原则，在不断的调整中形成梯队结构，而这个结构则可以称为适宜的产业结构，适宜的产业结构经过逐步演变就可以渐进地实现经济转型。经济转型的实现路径根本上依靠的还是资源要素的重新配置。

从我国现实发展角度来看，伴随着要素和资源价格的不断上涨、环保诉求的不断加大，传统的经济发展模式显得难以为继。为此，国家呼吁促进创新发展，大力培育和发展战略性新兴产业，以此来孕育新一轮产业革命，抢占未来科技竞争的制高点。从具体政策的实施来看，大致遵从这样的路线。但也引致了新的问题，传统产业、落后产业该如何处置？在经济下行压力较大，尤其在去产能、去库存、去杠杆的背景下，各级政府在实际执行过程中显得举步维艰。转型终归是漫长、痛苦的过程。在有限资源的约束下，我们更需要呼吁"从以产业扶持为主转向维护竞争和促进创新"的目标转化。[①] 从发展脉络来看，战略性新兴产业发展归根结底还是应该落实到创新这个主题上来。"保增长促改革"仍然是

---

　① 转引自清华大学刘涛雄、张永伟的观点，http：//www.21ccom.net/html/2016/zjds_0302/2089.html。

当前中国经济所要迫切实现的目标。

（二）产业政策选择

政府可以运用适当的激励政策，促进战略性新兴产业快速发展。政府可以鼓励企业做大做强，鼓励企业项目投入，鼓励企业招商引资，鼓励企业科技创新，鼓励企业开拓市场，鼓励企业节能减排，鼓励企业转型升级，鼓励单位创优争先等。政府部门只需制定一定的标准，每年拨出一定财政预算作为专用款项。每年政府部门对地区内战略性新兴产业的有关企业进行考核，对达到激励标准的企业进行补贴，实质上降低了企业的成本，进而促使被补贴企业更好地发展。加快战略性新兴产业的发展，是开创和发展创新型经济的必然选择。发展战略性新兴产业势必要始终坚持自主创新。此外，原始创新、集成创新和引进消化吸收再创新同样不容小觑。战略性新兴产业的发展过程中，国家间、企业间的竞争激烈，技术先行方不可能拱手让出核心技术，无关金钱，更多的是竞争势力的维护与保持。此外，值得一提的是，尽管技术引进在缩小技术差距方面卓有成效，但技术引进基础上的消化吸收再创新难以形成原始性、集成性的技术创新，这在一定程度上对于我国高新技术产业的发展造成了一定的障碍。

强调坚持自主创新，势必要将技术攥在手心，并且该种技术必须是不可模仿且不可替代的。但需要明确的是自主创新，必须赋予其实际的载体，自主创新能力的提高需要一个明确的主体来推动。世界范围内，科技创新往往是自主创新的代言，而科技创新则是战略性新兴产业的主要载体。当下，战略性新兴产业多数处于起步阶段，鉴于市场的巨大潜力，战略性新兴产业已成为各国角逐的重点，核心技术掌握与否直接决定了该国是否可以先发制人。就中国产业发展而言，其面临的一个核心问题正是自主创新能力不足，进而导致了资源消耗大、产业水平低、盈利能力弱等一系列并发症。因此，在中国的产业发展中，加快培育和发展战略性新兴产业势在必行，而加大自主创新能力建设更是当务之急。

从产业政策角度来看，应该做的就是通过引导相关市场主体从事战略性新兴产业，但引导的核心在于战略性新兴产业的产业特性，尤其是政绩作用下的高资本投入及高 GDP。从这个视角出发，战略性新兴产业扶持政策应该既注重共性又强调差异，注重共性是强调产业发展的前沿性、创新性、引领性及市场基础主导性。差异则体现在地区间关于战略性新兴产业重点领域、发展路径的选择等问题。虽然区域间发展战略性新兴产业的基础性导向趋向一致，但在发展战略性新兴产业重点领域受资源基础、发展阶段、国际分工、贸易结构等因素的影响，在当前央地双层政策体系下，各项政策应该灵活多样。在中央层面，应更加关注创新、核心技术等核心要素；而地方则可以根据地区特点，有倾向性做出更加广泛但又具体的政策规定。

三　政府转型：地方政府模式转变约束

（一）战略性新兴产业发展中的政府决策支持

在未来经济社会发展中，战略性新兴产业是一股重要的引导力量。世界范围内，新一轮的经济与科技发展竞争已经拉开帷幕，而是否能很好地发展战略性新兴产业已经成为各个国家能否占据发展制高点的先决条件。中国正处在全面建成小康社会的关键时期，加快培育和发展战略性新兴产业是当务之急。《国务院关于加快培育和发展战略性新兴产业的决定》明确了大力发展节能环保、生物、高端装备制造、新能源、新能源汽车等战略性新兴产业的必要性。随后，国家发改委牵头，战略性新兴产业发展思路研究部际协调小组着手研究，制定了《战略性新兴产业发展"十二五"规划》和《国务院办公厅关于加快培育和发展战略性新兴产业重点工作分工方案》，同步推进节能环保等七大领域专项规划工作，对战略性新兴产业指导目录进行了更为详尽的编制。针对以上产业政策与规划，地方政府普遍反应迅速，并保持了态度积极，多数地方均已实际行动贯彻落实国务院有关发展战略性新兴产业的各项具体要求。结合地方实际情况，确定战略性新兴产业发展策略，并相继出台了若干鼓励性政策及支持措施。力争成为战略性新兴产业的优势区域，以获得国家的更大支持。

由此可以看出，中国的战略性新兴产业并非纯粹的以市场为导向，而是由政府牵头自上而下的发展，政治性突出。这要求国家对新兴产业的发展方向进行较为细致的把握。但由于信息不对称等因素的制约，势必造成战略性新兴产业发展中可能呈现的委托—代理问题。决策者自身也很难把握住行政干预与市场干预的边界所在。在央地双层政策体系的框架约束下，政策出台到实施所呈现的效果偏离完全有可能，甚至有学者开始宣称，"政府扶持不一定是好事"。违背市场经济规律、拔苗助长式的政策扶持反而可能会引致企业的政策依赖，我国国有企业发展中所出现的"僵尸"企业等怪现象给政策支持弊端做出了鲜明的注脚。在当前供给侧改革的大背景下，切实引领好战略性新兴产业的发展尤为重要。政策层面的倾斜支持并非是搞"新计划经济"，而是在坚持市场经济的前提下，灵活运用政策手段，秉持着有限、有为政府的理念来指导地区经济发展。

（二）政府绩效评价与地方政府行为取向

针对政府绩效进行有效评估，在规范行政行为、提高行政效能方面卓有成效。在中国，政府绩效评估大致划分为两种类型：一类是普适性的政府机关绩效评估。即该种绩效评估往往会作为特定管理机制中的一个重要环节，鉴于该种机制在公共组织中的有效普及，其在实践中往往可以发挥较好的作用。另一类是专项绩效评估。该种评估主要是针对某一专项活动或政府工作的某一方面。其中最重要的一方面过度追求经济指标，呈现泛经济化趋向。在经济绩效评估中，由于 GDP 是最为显性、最容易测算的衡量指标。为此，在地方官员政绩考核体制中，GDP 增长占据着至关重要的地位。

当前，有人戏称战略性新兴产业为下一个"四万亿"投资刺激计划，对刺激经济增长有巨大的作用。各地政府对国家出台的战略性新兴产业政策都表现出了极大的热情。在这股热潮中，有的地方政府能够保持冷静的态度，在项目上马之前进行科学论证；但是，有些地方政府为政绩考虑而盲目上项目，结果是造成重复建设和产能过剩，并且不利于战略性新兴产业的发展。有些地方政府将发展战略性新兴产业视为短期任务，甚至不考虑长期影响。对于该种现象，需要明确的是，战略性新兴产业的发展并不是根植于解决短期经济复苏问题，其更多的是着眼于未来中国的产业结构调整和发展方式转变，力求培养可以推动经济长期增长的持续新动力。地方政府有意扩大战略性新兴产业范围的举动是盲目的，体现了其对于对战略性新兴产业认识的不足。

从地方政府推动动机来看，由于创新过程的高投入、高风险性，地方政府对此进行投资更需谨慎。当政府大幅度投入新兴产业发展却并未换来显著绩效时，势必会遭到媒体乃至上级的苛责。为了确保自己的政绩平稳，地方政府可能会采取"面子工程"的方式来发展战略性新兴产业。这一方面确保了自身决策并未与上级政策指示相悖，另一方面又降低了投资风险。此外，"创新大旗"下的地方政府行为呈现出高度的一致性。全国掀起了轰轰烈烈的创新浪潮。但是，这种创新行为是否与地方资源禀赋等外在条件相契合仍值得关注。如西部一些城市以传统农业为主，产业链处于较为低端的地位，当前可能迫切所要解决的问题是发展现代农业，促进农业现代化，对于战略性新兴产业的发展无论是产业基础还是产业周期都准备不足（张玉强、白福臣，2011）。而地方官员为了附和中央方针决策，强行推动战略性新兴产业发展，最后难免落入重复建设、产能过剩的困境。

地方政府行为取向的争论归根结底还是源于地方官员晋升考核体制设计的不完善。在加强地方官员监管的前提下，政府也应当对监管力度进行综合把握，既要让不作为的官员变得勤政，也要让有能力的官员不会有太多的后顾之忧。此外，对地方官员重大决策的评估也应当加以改革，不能简单地以内部评估为标准，更应当综合考虑第三方评估等方式。这样，一方面能够让地方官员谨慎决策，另一方面也能避免地方官员单纯迎合上层意见而出台一些不符合辖区情况的方针意见。也许着手建立专业的、技术的、权威的、公正的第三方评估平台，才能从根本上缓解地方官员的行为取向偏离。

（三）市场培育机制与政策酌取

国务院要求大力实施战略性新兴产业政策，并确定了七大战略性新兴产业，一方面政府将加强对七大战略性新兴产业的扶持，另一方面也鼓励社会资金投入。在政府的号角正式吹响时，市场对包括节能环保、新能源、新一代信息技术等在内的新兴产业在相当程度上已掀起了投资热潮。在中国，企业一般会认为跟着政府走是一件好事。例如，在新能源产业，有很多新能源项目，不是基于市场真实需求而是为了获得政府提供的补贴、贷款、土地优惠而上马的。政府把握着七大产业项目的审批权力，也就相当于拥有了相关资源。这就让企业有动力不从市场需求出发，而是想方设法来获得政府手中的资源，也就是项目审批，只要有项目就能借此得到国家补贴等优惠。所以，企业琢磨的不是商业常识，而是非市场性资源获取。政府在项目审批等工作方面要严格执行既定程序，避免企业盲目上项目，以免项目的重复建设和资源的浪费。政府应该实地考察企业所上项目，是否真的为国家的战略性新兴产业服务。如果是盲目跟风而无实质产业能力，以及为了上项目以便获得国家补贴、土地优惠等目的，政府部门应对其进行合理纠正，必要的可对其进行处罚。

　　在具体战略性新兴产业市场培育过程中，存在两个亟待解决的关键问题：一是新兴技术来源；二是建立新兴技术运用市场。利基管理作为培育新兴技术的有效政策工具，能够针对战略性新兴产业技术创新特点，通过建立保护性空间将技术培育和市场创建过程有机结合起来，以培育利基的形式来形成一条新兴技术从实验室到最终市场产品的有序发展路径（郭晓丹、何文韬，2012）。

　　在战略性新兴产业发展初期，技术的成熟度和市场化程度都较低，在这个阶段，保护性空间表现出技术利基特点，主要关注技术期望和未来收益，通过支持性网络成员间的相互作用，以"技术实验"为主学习新兴技术的可行性、用户期望符合程度等。当技术攻关取得一定突破后，新兴技术培育走向下一阶段——以产品试制和市场实验为主的市场利基阶段。这时保护性空间的关注点是技术的市场可行性。通过产品试制和市场实验收集产品使用反馈信息，调整产品设计、逐渐确定目标顾客。在"试制—调整"过程中认识新兴技术的市场前景。在新兴技术具备一定市场化能力后，保护性空间的保护逐渐减弱，让这些技术得到真正市场的筛选和检验。市场利基所模拟出的市场必定与真实市场存在着差距，所以不排除有部分技术最终还是会遭到淘汰。只有真正符合社会经济发展需求的新兴技术，才能最终成功嵌入主流市场，甚至有部分技术能够进一步扩大其影响，最终引起技术—社会体系的转变。战略性新兴产业保护性空间的发展路径可以用图 5－1 来描绘。

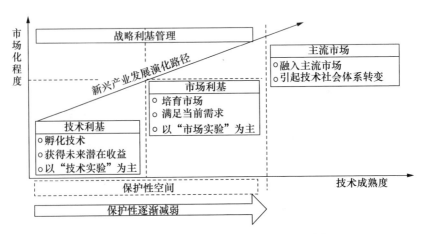

图 5－1　战略性新兴产业保护性空间发展路径

第二节　产业政策依赖与完善思路

一　政策依赖的现实危害与思想转变

从新能源产业的发展来看，即使新能源的销量屡创新高，但这背后的政策依赖问题依旧十分严重。中国工程院院士、世界电动汽车协会创始主席陈清泉曾明确表示，"中国电动汽车的发展并不完全健康，最大的问题就是过分地依赖补贴"。① "十二五"期间，产业发展的背后，政策推动发挥着至关重要的作用。与国际相比，我国新能源汽车陷入恶性竞争的循环，不断迎合政策进行恶性竞争，企业兼并，资源浪费，难以凝聚自身核心竞争力。从这一角度来看，产业发展并未达到政策初衷。即使从《关于2016—2020年新能源汽车推广应用财政支持政策的通知》来看，较之2013—2015年新能源车补贴政策，2016年补贴力度会有所下降，2017—2020年，除燃料电池汽车外，其他车型补助标准将适当减少。但是，这种补贴取消后的企业生存值得关注。

种种迹象都表明，中国国有企业发展存在很深的政策依赖问题。这一现象不仅是对市场经济的扭曲，还会造成企业自主能力的衰退，增强企业的投机心理。李佐军（2014）曾发文表示，政策依赖不仅会对行业发展造成恶性影响，对政府自身也并非好事。一是可能造成市场功能退化。诸多研究业已表明，市场经济体制在资源配置层面存在很大优势。一味地通过政策干预市场，反而会引致新的供需失衡。此外，这种作用效果也会给官员决策造成误判，认为政策无所不能，助长官员的经济干预决心。二是动摇社会法治观念。人治还是法治一直也是历史与现实的博弈，不断的政策干预，对既有的公平的法治秩序造成冲击。最后，政策不断刺激下的增长是一种病态的增长结果，当政策干预减弱时，可能引发新一轮的经济波动。

对企业发展来说，摆脱政策依赖，努力修炼"内功"才是正道。以光伏产业为例，在国家政策的刺激下，光伏产业曾迎来自身的繁荣增长，光伏发电量翻倍增长。与之对比的是，由于政府审批流程的烦琐性，而

---

① http://paper.people.com.cn/zgnyb/html/2015-11/09/content_1631860.htm.

可再生能源补贴资金却增长相对缓慢，两者之间的差距扩大，导致资金缺口也越来越大。有媒体发文认为，阻碍光伏产业发展的影响因素中，可再生能源补贴发放不及时、不到位。[①] 此外，光伏产业的衰败与政策退出后的综合征存在很高的相关性，由于前期过强的政府刺激，当政策衰退后，企业出现没有政策"拐杖"便难以前行的困境。[②] 在这一基本国情下，光伏企业凭借自身也取得了一定成绩。不少企业通过投资光伏电站建设与营运来改善自身经营条件，积极开拓海外新兴市场和国内市场，从中赢得生机和利润。[③]

利好的政策对行业发展自身也并非一定是好事。从汽车行业来看，为了鼓励汽车消费，带动经济增长，我国曾出台一系列政策来刺激乘用车的消费增长，尤为突出的是汽车消费税的调整。2008 年，我国出台政策，提高大排量乘用车的消费税税率，同时降低了小排量乘用车的消费税税率。2008 年后的汽车市场引来黄金繁荣期，总体政策形势一片大好。但随着政策的逐步退出，汽车销售市场变得一蹶不振，总体来看，行业利好政策是以透支未来经济发展后劲为代价，只能刺激一时，无法保持长久的持续性。[④] 从这一角度来看，扶持政策反而可能并不利于行业的长治久安。究其根源，还是一直以来的利好政策给行业内企业一种错觉，当某项政策衰退后，政府也会出台其他政策来替代原有政策，企业留恋原有的政策"温室"，甚至后期反而出现企业倒逼政策的现象。2015 年的股票市场繁荣或多或少就存在这样的色彩，每当大盘指数出现大幅度下跌时，央行降低存款准备金率以及利率来支撑股市繁荣，但收效甚微。无论是双降，还是昙花一现的熔断机制都没能抵挡住中国股市的失控。这一现象的背后体现的正是政府资助定位的缺失。过度的干预反而容易让人形成依赖心理，继而不利于行业平稳持续发展。

总体来看，政策制定环节应当综合把握这样一个思维，政策出台只是为了缓解企业发展压力，而并非从根本上解决企业发展问题。[⑤] 具体执行问题还是在于地方政府层面，切实地转变补贴思维尤为重要。虽然在

---

① http：//finance.qq.com/original/caijingzhiku/z0476.html.

② http：//www.niwodai.com/view－gongshangdaikuan/article－72516.html.

③ http：//finance.sina.com.cn/roll/20130925/000816838659.shtml.

④ http：//www.niwodai.com/view－gongshangdaikuan/article－72516.html.

⑤ http：//www.kf.cn/kfrb/html/2014－12/03/content_194292.htm.

企业面临困境时，政府提供帮助能够在一定程度上起到逆周期的效果，可以帮助企业解决实际问题，尽快、有效地摆脱困境，如产销对接可以解决企业销路不畅问题，银企对接可以解决企业资金缺乏问题。但把握住帮扶的边界存在难度，当帮扶力度过低时，并不能把企业从困境中拉出来；而当帮扶力度过高时，反而引致企业的政策依赖。值得注意的是，政府的帮扶往往都是一种事后的补救措施，并不能切实地提高企业自身发展能力。也就是说，源于政府的帮助只是"药"，单纯地依靠药物，并不能支撑自身长久发展。现如今，从各个产业发展来看，这种事后的补救反而成为行业发展的主要动力。对此，有关部门应当秉持这样的观点，政府需要做到的更多的是一种引领作用，指导企业强化自身，在宏观发展方向上给予指导，而非事必躬亲，在细节上过多参与。

企业也需对政策取消形成预期。自身也要对政策收尾工作形成预期，并不能如同 2013 年的家电下乡政策那样，当出现政策空窗期时，企业自身显得无所适从。家乡下乡政策出台时，很多企业借机复活，做大市场，却并未做强。当政策衰退时，企业发展随之断粮，自身生存都是问题。这一典型的政策依赖症背后有太多的雷同现象。行业发展单纯地随着政策波动，扶持政策一出，行业立马繁荣，甚至过度繁荣，当政策取消时，行业一片哀鸿，企业出现倒闭潮，继续期盼下一轮的政策刺激。这一现象绝非良性。从根本上看，企业还是应当具备自己的核心竞争力，我们并不反对借助政策的东风，而是在这借东风的过程中，企业应当发展自身实力，而不应当整天寄希望于政策、更不能过度依赖政策。较之政策，明确自身发展方向，细分市场、避免同质化、低层次竞争，以此来实现创新驱动、转型发展才是王道。只有如此，才可能更好地实现高能效产品销售占比的提升，更好地满足消费的升级需求。①

二　政策依赖的学术认识与对应方案

中国经济的政策依赖由来已久，诸多学者业已认识到政策依赖的危害。刘阳（2011）的研究表明，中国股市发展存在较为严重的政策依赖问题，相关刺激政策的出台，来对广大投资者的投资行为造成冲击影响，直接关系到其交易倾向与投资行为。反过来，投资者也会利用自身实力，倒逼进一步的政策支持，期盼政府"托底"。这一逻辑使"股市晴雨表"

---

① http://finance.qq.com/a/20121120/004053.htm.

的基本功能难以发挥。于晴（2013）则侧重分析国家房地产市场与信贷政策之间的联系，认为信贷政策已经成为房地产市场的"晴雨表"。杨继绳（2002）也认为，我国一直实施积极的财政政策手段，在经济繁荣的背后，也应当谨防患上积极财政政策依赖症。具体到产业层面，席昱梅（2013）的报道就明确指出，LED、家电、汽车、钢铁、光伏等行业都存在比较严重的政策依赖症，当政策效应如落潮般退去时，产业就出现了诸多政策依赖综合症。

政策依赖现象的根本对应方案，还是应当着力于经济思维的转变。应当切实认识到，"一只眼睛看市场、一只眼睛看市长"甚至两只眼睛盯着市长的时代已经过去。随着官本位思维的逐步衰退，我们有理由相信，政策管理的规范化正在逐步实现。因为从根本上看，政策只是用于维护经济社会秩序和规律。相关部门也应当对通过政治博弈来获取自身利益的政治依赖进行打击（孙晓冰，2009）。战略性新兴产业政策中的补贴政策便是这样的一个典型。韩超（2014）的研究表明，我国补贴政策存在较为严重的政策依赖问题，根本问题还是出在地方政府的补贴思维上。肖兴志和王伊攀（2014）的研究认为，市场和政府的双重失效是造成当前企业热衷于社会资本投资而不是研发创新投资的根源，进行社会资本投资的企业比同等条件下其他企业多获取近一半的政府补贴，这反映出在当前环境下企业社会资本投资的背后隐藏着基于政府补贴的"寻租"。企业社会资本投资的多少取决于政府干预能力，而非市场竞争程度，政府补贴扭曲了企业投资行为。此外，有研究指出，政府对于战略性新兴产业的补贴，用于粉饰企业业绩和促进创新的两大动机是相互影响的，并不是单纯的粉饰业绩或者促进创新（肖兴志和王伊攀，2014）。

为此，我们以战略性新兴产业政策中的补贴政策为例，来说明补贴政策中所存在的政策依赖问题以及其改善方案。研究发现，总体上看，在战略性新兴产业补贴决策及实施过程中，地方政府在鼓励创新、就业的同时，具有显著的"救助弱者"倾向，且其补贴行为更倾向于向本地企业进行补贴，其行为更像一个地方法团组织，具有鲜明的利益导向。不过，值得注意的是，市场比较开放、竞争力较强的地区补贴概率较低，因此，以上补贴选择及实施机制存在鲜明的区域差异。这一现象说明地方政府在补贴过程中并不完全秉持公平公正的观念。此外，这种畸形的补贴模式反而可能进一步地激发地方企业的政策依赖性，不利于其自身平稳持续发展。从长远来看，这种"救助弱者"的补贴倾向也不利于地区经济结构调整，只会是地方官员晋升机制激励下的短期结果。为此，我们建议：

（一）合理确定战略性新兴产业政策扶持导向，由救助型政策调整为激励型政策，有效发挥政策引导作用

战略性新兴产业具有高技术性、高风险性、高投入性等产业特征，在发展早期面临的不确定风险较大，政府应当给予关心与引导。然而，研究表明，在进行补贴选择决策时，亏损的样本企业更容易获得地方政府的补贴，而在补贴实施时，如果考虑区域差异，净利润小的样本企业获得的补贴数量与补贴率都比净利润水平相对较大的企业高。战略性新兴产业的补贴过程中，地方政府倾向于实行救助性的补贴政策。在该政策背景下，极容易使企业形成政策依赖症。忽略企业自身原因，但就政府政策角度考虑，一旦产业发展问题频出，地方政府则认为扶持政策不力，其结果必然是进一步加强政策扶持。而企业对于该种扶持政策自然是喜闻乐见，甚至有些企业将扶持政策视为政府应尽的"天然"义务，企业发展一旦出现问题时则会惯性求助于扶持政策，导致扶持政策制造扶持政策的循环过程，这是政府与产业双向选择的结果，将使企业将大部分精力投入到非生产性活动中，损害正常的企业创新行为，难以维持产业的长期健康发展。

（二）战略性新兴产业发展应当坚持因地适宜，与地区发展水平相适应，而不是在全国采取同一个发展模式

战略性新兴产业发展是我国实现赶超战略的重要组成部分，然而，这一战略并不意味着要在全国各地区按照同一个模式进行发展。我国地区发展极度不平衡，东部市场开放度较高，市场环境较为成熟；而在西部甚至中部某些地区，整个经济发展水平严重滞后，市场环境以及政府行为方式仍然比较落后，这些地区发展的主要路径还是依循扩张性、粗放型的发展方式。从数量上看，东中部进入战略性新兴产业的企业较多，但从补贴概率看，西部地区较高。考虑省级差异后，市场开放度、地区竞争能力等市场软环境对政府的补贴决策及实施机制有较深的影响，市场越开放、地区竞争能力越强，那么补贴的概率越低。在当前救助型补贴政策占主导地位的前提下，补贴概率低可以说明当地政府对产业的干预较低。目前，战略性新兴产业发展更像一场席卷全国的政治运动，地

方盲目发展，超出了政府的职责范围，难以获得良好的产业发展效果。

（三）深化中央企业改革，调整地方政府角色定位，协调地方政府与中央企业关系

尽管许多媒体与学者都已经指出，地方政府为了发展经济，争夺项目，寻求与中央企业合作。而地方政府补贴行为偏好在不同所有制企业间存在差异，行为偏好倾向于向非中央企业进行补贴，不仅在补贴概率上中央企业不占优势，在补贴数量以及补贴率上，中央企业也不如本地民营企业及地方企业占优势，这里面蕴含的中央企业与地方政府的关系值得我们关注。进行这两方面的改革，前提是要将中央企业的行政级别取消，打破行业垄断，深入推进中央企业的市场化改革。发展战略性新兴产业过程中，地方政府更愿意选择地方企业作为扶持对象，因此，才可以加强对地区经济发展的控制力，一定程度上也可以反映地方政府对经济的过度干预，调整地方政府角色定位是未来改革的重要方向。

综合以上论述，战略性新兴产业发展及其补贴政策表面上是产业发展问题，但其却深刻内含着当代中国产业发展、企业行为与政府转型的典型特征。从根本上推动战略性新兴产业发展，不仅需要深化国有企业（尤其是中央企业改革）、调整政府角色定位，还需要调整政府绩效考核方式与官员晋升机制，切实将地方政府从直接干预经济发展的过程中剥离出来，因此，才可以有效地将补贴的救助型政策转变为引导型政策，才能真正将产业发展推到内涵式创新发展上来。从企业层面看，地方企业发展中的政策依赖现象也需警惕。虽然各国在培育新兴产业发展中，都强调相关扶持政策的重要性。但我国扶持过程中的政策依赖不容忽视。我们需要培育的是真正能够带动经济结构升级的战略性产业发展，而并不简简单单是政策扶起来的"阿斗"。总体来看，政策扶持还是应当着重提升企业自身实力，增强其创新能力，从而加强其核心竞争力，而并非不能简简单单地给钱来扶持。

第三节　政策结构管理与协同思路

一　政策类型选取及其出台次序

由于战略性新兴产业在初期与其他产业相比难以占据有利地位，同

时，产业发展自身的创新特征决定了其研发过程中的高风险与高投入性。为了对新兴产业进行扶持培育，世界各国都出台相应政策来为新兴产业发展保驾护航。在政策目的上也都大致相同，但由于我国政府在经济社会发展中占据着至关重要的地位，且政府官员在经济事务中的参与热情极高。发生在中国战略性新兴产业发展中的政策目标与产业发展现状之间的政策实施偏差仍然值得关注。尤其在政策制定环节，同时出于促进新兴产业发展的目的，不同类型的政策及其组合是否会产生差异化的绩效，何种模式最优值得我们探讨，差异化影响背后的机制值得深思。通过前文的研究，我们发现，供给型政策在提高企业获得政府补贴的同时稳健抑制了企业私人投资，综合效果降低了企业全要素生产率。当一个周期内先出台供给型政策后出台需求型政策（且供给型占主导）时，这一政策组合将显著抑制全要素生产率提升。

究其原因，政策扶持本质上仍然属于政府对市场运行的干预。如何进行政策设计以实现产业的健康发展仍然是政策制定部门以及实施部门需要重要考虑的问题。从政策类型及其组合造成的影响可以看出，中国战略性新兴产业政策仍然存在不少问题，政策扶持方式以及扶持方向均需要进行相应调整。就战略性新兴产业而言，现有的供给型政策并没有发挥好政策杠杆的良好作用。相反，现有供给型政策除具有直接促进政府补贴外，其还存在抑制企业私人投资的作用，即存在明显政策挤出作用，完全背离了产业健康发展方向。从政策实施机制看，战略性新兴产业政策，尤其是供给型政策带来的政府补贴更多投向全要素生产率较低的企业，而不是全要素生产率相对较高的企业，存在显著的扶持弱者倾向，这一政策实施机制极易导致企业的政策依赖惯性，难以提高企业的竞争力。另外，供给型政策的政策挤出效应在中部地区影响显著，在东部和西部则表现为相反方向，显示中部地区更多地对政策依赖的现实。

产业政策扶持的目的是引导产业发展，推动技术创新，提高企业竞争力，但如何实施则是关系目标能否实现的关键。产业政策扶持作为企业运行的外生要素，其可以通过对产业发展的资源重置（宋凌云、王贤彬，2013），推动产业内部竞争（P. Aghion et al.，2015），促进产业发展。政策制定以及实施部门应当切实把政策影响路径做好提前预判，以免导致政策阻碍或者抑制产业的正常发展。其一，应当重新梳理目前所有战略性新兴产业扶持政策，阶段性总结其实施绩效，尤其重点关注政策对产业发展的结构性影响，适时进行政策调整。其二，应当重新调整完善产业政策的实施方式，改变目前以项目思维为基准的部委分钱模式，变"大水漫灌"政策为"精准发力"政策，切实按照技术路线与产业引导目录严格政策扶持方向，使政策扶持落实到具体企业的具体环节。其三，从政策扶持类型看，如果当前的政策实施方式与实施路径不进行调整则应当慎重采用供给型政策，并在政策制定与实施中先行采取需求型政策，次优选择供给型政策。综合来看，产业政策扶持不能脱离产业发展的微观作用机制，更不能绕开微观机制进行政策设计。从政策着力点看，产业政策扶持需要重点关注其资源配置效应，并分析其对产业内部竞争的影响。

二　政策碎片化及其协同管理

依照《"十二五"国家战略性新兴产业发展规划》，我国政府相继出台多项政策来扶持战略性新兴产业发展。在取得一定成果的同时，政策自身也暴露出一些问题。出现出台政策之间互相矛盾、政策出台有所重叠、政策体系不够完整、配套方案不够健全等现象。这一现象不仅会引致政策部门的利益分割，造成资源浪费、成本提升，而且也会造成政府公信力的缺失，抑制产业绩效提升，从而不利于下一步的产业结构调整。战略性新兴产业中的碎片化现象并非特例。据有关媒体报告，我国政策出台中的碎片化现象尤为常见，一些重大政策出现前后不一、地区群体不一等现象，甚至一些政策业已被部门利益和团体利益所绑架。这一现象在医疗、住房、教育、就业、低保等基本民生问题上都有所体现。① 对此，有人建议设立一个超越所有部门的协调机构，专门负责政策设计环节。无论这一建议是否合理，但在思想上却点中了我国政策碎片化现象的根源——政府部门自身定位不清。

对于我国政策制定中的碎片化现象，樊纲对现有五年规划分析后认为，总体上存在三类现象：一是规划内容的碎片化、部门化；二是决策过程的部门化、碎片化；三是政策制定和执行的扭曲。这是由于在政策制定过程中，对于符合部门利益的措施行为，各部门都大力争取，为了总体的平衡，国家发展改革委只好采取平衡折中的方式予以分摊；而在执行过程中，出于自身利益的思考，一些部门和地方有采取选择性执行、

变通性执行的动机，这一执行可能符合部门、地方政府自身的利益，但对国家整体战略的良性运行则造成损害，甚至出现"规划规划、墙上挂挂"的闹剧。[①]

以新能源产业为例，联合国工业发展组织中国投资促进处主任罗响就曾表示[②]，我国新能源政策整体上呈现出非常乱的态势，主管部门繁多，财政部有所干预，科技部、商务部也有所涉及。总体政策多头管理。有媒体感叹，我国经济社会事务之所以出现诸多问题，一个很重要的因素即是多头管理。多头管理的后果便是无人管理，造成"龙多不治水"的现象。从管理学角度来看，现代公共管理模式在呼吁政府各部门分工合作的同时，更要求各部门权责相统一，三位一体。可从我国的政府部门来看，在政策执行上出现"三个和尚没水喝"的荒诞剧[③]，不仅是对政府公信力的损害，更是让政策成为一纸空文。此外，政策也特别碎。很多政策表述不清晰，非常碎。企业往往对政策显得无所适从。最后则在于政策的"错"。最为明显的便在于补贴政策的不恰当。与此同时，由于政府预算的外在约束，很多正确的产业政策也会变得难以为继，从我国的金太阳政策来看，第二批金太阳计划（BIPV）申请报装的10GW光伏项目中，只有2GW申请项目获批。总体获批比例只有20%。[④] 这也从一个侧面说明，我国补贴政策自身存在一定难度，难以持续。

从相关研究文献来看，对于政策碎片化的认识，张玉强（2014）认为，主要有五个方面的原因：一是部门职能分工，为政策碎片化的出现构建了前提；二是中央政府政策控制力的不足，为政策碎片化提供了生存空间；三是部门利益，是导致政策碎片化的直接诱因；四是官员自身的问题，是导致政策碎片化的主要力量；五是政策协调机制的缺乏，使政策碎片化难以避免。从根本上看，还是源于政策部门间虽然目标相近，却缺乏足够的互通交流，使相关政策出台相悖或是重复（Perry Hicks）。对于具体解决的路径，大多数学者建议从体制性改革着手，通过解决决策的路径依赖、完善财政分权体制、建立上下级的协商机制等路径来加以改善（吴红梅，2013）。这也可能是当前国情下的政策协同机制的唯一

---

① 新浪财经，http：//finance. sina. com. cn/zg/jjssw/2015 - 10 - 27/zg - ifxizwsf8904844. shtml。
② http：//green. sohu. com/20130827/n385189566. shtml。
③ http：//view. news. qq. com/zt/2006/duotou/index. htm。
④ http：//www. escn. com. cn/news/show - 71696. html。

路径。

　　总体上看，大家还是在强调体制性的改革方式。但是，这一模式能否起到作用还有待验证。当前政策碎片化在很大程度上是由于部门利益的分化。但如若通过成立全新的协调部门（如发改委）来综合把握，这一部门会不会存在决策失误或是腐败的风险？从我们的角度来看，这反而不利于市场经济的顺利开展。即使这一决策机构能够充分理智地实现公民福利的帕累托最优，我们还是觉得并非可取，从历史经验来看，过度的权力集中并不利于经济社会发展的稳定持续。在具体的改善路径上，不妨采用第三方治理的思路来加以解决。鼓励成立政策评估机构，对政策实施后的绩效进行测算，查缺补漏，即使这一模式具备一定的时滞性，也会出现政策"修马路"式的出台模式，但相信未来前景还是较为可观的。

　　另外，政策文本自身的协同也不容忽视。从政策出台轨迹来看，战略性新兴产业发展日益引起政府和公众的高度关注。其中，政策是政府培育战略性新兴产业发展至关重要的一环。为此，有必要从政策协同角度来分析政策对企业创新的作用影响。在政策协同的衡量上，虽然我们只是通过最小值函数来对协同进行衡量，衡量方式上存在一定的缺陷。但作为开创性的工作，还是具有一定的意义。在前文中，我们业已提及，政策协同作用存在差异性，其中政策内措施协同抑制了企业创新，部门协同作用并不明显。在措施间协同上，供给型和需求型协同以及环境型和需求型协同在整体政策和分行业政策下都存在一定的抑制作用，与之相比，整体政策的供给型和环境型协同有利于企业创新发展，但在分行业政策下影响并不显著。

　　对于这一结论的认识，就政策本身而言，主要目的还是带动企业创新进步，但却产生了不同的绩效。虽然战略性新兴产业的发展进程具有很强的政策色彩，但在政策设计上依旧存在很多有待改进之处。从政策出台数量和效力的无效来看，带动企业发展并不能简单地"以量取胜"，堆积式的政策出台反而可能使企业无所适从，盲目追求政策，造成资源的重复浪费。对具体的政策类型选取也需抱谨慎态度，尤其对需求型政策而言，虽然政府采购在"支持节能环保、促进自主创新等方面取得了显著成效"①，但从战略性新兴产业的发展来看，这种扶持政策反而引致了企业的政策依赖，创新发展变得裹足不前。对政府采购等需求型政策加强管理的同时，政府应当更为细致地思考如何扬长避短，而非"加大强制采购节能产品和优先购买环保产品的力度……必须执行财政部会同有关部门发布的节能环保和自主创新产品政策采购清单"。

此外，切实提高政策协同能力必须成为下一步改进的重点。从当前政策形势来看，虽然已经意识到要打好政策出台的"组合拳"，但其中的碎片化现象以及部门利益的分割仍不容小觑。在具体协同形式的管理上，我们依旧需要坚持"不'十全大补'、不面面俱到"的要求，并不能依靠单一政策来解决所有问题，单一政策内的协同难以有所作为。而部门间协同的无效更需加以重视。从样本来看，我国战略性新兴产业政策的部门间协同可能还只是纸面上的协同，如何破解政府部门间的"各自为政"和部门利益分化，统一规划政府治理行为亟待解决。无论是简政放权，实行权责统一还是设立专项小组，统筹规划仍有待于实践的检验。

对于具体的政策措施间的协同，供给型和环境型政策协同的有效性倒是一个可喜的结果。从现实意义上说，传统的需求管理"三驾马车"下由需求侧"原动力"引发的供给侧响应、适应机制很大程度上受到需求不足的制约②，尤其对战略性新兴产业的发展而言，"双反"下新兴产业发展举步维艰，甚至出现企业倒闭潮以及"靠政府哺养的不死鸟"等公司现象。对此，2015年中央经济工作会议做出了相应改进，相比以往强调需求侧的发展，此次强调"结构性改革更多注重在供给侧发力。在适度扩大总需求的同时，着力加强供给侧结构性改革"。但是，从我们的研究来看，单纯依靠供给型的政策推动可能还是不够的（供给型的政策并不能产生显著为正的刺激作用），更需要加强供给型与环境型政策的协同管理，两者优势互补、规划合作才能产生更好的绩效。同时，在具体政策制定上，政府应当适当放手，加强政策的宏观性把握，导向性管理，不宜过细统筹，而是为企业自主创新发展提供充分的空间。

---

① 《国务院办公厅关于进一步加强政府采购管理工作的意见》，http：//www. gov. cn/gong-bao/content/2009/content_1292740. htm。

② 转引自贾康的观点，http：//finance. sina. com. cn/roll/2015－12－24/doc－ifxmxxst0368972. shtml。

参考文献

[1] 安同良、周绍东、皮建才：《R&D 补贴对中国国有企业自主创新的激励效应》，《经济研究》2009 年第 10 期。

[2] 白俊红：《中国的政府 R&D 资助有效吗？来自大中型工业企业的经验证据》，《经济学》（季刊）2011 年第 4 期。

[3] 曹建海、江飞涛：《市场失灵还是体制扭曲——重复建设形成机理研究中的争论、缺陷与新进展》，《中国工业经济》2009 年第 1 期。

[4] 曹建海：《扩大投资"保增长"的长期风险》，《宏观经济研究》2009 年第 4 期。

[5] 曹建海：《我国重复建设的形成机理与政策措施》，《中国工业经济》2002 年第 4 期。

[6] 陈冬华：《地方政府、公司治理与补贴收入——来自我国证券市场的经验证据》，《财经研究》2003 年第 9 期。

[7] 陈玲、林泽梁、薛澜：《双重激励下地方政府发展新兴产业的动机与策略研究》，《经济理论与经济管理》2010 年第 9 期。

[8] 陈文锋、刘薇：《战略性新兴产业发展的国际经验与我国的对策》，《经济纵横》2010 年第 9 期。

[9] 程华、钱芬芬：《政策力度、政策稳定性、政策工具与创新绩效——基于 2000—2009 年产业面板数据的实证分析》，《科研管理》2013 年第 10 期。

[10] 董晓宇：《我国地方政府发展战略性新兴产业的政策比较》，《科技进步与对策》2013 年第 1 期。

[11] 杜兴强等：《政治联系、过度投资与公司价值——基于国有上市公司的经验证据》，《金融研究》2011 年第 8 期。

[12] 傅耀：《产业政策的选择对于经济转型的约束效应分析》，《当代财经》2007 年第 8 期。

［13］高良谋、李宇：《企业规模与技术创新倒"U"关系的形成机制与动态拓展》，《管理世界》2009 年第 8 期。

［14］耿强、胡睿昕：《企业获得政府补贴的影响因素分析——基于工业企业数据库的实证研究》，《审计与经济研究》2013 年第 6 期。

［15］郭晓丹、何文韬：《战略性新兴产业规模、竞争力提升与"保护性空间"设定》，《改革》2012 年第 2 期。

［16］哈肯：《高等协同学》，科学出版社 1989 年版。

［17］韩超、孙晓琳、肖兴志：《产业政策实施下的补贴与投资行为：不同类型政策是否存在影响差异?》，《经济科学》2016 年第 4 期。

［18］韩超：《新能源产业发展态势、政府扶持逻辑与政策调整方向——基于国际比较的视角》，《国际贸易》2013 年第 9 期。

［19］韩超：《战略性新兴产业政策依赖性探析——来自地方政府补贴视角的实证检验》，《经济理论与经济管理》2014 年第 11 期。

［20］何彬：《基于窖藏行为的产能过剩形成机理及其波动性特征研究》，博士学位论文，吉林大学，2008 年。

［21］贺俊、吕铁：《战略性新兴产业：从政策概念到理论问题》，《财贸经济》2012 年第 5 期。

［22］贺正楚、吴艳：《战略性新兴产业的评价与选择》，《科学学研究》2011 年第 5 期。

［23］洪勇、张红虹：《新兴产业培育政策传导机制的系统分析——兼评中国战略性新兴产业培育政策》，《中国软科学》2015 年第 6 期。

［24］黄亭亭、杨伟：《衰退时期的财政政策效应：政府投资转向与民间投资成长》，《金融研究》2010 年第 3 期。

［25］黄永春、祝吕静、沈春苗：《新兴大国扶持企业实现赶超的政策工具运用——基于战略性新兴产业的动态演化博弈视角》，《南京社会科学》2015 年第 6 期。

［26］江飞涛、陈伟刚等：《投资规制政策的缺陷与不良效应——基于中国钢铁工业的考察》，《中国工业经济》2007 年第 6 期。

［27］江飞涛等：《地区竞争、体制扭曲与产能过剩的形成机理》，《中国工业经济》2012 年第 6 期。

［28］江小涓：《经济转轨时期的产业政策——对中国经验的实证分析和前景展望》，上海人民出版社 1996 年版。

[29] 江小涓:《体制转轨中的增长、绩效与产业组织变化——对中国若干行业的实证研究》,上海人民出版社 1999 年版。

[30] 江小涓:《中国推行产业政策中的公共选择问题》,《经济研究》1993 年第 6 期。

[31] 姜晓婧:《战略性新兴产业创新政策的差异化研究:基于企业类型的视角》,博士学位论文,东北财经大学,2013 年。

[32] 解维敏、唐清泉、陆姗姗:《政府 R&D 资助、企业 R&D 支出与自主创新——来自中国上市公司的经验证据》,《金融研究》2009 年第 6 期。

[33] 鞠晓生、卢获、虞义华:《融资约束、营运资本管理与企业创新可持续性》,《经济研究》2013 年第 1 期。

[34] 鞠晓生:《中国上市企业创新投资的融资来源与平滑机制》,《世界经济》2013 年第 4 期。

[35] 孔东民、刘莎莎、应千伟:《公司行为中的媒体角色:激浊扬清还是推波助澜?》,《管理世界》2013 年第 7 期。

[36] 孔东民等:《市场竞争,产权与政府补贴》,《经济研究》2013 年第 2 期。

[37] 李金华:《中国战略性新兴产业发展的若干思辨》,《财经问题研究》2011 年第 5 期。

[38] 李胜会、刘金英:《中国战略性新兴产业政策分析与绩效评价——"非政策失败理论"及实证研究》,《宏观经济研究》2015 年第 10 期。

[39] 李伟红、柴亮:《区域创新政策工具的互补性测度与实证检验》,《财经科学》2014 年第 4 期。

[40] 李晓华、吕铁:《战略性新兴产业的特征与政策导向研究》,《宏观经济研究》2010 年第 9 期。

[41] 李元珍:《央地关系视阈下的软政策执行》,《公共管理学报》2013 年第 3 期。

[42] 李佐军、国务院发展研究中心资源与环境政策研究所:《难以摆脱的"政策依赖症"》,《中国经济时报》2014 年 11 月 27 日。

[43] 梁金修:《我国产能过剩的原因及对策》,《经济纵横》2006 年第 7 期。

［44］刘华、周莹：《我国技术转移政策体系及其协同运行机制研究》，
《科研管理》2012 年第 3 期。

［45］刘阳：《政策依赖对机构投资者投资行为的影响研究》，博士学位论
文，郑州大学，2011 年。

［46］刘怡、聂海峰：《增值税和营业税对收入分配的不同影响研究》，
《财贸经济》2009 年第 6 期。

［47］罗党论、唐清泉：《中国民营上市公司制度环境与绩效问题研究》，
《经济研究》2009 年第 2 期。

［48］聂辉华、谭松涛、王宇锋：《创新、企业规模和市场竞争：基于中
国国有企业层面的面板数据分析》，《世界经济》2008 年第 7 期。

［49］庞跃庆、伍铁林：《连云港发展战略性新兴产业的几点思考》，《经
济研究导刊》2010 年第 28 期。

［50］彭纪生、孙文祥、仲为国：《中国技术创新政策演变与绩效实证研
究（1978—2006）》，《科研管理》2008 年第 4 期。

［51］彭纪生、仲为国、孙文祥：《政策测量、政策协同演变与经济绩效：
基于创新政策的实证研究》，《管理世界》2008 年第 9 期。

［52］乔晓楠、李宏生：《中国战略性新兴产业的成长机制研究——基于
污水处理产业的经验》，《经济社会体制比较》2011 年第 2 期。

［53］《人民日报》记者：《战略性新兴产业需要信心和宽容——访全国
政协经济委员会副主任陈清泰》，《理论参考》2010 年第 11 期。

［54］任曙明、张静：《补贴、寻租成本与加成率——基于中国装备制造
企业的实证研究》，《管理世界》2013 年第 10 期。

［55］邵敏、包群：《地方政府补贴企业行为分析：扶持强者还是保护弱
者？》，《世界经济文汇》2011 年第 1 期。

［56］邵敏、包群：《政府补贴与企业生产率——基于我国工业企业的经
验分析》，《中国工业经济》2012 年第 7 期。

［57］盛丹：《地区行政垄断与我国国有企业出口的"生产率悖论"》，
《产业经济研究》2013 年第 4 期。

［58］宋凌云、王贤彬：《重点产业政策、资源重置与产业生产率》，《管
理世界》2013 年第 12 期。

［59］孙晓冰：《危险的政策依赖症》，《商界》（评论）2009 年第 2 期。

［60］孙早、肖利平：《产业特征、公司治理与企业研发投入——来自中

国战略性新兴产业 A 股上市公司的经验证据》，《经济管理》2015 年第 8 期。

[61] 万军：《战略性新兴产业中政府的定位——日本的经验教训及其实》，《科技成本纵横》2010 年第 1 期。

[62] 王斌、骆祖春：《美国发展战略性新兴产业的最新举措、特点及启示》，《现代经济探讨》2011 年第 6 期。

[63] 王昌林、王君、姜江：《加快培育和发展战略性新兴产业》，《宏观经济管理》2010 年第 11 期。

[64] 王程韡：《战略性新兴产业是可"选择"的吗?》，《科学学与科学技术管理》2013 年第 7 期。

[65] 王立国、高越青：《基于技术进步视角的产能过剩问题研究》，《财经问题研究》2012 年第 2 期。

[66] 王立国、王晓姝：《理性发展现代煤化工行业的思考——基于防范产能过剩风险的视角》，《宏观经济研究》2012 年第 1 期。

[67] 王小鲁：《投资—出口—消费结构失调的影响》，《中国经济时报》2009 年 3 月 24 日。

[68] 王新新：《战略性新兴产业发展规律及发展对策分析研究》，《科学管理研究》2011 年第 8 期。

[69] 吴红梅：《整体性治理视野下中国社会养老保险政策"碎片化"的体制逻辑》，《社会保障研究》2013 年第 5 期。

[70] 席昱梅：《有多少产业得了"政策依赖症"》，《中华工商时报》2013 年 9 月 6 日。

[71] 夏永祥、王常雄：《中央政府与地方政府的政策博弈及其治理》，《当代经济科学》2006 年第 2 期。

[72] 肖兴志、王伊攀：《政府补贴与企业社会资本投资决策——来自战略性新兴产业的经验证据》，《中国工业经济》2014 年第 9 期。

[73] 肖兴志、邓菁：《战略性新兴产业组织的政策评价与取向》，《重庆社会科学》2011 年第 4 期。

[74] 肖兴志、韩超等：《发展战略、产业升级与战略性新兴产业选择》，《财经问题研究》2010 年第 8 期。

[75] 肖兴志、姜晓婧：《战略性新兴产业政府创新基金投向：传统转型企业还是新生企业》，《中国工业经济》2013 年第 1 期。

［76］肖兴志、王海：《哪种融资渠道能够平滑企业创新活动？——基于国有企业与民营企业差异检验》，《经济管理》2015 年第 8 期。

［77］肖兴志、王伊攀：《战略性新兴产业政府补贴是否用在了"刀刃"上？——基于 254 家上市公司的数据》，《经济管理》2014 年第 4 期。

［78］肖兴志、王伊攀：《政府补贴与企业社会资本投资决策——来自战略性新兴产业的经验证据》，《中国工业经济》2014 年第 9 期。

［79］肖兴志：《中国战略性新兴产业发展的财税政策建议》，《财政研究》2011 年第 12 期。

［80］肖兴志：《中国战略性新兴产业发展战略研究》，《经济研究参考》2011 年第 7 期。

［81］肖兴志等：《政府激励、产权性质与企业创新——基于战略性新兴产业 260 家上市公司数据》，《财经问题研究》2013 年第 12 期。

［82］谢国忠：《谁应该为中国产能过剩负责》，《21 世纪商业评论》2005 年第 8 期。

［83］熊勇清、李晓云、黄健柏：《战略性新兴产业财政补贴方向：供给端抑或需求端——以光伏产业为例》，《审计与经济研究》2015 年第 5 期。

［84］熊勇清、李世才：《战略性新兴产业与传统产业耦合发展研究》，《科学学与科学技术管理》2010 年第 10 期。

［85］杨继绳：《谨防积极财政政策依赖症》，《中国投资》2002 年第 6 期。

［86］殷华方、鲁明泓：《中国吸引外商直接投资政策有效性研究》，《管理世界》2004 年第 1 期。

［87］殷华方、潘镇、鲁明泓：《中国外商直接投资产业政策测量和有效性研究：1979—2003》，《管理世界》2006 年第 7 期。

［88］于晴：《房地产企业对国家信贷政策的依赖》，《中国外资》2013 年第 6 期。

［89］于新东、牛少凤、于洋：《培育发展战略性新兴产业的背景分析、国际比较与对策研究》，《经济研究参考》2011 年第 16 期。

［90］余东华、吕逸楠：《政府不当干预与战略性新兴产业产能过剩——以中国光伏产业为例》，《中国工业经济》2015 年第 10 期。

［91］余明桂、回雅甫、潘红波：《政治联系、寻租与地方政府财政补贴有效性》，《经济研究》2010 年第 3 期。

［92］余明桂、潘红波：《政治关系、制度环境与民营企业银行贷款》，《管理世界》2008 年第 8 期。

［93］喻登科、涂国平、陈华：《战略性新兴产业集群协同发展的路径与模式研究》，《科学学与科学技术管理》2012 年第 4 期。

［94］张国胜：《技术变革、范式转换与战略性新兴产业发展：一个演化经济学视角的研究》，《产业经济研究》2012 年第 6 期。

［95］张国兴、高秀林、汪应洛等：《中国节能减排政策的测量、协同与演变——基于 1978—2013 年政策数据的研究》，《中国人口·资源与环境》2014 年第 12 期。

［96］张琦：《支持战略性新兴产业发展的金融创新研究》，《湖南商学院学报》2011 年第 4 期。

［97］张维迎：《政策依赖与企业家的短视》，《商界》（评论）2011 年第 2 期。

［98］张训、周震虹：《战略性新兴产业的选择与评价及实证分析》，《科学学与科学技术管理》2010 年第 12 期。

［99］张勇、古明明：《公共投资能否带动私人投资：对中国公共投资政策的再评价》，《世界经济》2011 年第 2 期。

［100］张嵎喆、王俊沣：《培育战略性新兴产业的政策述评》，《科学管理研究》2011 年第 4 期。

［101］张玉强、白福臣：《地方政府发展战略性新兴产业"热"的冷思考》，《科技进步与对策》2011 年第 22 期。

［102］张玉强：《政策"碎片化"：表现、原因与对策研究》，《中共贵州省委党校学报》2014 年第 5 期。

［103］赵刚：《政府支持战略性新兴产业发展的政策和机制思考》，《中国高新区》2012 年第 12 期。

［104］赵筱媛、苏竣：《基于政策工具的公共科技政策分析框架研究》，《科学学研究》2007 年第 1 期。

［105］郑刚、刘仿、徐峰、彭新敏：《非研发创新：被忽视的中小企业创新另一面》，《科学学与科学技术管理》2014 年第 1 期。

［106］钟清流：《战略性新兴产业发展思路探讨》，《中国科技论坛》

2010 年第 11 期。

[107] 仲为国、彭纪生、孙文祥：《政策测量、政策协同与技术绩效：基于中国创新政策的实证研究（1978—2006）》，《科学学与科学技术管理》2009 年第 3 期。

[108] 仲为国、彭纪生、孙文祥：《政策测量、政策协同与经济绩效——基于创新政策的实证研究（1978—2006）》，《南方经济》2008 年第 7 期。

[109] 周红英等：《战略性新兴产业与我国产业结构优化升级》，《经济地理》2011 年第 12 期。

[110] 周黎安、罗凯：《企业规模与创新：来自中国省级水平的经验证据》，《经济学》（季刊）2005 年第 2 期。

[111] 周黎安：《晋升博弈中政府官员的激励与合作》，《经济研究》2004 年第 6 期。

[112] 周黎安：《中国地方官员的晋升锦标赛模式研究》，《经济研究》2007 年第 7 期。

[113] 周其仁：《"产能过剩"的原因》，《经济观察报》2005 年 12 月 12 日。

[114] 朱光喜：《政策"反协同"：原因与途径——基于"大户籍"政策改革的分析》，《江苏行政学院学报》2015 年第 4 期。

[115] 朱光喜：《政策协同：功能、类型与途径——基于文献的分析》，《广东行政学院学报》2015 年第 4 期。

[116] 朱瑞博、刘芸：《我国战略性新兴产业发展的总体特征、制度障碍与机制创新》，《社会科学》2011 年第 5 期。

[117] Aghion, P. et. al. , "Industrial Policy and Competition", *American Economic Journal*: *Macroeconomics*, Vol. 7, No. 4, pp. 1 – 32, 2015.

[118] Arellano, M. and Bover, O. , "Another Look at Instrumental Variable Estimation of Error Component Models", *Journal of Econometrics*, No. 68, 1995.

[119] Beason, R. and D. E. Weinstein, "Growth Economies of Scale and Targeting in Japan (1955 – 1990)", *Review of Economics and Statistics*, Vol. 78, No. 2, pp. 286 – 95, 1996.

[120] Bronzini, Raffaello and Eleonora Iachini, "Are Incentives for R&D Ef-

fective? Evidence from a Regression Discontinuity Approach", *American Economic Journal: Economic Policy*, Vol. 6, No. 4, pp. 100 – 134, 2014.

[121] Bush V. Science, The Endless Frontier: *A Report to the President*, U. S. Govt. print. , 1945.

[122] Chen, C. J. P. , Ding, Y. , Kim, C. F. , "High – level Politically Connected Firms, Corruption, and Analyst Forecast Accuracy Around The World", *Journal of International Business Studies*, Vol. 41, No. 9, 2010.

[123] Chen, C. J. P. , Li, Z. , Su, X. et. al. , "Rent – seeking Incentives, Corporate Political Connections, and The Control Structure of Private Firms: Chinese Evidence", *Journal of Corporate Finance*, Vol. 17, No. 2, 2011.

[124] Claessens, S. , Feijen, E. , Laeven, L. , "Political Connections and Preferential Access to Finance: The Role of Campaign Contributions", *Journal of Financial Economics*, Vol. 88, No. 3, pp. 554 – 580, 2008.

[125] Coe, D. and Hoffmaister, A. , "North – South Trade: Is Africa Unusual", *Journal of African Economics*, Vol. 8, No. 2, 1999.

[126] Cools, M. , Brijs, K. , Tormans, H. et al. , "Optimizing the Implementation of Policy Measures through Social Acceptance Segmentation", *Transport Policy*, Vol. 22, No. 3, pp. 80 – 87, 2012.

[127] Criscuolo, Chiara et al. , *The Causal Effects of an Industrial Policy*, Social Science Electronic Publishing, 2012.

[128] David, P. A. , Hall, B. H. , Toole, A. A. , "Is Public R&D a Complement or Substitute for Private R&D? A Review of the Econometric Evidence", *General Information*, Vol. 22, No. 99, pp. 497 – 529, 2000.

[129] De Long, J. B. and Summers, L. H. , "Equipment Investment and Economic Growth", *The Quarterly Journal of Economics*, Vol. 106, No. 5, 1991.

[130] Di Stefano, G. , Gambardella, A. and Verona, G. , "Technology Push and Demand Pull Perspectives in Innovation Studies: Current

Findings and Future Research Directions", *Research Policy*, Vol. 41, No. 8, pp. 1283 – 1295, 2012.

[131] Dosi, G., "Technological Paradigms and Technological Trajectories: A Suggested Interpretation of the Determinants and Directions of Technical Change", *Research Policy*, Vol. 11, No. 3, pp. 147 – 162, 1982.

[132] Du, Jun and S. Girma, "Red Capitalists: Political Connections and Firm Performance in China", *Kyklos*, Vol. 63, No. 4, pp. 530 – 545, 2010.

[133] Dunne, Paul and Alan Hughes, "Age, Size, Growth and Survival: UK Companies in the 1980s", *The Journal of Industrial Economics*, Vol. 42, No. 2, pp. 115 – 140, 1994.

[134] Evans, D. S., "Tests of Alternative Theories of Firm Growth", *The Journal of Political Economy*, Vol. 95, No. 4, pp. 657 – 674, 1987.

[135] Faccio, Mara, "Politically Connected Firms", *American Economic Review*, Vol. 96, No. 1, pp. 369 – 386, 2006.

[136] Fisman, R., "Estimating The Value of Political Connections", *American Economic Review*, Vol. 91, No. 4, 2001.

[137] Freeman, C. and C. Freeman, "Japan: A New National System of Innovation?", *Technical Change and Economic Theory*, pp. 330 – 348, 1988.

[138] Frye, T. and A. Shleifer, "The Invisible Hand and the Grabbing Hand", *American Economic Review*, Vol. 87, No. 2, pp. 354 – 358, 1997.

[139] Goolsbee, A., "Does Government R&D Policy Mainly Benefit Scientists and Engineers?", *American Economic Review*, Vol. 88, No. 88, pp. 298 – 302, 1998.

[140] Gregory Tassey, "Policy Issues for R&D Investment in a Knowledge – Based Economy", *The Journal of Technology Transfer*, Vol. 29, No. 2, pp. 153 – 185, 2004.

[141] Griliches, Zvi and Jacques Mairesse, *Production Functions: The Search for Identification*, National Bureau of Economic Research, No. W 5067, 1995.

[142] Gullapalli, Diya and Shefaliauricella, Tom, "Growth of Hot Investment Tool Slowed by Bureaucratic Backlog", *Wall Street Journal – Eastern Edition*, June 17, 2006, Vol. 247, p. 141.

[143] Gwartney, J., Lawson, R. and Holcombe, R., *The Size and Functions of Government and Economic Growth*, Prepared for the Joint Economic Committee, 1998.

[144] Hansen, P. A. and G. Serin, "Will Low Technology Products Disappear?: The Hidden Innovation Processes in Low Technology Industries", *Technological Forecasting and Social Change*, Vol. 55, No. 2, pp. 179 –191, 1997.

[145] Harmelinka, M., M. Voogta and Cremerb, C., "Analysing the Effectiveness of Renewable Energy Supporting Policies in the European Union", *Energy Policy*, Vol. 34, No. 3, pp. 343 –351, 2006.

[146] Heckman, J. J., "Sample Selection Bias As A Specification Error", *Econometrica*, Vol. 47, No. 1, 1979.

[147] Herman Bakvis and Douglas Browny, "Policy Coordination in Federal Systems: Comparing Intergovernmental Processes and Outcomes in Canada and the United States", *The Journal of Federalism*, Vol. 40, No. 40, pp. 484 –507, 2010.

[148] Holtz – Eakin, Newey and Rosen, "Estimating Vector Autoregressions with Panel Data", *Econometrica*, Vol. 56, No. 6, pp. 1371 – 95, 1988.

[149] Huang, C., A. Arundel and H. Hollanders, How Firms Innovate: R&D, Non – R&D, and Technology Adoption, *Working Papers*, 2010.

[150] Huang, C., Amorim; C., Spinoglio, M. et al., "Organization, Programme and Structure: An Analysis of the Chinese Innovation Policy Framework", *R&D Management*, Vol. 34, No. 4, pp. 367 –387, 2004.

[151] Jenny Anderson, The Hot Investment Flavor Now: The Super – REIT, *New York Times*, June 17, 2005.

[152] Kaiser, R. and Prange, H., "Missing the Lisbon Target? Multi – level Innovation and EU Policy Coordination", *Journal of Public Policy*, Vol. 25, No. 2, pp. 241 –263, 2005.

[153] Kim, L., *Imitation to Innovation*, Boston: Harvard Business School Press, 1997.

[154] Krueger, Anne O. and Baran Tuncer, "An Empirical Test of the In-

fant Industry Argument", *American Economic Review*, Vol. 72, No. 5, pp. 1142 – 52, 1982.

[155] Leibenstein, H. , "Allocative Efficiency V. X – Efficiency", *American Economic Review*, Vol. 56, 1966.

[156] Levinsohn, J. and Petrin, A. , "Estimating Production Functions usingInputs to Control for Unobservables", *Review of Economic Studies*, Vol. 70, pp. 317 – 341, 2003.

[157] Libecap, G. D. , "Economic Variables and the Development of the Law: The Case of Western Mineral Rights", *Journal of Economic History*, Vol. 38, No. 2, pp. 338 – 362, 1978.

[158] Liu Fengchao, Simon, D. F. , Sun Yutao et al. , "China's Innovation Policies: Evolution, Institutional Structure, and Trajectory", *Research Policy*, Vol. 40, No. 7, pp. 917 – 931, 2011.

[159] Lopolito, A. , P. Morone et al. , "An Agent – based Model Approach to Innovation Niche Creation in Socio – technical Transition Pathways", *Economics Bulletin*, Vol. 31, No. 2, pp. 1780 – 1792, 2011.

[160] Lundvall, B. A. , Johnson, B. and Andersen, E. S. et al. , "National Systems of Production, Innovation and Competence Building", *Research Policy*, Vol. 31, No. 2, pp. 213 – 231, 2002.

[161] Lundvall, B. A. , *User – producer Relationships*, *National Systems of Innovation and Internationalisation*, Lundvall, Ba National Systems of Innovation Pinter, pp. 45 – 67, 1992.

[162] Meijers, E. and Stead, D. , "Policy Integration: What does it Mean and How can it be Achieved? A Multi – disciplinary Review", Berlin Conference on the Human Dimensions of Global Environmental Change: Greening of Policies – Interlinkages and Policy Integration, Berlin, 2004.

[163] Motohashi, Kazuyuki and Xiao Yun, "China's Innovation SystemReform, Growing Industry and Science Linkages", *Research Policy*, Vol. 36, No. 8, pp. 1251 – 1260, 2007.

[164] Nemet, G. F. , "Demand – pull, Technology – push, and Government – Led incentives for Non – incremental Technical Change", *Research Pol-*

icy, Vol. 38, No. 5, pp. 700 – 709, 2009.

[165] Olley, S. and Pakes, A., "The Dynamics of Productivity In The Tele-communications Equipment Industry", *Econometrica*, Vol. 64, pp. 1263 – 1297, 1996.

[166] Peters, M., Schneider, M. and Griesshaber, T. et al., "The Impact of Technology – push and Demand – pull Policies on Technical Change – Does the Locus of Policies Matter?", *Research Policy*, Vol. 41, No. 8, pp. 1296 – 1308, 2012.

[167] Rammer, C. C., Zarnitzki, D. and A. Spielkamp, "Innovation Success of Non – R&D – performers: Substituting Technology by Management in SMEs", *Small Business Economics*, Vol. 33, No. 1, 2009.

[168] Rosenberg, N., "Direction of Technological Change – inducement Mechanisms and Focusing Devices", *Economic Development and Cultural Change*, Vol. 18, No. 1, pp. 1 – 24, 1969.

[169] Rothwell, Roy and W. Zegveld, *Reindustrialization and Technology*, Longman, M. E. Sharpe, 1985.

[170] Santamaría, L., M. J. Nieto and A. Barge – Gil, "Beyond Formal R&D: Taking Advantage of Other Sources of Innovation in Low – and Medium – technology Industries", *Research Policy*, Vol. 38, No. 3, 2009.

[171] Schmookler, J., *Invention and Economic Growth*, Harvard University Press, Cambridge, MA., 1966.

[172] Schot, J., R. Hoogma et al., "Strategies for Shifting Technological Systems: The Case of the Automobile System", *Futures*, Vol. 26, No. 10, pp. 1060 – 1076, 1994.

[173] Stefano, G. D., Gambardella, A. and Verona, G., "Technology Push and Demand Pull Perspectives in Innovation Studies: Current Findings and Future Research Directions", *Research Policy*, Vol. 41, No. 8, pp. 1283 – 1295, 2012.

[174] Tassey, G., "Policy Issues for R&D Investment in a Knowledge – Based Economy", *Journal of Technology Transfer*, Vol. 29, No. 2, pp. 153 – 185, 2004.

[175] Thun, E. , "Keeping Up With the Jones: Decentralization, Policy Imitation, and Industrial Development in China", *World Development*, Vol. 32, No. 8, 2004.

[176] Tisdell, C. and I. Seidl, "Niches and Economic Competition: Implications for Economic Efficiency, Growth and Diversity", *Structural Change and Economic Dynamics*, Vol. 15, No. 2, pp. 119 – 135, 2004.

[177] Vernon, R. , "International Investment and International Trade in Product Cycle", *International Executive*, Vol. 8, No. 4, pp. 16 – 16, 1966.

[178] Wu, W. , Wu, C. , Rui, O. M. , "Ownership and the Value of Political Connections: Evidence from China", *European Financial Management*, Vol. 18, No. 4, 2012.

[179] Yasar, M. , Raciborski, R. , Poi, B. , "Production Function Estimation in Stata Using the Olley and Pakes Method", *Stata Journal*, Vol. 8, No. 2, pp. 221 – 231, 2008.